SOCIAL PSYCHOLOGY

社会心理学概論

北村英哉・内田由紀子 編
Hideya Kitamura & Yukiko Uchida

ナカニシヤ出版

はじめに

　学問は日進月歩だ。そうでなければ学問ではないし，日々の研究は必要ではなくなる。

　世界中に数多く存在する「研究者」と呼ばれる人びとは，新しい発見をしたり，独自の視点を見つけたりすることを目指して学問に取り組んでいる。研究者たちは，それぞれ切磋琢磨し，議論しながら，少しでも新たな知見を提示しようと日々努力している。
　そのため，多くの研究者が情報収集するのは，新しい知見が掲載されている「学術論文」である。新しい実験パラダイム。新しい結果。新しい仮説。

　社会心理学も，社会科学というサイエンスの一翼を担う学問分野として，「新しさ」の追求を行っている。実際，人の心の社会的機能についての新たな研究知見は，社会が複雑化していくにつれ，ますます重要になっており，社会的ニーズはきわめて高い。
　では最新の知見ではなく，これまでの，幾分古典的な知見も含めて掲載されている教科書的な概論書の役割とは何だろう？

　まず，概論書は，研究者を目指すのではなくても，ある分野についての広く豊かな知識と教養を身につけて，日常生活における何らかのヒントを得たいと考えている読者にとって，極めて有効な書籍である。様々な知見が網羅され，通読することでその分野の中核的精神を知ることができる。そしてそこから新たな気づきが得られることも多々あるだろう。
　また，その分野での研究を目指していく人たちにとっても概論書はとても重要な書物である。新しい知見は過去の知見の連続線上にある。これまでの研究の中で見出され，一定の評価がなされてきた知見には，ある種の「確からしさ」が存在する。たとえば人がなぜ他者を助けたり助けなかったりするのか。なぜグループが違うだけで敵意を持つことがあるのか。なぜ人はわかっていながら，環境に配慮する行動をとることができないのか。これらの基本的かつ極めて社会科学的な問いは，実は1950年代から70年代にかけての研究から学ぶことが数多くある。先人が見出した知恵には，多くの追試研究がなされる。そしてその知見が確からしさを増していく。そしてそのうえに新たな理論が積み重なっていく。研究には常に「温故知新」が必要なのだ。

　概論書には，その分野の歴史的積み重ねが紡ぎ出されている。限られたページ数の中，それぞれのトピックスの中で，特に重要だと思われるものが紹介されている。私たちはそこから多くのことを知ることができる。それらを知ったうえでなければ，これまでのところ何がわかっていて，何がわかっていないのか，何をこれからやるべきなのかを見つけることができない。概論書は道しるべであり，私たちが行き当たりばったりにならないように導いてくれる。

　さて，温故知新と豊かな教養に資するような社会心理学の書籍を編むにあたり，今回筆者たちには，長年社会心理学の書籍を手がけてこられたナカニシヤ出版の宍倉由高さんより，一つの大きな使命が与えられた。それは「社会心理学の，しっかりした決定版の書籍を」というミッションであった。
　もちろんこれまでの多くの社会心理学の名前を冠した書籍も，極めて完成度の高いものである。しかしそれらの魂を引き継ぎ，乗り越えての「決定版を」というのは重みが違っていた。筆者らの好みによる知見のピックアップ的紹介ではなく，本当にそれぞれの分野で必要とされる知識や積み重ねについて

「心して選定」し，論じる必要があった。これは身が引き締まる作業であった。

　決定版というからには，第1関門として，古典的で典型的な社会心理学のトピックスから，より広がりのある——たとえば進化や脳科学などを含めた——現代の第一線のトピックスまでカバーし，読者が社会心理学の全貌を学ぶことができる構成としたいと考えた。そして実際，基礎から実践，さらには学際性を含む多様なトピックスをそろえることができた。おそらく読者は，20章から成るこの社会心理学の書籍をお読みいただく中で，「人の心の社会性」の深淵と広がりに触れることになるだろう。人という生物がある種の「群れ」あるいは「コミュニティ」をつくって暮らしていく中で獲得してきた「社会性」の基盤は，時に他者への優しさや援助を，時には他者への冷たさや偏見を生み出してしまう。私たちは人の心の持つ特性を知ることによって，実は当たり前だと思って見過ごしている社会的現実，あるいは人の生物学的基盤が，私たちの心の働きに大きな影響を及ぼしていることを知る。

　次に，書き手である。若手からベテランに至るまでの研究者としての力量が豊かなエキスパートの先生方に執筆をお願いし，快く引き受けていただくことができた。これで第2関門も突破することができた。各章の担当者には「決定版」の名に恥じぬよう，古典的な知見から現在の研究までを各章の担当者は網羅的に述べるようにつとめていただいた。そしてそのリクエストに十分に応えていただいた。

　とはいっても，最初に述べたとおり，学問は日進月歩なのだ。つまり，いつか覆される知見もあるかもしれない。あるいは未解決の論点も存在しており，将来の研究が待たれるところも多くある。こうした点についても，各章の著者らは正直にそのように記載している。

　決定版でありながら，変更や修正がいつか加えられていくかもしれない，その可能性があることは，学問領域としては極めて喜ばしいことなのだ。反論も覆しも大歓迎。つまり，「閉じた決定版」ではなく，「オープンな決定版」でありたいのだ。社会心理学が発展すればするほど，これから新たな展開が加えられていくだろう。がらりと理論が変わることだってあり得るかもしれない。しかしもしそのようなことがあったとしても，これまでの蓄積とその経緯を，私たちはやはり参照し続けるだろう。なぜならそこには確かな学問の軌跡と蓄積，知恵の集結があるからだ。たくさんの人が知恵を寄せ合い，研究を続けていく意義はそこにある。

　とくに若い読者の方々には，これまでの知見に学びながら，疑問点を見つけ，そこに対して新たな視点を加えていこうという野心を持って本書をお読みいただけるなら大変うれしい。

　さて，編集にあたり，本書を1章から順に読み通してみた。教科書としての知識提供という側面を持ちながら，社会と心の関係の広がりに触れ，知的な刺激に富んだ書物となり，まさに決定版として社会心理学の書籍になったと自負している。新たな展開が後に加えられていったとしても，長く読み継がれる書籍であればと願う。

　最後に，決定版にふさわしい激励と伴走をいただいたナカニシヤ出版の宍倉由髙様・山本あかね様に心から感謝したい。

内田由紀子・北村英哉

目　次

はじめに　*i*

■1　社会心理学の古典的研究 ─────────────────── 1
1. 個人過程　*1*　　2. 対人過程　*7*　　3. 集団・集合過程　*11*

■2　社会的認知 ──────────────────────── 17
1. 人と人とを結ぶ心の働き　*17*　　2. 社会的認知の自動性　*19*　　3. 意識と無意識の分業　*26*

■3　ステレオタイプ ────────────────────── 33
1. はじめに　*33*　　2. ステレオタイプの形成過程　*33*　　3. ステレオタイプ化　*37*　　4. ステレオタイプと解釈過程　*39*　　5. ステレオタイプの維持　*40*　　6. ステレオタイプのターゲットの心理　*43*　　7. おわりに　*46*

■4　社会的推論 ──────────────────────── 53
1. ヒューリスティックス　*53*　　2. 帰属過程　*56*　　3. 社会的推論におけるその他のバイアス　*61*　　4. 社会的推論におけるバイアスは致命的な問題なのか　*65*

■5　自己過程と自己制御 ───────────────────── 71
1. 自己認知：自分を知る　*71*　　2. 自己制御：自分を動かす　*75*　　3. 社会的自己：他者と関わる　*80*　　4. おわりに：自己と適応　*83*

■6　感情と道徳 ──────────────────────── 87
1. 感情の理論　*87*　　2. 気分の研究　*88*　　3. 社会心理学と感情　*93*　　4. 感情の潜在測定：AMPとIPANAT　*95*　　5. 道徳感情（moral feeling）　*97*　　6. おわりに　*99*

■7　態度と説得 ─────────────────────── 103
1. 態度とは何か　*103*　　2. 態度構造の理論　*104*　　3. 態度測定　*105*　　4. 潜在的態度に関する論点　*109*　　5. 説得による態度変容　*111*

■8　対人行動 ──────────────────────── 121
1. 攻撃行動　*121*　　2. 援助行動　*127*　　3. 援助要請　*131*　　4. ソーシャルサポート　*135*

■9　人間関係 ──────────────────────── 147
1. 親密な関係の形成　*147*　　2. 親密な関係の維持　*150*　　3. 友人関係と恋愛関係　*154*　　4. 関係葛藤への対処と関係の崩壊　*160*　　5. おわりに　*163*

■10　コミュニケーション ─────────────────── 171
1. はじめに　*171*　　2. コミュニケーションに関する3つのアプローチ　*173*　　3. まとめ　*184*

■11　組織と集団過程 ──────────────────── 189
1. 組織と集団　*189*　　2. 勢力と地位　*190*　　3. リーダーシップと影響戦術　*194*　　4. チームワークと集団生産性　*197*　　5. 集団意思決定　*201*

■12　集団間関係 ───────────────────── 209
1. 集団間葛藤と人間　*209*　　2. 集団間葛藤を生じさせる心の仕組み　*209*　　3. 最小条件集団で内集団ひいきが起こる理由：社会的アイデンティティ理論と閉ざされた一般交換システムに

対する期待仮説 *211*　　4．SITとBGRの違い：集団「間」と集団「内」 *214*　　5．その他の内集団ひいき／集団間葛藤の説明理論 *215*　　6．集団間葛藤を支える社会的相互作用：なぜ解消が難しいのか？ *218*　　7．集団間葛藤の解消 *222*　　8．結　語 *224*

13　インターネット ─────────────────────────── 233
1．コミュニケーションを変えたインターネット *233*　　2．メディアとしての特徴 *237*　　3．インターネット・コミュニケーションを介した対人関係 *240*　　4．オンラインコミュニティにおける人間行動 *243*　　5．結　論 *247*

14　文　化 ───────────────────────────── 249
1．はじめに *249*　　2．理論と方法論 *249*　　3．自　己 *252*　　4．認知・思考様式と文化 *254*　　5．動機づけと文化 *257*　　6．感情と文化 *258*　　7．言語とコミュニケーション *261*　　8．文化的産物 *262*　　9．文化差の要因と文化の変化 *263*

15　進化的アプローチ ──────────────────────── 269
1．進化的アプローチとは何か？ *269*　　2．適応的認知 *271*　　3．協力の進化 *275*　　4．表情と魅力 *281*　　5．最後に *283*　　付録1　繰り返し囚人のジレンマにおけるしっぺ返し戦略（TFT）の進化の分析 *288*

16　アクションリサーチ ─────────────────────── 291
1．はじめに *291*　　2．アクションリサーチの歴史 *292*　　3．アクションリサーチの理論 *294*　　4．アクションリサーチのプロセス *297*　　5．アクションリサーチの困難 *301*　　6．おわりに *303*

17　健　康 ───────────────────────────── 307
1．健康の考え方と社会的行動 *307*　　2．ストレス *309*　　3．健康とパーソナリティ *314*　　4．健康とポジティブ心理学 *316*

18　環　境 ───────────────────────────── 325
1．環境行動とは *325*　　2．社会心理学理論による環境行動の説明 *326*　　3．環境行動の促進へのアプローチ *333*　　4．環境問題の解決と課題 *336*

19　規範と法 ──────────────────────────── 343
1．社会心理学における規範 *343*　　2．重要な3つの公正と相対的剥奪 *348*　　3．公正と感情 *351*　　4．文化と公正 *351*　　5．法への応用 *353*

20　社会神経科学 ───────────────────────── 365
1．はじめに *365*　　2．他者理解の脳内メカニズム *367*　　3．社会的情動と社会的報酬 *371*　　4．社会神経科学における意思決定 *374*　　5．おわりに *379*

索　引 *386*

社会心理学の古典的研究

岡 隆

本章では，社会心理学における古典的な実証的研究を中心に紹介する。近年，社会心理学をはじめ心理学の世界では，実験や調査などの研究結果の再現性の欠如の問題が注目されるようになっているが，古典的研究とは，その研究結果が後続の追試などによって繰り返し確認されてきた，いわば時の試練に耐える頑健な事実や知識を提供したものであり，また，その研究によって多くの後続研究が刺激され，その研究を核として多くの事実や知識が蓄積される契機となったものである。

本書の構成が示しているように，社会心理学は，社会的認知や社会的自己，社会的態度などの「個人過程」，コミュニケーションや対人的影響や人間関係などの「対人過程」，組織や集団，集団関係，社会などの「集団・集合過程」を扱う研究領域に大別できる。社会心理学には，社会心理学全体に適用できる発見や一般理論はなく，研究領域ごとに発見や理論が蓄積されてきた。そのため，本章では，その研究領域ごとに，それらの発見や理論の核となった古典的研究を紹介する。

なお，本章は，古典的研究を網羅しているわけではない。本書の他章で詳細に記述される古典的研究は本章では割愛してある。また，本章では，社会心理学的問題意識に基づいた，いくつかの質問をしてある。それらの質問について，そこで紹介される古典的研究を参考にして思考をめぐらすことによって，2章以降の社会心理学の個別領域の網羅的な専門的展開への導入とされたい。

再現性
同じ対象に同じ手続きで実験や調査を実施すれば，同じ結果が再現されるということは，社会心理学が科学と呼ばれるための要件である。

1．個人過程

私たちが他の人びとや自分自身をどのように知覚・判断し，どのように感じているかは，私たちが社会の中で他の人びとと関わっていく第一歩である。本節では，まず，私たちが，他の人に対する全体的印象をどのように抱き，他の人や物事の関係をどのように認知し，他の人の行動の原因をどのように推測するかについて考え，次に，私たちが，自分の行動や意見の矛盾をどのように解消し，役割や関係などの社会的圧力からどのような影響を受けているかを考える。

(1) 人に対する全体的印象はどのようにしてできるのか：アッシュの印象形成実験

アッシュ（Asch, 1946）は，ある人物の全体的印象は，中心的な特性を核とするまとまりのある全体を構成し，個々の特性はその全体との関係でその意味づけを変えると考えた。この全体は，個々の要素に分割できないゲシュタルトである。アッシュは，この考えを実証するために，ある人物の性格に関する言

ゲシュタルト
Gestalt というドイツ語。原義は「形態，構造」。ゲシュタルト心理学では，精神は，個々の要素の単なる寄せ集めではなく，統一的な全体的構造をもつという考え方をする。

語的な断片的情報のリストを実験参加者に読み聞かせて，どのような全体的印象が形成されるかを測定した。たとえば，「知的な，器用な，勤勉な，ていねいな，決断力のある，実際的な，用心深い」と紹介される人物も，「知的な，器用な，勤勉な，ぶっきらぼうな，決断力のある，実際的な，用心深い」と紹介される人物も，「知的な，器用な，勤勉な，決断力のある，実際的な，用心深い」と紹介される人物も，その全体的印象はあまり異ならなかったが，「知的な，器用な，勤勉な，あたたかい，決断力のある，実際的な，用心深い」と紹介される人物と「知的な，器用な，勤勉な，つめたい，決断力のある，実際的な，用心深い」と紹介される人物は，その全体的印象が大きく異なった。つまり，「ていねいな」「ぶっきらぼうな」という特性は，その特性がないときと変わらないくらい周辺的な働きしかしないが（周辺的特性），「あたたかい」「つめたい」という特性は，全体的印象を左右するくらい中心的な働きをしたのである（中心的特性）。

アッシュはさらに，同じ特性でも，それが置かれる文脈によってその意味が変容すると考えた（意味変容仮説）。たとえば，「親切な，思慮深い，正直な，もの静かな，強い」と「薄情な，抜け目のない，無節操な，もの静かな，強い」とでは，同じ「もの静かな」が，前者では「穏やかな」「誠実な」という意味で，後者では「冷たい」「周到な」という意味で理解されることが多かった。

アッシュは，特性が呈示される順序によっても意味が変容すると考えた。たとえば，「知的な，勤勉な，衝動的な，批判的な，頑固な，嫉妬深い」と紹介される人物は，同じ特性を逆順に「嫉妬深い，頑固な，批判的な，衝動的な，勤勉な，知的な」と紹介される人物よりも好意的な印象が抱かれた。最初に呈示された特性が，全体の枠組みや方向づけを与え，後から呈示される特性に影響を与えたのである。

このようにアッシュは，印象形成のメカニズムを，部分に還元できない全体性や意味変容によって説明しようとするゲシュタルト・モデルを提案し，実証していった。最初の情報の影響力が大きいという現象は，その後，初頭性効果と呼ばれるようになり，逆に，最後の情報の影響力が大きいという新近性効果も発見されることになる。アンダーソン（Anderson, 1965）は，これらの発見を，個々の特性の代数的結合で説明しようとする情報統合理論を提案した。個々の特性の好ましさの加減乗除によって，全体的な好ましさを予測しようとしたのである。たとえば，初頭性効果は，リストの最初の特性が注目されるので，全体的な好ましさを判断する際に大きく重みづけられるという加重平均モデルで説明された。このように部分から全体を説明しようとしたアンダーソンのモデルは，モザイク・モデルとも呼ばれている。

加重平均モデル
このモデルでは，新近性効果は，リストの最後の特性が記憶に残りやすいので，大きく重みづけられると考えられている。

■ (2) 人や物事の関係をどのように認知するのか：ハイダーのバランス理論

ハイダー（Heider, 1958）は，人びとには，自分を含む様々な関係の中にバランス（均衡）を知覚しようとする欲求や傾向があり，人びとがバランスの崩れを知覚すると，バランスを回復しようと動機づけられると考えた。たとえば，「私は○○さん（相手）が好きです，私は犬が好きです，相手は犬を飼っています」という状況と，「私は相手が好きです，私は猫が嫌いです，相手は

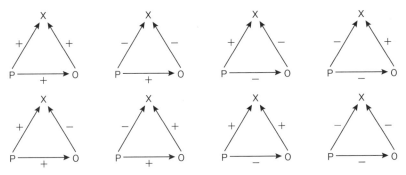

図 1-1　バランス構造（上段）とインバランス構造（下段）（Heider, 1958 より作成）

猫を飼っています」という状況を比較すると，前者の「私」は居心地がよく，関係は安定しているが，後者の「私」は，この関係に不快で緊張し，「私」は「相手を嫌いになる」「猫を好きになる」「相手に猫を手放させる」など現状の変更を試みて，この不快な緊張を解消しようとする。

ハイダーは，主に，知覚者（P；「私」），他者（O；「相手」），対象（X；「犬」または「猫」）という3者の関係に焦点をあてて理論的分析を試みた。この3者関係には，感情関係と単位関係という2種類の関係が含まれている。感情関係は，知覚者が相手や対象に対して持つ好き嫌いの感情であり，愛情，尊敬，賞賛などのポジティブな感情傾向（＋；プラス）と，憎悪，軽蔑，拒否などのネガティブな感情傾向（－；マイナス）とがある。単位関係は，2者が一体であるという知覚であり，類似，近接，因果，所有，所属などによって単位が形成された関係（＋）と，そのような単位が形成されていない関係（－）とがある。

P-O-X の3者関係は，図1-1 のように，バランス構造とインバランス構造とに整理できる。バランス構造は，3つの関係がすべて＋か，2つが－で1つが＋のときであり，それ以外はインバランス構造である。バランス構造は安定しているが，インバランス構造は不安定であり，感情関係や単位関係を変更することによって，バランス構造を達成しようとする。

ジョーダン（Jordan, 1953）は，この3者関係の感情関係と単位関係のすべての組み合わせで，それぞれが＋と－の場合について，冒頭の例のような文章を64通り作成し，実験参加者に呈示して，それぞれの文章の「私」が感じる快－不快の程度を評定するように求めた。ハイダーの理論どおりに，バランス構造は，インバランス構造よりも全体的に好まれるという実験結果が得られた。しかし，たとえば，たとえバランス構造でも PO 関係が－の構造は好まれなかったり，単位が形成されていない関係を含む構造では好悪がはっきりしなかったりした。ハイダーの定式化は，実証的検討を要する多くの課題を残すことによって，その後の対人認知や対人感情の研究を刺激することとなった。

(3) 人の行動の原因を正しく推測できるか：ジョーンズとハリスの基本的な帰属のエラー実験

人びとが，様々な事象や自他の行動を観察して，その事象や行動の原因を推論する過程は，帰属過程と呼ばれる。たとえば，ある暴力事件の目撃者は，その事件の原因を加害者の属性に求め，たとえば加害者のことを残虐な人間と決

めつけたり（内的な属性帰属），あるいは，その事件を取り巻く状況など外的要因に求め，たとえば被害者に挑発されたせいだと解釈したりする（外的な状況帰属）。

　ジョーンズとハリス（Jones & Harris, 1967）は，人びとが，他者の行動の原因を推測する際に，環境や状況などの外的要因の影響力を軽視して，その行為者本人の性格や態度や能力などの内的な属性要因の重要性を過大視する傾向を発見した。ジョーンズらは，実験参加者に，キューバのカストロ政権について政治学部の学生が試験のときに書いたエッセイを呈示し，その学生の本当の態度を推測するよう求めた。その作文の内容にはカストロに賛成と反対の2種類があり，その作文が書かれた状況として，その学生がカストロ賛成か反対かのいずれかのエッセイを自由に選んで書いたと伝えられる条件と，その学生が教師にどちらかの立場を指定されてカストロ賛成（ないしは反対）のエッセイを書かされたと伝えられる条件とがあった。ジョーンズらによる実験結果の予測は，エッセイの中で表明された意見は，本人に選択の自由があったときにのみ本人の本当の態度を反映していると推測されるというものであった。

　実験の結果は，学生に選択の自由があったときには，予測どおり，学生の意見表明はその学生の真の態度の反映と判断されることを示した。しかし同時に，その結果は，学生に選択の自由がないときにも，いくぶんその程度は弱まるものの，学生の意見表明はその学生の真の態度の反映と判断されることを示したのである。すなわち，選択なし条件では，教師による立場の指定という外的要因が軽視され，意見表明を行った本人の態度という属性要因が重視されたのである。

　このように外的要因を軽視し，内的要因を重視する人びとの帰属傾向は，その後，対応バイアス，属性バイアス，過度のバイアスなどと呼ばれることになるが，最初にロス（Ross, 1977）が「基本的な」帰属のエラーと命名したように，きわめて頑健な現象として確認され続けている。それが「基本的」であることは，最近では，このバイアスをもたらす認知過程が非意図的で自動的な過程であると考えられていたり，文化を超えて普遍的な現象と考えられていたりすることからもうかがい知ることができる（4章も参照）。

■（4）自分の行動や意見の矛盾をどのように解消するのか：フェスティンガーの認知的不協和実験

　フェスティンガー（Festinger, 1957）の認知的不協和の理論によれば，人びとの意識の中の，自分や環境についての知識は認知要素と呼ばれる。ある個人が2つのお互いに相容れない，矛盾・対立する認知要素を同時に持っていると，その人は，不協和という不快な心理的緊張状態を経験する。たとえば，ある作業を体験して，その作業が面白くないと感じた人は，別の人にその作業について話すときには面白くなかったと伝えるだろう。しかし，何らかの理由で，もしこの人が面白かったと伝えてしまったら，この人は，本心に反するうそをついたことによって不協和を経験することになる。この不協和は，うそをついたことがその理由によって正当化できるときには容易に解消する。しかし，うそをつく理由が希薄なために自分のうそを容易に正当化できないときには，この不協和は，その作業に対する自分の意見を変えることによって低減されることがある。この人は，自分のうそを信じるようになるのである。

対応バイアス

　行動に対応した属性が推測されやすいという傾向。たとえば，「席を譲る」という行動は「やさしい」という属性に対応しており，ある若者の「席を譲る」という行動が観察されると，たとえそれが優先席であっても，その若者に「やさしい」という属性が帰属されやすい。

フェスティンガーとカールスミス（Festinger & Carlsmith, 1959）は，実験参加者が実験室に1人で到着すると，非常に退屈な作業を1時間行わせた。この作業が終了した後で，実験者は実験参加者に対して，この実験の目的が作業に対する期待の効果を調べることであり，次にやってくる実験参加者は作業が面白いという期待を抱いて作業をする条件になっており，その期待を抱かせるために作業経験者から「作業がとても面白かった」と聞かされることになっているという説明をし，その作業経験者の役割をアルバイトとして引き受けるよう依頼した。このときにアルバイトの報酬として20ドル支払われると言われた者と，1ドル支払われると言われた者がいた。この実験参加者は，次の実験参加者（実はサクラ）に紹介され，自分が体験した作業がいかに面白いものであったかを語った。次の実験参加者が作業をするために実験室に赴いた後で，最初の本当の実験参加者は別室に案内され，別の面接者から，実験を体験した感想を聞かれたが，その中には，直前に体験した作業に対する感想も含まれていた。

退屈な作業をしてすぐにその作業の面白さを回答した統制条件の実験参加者と比べて，20ドルを支払われた条件の実験参加者では，その作業の面白さの評定はあまり差がなかった。しかし，1ドル条件の実験参加者は，それら2つの条件よりも，あの退屈な作業を面白いと評定していた。20ドルという金額はこのような状況でうそをついたことを正当化するのに十分であり，実験参加者は容易に不協和を解消できたが，たった1ドルでは，実験参加者は，自分のうそを十分には正当化できなかったので，その作業を面白いと思い込むことによって，不協和を解消したのである。

ベム（Bem, 1967）は，フェスティンガーらの実験シナリオのそれぞれの条件を，自分の実験の参加者に説明して，フェスティンガーらの実験の参加者が作業をどのように評定したかを推測するよう求めた（対人シミュレーション）。ベムの実験の参加者は，不協和という不快な心理的緊張状態を経験することのない観察者であったが，フェスティンガーらの実験の参加者の反応を正確に予測できた。このことは，実際に実験を経験した参加者自身も不協和を経験することなく，ただ単に自分の行動や状況を冷静に観察することによって，作業に対する自分の態度を推測していただけかもしれず（自己知覚理論），不協和という概念やその性質について多くの議論と研究を生み出すこととなった。

(5) 役割や関係などの社会的圧力は自己にどのように作用するのか：ジンバルドーの模擬刑務所実験

刑務所の看守が冷淡で残忍であり，囚人が従順で卑屈であるのは，彼らがもともとそのような性格や気質を持っているからであろうか，それとも刑務所の中での看守と囚人という役割や関係が普通の人びとをそのようにさせているのであろうか。ジンバルドーら（Zimbardo et al., 1977）は，模擬刑務所を作り，普通の健全な大学生に看守か囚人のいずれかの役割を演じさせるシミュレーション実験を行って，刑務所の中では普通の人びとでもいかに非人間的な行動や病的な状態が生じるかを明らかにした。

ジンバルドーらは，刑務所生活に関する心理学的研究の新聞広告に応募してきた男子大学生の中から，各種の心理検査や質問によって，身体的にも精神的にも成熟・安定し，過去に反社会的行動の少なかった21人を選び出し，10名

サクラ
実験者から与えられた役割を演技する実験協力者のこと。ここでは，「実験参加者」という役割を演じている。この手法は，本当の実験参加者をだますことになり（「ディセプション」という），研究倫理上の問題が議論されなければならない。

自己知覚理論
人は，他者の行動や，その行動が生じた状況を観察・分析し，その他者の内面の心的状態を推測するように，自分自身の行動についても，同じような観察・分析をとおして，自分自身の心的状態を推測するという理論。

を看守役に11名を囚人役に無作為に割り当てた。実験は2週間の予定で，看守役は1日8時間の3交替制で，囚人役は1日24時間参加した。囚人役の学生は自分の家にいるところを警察官によって突然逮捕され，警察署での手続き（指紋採取，写真撮影，全裸検査など）を受け，スタンフォード大学の地下室に作られた模擬刑務所に送られてきた。この刑務所の作りや生活は，実際の入所経験者や看守からの聞き取り調査や文献に基づいて重要な特徴や機能は忠実に模してあった。それらは，服装や装具，私物の禁止，ID番号の使用，点呼から食事の毎日のきまり，格子窓からの監視，手紙やタバコやトイレなどの許可性，面会の取り決めなど細部にわたっていた。

実験開始から2日もしないうちに，囚人の側に極度の感情の落ち込み，号泣，激怒，不安の兆候が現れるようになり，5人の囚人はすぐに解放された。そのうちの1人は心身症性の全身発疹の治療が必要であった。囚人も看守も，実際の囚人や看守になりきってしまい，役割演技と自己との区別がつかなくなってしまっていた。看守は，侮蔑的，攻撃的，権威的，支配的になり，囚人は，受動的，従属的，抑うつ的，無気力，自己否定的になった。看守は，囚人をあさましい動物であるかのように見下し，自分たちの残忍さを楽しむようになり，囚人は自分の逃亡や安全だけを考え，看守に対して憎悪を募らせるだけの隷属的ロボットになりさがってしまった。このような事態のため，2週間の予定で始めた実験はたったの6日で中止せざるを得なかった。

この実験は，刑務所の中の看守と囚人という役割や関係が自己のありかたにいかに大きな影響を及ぼすかを示している。刑務所という非日常的で特殊な状況ではないが，人びとは，日常，様々な関係の中で様々な役割を担っており，社会的に規定される自己について多くの問題が提起された。

(6) 自分は今，どう感じているのか：シャクターの情動の二要因理論

人びとは，自分が今，うれしいのか怒っているか，自分の感情のような個人的で内面的な状態を判断する際に，自分の内面の状態だけを手がかりにするのではなく，自分を取り巻く状況，その中でもとくに他の人を手がかりにすることがある。状況が曖昧なために自分がどう感じているかがはっきりしないとき，人びとは，自分と同じ状況にいる他の人がうれしそうにしていれば，自分も喜びを感じるのであり，その他の人が怒っていれば，自分も怒りを感じるのである。

喜怒哀楽などの個々の情動にはそれぞれ特有の生理的変化がともなうとする情動の生理説（ジェームズ＝ランゲ説など）に対して，シャクターとシンガー（Schachter & Singer, 1962）は，生理的変化は同一であっても，その生理的変化の性質や原因についての認知的評価が状況によって異なるために，様々な情動の主観的体験が生じることを実証した。人びとは，心拍の増加や呼吸の昂進や手掌の発汗などの生理的喚起を経験すると，自分を取り巻く状況の中の手がかりにその原因を求め，その手がかりに関連した情動を経験するのである。シャクターらは，実験参加者にサプロキシンというビタミン剤を注射すると伝えたが，実際には，何の生理的変化ももたらさない生理食塩水を注射された者と，動悸や手の震えなどの交感神経系の興奮をもたらすエピネフリンを注射された者がいた。エピネフリンを注射された実験参加者の中には，動悸や手の震えなどの作用が生じることを正しく伝えられた者とそのような作用については

情動の生理説
うれしいから笑うのではなく，笑うからうれしいのである，という有名な句に象徴されるように，身体的変化が先にあって，その身体的変化の種類によって感情の種類が決まるという考え方。情動の二要因理論は，身体的変化が先にあるという点では生理説と同じであるが，その身体的変化の種類によることなく，認知的評価をとおして感情の種類が決まると主張する点で異なっている。

伝えられない者がいた。実験参加者は，その後，別の部屋で，同じ注射を受けた他の実験参加者（実はサクラ）と居合わせることになるが，このサクラは，陽気にはしゃぐか，それとも，癇癪を起こして部屋を出て行くかの演技を行った。生理食塩水を注射された者と，エピネフリンを注射されて，その生理的作用について正しい情報を与えられていた者は，サクラの行動の影響をあまり受けなかった。しかし，エピネフリンを注射され生理的喚起を経験しながら，それが注射のせいであることを知らされていなかった者は，サクラの行動の影響を強く受け，サクラと同じように気分が高揚したり，あるいは，怒ったりしたのである。感情のように，身体の内側から沸き起こってくる個人的な体験とされていたものでさえ，実際には，その人が置かれた社会的状況とそれに関する認知によって強く影響されることがあるのである。

2．対人過程

　私たちは，日々，他の人びとに働きかけ，また，他の人びとから働きかけられながら，他の人びとと関わり合いを持って生活している。本節では，まず，私たちが，他の人びとにどのように関わっていき，その中で，自分自身の意見や能力をどのように評価するようになるかを考え，次に，私たちが，他の人からの命令や指示や要請にどのように応え，また，私たちの人間関係が，組織や社会の中でどのように広がっているかを考える。

(1) 人に対して自分の気持ちどおりに行動するのか：ラピエールの態度と行動の一貫性実験

　ある民族が嫌いで，その民族に対して非好意的な偏見的態度を抱いている人びとは，実際に，その民族の一員と接触するときに差別的な行動をするのであろうか。ラピエール（LaPiere, 1934）は，合衆国で東洋人に対する偏見が強かった1930年から2年間をかけて，彼の学生である若い中国人夫妻と合衆国中を旅行した。その旅行中に彼らは251か所のホテルやレストランに立ち寄ったが，サービスを断られたのはこのうち1か所だけであった。ラピエールは，それぞれの訪問から6か月の間隔をおいて，それらの施設に手紙を書き，中国人の客にサービスをするかどうかを問い合わせたところ，128の施設から返事があり，その92％がお断りするとの回答であった。この結果は，一般的な中国人という民族に対して言語的に示された偏見的，差別的な態度が，現実の状況での現実の中国人に対する差別的な行動と一致しないことを示している。

　「態度」は，社会心理学が提案した仮説的構成概念の中でも最も古いもののひとつであり，個人が関わりを持つ様々な対象に対して，個人の行動に一定の方向づけを与える心的準備状態と定義されている。この態度は，外部から直接に観察できる行動そのものではなく，その行動の対象となる刺激や状況と，その行動とを媒介する心的構成概念である。社会心理学者は，様々な対象に対する人びとの態度を測定することによって，その対象に対する人びとの行動を予測しようとした。そして，この態度を簡便に測定するために，「あなたは日本人と友だちになりたいですか」「あなたは日本人が嫌いですか」などの質問項目に対する人びとの言語的な回答を測定してきた。社会心理学者にとって都合の悪いことに，ラピエールの研究結果は，このように言語的に測定された態度

仮説的構成概念，心的構成概念
　ある現象の原因として実際に物理的実体として存在するかどうかはわからないが，それを仮定することによってその現象をよりよく説明できるような概念。「心」「感情」「意思」「性格」「知能」など，心理学の概念はほとんどがこれにあたる。

が，実際の行動を予測しないことを示したのである。

　この研究を契機として，態度と行動との対応が議論され，態度が行動を予測するための様々な要因が特定されてきた。たとえば，一般的な態度（中国人全般に対する態度）は一般的な行動（中国人全般に対する行動）を予測し，特殊な態度（特定の中国人に対する態度）は特殊な行動（特定の中国人に対する行動）を予測したりする。さらに，態度の測定と行動の測定との時間間隔が短いほど，それらの測定時の自己の内面への注目度が高いほど，また，態度が直接経験に基づいて形成されているほど，予測力が高かったりすることも明らかにされている。

(2) どうして，どのようにして自分を他の人と比較するのか：フェスティンガーの社会的比較理論

　フェスティンガー（Festinger, 1950, 1954）によれば，人びとには，自分の意見や能力を評価しようとする動因がある。自分の意見の正しさや自分の能力の高さが不明確であったり，それらの判断が不適切で間違ったりしていれば，社会的な適応に際して深刻な結果が生じるからである。これらの自己評価は，物理的現実に照らして客観的にその妥当性が保証されることがある。たとえば，自分が走ったり泳いだりする能力は距離と時間の物理的計測によって評価できる。しかし，このような客観的で非社会的な比較基準がないことも多い。たとえば，自分のディベートの能力が高いか低いか，原子力発電を廃止すべきという自分の意見が妥当かどうか，などである。このようなとき，人びとは，自分の能力や意見を社会的現実に照らして，つまり，他の人の能力や意見と比較することによって評価しようとする。

　フェスティンガーは，さらに，他の人との意見や能力との差が大きくなるにつれて人びとが他の人と自分とを比較しようとする傾向は，小さくなると考えた。大学生が小学生とディベートの能力を比較したり，大学生が電力会社の社員と原子力発電についての意見を比較したりしても，自分の能力を適切に査定したり，自分の意見の妥当性を評価したりすることはできないからである。このように，人びとには，自分自身と能力や意見が類似した人を比較の対象として選び，安定した自己評価を達成しようとする傾向があり，そのような人と親和し，連合しようとする傾向がある（斉一性への圧力）。

　なお，本来の意味で正解がない意見を比較するのとは異なり，人びとが，能力を比較するときには，能力は高い方がよいという文化的価値規範があるため，自分より優れた人を比較の対象として選び，その人を凌ぎ自分の能力を改善しようとする動因が働き，そのような人と競争しようとする傾向がある（向上性の圧力）。

　社会的比較に関するフェスティンガーの以上の定式化を受けて，社会的比較に基底する欲求や動因，比較対象の選択方法，社会的比較の結果としての自己評価や感情，親和や競争などの対人行動などをめぐって数多くの実証的研究が展開されることになった。

(3) 権威からの理不尽な命令に逆らうことができるか：ミルグラムの服従実験

　第2次世界大戦中，ナチス親衛隊のアドルフ・アイヒマンは，ユダヤ人の絶

斉一性への圧力
　この圧力によって，比較対象の選び方が決まるだけでなく，自分の意見や能力を比較対象のそれに近づけたり，逆に，比較対象の意見や能力を自分のそれに近づけるような働きかけが生じたりもする。

向上性の圧力
　この圧力によって，自分よりも能力の高い人と比較することを上向きの比較という。逆に，自己評価を維持したり高揚したりするために，自分よりも能力の低い人と比較することを下向きの比較という。

アドルフ・アイヒマン
　この人物の名前をとって「アイヒマン実験」と呼ばれることがある。

滅収容所への輸送計画の責任者であった。戦後の裁判で彼は，自分の行為がユダヤ人の大量虐殺に貢献したという事実を認めながらも，オフィスで職務命令を忠実に実行していただけの平凡な官吏であるとして，自分に個人的な責任はないと主張した。しかし，彼は絞首刑になった。権威のある人物から命令を受けたときに，それが自分の意に反したものであっても，それに従った行動をすることは服従と呼ばれる。

ミルグラム（Milgram, 1974）は，記憶と学習の研究への実験参加者を，別の見知らぬ実験参加者（実はサクラ）と2人1組にし，くじ引きで教師役と生徒役を決めさせた。このくじには細工があり，本当の実験参加者が教師役になり，サクラが生徒役になった。教師役は，別室の生徒役に記憶再生の問題を出し，生徒役が間違えると電気ショックを，間違えるたびに1段階（15ボルト）ずつ強くして送るように実験者から指示された。生徒役は予定どおりに間違え，教師役が送電盤から電気ショックを送ると，75ボルトまでは不平をつぶやき，135ボルトでは苦しいうめき声を発し，150ボルトから悲鳴をあげ実験の中止を求め，330ボルトからは何の反応もしなくなった。実験者は教師役に，生徒役の無反応は誤答とみなして電気ショックを送るように命令した。教師役が2度続けて実験の中止を申し出たところで実験は終了した。もちろん実際には電気は流れておらず，生徒役の反応は演技であった。

教師役の実験参加者の中には，冷や汗をかき，震えをおさえられず，ヒステリックな笑いを浮かべ，極度の緊張を示す者もいた。しかし，40人の実験参加者の約6割が，実験者の命令に従って，生徒役が苦痛にのたうち回り，ついには何の反応もしなくなる最後の450ボルトまで送電し続けた。この実験の参加者は，地方紙の広告で募集した20歳から50歳までのアメリカ人男性で，職業も様々な普通の人たちであった。

ミルグラムは，様々に条件を変えて実験を繰り返すことによって，多くの人びとが残酷で非人間的な命令に容易に服従することを示しながら，その服従の原因を考察した。日常生活では責任感のある自律的な人びとでも，権威というヒエラルキー構造の中に埋め込まれることによって，代理状態に移行する。この心理状態は，個人が自分自身を他者の要求を遂行する代理人とみなす状態であり，個人は他者に責任転嫁を行い，自分の行動に責任を感じなくなるのである。

この研究は，その発見の重大さだけでなく，研究者の倫理的問題についても激しい論争を巻き起こした。実験後に実験参加者に対して十分な説明を尽くしたものの，一時的にせよ，偽りの情報を与え，身体的症状をともなう極度の緊張を含む精神的苦痛を経験させることは，この研究が明らかにしたことの科学的価値を考慮するときに，どこまで許されるのであろうか。

(4) 労働者は会社組織の歯車か：ホーソン実験

合衆国のウェスタン・エレクトリック株式会社ホーソン工場では，労働の科学的管理法を実践しようとして，1924年から1927年にかけて，照明や休憩時間などの物理的労働環境を整備することによって従業員の疲労を軽減し，生産性を向上するための実験研究を行った（「照明実験」）。その予想に反して，物理的環境条件の改善や改悪などの変化とは無関係に，従業員は生産性を上げていった。

労働の科学的管理法
チャールズ・チャップリンの映画『モダン・タイムス』（1936年公開）では，この管理法の背景にある資本主義と機械文明が痛烈に風刺されている。

この段階で，産業心理学者のメイヨー（Mayo, 1933）や社会学者のレスリスバーガー（Roethlisberger, 1941; Roethlisberger & Dickson, 1939）らの専門家が研究に参加することになり，1927年から1929年にかけて，より厳密な実験を行ったが（「継電器組立実験」），ここでも，休憩や労働時間や給料などの物理的・物質的労働条件の変化とは無関係に労働生産性は向上し，これらの労働条件が突然改悪されても，生産性が低下することはなかった。この実験では，メイヨーらは，実は，従業員に様々な質問をしたり，意見を求めたり，相談したりして，たとえば，従業員の要望によって，作業の監督者が置かれなくなったり，作業中のおしゃべりが許されたりしていたのである。

照明実験では，実験に参加しているという従業員の意識が，継電器組立実験では，実験に参加し特別な役割を果たしているという意識に加えて，従業員を取り巻く人間的状況の変化や，その変化にともなう心理的状態の変化が，生産性の向上に寄与していたのである。

そこで，メイヨーらは，直接，従業員の感情や人間的状況が生産性に及ぼす影響を検討した。1928年から1930年にかけて，従業員一人ひとりに苦情や不平の聞き取り面接を行い（「面接実験」），職場での労働意欲などの感情が，従業員一人ひとりの過去の家庭・社会生活などの来歴や，職場の仲間や上司との人間関係上の満足などと関連していることを明らかにした。1931年から1932年にかけて，できるだけ自然の状態で14人の作業集団を観察することによって（「バンク巻取観察実験」），会社の中のフォーマルな集団やその規範ではなく，それぞれの職場の中に自然に発生したインフォーマルな集団やその規範の方が，従業員の生産性に影響を与えることを明らかにした。

これらの13年間にわたる一連の研究は，当時支配的であった機械的人間労働観や論理的・経済的人間労働観に基づく科学的管理法の確立を目指して開始されたものの，その予想に反して，労働生産性が，労働者を取り巻く人間関係に由来する人間本来の感情の論理によって左右されるという，現代では常識となっている知見を示すことになったのである。

(5)「世間は狭い」か：ミルグラムのスモール・ワールド実験

世間は広いか，狭いか，「世界中の人間のなかから2人を取り出したとき，その2人がお互いに知り合いである確率はどれくらいであろうか」という問いかけを，ミルグラム（Milgram, 1967）は，直接の知り合いではないにしても共通の知り合いがいるかもしれないことを考慮にいれて，「世界中の人間のなかから2人を取り出したとき，両者を媒介する知人を何人連結すればこの2人がつながるのか」と問い直した。

ミルグラムは，たとえば，カンザス州やネブラスカ州の様々な経歴を持つ居住者（起点人物）に手紙を送り，その手紙を，2,000キロ以上も離れたマサチューセッツ州の神学校のある学生の妻（第1実験の目標人物）やボストン勤務のある株式仲買人（第2実験の目標人物）に転送するよう依頼した。この転送にあたっては，起点人物もその手紙を媒介する人も，目標人物を個人的に知らないときには，自分がファースト・ネームで呼び合うような親しい友人や知人のなかで，自分よりも目標人物を知っていそうな人1人に対してだけこの手紙を転送することになっていた。

ミルグラムは起点人物と目標人物を変えたいくつかの実験を行っているが，

その1つでは (Travers & Milgram, 1969)，296の起点人物から217通が転送され，そのうち目標人物に到達したのは64通であった。起点人物と目標人物とを媒介した人の数は，平均して5.2人であった。ミルグラムの実験では，起点人物も媒介者もそれぞれが1人の友人や知人にしか手紙を転送できなかったが，現実の社会では，それぞれの人が多くの友人や知人を持っていることを考慮すると，思いの他，世間は狭いのかもしれないということになる。

当時，社会科学的研究の多くが，個人が社会から断絶され疎外されていることや，人種間や社会階層間にはネットワークの亀裂があることを示していたのに対して，ミルグラムは，個人の対人的コミュニケーションの連鎖を追跡していくことによって，個人が，そのような亀裂のない緊密な社会的な織物の中にしっかりと織り込まれていることを実証したのである。その後，ミルグラムの実験で目標人物に到達した数が少ないこと，目標人物の人種によって到達数に差があること，異性間よりも同性間での媒介が多いこと，目標人物の直前に連鎖を完結するためのカギを握る媒介者が存在すること（漏斗化現象）などをめぐって様々な議論や研究が行われることになった。

3. 集団・集合過程

私たちは，周りの人から直接に働きかけられなくても，まわりの人と一緒にいるだけでも，また，まわりの人と集団になるだけでも，その人びとから様々な影響を受けている。本節では，まず，私たちが，他の人と一緒にいて，一緒に行動することによってどのような影響を受けるかを考え，次に，私たちが，集団や社会の一員であることによって，どのように感じ行動するようになるかを考える。

(1) 他の人がいるだけで仕事の能率は上がるのか：トリプレットの社会的促進実験

19世紀の終わりに，トリプレット (Triplett, 1898) は，社会心理学の最も初期の実験を行い，後に社会的促進と呼ばれるようになる現象を確認した。この実験は，1人で釣り糸のリール巻きを行うよりも，傍らで同じリール巻きを行っている人がいる方が，リール巻きの成績が上がることを示した（共行為者効果）。その後の研究は，他の人が同じ行動を行っているのではなく，単に傍らで見ているだけでも社会的促進が生じることを明らかにしている（観衆効果）。共行為者効果も観衆効果も，お互いの間で積極的な相互作用は行われておらず，そこに他者が存在するということそれ自体が作業の成績を促進したのである。

その後の研究は，様々な作業で社会的促進の現象を確認するだけでなく，逆に，他者の存在が作業の成績を阻害するという社会的制止の現象も発見してきた。この対立する研究結果を説明するために，ザイアンス (Zajonc, 1965) は，他者が単に存在するだけで，実験参加者の動因水準が上昇し，動因水準の上昇は，そのときに優勢な反応を出現しやすくすると考えた。つまり，よく学習された作業や単純な作業では正反応が優勢であるために，動因水準の上昇は正反応の出現を促進して，作業成績が上昇することになる。しかし，あまり学習されていない作業や複雑な作業では誤反応が優勢であるために，動因水準の

社会的制止
複数の行為者が，たとえば綱引きのように協力し合うときには，全体の成績は，各人の成績の和よりも小さくなることがある。これは社会的手抜きと呼ばれ，社会的制止とは異なる現象である。

上昇はこの誤反応の出現を促進して，結果的には作業成績が低下することになる。ハントとヒラリー（Hunt & Hillery, 1973）は，実験参加者が迷路課題を遂行するときに，共行為者がいると，単純な迷路では成績が上がり，複雑な迷路では成績が下がること，このような成績の差が学習の進んでいない実験開始から間もないころに顕著なことを確認し，このザイアンスの仮説を支持している。

ザイアンスは，他の人がいると，副腎皮質の内分泌腺の活動が上昇するために動因水準が上昇すると考えていたが，たとえば，コットレル（Cottrell, 1972）は，他の人がいると，その他の人に自分が評価されるのではないかという不安のせいで（評価懸念），サンダース（Sanders, 1981）は，他の人がいると気が散るせいで，動因水準が上昇すると考えている。

(2) まわりの人びとが間違っていても，それに同調するか：アッシュの同調実験

アッシュ（Asch, 1951, 1955）は，お互いに見知らない8人の実験参加者をコの字型に着席させ，2枚のカードを見せた。1枚のカードには明らかに長さが異なる3本の線分が描かれてあり，もう1枚には1本の線分が描かれていた。実験参加者は，3本の線分のうちどれが2枚目のカードの線分と同じかを判断するよう求められた。実験参加者は，実験者の左手の人から時計回りに順番に口頭で回答していった。実は，この実験では，本当の実験参加者は7番目に回答を求められる人のみで，他の7人は，どのように回答するかをあらかじめ実験者と打ち合わせておいたサクラであった。このような線分判断は，線分の長さを少しずつ変えながら，18回行われた。このうち12回は，7人のサクラが全員一致して同じ誤った回答を行う集団圧力試行であった。本当の実験参加者の誤答は，集団圧力をかけられない統制条件では1％に満たないほど簡単な課題であった。しかし，集団圧力条件では，多数者の判断に同調した誤答は，全判断の32％に達した。

この実験では，全実験参加者50人中，多数者に影響されずに12のすべての試行で正答を行った者が13人もいた。一方，半数以上の試行で同調を示した者は3分の1にも達しており，個人差という要因が同調行動に大きく関わっているのである。

アッシュは，この実験のいくつかの条件を変えて，同調行動を規定する状況的要因をさらに検討した。たとえば，8人の集団の中に本当の実験参加者が2人いて，回答の順番が4番目と8番目であったときには，本当の実験参加者が多数派に同調して誤答する率は，全判断のうち10.4％にまで下がった。また，8人の集団の中に，必ず正答を行う味方が1人（この人もサクラ）でもいる場合には，同調した誤答は5.5％にまで下がった。さらに，この味方が，途中から寝返って多数派に同調した誤答をするようになると，本当の実験参加者の同調も28.5％と，最初の実験の同調率に近くなった。つまり，多数派が全員一致であるかどうかが，同調行動を規定する重要な要因になるのである。

アッシュのこの研究以降，集団や集団を構成する人びとの特徴などの状況的要因が同調率に及ぼす効果が明らかにされ，また，自尊心や集団内での立場や性や文化などによる同調率の違いが検討されている。

全員一致
全員一致の圧力は，多数派の人数によっても異なり，多数派が3人から4人で最大になり，その後はあまり変化しない。

(3) 集団の規範はどのように作られるか：シェリフの集団規範形成実験

集団には，それに所属する成員を一致へと向かわせようとする斉一性への圧力が存在する。この社会的圧力のために，成員の意見や行動は，ある特定の意見や行動に収斂するように変化し，その特定の意見や行動がその集団の規範となり，それ以降の成員の意見や行動を規定することがある。

シェリフ（Sherif, 1935; Sherif & Sherif, 1969）は，このような集団規範が形成され維持される過程を実験室で確認した。彼は，暗闇の中で静止している小さな光点が移動して知覚されるという自動運動現象を利用した。実験参加者に暗室で光点を見せ，その移動距離を報告させると，最初の何回かは，大きな距離を報告したり，小さな距離を報告したりしてでたらめな報告を繰り返していたが，何度も同じことを繰り返すうちにある一定の範囲の距離を報告するようになり，実験参加者は1人ひとり自分の知覚の枠組みを形成した。このようにして独自の個人的規範を形成した実験参加者を，今度は，2人または3人の集団で暗室に入れ，他の実験参加者に聞こえるように移動距離を報告させると，最初は個人の規範に従って各実験参加者がばらばらな距離を報告していたが，これを何度も繰り返すうちに，次第に個人の規範を離れ，2人ないし3人が同じような移動距離を報告するようになり，彼らは，集団としての知覚の枠組み，すなわち集団規範を形成した。逆に，最初から集団状況で移動距離の報告をした実験参加者は，他の実験参加者との相互作用の結果，最初から集団としての知覚の枠組みを形成したために，その後に個人状況で報告することになっても，集団規範とは異なる独自の個人規範を形成することなく，集団規範に従った判断を行い続けた。

この実験は，明確な規則や規範がない状況では，その状況を何度も繰り返して経験するうちに，独自の個人規範が形成されること，そして，このようにして形成された個人規範が，集団の中では他の成員との相互作用を繰り返すうちに変化していき，集団規範が形成されること，さらに，このようにして形成された集団規範は，個人状況になっても維持されることを示している。

集団が発生し発達していく過程で形成される集団規範の問題は，集団目標，集団凝集性，同調と逸脱，集団生産性，地位役割構造，リーダーシップ，集団の境界と集団間関係など，集団を取り巻く様々な問題と関わって多くの研究を生み出してきた。

(4) 社会的な不満はどのようにして生じるのか：ストゥファーの相対的剥奪研究

人びとは，自分の単なる不運はなげかないが，他の人や他の集団と比べて自分や自分たちが不運，不遇であると気づくことによって，不満を募らせていく。ストゥファーら（Stouffer et al., 1949）は，第2次世界大戦中のアメリカ兵の態度を記録し分析することによって，軍司令部の政策形成に役立てようとする，長期にわたる大規模な研究を実施し，アメリカ兵の態度が，徴兵・軍隊生活の中での立場や地位などの客観的な状況によって決まるのではなく，他の人や他の集団との比較や他にあり得たかもしれない自分との比較の中で，現在の自分を主観的・相対的に位置づけることによって決まることを発見した。つまり，徴兵され軍隊生活に入ることは，それまでの市民生活で得られていたものを犠牲にするという絶対的な剥奪の状態であるが，その絶対的な剥奪が心理

集団凝集性
成員を集団にとどまらせようとする集団の力の総体。個々の成員が集団に対して抱く魅力に主に基づいている。

的に意味を持つのは，同じような市民でありながら剥奪されていない他者との比較や，徴兵を留保された場合の自分との比較を通してなのである。

　たとえば，ストゥファーらは，結婚していたり，年齢が高かったり，教育程度が低かったりする人の方が，徴兵されたことに不満で士気が低いことを明らかにした。既婚者，とくに子どものいる父親は徴兵を留保される人が多いのにもかかわらず，また，徴兵されることによって犠牲にしなければならない市民生活が未婚者に比べて大きいのにもかかわらず，その自分が徴兵されているのである。年齢の高い人は，若い人よりも，よい仕事を持っていたかもしれないし，健康と体力が劣っているかもしれないし，また，自分を頼りにしている老父母もいるかもしれない。それにもかかわらずその自分が徴兵されているのである。教育程度の低い人は，親の収入が一般的に低く，栄養や衛生，体力や健康に恵まれていなかったり，老父母の面倒を見なければならなかったりする。また，彼らの職業は主に農業か熟練工であり，徴兵を留保されることが多い。それにもかかわらずその自分が徴兵されているのである。結婚しており，年齢が高く，教育程度が低い人の徴兵に対する不満は，犠牲にしなければならない生活の大きさや，自分と同じような境遇でありながら徴兵されていない人びととの比較によって，相対的に決まるのである。

　アメリカ兵研究で提唱された相対的剥奪の考え方は，その後様々な理論的精緻化や実証的検討を受けた。たとえば，ランシマン（Runciman, 1966）は，個人が，自分と類似した他者と比較する場合を利己的な相対的剥奪と呼んだ。上のアメリカ兵の例はこれに当たる。ランシマンは，さらに，個人が自分と異なる他者と比較したり，あるいは，自分の所属する集団を他の集団と比較したりする場合を友愛的な相対的剥奪と呼んでいる。たとえば，女性が自分たちの境遇を男性のそれと比較したり，ある民族や宗教や人種が自分たちの置かれた状況を別の民族や宗教や人種のそれと比較したりする場合である。このような集団対集団の比較によって生じる相対的剥奪感はともすれば集合的な暴動に発展することもある。

■文献

Anderson, N. H. (1965). Averaging versus adding as a stimulus-combination rule in impression formation. *Journal of Experimental Psychology*, **70**, 394-400.
Asch, S. E. (1946). Forming impressions of personality. *Journal of Abnormal and Social Psychology*, **41**, 258-290.
Asch, S. E. (1951). Effects of group pressure upon the modification and distortion of judgments. In H. Guetzkow (Ed.), *Groups, leadership and men*. Carnegie Press.
Asch, S. E. (1955). Opinions and social pressure. *Scientific American*, **193**, 31-35.
Bem, D. J. (1967). Self-perception: An alternative interpretation of cognitive dissonance phenomena. *Psychological Review*, **74**, 183-200.
Cottrell, N. B. (1972). Social facilitation. In C. G. McClintock (Ed.), *Experimental social psychology*. New York: Holt.
Festinger, L. (1950). Informal social communication. *Psychological Review*, **57**, 271-282.（フィスティンガー，L.　佐々木　薫（訳）（1969）．インフォーマルな社会的コミュニケーション　三隅二不二・佐々木　薫（訳編）　グループ・ダイナミックス　第2版　誠信書房）
Festinger, L. (1954). A theory of social comparison processes. *Human Relations*, **7**, 117-140.
Festinger, L. (1957). *A theory of cognitive dissonance*. New York: Row Peterson.（フィスティンガー，L.　末永俊

郎（監訳）(1965). 認知的不協和の理論—社会心理学序説　誠信書房)

Festinger, L., & Carlsmith, J. M. (1959). Cognitive consequences of forced compliance. *Journal of Abnormal and Social Psychology*, **58**, 203-210.

Heider, F. (1958). *The psychology of interpersonal relations*. New York: John Wiley. (ハイダー, F. 大橋正夫（訳）(1978). 対人関係の心理学　誠信書房)

Hunt, P. J., & Hillery, J. M. (1973). Social facilitation in a coaction setting: An examination of the effects over learning trials. *Journal of Experimental Social Psychology*, **9**, 563-571.

Jones, E. E., & Harris, V. A. (1967). The attribution of attitudes. *Journal of Experimental Social Psychology*, **3**, 1-24.

Jordan, N. (1953). Behavioral forces that are a function of attitudes and of cognitive organization. *Human Relations*, **6**, 273-287.

LaPiere, R. T. (1934). Attitudes vs. actions. *Social Forces*, **13**, 230-237.

Mayo, G. E. (1933). *The human problems of an industrial civilization*. New York: Macmillan. (メイヨー, G. E. 村山栄一（訳）(1967). 産業文明における人間関係—ホーソン実験とその展開　日本能率協会)

Milgram, S. (1967). The small-world problem. *Psychology Today*, **1**, 61-67. (ミルグラム, S. 野沢慎司・大岡栄美（訳）(2006). 小さな世界問題　野沢慎司（編・監訳）リーディングス　ネットワーク論—家族・コミュニティ・社会関係資本　勁草書房)

Milgram, S. (1974). *Obedience to authority: An experimental view*. New York: Harper & Row. (ミルグラム, S. 岸田　秀（訳）(1980). 服従の心理—アイヒマン実験　河出書房新社)

Roethlisberger, F. J. (1941). *Management and morale*. Cambridge, MA: Harvard University Press. (レスリスバーガー, F. J. 野田一夫・川村欣也（訳）(1954). 経営と勤労意欲　ダイヤモンド社)

Roethlisberger, F. J., & Dickson, W. J. (1939). *Management and the worker: An account of a research program conducted by the Western Electric Company, Hawthorne Works, Chicago*. Cambridge, MA: Harvard University Press.

Ross, L. (1977). The intuitive psychologist and his shortcomings: Distortions in the attribution process. In L. Berkowitz (Ed.), *Advances in experimental social psychology*, Vol. 10 (pp.173-220). New York: Academic Press.

Runciman, W. G. (1966). *Relative deprivation and social justice*. Berkley, CA: University of California Press.

Sanders, G. S. (1981). Driven by distraction: An integrative review of social facilitation theory and research. *Journal of Experimental Social Psychology*, **17**, 227-251.

Schachter, S., & Singer, J. (1962). Cognitive, social, and physiological determinants of emotional state. *Psychological Review*, **69**, 379-399.

Sherif, M. (1935). A study of some social factors in perception. *Archives of Psychology*, **27**, 1-60.

Sherif, M., & Sherif, C. W. (1969). *Social psychology*. New York: Harper & Row.

Stouffer, S. A., Suchman, E. A., DeVinney, L. D., Star, S. A., & Williams, R. M. Jr. (1949). *The American soldier: Adjustment during army life*, Vol. 1. Princeton, NJ: Princeton University Press.

Travers, J., & Milgram, S. (1969). An experimental study of the small world problem. *Sociometry*, **32**, 425-443.

Triplett, N. (1898). The dynamogenic factors in pacemaking and competition. *American Journal of Psychology*, **9**, 507-533.

Zajonc, R. B. (1965). Social facilitation. *Science*, **149**, 269-274.

Zimbardo, P. G., Haney, C., Banks, W. C., & Jaffe, D. (1977). The psychology of imprisonment: Privation, power and pathology. In J. C. Brigham & L. S. Wrightman (Eds.), *Contemporary issues in social psychology* (3rd ed.). Monterey, CA: Brooks / Cole.

社会的認知

及川昌典

1. 人と人とを結ぶ心の働き

　1970年代に生まれた社会的認知という新たな視点によって，社会心理学は大きく様変わりした。それまでの社会心理学では，行動主義の流れを汲み，科学の対象は外側から観察可能な行動に限定されるべきで，人の内側で起きていること（思考や感情など）を推測することは科学的でないという立場がとられていた。しかし，思考や感情の問題を抜きにして，人の行動を十分に理解することは難しい。社会的認知とは，まさにそのような問題，すなわち，人の内側で起きていることを推測したり解釈したりすることを通じて，自己を理解し，他者とつながり，社会に適応しようとする私たちの心の働きを指す。

　社会心理学者たちは，人の内側で起きていることを科学的に研究できる方法を模索した。その結果，態度や動機づけを効果的に測定するための数々の方法が開発された（7章参照）。1960年代から70年代に提唱された帰属理論は，出来事の原因をどのように解釈するか（たとえば，外的な圧力か内的な特性か）という問題に的を絞り，人の思考を科学的に研究する方法の確立に重要な役割を果たした（4章参照）。1980年代には，社会的認知という言葉が幅広く用いられるようになり，社会心理学研究の中でも大きな分野のひとつを成すようになった。現在に至るまで，社会的認知，すなわち人と人とを結ぶ心の働きは，社会心理学の中心的な研究関心であり続けている。

(1) 私たちの関心

　社会心理学者は，人に関心がある。もっとも，これは社会心理学者に限ったことではない。人は誰しも，人に関心がある。もちろん，気象や経済や生活家電などにも関心がないわけではないだろう。しかし，人の関心は他のいかなるものよりも，人に寄せられている。ためしに，テレビをつけてみる。ごく一部の例外を除けば，どの局も人や人間関係を扱った番組を流していることに気がつく。ニュース報道の大部分も，やはり人の活動に関するものである。ようやく気象予報や災害速報が流れたかと思うと，やはりその関心は，人の活動への影響に向けられている。

　人の脳は，他者とつながり，人間関係を維持し，社会に適応するために最適化されている。動物の多くは，生存に必要なもの（食料など）を物理環境から調達するため，物理環境の特徴に注目するように最適化された脳を備えている。これに対して，人は生存に必要なものの大部分を他の人との関係や社会から調達するため，他の人や社会環境の特徴に注目するように最適化された脳を備えているのである（20章参照）。もちろん，私たちの脳は無人島に流れ着

いて物理環境に適応しようとする場合にも役に立つだろう。しかし，無人島生活が軌道に乗ったならば，いずれは他者に思いを馳せ，危険を顧みずに大海原へと漕ぎ出していくことは想像に難くない。実際に私たちの日常の活動を振り返ってみると，道具の作成や，住居の確保，食料の調達などについてじっくりと考える機会はあまりない。私たちの思考は，他者や人間関係について思いを馳せることにいそがしい。

　人の思考の大部分は，他者とのコミュニケーションに費やされており，独りで沈思黙考することはほとんどない（Mercier & Sperber, 2011）。この点で，私たちの人に対する関心は，他者を受動的に観察しようとすることよりも，他者と積極的に関わり，互いに影響を及ぼし合うことに向けられていると考えられる（9章参照）。もっとも，他者を説得しようとしたり，自らの意見を主張しようとしたりすることを好まないという人もいるだろう。あまり人に関心がなく，とりわけ他者の意見を聴くことが苦手だという人もいるかもしれない。それでもなお，私たちの心の仕組みが独りで物思いにふけることよりも，他者とのコミュニケーションに向けられているのはなぜだろうか。

　社会とは，人と人とのつながりである。自らの考えや希望，計画などに，なぜ皆が賛同すべきなのかを説明できることは，個人にとっても社会にとっても重要なスキルだ。多様な意見を持つ人びとが社会の中で共生していくためには，皆がお互いに合意できるようなルールづくりが必要となる（19章参照）。そのため，自らの意見を主張し，また，他者の意見に耳を傾けることができた個体ほど，社会においてより効果的に生存・繁栄することができただろうと考えられる（15章参照）。他者とコミュニケーションを図ることは，決して簡単なことではない（10章参照）。しかし，好むと好まざるとにかかわらず，私たちの脳が現在まで生き残ってこられたのは，その単独の性能を超えて他者とつながることで，社会というネットワークを構築することができたからに他ならない。

(2) 認知的倹約家

　人間は，考える葦であるという。確かに私たちは，地上で最もよく考えることができる脳を持っている。思考に適した類まれな脳を持つ私たちは，その恩恵を最大限に活用して，暇さえあれば物思いにふけっていてもよさそうなものだが，実際にはそうでもない。人はあまり考えることを好んでいるわけではないようだ。むしろ社会心理学では，人は考えることをできるだけ避けようとする，認知的倹約家であるとされる（Fiske & Taylor, 1991）。倹約家が支出をできるだけ避けようとするように，認知的倹約家は，たくさん考えることや，深く考えること，考え続けることなどをできるだけ避けようとする。

　考えることは簡単ではなく，たくさんの認知的な努力を必要とする。たとえ私たち人間が他の動物の追従を許さないほど優れた脳を持っていたとしても，割くことのできる容量や時間には限界がある。いくらでも自在に考えられるというわけではないのだ。認知的倹約家である私たちは，考えることをできるだけ自動化しようとする。

　すべての思考に同じだけの努力が必要なわけではない。論理的推論や計算など，意識的に注意して考える必要があるような思考には，多くの努力が必要となる（Baumeister et al., 1998）。一方で，意識せずとも考えてしまうよう

ヒトの脳
　私たちの脳は，ゾウやクジラなどの大型哺乳類に比べれば小ぶりで，体重比でも鳥類などには及ばない。しかし，生存や運動などの低次機能を支える旧皮質の大きさに対して，思考などの高次機能を担う新皮質の大きさの比率では，私たち人間が突出している。

な，自動的な思考には，ほとんど努力する必要がない。そのため，認知的倹約家である私たちは，多くを自動的な思考に頼っている。たとえば，人は過去にうまくいった方法を次もそのまま採用しようとする（Kahneman & Tversky, 1973）。このような思考の自動化には，考えることを倹約できるというだけでなく，ゆっくりと意識的な注意を払って考える余裕がないような場合にも，素早く決定を下すことができるという利点がある。

2. 社会的認知の自動性

(1) 自動過程と統制過程

人の心には，自動的に働く部分と，意識的な注意を払って統制（コントロール）する必要がある部分とがある。自動と統制の2つの心理過程は，意識，意図，統制，努力の4つの特徴によって区別される（Bargh, 1994）。

まず，自動過程の多くは意識されずに働く。一方で，統制過程の働きの多くは意識される。たとえば，車を運転する経験が長くなると，もはやそれは自動化され，今は何をしているのか，次は何をするべきか，といったことをいちいち意識せずとも，ただ運転することができるようになる。しかし，どんなベテラン・ドライバーも，かつては初心者だった。そのころの運転は，統制過程によって行われていたため，細かな動作までいちいち意識されていたはずである。また，運転に慣れてからも，雨天などの慣れない道路状況では，運転は自動過程から統制過程へと切り替わる。普段使わないワイパーの動作，道路の滑り具合，他の車の挙動など，様々なものが意識されるようになる。

次に，自動過程の多くは，意図せずとも働く。一方で，統制過程の多くは，意図して働かせる必要がある。たとえば，識字は自動過程であり，文字を読もうと意図せずともその意味は自動的に認識される。このような自動過程の働きを覆そうとする（たとえば，文字を無視する，人種を無視する，高カロリー食を無視する）ことは統制過程であり，意図して行う必要がある。心理学の古典的な実験であるストループ課題は，このような意図せざる自動過程の働きを示す好例である（Stroop, 1935）。ストループ課題では，色とりどりのインクで書かれたたくさんの文字を見せられ，文字の意味を無視して，そのインクの色を答えるように求められる。しかし，識字は自動過程であるため，たとえ文字の意味を無視しようと意図していても，どうしても干渉されてしまう。たとえば，青色のインクに反応することは，一致しない文字（あか）の場合には，一致する文字（あお）の場合よりもずっと難しくなる。

また，自動過程の多くは，コントロールすることが難しい。一方で，統制過程の多くは，コントロールすることが比較的容易である。たとえば，私たちが初対面の相手に対して抱く印象は，その相手の所属する集団に対して持っているイメージ（例，女性は温かいものだ），すなわちステレオタイプの影響を受けやすい（3章参照）。このようなステレオタイプ的なイメージは，集団成員との接触によって自動的に活性化されるため，その影響を覆すことは難しい。それに対して，特定の集団の成員を個別化する情報（例，この人は冷たいようだ）に基づく判断は，統制過程であるため覆されやすい。

さらに，自動過程の多くは，努力をほとんど必要としない。一方で，統制過程の多くは，たくさんの努力を必要とする。たとえば，それが日課だという人

にとっては，ウォーキングのような慣れた得意な運動は自動過程であり，ほとんど努力せず楽に行うことができるだろう。しかし，不慣れであったり苦手であったり，特別に意識して行う必要がある課題は統制過程であり，たくさんの努力が必要となる。しばしば，苦痛をともなうことすらある。はじめは不慣れでたくさんの統制的な努力が必要であった課題も，十分な訓練を経て自動化されることで，努力を必要とせず楽に行えるようになる。

　もっとも，2つの過程の分類に用いられるこれらの4つの特徴は，すべて相対的な基準である。そのため，完全な自動過程，または統制過程といえるものはほとんどない。また，これらの特徴はすべて連動しているわけではない。すなわち，ある特徴においては自動過程だが，別の特徴においては統制過程であるというような場合も出てくる。心理過程は複雑である。特定の心理過程は自動過程か統制過程かのどちらかであると二分して考えるのではなく，それぞれの特徴において自動から統制までの連続体上のどこかに位置していると考えるべきだろう。

　自動過程が無意識，無意図，統制困難，努力不要のいずれかの特徴を持つのは，知識構造内の概念の活性化に依存しているためである。知識構造とは，人の記憶内で結びつけられた情報のセットを指す。私たちが何かを考えるたびに，それに対応した概念が記憶内で活性化される。同時に複数の概念同士が繰り返し活性化されると，概念間の連合が強化され，やがて知識構造が形成される。知識構造が形成されると，その情報のセットの一部の概念が活性化されただけで，連合したすべての概念が自動的に活性化されるようになる。

(2) スキーマ

　スキーマとは，特定の概念，その属性，その他の概念との関係などを表象する膨大な知識構造を指す。概念には，自己，他者，社会的カテゴリー（例，性別，人種，職業），商品やブランドなど様々なものがある。たとえば，自己スキーマには，自己という概念，所属する社会集団などの属性，他者との関係，好みの音楽，最近の関心事などの膨大な量の情報が包括的に含まれている。このようなスキーマがあることで，私たちはレストランに入るたびに「自分とは何か？」といった深淵な問題につまずくことなく，すぐに自分の好みのメニューを選ぶことができる。

　複雑な世界を単純化して理解することができるのは，このようなスキーマの恩恵にほかならない。お互いに関連し合う概念同士を結びつけることで，情報が整理される。そうすることで，スキーマは複雑に入り組んだ私たちの世界に単純明快な秩序をもたらし，不確実な未来の予測すら可能にしている。たとえば，友人にファミリーレストランに誘われたならば，これは食事というよりは談話の誘いであることや，かしこまった会合の誘いではないこと，服装や所持金に気を使う必要はないことなどが即座に予期できる。これは，ファミリーレストランについてのスキーマを持っているからである。しかし，もしもギリシャ料理に誘われたならば，何を期待すればよいのか，反応に窮する。私たちは，ギリシャ料理のような珍しいものについてのスキーマを持っていないからである。

　スキーマに基づいて次に起こることが予期できることで，私たちの日常生活はとても楽になる。期待どおりの日常においては，ものごとを深く考える必

要はなく，活動の大部分は自動操縦モードで切り抜けることができる。しかし，スキーマから提供される期待が裏切られたときには，私たちは自動操縦モードから統制モードへとシフトする。何か期待から大きく外れた出来事が起きると，私たちは何が起きたのかを立ち止まって分析し，状況を整理して，これまでの理解が誤っていた可能性を精査しようとする。ファミリーレストランでは，代金の支払は割り勘であるかもしれない。あるいは，自分の注文した分を支払うことになるかもしれない。いずれも想定内のことで，深く詮索する必要はない。しかし，自分が負うべき代金の支払いをかたくなに拒否されたならば，大いに考えさせられることになるだろう。相手は何か頼みごとがあるのだろうか？ そんなに生活が困窮していると思われているのだろうか？

(3) スクリプト

映画の俳優や演劇の役者たちの演技や台詞の大部分は，脚本家が書き上げた台本（スクリプト）に従うように決められている。それと同じように，スクリーンの外で，現実の人びとが遭遇する様々な状況においてどのように振る舞うかも，大部分は心理的なスクリプトに従うように決められている。

心理学におけるスクリプトとは，人や事象の振る舞いに関する知識構造を指す。出来事や行動についてのスキーマと言い換えることもできるだろう。スクリプトには，人びとの行動やその背後にある動機や意図，目標などを促進あるいは阻害するような状況，複数の出来事の間の因果関係や順序など，様々な情報が含まれている。

映画や演劇のシーンに合わせて演技や台詞が決められているように，私たちも現実の状況に応じたスクリプト（「この状況では，こう振る舞うべきだ」）に従い，それに沿った言葉や行動を選ぶ。ただし，私たちのスクリプトには，それをひとりで書き上げた脚本家というものはいない。スクリプトは，自らの経験を通じて直接獲得されるほか，家族や友人，本やマスメディアなど，他者の行動の観察や伝聞を通じて間接的に獲得されることもある。

スクリプトはスキーマと同様に，日常生活における様々な出来事の知覚，解釈，評価，判断，反応など，幅広い情報処理や行動に影響する知識構造である。知識構造の大部分は，発達初期に時間をかけて獲得される。獲得された知識構造の影響範囲，概念同士の結びつき，アクセスされやすさなどは，その接触頻度，想起頻度，使用頻度などに応じてその後も更新され続ける。利用頻度の高い知識構造は，たとえ複雑なものであっても自動化され，意識，意図，努力などを必要とせずに作動するようになり，ついには，その影響をコントロールすることも難しくなる。

(4) プライミング

プライミングとは，記憶内に保持された概念が活性化することで生じる自動的な連鎖反応を指す。人の記憶内には無数の概念が保持されている。お互いに関連し合う概念同士は記憶内で結びつけられており，ネットワークを形成している（図2-1）。記憶内の概念のひとつについて考えることで，その概念が活性化されると，その概念に関連した概念も活性化され，アクセスされやすい状態になる。このように，プライミングとは特定の刺激によって心のネットワークが活性化され，そのネットワークに含まれる概念へのアクセスが促進される

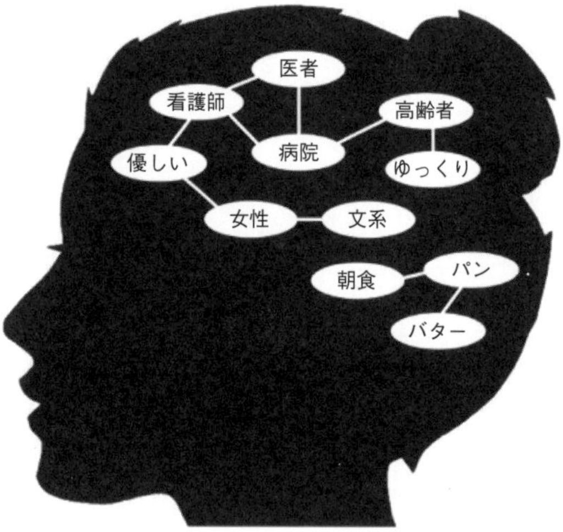

一連のプロセスを指す。

プライミングの効果を扱った典型的な実験では，コンピュータ画面上に呈示される文字列が単語か否かを判断するように求められる。ターゲット文字列（例，看護師）の直前に関連するプライム単語（例，医者）が表示された場合，無関連なプライム単語（例，バター）が表示された場合に比べて，より素早く反応することができる（Meyer & Schvaneveldt, 1971）。プライミングによって活性化された概念は，しばらくの間は心にとどまっており，後の思考や判断のスピードや内容に影響を及ぼすのである。このようなプライミングの効果は，その手がかりとなる刺激の存在が意識されていない場合でも生じる。

図2-1 連合ネットワーク

プライミングが対人印象に及ぼす影響を示した古典的な実験では，参加者は単語の意味を無視してその文字がプリントされた色を答えるように求められた（Higgins et al., 1977）。その後，別の実験のための課題として，参加者はドナルドという人物の行動を記述した文章（例，大西洋を横断する計画をしている）を読み，その印象を評定するように求められた。その結果，印象課題での反応は，先行する別の実験課題中に接触した単語の意味によって影響されていた。すなわち，先行する別の実験課題において"無謀"などの単語に接触していた条件の参加者は，ドナルドはそのようなネガティブな特性を持っていると評定した。一方で，"勇敢"などの単語に接触した条件の参加者は，ドナルドはそのようなポジティブな特性を持っていると評定した。先行する実験課題中に接触した単語が特定の概念をプライミングし，後続の実験課題中の印象評定に影響したことに，気づいた参加者はいなかった。

プライミングは，私たちの行動にも影響する。次のような実験に参加したと想像していただきたい。あなたは5つの語句から4つを選んで文法上意味の通る文章に並べ替えるという課題を渡され，課題を終えたら部屋の外に出て実験者に声をかけるように求められた（Bargh et al., 1996）。課題を終えて部屋を出ると，実験者は隣の部屋の前で別の参加者に課題の説明をしている。説明は長引いており，実験者がこちらに気づく様子はない。このような，話を遮るべきか，あるいは礼儀正しく待つべきかが曖昧な状況において，あなたならどれくらいで実験者に声をかけるだろうか？　話し中の相手に声をかけるのは無礼なことである。しかし，10分待っても話が終わらなければどうだろうか？　結果は，先ほどの文章を並べ替える課題において，どのような語句に接触していたかによって異なる。もしもあなたが，"無礼"などの単語に接触した条件の参加者であったならば，"礼儀正しい"などの単語に接触した条件の参加者に比べて，10分以内に話を遮って実験者に声をかけていた可能性が高い。実験において，話を遮って10分以内に実験者に声をかけた率は，礼儀の正しさの概念をプライミングされた参加者では20％未満であったのに対して，礼儀の悪さの概念をプライミングされた参加者では60％を超えていた。プライミングは，私たちの記憶内に保持された礼儀正しさ，あるいは礼儀の悪さに関す

る概念を自動的に活性化させ，その後の社会的な状況の判断や行動に影響を及ぼしたと考えられる。もちろん，実験中に接触した単語が行動に影響したことに，気づいた参加者はいなかった。このような現象は，行動プライミングと呼ばれる。

プライミングは，私たちの目標や動機づけにも影響する。たとえば，実験の時間調整のためとして渡されたパズルに対して，あなたはどれくらい真剣に取り組むだろうか？　事前の課題において達成に関する語句（達成，成功，勝利など）に接触していた場合，やる気が高まり，単語探索パズルの成績が高まる（Bargh et al., 2001）。一見これは行動プライミングと区別がつかないが，目標プライミングは行動プライミングとは異なり，動機づけに特徴的な性質，すなわち，時間経過にともなう効果の増幅，中断された課題への復帰，障害に対する固執などを備えている。自動動機モデル（Bargh, 1990）によれば，目標はスキーマやスクリプトなどと同様に，知識構造として記憶内に保持されており，関連する刺激（目標関連語，他者の目標遂行，目標遂行を期待する重要他者など）との接触は，目標を自動的に活性化させ，その獲得に向けた変化を無意識のうちに生じさせる。

私たちの社会的認知に関わる知識表象は，身体の感覚や動作とも連合している。この連合は，知識表象から身体という方向だけでなく，身体から知識表象という方向にも働く。このような心と身体の密接な結びつきは，身体化された認知（embodied cognition）と呼ばれる。たとえば，ペンを前歯でくわえると口角があがるため，自動的に笑顔になる。また，ペンを唇の先でくわえると唇が突き出されるため，自動的に顔をしかめることになる。このような状態で漫画を評定させると，表情の変化が意識されていなくても，笑顔のときには，顔をしかめたときに比べ，より面白かったと評定される（顔面フィードバック：Strack et al., 1988）。他にも，新製品のヘッドホンの試用と称して，首を縦に振りながら説得メッセージを聞かせた場合，首を横に振りながらメッセージを聞かせた場合と比べて，説得されやすいことや（Wells & Petty, 1980），面接官にホットコーヒーを持たせると，アイスコーヒーを持たせた場合に比べて，志願者はより温かく好感が持てると評定されることなども報告されている（Williams & Bargh, 2008）。

私たちが知らぬ間に意識できない影響を受けているという話は，どこか信じ難い。現代の情報化社会において，偶然目にした単語によって行動が左右されるというのは本当だろうか？　たとえば，一瞬だけメッセージをフラッシュさせることで無意識のうちに購買意欲を煽ろうとするサブリミナル広告や，一見そうは見えないような形で印象操作を促すというステルス・マーケティングなどには，本当に効果があるのだろうか？　私たちの日常生活において，プライミングはどのような影響を及ぼしているのだろうか？

サブリミナル広告と言えば，ニュージャージー州の映画館において，上映中に「コーラを飲もう」「ポップコーンを食べよう」といったメッセージを一瞬だけ挿入したところ，商品の売り上げが伸びたという逸話が有名である。これはあくまでもサブリミナルという新しい手法を売り出そうとする広告会社の宣伝文句に過ぎず，その効果を検証するための実験は行われていなかったようだ。しかし，無意識のうちに購買意欲を煽ろうとするサブリミナル広告は反感を買い，そのような不当な方法は効果の有無にかかわらず規制されるように

なった。

　サブリミナル効果は本当にあるのだろうか？　たとえば，喉の渇きに関する単語をサブリミナルで呈示した場合，飲み物の選択は影響されるのだろうか。あなたは今，新製品のマーケティング調査に参加していると想像していただきたい。最新のコンピュータで課題を行った後，清涼飲料水の試飲を行ったところだ。いくつかの清涼飲料水を評価するように求められている。コンピュータの試行では，画面上に呈示される文字列が単語であるか否かを判断するように求められた。瞬きをしないようにすることが面倒だったことを除けば，なんということはない課題だ。しかし，あなたはまだ知らされていないが，文字列が呈示される直前に，16ミリ秒といったごく短い時間だけサブリミナル刺激（例，thirst）が呈示され，すぐに視覚的な記憶を覆い隠すためのマスク刺激（例，xxxxxx）が100ミリ秒程度呈示されていた。このような手続きを用いることで，サブリミナル刺激を意識させることなく，その呈示位置に注意だけを集める（無意識的に知覚させる）ことができるのである。

　もしもあなたが，喉の渇きと関連した単語をサブリミナル刺激として呈示された条件の参加者であったならば，喉の渇きと無関連な単語をサブリミナル刺激として呈示された統制条件の参加者と比較して，喉の渇きを潤す商品をより高く評価し，また，試飲する際によりたくさん消費した可能性が高い（Strahan et al., 2002）。ただし，このようなサブリミナル効果は，そもそも喉が渇いていた場合にのみ有効で，喉が渇いていなかった場合には効果がない。また，単語の呈示時間を300ミリ秒まで長くすると，それを意識的に知覚できるようになる。単語を意識的に知覚できるように呈示した場合でも，無意識に知覚させるようにサブリミナルで呈示した場合でも，同じパターンの効果が観察される。これらのことから，サブリミナル効果は参加者がそもそも取り得る範囲の行動や判断に限定されており，また，意識的な影響以上に強い効果を持つわけではないことがわかる。そもそも，サブリミナル広告は規制されており，実験室の外で単語が数ミリ秒だけ呈示される機会に遭遇することは稀である。それでは，私たちの日常にプライミング効果が影響を及ぼすのは，どのような場合だろうか？

　プライミングは，自動化された概念が活性化されることで生じる。ならばプライミングが重要な影響を及ぼすのは，社会的動物である私たちの生活において精緻に自動化された活動領域，すなわち人間関係においてであると考えられる。また，無意識の影響は，サブリミナル効果に限定されたものではない。サブリミナルとは，閾下（意識の閾値を下回る），つまり刺激の存在が意識できないことを指す。しかし，たとえ閾上（意識の閾値を上回る），つまり刺激の存在が意識できたとしても，その刺激が判断や行動に影響したことまで意識できるとは限らない。意識できる刺激から意識できない影響が生じることは，スプラリミナル効果（supraliminal effect）と呼ばれる。たとえば，高齢者を見ると，高齢者という集団カテゴリーに対して持つイメージ，すなわちステレオタイプが無意識の内に活性化される。ステレオタイプは，他者の印象に影響を及ぼすだけでなく，自らの判断や行動を調節するための情報としても機能する。たとえば，高齢者ステレオタイプに含まれる"行動がゆっくりとしている"という特徴に応じて，観察者自身もゆっくりと行動するように自動調節される（Bargh et al., 1996）。目の前にいる相手のことはもちろん見えている

が，その相手を高齢者として見たことや，高齢者ステレオタイプが活性化したこと，また，その内容に応じて自らの行動が調節されたことなどは，本人にも意識されない。このような，ステレオタイプに沿った自動的な反応は，知らず知らずのうちに偏見や差別などの問題を生み出す原因にもなる。しかし，意識せずとも相手や状況に応じて自らの行動を調節できることは，円滑な人間関係や，社会規範を守るためにも重要な役割を果たしている。

(5) フレーミング

　情報のインパクトは，伝え方ひとつで大きく変わる。情報の伝え方は，社会心理学ではフレーミングと呼ばれている。たとえば，"天然果汁90%"という情報は，"添加物10%"という情報と変わらないかもしれない。しかし，どちらの飲み物が好まれるかは明白である。前者の方が健康かつ美味しいような印象を抱かれやすい。ある研究によると，人は同じ金額を受け取っても，それが"ボーナス"であると伝えられると，"払い戻し"であると伝えられるよりもすぐに使ってしまう可能性が高い（Epley et al., 2006）。ボーナスは泡銭であるように感じられるため散財してしまうが，払い戻しはもともと自分の財産であるように感じられるため浪費はためらわれるのである。

　情報を利得の観点から伝えるか，損失の観点から伝えるかは，フレーミングにおいて重要な問題である。情報を利得の観点から伝えることはゲイン・フレーム，情報を損失の観点から伝えることはロス・フレームと呼ばれる。たとえば，運動と健康の関連性は，運動をすると健康になるという利得の観点から（ゲイン・フレームで）伝えることも，運動をしないと不健康になるという損失の観点から（ロス・フレームで）伝えることもできる。それでは，"歯磨きを続けると，口内の歯垢や細菌の繁殖を抑制し，清潔な息になります"というゲイン・フレームのメッセージと"毎日の歯磨きを怠ると，口内の歯垢や細菌が増殖し，口臭の原因になります"というロス・フレームのメッセージとでは，どちら効果的だろうか？　新たに行動を起こさせようとする場合や，病気の発生などを未然に予防しようとする場合（歯磨きなど）には，ゲイン・フレームのメッセージが効果的であるとされる。一方で，何かの行動を止めさせようとする場合（禁煙など）や，既に持っている病気への対処や持っているかもしれない病気の早期発見のための働きかけ（乳がん検査など）には，ロス・フレームのメッセージが効果的であるとされる（Rothman et al., 2006）。

　メッセージの受け手の関心に合わせて情報をフレーミングすることも重要である。たとえば，紫外線予防は健康上のリスクを下げるために重要な役割を果たす。しかし，皮膚がんのリスクといった，日常の関心から離れたフレーミングによる情報の効果は弱い。それよりも，私たち社会的動物が強い関心を寄せている問題，すなわち人間関係に合わせてフレーミングした方が，情報の効果は強くなる。紫外線によって生じるシミやソバカス，肌年齢の上昇，醜い日焼け跡など，美容の問題のリスクは，健康の問題のリスクほど高くはない。しかし，こうした美容の問題は人間関係においては重要な関心事であるため，私たちの関心にアピールする美容フレーミングは，健康フレーミングよりも健康促進に効果的であることが知られている。

3. 意識と無意識の分業

　意識は私たちの主観的な世界を照らし出している。裏を返せば，私たちが体験しているこの世界は，意識によって照らし出された部分に限定されているということになる。無意識の心の働きは，普段は照らし出されることはなく，私たちの意識からは隠されている。そのため，あたかも意識されている部分が心のすべてであるかのように錯覚してしまう。しかし実際には，心の働きの大部分は無意識の暗闇の中で働いており，意識的な注意を必要としない（Bargh, 1994）。

■ (1) 新しい無意識

　かつては無意識といえば，精神疾患や不適応な行動を導くような，意識するに堪えない抑圧された記憶の領域であると考えられていた（Freud, 1936）。しかし，現在では意識の外で効率的に行動を導く適応的な無意識の働きに新たな関心が寄せられている（Wilson, 2002）。無意識の本来の働きは，精神疾患を導く抑圧された衝動や思考とは似て非なるものである。むしろ，無意識は必要な情報処理を自動化することで，意識的な心の働きの負担を大幅に軽減させるものだ。

　十分に自動化された活動は，意識せずとも行えるようになる。たとえば，私たちは無意識に歩く。脚の動きを意識して歩くことはまずない。無意識に頼ることで，私たちはいちいち「左足を踏み込んで右足を上げる，前にけり出して重心を左足から右足に移動，踵から着地して左足を上げる……」といったことを意識せずに済む。発達途上にいる未歩行児を観察する機会に恵まれたならば，無意識に頼ることができず，意識だけで歩くということが，どれだけ心もとないことであるかを思い知らされることだろう。歩行に限らず，日常の活動を無意識に委ね，意識せずに行えるようになることは，大変心強い。

　無意識は意識よりも素早く，効率的に働く。仕事が着実なだけでなく，努力もあまり必要としない。対照的に，意識的な注意を払うには，たくさんの努力が必要となるうえに，その動作は遅く効率が低い。たとえば，無意識に歩行できるようになってからでも，身体中の筋肉や関節の動きをできるだけ意識しながら歩こうとすることはできる。しかし，その試みは激しい集中力の消耗を代償として，緩慢で不自然な動作を生み出すことだろう。私たちの心ができるだけ多くのことを無意識に委ねているのはこのためである。

　そもそも，無意識の助けを借りずに意識だけを働かせることはできない。たとえば，あなたの意識が本書の流れをひとつずつ追っていくことができているのは，あなたの無意識が視覚情報を統合して文字を単語，単語を文章へと変換しながら，その意味を抽出し，得られた情報を記憶内の様々な事柄と結びつけているからである。無意識が背景的な処理を引き受けてくれているからこそ，意識を特定の問題に集中させることができるのである。

■ (2) 意識の幻想

　人間の活動の大部分が無意識に委ねられているのであれば，意識の役割とは何だろうか？　そもそも意識に役割などあるのだろうか？　意識は人間に備

わった様々な高次認知機能（例. 行動の先読み）の副産物であって，何か固有の役割を担っているわけではないという説もある。てんかんの症状が脳全体に広がることを防ぐために，右脳と左脳を結ぶ神経の束である，脳梁を切除する手術を施された患者を対象とした研究では，右脳と左脳の情報交換ができなくなっても，無意識（左脳）だけで与えられた課題を支障なく遂行できることがわかっている（Gazzaniga et al., 1962）。興味深いことに，課題情報を与えられていない意識（右脳）は，なぜそのような反応をしたのかを尋ねられると，「わからない」とは答えずに，即座にもっともらしい理由を作り出す（作話）。脳梁を切除する手術はごく限られた患者にのみ施されるものであるため，あなたの右脳と左脳はおそらくつながっていることだろう。それでも，無意識の心の働きの多くがあなたの意識から隠されているという事実に変わりはない。そのため，実際には無意識に行動した場合でも，あなたはなぜそのように反応したのか「わからない」とは思わずに，何らかの意識的な決定によるものだろうと，即座にもっともらしい理由を作話するだろう。

　意識的な熟慮の末に下したように思える決定も，実は無意識によって既に決定されていることを示唆する研究もある。たとえば，あなたが自由に指を動かしたとき，指の動きを生じさせたのは，あなたの意志だろうか？　あなたが指を動かそうと意識してから，実際に指が動くまでには，200 ミリ秒ほどの遅れがある。おそらくこの間に，あなたの指を動かそうという意識（意志）は，無意識（脳内の電位活動）に伝えられ，最終的に指が動いた（行動）ということだろう。ところが，実際に脳波計や筋電図の記録を見てみると，あなたの無意識（脳内の電位活動）から，300 ミリ秒ほど遅れて指を動かそうという意識（意志）が生まれ，さらに 200 ミリ秒ほど遅れて指が動く（行動）ことがわかる。何かを行おうとあなたが意識するよりも 300 ミリ秒ほど早く，無意識の指令は既に下されている。このような実験から，あたかも自らの意志から生じたかのように感じられる行動も，実際には，無意識の脳内活動から生じていることがわかる（Libet, 1985）。

　実際に行動を生じさせているのは無意識の脳内活動であるにもかかわらず，あたかも自らの意志で行動したかのように感じられるのはなぜだろうか？　本当の因果関係と見せかけの因果関係を区別することは簡単ではない。たとえば，夏の浜辺でビールが売れた日には，水辺の事故も多いというデータだけを見せられたならば，ビールが原因となって，水辺の事故という結果が生じるように見える。しかし，必ずしもそうとは限らない。たとえば，浜辺の混雑具合という第 3 の変数が，ビールの売り上げと水辺の事故の両方を生じさせる真の原因であり，実際にはビールと水辺の事故との間に因果関係はなかったとしても，あたかもそこには因果関係があるように見せかけられてしまう。

　意識と行動の観察においても，意識されない第三の変数（脳部位の賦活や無意識の心理過程）が意識と行動の両方を生じさせていたならば，実際には意識と行動との間に因果関係がなかったとしても，あたかもそこに因果関係があるかのように見せかけられてしまう（図2-2）。たとえ見せかけであったとしても，行動しようと思った直後にタイミングよく（思考の直前性），そのとおりの行動が生じ（思考と行動の一貫性），他に行動の原因が思い浮かばない（他の原因の不在）場合には，心的因果の推論が成立し，あたかも自らの意志で行動したように感じてしまう（Wegner & Wheatley, 1999）。

図2-2 見せかけの心的因果

　自由意志の感覚，すなわち，自らの意志で行動していると感じられることは，私たちの自己観や社会を支える重要な前提である。自らの意志で行動したと感じられることに対しては，責任，誇り，罪悪感など，自己意識やモラルに関わる一連の感情が体験される。もしも，自らの意志で行動したという感覚がなかったならば，自己の責任，モラル，信頼など，私たちの社会の礎となる重要な概念の数々は，その実感を失ってしまうことになるかもしれない。私たちの体験が意識できる範囲に限定されていることは，このような見せかけの心的因果の舞台裏，すなわち，私たちの判断や行動の本当の原因を隠す役割を果たしていると考えられる。私たちの自己観を支え，人と人とをつなぎ，社会を構成する自由意志の感覚は，意識の外で自動的に働く，巧妙な仕組みの恩恵にほかならない。

(3) 意識と無意識の協働

　無意識は優れた働きをしており，日常の活動の大部分は無意識に委ねられている。しかし，車の運転の90％以上が道なりに直進することであったとしても，ときおり角を曲がることが重要でないということにはならない。それと同じように，意識の役割は常に自らの行動をコントロールすることではなく，時折進路変更のための介入をすることにあるのかもしれない。

　私たちの活動は，意識と無意識の協働によって成立している。私たちの日々の活動の多くは平凡な行程の繰り返しだが，しばしば馴染みのない状況や新奇の問題に遭遇することがある。無意識は私たちの両耳の間で静かに働くスーパーコンピューターであり，事前にプログラムされたとおりの処理を素早く効率的に行うことができる。そのため，平凡な行程の繰り返しに適している。一方で，意識は不測の事態に対応することのできる柔軟性を備えている。私たちの暮らしにおいては，変化の少ない自然環境への適応だけでなく，変化の多い人間関係への適応を求められる。それだけ予期せぬ事態や馴染みのない状況，新奇の問題への対処を頻繁に迫られることになる。このような不測の事態に対処できる柔軟性は，意識の大きな特長である。

　意識の柔軟性と無意識の効率性を協働させるためには，単に目標を意図するだけでなく，綿密な実行計画を意図することが重要となる (Gollwitzer, 1999)。目標Xを達成しようとする意図（例，資源ごみをリサイクルするぞ）は，目標意図と呼ばれる。実際には，このような何かをしようという目標を定めたとしても，それを実行するためには意識的な努力が必要となるため，結局は行動に結びつかないことが多い。しかし，いつ，どこで，どのように，目標に取り組むのかという具体的な手がかりと行動を結ぶ計画，すなわち実行意図（例，朝起きたら，資源ごみをリサイクルするぞ）を持つことで，行動の実行は環境手がかりによって自動的に作動する無意識に委ねられ，意識的な注意を払う必要がなくなる。たとえば，単にリサイクルをしようという目標意図を心に誓った場合と比べて，いつ，どこで，どのようにリサイクルをするのか，実行意図を形成した場合の成果は4倍にも及ぶという報告もある (Holland et al., 2006)。

　意識には，豊富な心的資源と時間の投入が許されるならば，複雑な計算を正確に行うことができるという特長もある。無意識にも，素早く大雑把な見積も

りを出すことはできる。しかし，たとえば，海外出張のための飛行機に間に合うためには，何時に家を出る必要があるのかは，意識的な注意を払って考えてみなければわからない。交通事情や，空港の混み具合，警備の厳しさなどを考慮した複雑な推論には，意識が役に立つ。とりわけ，公共の交通機関を利用しようとする場合や，誰かと待ち合わせをしようとする場合には，正確な計算ができることが重要となる。

　もっとも，意識を働かせることが無意識よりも優れた成果を必ず生み出すという保証はない。たとえば，スポーツなどの自動化された技能を意識して行うことはできない。意識したことで，無意識の自動化された動きが崩されてしまうためだ。また，意識は集中力切れを起こしやすく，そもそも処理できる情報量が少ないため，重要な情報の見過ごしや，たまたま注目した情報に過剰な重みづけをする傾向がある。些細な失敗から自らの動きを意識的に修正しようとすることは，アスリートたちが試合中に大きくコンディションを崩す原因のひとつだ。意識はしばしば，無意識の働きを無効化し，私たちを初心者へと引き戻してしまう（Oikawa, 2004）。

　意識と無意識の協働という考えを認めるならば，無意識の働きを信じて活動の大半を任せながら，必要に応じて意識を働かせることができるようになる。無意識は大まかな決定を行うと同時に，その内容を自動的にモニタリングし，意識を働かせる必要を伝える警告システムの役割を果たす。警告を受けるまでは意識は介入せず，判断の大部分を無意識の直観に委ねておくが，警告を受けたならばじっくりと考える時間を持つ。たとえば，不祥事が発覚したため，すべての業務に見直しが求められたと想像していただきたい。このような決定には，大筋のところでは納得がいく。不祥事があった。不祥事はあってはならない。よって，業務を見直さなければならない。しかし，無意識はこれに理屈の上では納得しても，同時に感情的な警告を鳴らすかもしれない。すべての業務を見直すというのは，いささか行き過ぎではないだろうか？　無意識からの警告が伝わると，意識が働き始める。すべての業務を見直すには膨大なコストがかかり，そのコストは結局のところ見直しの質の低下を招くだろう。「すべての業務の見直し」よりも効果的に，今回の不祥事の原因を追及し，再発を防止できる対策はないだろうか。無意識の連想が動き出す。このように，私たちの日常は無意識と意識の協働によって支えられているのである。

(4) 社会的動物

　社会的な動物である私たち人間の心には，他者とつながり社会から受容されるために特化された数々の仕組みが備わっている。たとえば，他者も自己と同じような心を持っているという理解（心の理論）や，他者の目に自分がどう映っているかを推測する能力（自己の客観視），自己の体験を言語によって他者に伝えるスキル（社会的共有）や，他者の体験をあたかも自分のことであるかのように感じる力（共感性）などは，どれも私たち人間が互いにつながるために欠かすことのできない，社会的なスキルを私たちに授けている。社会的認知は，このような私たち人間を社会的動物たらしめる心の仕組みの集大成であるといえる。

　人間以外の動物であれば，なわばりや食料などを巡る争いは熾烈を極める。私たち人間ですら，高温多湿な環境や，誹謗中傷，不満やストレスなどから生

じる無意識の衝動を感じること自体を抑えることはかなり難しい。しかし，電車で空いている席に座ろうとした瞬間に，他の誰かに座られてしまったとしても，私たちはその席を奪い返したくなる衝動を抑えることができる。衝突の多くは未然に回避される。または，避けることができなかった衝突は，争いによってではなくコミュニケーションによって解決される。このような，人間ならではの問題解決は，意識と無意識が効果的に協働することで可能となる。

　私たちの社会は，何をやるべきで何をやるべきでないかを規定する有形無形の規範や倫理，期待で溢れている。人とつながり社会の中で生きるには，他者の期待やニーズを知り，それに応えられるように自らをコントロールする必要がある。このようなセルフコントロールを働かせることは，摂食制限や運動，資格試験など，自分のために役に立つこともあるだろう（5章参照）。しかし，私たちにとって最も重要なセルフコントロールの役割は，他者とつながり社会から受容されることであると考えられる。セルフコントロールを働かせることで，私たちは礼儀作法やエチケットを守り，社会的地位や信頼を獲得し，仕事につき，恋人をつくり，良好な関係を維持する。すなわち，社会的動物として生きることができるのである。

■文献

Bargh, J. A. (1990). Auto-motives: Preconscious determinants of thought and behavior. In E. T. Higgins & R. M. Sorrentino (Eds.), *Handbook of motivation and cognition: Foundations of social behavior*, Vol. 2 (pp. 93-130). New York: Guilford Press.

Bargh, J. A. (1994). The four horsemen of automaticity: Awareness, intention, efficiency, and control in social cognition. In R. S. Wyer, Jr., & T. K. Srull (Eds.), *Handbook of social cognition* (2nd ed., pp. 1-40). Hillsdale, NJ: Lawrence Erlbaum Associates.

Bargh, J. A., Chen, M., & Burrows, L. (1996). Automaticity of social behavior: Direct effects of trait construct and stereotype priming on action. *Journal of Personality and Social Psychology*, **71**, 230-244.

Bargh, J., Gollwitzer, P. M., Lee-Chai, A., Barndollar, K., & Trötschel, R. (2001). The automated will: Nonconscious activation and pursuit of behavioral goals. *Journal of Personality and Social Psychology*, **81**, 1014-1027.

Baumeister, R. F., Bratslavsky, E., Muraven, M., & Tice, D. M. (1998). Ego depletion: Is the active self a limited resource? *Journal of Personality and Social Psychology*, **74**, 1252-1265.

Epley, N., Mak, D., & Idson, L. C. (2006). Bonus or rebate? The impact of income framing on spending and saving. *Journal of Behavioral Decision Making*, **19**, 1-15.

Fiske, S. T., & Taylor, S. E. (1991). *Social cognition* (2nd ed.). New York: McGraw-Hill.

Freud, A. (1936). *The ego and the mechanism of defense*. London: Hogarth. (フロイド，A.　外林大作（訳）（1958）．自我と防衛　誠信書房）

Gazzaniga, M. S., Bogen, J. E., & Sperry, R. W. (1962). Some functional effects of sectioning the cerebral commissures in man. *Proceedings of the National Academy of Science of the United States of America*, **48**, 1765-1769.

Gollwitzer, P. M. (1999). Implementation intentions: Strong effects of simple plans. *American Psychologist*, **54**, 493-503.

Higgins, E. T., Rholes, W. S., & Jones, C. R. (1977). Category accessibility and impression formation. *Journal of Experimental Social Psychology*, **13**, 141-154.

Holland, R. W., Aarts, H., & Langendam, D. (2006). Breaking and creating habits on the working floor: A field-experiment on the power of implementation intentions. *Journal of Experimental Social Psychology*, **42**, 776-783.

Kahneman, D., & Tversky, A. (1973). On the psychology of prediction. *Psychological Review*, **80**, 237-251.

Libet, B. (1985). Unconscious cerebral initiative and the role of conscious will in voluntary action. *The Behavioral and Brain Sciences*, **8**, 529-566.

Mercier, H., & Sperber, D. (2011). Why do humans reason? Arguments for an argumentative theory. *Behavioral and Brain Sciences*, **34**, 57-74.

Meyer, D. E., & Schvaneveldt, R. W. (1971). Facilitation in recognizing pairs of words: Evidence of a dependence between retrieval operations. *Journal of Experimental Psychology*, **90**, 227-234.

Oikawa, M. (2004). Moderation of automatic achievement goals by conscious monitoring. *Psychological Reports*, **95**, 975-980.

Rothman, A. J., Bartels, R. D., Wlaschin, J., & Salovey, P. (2006). The strategic use of gain- and loss-framed messages to promote healthy behavior: How theory can inform practice. *Journal of Communication*, **56**, 202-221.

Strack, F., Martin, L. L., & Stepper, S. (1988). Inhibiting and facilitating conditions of the human smile: A nonobtrusive test of the facial feedback hypothesis. *Journal of Personality and Social Psychology*, **54**, 768-777.

Strahan, E. J., Spencer, S. J., & Zanna, M. P. (2002). Subliminal priming and persuasion: Striking while the iron is hot. *Journal of Experimental Psychology*, **38**, 556-568.

Stroop, J. R. (1935). Studies of interference in serial verbal reactions. *Journal of Experimental Psychology*, **28**, 643-662.

Wegner, D. M., & Wheatley, T. P. (1999). Apparent mental causation: Sources of the experience of will. *American Psychologist*, **54**, 480-492.

Wells, G. L., & Petty, R. E. (1980). The effects of overt head movements on persuasion: Compatibility and incompatibility of responses. *Basic and Applied Social Psychology*, **1**, 219-230.

Williams, L. E., & Bargh, J. A. (2008). Experiencing physical warmth promotes interpersonal warmth. *Science*, **322**, 606-607.

Wilson, T. D. (2002). *Strangers to ourselves: Discovering the adaptive unconscious*. Cambridge, MA: Harvard University Press. (ウィルソン, T. D. 村田光二 (監訳) (2005). 自分を知り, 自分を変える——適応的無意識の心理学 新曜社)

ステレオタイプ

浅井暢子

1. はじめに

　私たちは他者を判断する際に，手がかりとして相手の性別や年齢，人種などの社会的カテゴリーに関する情報に頼ることがよくある。この時に参照されるのが，ステレオタイプと呼ばれる特定の集団や社会的カテゴリーの成員の特性（例，能力，性格，行動傾向）に関する単純化された表象（イメージ）である。「女性だから料理が上手だろう」というように，人びとの多様性を無視あるいは軽視した画一的イメージに基づき，相手の個人的特徴を十分考慮せずに判断してしまうのである。ステレオタイプは，個人内に形作られた認知表象というだけではなく，多くの場合には社会的に共有されており，特定の集団への偏見や差別，集団間の紛争などの深刻な社会的問題と深い関わりを持っている。それゆえに，社会心理学領域ではステレオタイプが古くから中心的な研究対象とされてきた。本章では，こうした研究で得られた成果のうち，ステレオタイプの形成，適用，維持をもたらす認知的過程に関する基礎的知見を概観する。また，ステレオタイプを望ましくないものとする社会的規範が形成されたかに見える現代でも，その解決が困難な問題として存在し続けている原因について議論するとともに，ステレオタイプの対象となっている集団の成員の心理や近年のステレオタイプ研究の動向も紹介する。

2. ステレオタイプの形成過程

　古典的な理論では，所属集団と他の集団の直接的で現実的な葛藤や対立が，相手へのステレオタイプや偏見を生みだすとされてきた（現実的葛藤理論：Campbell, 1965; Sherif, 1966）。しかし，人びとは明確な葛藤状態にない集団はもちろんのこと，接触経験がまったくない集団，すなわちお互いに会ったこともない相手にもステレオタイプや偏見を抱くことがある（e.g., Doise et al., 1972; Tajfel et al., 1971）。ここでは，一見すると合理的理由がない状況でも，なぜステレオタイプが生み出されるのかを説明づける知見を取り上げる。

(1) 社会的カテゴリー化

　人びとは，他者を性別，人種，年齢などの社会的属性に基づいて分類し，個人としてではなく「女性」「高齢者」といった社会的カテゴリーの一員として認知することがある。この心理的過程が社会的カテゴリー化である。対象を特定の属性に基づいて分類するカテゴリー化自体は，対人認知に特有の過程ではなく，人が外界を知覚する際に一般的に生じる働きである。

日常生活の中で他者とうまく接するためには，相手がどのような人物かを素早く判断し，行動を調節しなければならない。しかし，人間の情報処理能力には限界があるため，一人ひとりの人が持つ多様な特徴をすべて精査し，判断を下すことは困難である。そこで，人びとは社会的カテゴリー化を通じて，複雑な対人情報を整理し，単純化して記憶に貯蔵し，これに基づいて他者に関する判断や対処を進めることで，対人情報処理にかかる認知的負荷と時間を大幅に節約しているのである（2章参照）。

カテゴリー化がなされると，同じカテゴリーに属する人同士は実際以上に似ているかのように，逆に異なるカテゴリーに属する人はより異なっているかのように錯覚されることがわかっている（Tajifel & Wilkes, 1963）。前者はカテゴリー内の同化効果，後者はカテゴリー間の対比効果と呼ばれ，両者を合わせて強調効果という。こうしたカテゴリー化の効果は，集団や社会的カテゴリーへの誇張された画一的な表象，すなわちステレオタイプの源泉となっている。

ただし，社会には，多くの集団やカテゴリーが存在するにもかかわらず，ステレオタイプの抱かれやすさには違いがある。その理由としては，カテゴリー化の基準となる属性の視覚的な把握しやすさや後述する錯誤相関現象などが挙げられるが，本質主義的信念の存在も重要な要因とされている。

社会集団やカテゴリーは，本来，社会的・文化的特徴の共有によって人びとを区分した，いわば恣意的カテゴリーである。しかし，人はしばしば，同じカテゴリーに属する人びとが，遺伝子や血のような目に見えない本質的特徴を共有しているかのように錯覚し，他のカテゴリーと明確に区別しようとする（e.g., 浅井, 2005; Haslam et al., 2000; Rothbart & Taylor, 1992）。錯覚と表現したように，何らかの本質（的特徴）が共有されているという信念さえあれば，その存在が科学的に証明されたり，何であるかが特定される必要はなく，実際に存在しなくとも，当該カテゴリーの基盤が本質的なものであるとの主観的理解を成立させる（Medin, 1989; Rothbart & Taylor, 1992）。

こうした本質主義的信念は，社会的カテゴリーの間に引かれた境界線に意味を与え，カテゴリー間の性質の違いを説明づける根拠として機能する。そのため，ひとたび社会的カテゴリーに本質主義的信念が抱かれると，カテゴリーの強調効果が強まり，ステレオタイプの形成が促されやすくなる（Prentice & Miller, 2006; Yzerbyt & Rocher, 2002）。また，本質主義的信念が抱かれているカテゴリーは有意味性が高いために，カテゴリー化の際に用いられやすくなるという側面もあると考えられる。

さらに，本質の共有の知覚は，個々の成員の情報がカテゴリー全体に一般化可能だとの知覚（＝帰納可能性）や当該カテゴリーの一員であることが個人の持つ質の予測に役立つとの知覚（＝類推可能性）を促す（Gelman, 2003; Rothbart & Taylor, 1992; Haslam et al., 2000）。つまり，本質は，人びとが特定の性質を持つ理由を説明づけるものとして機能し，カテゴリーと特定の性質の間に規則性があるかのような知覚を与えるのである。また，本質的特徴は基本的に不変で生得的なものとして捉えられるため，本質主義的信念が抱かれたカテゴリーは不変性が高く，カテゴリーからの離脱も困難と知覚（＝不変性）される（Rothbart & Taylor, 1992）。このように本質主義的信念は，個々のカテゴリーに深い「意味」を吹き込むのである。

集団成員の表面的な類似性は，その背景に共有された本質が存在すること

カテゴリー化

カテゴリー化は，成員間の属性の共有，すなわち類似性の知覚に基づいてなされるとされてきた。しかし，人びとの間には様々な点で類似性が想定可能である。そこで，現在は，後述する本質主義的信念をはじめとした，知識や（素人）理論に基づいて特定の属性の類似性に着目したカテゴリー化がなされるとする「理論に基づくカテゴリー化」という考えが主張されている（Medin & Ortony, 1989; Murphy & Medin, 1985）。

本質主義的信念

カテゴリーには，特定の対象をそのカテゴリーの一員たらしめる固有の本質的特徴が存在するとの考えは心理的本質主義とも呼ばれる。

を示す手がかりとして認識されやすい（Medin, 1989; Medin & Ortony, 1989）。そのため，成員の間に肌の色や性別といった観察可能な類似性が存在するカテゴリーは，とくに本質主義的信念が抱かれやすくなる。また，人種や民族のような，生物学的根拠に基づくかのように見える社会的カテゴリーも本質主義的に捉えられやすいことがわかっている（Yzerbyt & Rocher, 2002）。加えて，人びとは時に，特定の集団に対して抱いたステレオタイプや偏見を正当化する手段として，カテゴリーや集団の背景に本質の存在を強く知覚することもある。

　初期の研究では，ステレオタイプの形成過程について認知的効率性の観点から理論化が進められてきた。しかし，本質主義的信念に関する知見をはじめとして，人びとが能動的にカテゴリーに意味を見出す過程の重要性を示す研究が増えるにつれ，カテゴリー化の過程およびカテゴリー化とステレオタイプとの関連を新たな視点で捉えなおそうという試みも，盛んになされるようになってきている。

(2) 内・外集団へのカテゴリー化

　社会的カテゴリー化に自分自身が所属する内集団と他者だけで構成される外集団という区別が加わると，カテゴリー化の効果に変化が生じる。その1つが内集団と比較して，外集団成員の同質性が高く知覚される，外集団均質化効果である。内集団が脅威にさらされたり，数的に少数派である場合などには，内集団成員の同質性を高く見積もる内集団均質化効果が生じることもあるが，外集団均質化効果の方が幅広い文脈で認められる頑健な現象である（e.g., Linville et al., 1989; Mullen & Hu, 1989）。

　外集団均質化効果が生じる原因として，まず接触頻度や知識量の違いが挙げられている（Linville et al., 1989）。つまり，非常に単純に，内集団成員と比較すると，外集団成員との接触頻度は少ないため，その多様性を知ることは困難であり，限られた知識に基づいて外集団を認知することで外集団均質化効果が生じるというのである。しかし，内外集団の成員と一切面識がない場合でも（Wilder, 1984），また異性のように熟知性が高い外集団においても（Park & Rothbart, 1982），外集団均質化効果は生じる。この点について十分な説明力を持っているのは，パークとジャッド（Park & Judd, 1990）の提起した，内外集団の成員に関する情報処理の質的違いに着目した仮説である。彼らは，内集団成員に関する判断では，所属集団に注目することの情報的価値が低いため，個人的特徴に注意を払った情報処理がなされる一方で，外集団成員に関しては，相手と自分および内集団成員を区別する情報として，所属集団が対人判断のよりどころとされるため，外集団成員の個人差が軽視されやすくなると主張している。こうした外集団均質化効果に関する一連の知見は，人びとが内集団よりも，外集団に対してステレオタイプを抱きやすいことを示している。

　また，内集団と外集団という峻別が加わると，「私たちは彼らとは違う」という対比効果に加えて，「私たちの方が彼らよりも優れている」との内集団への肯定的な認知が生み出されることもよく知られている。内集団ひいきと呼ばれるこの現象は，恣意的で些細な基準（例，絵画や写真の好みの違い）で振り分けられた集団や，集団内および集団間のやり取りが一切ないような状況でも生じる（e.g., Doise et al., 1972; Tajfel et al., 1971）。内集団ひいきは，多くの場合，外集団成員へのあからさまな卑下というよりも，内集団成員への肯定的評価という形で生じるが，外集団へのステレオタイプが相対的に否定的な内容

となりやすいことは確かである (Brewer, 1979; Hewstone et al., 2002)。

　内集団ひいきが生じる心理的背景に関する代表的な知見には，タジフェルとターナー (Tajifel & Turner, 1979, 1986) の社会的アイデンティティ理論がある (詳細は12章を参照)。人びとにとって「どのような集団の一員であるか」は社会的アイデンティティと呼ばれる自己概念の一側面を形作っている。社会的アイデンティティ理論では，人びとはなるべく肯定的な自己概念を確立・維持したいという動機を持っており，集団間の文脈では内集団を外集団よりも「相対的に優れている」と知覚しようするために内集団ひいきが生じると説明している。

(3) 錯誤相関

　人間は，認知的に目立った想起しやすい事例の生起頻度を実際よりも過大に見積もりがちである (利用可能性ヒューリスティック：Tversky & Kahneman, 1973)。そのため，集団に対する認知も，特異な事例の影響を受けやすくなる。ここでいう特異性 (distinctiveness) とは，「宇宙飛行士」といった成員性や「犯罪」行為のように，社会的基準に照らして特異，つまり珍しいあるいは非典型的というだけではなく，女性集団の中に1人だけ男性がいる場合やある人の行動が周りと異なっている場合のように，当該文脈において特異であることも含んでいる (Taylor, 1981)。これまでの研究では，集団成員に少数でも極端に特異な事例 (例，殺人犯，身長が180cmを大きく超える人物) が含まれている場合には，極端さの低い事例が含まれている場合 (例，万引き犯，身長が180cmをわずかに超える人物) よりも，その事例が示す行動傾向や特徴を持つ成員の数が過大に推定され，集団印象への影響も強くなることが示されている (Rothbart et al., 1978)。こうした認知傾向は，誤った集団ステレオタイプが形成される背景となっている。

　さらに，集団に含まれる特異事例の効果は，少数派集団でとくに強まることがわかっている (Hamilton & Gifford, 1976; Hamilton & Sherman, 1989)。少数派集団も，特異な行動や特徴も，「周り」との対比において認知的顕現性が高く，両者が共起した「少数派集団の成員の特異な行動／特徴」は，「多数派の成員の特異な行動／特徴」や「少数派集団の特異性の低い行動／特徴」などよりも，記憶に残りやすく，生起頻度が高く見積もられやすい (特異性仮説：Hamilton & Gifford, 1976)。集団に関する判断は記憶に依存してなされるため，人びとは「少数派集団にはこうした特異な行動や特徴を示す人が多い」というように，少数派集団と特異な行動や特徴の間に，あたかも強い結びつきがあるかのように知覚するようになるのである (Sanbonmatsu et al., 1987: 特異性仮説以外の説明は Stroessner & Plaks, 2001 を参照)。このようにまったく関連のない，あるいは関連の弱い2つの事象の間に実際よりも強い関連があると錯覚することを錯誤相関と呼ぶ (Chapman, 1967)。特異性に基づく錯誤相関は，その生起過程から予測可能なように，少数派集団だけではなく，社会の中で目立つ特徴を備えた集団にもみられる。

　ここで紹介した知見は，集団に対する認知が特異事例の影響を受けて，肯定的にも否定的にも歪みうることを示している (Hamilton & Gifford, 1976; Rothbart et al., 1978)。しかし，対人情報処理に関する研究では，否定的な情報の方が肯定的な情報よりも稀で情報価が高く，注意を引きやすいため，人び

との判断に大きな影響を及ぼすことが明らかになっている（e.g., Fiske, 1980; Kanouse & Hanson, 1972）。こうした認知傾向に鑑みると，集団ステレオタイプも否定的な内容に偏りやすいと考えられる。

3. ステレオタイプ化

　構築されたステレオタイプは，どのようにして他者に関する判断に影響を与えるのであろうか。ステレオタイプに基づいて他者を判断することをステレオタイプ化と呼ぶ。ここでは，3つの代表的なモデルを取り上げ，ステレオタイプ化が生じる過程を紹介する。

(1) 二重処理モデルと連続体モデル

　他者に出会った際の情報処理過程を説明した代表的モデルにブリューワーの二重処理モデル（Brewer, 1988）とフィスクとニューバーグの連続体モデル（Fiske & Neuberg, 1990）がある。両モデルは，対象人物の属するカテゴリーに基づいた情報処理とその人物に固有の情報に基づいた情報処理の2つのモードが働くことを前提としたものである。

　二重処理モデルでは，最初に自動的な処理過程として，対象人物の性別，年齢，人種といった基本的なカテゴリー属性が同定され，それに基づく認知や感情が生じるとしている。そして，たとえば道ですれ違った人など，自己との関連がほとんどない人物であればこの段階で情報処理が停止し，関連がある場合には次の統制的処理段階へと進むことになる。統制的処理段階では，自己との関わりが深く，相手から影響を受ける可能性が高いか否か，すなわち，自己関与が高い相手であるかどうかによって情報処理のモードが変化する。自己関与が高い場合には，対象人物自身に焦点が当たる個人化が生じ，その人の個人的特性に基づいた判断がなされる。こうした個人依存型処理では，対象人物が所属する社会的カテゴリーは，あくまで個人的特性のひとつとして扱われるため，人物判断に与える影響は限定的なものになる。一方，自己関与が低い相手の場合には，カテゴリー依存型処理が生じ，その人物の特性と所属する社会的カテゴリーに関する知識，すなわちステレオタイプとの照合が行われる。ステレオタイプとの一致が認められた場合には，ステレオタイプに沿った人物判断がなされ，一致しない場合には，同様のステレオタイプに不一致な特徴を持つ人たちとともに当該カテゴリーの特殊な事例群としてサブタイプ化（Weber & Crocker, 1983）されたり，カテゴリーの特殊な一例として個別化されたりする。このように，二重処理モデルでは，いったんカテゴリー依存型処理が行われると，対象人物はあくまでも特定の社会的カテゴリーの一員として扱われ，カテゴリーに基づいた判断がなされると考えられている。

　連続体モデルでも，二重処理モデルと同様に，対象人物に関する初期カテゴリー化および関連性の判断が最初になされるとしている。ただし，このモデルのいうカテゴリーとは，二重処理モデルが仮定するものよりも広い意味合いを持っており，性別や年齢といった基本的カテゴリーだけではなく，優しい人，親切な人のようなラベルも含んでいる。そして，相手についてわずかでも何らかの関心や自分との関連性を認めると，その人物の特性に注意が向けられ，初期カテゴリーと矛盾がないかという視点での確証的カテゴリー化が試みられ

る。カテゴリーと対象人物の特性の間に矛盾が見つからなければカテゴリーに基づいたステレオタイプ的判断がなされ，矛盾が認められた場合には，別のカテゴリーや下位カテゴリー（サブタイプ）との照合が試される再カテゴリー化の段階が生じる。これらのカテゴリー化の段階では，相手の個人的特性にどの程度注意が向けられるかによって照合の結果が変化する。すなわち対象人物に注意が十分向けられ，人物情報に詳細な吟味が加えられるほど，カテゴリーとの矛盾が発見されやすくなり，ステレオタイプ化は生じにくくなる。対象人物にどの程度の注意が向けられるかは，相手の重要性や自分との関連性の強さに依存して変化する。こうしたカテゴリー化の段階を経ても，対象人物を特定のカテゴリーに当てはめることができないと，初めて対象人物の個人的特性に基づく判断がなされるようになる。この個人依存型処理を連続体モデルではピースミール処理と呼んでいる。

二重処理モデルと連続体モデルは，カテゴリー依存型処理の生起機序に関する仮定が異なるものの，人は必要がなければ，認知的負荷の少ないカテゴリーに依存した他者判断を行うとの共通の前提に立っている。つまり，どちらのモデルも，対人判断においてはカテゴリーに基づいたステレオタイプ化が生じやすく，相手が自分にとって重要な意味を持つときにだけ，対象人物の詳細な情報に基づく判断がなされると予測している。

(2) 分離モデル

ステレオタイプの適用に関わるもう1つのモデルが，デヴァイン（Devine, 1989）の分離モデルである。人びとは社会化の過程で，様々な社会集団やカテゴリーに関する文化的に共有されたステレオタイプを知識として獲得する。分離モデルは，こうしたステレオタイプ的知識とステレオタイプに関する個人的信念を区別し，それぞれがステレオタイプ化の過程で担う役割を理論化したものである。

このモデルでは，社会生活を通じてステレオタイプの学習と活性化が繰り返されると，人物の社会的カテゴリーに関する情報（例，人種，性別）を受け取っただけで，非意図的なステレオタイプの活性化が生じるようになると指摘している（Bargh, 1999; Devine, 1989）。ステレオタイプの活性化は誰にでも生じる自動過程であり，対象へのステレオタイプの適用を促進するものと位置づけられている。しかし，対人的な判断や行動にステレオタイプの活性化が与える影響を制御することも不可能ではない。平等主義的信念など，ステレオタイプを望ましくないあるいは誤ったものとする個人的信念の持ち主は，ステレオタイプ的知識が活性化したとしても，その適用を意識的に回避し，非ステレオタイプ的思考に置き換えることができるというのである。しかし，ステレオタイプの意識的統制を実現するには，ステレオタイプを抑制したいという動機に加え，ステレオタイプの活性化の自覚と十分な認知資源が必要となる（Bodenhausen & Macrae, 1998; Devine, 1989; Monteith, 1993）。こうした条件に恵まれなければ，平等主義的な人物であろうと，ステレオタイプ的判断や行動から逃れることができないといえる。

分離モデルの本質は，ステレオタイプ的知識の自動的活性化と，ステレオタイプの意識的制御の過程を区別した点にあり，この考えは現在のステレオタイプ研究の基礎となっている。また，分離モデルが提唱された当初は，ステレオ

タイプの自動的活性化は不可避の過程とされていたが，その後の研究では活性化を抑制する要因の存在が徐々に明らかになっている。たとえば，認知資源の不足はステレオタイプの活性化自体を防げることが実証されている（Gilbert & Hixon, 1991）。

4. ステレオタイプと解釈過程

ステレオタイプ化は，他者に関する情報を解釈する際にも生じる。しかし，こうした形式のステレオタイプ化は，非常に微妙な形でしか外界に表出されないため，社会の中で見逃されがちである。ここでは，他者の行動や特性に関する解釈に，ステレオタイプがどのように混入するのかを概説する。

(1) 行為の解釈

人間の行為は，その人の特性，状況，文脈によって様々な解釈をすることができる。1つの解釈を構築するのに十分な情報が得られない場合には，行為者の所属集団のステレオタイプに沿った解釈がなされやすくなる。たとえば，「友人の背中を鉛筆の後ろでつつく」「何も言わずに人の鉛筆を使う」といった比較的無害で曖昧な行為であっても，行為者が黒人の場合には，白人であるときよりも攻撃的な行為と解釈されやすくなる（Sagar & Schofield, 1980）。また，文脈や状況に関する情報を与えずに，主婦が誰かを叩いた（hit）というと相手を平手打ち（spank）したと解釈され，建設作業員の場合には拳で殴った（punch）と解釈されるといった事例も報告されている（Kunda & Sherman-Williams, 1993）。つまり，まったく同じ行動であっても，所属集団に付与されたステレオタイプ（黒人／建設作業員は攻撃的）に応じて異なった解釈がなされたのである。他にも，ステレオタイプと一致した行動は，行為者の特性を反映したものと解釈される一方で，不一致な行動は，状況要因や運による特異事例と解釈されることも知られている（e.g., Bodenhausen, 1988; Bodenhausen & Wyer, 1985; Deaux & Emswiller, 1974）。

さらに，ステレオタイプは，複数の人物の行動からなる出来事の解釈というより複雑な情報処理過程にも影響を及ぼす。「黒人学生と白人学生の言い争いの末に，一方が深刻な怪我を負った事件」を題材とした実験では，黒人を人種的葛藤の犠牲者と捉えている人は事件の発端が白人学生側にあると解釈し，黒人を人種的な葛藤を引き起こす加害者と捉えている人は事件の発端が黒人学生側にあると解釈する傾向が示されている（Wittenbrink et al., 1997）。ステレオタイプが提供する解釈の枠組みに沿って，他者の行動の因果的連鎖が理解され，事件の生起過程に関する物語が作り上げられたのである。

ステレオタイプによる解釈の偏りは，無自覚に自動的に生じるといわれている（Wittenbrink et al., 1997）。人びとは気づかないままに，ステレオタイプによって他者の行為を解釈し，その行為を証拠として自らのステレオタイプを確証，強化していると考えられる。

(2) 基準の変移

各集団の成員に対するステレオタイプ的予期は，その集団に所属する個人を評価する基準（平均）と尺度（範囲）として機能する。他者を評価する際に，

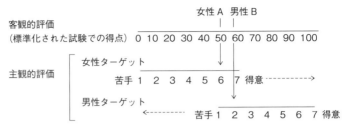

図 3-1　対人評価の基準にステレオタイプが与える影響

注．上は評価基準の変移のみを表したもの。主観的評価にはさらにステレオタイプ対比効果が加わる（Biernat, M., 2009 の図 7.1 の一部を抜粋，改変）。
理解しやすいように基準の変移を極端に示したもので，実際のデータに基づくものではない。

所属集団やカテゴリーに応じて異なる評価基準が使い分けられる現象を基準の変移と呼ぶ（Biernat et al., 1991; Biernat, 2009）。数学能力に関する性別ステレオタイプ（女性は数学が苦手）を例に挙げると，図 3-1 に示したように，男性の数学能力を評価する基準は女性よりも高く，個々人の数学能力は性別に応じて別々の尺度で評価される。たとえば，男性は女性よりも良い成績を収めなければ「数学が得意」とは評価されず，男性にしては「数学が不得意」とみなされるのである。さらに，ステレオタイプに反した人物は，ステレオタイプとの対比効果によって「数学がとても不得意な男性」のようにより極端な評価を受けることになる。

評価基準の変移は，個人が相手に対して抱く評価だけではなく，対人相互作用場面にも現われる。たとえば，黒人学生あるいは白人学生の成績表（＝客観的評価）を見て他者に感想（＝主観的評価）を伝えるという実験では，同じ成績であっても，対象が黒人学生である場合にはより肯定的な内容が伝達された（Collins et al., 2009; 10 章も参照）。さらに興味深いことに，感想を受け取った人びとに学生の成績の推定を求めたところ，黒人学生に関する感想の方が肯定的な内容であったにもかかわらず，成績は白人学生の方が高いと見積もられていた（Biernat & Eidelman, 2007 も参照）。ステレオタイプという評価基準が広く共有されているがゆえに，表面上は否定的ステレオタイプを抱かれた集団に寛容な情報伝達が行われるのである。こうした現象は，社会の中で否定的ステレオタイプの存在が見えにくくなる一因と考えられる。

評価基準の変移が生じると，能力が低いというステレオタイプを向けられた集団の成員は，そうでない集団の成員よりも，成績や能力が低くとも賞賛を受けやすくなる（Biernet & Vescio, 2002; Vescio et al., 2005）。また，低レベルの成績や能力を示しても問題視されにくい。評価基準の変移は，否定的ステレオタイプを抱かれた集団の成員が，能力や特性を伸ばしたり，改善する機会を奪うことにつながると予測される。また，肯定的ステレオタイプを抱かれた集団の成員にとっても，理不尽に高い評価基準が設定されることで，自己効力感や達成感が得にくくなるという問題もある。

評価基準の変移
日常生活の中では，評価に基づいて資源が分配されることがよくある。これまでの研究では，資源量に限りがある場合（例，給与，地位）は肯定的なステレオタイプや客観的評価に基づいて，量的制約のない場合（例，賞賛）は主観的評価に基づいて分配されることが示されている（Biernat & Vescio, 2002; Vescio et al., 2005）。

5. ステレオタイプの維持

平等主義的規範の浸透した現代社会では，ステレオタイプに基づく他者判断

を望ましくないものとする価値観が共有されている。また，ステレオタイプの不正確さが指摘される機会も増えている。確かに以前に比べればあからさまなステレオタイプの表出こそ少なくなった。しかし，依然としてステレオタイプは存在しており，他者判断に影響を与えている。これまでの節でもステレオタイプの解消や適用の抑制が難しい理由に簡単に触れてきたが，本節ではステレオタイプの維持と直接的な関わりを持つ認知的過程について取り上げる。

(1) ステレオタイプ内容モデル

　ステレオタイプは必ずしも肯定 – 否定の一次元的なものではなく，多くの場合，肯定的成分と否定的成分を併せ持った両面価値的特徴を備えている（e.g., Cuddy et al., 2008; Fiske et al., 2002）。この特徴を重視し，ステレオタイプの基本的構造や既存の社会構造との関連を理論化したのが，ステレオタイプ内容モデル（Fiske et al., 1999, 2002）である。このモデルでは，ステレオタイプは集団間の社会経済的地位の高低と相互依存性（協力 – 競争）に応じて体系的に構成されるとしている。具体的には，社会経済的地位は能力次元（有能 – 無能）のステレオタイプを規定しており，人びとは自分より地位の高い集団を「能力が高い」とみなし，地位の低い集団を「能力が低い」とみなすという。一方，集団間の相互依存性は温かさ次元（温かい – 冷たい）のステレオタイプを規定しており，協力関係にある集団は「温かい」，競争関係にある集団は「温かくない」とみなされる。すなわち，ステレオタイプは，「能力が低いために，地位が低い」「温かい人柄なので協力関係にある」というように，現在の集団間関係に至った経緯を説明づけ，正当化する方向で形成されると考えられている。

　ステレオタイプ内容モデルの視点に立つと，集団に対するステレオタイプは，図 3-2 のように能力と温かさの 2 次元の組み合わせからなる 4 種類に分類することができる。ただし，いずれの次元でも肯定的あるいは否定的に評価される集団は従来思われていた以上に少なく，能力と温かさの次元の評価が相反する両面価値的ステレオタイプが多くの集団で観察されている（Fiske et al., 1999, 2002; Glick & Fiske, 2001）。すなわち，「能力は低いが温かい人柄」という温情主義的偏見と「能力は高いが冷たい」という羨望的偏見である。前者の対象はあわれみを抱かれ，見下されつつも保護され，後者は能力を認められて羨まれつつも排斥される。ステレオタイプ内容モデルは，実社会でたびたび

集団間関係			相互依存関係	
			協力	競争
		ステレオタイプ	温かい	温かくない
社会的地位	高	能力高	崇拝（尊敬・賞賛） 内集団・準拠集団	羨望的偏見（羨望・嫉妬） 金持ち・キャリアウーマン
	低	能力低	温情主義的偏見（あわれみ・同情） 障がい者・高齢者・専業主婦	軽蔑的偏見（軽蔑・怒り・嫌悪） ホームレス・生活保護受給者

図 3-2　ステレオタイプ内容モデル（Fiske et al., 2002; Glick & Fiske, 2001 に基づき作成）

認められる，人びとの外集団に対する複雑な感情と行動を説明する枠組みとして，近年の研究では注目されている（Cuddy et al., 2007）。

両面価値的ステレオタイプは，表面的には対象の持つ肯定的側面と否定的側面の両者を捉えたバランスのとれた見方である。また，一方の次元への評価は他方の次元に対する評価で補償されており，極端な評価が下されているという認知も和らぐ。ステレオタイプの対象集団の人びとにとっても，各次元の重要性の認知を調整したり，比較次元を変えることで，他集団よりも相対的に優位な立場をとることが可能であるため，両面価値的ステレオタイプは比較的受容しやすい（Kervyn et al., 2008）。このように，ステレオタイプの両面価値性は，ステレオタイプという社会的問題の存在を捉えにくいものとし，その解決を困難にしていると考えられる（システム正当化との関連は12章を参照）。

(2) 仮説確証型の情報処理

ステレオタイプという形で特定の集団やカテゴリーの成員が持つ特性に関する仮説（予期）が形成されると，それを確証する方向での対人情報処理が促される。これは人びとがステレオタイプをガイドラインとすることで情報処理を効率化しているためである。たとえば，コーエン（Cohen, 1981）は，ステレオタイプが対人情報の「記憶」に影響することを実証している。この研究では，登場人物の女性が司書あるいはウェイトレスであると説明したうえで，参加者に女性が夫と誕生日を祝っている映像が呈示された。映像には，それぞれの職業ステレオタイプに一致する情報が同数ずつ含まれていたが，視聴後の記憶テストの結果を見ると，事前に呈示された職業と一致する情報の再認成績の方が高くなっていた。また，映像の視聴後に女性の職業に関する情報を与えた場合には，記憶量は全般的に低下したものの，先の実験と同様の結果が得られた。こうした知見をはじめとしてステレオタイプと対人情報の記憶に関する諸研究では，基本的にはステレオタイプに一致した情報は記憶されやすいこと，情報の記銘時にステレオタイプの影響を受けなかったとしても，情報の検索と想起の段階でステレオタイプが喚起されると，それに一致した情報が取り出されやすくなることが示唆されている（e.g., Cohen, 1981; Snyder & Uranowitz, 1978; Zadny & Gerard 1974）。

さらに，ステレオタイプは対人情報の「検証」にも影響を与える。ダーリーとグロス（Darley & Gross, 1983）は，小学生の女の子の様子を記録した映像を呈示し，学力を推定させるという実験を行っている。映像の前半部分には，女の子の家庭環境が貧しいか，裕福かがわかる情報が含まれており，学業成績に関連したステレオタイプ的予期（貧しい家庭：学業成績が低い／裕福な家庭：学業成績が高い）が喚起される作りになっていた。映像の後半部分には，女の子の学力が高いことを示す情報と学力が低いことを示す情報の両者が含まれていたが，貧しい家庭環境の子どもという情報を与えられた参加者は，裕福な家庭環境の子どもという情報を与えられた参加者よりも，子どもの学力を低く評価していた。このように，人びとは他者に関する判断を行う際，まんべんなく情報を検証するのではなく，ステレオタイプ的予期に合致した情報を選択的に重視して取り入れ，確証的な判断を行いやすい（e.g., Darley & Gross, 1983; Snyder & Cantor, 1979）。こうした傾向は仮説確証バイアスと呼ばれる。

ステレオタイプの適用の項でも紹介したように，対人情報の「解釈」もステ

レオタイプを確証する方向へ偏りやすいことが知られている。対人情報処理の様々な段階で生じるステレオタイプ確証型の処理は，ステレオタイプの補強と固定化を促す一因となっている。

■ (3) ステレオタイプ抑制

人は，自分の判断や行動に対するステレオタイプの影響を自覚し，その抑制を試みることがある。思考の監視と統制には，認知資源が必要となるが，ステレオタイプの抑制を継続的に行うと次第に資源が枯渇するようになる。また，ステレオタイプが抑制できているかを監視するには，抑制対象のステレオタイプが何であるかを活性化させておかなければならない。そのため，一時的にステレオタイプを抑制できたとしても，認知資源が枯渇したとたんに，かえってステレオタイプ的な思考や反応が生じやすくなる，リバウンド効果（rebound effect）が生じる（Macrae et al., 1994）。この現象は，特定の思考を抑制しようとした場合に一般的に認められるものである（詳しくは5章を参照）。ただし，ステレオタイプを抑制したいという個人的動機づけを持っている場合（Gordijn et al., 2004; Monteith et al., 1998）やステレオタイプの対象となっている人の視点に立つように教示された場合（Galinsky & Moskowitz, 2000）には，リバウンド効果をともなわない形でステレオタイプを抑制できることを示す研究結果も報告されている。

以上の議論を踏まえると，社会的規範に単に従う形でステレオタイプを抑制しようとしても，認知資源がよほど潤沢にない限り，ステレオタイプの活性化を強める結果に終わることが示唆される。ステレオタイプ的思考や行動の抑制を実現するには，平等主義的規範の内面化やステレオタイプの対象集団への共感を人びとに促すことが必要である。ステレオタイプ抑制に関する研究は，ステレオタイプを（恒常的に）抑制することは不可能ではないものの，困難であることを示している。

6. ステレオタイプのターゲットの心理

所属集団が深刻なあるいは多側面にわたる否定的ステレオタイプの対象となっている場合，その集団の一員であることは，ステレオタイプや偏見に基づく蔑視や排斥，さらには社会的資源の分配と利用における不利益（例，雇用，住居，教育）をもたらす社会的な目印，すなわち「スティグマ（烙印）」として機能する（Goffman, 1963）。ひとたびスティグマ化されると，その集団の成員は，社会的に逸脱した者とみなされたり，時には非人間化されることすらある（Archer, 1985; Crocker et al., 1998; Frable, 1993）。「スティグマ」とは，もともとは奴隷や犯罪者などであることを示す焼印や刺青を指す言葉であったが，ゴッフマン（Goffman, 1963）によって個人の社会的受容に否定的影響を与える属性を総称するものとして定義しなおされた。スティグマ化された集団の代表的事例としては，犯罪者や精神疾患患者，障害者，（特定の）民族や宗教などが挙げられるが，社会の中でどのような集団がスティグマ化されるかは，時代や地域，文脈によっても変化する（上瀬，2002）。

スティグマ化された集団の人びとが経験する社会的苦境の程度や内容は，集団成員性の可視性と制御可能性の影響を受ける（Crocker et al., 1998）。たと

えば，肌の色や性別，体型，身体的な障害によって定義される集団成員性は，視覚的に容易に把握可能であり，隠蔽が困難なため，他者からの厳しい排斥をもたらしやすい。その一方で，性的志向や疾病などの目には見えない集団成員性がスティグマ化されている場合には，こうした集団に属する人びとは自らの集団成員性を隠蔽することで社会的な受容を獲得することができる。しかし，集団成員性の隠蔽は，同じ集団に属する人びととの連携を阻害するとともに，自らの社会的アイデンティティを否定する行為であるため，自尊心や精神的健康に悪影響を及ぼす。また，集団成員性の隠蔽を成功させるには，自らの行動の調節に常に認知資源を割くという負担も必要となる。さらに，特定の集団の一員となるか否かが，個人の力で統制可能性と認識されている場合には，統制不可能と認識されている場合よりも，社会および他者から厳しい扱いを受けやすくなる。これは，前者の状況では，スティグマ化された集団から離脱可能であるにもかかわらず，その努力をしていないとみなされるためである。ただし，統制不可能な集団成員性であっても，遺伝的要素などがその背景に知覚された場合には，本章のカテゴリー化の項でも議論したように，本質主義的信念の喚起にともなって深刻なステレオタイプや偏見，社会的苦境がもたらされると予測できる。

　今日の社会では，特定の集団が明白に迫害されるような事態は稀になったが，ステレオタイプやスティグマ化が対象集団の成員の社会生活および対人関係にリスクをもたらしていることには変わりがない。ステレオタイプの対象集団の成員は，こうした状況からどのような影響を受け，どのように反応しているのであろうか。これまで本章では，ステレオタイプを抱く側に生じる心理的過程を概説してきたが，社会心理学領域ではステレオタイプの対象集団の成員に見られる心理的過程の解明も積極的に進められている。以下では，所属集団に向けられた否定的ステレオタイプへの認知的反応に関する代表的な知見を2つ紹介する。

(1) ステレオタイプ脅威

　否定的なステレオタイプの典型例として「能力」に関するものが挙げられる。女性は数学や物理科学が苦手（Spencer et al., 1999; Steele, 1997），高齢者は記憶力や認知能力が低い（Lamont et al., 2015）といった特定の集団の成員は特定の領域の能力が劣っているという形式のステレオタイプである。ステレオタイプと関連する能力が問われる課題や状況に接していると感じると，人はステレオタイプを確証するような結果を出すことを懸念し，心理的負荷を感じるようになる。こうした心理的負荷はステレオタイプ脅威と呼ばれ，人びとが当該領域で能力を発揮するのを妨げる（e.g., Shapiro & Aronson, 2013; Steele et al., 2002）。たとえば，「知的能力が低い」というステレオタイプが抱かれている黒人大学生は，知的能力のレベルを診断するものと説明されたうえで課題に取り組むと，白人学生と比較して本来の実力が出せなくなる（Steele & Aronson, 1995; 実験1，実験2）。またこれまでの研究では，ステレオタイプ脅威が生じるような状況では，不安の生起（e.g., Bosson et al., 2004; Steele & Aronson, 1995），自己効力感の低下（Aronson & Inzlicht, 2004），作業記憶容量（Beilock et al., 2007; Schmader & Johns, 2003）や自己制御能力（Inzlicht et al., 2006）の低下といった反応が観察されている。これらは，否定的ステレ

オタイプが当事者の実力発揮を阻害する過程の一端を示すものと理解できる。

ただし，ステレオタイプ領域の能力を査定する課題だと認識していても，課題を受けているのが内集団成員ばかりであったり，当該能力の有無を個人的に重視していない場合には，ステレオタイプ脅威は高まらない。所属集団カテゴリーの顕現性やステレオタイプと関連した能力の重要性の認知は，ステレオタイプ脅威を生み出す重要な要因といえる（Steele et al., 2002）。また，ステレオタイプ脅威の生起には，集団同一視やステレオタイプの内面化は不要であり，否定的ステレオタイプを付与された集団の一員として他者から見られている，つまり能力の低さや課題の失敗を予期されているというメタ認知が重要との指摘もなされている（Bosson et al., 2004; Shapiro & Aronson, 2013）。

ステレオタイプ脅威は，能力の発揮を阻害し，ステレオタイプを現実のものとする。こうした悪循環を断ち切るには，ステレオタイプ脅威を軽減することが重要である。具体的には自分自身の価値と重要性を確認する機会を与えて自己肯定化を促す（Cohen & Garcia, 2008; Martens et al., 2006），ステレオタイプ領域で能力を発揮している内集団成員の情報を与える（Marx & Roman, 2002），ステレオタイプに関わる課題への取り組みを苦手なものに挑戦し，学ぶ機会として位置づける（Alter et al., 2010），ステレオタイプ脅威に関する情報を提供し，課題遂行時に経験される不安の原因をステレオタイプに帰属するよう促す（Johns et al., 2005）といった方法の有効性が示されている。また，個人の能力を測定する際に集団成員性を顕現化させないなど，ステレオタイプ脅威が生じないように配慮することも重要である。

■ (2) 帰属の曖昧さとステレオタイプへの対処

否定的ステレオタイプの対象集団の成員が他者から否定的に評価された場合，それはステレオタイプや偏見によってもたらされた可能性がある。しかし，ステレオタイプや偏見が評価の背後にあったとしても，評価者がその存在を隠していたり，自覚していないことも多く，評価の原因であるとの確証は得にくい。また，能力の低さや努力不足といった個人的な問題であったり，評価者の性格や状況的要因も個人が否定的に評価される原因となりうる。他者から特定の評価を受けた原因の特定しにくさは原因帰属の曖昧性と呼ばれるが，否定的ステレオタイプが付与された集団に所属していると，原因帰属の曖昧性は特に高まりやすくなる（Crocker & Major, 1989; Crocker et al., 1991）。

評価の原因が特定できないと，将来的な自己への評価を予測したり，統制することは困難になる（Forsyth, 1980; Weiner, 1979）。また，評価の持つ意味が不明確になり，自己査定に支障が生じたり，自己観が不安定になりやすい（Crocker & Major, 1989）。このように原因帰属の曖昧さには，有害な影響が伴うと考えられる。しかし，スティグマ集団の成員は原因帰属の曖昧性を巧みに利用し，精神的健康を維持しているとの指摘もなされている。たとえば，メージャーら（Crocker & Major, 1989; Major et al., 2002）は，否定的ステレオタイプの対象集団の成員は，他者から否定的に評価されても，自己の内的要因のせいではなく，ステレオタイプや偏見によるものだと原因帰属することで，自尊心の低下を回避していると主張している。その一方で，ステレオタイプや偏見への原因帰属にともなう心理的コストに着目した一連の研究では，否定的ステレオタイプの対象集団の成員は，評価の原因をステレオタイプや偏見

原因帰属の曖昧性
否定的ステレオタイプの対象集団の成員は，他者から肯定的に評価された場合にも，原因帰属の曖昧性を経験する。これは，評価者が社会から偏見的な人物と評価されることを恐れて，本心に反して肯定的評価を与えた可能性が否定できないためである。

に帰属しないことで精神的健康を維持しているとの知見も示されている（e.g., 浅井, 2006; Branscombe et al., 1999; Ruggiero & Taylor, 1995, 1997; Schmitt & Branscombe, 2002a, 2002b）。たとえば，ステレオタイプや偏見によって否定的に評価されたとの原因帰属は，自らの集団成員性が社会からの受容を阻害するスティグマであることの認識を促し，かえって自尊心の低下を引き起こしたり，状況（例，評価者，場所，文脈，課題）や時間を越えて同様の評価を受けることを予期させる効果がある（Kobrynowicz & Branscombe, 1997; Schmitt & Branscombe, 2002a, 2002b）。さらに，こうした原因帰属は，自分の能力や資質への自信を保つ一方で，能力や資質が自己評価に反映されないことの認識をも同時に促し，統制感や自己効力感を喪失させると考えられる。

　ステレオタイプや偏見への原因帰属がよく見られるのは，所属集団への同一視が弱い場合（Kleck & Strenta, 1980）や評価者がステレオタイプや偏見を持っている可能性が高い状況（e.g., Crocker et al., 1991; Pinel, 1999; Sechrist et al., 2004）である。前者は，ステレオタイプや偏見への原因帰属にともなう心理的コストが軽減される状況であり，後者はステレオタイプや偏見の関与が否定しにくい状況といえる。すなわち，否定的ステレオタイプが向けられている当事者は，本質的にはステレオタイプや偏見が自己に与える影響を過小視しやすいと考えられる。こうした傾向は，評価の不当性の認識を妨げ，是正の機会を奪う恐れがある。ステレオタイプという社会的問題の解決を考えるうえでは，ターゲットの側の心理的過程を考慮することも重要である。

7. おわりに

　ステレオタイプに関する近年の研究は，その形成，適用，維持に関する情報処理過程の解明から，社会的アイデンティティ理論や分離モデルをはじめとする個人の動機的過程を考慮しようとする試みなど，より包括的な心理的背景の解明へと観点を広げながら，多くの知見を積み重ねてきた。ステレオタイプが，社会の中で人びとが適応的に生きていくために必要な機能（認知的負荷の軽減，情報処理の迅速化，自己高揚）の副産物として形成および適用されることを明らかにしたことは大きな功績であり，ステレオタイプの低減や抑制に関わる新たな仮説や理論を生み出した。現在の研究動向を見ると，ステレオタイプをより社会的な構造物として理論化する試みが盛んになっている。社会構造とステレオタイプの相互作用を理論化したステレオタイプ内容モデル（Fiske et al., 1999）やステレオタイプが持つ社会構造の正当化機能に焦点を当てたシステム正当化理論（Jost & Van der Toorn, 2012; 12章も参照）はその一例である。また，ステレオタイプの社会性は，ステレオタイプの対象となっている人びとの心理的過程やステレオタイプの伝達・共有過程（e.g., Wigboldus et al., 2005; 10章も参照）に関する諸研究でも直接的に検証されている。これらの試み自体は新しいものではなく，初期のステレオタイプ研究にも見られたが，方法論の進歩や人間の認知的過程に関する基礎的知見の積み重ねを背景として，飛躍的に説明力の高い理論やモデルが提唱されるに至っている。集団間の差別や葛藤の解決という社会的要請に応える意味でも，個人の認知的過程と社会の循環的な影響関係を念頭においた研究の重要性は高く，さらなる発展が見込まれる領域である。

また，ステレオタイプ研究のもう1つの潮流としては，潜在的ステレオタイプと呼ばれる自覚をともなわず自動的に活性化されるステレオタイプや，ステレオタイプと関わる脳活動や生理反応，さらにはこれらと行動指標の関連に焦点を当てた検討を通じて，ステレオタイプの背景にある，個人内の情報処理過程の実態を捉え，詳細に明らかにしようという試みが挙げられる（e.g., Amodio, 2014; Amodio & Devine, 2006; Bartholow et al., 2001）。こういった研究で得られた知見からは，ステレオタイプの定義の再考と新たなモデル化が進められている。この動向は近年の社会的認知研究および態度研究の流れとも重なる（詳しくは2章と7章を参照）。

今後は，社会的視点，認知的視点，神経生理学的視点のそれぞれからステレオタイプの本質に迫るだけではなく，その成果を統合してさらなる理論的発展を図り，ステレオタイプの制御や低減などの応用分野の研究の発展に寄与することが求められる。

■文献

Alter, A. L., Aronson, J., Darley, J. M., Rodriguez, C., & Ruble, D. (2010). Rising to the threat: Reducing stereotype threat by reframing the threat as a challenge. *Journal of Experimental Social Psychology*, **46**, 166-171.

Amodio, D. M. (2014). The neuroscience of prejudice and stereotyping. *Nature Reviews Neuroscience*, **15**, 670-682.

Amodio, D. M., & Devine, P. G. (2006). Stereotyping and evaluation in implicit race bias: Evidence for independent constructs and unique effects on behavior. *Journal of Personality and Social Psychology*, **91**, 652-661.

Archer, D. (1985). Social deviance. In G. Lindzey & E. Aronson (Eds.), *Handbook of social psychology*, Vol.2 (3rd ed., pp.743-804). New York: Random House.

Aronson, J., & Inzlicht, M. (2004). The ups and downs of attributional ambiguity: Stereotype vulnerability and the academic self-knowledge of African-American students. *Psychological Science*, **15**, 829-836.

浅井暢子 (2005). 精神障害者に関するしろうと理論 社会精神医学会雑誌, **14**, 67-77.

浅井暢子 (2006). 所属集団に対する差別・優遇が原因帰属に与える影響 心理学研究, **70**, 317-324.

Bargh, J. A. (1999). The cognitive monster: The case against the controllability of automatic stereotype effects. In S. Chaiken & Y. Trope (Eds.), *Dual-process theories in social psychology* (pp. 361-382). New York: Guilford.

Bartholow, B. D., Fabiani, M., Gratton, G., & Bettencourt, B. A. (2001). A psychophysiological analysis of cognitive processing of and affective responses to social expectancy violations. *Psychological Science*, **12**, 197-204.

Beilock, S. L., Rydell, R. J., & McConnell, A. R. (2007). Stereotype threat and working memory: Mechanisms, alleviation, and spillover. *Journal of Experimental Psychology: General*, **136**, 256-276.

Biernat, M. (2009). Stereotypes and shifting standards. In T. Nelson (Ed.), *Handbook of stereotyping and prejudice* (pp. 137-152). New York: Psychology Press.

Biernat, M., & Eidelman, S. (2007). Standards. In E. T. Higgins & A. W. Kruglanski (Eds.), *Social psychology: Handbook of basic principles* (2nd ed., pp. 308-333). New York: Guilford Press.

Biernat, M., Manis, M., & Nelson, T. F. (1991). Comparison and expectancy processes in human judgment. *Journal of Personality and Social Psychology*, **61**, 203-211.

Biernat, M., & Vescio, T. K. (2002). She swings, she hits, she's great, she's benched: Implications of gender-based shifting standards for judgment and behavior. *Personality and Social Psychology Bulletin*, **28**, 66-77.

Bodenhausen, G. V. (1988). Stereotypic biases in social decision making and memory: Testing process models of stereotype use. *Journal of Personality and Social Psychology*, **55**, 726-737.

Bodenhausen, G. V., & Macrae, C. N. (1998). Stereotype activation and inhibition. In J. R. Wyer (Ed.), *Advances in social cognition*, Vol. 11 (pp. 1-52). Mahwah, NJ: Erlbaum.

Bodenhausen, G. V., & Wyer, R. S., Jr. (1985). Effects of stereotypes on decision making and information processing strategies. *Journal of Personality and Social Psychology*, **48**, 267-282.

Bosson, J. K., Haymovitz, E. L., & Pinel, E. C. (2004). When saying and doing diverge: The effects of stereotype threat on self-reported versus nonverbal anxiety. *Journal of Experimental Social Psychology*, **40**, 247-255.

Branscombe, N. R., Schmitt, M. T., & Harvey, R. D. (1999). Perceiving pervasive discrimination among African Americans: Implications for group identification and well-being. *Journal of Personality and Social Psychology, 77,* 135-149.

Brewer, M. B. (1979). In-group bias in the minimal intergroup situation: A cognitive-motivational analysis. *Psychological Bulletin, 86,* 307-324.

Brewer, M. B. (1988). A dual process model of impression formation. In T. K. Srull & R. S. Wyer (Eds.), *Advances in social cognition,* Vol. 1 (pp. 1-36). Hillsdale, NJ : Erlbaum.

Campbell, D. T. (1965). Ethnocentric and other altruistic motives. In D. Levine (Ed.), *Nebraska symposium on motivation* (pp. 283-301). Lincoln, NE: University of Nebraska Press.

Chapman, L. J. (1967). Illusory correlation in observational report. *Journal of Verbal Learning and Verbal Behavior, 6,* 151-155.

Cohen, C. E. (1981). Person categories and social perception: Testing some boundaries of the processing effect of prior knowledge. *Journal of Personality and Social Psychology, 40,* 441-452.

Cohen, G. L., & Garcia, J. (2008). Identity, belonging, and achievement: A model, interventions, implications. *Current Directions in Psychological Science, 17,* 365-369.

Collins, E. C., Biernat, M. R., & Eidelman, S. (2009). Stereotypes in the communication and translation of person impressions. *Journal of Experimental Social Psychology, 45,* 368-374.

Crocker, J., & Major, B. (1989). Social stigma and self-esteem: The self-protective properties of stigma. *Psychological Review, 96,* 608-630.

Crocker, J., Major, B., & Steele, C. (1998). Social stigma. In D. T. Gilbert & S. T. Fiske (Eds.), *The handbook of social psychology,* Vol. 2 (4th ed., pp. 504-553). Boston, MA: McGraw-Hill.

Crocker, J., Voelkl, K., Testa, M., & Major, B. (1991). Social stigma: The affective consequences of attributional ambiguity. *Journal of Personality and Social Psychology, 60,* 218-228.

Cuddy, A. J. C., Fiske, S. T., & Glick, P. (2007). The BIAS map: Behaviors from intergroup affect and stereotypes. *Journal of Personality and Social Psychology, 92*(4), 631-648.

Cuddy, A. J. C., Fiske, S. T., & Glick, P. (2008). Warmth and competence as universal dimensions of social perception: The stereotype content model and the BIAS map. In M. P. Zanna (Ed.), *Advances in experimental social psychology,* Vol. 40 (pp. 61-149). San Diego, CA: Academic Press.

Darley, J. M., & Gross, P. H. (1983). A hypothesis-confirming bias in labeling effects. *Journal of Personality and Social Psychology, 44,* 20-33.

Deaux, K., & Emswiller, T. (1974). Explanations of successful performance on sex-linked tasks: What is skill for the male is luck for the female. *Journal of Personality and Social Psychology, 29,* 80-85.

Devine, P. (1989). Stereotypes and prejudice: Their automatic and controlled components. *Journal of Personality and Social Psychology, 56,* 5-18.

Doise, W., Csepeli, G., Dann, H. D., Gouge, C., Larsen, K., & Ostell, A. (1972). An experimental investigation into the formation of intergroup representations. *European Journal of Social Psychology, 2,* 202-204.

Fiske, S. T. (1980). Attention and weight in person perception: The impact of negative andextreme behavior. *Journal of Personality and Social Psychology, 38,* 889-906.

Fiske, S. T., Cuddy, A. C., Glick, P., & Xu, J. (2002). A model of (often mixed) stereotype content: Competence and warmth respectively follow from perceived status and competition. *Journal of Personality and Social Psychology, 82,* 878-902.

Fiske, S. T., & Neuberg, S. L. (1990). A continuum of impression formation, from category-based to individuating processes: Influences of information and motivation on attention and interpretation. In M. P. Zanna (Ed.), *Advances in experimental social psychology,* Vol. 23 (pp. 1-74). New York: Academic Press.

Fiske, S. T., Xu, J., Cuddy, A. C., & Glick, P. (1999). (Dis) respecting versus (dis) liking: Status and interdependence predict ambivalent stereotypes of competence and warmth. *Journal of Social Issues, 55,* 473-489.

Forsyth, D. R. (1980). The functions of attributions. *Social Psychology Quarterly, 43,* 184-189.

Frable, D. E. S. (1993). Being and feeling unique: Statistical deviance and psychological marginality. *Journal of Personality, 61,* 85-110.

Galinsky, A. D., & Moskowitz, G. B. (2000). Perspective-taking: Decreasing stereotype expression, stereotype accessibility, and in-group favoritism. *Journal of Personality and Social Psychology, 78,* 708-724.

Gelman, S. A. (2003). *The essential child: Origins of essentialism in everyday thought.* New York: Oxford

University Press.

Gilbert, D. T., & Hixon, J. G. (1991). The trouble of thinking: Activation and application of stereotypic beliefs. *Journal of Personality and Social Psychology*, **60**, 509-517.

Glick, P., & Fiske, S. T. (2001). Ambivalent stereotypes as legitimizing ideologies: Differentiating paternalistic and envious prejudice. In J. T. Jost & B. Major (Eds.), *The psychology of legitimacy: Emerging perspectives on ideology, justice, and intergroup relations* (pp. 278-306). Cambridge, UK: Cambridge University Press.

Goffman, E. (1963). *Stigma: Notes on the management of spoiled identity.* Englewood Cliffs, NJ: Prentice-Hall. (ゴッフマン, E. 石黒毅(訳)(1997). スティグマの社会学　せりか書房)

Gordijn, E. H., Hindriks, I., Koomen, W., Dijksterhuis, A., & Van Knippenberg, A. (2004). Consequences of stereotype suppression and internal suppression motivation: A self-regulation approach. *Personality and Social Psychology Bulletin*, **30**, 212-224.

Hamilton, D. L., & Gifford, R. K. (1976). Illusory correlation in interpersonal perception: A cognitive basis of stereotypic judgments. *Journal of Experimental Social Psychology*, **12**, 392-407.

Hamilton, D. L., & Sherman, S. J. (1989). Illusory correlations: Implications for stereotype theory and research. In D. Bar-Tal, C. F. Graumann, A. W. Kruglanski, & W. Stroebe (Eds.), *Stereotyping and prejudice: Changing conceptions* (pp. 59-82). New York: Springer-Verlag.

Haslam, N., Rothschild, L., & Ernst, D. (2000). Essentialist beliefs about social categories. *British Journal of Social Psychology*, **39**, 113-127.

Hewstone, M., Rubin, M., & Willis, H. (2002). Intergroup bias. *Annual Review of Psychology*, **53**, 575-604.

Inzlicht, M., McKay, L., & Aronson, J. (2006). Stigma as ego depletion: How being the target of prejudice affects self-control. *Psychological Science*, **17**, 262-269.

Johns, M., Schmader, T., & Martens, A. (2005). Knowing is half the battle: Teaching stereotype threat as a means of improving women's math performance. *Psychological Science*, **16**, 175-179.

Jost, J. T., & van der Toorn, J. (2012). System justification theory. In P. A. M. van Lange, A. W. Kruglanski, & E. T. Higgins (Eds.), *Handbook of theories of social psychology*, Vol. 2 (pp. 313-343). London: Sage.

上瀬由美子 (2002). ステレオタイプの社会心理学：偏見の解消に向けて　サイエンス社

Kanouse, D. E., & Hanson, L. (1972). Negativity in evaluations. In E. E. Jones, D. E. Kanouse, S. Valins, H. H. Kelley, R. E. Nisbett, & B. Weiner (Eds.), *Attribution: Perceiving the causes of behavior* (pp. 47-62). Morristown, NJ: General Learning Press.

Kervyn, N., Yzerbyt, V. Y., Demoulin, S., & Judd, C. M. (2008). Competence and warmth in context: The compensatory nature of stereotypic views of national groups. *European Journal of Social Psychology*, **38**, 1175-1183.

Kleck, R. E. & Strenta, A. (1980). Perceptions of the impact of negatively valued physical characteristics on social interaction. *Journal of Personality and Social Psychology*, **39**, 816-873.

Kobrynowicz, D., & Branscombe, N. R. (1997). Who considers themselves victims of discrimination? Individual difference predictors of perceived gender discrimination in women and men. *Psychology of Women Quarterly*, **21**, 347-363.

Kunda, Z., & Sherman-Williams, B. (1993). Stereotypes and the construal of individuating information. *Personality and Social Psychology Bulletin*, **19**, 90-99.

Lamont, R. A., Swift, H. J., & Abrams, D. (2015). A review and meta-analysis of age-based stereotype threat: Negative stereotypes, not facts, do the damage. *Psychology and Aging*, **30**, 180-193.

Linville, P. W., & Fischer, G. W. (1998). Group variability and covariation: Effects on intergroup judgment and behavior. In C. Sedikides, J. Schopler, & C. A. Insko (Eds.), *Intergroup cognition and intergroup behavior* (pp. 123-150). Mahwah, NJ: Erlbaum.

Macrae, C. N., Bodenhausen, G. V., Milne, A. B., & Jetten, J. (1994). Out of mind but back in sight: Stereotypes on the rebound. *Journal of Personality and Social Psychology*, **67**, 808-817.

Major, B., Quinton, W. J., & McCoy, S. K. (2002). Antecedents and consequences of attributions to discrimination: Theoretical and empirical advances. In M. P. Zanna (Ed.) *Advances in experimental social psychology*, Vol. 34 (pp. 251-330). San Diego, CA: Academic Press.

Martens, A., Johns, M., Greenberg, J., & Schimel J. (2006). Combating stereotype threat: The effect of self-affirmation on women's intellectual performance. *Journal of Experimental Social Psychology*, **42**, 236-243.

Marx, D. M., & Roman, J. S. (2002). Female role models: Protecting women's math test performance. *Personality and Social Psychology Bulletin*, **28**, 1183-1193.

Medin, D. L. (1989). Concepts and conceptual structure. *American Psychologist*, 44, 1469-1481.
Medin, D. L., & Ortony, A. (1989). Psychological essentialism. In S. Vosniadou & A. Ortony (Eds.), *Similarity and analogical reasoning* (pp. 179-196). New York: Cambridge University Press.
Monteith, M. J. (1993). Self-regulation of stereotypical responses: Implications for progress in prejudice reduction. *Journal of Personality and Social Psychology*, 65, 469-485.
Monteith, M. J., Spicer, C. V., & Tooman, G. (1998). Consequences of stereotype suppression: Stereotypes on AND not on the rebound. *Journal of Experimental Social Psychology*, 34, 355-377.
Mullen, B., & Hu, L. (1989). Perceptions of in-group and out-group variability: A meta-analytic integration. *Basic and Applied Social Psychology*, 10, 233-252.
Murphy, G. L., & Medin, D. L. (1985). The role of theories in conceptual coherence. *Psychological Review*, 92, 289-316.
Park, B., & Judd, C. M. (1990). Measures and models of perceived group variability. *Journal of Personality and Social Psychology*, 59, 173-191.
Park, B., & Rothbart, M. (1982). Perception of out-group homogeneity and levels of social categorization: Memory for the subordinate attributes of in-group and out-group members. *Journal of Personality and Social Psychology*, 42, 1051-1068.
Pinel, E. C. (1999). Stigma consciousness: The psychological legacy of social stereotypes. *Journal of Personality and Social Psychology*, 76, 114-128.
Prentice, D. A., & Miller, D. T. (2006). Essentializing differences between women and men. *Psychological Science*, 17, 129-135.
Rothbart, M., Fulero, S., Jensen, C., Howard, J., & Birrell, P. (1978). From individual to group impressions: Availability heuristics in stereotype formation. *Journal of Experimental Social Psychology*, 14, 237-255.
Rothbart, M., & Taylor, M. (1992). Category labels and social reality: Do we view social categories as natural kinds? In G. R. Semin & K. Fiedler (Eds.), *Language and social cognition* (pp. 11-36). London: Sage.
Ruggiero, K. M., & Taylor, D. M. (1995). Coping with discrimination: How disadvantaged group members perceive the discrimination that confronts them. *Journal of Personality and Social Psychology*, 68, 826-838.
Ruggiero, K. M., & Taylor, D. M. (1997). Why minority group members perceive or not perceive the discrimination that confronts them: The role of self-esteem and perceived control. *Journal of Personality and Social Psychology*, 72, 373-389.
Sagar, H., & Schofield, J. (1980). Racial and behavioral cues in black and white children's perceptions of ambiguously aggressive acts. *Journal of Personality and Social Psychology*, 39, 590-598.
Sanbonmatsu, D. M., Sherman, S. J., & Hamilton, D. L. (1987). Illusory correlation in the perception of groups and individuals. *Social Cognition*, 5, 1-25.
Schmader, T., & Johns, M. (2003). Converging evidence that stereotype threat reduces working memory capacity. *Journal of Personality and Social Psychology*, 85, 440-452.
Schmitt, M. T., & Branscombe, N. R. (2002a). The meaning and consequences of perceived discrimination in disadvantaged and privileged social groups. In W. Stroebe & M. Hewstone (Eds.), *European review of social psychology*, Vol.12 (pp. 167-199). Chichester, UK.
Schmitt, M. T., & Branscombe, N. R. (2002b). The internal and external causal loci of attributions to prejudice. *Personality and Social Psychology Bulletin*, 28, 620-628.
Sechrist, G. B., Swim, J. K., & Stangor, C. (2004). When do the stigmatized make attributions to discrimination occurring to the self and others? The roles of self-presentation and need for control. *Journal of Personality and Social Psychology*, 87, 111-122.
Shapiro, J. R., & Aronson, J. (2013). Stereotype threat. In C. Stangor & C. Crandall (Eds.), *Stereotyping and prejudice* (pp. 95-117). New York: Psychology Press.
Sherif, M. (1966). *Group conflict and co-operation: Their social psychology*. London: Routledge and Kegan Paul.
Snyder, M., & Cantor, N. (1979). Testing hypotheses about other people: The use of historical knowledge. *Journal of Experimental Social Psychology*, 15, 330-342.
Snyder, M., & Uranowitz, S. W. (1978). Reconstructing the past: Some cognitive consequences of person perception. *Journal of Personality and Social Psychology*, 36, 941-950.
Spencer, S. J., Steele, C. M., & Quinn, D. M. (1999). Stereotype threat and women's math performance. *Journal of Experimental Social Psychology*, 35, 4-28.
Steele, C. M. (1997). A threat in the air: How stereotypes shape intellectual identity and performance. *American*

Psychologist, **52**, 613-629.
Steele, C. M., & Aronson, J. (1995). Stereotype threat and the intellectual test-performance of African-Americans. *Journal of personality and Social Psychology*, **69**, 797-811.
Steele, C. M., Spencer, S. J., & Aronson, J. (2002). Contending with group image: The psychology of stereotype and social identity threat. In M. Zanna (Ed.), *Advances in experimental social psychology*, Vol. 34 (pp. 379-440). New York: Academic Press.
Stroessner, S. J., & Plaks, J. E. (2001). Illusory correlation and stereotype formation: Tracing the arc of research over a quarter century. In G. B. Moskowitz (Ed.), *Cognitive social psychology: The princeton symposium on the legacy and future of social cognition* (pp. 247-259). Mahwah, NJ: Erlbaum.
Tajfel, H., Billig, M., Bundy, R. P., & Flament, C. (1971). Social categorization and intergroup behaviour. *European Journal of Social Psychology*, **1**, 149-178.
Tajfel, H., & Turner, J. (1979). An integrative theory of intergroup conflict. In W. G. Austin & S. Worschel (Eds.), *The social psychology of intergroup relations* (pp. 33-47). Pacific Grove, CA: Brooks/Cole Publishing.
Tajfel, H., & Turner, J. C. (1986). The social identity theory of inter-group behavior. In S. Worchel & L. W. Austin (Eds.), *Psychology of intergroup relations* (pp. 33-48). Chigago, IL: Nelson-Hall.
Tajfel, H., & Wilkes, A. L. (1963). Classification and quantitative judgement. *British Journal of Psychology*, **54**, 101-114.
Taylor, S. E. (1981). A categorization approach to stereotyping. In D. L. Hamilton (Ed.), *Cognitive processes in stereotyping and intergroup behavior* (pp. 83-114). Hillsdale, NJ: Erlbaum.
Tversky, A., & Kahneman, D. (1973). Availability: A heuristic for judging frequency and probability. *Cognitive Psychology*, **5**, 207-302.
Vescio, T. K., Gervais, S., Snyder, M., & Hoover, A. (2005). Power and the creation of patronizing environments: The stereotype-based behaviors of the powerful and their effects on female performance in masculine domains. *Journal of Personality and Social Psychology*, **88**, 658-672.
Weber, R., & Crocker, J. (1983). Cognitive processes in the revision of stereotypic beliefs. *Journal of Personality and Social Psychology*, **45**, 961-977.
Weiner, B. (1979). A theory of motivation for some classroom experiences. *Journal of Educational Psychology*, **71**, 3-25.
Wigboldus, D. H. J., Spears, R., & Semin, G. R. (2005). When do we communicate stereotypes? Influence of the social context on the linguistic expectancy bias. *Group Processes and Intergroup Relations*, **8**, 215-230.
Wilder, D. A. (1984). Intergroup contact: The typical member and the exception to the rule. *Journal of Experimental Social Psychology*, **20**, 177-194.
Wittenbrink, B., Gist, P. L., & Hilton, J. L. (1997). Structural properties of stereotypic knowledge and their influences on the construal of social situations. *Journal of Personality and Social Psychology*, **72**, 526-543.
Yzerbyt, V. Y., & Rocher, S. (2002). Subjective essentialism and the emergence of stereotypes. In C. McGarty, V. Y. Yzerbyt, & R. Spears (Eds.), *Stereotypes as explanations: The formation of meaningful beliefs about social groups* (pp. 38-66). Cambridge, UK: Cambridge University Press.
Zadny, J., & Gerard, H. B. (1974). Attributed intentions and informational selectivity. *Journal of Experimental Social Psychology*, **10**, 34-52.

社会的推論

4

樋口 収

1. ヒューリスティックス

　昼食に何を食べようか決めたり，旅行をする際どの公共交通機関を使おうかを決めたり，私たちは日頃から様々な選択をしている。では，そうした選択はどのように行われているのであろうか。期待効用理論によれば，不確実な状況下で「合理的な」人間は期待効用が最大となるように意思決定を行うことが最善である。すなわち，選択肢ごとに生起確率とその価値（帰結の望ましさ）を見積もり，その積が最大になるものが選択される。

　こうした想定に対して，トヴァスキーとカーネマン（Tversky & Kahneman, 1974）は，不確実な事象の生起確率や生起頻度，価値の推定は簡便な方略に置き換えられており，一般的には有用であるものの，ときに深刻な系統的バイアスを生じさせるため，人の意思決定は必ずしも合理的（規範的）ではないと主張した。この方略はヒューリスティックスと呼ばれ，ヒューリスティックスを使うことがどのようなバイアスをもたらすのか，またどのようなときにヒューリスティックスを用いるかなどが検討されてきた。本節ではこれらの点について，トヴァスキーとカーネマンが挙げた3つのヒューリスティック，すなわち代表性ヒューリスティック，利用可能性ヒューリスティック，係留と調整ヒューリスティックを取り上げて説明する。

(1) 代表性ヒューリスティック

　代表性ヒューリスティックとは，問題となっている対象とそれを代表するカテゴリーとの類似度から確率を判断するというものである。たとえば，天丼と牛丼ではどちらの方が高カロリーかを判断するときには，高カロリーな食べ物である揚げ物との類似度の高さから天丼の方がカロリーが高いと推定する。こうした方略はある程度有用であるが，①大数の法則の無視，②事前確率の無視，③連言錯誤を起こして，代表性に基づいた推定を行うと推論にバイアスが生じる（Tversky & Kahneman, 1974, 1983）。

　大数の法則の無視（少数の法則）とは，少数のサンプルがあたかも母集団全体を代表しているかのように考えてしまうことを指す。たとえば，コインを投げる場合，回数を多く投げることで表と裏の出る回数は半々に近づく（大数の法則）が，たった6回投げただけでも表と裏が半々出ると考えてしまう。そのため，6回投げたとき，「表・表・裏・裏・表・裏」の方が「表・表・表・表・表・表」よりも出る確率が高いと誤って判断しやすい。

　事前確率の無視とは，対象の確率判断をする際，もともとの比率（事前確率）に関する情報を無視しやすいことを指す。たとえば「Tom W.」という学

ヒューリスティックス
　ヒューリスティックの総称。なお，厳密には，トヴァスキーとカーネマンの主張するヒューリスティックと，後述するギガレンツァーの主張するヒューリスティックでは定義が異なる（Gigerenzer & Brighton, 2009 を参照）。

生の専攻を単純に予測させると，人数の割合が高い専攻の順に（事前確率に基づいて）予測しやすい。しかし，Tom が人数の少ない専攻（例，コンピュータ・サイエンス）の典型的な学生のステレオタイプに沿った人物であるという個人情報を与えると，その情報が妥当性の低い心理検査に基づいた情報であると伝えたときでさえ，人数の少ない専攻の順に予測しやすくなる（Kahneman & Tversky, 1973）。

　連言錯誤とは，2つ以上の事象（連言事象）が同時に起こる確率を，それらの中で最も確率の低い事象の生起確率よりも高く見積もることを指す。たとえば「リンダ」という人物が「銀行員」である確率や「フェミニストの運動家」である確率に比べて「銀行員でかつフェミニストの運動家」である確率は必ず低い。しかし，リンダが「31歳の独身女性で，差別や社会正義の問題に強い関心を持ち，反核運動に参加したこともある」という個人情報を与えると，リンダが「銀行員でかつフェミニストの運動家」である確率を高く見積もりやすい（Tversky & Kahneman, 1983）。

　なお，事前確率の無視や連言錯誤は実験手続き固有の問題として説明されることがある。この立場によると，「Tom W.」や「リンダ」の個人情報を考慮するのは，「関係のないことは言わない」という会話の規則から，無駄な情報が与えられるはずはないと実験参加者が考えたためだと説明される（Chun & Kruglanski, 2006; Fiedler, 1988; Hertwig & Gigerenzer, 1999）。

(2) 利用可能性ヒューリスティック

　利用可能性ヒューリスティックとは，ある事象の頻度や確率をその事例の思い浮かびやすさ（利用可能性）から判断するというものである。一般に，しばしば起きる事象ほどその事象に含まれる事例は思い出されやすいため，そのような場合には思い出しやすさから頻度や確率を判断することは適切な判断といえる。しかし，①事例が検索しやすい場合，②記憶が鮮明であるために事例が思い出しやすい場合などは，利用可能性に基づいた推定を行うと推論にバイアスが生じる（Tversky & Kahneman, 1973, 1974）。

　たとえば「r から始まる英単語（例，road）」と「r が3番目にくる英単語（例，car）」のどちらが多いかを判断させると前者の方が多いと判断されやすい。これは，実際に「r から始まる英単語」の方が多いためではなく，先頭の文字を探す方が3番目の文字を探すよりも事例の検索がしやすいためである。

　また，たとえば2001年9月11日に起こったテロのように記憶が鮮明なものは思い出しやすいため，頻度や確率を高く見積もりやすい。この例でいえば，飛行機事故に遭う確率を高く見積もるため，（かえって危険度が増すにもかかわらず）他の交通手段を選択しやすくなる（Gigerenzer, 2004）。あるいは，頻繁に接触するような事例も思い出しやすいため，その頻度や確率を高く見積もりやすい。たとえば，人の死因について考える場合，殺人などはしばしばメディアにも取り上げられるため，殺人と同程度の死者数である糖尿病よりも，死者数が多いと判断されやすい（Lichtenstein et al., 1978）。

　トヴァスキーとカーネマンは，利用可能性ヒューリスティックを「事例の思い出しやすさ」に基づく判断と考えていたが，シュワルツら（Schwarz et al., 1991）は，実際に「事例の思い出しやすさ（例，r で始まる英単語の方が思い出しやすいこと）」が判断に影響したのか，それとも「事例の数を多く思い出

したこと（例，rで始まる英単語を実際により多く思い出したこと）」が判断に影響したのか明らかではないと指摘した。そして，この点を明らかにするために，参加者に自身の積極的行動を6個あるいは12個思い出した後，自分の積極性について回答するように求めた（6個は12個に比べて事例を思い出しやすいが，数は少ない）。実験の結果，自身の積極的な行動を6個思い出した参加者の方が12個思い出した参加者よりも自身を積極的であると判断していた。このことは「事例の数」ではなく，「事例の思い出しやすさ」が判断に影響することを示している。なお，思い出しやすさが判断に影響することは，思い出しやすさの感覚が生じない（例，他者が書いた少数あるいは多数の記述を読ませた）とき（Wänke et al., 1996）や思い出しやすさの感覚が生じた原因を別の原因に誤帰属させた（例，想起を容易にする音楽をかけたと説明された）とき（Schwarz et al., 1991）にはその効果は生じないことからも示唆される。

(3) 係留と調整ヒューリスティック

係留と調整ヒューリスティックとは，不確実な状況下で判断する際，何らかの基準（係留点）から調整を行って判断をするというものである。たとえば，幕内力士の平均体重はどのくらいかを判断する際，平均男性の2〜3倍くらいで150kgくらいと判断する（実際には2015年度のデータで163.7kg）。しかしながら，求められている判断とはまったく関係のない数字が与えられた場合でもそれが係留点となり，また調整も十分に行われないために推論にバイアスが生じることがある。たとえば，国連加盟国に占めるアフリカ諸国の割合を推測する際，ルーレットのようなものでランダムに数字を示し，割合がその数字よりも大きいか小さいかを回答させたうえで割合を見積もらせると，大きい数字（65）が出たときには平均で45%と見積もる一方で，小さい数字（10）が出たときには平均で25%と見積もる（Tversky & Kahneman, 1974）。この係留と調整ヒューリスティックが生じるメカニズムは，①係留に関連した概念の活性化，②不十分な調整から説明される。

係留に関連した概念の活性化は，与えられた数字が係留点となるメカニズムを説明するものである。この説明によれば，数字が与えられると，その数字と一貫した知識が選択的に検索され，知識が活性化する。結果として，知識に依存した判断，すなわち係留効果が生じる。たとえば，マスワイラーとストラック（Mussweiler & Strack, 2000）は，ドイツの平均的な新車の価格は40,000マルクよりも高いか低いかを尋ねるとメルセデスなどの高級車の同定が速くなる一方で，20,000マルクよりも高いか低いかを尋ねるとフォルクスワーゲンなどの大衆車の同定が速くなることを示している。またオッペンハイマーら（Oppenheimer et al., 2008）は，ミシシッピ川の長さを推定させる前に，約9cmあるいは約2.5cmの直線や曲線を3本呈示し，その線を定規を使わずに模写させたところ，長い線を書いたときの方が短い線を書いたときよりも，ミシシッピ川の長さを長く見積もることを示している。とくに後者の結果は，直接数字が与えられていないため，線を書いている際に「長い」や「短い」といった知識が活性化し，その知識が長さの推定に影響を及ぼしたことを強く示唆している。

マルク
　ドイツマルク。ドイツの旧通貨。実験が行われた当時は，およそ1マルク＝75円。40,000マルクは300万円，20,000マルクは150万円となる。

■(4) ヒューリスティックスが利用されるとき

ここまでヒューリスティックスの利用にともなう推論のバイアスに焦点を当ててきた。ヒューリスティックスを用いた推論は確かに規範的なものではないが，完全に的外れなものでもない。推論の際に使うべき情報は膨大なものである一方で，私たちの認知容量には制約があり，また推論に使うことができる時間も常に確保できるわけではない。このような中ではヒューリスティックスを利用することは有用だといえる。

また，ヒューリスティックスは推論の際に常に使われるわけではない。トヴァスキーとカーネマン（Tversky & Kahneman, 1974）の研究以降，ヒューリスティックスがどのようなときに推論に利用され，どのようなときに利用されないのかといったことも検討がなされていった。そして，入念な処理をしない（自動的処理をする）ときほどヒューリスティックスを用いた推論がなされやすいことが多くの研究で示されている。たとえば，利用可能性ヒューリスティックについていえば，認知的負荷がかかっているとき（Greifender & Bless, 2007），正確さへの動機づけが低いとき（Aarts & Dijksterhuis, 1999），ポジティブなムードのとき（Ruder & Bless, 2003）など，入念な処理ができないときやしようとしないときほど，事例の思い出しやすさに基づいた推論をすることが示されている。入念な処理をしないときほどヒューリスティックスに基づいた推論をすることは，代表性ヒューリスティック（Alter et al., 2007）や係留と調整ヒューリスティック（Epley & Gilovich, 2006）でも確認されている。

以上をまとめると，ヒューリスティックスに関する一連の研究は，次のように評価できる。まず，期待効用理論は人が合理的（規範的）な意思決定をすると仮定した場合にとるはずの行動を説明するものであったが，一連のヒューリスティック研究は不確実な事象の生起確率や生起頻度，価値の推定は必ずしも合理的に行われておらず，人は期待効用理論が想定するような行動をとらないこと明らかにするものであった。また本節でも簡単に説明したように，ヒューリスティックスがどのようなときに使用されるのかが注目されることで，社会心理学における二重過程理論を先導した（Gilovich & Griffin, 2010）。さらに，以下で紹介するギルバート（D. T. Gilbert）の対応推論の3段階モデルをはじめとして，社会心理学で扱われている社会心理的現象の基礎的な心理メカニズムを提供することにも貢献した。

2. 帰属過程

将来起こりうる出来事を予測し，それをコントロールするためには，自分のまわりで起こっている事象や自分のまわりにいる他者を理解することが重要である。こうした事象の因果関係や他者の性質をどのように推論しているのかを検討しているのが帰属研究である。

帰属について最初に理論的考察を行ったのはハイダーである（Heider, 1958）。ハイダーは，人が他者の行動をどのように意味づけしているか，言い換えれば行動からどのように不変的な性質（傾性）を抽出するかに関心を持っていた。ハイダーによれば，行動の結果に関する帰属（outcome attribution）は，行動能力（行為者の能力や状況要因）と動機（行為者の意図や努力）か

認知容量
短期的に情報処理できる容量のこと。認知容量には制限があり，認知的負荷がかかると他のタスクに容量が割けなくなり，ヒューリスティックスなどに依存しやすくなる。

ら説明できる。たとえば試験で悪い成績をとった場合には，行動能力がない（例，能力がない，試験が難しい）と推論されたり，動機がなかったと推論されたりする。このように行動の原因を人（内的要因）あるいは状況（外的要因）に区分する考え方は，その後の帰属研究の枠組みとなった。

(1) 分散分析モデル

分散分析モデルは，共変原理に基づき，行動の原因が内的に帰属されるか，外的に帰属されるかを説明するモデルである（Kelley, 1967）。共変原理とは，ある事象が生じるときには存在し，生じないときには存在しない要因が原因であるという考え方である。ケリーは，①弁別性，②一貫性，③合意性の3つの要因との共変関係から帰属が決まると想定した。

たとえば「友達がなぜ自分にお金を貸してくれなかったのか」という原因を考えるとする。弁別性とは，行為者が他の刺激に対してどのように振る舞うかを検討することであり，この例でいえば「この友達は他の人にもお金を貸さないのか」を検討する。一貫性とは，行為者が刺激にしたことが時間や状況を超えて生じるかどうかを検討することであり，「この友達は，このときだけ貸してくれなかったのか，それともいつも貸しれてくないのか」を検討する。合意性とは，他の人がその刺激に対してどのように振る舞うかを検討することであり，「他の人も私にお金を貸してくれないのか」を検討する。そして，検討の結果，弁別性，一貫性，合意性の3つの次元がいずれも高い場合には，原因が外的に帰属される（上記の例でいえば，原因は友達にあり，友達がケチと考えたりする）。他方で，一貫性が高く，弁別性，合意性が低い場合には内的に帰属される（原因は自分にあり，この友達から自分が嫌われていると考えたりする）。

このように，分散分析モデルは原因を推論する際，1つの情報からではなく，複数の情報を考慮すると想定している。この想定は，あくまで合理的（規範的）に原因帰属をする場合の想定である。実際，私たちが原因帰属をする際に3つの次元の情報が常にあるわけではない（たとえば，初めて友達からお金を借りるようなときには一貫性に関する情報はそもそも存在しない）。また，人は弁別性や一貫性に関する情報に比べて，合意性に関する情報は推論の際に使わない傾向が見られる（Nisbett & Borgida, 1975；この点については「事前確率の無視」についても参照のこと）。こうした場合には，限られた情報から推論を行うため，誤った推論となりやすい（Kelley, 1973）。

(2) 対応推論理論

対応推論理論は，行動から行為者の傾性を推論するロジックを記述したものである（Jones & Davis, 1965）。推論の対応とは行動と傾性の一致度を表す概念であり，行動から傾性が推論できるときほど対応性が高いとされる。推論の対応性は①非共通効果，②状況の拘束性などにより規定される。

非共通効果とは，選択されなかった行動では得られず，選択された行動からのみ得られる効果を指す。たとえば，ある人が大学を選択するとき，「優秀な教員，金銭的支援の充実」したA大学を選択せず，「優秀な教員，充実した設備，金銭的支援の充実」したB大学を選択したときには，充実した設備（非共通効果）があることを評価したためだと推論する。ただし，「優秀な教員，

金銭的支援の充実，良い立地」のC大学を選択せずB大学を選択したときのように，非共通効果が多くなる場合には推論の対応性は低くなり，行動から傾性を推論されにくくなる。

　状況に拘束力があるときもまた推論の対応性は低くなる。たとえば，ある人が「安楽死を支持する」という趣旨のレポートを書いた場合には，その人は安楽死を支持していると推論するかもしれないが，そのレポートが教員から内容を指示されて書いたと知ったときには，その人が本当に安楽死を支持しているのかを推論することが難しくなる。すなわち，対応推論理論は，傾性の推論に際してまず行動の原因が吟味され，外的な力に左右されたものではないと判断される場合にのみ，行動と対応した性格や態度が推論されると想定している。

(3) 帰属のバイアス

　これまで述べてきた帰属研究は，現実の人の帰属を記述しているというよりも，むしろ規範的な帰属（帰属のあり方）を記述したものであった。その後研究が進展するにつれて，実際に人が行っている帰属は規範的な帰属からは逸脱したものであることが明らかになっていった。本項ではこの点について①対応バイアス，②自己奉仕的バイアスを取り上げて説明する。

①対応バイアス

　対応推論理論によれば，状況に拘束性がある場合には推論の対応性が低くなり，行動から傾性が推論されにくくなる。しかし，実際にはこうした場合でも，人は原因帰属をする際，外的要因（状況要因）よりも内的要因を重視しやすい。このバイアスは対応バイアスと呼ばれる。

　ジョーンズとハリス（Jones & Harris, 1967）は，反カストロの態度を持つ参加者に，カストロに賛成あるいは反対するエッセイを読ませ，書き手の本当の態度を推論させた。すると，書き手は自由にエッセイを書いたと説明した場合には，賛成のエッセイを提示したときの方が反対のエッセイを提示されたときよりもカストロに賛成する態度を持つと推論していた。ただし，書き手は記述する際の立場を決められていたと説明した場合にも，自由に書いたと説明されたときに比べて対応推論は弱くなってはいたものの，それでもエッセイの内容に沿って態度を推論していた。この結果は状況に拘束性がある場合でも，対応バイアスが見られることを示している（1章参照）。

　対応バイアスに関わる要因として①状況の非顕現性，②行動と傾性の関係に関する知識が挙げられる。状況の非顕現性とは，行為者と比べて状況の方が知覚的に目立ちにくい（非顕現的である）ことを意味する（Heider, 1958; Nisbett et al., 1973）。私たちが行為者を観察しているときには行為者に注目しやすく，状況はあまり見ていない。また，かりに見ていたとしてもその状況を正しく解釈できないこともある（Gilbert & Malone, 1995）。そのため，観察者は行動の原因は行為者にあると考えやすく，内的帰属を行いやすい。なお，他方で行為者は自分自身を見ることはできず，状況の方が知覚的に顕現的になりやすい。そのため，行為者は自身の行為の原因を状況に求めやすく，外的帰属を行いやすい（Taylor & Fiske, 1975）。

　対応バイアスが生じるためには事前の知識も必要である。このことは，すべての行動に対して傾性が推論されるわけではないことから示唆される。たとえ

カストロ

フィデル・カストロ。キューバの元指導者であり，実験が実施された当時はキューバ危機が起こって間もない頃であり，参加者はカストロに対して否定的な態度を持っていたと考えられる。

ば，外向的な人はたいてい外向的に行動し，内向的な人はたいてい内向的に行動するため，外向的な行動からは外向性がストレートに推論される。しかし，道徳性に関する推論についていえば，不道徳な人もたいていは道徳的な行動をしているため，道徳的な行動から道徳性はストレートに推論されにくい（Reeder & Coovert, 1986）。つまり，私たちは行動と傾性との関係を経験的に学んでおり，その知識を通じて対応推論を行っていると考えられる。

②自己奉仕的バイアス（self-serving bias）

自己奉仕的バイアスとは，自分の成功を能力や努力といった内的要因に，失敗を運の悪さなどの外的要因に帰属する傾向のことを指す（Miller & Ross, 1975; Snyder et al., 1976）。自己奉仕的バイアスの動機的説明としては，①自己高揚動機，②自己呈示が挙げられる。自己高揚動機からの説明では，人が成功を内的に，失敗を外的に帰属するのは，自尊心を維持あるいは高揚させるためである。とくに失敗をして改善をする見込みがないときには，失敗を外的に帰属することで自尊心を維持しようとする。その一方で，失敗について改善する見込みがある場合には，失敗を内的に帰属し，改善のための努力を行いやすい（Duval & Silvia, 2002）。自己呈示からの説明では，成功を内的に，失敗を外的に帰属するのは，他者から望ましい人物と思われたいためである。ただし，成功を過度に内的に帰属して呈示することは反感を買い，失敗を外的に帰属して呈示しても言い訳をしているとみなされやすい。

■ (4) 対応推論のモデル

既に述べたように，対応推論理論をはじめとする初期の帰属研究では，人はまず行動の原因を考え，その原因が内的に帰属される場合にのみ意図的に傾性が推論されると仮定していた。しかし，研究が進展するに従って，傾性の推論が非意図的に行われていることが明らかになり，それにともなって帰属過程を明らかにしようとする動きが生まれていった。本項ではまず傾性の推論が非意図的に行われることを示す，自発的特性推論（spontaneous trait inference）について説明し，その後，ギルバートによる対応推論の3段階モデルについて説明する。

①自発的特性推論

特性が非意図的に推論されることは様々な形で実証されている。たとえば，人物の行動を記述した文を読ませた際に，人物の意図や行動の原因がその人物にあるのか，状況にあるのかなどに回答を求めると，意図の判断の方が原因の判断よりも速くなる（Smith & Miller, 1983）。また，特性を「示唆する」人物の行動記述文（例，秘書は推理小説を途中まで読んで謎を解いた）を複数呈示し，それを記憶するように求めた後，行動記述文を再生するように求めると，特性語（例，賢い）を手がかりとして与えたときには，手がかりがないときや意味に関連した単語（例，タイプライター）を与えたときよりも再生率が高くなる（Winter & Uleman, 1984）。後者の研究では，特性を推論するようにという指示は与えていないため，特性語が再生手がかりとして有効であったことは，行動記述文を読んだ際に特性を自発的に推論していたことを示唆している。

再認
過去に学習した内容がそれだとわかること。過去に学習していない内容を学習したと判断すると誤再認となる。

さらにトドロフとユルマン（Todorov & Uleman, 2003）は誤再認パラダイムを用いて，自発的特性推論がかなり自動的に生じることを示している。ある実験では，行為者の顔写真と行動記述文（例，アリスは推理小説を途中まで読んで謎を解いた）をペアにして複数呈示し，その後，顔写真（例，アリスの顔写真）を呈示し，その写真とペアにして示された文章で「示唆された」特性（例，賢い）が実際に書かれていたかどうかを判断させた。すると，行為者（アリス）の行動から示唆される特性（賢い）を判断する場合には，行為者（アリス）の顔写真を呈示されたときの方が，別の人物の顔写真が呈示された場合に比べて誤再認率が高くなっていた。この結果は，ペアを呈示する際に認知的負荷をかけていた場合でも生じていたことから，自発的特性推論が自動的に生じることを示唆している。さらに，誤再認率と特性判断（例，アリスは賢いか）・行動判断（例，この行動は賢いですか）を比較すると，特性判断の方が誤再認率を説明していた。自発的特性推論の研究はこれまで，特性を推論したわけではなく単に行動を同定しただけだという批判もあったが（Trope & Alfieri, 1997），トドロフとユルマンはこの結果を，参加者が特性を推論していた証拠と主張している。

②ギルバートの3段階モデル
　ギルバートは，自発的特性推論の研究を受けて，状況の影響が考慮されるのは従来想定されていたように傾性を推論する前ではなく，傾性推論の後であると主張した（Gilbert, 1989; Gilbert & Malone, 1995）。ギルバートによれば，帰属過程は①行動のカテゴリー化（同定），②特性の記述，③修正の段階を経る。行動のカテゴリー化（categorization）とは，観察された行動がどのような行動なのかを判断する過程を指す（例，カストロのやり方に賛成する内容である）。また特性の記述（characterization）とは，カテゴリー化した行動から傾性を推論する過程を指す（例，カストロに賛成する態度を持っている）。そして修正（correction）とは，行動が生じた状況要因を考慮し，行動が外的要因によって生じている（例，強制的に文章を書かされた）ならば，推論された傾性を割り引く過程を指す（例，カストロに賛成の態度を持っているわけではない）。
　ギルバートは，前2段階は認知資源を必要としない自動過程であるのに対して，最後の修正段階は認知資源を必要とする統制過程であると主張している（係留と調整ヒューリスティックも参照のこと）。たとえばギルバートら（Gilbert et al., 1988）は，妊娠中絶に対して賛成あるいは反対するスピーチを聴かせ，話者の妊娠中絶に対する態度を推論するように求めたのだが，その際，話者はスピーチの際の立場を選べなかったため，この推論は難しいと説明した。すると，スピーチを聴く際認知的負荷のかかっていなかった参加者は，話者がスピーチの立場を選択できなかったことを考慮してスピーチの内容から割り引いて話者の態度を推論していたが，認知的負荷のかかっていた参加者はスピーチの内容に沿って態度を推論していた。
　ギルバートの3段階モデルは状況の考慮が最後の段階で生じると想定しているが，この点については必ずしも合意は得られていない。たとえばトローペとガント（Trope & Gaunt, 2000）は，マリファナを合法化するべきだという文章を読ませ，書き手の態度を想像するように求めた。その際，認知的負荷をか

ける操作に加えて，エッセイの立場の割り当ての強制性を顕現的にするかどうかの操作を加えた。すると，エッセイの立場の強制性が顕現的でなかった場合には，ギルバートら（Gilbert et al., 1988）と同様，認知的負荷がかかっているときには状況を考慮できずに対応バイアスが見られた。他方で，立場の割り当ての強制性が顕現的だった場合には，認知的負荷がかかっていた場合でも対応バイアスは見られなかった。この結果からトローペとガントは，状況を考慮する過程は最後の段階ではないと主張している。

3. 社会的推論におけるその他のバイアス

　これまで見てきたように，私たちが日常的に行っている社会的推論は，規範的推論の想定とは乖離しているという意味でバイアスのかかったものとなっている。本節では，自己に関連した推論のバイアスを中心に見ていく。まずは過去に関する推論と将来に関する予測におけるバイアスについて説明する。

■ (1) 過去の推論
　過去の出来事は実際に起こった出来事であるが，私たちが思い出す過去の出来事は必ずしも正確なものではない。私たちの記憶は，ありのまま記憶されたものではなく，思い出すたびに再構成されている（Ross, 1989）。

①自己の能力や性格
　過去の自分の能力や性格でさえ正確には覚えておらず，認知的要因あるいは動機的要因の影響を受けて再構成される。たとえばコンウェイとロス（Conway & Ross, 1984）は，（本当は役に立たない）スキルアップ・プログラムを受講させ，受講の前後に自己評価をさせた。加えて，事後評価の際には，事前の評価について正確に思い出すように求めた。その結果，事前と事後の評価の間に差は見られなかったが，事後に想起した事前の評価は，（実際の）事前の評価に比べて下がっていた。本当は役に立たないプログラムであったため，事前と事後で自己評価にとくに変化はなかったが，プログラムへの参加は自己の成長を促すという暗黙理論に基づき，プログラム後の自分が成長したように過去の自己評価を下げたと考えられる。またサニティオソーら（Sanitioso et al., 1990）は，外向的（あるいは内向的）な人ほど社会に出て成功するという研究結果を示し，その後自分がかつて外向的または内向的に振る舞った出来事を思い出すように求めた。すると，成功すると伝えられた特性に合致する出来事をより多く，また迅速に想起していた。この結果は，自尊心を高揚するように過去を再構成したものと考えられる。このように，動機づけによってある結論に向かうような推論を「動機づけられた推論」と呼ぶ（Kunda, 1990）。

②後知恵バイアス
　後知恵バイアスとは，ある出来事が起こることを，出来事後の方が出来事前と比べて予測できたと考える傾向を指す（Fischhoff, 1975）。たとえばレアリー（Leary, 1982）は，アメリカ大統領選挙の前後で，選挙前に選挙予測を，選挙後に選挙前にどのように予測をしていたかを尋ねた。すると選挙後の想起は選挙前の予測よりも選挙結果に近くなっていた。こうした後知恵バイアス

は，しばしば認知的要因から説明される。まず，私たちは，いったん出来事が起こるとそれを説明しようとするが，このとき出来事以前の知識に出来事後の知識が組み込まれ，出来事以前の知識だけを想起することは困難になる。さらに，起こった出来事を思い出す際には，出来事を説明できる部分（出来事後）の知識が選択的に再生されるため，出来事は予測できたと感じられる。

ただし，自己のネガティブな出来事で見られる後知恵バイアスについては，動機的要因からも説明が試みられている（Pezzo & Pezzo, 2007）。自己奉仕的バイアスで見たように，私たちはネガティブな出来事があると，自尊心を維持するために原因を外的要因に帰属しやすくなる。そのため，ネガティブな出来事を思い出す際，外的要因が選択的に再生され，予測できたと感じやすくなる。たとえばタイコシンスキーとステインバーグ（Tykocinski & Steinberg, 2005）は，奨学金申請の書類が提出できなかったというシナリオと，その原因として自分ではコントロールできない要因あるいはコントロールできた要因を呈示し，申請に間に合った可能性を評価させた。するとコントロールできない要因（外的要因）が呈示されたときの方がコントロールできる要因（内的要因）を呈示されたときよりも間に合う可能性が低かったと回答していた。ただし，この結果は奨学金の額が高額で失望の程度が大きい場合にのみ生じ，少額で失望度が小さい場合には生じていなかった。このことは，ネガティブな出来事が起こった場合，自尊心を維持しようとして外的帰属を行うと，後から思い出した際にネガティブな出来事は起こるべくして起こったと知覚しやすくなることを示唆している。

■ (2) 将来の予測

将来の事象を予測するときには，その事象に関するシナリオを構築し，それに基づいて予測を行う（Dunning, 2007）。しかし，以下で述べるように様々な理由から現実に起こるようなシナリオを構築することは難しく，予測は不正確なものになりやすい。

①感情予測（affective forecasting）

感情予測の研究は，将来の感情を予測した際，感情の強さや持続性を正確に予測できないことを示している（Gilbert et al., 1998）。感情予測がうまくできない理由としては，①将来は不確実であるため，実際に起きる事象とは異なる事象を思い浮かべてシナリオを作ること，②予測をする際に置かれている状況と実際に置かれる状況が異なることからバイアスが生じると説明される（Gilbert & Wilson, 2009）。

私たちが思い浮かべるシナリオは，過去に起こった代表的な事例に類似していたり，出来事自体に焦点が当たりすぎ，その出来事にともなって生じる些細な点に気づかなかったり，あるいは一連の出来事の中で生じる心の働きに気づかない不正確なものだったりする。たとえば電車に乗り遅れた際の感情を予測する際には，電車に乗り遅れた最悪の経験を思い出すため，実際よりもネガティブに予測する（Morewedge et al., 2005）。またカリフォルニアに引越しができたときの感情を予測するときには，カリフォルニアの温暖な気候などを思い浮かべ，高い税金のことが思い浮かべないため，実際以上にポジティブに予測する（Schkade & Kahneman, 1998）。あるいはまた，ネガティブな出来事

があってもそれに適応する力（心的免疫システム）に気づかないために，終身在職権のない大学教員に，将来終身在職権が得られなかった場合の感情を予測させると，実際よりもネガティブに予測してしまう（Gilbert et al., 1998）。

これらに加えて予測をしている状況もまた予測に影響を及ぼす。たとえば，予測をする際お腹がいっぱいの人は，次の日の朝にミートソース・スパゲッティが出されても楽しめないと予測するが，空腹の人は朝から楽しめると予測することが示されている（Gilbert et al., 2002）。

②計画錯誤

計画錯誤とは，計画したとおりに出来事が進まないこと（狭義では，課題の遂行時間を実際よりも少なく見積もること）を指す（Buehler et al., 1994）。計画錯誤が生じる理由は，感情予測と同様，実際に起きる事象と異なる事象を思い浮かべてシナリオを作るためである。たとえば，私たちが計画を立てる際には，計画を立てている事象を全体的に捉えやすく，細部を考えようとはしない（Kruger & Evans, 2004）。また計画を立てる事象そのものに注意が向きやすく，過去の類似した経験は考慮されにくい（Buehler et al., 1994）。さらに類似経験を思い出させた場合でさえ，それはシナリオを作る際に考慮されにくい（Buehler et al., 1994）。こうした理由で計画錯誤は生起する。

ただし，これらの研究は，計画が不正確になることを説明しているものの，計画がなぜ悲観的ではなく，楽観的な方向に不正確になるのかを説明してはいない。このことを考えるうえで重要なことは，計画者の動機づけである。すなわち，計画者はシナリオを作る際に，自己の動機にそったシナリオを作りやすい。実際，課題をできる限り速く解くように動機づけを高めると遂行時間を実際よりも短く見積もったり（Buehler et al., 1997），貯金に対する動機づけを高めると実際以上に貯金ができると見積もったりする（Peetz & Buehler, 2009）。計画を立てる事象というのはたいていの場合私たちにとって望ましい事象であるため，計画を立てる際には，計画をうまく遂行したいと動機づけられている。そのため，私たちが立てる計画は楽観的なものになりやすいと考えられる。

③解釈レベル理論（construal level theory）

感情予測も計画錯誤も予測が不正確になる一因として，将来の事象に関するシナリオが抽象的になることが挙げられる。確かにまだ起こっていない事象は推論するための情報が少ないため，抽象的に考えざるをえない。しかし，それだけではなく，将来のことを考えるときには具体的な情報よりも抽象的な情報の方が重みづけされやすいことが指摘されている。

解釈レベル理論（Trope & Liberman, 2010）は，現在の自己から判断対象までの距離（時間的，空間的，社会的，確率）と解釈との関連を記述した理論である。この理論によれば，判断対象までの距離が遠ければ遠いほど，抽象的な解釈がされやすく，抽象的な情報が判断の際に利用されやすい。たとえば，キャンパスで開催される招待講演に行くかどうかを決めるときには，それが近い将来（明日）のことであれば望ましさ（例，話の面白さ）よりも具体的な実現可能性を（例，時間帯の都合の良さ）重視するが，遠い将来（1年後）のことであれば実現可能性よりも望ましさを重視する（Liberman & Trope, 1998）。また，2択あるいは4択のクイズを行うと具体的に説明し，クイズに対する自

信を回答させると，クイズがすぐに行われる（15分後）ときには2択の方が4択よりも自信があると回答するのに対して，すぐに行われないとき（1ヶ月後）には選択肢の数は自信に影響を及ぼさない（Nussbaum et al., 2006）。これらの結果は，現在からの距離に応じて判断の際に利用する情報が異なり，遠い将来のことについて判断するときには，たとえ具体的な情報があったとしても利用されにくいことを示唆している。

(3) 他者を通じた自己の推論

他者を知り，自分を知ることは，私たちが生きていくうえで重要なことである。そのため，私たちは自分を他者と比較して評価したり，他者からどのように見られているのか考えたりする。しかし，そうした推論をする際には自分の情報に注意が向き過ぎるためバイアスがかかりやすい。本項ではこうしたことと関連して，①平均以上効果，②スポットライト効果，③透明性の錯覚について説明する。

①平均以上効果（better than average effect; above average effect）

平均以上効果とは，自分の所属する集団における，自分の能力などの相対的位置づけを尋ね，回答の平均をとると平均（50％）以上になる現象のことを指す（Alicke et al., 1995）。理論上，回答の平均は50％になるので，それと異なる値となるのはバイアスといえる。たとえば，頼り甲斐や知性といったポジティブな特性を平均的な大学生と比較すると回答の平均は平均以上となり，意地の悪さや無作法さといったネガティブな特性を比較すると平均は平均以下となる（Alicke et al., 1995）。

平均以上効果は当初，自己高揚動機を反映したものだと考えられていたが（Brown, 1986），その後，認知的な説明も加えられている。たとえばクルーガーとブラス（Kruger & Burrus, 2004）は，自分と平均的な他者を直接比較して判断するようなときであっても，平均的な他者のことはあまり考慮せず，自分のことを判断していると主張している。実際，平均的な他者と直接比較して出来事が自分の身に起きる確率と，自分と平均的な他者それぞれに起きる確率を比較すると，直接比較による確率を強く予測するのは自分に起きる確率の方である。この結果は，自己と平均的な他者を直接比較するように求められているときであっても，自己に対する判断に基づき比較判断をしていることを示唆している。さらに，普通に良い出来事（例，車を所有する）が自分に起きる確率においては平均以上効果が見られるのに対して，稀にしか起こらない良い出来事（例，飛行機を所有する）では平均以下効果が見られる。もし自己高揚動機によって平均以上効果が説明できるのであれば，稀にしか起こらない良い出来事においても平均以上効果が見られるはずであり，平均以下効果が見られたことは自己高揚動機では説明できないといえる。

②スポットライト効果（spotlight efffect）

スポットライト効果とは「自分の行為や外見」が実際以上に注目されていると信じる傾向を指す（Gilovich et al., 2000）。たとえば，有名だが人気のない歌手の顔写真がプリントされた（恥ずかしい）服を参加者に着せ，他の参加者が待つ部屋に連れて行った後に，プリントされている顔写真の人物を何人の参

加者がわかっていたと思うかを尋ねると，実際以上にわかっていたと回答する。恥ずかしさなどの強烈な内的状態は最も利用しやすい情報であり，推論の際の係留点となりやすい。そして係留点から十分に調整ができないまま他者から見られた自分を推論するため，スポットライト効果は生じると考えられている。実際，恥ずかしいという思いが落ち着くまで服を着せてから時間をとって同様の実験を行うと，服を着せてからすぐに実験を行った場合に比べて，スポットライト効果が弱くなることが示されている。

③透明性の錯覚（illusion of transparency）

透明性の錯覚とは「自分の内的状態」を他者に読まれている可能性を過大視する傾向を指す（Gilovich et al., 1998）。たとえば，まずい飲み物が1つ含まれている5つの飲み物を用意し飲んでいる様子をビデオに撮るので，ビデオを見た人にまずいものを飲んだことがわからないように振る舞うように参加者に伝える。そのうえで，ビデオを見る人が10人いるとすると，そのうちの何人がまずいものを飲んだことを見抜けるのかを予測させたところ，実際にはチャンス・レベルで（20%）しか当てることができていなかったが，参加者はその割合以上にまずいものを飲んだことが当てられると予測していた。自分の内的状態を他者にどのくらい覗かれているのか理解しようとしても，それを直接理解することはできない。そのため，自分の主観的経験を係留点として推論を行おうとするが，他者には自分の心の内はわからないということが考慮されないため，調整が不十分になり，透明性の錯覚が生じると考えられている。

④なぜ自分の内的状態を利用してしまうのか？

これまで見てきたように，私たちは自分の内的状態など，自分しか知りえない情報に強く影響を受けて推論を行う。こうした傾向は自己中心性バイアスと呼ばれるが，そもそも，人はなぜ自分の内的状態を誤って推論に利用してしまうのだろうか。1つの理由として，自分は客観的であるという信念（ナイーブ・リアリズム）を人が持っていることが考えられる。すなわち，人は自分の推論が誤っているとは感じにくく，自分の推論を修正することができない。

なお，興味深いことに，人は他者の推論にはバイアスがかかっていると感じやすい。たとえば自己奉仕的バイアスのことを説明し，自分や平均的なアメリカ人がどのくらいこのバイアスに影響を受けているかを尋ねると，平均的なアメリカ人の方がバイアスの影響を受けやすいと回答する（Pronin et al., 2002）。このように，自分よりも他者の方がバイアスの影響を受けやすいと考える傾向をバイアス・ブラインド・スポットという。

4. 社会的推論におけるバイアスは致命的な問題なのか

これまで見てきたように，私たちはヒューリスティックスなどの簡便な方略を用いたり，あるいは動機的な影響を受けたりしながら社会的推論を行っている。その結果，私たちが日常的に行っている社会的推論は，規範的理論や実際の事象としばしば乖離し，とくに，認知的負荷がかかっているときなどはそうしたバイアスを修正できないことが明らかになっている。端的にいえば，これまでの社会的推論研究は人の社会的推論をネガティブなものとして描いてお

り，そのような意味で社会的推論研究は，「アンバランス」なものとなっていた（Krueger & Funder, 2004）。

その一方で私たちが実際に生きている環境に目を向けると，その環境は非常に不確実であり，そうした環境において起きる事象は必ずしも規範的理論に従わないことが指摘されている（Taleb, 2007）。この点を考慮して近年では，社会的推論が規範的理論に一致しないことは大きな問題ではなく，それどころか不確実な環境下では「バイアス」のかかった推論には適応的な側面があると考えられるようになってきている。そこで最後に，こうした観点からの研究として，①高速倹約ヒューリスティックス，②エラー管理理論を取り上げ説明する。

(1) 高速倹約ヒューリスティックス（fast and frugal heuristics）

従来のヒューリスティックスの研究には，正確さと努力はトレードオフ関係にある（accuracy-effort trade-off）という暗黙の想定がある（Gigerenzer & Brighton, 2009）。すなわち，ヒューリスティックスはあくまで認知容量に制約があるために用いる次善の策であり，情報は多ければ多いほど，時間はかければかけるほど判断は良くなると考えられてきた。それに対してギガレンツァーは，現実世界は不確実なものであり予想外のことも起こりやすいことを重視し，予想外の情報まで考慮するとかえって予測は不正確になるため，利用可能な情報の一部は無視して予測した方が良く，実際に人はそうしたヒューリスティックスを利用していると主張している（Gigerenzer & Brighton, 2009）。ギガレンツァーの主張するヒューリスティックスは，多くの情報を探さないという意味で倹約的で，また多くの情報を検討しないという意味で高速といえる。

高速倹約ヒューリスティックスの1つに再認ヒューリスティックがある。再認ヒューリスティックとは，2つの選択肢があるとき，そのうちの1つが再認できるならば再認できる方の選択肢を選ぶというヒューリスティックである。たとえば，アメリカ人大学生に，アメリカあるいはドイツの大都市22市の中から2つの都市をランダムに選び（例，サンアントニオ vs. サンディエゴ），どちらの都市の人口が多いかを推定させると，わずかではあるものの，よく知っているアメリカの都市同士を比較したときよりも，あまり知らないドイツの都市同士の比較をしたときの方が正解率が高かった（Goldstein & Gigerenzer, 2002）。これは，ドイツの都市の人口をよく知らない参加者が再認ヒューリスティックを使って判断したためだと考えられる。この研究で重要な点は，参加者の多くはアメリカの人口の多い上位3都市を知っており，その知識があるだけで正解率が高くなっていたにもかかわらず，アメリカの都市よりもドイツの都市の方が正解率が高かったという点にある。このことは，知識がないときに再認ヒューリスティックを利用することは良い判断方略であり，知識がないときの方が良い判断ができることがあることを示している（少ない方が良い効果（less is more effects）と呼ばれる）。

(2) エラー管理理論（error management theory）

エラー管理理論は，不確実な状況下での判断への心理的適応を扱った理論である（Haselton & Buss, 2000）。話をわかりやすくするために，火災探知機を

どのように作るかを例にとって考えてみると，火災探知機と火災の関係は以下の4つになる。すなわち，①火災のときに作動する，②火災でないときに作動しない，③火災のときに作動しない，④火災でないときに作動する，の4つのパターンである。このうち前者2つは正しい作動であり，後者2つはエラーとなる。完璧な火災探知機を作ることが難しい場合，火災のときに作動しないエラーの方が高コストになるため，火災探知機は火災でないときでも作動するエラーを犯すように設計される。エラー管理理論によれば，火災探知機の例と同様に，人の心はコストの高いエラーを犯さないように進化してきた（Haselton & Nettle, 2006）。

エラー管理理論から説明できる心理学的現象は多く，対応バイアス（とくに道徳的行動における非対称な対応バイアス）もエラー管理理論の観点から説明可能である（Andrews, 2001）。狩猟採集生活を送っていた私たちの祖先にとって，誰が協力するかどうかを見抜くことは重要であった。このような状況では，非協力的な行動をとる者を協力者と推論することは，協力的な行動をとる者を非協力者と推論することよりも高コストであったと考えられる。そのため，人は協力的な行動をとった人を必ずしも協力者とは推論しない。前述の道徳的行動に対する対応バイアスの非対称性（Reeder & Coovert, 1986）は，こうした観点からも解釈可能である。

社会的推論に見られる「バイアス」は，生態学的観点から考えると適応的な側面もある。もちろんすべてのバイアスが適応的であるわけではないが（Roese & Olson, 1996），今後はバイアスのポジティブな側面も考慮して社会的推論の性質を明らかにしていく必要があるだろう。

■文献

Aarts, H., & Dijksterhuis, A. (1999). How often did I do it? Experienced ease-of-retrieval and frequency estimates of past behavior. *Acta Psychologica*, **103**, 77-89.

Alicke, M. D., Klotz, M. L., Breitenbecher, D. L., Yurak, T. J., & Vredenburg, D. S. (1995). Personal contact, individuation, and the above-average effect. *Journal of Personality and Social Psychology*, **68**, 804-825.

Alter, A. L., Oppenheimer, D. M., Epley, N., & Eyre, R. N. (2007). Overcoming intuition: Metacognitive difficulty activates analytic reasoning. *Journal of Experimental Psychology: General*, **136**, 569-576.

Andrews, P. W. (2001). The psychology of social chess and the evolution of attribution mechanisms: Explaining the fundamental attribution error. *Evolution and Human Behavior*, **22**, 11-29.

Brown, J. D. (1986). Evaluations of self and others: Self-enhancement biases in social judgments. *Social Cognition*, **4**, 353-376.

Buehler, R., Griffin, D., & MacDonald, H. (1997). The role of motivated reasoning in optimistic time predictions. *Personality and Social Psychology Bulletin*, **23**, 238-247.

Buehler, R., Griffin, D., & Ross, M. (1994). Exploring the 'planning fallacy': Why people underestimate their task completion times. *Journal of Personality and Social Psychology*, **67**, 366-381.

Chun, W. Y., & Kruglanski, A. W. (2006). The role of task demands and processing resources in the use of base-rate and individuating information. *Journal of Personality and Social Psychology*, **91**, 205-217.

Conway, M., & Ross, M. (1984). Getting what you want by revising what you had. *Journal of Personality and Social Psychology*, **47**, 738-748.

Dunning, D. (2007). Prediction: The inside view. In E. T. Higgins & A. Kruglanski (Eds.), *Social psychology: Handbook of basic principles* (2nd ed., pp. 69-90). New York: Guilford.

Duval, T. S., & Silvia, P. J. (2002). Self-awareness, probability of improvement, and the self-serving bias. *Journal of Personality and Social Psychology*, **82**, 49-61.

Epley, N., & Gilovich, T. (2006). The anchoring-and-adjustment heuristic: Why the adjustment are insufficient. *Psychological Science*, **17**, 311-318.

Fiedler, K. (1988). The dependence of the conjunction fallacy on subtle linguistic factors. *Psychological Research*, **50**, 123-129.

Fischhoff, B. (1975). Hindsight ≠ foresight: The effect of outcome knowledge on judgment under uncertainty. *Journal of Experimental Psychology: Human Perception and Performance*, **1**, 288-299.

Gigerenzer, G. (2004). Dread risk, September 11, and fatal traffic accidents. *Psychological Science*, **15**, 286-287.

Gigerenzer, G., & Brighton, H. (2009). Homo heuristicus: Why biased minds make better inferences. *Topics in Cognitive Science*, **1**, 107-143.

Gilbert, D. T. (1989). Thinking lightly about others: Automatic components of the social inference process. In J. S. Uleman & J. A. Bargh (Eds.), *Unintended thought* (pp. 189-211). New York: Guilford.

Gilbert, D. T., Gill, M. J., & Wilson, T. D. (2002). The future is now: Temporal correction in affective forecasting. *Organizational Behavior and Human Decision Processes*, **88**, 430-444.

Gilbert, D. T., & Malone, P. S. (1995). The correspondence bias. *Psychological Bulletin*, **117**, 21-38.

Gilbert, D. T., Pelham, B. W., & Krull, D. S. (1988). On cognitive business: When person perceivers meet persons perceived. *Journal of Personality and Social Psychology*, **54**, 733-740.

Gilbert, D. T., Pinel, E. C., Wilson, T. D., Blumberg, S. J., & Wheatley, T. (1998). Immune neglect: A source of durability bias in affective forecasting. *Journal of Personality and Social Psychology*, **75**, 617-638.

Gilbert, D. T., & Wilson, T. D. (2009). Why the brain talks to itself: Sources of error in emotional prediction. *Philosophical Transactions of the Royal Society B*, **364**, 1335-1341.

Gilovich, T. D., & Griffin, D. W. (2010). Judgment and decision making. In S. T. Fiske, D. T. Gilbert, & G. Lindzey (Eds.), *Handbook of social psychology*, Vol. 1 (pp. 542-588). Hoboken, NJ: Wiley.

Gilovich, T., Medvec, V. H., & Savitsky, K. (2000). The spotlight effect in social judgment: An egocentric bias in estimates of the salience of one's own actions and appearance. *Journal of Personality and Social Psychology*, **78**, 211-222.

Gilovich, T., Savitsky, K., & Medvec, V. H. (1998). The illusion of transparency: Biased assessments of others' ability to read our emotional states. *Journal of Personality and Social Psychology*, **75**, 332-346.

Goldstein, D. G., & Gigerenzer, G. (2002). Models of ecological rationality: The recognition heuristic. *Psychological Review*, **109**, 75-90.

Greifeneder, R., & Bless, H. (2007). Relying on accessible content versus accessibility experiences: The case of processing capacity. *Social Cognition*, **25**, 853-881.

Haselton, M. G., & Buss, D. M. (2000). Error management theory: A new perspective on biases in cross-sex mind reading. *Journal of Personality and Social Psychology*, **78**, 81-91.

Haselton, M. G., & Nettle, D. (2006). The paranoid optimist: An integrative evolutionary model of cognitive biases. *Personality and Social Psychology Review*, **10**, 47-66.

Heider, F. (1958). *The psychology of interpersonal relations*. New York: Wiley.

Hertwig, R., & Gigerenzer, G. (1999). The 'conjunction fallacy' revisited: How intelligent inferences look like reasoning errors. *Journal of Behavioral Decision Making*, **12**, 275-305.

Jones, E. E., & Davis, K. E. (1965). From acts to dispositions: The attribution processs in person perception. In L. Berkowitz (Ed.), *Advances in experimental social psychology*, Vol. 2 (pp. 220-266). New York: Academic Press.

Jones, E. E., & Harris, V. A. (1967). The attribution attitudes. *Journal of Experimental Social Psychology*, **3**, 1-24.

Kahneman, D., & Tversky, A. (1973). On the psychology of prediction. *Psychological Review*, **80**, 237-251.

Kelley, H. H. (1967). Attribution in social psychology. In D. Levine (Ed.), *Nebraska symposium on motivation* (pp. 192-238). Lincoln, NE: University of Nebraska Press.

Kelley, H. H. (1973). The process of causal attribution. *American Psychologist*, **28**, 107-128.

Kruger, J., & Burrus, J. (2004). Egocentrism and focalism in unrealistic optimism (and pessimism). *Journal of Experimental Social Psychology*, **40**, 332-340.

Kruger, J., & Evans, M. (2004). If you don't want to be late, enumerate: Unpacking reduces the planning fallacy. *Journal of Experimental Social Psychology*, **40**, 586-594.

Krueger, J. I., & Funder, D. C. (2004). Towards a balanced social psychology: Causes, consequences and cures for the problem-seeking approach to social behavior and cognition. *Behavioral and Brain Sciences*, **27**, 313-327.

Kunda, Z. (1990). The case for motivated reasoning. *Psychological Bulletin*, **108**, 480-498.

Leary, M. R. (1982). Hindsight distortion and the 1980 presidential election. *Personality and Social Psychology*

Bulletin, 8, 257-263.

Liberman, N., & Trope, Y. (1998). The role of feasibility and desirability considerations in near and distant future decisions: A test of temporal construal theory. *Journal of Personality and Social Psychology, 75*, 5-18.

Lichtenstein, S., Slovic, P., Fischhoff, B., Layman, M., & Combs, B. (1978). Judged frequency of lethal events. *Journal of Experimental Psychology: Human Learning and Memory, 4*, 551-578.

Miller, D. T., & Ross, M. (1975). Self-serving biases in the attribution of causality: Fact or fiction? *Psychological Bulletin, 82*, 213-225.

Morewedge, C. K., Gilbert, D. T., & Wilson, T. D. (2005). The least likely of times: How remembering the past biases forecasts of the future. *Psychological Science, 16*, 626-630.

Mussweiler, T., & Strack, F. (2000). The use of category and exemplar knowledge in the solution of anchoring tasks. *Journal of Personality and Social Psychology, 78*, 1038-1052.

Nisbett, R. E., & Borgida, E. (1975). Attribution and the psychology of prediction. *Journal of Personality and Social Psychology, 32*, 932-943.

Nisbett, R. E., Caputo, C., Legant, P., & Maracek, J. (1973). Behavior as seen by the actor and as seen by the observer. *Journal of Personality and Social Psychology, 27*, 154-164.

Nussbaum, S., Liberman, N., & Trope, Y. (2006). Predicting the near and distant future. *Journal of Experimental Psychology: General, 135*, 152-161.

Oppenheimer, D. M., LeBoeuf, R. A., & Brewer, N. T. (2008). Anchoring aweigh: A demonstration of cross-modality anchoring and magnitude priming. *Cognition, 106*, 13-26.

Peetz, J., & Buehler, R. (2009). Is there a budget fallacy? The role of saving goals in the prediction of personal spending. *Personality and Social Psychology Bulletin, 35*, 1579-1591.

Pezzo, M. V., & Pezzo, S. P. (2007). Making sense of failure: A motivated model of hindsight bias. *Social Cognition, 25*, 147-164.

Pronin, E., Lin, D. Y., & Ross, L. (2002). The bias blind spot: Perceptions of bias in self versus others. *Personality and Social Psychology Bulletin, 28*, 369-381.

Reeder, G. D., & Coovert, M. D. (1986). Revising an impression of morality. *Social Cognition, 4*, 1-17.

Roese, N. J., & Olson, J. M. (1996). Counterfactuals, causal attributions, and the hindsight bias: A conceptual integration. *Journal of Experimental Social Psychology, 32*, 197-227.

Ross, L. D. (1977). The intuitive psychologist and his shortcomings: Distortions in attribution processs. In L. Berkowitz (Ed.), *Advances in experimental social psychology,* Vol. 10 (pp. 174-221). New York: Academic Press.

Ross, M. (1989). Relation of implicit theories to the construction of personal histories. *Psychological Review, 96*, 341-357.

Ruder, M., & Bless, H. (2003). Mood and the reliance on the ease of retrieval heuristic. *Journal of Personality and Social Psychology, 85*, 20-32.

Sanitioso, R., Kunda, Z., & Fong, G, T. (1990). Motivated recruitment of autobiographical memories. *Journal of Personality and Social Psychology, 59*, 229-241.

Schkade, D., & Kahneman, D. (1998). Does living in California make people happy? A focusing illusion in judgments of life satisfaction. *Psychological Science, 9*, 340-346.

Schwarz, N., Bless, H., Strack, F., Klumpp, G., Rittenauer-Schatka, H., & Simons, A. (1991). Ease of retrieval as information: Another look at the availability heuristic. *Journal of Personality and Social Psychology, 61*, 195-202.

Smith, E. R., & Miller, F. D. (1983). Mediation among attributional inferences and comprehension processes: Initial findings and a general method. *Journal of Personality and Social Psychology, 44*, 492-505.

Snyder, M. L., Stephan, W. G., & Rosenfield, D. (1976). Egotism and attribution. *Journal of Personality and Social Psychology, 33*, 435-441.

Taleb, N. N. (2007). *The black swan: The impact of highly improbable.* New York: Random House & Penguin.

Taylor, S. E., & Fiske, S. T. (1975). Point of view and perceptions of causality. *Journal of Personality and Social Psychology, 32*, 439-445.

Todorov, A., & Uleman J. S. (2003). The efficiency of binding spontaneous trait inferences to actors' faces. *Journal of Experimental Social Psychology, 39*, 549-562.

Trope, Y., & Alfieri, T. (1997). Effortfulness and flexibility of dispositional judgment processes. *Journal of Personality and Social Psychology, 73*, 662-674.

Trope, Y., & Gaunt, R. (2000). Processing alternative explanations of behavior. *Journal of Personality and Social Psychology, 79*, 344-354.

Trope, Y., & Liberman, N. (2010). Construal level theory of psychological distance. *Psychological Review*, **117**, 440-463.
Tversky, A., & Kahneman, D. (1973). Availability: A heuristic for judging frequency and probability. *Cognitive Psychology*, **5**, 207-232.
Tversky, A., & Kahneman, D. (1974). Judgment under uncertainty: Heuristics and biases. *Science*, **185**, 1124-1131.
Tversky, A., & Kahneman, D. (1983). Extensional versus intuitive reasoning: The conjunction fallacy in probability judgment. *Psychological Review*, **90**, 293-315.
Tykocinski, O. E., & Steinberg, N. (2005). Coping with disappointing outcomes: Retroactive pessimism and motivated inhibition of counterfactuals. *Journal of Experimental Social Psychology*, **41**, 551-558.
Wänke, M., Bless, H., & Biller, B. (1996). Subjective experience versus content of information in the construction of attitude judgments. *Personality and Social Psychology Bulletin*, **22**, 1105-1113.
Winter, L., & Uleman, J. S. (1984). When are social judgments made? Evidence for the spontaneousness of trait inferences. *Journal of Personality and Social Psychology*, **47**, 237-252.

自己過程と自己制御

5

尾崎由佳

　私たちが生きていくためには，周囲の人びととの関わり合いが欠かせない。それと同時に，もうひとり，一生かけてつき合っていかなければいけない相手がいる。それは自分である。心理学において，人間が自分自身という存在といかに関わり合うかという問題は，自己（self）研究として古くから検討されてきた。自己に関わる心理は複雑な構造をしている。主体（働きかける自分）と客体（その働きかけの対象となる自分）が同一の存在であることが，その複雑さを生みだす主な原因といえるだろう。それと同時に，自己という存在は，他者との相互作用の中で成り立つものであることを忘れてはならない。つまり，自己に関わる心理を理解するためには，主体および客体としての自己が互いにどのように関わり合い，さらには両者が他者との関係性の中でいかなる役割を果たしているのかを包括的に考えていく必要がある。

1. 自己認知：自分を知る

　「私」とはどのような人間なのか。この問いにひとことで答えることは，とうてい不可能であろう。人間が自分自身について理解している内容には，豊富な情報量が含まれており，また多彩な動機づけが絡んでいる。

(1) 自己知識

　自分について本人が理解している内容のことを，自己知識（self-knowledge）という。自己知識には，現在の自分のあり方についての情報ばかりではなく，これまでにどのような出来事を経験してきたのか，今後どのような将来を期待しているのか，他者とどのような関係性にあるのかなど，幅広い情報が含まれる。

　自己知識を得る経路には様々なものがありうるが，ベム（D. J. Bem）はとくに，外的手がかりに注目した。すなわち，あたかも他者の行動を外側から観察することを通じて他者の内的状況を推察するのと同様に，人は自らの振る舞いを客観的に観察することを通じて自らの態度や性格について理解すると考えたのである。彼の主張は数多くの実験によって検証され，自己知覚理論（theory of self-perception; Bem, 1967）としてまとめられた。

　自己知識のうち，ある程度抽象化されたレベルで解釈され，記憶システム内に保持されている心的表象のことを，自己概念（self-concept）という。自己概念は，互いに関連づけられてネットワーク構造を形成している。そのネットワークのうち一部の情報のみが活性化して利用されるが，この活性化された情報群のことを作動的自己概念（working self-concept）と呼ぶ（Markus & Kunda, 1986）。そのときの状況に応じて活性化のパターンが変化し，活性化さ

れた自己概念の内容に応じて，ものごとに対する考え方や感じ方，そして振る舞い方にも変化が生じる。その原因の一端を担うのが，セルフ・スキーマ（self-schema）である（Markus, 1977）。セルフ・スキーマとは，自分にとってとくに重要な特徴や性質を表わす自己概念や，それに関連する情報を結びつけ，体制化された知識構造のことを指す。このセルフ・スキーマは，その内容に合致する情報処理を促進し，結果として自己や他者に対する認知や行動に影響を及ぼす。

(2) 自 尊 心

自己に関する理解のしかたとして，もうひとつ重要な役割を果たしているものが自尊心（self-esteem）である。これは，自分自身に対する一般化された評価のことを指す。つまり，自分がどんな人間かという理解（自己知識）とは異なり，そのような自分自身のあり方についてどのくらい肯定的もしくは否定的に認識しているかという評価内容のことを指す。

自尊心
日本語では自尊感情と訳されることもあるが，基本的には同義である。

①特性自尊心と状態自尊心

自尊心は，個人内である程度の安定性を示す。すなわち，自らに対する全体的な評価の高さが，様々な状況を超えて安定して保持されている。このような個人属性として示される自尊心の高さのことを，特性自尊心（trait self-esteem）と呼ぶ。特性自尊心の測定法として多用されるのはローゼンバーグ自尊心尺度（Rosenberg, 1965）であるが，この尺度は「自分は人並みに価値のある人間である（日本語訳は山本ら, 1982）」といった項目にどの程度同意するかを尋ねる形式となっている。

しかし，自尊心の高さは常に一定というわけではない。成功・失敗の経験や他者との関わり合いなど，日常生活で発生する様々な出来事を受けて揺れ動くことがある。つまり，現時点の自分に対して感じる全体的な評価は，状況要因の影響によって変動する。このように変動する性質を持つ自尊心のことを，状態自尊心（state self-esteem）と呼んでいる（Baumeister & Leary, 1995; Heatherton & Polivy, 1991）。状態自尊心を尺度測定する場合には，「いま，自分は人並みに価値のある人間である（安部・今野, 2007）」といった項目を用いるなどして，現時点での評価に焦点を当てて回答させる。

②顕在的自尊心と潜在的自尊心

前述のとおり，自尊心の指標として，自記式尺度を用いることがある。ここで測定されるのは，本人が自覚的に報告可能な自尊心である。ただし，潜在的認知研究（2章参照）の発展にともない，自尊心にも意識的に自覚できない側面があることが指摘され，潜在的自尊心（implicit self-esteem）と名づけられた（Greenwald & Banaji, 1995）。この呼称に対比させ，従来の尺度回答によって測定されるような意識的な自己評価は，顕在的自尊心（explicit self-esteem）と呼ばれる。

潜在的自尊心とは，「正確に内省することが不可能な自己に対する態度であり，自己に関連する様々な対象に非意識的な影響を及ぼすもの（Greenwald & Banaji, 1995）」とされている。この潜在的自尊心を測定するためには，自分の名前に含まれる文字や誕生日に含まれる数字をどのくらい肯定的に評価する

かを指標とするネームレター課題 (name letter task; Nuttin, 1985) や，肯定的形容詞と自己がどの程度強く連合しているかを測定する潜在的連合テスト (Implicit Association Test: IAT; Greenwald et al., 1998) といったいくつかの手法が開発されている（レビューは，Bosson et al., 2000 を参照のこと）。

　顕在的自尊心と潜在的自尊心は必ずしも一貫せず，それぞれの指標間での関連はおおよそ無相関から弱い正相関である (Greenwald & Farnham, 2000)。したがって，顕在的には高い自尊心を示しているにもかかわらず，潜在的自尊心が比較的に低いという不一致を示す人も存在する。このような人びとは自尊心が不安定になりがちで，自己愛的な傾向や，他者に攻撃的になるといった防衛的反応を強く示す (Jordan et al., 2003)。

③存在脅威管理理論

　では，自尊心はどのような役割を果たすのだろうか。この深遠な問いに対し簡潔に答えることは困難だが，ここでは，ユニークかつ説得力のある答えを提供している理論をひとつ取り上げて紹介しよう。

　存在脅威管理理論 (Greenberg et al., 1986) によれば，自尊心は「死」の脅威に対するバッファ（緩衝材）としての役割を果たすという。人間は高度な知性を獲得したために，自分はいつか必ず死ぬという将来を予見できるようになった。この死すべき運命という巨大な脅威に対して，人間は文化的世界観を発達させることによって，心理的防衛を図ろうとした。すなわち，個人の死後も永続し続ける文化を構築し，その文化の中において価値ある存在として自らを位置づけることで，死の脅威に対する不安を緩和させているのだという。この価値ある存在としての肯定的自己観が，すなわち自尊心にあたる。死に関連する思考を持つと，人は文化的規範に従った行動を取りやすくなったり，その規範に反している他者に対して厳しく罰しようとしたりする (Greenberg et al., 1990; Rosenblatt et al., 1989)。これらは，文化的世界観を守るための防衛的反応と考えられる。ただし，自尊心が高められるような経験をした場合には，その経験を通じて自分自身の価値や重要性を再確認できるため，死の脅威への耐性が高まり，防衛的反応が生じにくくなることが明らかにされている (Harmon-Jones et al., 1997)。

文化的世界観
　ある集団の中で共有され，かつ重要視されている価値観やものごとの捉え方のこと。

(3) 自己評価

　前述のとおり，自尊心は自己に対する包括的な評価のことを指す。ただし，包括的な評価ばかりではなく，「私」を構成する様々な側面について，より細分化された評価をすることもある。たとえば，数学的センスはあるが，運動能力はあまり自慢できるほどではなく，外向性はやや低いといった自己評価を持つ場合もあるだろう。こういった各領域についての自己評価には，どのような要因が影響を及ぼしているのか。また，領域別の自己評価と，包括的な自尊心の間には，どのような関係性があるのだろうか。

①自己評価に関わる4つの動機

　自己に対する評価に影響を及ぼす要因として，4種類の動機づけの存在が指摘されており，それぞれ自己査定動機，自己確証動機，自己高揚動機，自己改善動機と呼ばれている。

人間は，自らの能力や特性などについてできる限り正確に知りたいという欲求を持っている（Trope, 1982）。この動機づけは，自己査定（self-assessment）動機と呼ばれている。自己を正確に評価することは，自らの将来を予測したり，効率的に行動をコントロールしたりするために役立つ。このとき，自分の長所ばかりではなく，短所をきちんと把握しておくことも大切である。つまり，良いことも悪いこともひっくるめて，自分のことをありのままに知りたいと動機づけられている。

　また，安定した自己評価を保ちたいという欲求も存在する。これは自己確証（self-verification）動機と呼ばれている（Swann, 1983）。人は，状況を超えて安定した"自分らしさ"というものを守り，自己に関する情報の整合性を保とうとする。そのため，その自分らしさを支持してくれる証拠となるような情報を好んだり，選択的に得ようとしたりする。自己確証の対象となるのは自己の肯定的側面ばかりではなく，否定的側面についても確証傾向が見られる。

　自分自身を肯定的に捉えたいという欲求は，自己高揚（self-enhancement）動機と呼ばれる。この自己高揚動機を満たすために，自己評価が実際以上に肯定的な方向へと歪み，過剰に肯定的な自己評価をすることがある（ポジティブ幻想）。しかし，この歪みは必ずしも不適応の原因となるわけではなく，適度な程度であれば精神的健康につながると考えられている（Taylor & Armor, 1996; Taylor & Brown, 1988）。なぜなら，人は自分を優れた存在だと信じることで幸福感を感じ，高い目標を追求しようと試みるからである。また，大きな失敗をしたときや，他人から厳しく批判されたときなど何らかの脅威を受けた場合には，そのストレスを緩和してくれる。

　自らを高め，より優れた能力を獲得したいという欲求も，人間にとって重要なものである。自分が将来どのように成長できるかを思い描き，その実現を目指して努力することを自己改善（self-improvement）と呼ぶ。この自己改善に動機づけられているとき，人は目指すべき目標に向かって努力を重ねる。また，自らを批判的に省察し，劣っている部分を見出してそれを克服しようと試みる（Collins, 1996）。

②自己評価維持理論

　上記に挙げた4つの動機づけは，自己評価に関与する内的要因と位置づけられる。これに対して，外的要因として自己評価に影響を及ぼすものも多数存在する。とくに大きな影響力を持つものとして挙げられるのが，他者の存在である。社会的比較（social comparison），すなわち他者と自己を比較することを通じて，自己評価は大きく左右される。

　自己評価維持理論（Tesser, 1988）によれば，①他者の成果（成功か失敗か），②領域の自我関与度（その領域は自分にとって重要かどうか），③心理的距離（その他者と親しいかどうか）という3つの要因の組み合わせが，他者の成果が自己評価に与える影響や，それに対する反応を規定する。もし自我関与度が高い領域において親しい他者が成功した場合には，自分自身と対照的に比べてしまうことによって大きな脅威を感じ，自己評価が低下する（対比効果）。場合によっては，その他者を避けようとしたり，その領域への関与度を下げたりすることもある。一方，自我関与度の低い領域で身近な他者が優れた成果をおさめた場合には，自らとの対比は生じず，むしろその成功を我が身に反映さ

せて，自己評価が高められる（反映過程）。このような場合には，優れた他者との心理的距離を短縮しようとするために，相手とさらに親しい間柄になろうと試みたり，密接な関係であること周囲にアピールしたりする（Cialdini et al., 1976）。このような振る舞いは栄光浴（basking in reflected glory: BIRGing）と呼ばれる。

③自己肯定化理論

個別領域に関する自己評価と，包括的な自己価値のあり方の関係性について論じたのが，自己肯定化理論（Steele, 1988）である。人は，ある領域における自己評価が脅威にさらされたとき，別の領域において自らの価値を確認することを通じて，包括的な自己価値（self-integrity）を安泰に守ろうとする。このような自己価値の確認作業のことを自己肯定化（self-affirmation）という。もし脅威にさらされても，自己肯定化を行う機会があれば，その後は防衛的反応を示しにくくなり，自分に対するネガティブな情報を素直に受け入れることができる。しかし，自己肯定化をする機会がないと，どうにかして自己評価を守ろうとする防衛的反応が強まり，自分に対する批判を拒絶したり，自分より劣った他者と比較することで自らの優位性を確認しようとしたりする（Spencer et al., 2001）。

2. 自己制御：自分を動かす

前節で述べたとおり「私とはこのような人間だ」というように自己のありさまを理解することが自己認知の目的であるならば，「私はこのような人間になりたい」といった何らかの目標に向かって自分および周囲環境を変化させていくことが自己制御であるといえよう。自己制御（self-regulation）とは，人間が目標を達成するために自らの判断・感情・行動などを調整すること，およびそれに関わる心理過程のことを指す。自己制御研究においては，目標達成行動の生起や行動変容に影響を及ぼす心理的要因の特定およびモデル化が進められてきた。

(1) 自己制御に関わる動機づけ

目標達成行動に大きな影響を及ぼす要因のひとつが，達成動機（achievement motivation）である。これは，高い基準（目標）を目指し，そこに到達しようとする動機づけのことを意味する。では，人はどのようなときに動機づけを高め，目標を目指して努力するのだろうか。

①達成動機づけ理論と期待価値理論

古典的モデルのひとつとして挙げられるのが，達成動機づけ理論（theory of achievement motivation; Atkinson, 1957）である。この理論によれば，ある状況において個人が目標達成行動に動機づけられる程度は，個人特性としての達成動機の高さと，状況に対する認知の関数として表わされるという。状況認知に関わる要因としては，期待（expectation）と価値（value）という2つの変数がある。このうち，期待とは，ある行動を起こすことが成功（もしくは失敗）をもたらす可能性についての主観的確率を意味する。一方，価値とは，

その成功（失敗）が本人にとってどのくらい魅力的に感じられるかという誘因価のことを指す。したがって，課題に対する達成動機の高さ＝個人特性×期待×価値という公式によって表わすことができるという。達成動機づけ理論以外にも，期待と価値の相互作用的影響を考慮したモデルは多数存在するが，これらを総称して期待価値理論（expectancy-value theory）と呼んでいる。

②自己効力感

達成動機に影響を与えうる重要な要因としてもうひとつ挙げられるのが，自己効力感（self-efficacy）である。これはバンデューラ（Bandura, 1977）の社会的学習理論において提唱された概念である。バンデューラは，行動変容に影響を及ぼすものとして個人の認知的要因（予期機能）に注目した。予期機能には，効力予期と結果予期の2種類が含まれる。後者の結果予期とは，ある行動を起こすことがどのような結果を生み出すかという予期であり，期待価値理論でいうところの「期待×価値」の積算値に当たる。ただし，この結果予期だけでは行動遂行が生じないとバンデューラは考えた。その行動をどのくらいうまくできるかという主観的な遂行可能感，すなわち効力予期があってこそ，個人はその行動を起こすことができるのだという（図5-1）。自分がどのくらいの効力予期を持っているかという認識のことを自己効力感という。

自己効力感が高ければ，困難な状況にあってもそれを乗り越えようと試み，多くの努力や時間を投入する。一方，自己効力感が低い場合には，もし仮に本人に高い能力があったとしても，自分には無理なのだと信じ込み，挑戦への意欲を失ってしまう。つまり，「自分にはできる」という信念である自己効力感こそが，達成動機づけおよび達成行動の生起に関わる重要な要因であることが指摘されている。

図5-1　効力予期と結果予期（Bandura, 1977より）

■ (2) 自己制御のプロセス

自己制御にはどのような心理過程が関わっているのか。この問題を考えるうえでポイントとなるのは，どのように基準を設定し，その基準に対してどのように反応するかである。以下では複数のモデルを紹介し，これらのポイントに関してどのようにアプローチしているかについてそれぞれの特徴を説明する。

①客体的自覚理論

客体的自覚理論（Duval & Wicklund, 1972）は，基準に対する注目がもたらす影響について取り上げた。この理論によれば，自己の内面に注意を向けること，すなわち自己覚知（self-awareness）によって，自らの持つ基準に合わせて行動を調節しやすくなるという。自己覚知によって自分の重要視している価値観に意識が向き，それを基準として自らの行為と照らし合わせるようになる。結果として，価値観に合致する行動は促進され，それに反する行動は抑制

されるのである。たとえば、「鏡を見る」という行為は自己の内面への注目を高める効果をもたらすため、人助けなどの道徳的行為が促進されたり、カンニングなどの違反行為が減少したりする。

　自らに注意を向ける際、その対象となるものとして、私的自己と公的自己の2側面があることも指摘されている。私的自己とは、自己の信念や感情、気分など、他者からは直接観察されない自己の内的な側面である。このような自己の内的側面に対する注目の強さを私的自己意識（private self-consciousness）と呼ぶ。一方、自らの外見や振る舞い方など、他者から観察しうる側面、すなわち公的自己に注意が向く場合もある。このような自己の外的側面に向けた注目は公的自己意識（public self-consciousness）と呼ばれる。それぞれの自己意識は異なる目標設定を導くため、いずれの意識が強いかに応じて異なった行動パターンが生じる（Fenigstein et al., 1975）。

② コントロール理論

　基準設定とそれに対する反応制御について理論的基盤となるモデルを提供したのが、コントロール理論（control theory; Carver & Scheier, 1982）である。自己制御関連のモデルはこの他にも多数提案されてきたが、それらの大半はこのコントロール理論の考え方を下敷きに置いているといっても過言ではない。

　このコントロール理論によると、自己制御過程においては、目標とする状態（基準）と現在の状態が比較器において比べられ、不一致があると判断された場合、そのズレを低減するように行動が調整される。その行動の結果として環境に変化が生じる（何らかの障害が環境に影響を及ぼすこともある）。その後ふたたび基準と現状が比較されて、もし一致していれば行動を停止し、まだ不一致があれば低減行動を行うことを繰り返す。このような循環をフィードバック・ループと呼ぶ（図5-2）。

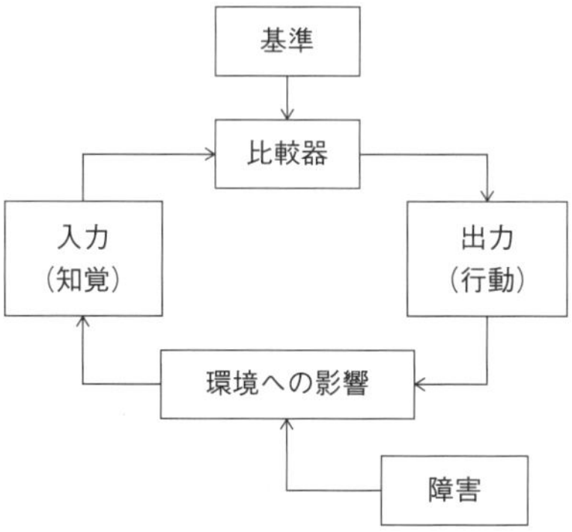

> **コントロール理論**
> 　制御理論、もしくはサイバネティクス理論と称されることもある。

図5-2　自己制御のフィードバック・ループ（Carver & Scheier, 1982を参照）

③ BIS/BAS 理論

　目標達成に関わる動機づけについて、異なる2種類のシステムが関わっていることを想定したのが、BIS/BAS 理論（Carver & White, 1994）である。行動抑制システム（behavioral inhibition system; BIS）は、罰もしくは無報酬の予期に対して活性化される動機づけシステムである。BISが活性化すると、リスクや脅威に対する注意が喚起され、それらを引き起こしかねない危険な行

動が抑制される。言い換えれば、罰の存在、もしくは報酬の不在という苦痛（pain）を含意する基準に対して、そこから遠ざかる、すなわち回避するように作用するシステムである。一方、行動賦活システム（behavioral activation system; BAS）は、報酬や無罰の予期を受けて活性化される動機づけシステムである。活性化されたBASは、目標達成をもたらすような探索的行動を起こしたり、新奇性を求めたりする傾向を促進する。すなわち、報酬の存在や罰の不在といった快楽（pleasure）を含意する基準に対し、接近するように作用するシステムであるといえよう。BISおよびBASの動機づけシステムが競合的に作用することによって、行動が制御されることが想定されている。

④制御焦点理論

制御焦点理論（Higgins, 1997）は、前述のBIS/BAS理論とは異なる観点から、快楽と苦痛、そして接近と回避の関係性をモデル化した。この理論においては、報酬の存在と罰の不在は異なる心理的インパクトをもたらし、それと同様に報酬の不在と罰の存在も独自の影響をもたらすものとされている。そして、それぞれに対する接近・回避をつかさどる2つのシステムが想定されている。報酬の存在に接近し、報酬の不在を回避するシステムが促進焦点（promotion focus）である。その一方で罰の不在に接近し罰の存在を回避するシステムとして予防焦点（prevention focus）が存在する。促進焦点のシステムが達成を目指す基準とは、本人が「こうなってほしい」と願っている夢や希望のこと（理想目標）である。この理想目標が活性化すると、大胆かつ積極的にその理想を目指す行動が起きる。その目標がかなえられれば喜びの感情が生じ、次なる挑戦への動機づけを高める。もし達成できなかった場合には落胆を味わい、意欲を失ってしまう。一方、予防焦点のシステムが目指す基準は、本人が「こうならねばいけない」と信じている義務や責任（義務目標）である。この義務目標が活性化すると、リスクをできる限り避け、注意深く慎重にその責任をまっとうしようとする。不達成の場合は焦りや不安を感じ、達成行動へと駆り立てられる。もし達成されれば安心を感じ、ようやく責任遂行行動を停止する。

⑤マインドセット（熟慮・実行マインドセット）

これまでに紹介したいくつかのモデルは、基準が設定された「後」にどのようにして遂行行動が生じるかを説明していた。では、基準を設定する「前」には何が起きているのだろうか。

基準設定の前後で情報処理のしかたが大きく異なることに着目したのが、目標遂行のマインドセット・モデル（Gollwitzer et al., 1990）である。基準（目標）設定前の段階は、決定前フェーズと呼ばれる。ここでは、複数の選択肢の中から最適な目標を選び取ることが課題となる。そのため、各選択肢を綿密に査定しようとする。このとき、目標の実現可能性やもたらされる結果についての情報を幅広く収集し、吟味しようとする情報処理傾向が見られる。これが熟考マインドセット（deliberative mindset）である。この決定前フェーズを経て目標が設定された後には、決定後フェーズが始まる。ここでは、目標を行動に移し、効率的に達成することが課題となる。そのため、いつ・どこで・どのようにして実行するのかといった目標実現手段を選択し、計画的に実行に移そ

マインドセット
考え方の基本的な枠組みのこと。どのようなマインドセットを持つかに応じて判断や行動にも影響が生じる。

うとする情報処理傾向が見られる。これが実行マインドセット（implemental mindset）である。この理論と一貫して，目標設定の前後で質的に異なる情報処理傾向が見られることが数々の実験から示されている（Fujita et al., 2007; Heckhausen & Gollwitzer, 1987）。

ただし，すべての目標設定が熟考を経てなされるわけではない。2章で取り上げられた自動動機に関する知見が示しているとおり，状況刺激によって目標表象が非意識的に活性化し，それに応じて追求行動が実行されることもある。言い換えれば，本人の意図とは無関係に目標が設定される場合があるということを意味する。日常生活においては，マインドセット・モデルで説明されるような熟考を経た目標設定が執り行われるようなケースは，むしろ稀であろう。すなわち，いくつかの選択肢間で比較をするために複雑な計算や未来予測が必要であり，また，その思考過程を執り行うための十分な動機づけと資源がある場合に限って，熟考マインドセットが機能すると考えられる。

■ (3) セルフ・コントロール（自己統制）

目標を追求するプロセスにおいて，その達成を阻害するような誘惑にかられることがある。たとえば，「将来のために貯金をしたい」という目標と，「今すぐ欲しいものを買いたい」という誘惑が対立してしまうような葛藤状況である。このような葛藤状況において，誘惑に負けずに目標を追求することをセルフ・コントロール（self-control），もしくは自己統制と呼ぶ。

セルフ・コントロールには多数の要因および複雑な過程が関わっているが，その遂行を支えている認知機能や心的エネルギーなど，いくつかを取り上げて以下に説明する。

①抑制機能とその過程

セルフ・コントロールに成功するためには，誘惑に対する強い衝動を抑えなければならない。そのためには，抑制機能を働かせる必要がある。抑制機能とは，その状況における優勢な反応を抑え，より適切な反応を実行する働きのことを指す。たとえば美味しそうなドーナツを目の前にしたときに「すぐに食べたい」という衝動的行為を押しとどめ，「おやつの時間まで待とう」と判断し，そのとおりに実行できるのは，抑制機能のおかげである。

ミシェル（W. Mischel）らの研究では，子どもがどのくらい衝動を抑えることができるのかを検討するために，満足遅延（delay of gratification）課題を用いた（Mischel et al., 1989; Mischel et al., 1988）。具体的には，実験者が3-4歳の子どもにマシュマロ1つを与え，「これを食べずに待っていることができたら，あとでマシュマロをもう1個足して2個にしてあげる」と約束してから部屋を去り，ひとり残された子どもの様子をこっそりと観察した。もし子どもがすぐにマシュマロを食べてしまったならば，衝動のままに行動してしまったことになる。しかし，もし食べずに我慢することができたならば，衝動抑制に成功したことを意味する。ミシェルらは，このパラダイムを用いた一連の研究をもとに，衝動や感情に関わるホットなシステムと，認知に関わるクールなシステムの競合的関係性が，満足遅延の成否を規定していると主張した（Mischel & Shoda, 1995）。

抑制機能は，子どもの成長にともなって次第に発達し，成人期まで継続的

に成長を続ける。また，衝動抑制を日常的に繰り返すといったトレーニングによって，抑制機能を向上させることも可能であるという（Muraven et al., 1999）。たとえば，2週間にわたり甘いものを食べたいという欲求を抑え続けた人びとは，抑制機能を測定する認知課題の成績が向上したことが報告されている（Muraven, 2010）。

②制御資源と自我枯渇

抑制機能が十分に発達した成人であっても，しばしばセルフ・コントロールに失敗することがある。その原因のひとつとして挙げられるのが，制御資源の枯渇である（Baumeister et al., 1998）。望ましくない欲求を抑えようとするときや，難しい問題や重要な判断に取り組むときなど，何らかのセルフ・コントロールを実行することによって，制御資源と呼ばれる心的エネルギーが消費される。この資源が消費されると，その後しばらくは回復しないため，資源不足の状態に陥る。これを自我枯渇（ego depletion）という。その自我枯渇が起きている間は，セルフ・コントロールの実行が困難になってしまう。たとえば，美味しそうなクッキーを食べたいという衝動を我慢して，そのかわりに生のカブを食べるという行為を行った直後には，難しいパズルを解くことを早々に諦めてしまったという（Baumeister et al., 1998）。この結果は，事前に衝動を抑えたことが制御資源の枯渇を招き，その後のセルフ・コントロールが阻害されたためと解釈できる。

③思考抑制とリバウンド効果

思考のコントロールがうまくいかないことも，セルフ・コントロールの失敗のひとつに数えられる。不適切な思考や感情が頭から離れなくなってしまうのである。やっかいなのは，「考えないようにしよう」と抑制を試みるほど，その対象が思い浮かんでしまうという現象である。これは逆説的効果と呼ばれている。たとえば，「シロクマについて考えないでください」と教示された場合には，教示されなかった場合よりも，シロクマに関する思考が頻繁に発生することが明らかにされた（Wegner et al., 1987）。この逆説的効果が生じるのは，思考内容を監視するシステムのせいであるという。抑制対象が思考に入り込まないように監視するためには，「何を監視すべきか」という表象を保持し続ける必要がある。そのために，抑制対象の表象は常に高い活性化を保つことになり，かえって思い浮かびやすい状態になってしまう。

抑制を試みている最中に逆説的効果が起きるばかりではなく，抑制努力の後にはリバウンド効果が発生しかねない。つまり，ある対象についての思考をいったん抑制すると，抑制を解除した直後に関連思考がむしろ頻繁に生じたり，後続判断に混入しやすくなったりする。たとえば，ある人物についてステレオタイプを当てはめないように思考をコントロールした後には，逆にステレオタイプ的判断が増加してしまう（Macrae et al., 1994）。

3. 社会的自己：他者と関わる

人は日々，他者と関わり合いながら生きている。このとき，自己は社会的関係性によって影響を受けるとともに，その関係性に対して積極的に働きかける

機能も持つ。本節では，自らを他者に対してどのように伝えて理解してもらうかという自己呈示および自己開示の問題，さらに他者との関係性において受け入れられたり拒絶されたりする経験が自己にどのような影響を及ぼすかという社会的受容および排斥の問題について取り上げる。

(1) 自己呈示

ある人が，他者が自分に対して抱く印象を操作しようとすることを，自己呈示（self-presentation）と呼ぶ。自己呈示を試みるとき，人は意識的に，もしくは非意識的に相手に与える情報をコントロールしようとする。

自己呈示の機能には様々なものがある（レビューは Leary & Kowalski, 1990 を参照のこと）。第一に挙げられるのが，利得の獲得と損失の回避である。相手が自分に何らかの印象を抱くことによって，自分に好意を抱いたり，仲間に入れてくれたり，協力や援助を与えてくれたり，地位や権力を付与してくれたりすれば，何らかの恩恵が得られるか，もしくは損失を最小限に抑えることができるはずである。第二の機能は，自尊心の高揚と維持である。自らの優れた業績をアピールすることによって周囲の他者から称賛が得られるようになれば，自尊心は高められる。一方，もし失敗をしてしまっても，自分のせいではないことを主張すれば，他者からの非難を避けることができ，自尊心へのマイナスの影響を緩和することができるかもしれない。第三の機能として，自己概念を確立し，アイデンティティを守ることが挙げられる。「自分はこのような人間だ」と信じている内容に合致するような振る舞いをして見せることで，他者からも同様の認識が得られるようになる。結果として，自分に対するイメージが社会的に共有され，より揺るぎないものになる（Baumeister, 1982）。

自己呈示の手段は，戦術的 - 戦略的，および防衛的 - 主張的の2軸によって分類可能であるという（Tedeschi & Norman, 1985）（表 5-1）。戦術的自己呈示は短期的な効果を目指して行われる「一時しのぎ」の手段であるが，戦略的自己呈示はより長期の効果が続くことを期待して行われる。防衛的自己呈示は自分が避けたいと思っているイメージを相手に抱かれてしまうのを防ぐためにとられる手段であり，その逆に，主張的自己呈示は自分が「こう見てもらいたい」と願っている特定の印象を形成してもらえるように相手に働きかけることを指す。

表 5-1 自己呈示行動の分類（Tedeschi & Norman, 1985; 安藤, 1994 を参照）

	戦術的	戦略的
防衛的	弁解 正当化 セルフ・ハンディキャッピング 謝罪 向社会的行動	アルコール依存 薬物乱用 恐怖症 心気症 精神病 学習性無力感
主張的	取り入り 威嚇 自己宣伝 示範 哀願 称賛付与 価値高揚	魅力 尊敬 威信 地位 信憑性 信頼性

上述のとおり，自己呈示は他者が自分に対して抱く印象を操作することを目的として行われるものであるが，実はその振る舞いによって自らの自己概念にも影響が及ぼされうる。たとえば，面談において内向的（もしくは外向的）に対応するように教示された参加者は，実験者に対してそのとおりの振る舞いをしてみせた（Fazio et al., 1981）。その後，自己概念を評定させたところ，さきほどの振る舞いに合致する方向性に評定しがちであった。すなわち，内向的に振る舞った参加者は自らをより内向的に捉え，外向的に振る舞った参加者は外向的に捉えていたという。さらに，行動観察においても同様の特徴が示された。つまり，自己呈示的な行為をすることにより，その行為から示される属性に合致するように自己概念が変化し，その変化は行動にまで影響を及ぼしたことを意味する。このような現象は，自己呈示の内在化（internalization of self-presentation）と呼ばれている。

(2) 自己開示

自己呈示と同様，自らに関する何らかの情報を相手に伝えようとする行為の一種として，自己開示（self-disclosure）がある。ただし，自己開示はいくつかの点において自己呈示とは異なっている。まず，情報伝達の目的として，できる限り正しい情報を誠実に伝えようとすることを目指している。さらに，伝達手段として主に言語が用いられることも，その特徴といえるだろう（Fisher, 1984）。

なぜ人は自己開示をするのだろうか。開示者にとってのメリットは，自己を表現できること，自らの思考や感情について明確化できることなど，様々なものがある（Derlega et al., 1987）。自分が開示したことに対して，相手からフィードバックを得られることも大きな収穫となりうる。なぜなら，相手も同様の経験や考え方をしていたり，自分の正しさを証するような情報が得られたりすることで，自らの意見や態度の妥当性をより高く認識できるようになるからである。また，もう1つのメリットは，開示の過程において伝達情報が言語化されることにより，自らの思考や感情が整理されるということである。たとえば，自らの抱えている悩みについて自己開示をすることを通じて，その現状に関わる情報を整理し，どのように対応するべきかという道筋が見えてくる。結果として，不安や苦痛が低減するというカタルシス効果が得られるという（Pennebaker, 1997）。

自己開示は，その送り手ばかりではなく，受け手にとっても利益をもたらす。たとえば，開示相手に選ばれるということは，自分が他者にとって特別な存在であり，好意や信頼の対象であることを含意する証拠として解釈できる。また，相手の開示内容が自らの信念や意見と一貫するものであったならば，受け手にとっても社会的妥当化の恩恵を受ける機会となる。

このように，送り手の自己開示によって恩恵を受けた受け手は，あたかもその返礼であるかのように，しばしば自己開示を相手に返そうとする。このような現象を，自己開示の返報性（reciprocity）という。このときたいてい，相手から受けた自己開示と同じ程度のプライベートさを持つ情報を開示しようとする。たとえば，二者間の自己開示においては，双方による開示情報の自己評定間に，有意な正の相関が見られることが報告されている（Jourard & Richman, 1963）。

■ (3) 社会的受容と排斥

①ソシオメーター

　自尊心の機能について言及しているもうひとつの理論として，ソシオメーター理論（Leary & Baumeister, 2000）がある。ここでは，人間の根源的欲求である所属欲求（need to belong）と自尊心の関係性がモデル化されている。人間にとって周囲の他者との関係性を維持することは非常に重要な課題であるため，他者からの受容度の変化を敏感に察知する必要がある。そのため，社会的受容度の主観的指標としての自尊心を発達させたのだという。すなわち，自尊心の低下は，社会的受容が損なわれたことを警告する役割を果たす。このような警告が発せられると，人は受容回復に強く動機づけられ，他者に近づこうとする行動が生じやすくなる。

②社会的排斥による自我枯渇

　前述のとおり，所属欲求は基本的欲求のひとつであるため，もし満たされなかった場合には強いストレスをもたらし，心理過程に大きな影響を及ぼす。たとえば，集団から仲間外れにされたり，ある人との関係性を一方的に打ち切られたりすることを，社会的排斥（social exclusion）と呼ぶ。このような排斥状況に置かれた人は，攻撃行動が増え（DeWall et al., 2009），知的思考力が低下し（Baumeister et al., 2002），自己制御が阻害される（Baumeister et al., 2005）など，様々な問題行動を示す。その原因のひとつとして挙げられるのが，社会的排斥によって自我枯渇（本章 2 節（3）②参照）が生じるためであることが指摘されている。

4. おわりに：自己と適応

　人間として生きている限り，自分という存在とつき合っていかなければならない。これは本章のはじめにも述べたことだ。では，「どうすれば自分とうまくつき合えるのか」という問題について，自己に関する研究はどのような答えを提供できるのだろう。当然ながら，"うまくつき合う"をどう定義するかによって答え方は違ってくるのだが，ここでは「目標を達成し，精神的健康を保つ」という適応に関わる観点から考えてみたい。

　1970年代以前の知見に基づいてこの問題に答えようとするならば，「自らに意識を向けよ」となるだろう。自身の振る舞いに注目することで自己理解は進み，自分の価値観に注意を向ければ自らをうまくコントロールできるという考え方が当時の主流であった。本章の中でも紹介した客体的自覚理論や自己覚知理論などがその典型であろう。

　しかし1980年代を迎えると，その主張に疑義が投げかけられる。潜在的自尊心研究に代表されるような自己関連情報の非意識的処理や，目標プライミング研究（2章参照）など自動的な自己制御についての報告が相次ぎ，「意識しなくてもうまくできる」ことが示唆されたためである。さらには，思考抑制や自我枯渇に関する研究では，むしろ意識的に努力するほど目標達成が困難になってしまう場合があることが示された。自己注目と抑うつの関連を指摘する研究もある（坂本, 1997）。つまり，「意識するほどうまくいかない」こともあるのだ。

結局，適応的に生きるためには，"適切な"意識の向け方を身につける必要がある ようだ。この考え方の典型例ともいえるのが，適度なポジティブ幻想を持つことが精神的健康をもたらすことを主張したテイラーらの研究である（Taylor & Armor, 1996; Taylor & Brown, 1988）。ただし，自らのポジティブな側面ばかりに意識を向けていればよいというわけではない。自分の長所に注意を向けることは利得獲得への意欲を増すが，その一方で，自らの短所を意識すると損失回避への注意深さが促される（Scholer et al., 2014）。また，周囲環境への意識の向け方にもコツがある。手ごわい誘惑も，意識の向け方を変えるだけで，対処のしやすい存在になる。前述の満足遅延課題で有名になったミシェルは，マシュマロを目にした子どもたちが，「ふわふわした雲のよう」といった形状に注目していた場合の方が，「甘くとろける味わい」といった感覚に意識を向けた場合と比べて，誘惑に負けずに長時間待つことができたと報告している（Mischel & Shoda, 1995）。また，誘惑となりそうな対象や環境を意図的に避けることも有効だ（Hofmann et al., 2012）。たとえば，テレビやお酒・タバコといった誘惑に負けたくないのであれば，そういった対象を身近な環境から排除するか，それらを提供している場所や人には近づかないようにすればよい。

　上記に挙げたものはほんの一例に過ぎず，"自分自身とのつき合い方"に関して貴重なアドバイスを提供している研究はこの他にも多数存在する。今後も有意義な研究が積み重ねられていくことに期待するとともに，それらの成果が世間においても大いに活用され，人びとがより適応的に暮らしていくために役立ってくれることを願う。

■文献

阿部美帆・今野裕之（2007）．状態自尊感情尺度の開発　パーソナリティ研究, **16**, 36-46.
安藤清志（1994）．見せる自分／見せない自分——自己呈示の社会心理学——　サイエンス社
アリストテレス　高田三郎（訳）（1971）．ニコマコス倫理学（上）　岩波書店
Atkinson, J. W. (1957). Motivational determinants of risk-taking behavior. *Psychological Review*, **64**, 359-372.
Bandura, A. (1977). Self-efficacy: Toward a unifying theory of behavioral change. *Psychological Review*, **84**, 191-215.
Baumeister, R. F. (1982). A self-presentational view of social phenomena. *Psychological Bulletin*, **91**, 3-26.
Baumeister, R. F., Bratslavsky, E., Muraven, M., & Tice, D. M. (1998). Ego depletion: Is the active self a limited resource? *Journal of Personality and Social Psychology*, **74**, 1252-1265.
Baumeister, R. F., DeWall, C. N., Ciarocco, N. J., & Twenge, J. M. (2005). Social exclusion impairs self-regulation. *Journal of Personality and Social Psychology*, **88**, 589-604.
Baumeister, R. F., & Leary, M. R. (1995). The need to belong: Desire for interpersonal attachments as a fundamental human motivation. *Psychological Bulletin*, **117**, 497-529.
Baumeister, R. F., Twenge, J. M., & Nuss, C. K. (2002). Effects of social exclusion on cognitive processes: Anticipated aloneness reduces intelligent thought. *Journal of Personality and Social Psychology*, **83**, 817-827.
Bem, D. J. (1967). Self-perception: An alternative interpretation of cognitive dissonance phenomena. *Psychological Review*, **74**, 183-200.
Bosson, J. K., Swann, W. B., & Pennebaker, J. W. (2000). Stalking the perfect measure of implicit self-esteem: The blind men and the elephant revisited? *Journal of Personality and Social Psychology*, **79**, 631-643.
Carver, C. S., & Scheier, M. F. (1982). Control theory: A useful conceptual framework for personality-social, clinical, and health psychology. *Psychological Bulletin*, **92**, 111-135.
Carver, C. S., & White, T. L. (1994). Behavioral inhibition, behavioral activation, and affective responses to

impending reward and punishment: The BIS/BAS Scales. *Journal of Personality and Social Psychology*, **67**, 319-333.

Cialdini, R. B., Borden, R. J., Thorne, A., Walker, M. R., Freeman, S., & Sloan, L. R. (1976). Basking in reflected glory: Three (football) field studies. *Journal of Personality and Social Psychology*, **34**, 366-375.

Collins, R. L. (1996). For better or worse: The impact of upward social comparison on self-evaluations. *Psychological Bulletin*, **119**, 51-69.

Derlega, V. J., Margulis, S. T., & Winstead, B. A. (1987). A social-psychological analysis of self-disclosure in psychotherapy. *Journal of Social and Clinical Psychology*, **5**, 205-215.

DeWall, C. N., Twenge, J. M., Gitter, S. A., & Baumeister, R. F. (2009). It's the thought that counts: The role of hostile cognition in shaping aggressive responses to social exclusion. *Journal of Personality and Social Psychology*, **96**, 45-59.

Duval, S., & Wicklund, R. A. (1972). *A theory of objective self awareness*. New York: Academic Press.

Fazio, R. H., Effrein, E. A., & Falender, V. J. (1981). Self-perceptions following social interaction. *Journal of Personality and Social Psychology*, **41**, 232-242.

Fenigstein, A., Scheier, M. F., & Buss, A. H. (1975). Public and private self-consciousness: Assessment and theory. *Journal of Consulting and Clinical Psychology*, **43**, 522-527.

Fisher, D. V. (1984). A conceptual analysis of self-disclosure. *Journal for the Theory of Social Behaviour*, **14**, 277-296.

Fujita, K., Gollwitzer, P. M., & Oettingen, G. (2007). Mindsets and pre-conscious open-mindedness to incidental information. *Journal of Experimental Social Psychology*, **43**, 48-61.

Gollwitzer, P. M., Heckhausen, H., & Steller, B. (1990). Deliberative and implemental mind-sets: Cognitive tuning toward congruous thoughts and information. *Journal of Personality and Social Psychology*, **59**, 1119-1127.

Greenberg, J., Pyszczynski, T., & Solomon, S. (1986). The causes and consequences of a need for self-esteem: A terror management theory. In R. F. Baumeister (Ed.), *Public self and private self* (pp. 189-212). New York: Springer.

Greenberg, J., Pyszczynski, T., Solomon, S., Rosenblatt, A., Veeder, M., Kinkland, S., & Lyon, D. (1990). Evidence for terror management theory II: The effects of mortality salience on reactions to those who threaten or bolster the cultural worldview. *Journal of Personality and Social Psychology*, **58**, 308-318.

Greenwald, A. G., & Banaji, M. R. (1995). Implicit social cognition: Attitudes, self-esteem, and stereotypes. *Psychological Review*, **102**, 4-27.

Greenwald, A. G., & Farnham, S. D. (2000). Using the Implicit Association Test to measure self-esteem and self-concept. *Journal of Personality and Social Psychology*, **79**, 1022-1038.

Greenwald, A. G., McGhee, D. E., & Schwartz, J. L. K. (1998). Measuring individual differences in implicit cognition: The implicit association test. *Journal of Personality and Social Psychology*, **74**, 1464-1480.

Harmon-Jones, E., Simon, L., Greenberg, J., Pyszczynski, T., Solomon, S., & McGregor, H. (1997). Terror management theory and self-esteem: Evidence that increased self-esteem reduced mortality salience effects. *Journal of Personality and Social Psychology*, **72**, 24-36.

Heatherton, T. F., & Polivy, J. (1991). Development and validation of a scale for measuring state self-esteem. *Journal of Personality and Social Psychology*, **60**, 895-910.

Heckhausen, H., & Gollwitzer, P. M. (1987). Thought contents and cognitive functioning in motivational versus volitional states of mind. *Motivation and Emotion*, **11**, 101-120.

Higgins, E. T. (1997). Beyond pleasure and pain. *The American Psychologist*, **52**, 1280-1300.

Hofmann, W., Baumeister, R. F., Förster, G., & Vohs, K. D. (2012). Everyday temptations: An experience sampling study of desire, conflict, and self-control. *Journal of Personality and Social Psychology*, **102**, 1318-1335.

Jordan, C. H., Spencer, S. J., Zanna, M. P., Hoshino-Browne, E., & Correll, J. (2003). Secure and defensive high self-esteem. *Journal of Personality and Social Psychology*, **85**, 969-978.

Jourard, S. M., & Richman, P. (1963). Factors in the self-disclosure inputs of college students. *Merrill-Palmer Quarterly of Behavior and Development*, **9**, 141-148.

Leary, M. R., & Baumeister, R. F. (2000). The nature and function of self-esteem: Sociometer theory. In M. P. Zanna (Ed.), *Advances in experimental social psychology*, Vol.32 (pp. 1-62). San Diego, CA: Academic Press.

Leary, M. R., & Kowalski, R. M. (1990). Impression management: A literature review and two-component model. *Psychological Bulletin*, **107**, 34-47.

Macrae, C. N., Bodenhausen, G. V., Milne, A. B., & Jetten, J. (1994). Out of mind but back in sight: Stereotypes on the rebound. *Journal of Personality and Social Psychology*, **67**, 808-817.

Markus, H. (1977). Self-schemata and processing information about the self. *Journal of Personality and Social Psychology*, **35**, 63-78.

Markus, H., & Kunda, Z. (1986). Stability and malleability of the self-concept. *Journal of Personality and Social Psychology*, **51**, 858-866.

Mischel, W., & Shoda, Y. (1995). A cognitive-affective system theory of personality: Reconceptualizing situations, dispositions, dynamics, and invariance in personality structure. *Psychological Review*, **102**, 246-268.

Mischel, W., Shoda, Y., & Peake, P. K. (1988). The nature of adolescent competencies predicted by preschool delay of gratification. *Journal of Personality and Social Psychology*, **54**, 687-696.

Mischel, W., Shoda, Y., & Rodriguez, M. (1989). Delay of gratification in children. *Science*, **244**, 933-938.

Muraven, M. (2010). Building self-control strength: Practicing self-control leads to improved self-control performance. *Journal of Experimental Social Psychology*, **46**, 465-468.

Muraven, M., Baumeister, R. F., & Tice, D. M. (1999). Longitudinal improvement of self-regulation through practice: Building self-control strength through repeated exercise. *The Journal of Social Psychology*, **139**, 446-457.

Nuttin, J. M. (1985). Narcissism beyond Gestalt and awareness: The name letter effect. *European Journal of Social Psychology*, **15**, 353-361.

Pennebaker, J. W. (1997). Writing about emotional experiences as a therapeutic process. *Psychological Science*, **8**, 162-166.

Rosenberg, M. (1965). *Society and the adolescent self-image*. Princeton, NJ: Princeton University Press.

Rosenblatt, A., Greenberg, J., Solomon, S., Pyszczynski, T., & Lyon, D. (1989). Evidence for terror management theory: I. The effects of mortality salience on reactions to those who violate or uphold cultural values. *Journal of Personality and Social Psychology*, **57**, 681-690.

坂本真士 (2005). 自己注目と抑うつの社会心理学　東京大学出版会

Scholer, A. A., Ozaki, Y., & Higgins, E. T. (2014). Inflating and deflating the self: Sustaining motivational concerns through self-evaluation. *Journal of Experimental Social Psychology*, **51**, 60-73.

Spencer, S. J., Fein, S., & Lomore, C. D. (2001). Maintaining one's self-image vis-à-vis others: The role of self-affirmation in the social evaluation of the self. *Motivation and Emotion*, **25**, 41-65.

Steele, C. M. (1988). The psychology of self-affirmation: Sustaining the integrity of the self. *Advances in Experimental Psychology*, **21**, 261-302.

Swann, W. B., Jr. (1983). Self-verification: Bringing social reality into harmony with the self. In J. Suls & A. G. Greenwald (Eds.), *Social psychological perspectives or the self*, Vol. 2 (pp. 33-66). Hillsdale, NJ: Erlbaum.

Taylor, S. E., & Armor, D. A. (1996). Positive illusions and coping with adversity. *Journal of Personality*, **64**, 873-898.

Taylor, S. E., & Brown, J. D. (1988). Illusion and well-being: A social psychological perspective on mental health. *Psychological Bulletin*, **103**, 193-210.

Tedeschi, J. T., & Norman, N. (1985). Social power, self-presentation, and the self. In B. R. Schlenker (Ed.), *The self and social life* (pp. 293-322). New York: McGrow-Hill.

Tesser, A. (1988). Toward a self-evaluation maintenance model of social behavior. In L. Berkowitz (Ed.), *Advances in experimental social psychology*, Vol. 21 (pp.181-227). San Diego, CA: Academic Press.

Trope, Y. (1982). Self-assessment and task performance. *Journal of Experimental Social Psychology*, **18**, 201-215.

Wegner, D. M., Schneider, D. J., Carter, S. R., & White, T. L. (1987). Paradoxical effects of thought suppression. *Journal of Personality and Social Psychology*, **53**, 5-13.

山本眞理子・松井　豊・山成由紀子 (1982). 認知された自己の諸側面の構造　教育心理学研究, **30**, 64-68.

感情と道徳

6

北村英哉

1. 感情の理論

　感情の要素は，社会心理学においてはかねてから重要視されていた。しかし，感情には捉えどころのない，曖昧で変化しやすいイメージが抱かれ，いかにも科学的に測定しにくそうな印象もあり，長らく科学の対象として取り上げられることがなかった。一方で感情現象には身体や生理と深いつながりがあり，脈拍の変化などの生理的要素が注目されるようになり，そうした末梢手がかりから生理的興奮を捉える研究が生理心理学においてなされるようになった。自律神経のひとつである交感神経系の賦活は，心臓の働きを活発化し，血圧の上昇，心拍の上昇をもたらす。他に精神的発汗や瞳孔の拡大などをともなうことが知られているこの交感神経系の賦活状態を生理的喚起（physiological arousal）の高まりと呼んでいる。こうしたことが既に知られていた時代において，社会心理学領域における初期の感情研究であるシャクター（S. Schachter）の情動二要因理論（1章参照）では，同じ生理的喚起状態においても環境手がかりに基づく解釈によって異なる情動と認知する可能性が指摘された。

　また，シャクターの理論においては生理的喚起という身体－生理的状態が感情現象に必須と考え，生理＋認知という形で，両方があいまって感情経験を生み出すものと考えられた。このように感情に関わるプロセスは，他の認知的要素とは異なって，とりわけ身体－生理的状態と密接な関係を有することが初期の研究の頃からずっと重要であると考えられてきた。

　ジェームズ（James, 1884, 1890）は感情プロセスは環境刺激からまず身体的反応が引き起こされるところから始まると考え，この身体的反応の主観的意識へのフィードバック情報から私たちの主観的感情経験が生じることを指摘した。ジェームズは「悲しいから泣くのではなく，泣くから悲しいのだ」と述べ，内的な感情が「原因」となって身体的変化や行動が出現するのではなく，先に身体的変化が生じ，それを主体が知覚した結果が感情経験であると考えた。同様な考えを述べたランゲ（C. Lange）と合わせて，これはジェームズ＝ランゲ説，あるいは末梢起源説と呼ばれた。ジェームズは身体的変化の情報が脳にフィードバックされて感情が知覚，経験されると考えており，そういった意味で身体フィードバック説とも呼ばれ，これは表情を先に構成すると，それに対応した感情経験が生じることを指摘する表情（顔面）フィードバック説へと展開した（Gelhorn, 1964; Laird, 1974; Tomkins, 1962）。しかし，当時はこれが正しい理論であると捉える研究者は少なく，反論として，キャノン（Cannon, 1927）やバード（Bard, 1928）は，脳の視床に入った刺激情報が

感情の神経基盤
　扁桃体は情動の評価に関わり，その評価情報を受けて情動に関連した行動の生起に視床下部や脳幹が関与している。側坐核を含む線条体はとりわけ快の評価に関し，大脳基底核・島は嫌悪情動を含む広範で複雑な情動プロセスに関わる。小脳，前頭前皮質は情動の抑制や調節に関与するため，その損傷によって攻撃性の高まりなどが見られる。眼窩野は社会的な情動の調節に関与している（佐藤，2010）。

新皮質に伝達され，感情経験が生じるとともに，新皮質からの抑制が解除されて，交感神経や末梢に信号が伝わって身体変化を生じさせていくという感情の中枢起源説を唱えた。現代では，脳内に生じる感情に関わる各部位（視床下部，脳幹，扁桃体，島，線条体，大脳基底核，小脳，前頭前皮質，前頭眼窩野など）の緊密な促進的／抑制的連絡が関わっていることが知られているが，そうした感情プロセスの出発点に刺激と遭遇した後，速やかに生じる身体変化が見出されていて，ジェームズらの身体フィードバック説，あるいは末梢起源説は，ダマシオの唱えるソマティック・マーカー仮説により新たな装いに塗り替えられた（Damasio, 1994）。内臓感覚を含む末梢的な身体生理情報が，中枢に情報投射し，集積された結果が，主観的な感情意識を構成するのみならず，自己意識の原型を形作る可能性が指摘されている（Damasio, 1999）。

　また，恐怖刺激によく反応するといわれる扁桃体に感覚刺激からの連絡がすぐに入力されて，素早い恐怖反応が生じる一方，大脳皮質を経由して扁桃体と接合を持つ遅いルートがあるという二経路説（LeDoux, 1996）がよく知られており，素早く感情反応が立ち上がるという特質と前頭前皮質によって感情反応が制御，抑制されているといった現代的理解のひとつの典型イメージをよく現している。

　感情を扱う心理学では，初期には，不安，怒り，嫌悪，悲哀など持続時間は短いが喚起程度の強い情動（emotion）を主に取り上げていた。情動の生理的特徴やいかなる動機づけを強め，どういった行動に駆り立てられるかが探究された。

　戸田（1992/2007）は，情動が生体に緊急事態を告げ知らせる適応的な役割を担っていることを強調するアージ理論を打ち立て，感情を適応システムのひとつと理解していく現代心理学の理解を牽引していく功績を残した（e.g., Frijda, 1988）。個々の情動についての研究は，怒りが攻撃行動を引き起こしていく様々な理論（8章参照），喪失体験に関わる悲哀・悲嘆の研究（Harvey, 2002/和田・増田編訳，2003），不安が自尊心防衛や親和行動など，社会的行動に深く関与することを示す研究などを生み出した（Schachter, 1959）。

　その一方，情動よりも弱い感情である気分（mood）がいかなる社会的行動に影響を及ぼすかはより曖昧なものとして研究が立ち後れていた。気分は弱いながらも情動よりも持続性があり，日々を過ごす人びとの日常の基底気分として背景にともなわれているプロセスである。

2. 気分の研究

(1) 気分と認知

　日常のポジティブな気分の効果に着目したのは，アイゼンであり，彼女らは様々な認知的特徴や社会的行動にいかに気分が影響を与えるかを検討した。ポジティブな気分は柔軟でユニークな連想を生み，創造的問題解決を促進し，また援助行動など向社会的行動を促進することを示した（Estrade et al., 1994; Isen, 1987; Isen et al., 1978; Isen et al., 1985; Isen et al., 1987）。

　一方，バウアー（Bower, 1981）は，意味ネットワークモデルを土台にした感情ネットワークモデルを唱え，感情をノードしておくことでそこから活性化拡散が生じることが，気分と一致した感情価をともなう出来事の想起や記憶項

目の再生を促進するという記憶の気分一致効果の提唱に至った。

気分一致記憶効果では，ポジティブ気分にあるときには，ポジティブな事柄の記憶が優れ，ネガティブな気分にあるときにはネガティブな材料の記憶が促進されると考えるものであった。しかし，ポジティブ時の効果は頑健であるが，ネガティブ気分時にポジティブな材料よりも相対的にネガティブな材料の記憶成績が優れるかどうかは成果が曖昧であり，こうした感情価による非対称な効果は，ポジティブ−ネガティブ非対称（PNA 現象）と呼ばれるようになった。その原因としては，ネガティブ気分時に置かれた人は，気分を改善しようと試みるために，それに資するポジティブな刺激を好み，注意を向けることによって，ネガティブ気分を脱しようとするので，気分一致効果が損なわれやすいのではないかと推察された（Clark & Isen, 1982; Isen, 1987）。こうした記憶研究における気分一致効果研究の隆盛から端を発して，社会的判断においてもそうした気分の影響が見られるのではないかという検討がさかんに試みられるようになった。

(2) 感情の制御と認知

感情の制御という観点では，アーバーとアーバー（Erber & Erber, 2001）がその社会的制約モデルにおいて，感情を改善しようと人が試みるときとそうでないときを分ける条件を検討している。社会的制約のあるとき，すなわち，何らかの心的構えが必要とされるときには，人は自己の感情状態を制御し，適正な状態に変えようとする。アーバーはこういった際に人は感情を中立化しようとすると考え，これを冷却効果（coolness effect）と呼んだ。そのような社会的制約がない場合には，人は特に自己の感情状態を変更させようとはしない。気分一致効果が得られるかどうかはこのような状況の条件によって変化し得るため，自己の感情状態を変えようという必要性のないときにおいて，気分一致効果は観察されやすいものとアーバーは考えた。しかし，現在感じている感情状態から冷静になろうと試みる場合には，自己の感情状態とは逆の情報に接触することで感情を打ち消し，変化させることを企図するという。

アーバーら（1996）は，音楽によってポジティブ，ネガティブ感情を導出した実験参加者に，他者がいる状況あるいは 1 人でいる状態で，読みたい新聞記

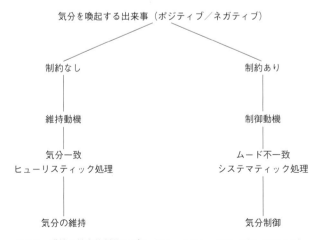

図 6-1　感情の社会的制約モデル（Erber & Erber, 2001; 北村，2003 より）

事を選択してもらった。新聞記事には，ユーモラスな／悲しい／ニュートラルなものという3つの選択肢があった。実験参加者が1人でいる条件では，気分一致効果の傾向が見られ，ポジティブ気分の者はユーモラスな記事を，ネガティブ（悲しい）気分の者は悲しい記事を選択しがちであった。しかし，他者がいる条件では気分不一致傾向が観察され，ポジティブ気分の者は悲しい記事を，ネガティブ気分の者はユーモラスな記事を選ぼうとする傾向が見られた。他者といる場合には感情をクールダウンしておく傾向が見られたのである。

他者といっても関係性は様々であるので，アーバーはさらに親しい恋人と後で課題を一緒に行うという条件と，親しくない見知らぬ人と後で課題を行う条件とを設定して，同様の新聞記事選択による検討を行った。すると親しい他者と後で会う場合には気分一致傾向が見られ，ポジティブ気分群はユーモラスな記事を選ぶ傾向を示し，気分を変化させようという企図はほとんど見られなかった。しかし，見知らぬ他者と会う予定である場合には，ポジティブ気分群は悲しい記事を，ネガティブ気分群は楽しい記事を選び，気分不一致効果が示された。親しくない者と出会う前にはやはり気分を冷ましておくといった対処が見られた。気分を維持していて大丈夫と思えるのは，恋人などの特別な関係に限られるのだろうか。そこで，彼らは，他者を想像させる条件を試み，自分に対して，受容的／批判的な他者を想像させ，それを記述させる作業を実験参加者に行ってもらった後に，同様の新聞記事選択パラダイムを実施した。すると，受容的他者条件では気分一致効果，批判的他者条件では気分不一致効果が見られ，受容的な他者が相手であるならば，あえて気分を整えてクールダウンさせるような対処は取らないことが示唆された。

(3) 気分と社会的判断

社会的判断についての影響では，ポジティブ気分時により好意的な判断，評価，ネガティブ気分時により非好意的で，批判的な評価が与えられやすいと考えられ，検討が行われた。アイゼンら (Isen et al., 1978) では，自分の持つ自動車，TVについての満足度という評価において，ポジティブ気分を引き起こされた人びとの方が統制群と比べてポジティブな評価を下していたことが見出された。

シュワルツとクロア (Schwarz & Clore, 1983) は，感情情報機能説 (feeling as information) を唱え，人はしばしば自己の感情状態を判断の基盤として用いるということを主張した。ただし，気分・感情が当該の判断に関係がないと気づかれる場合には，感情を判断の基盤として用いなくなるという点が特徴であった。しかし，多くの場合，このように判断のヒューリスティックとして自己の感情を参照することは，問題や間違いではなく，判断対象からもたらされた感情という情報にアクセスすることは有用な判断の手がかりとなる。

その一方，人は感情の原因をしばしば明確化させないために，不適切に感情情報を用いてしまうこともある。そうしたときには，当該の判断に感情が関係あるのかないのかは重要な考慮されるべき点となるわけである。彼らは，天気が晴れているときと，雨のときに電話インタビューで人生の満足感，幸福感を調査協力者に尋ね，感情を判断基盤とする条件の実証を試みた。その結果，通常は予測どおりに気分一致判断効果が見られ，晴れている場合の方が，雨の場合よりも幸福感の評価が高いことが示された。それとともに，調査協力者に当

地の天気について事前に尋ねて意識させた場合には，気分一致判断効果は消失した。彼らの仮説どおりに，判断対象と無関連であると考えられる感情は情報として勘案されず無視されたわけである。

この現象を感情の原因の帰属という観点から捉えると，この実験の場合，気分のひとつの大きな原因は天気の良し悪しにあったわけであるが，通常人はそうした気分の原因をほとんど意識していない。判断を行う際に，本来の気分の原因とは違っている自身の幸福感という異なる評価対象への評価感情であると取り違えてしまう。すなわち，天気に帰属されるべきところを自己の幸福感へと自分の気分状態の原因を誤帰属してしまうことで，気分一致判断効果が現われたと考えるのである。そして，天気が原因であると誤帰属が修正されたときには効果は消失するものと考えられる。彼らは，体系的な実験によって，こうした誤帰属の修正がポジティブ感情状態よりもネガティブ感情状態でより明瞭に見られることから，さらに論を進めてポジティブ気分時とネガティブ気分時ではそもそも情報処理のスタイル，方略が異なるのではないかとの考察に至った。

(4) 気分と情報処理方略

アージ理論と同様，感情に適応的機能があるならば，ポジティブ気分，ネガティブ気分についても情報的価値があるに違いない。シュワルツ（Schwarz, 1990）は，感情状態によって情報処理方略が調整される感情チューニング説（あるいは，感情シグナル説）を唱えた。ポジティブ気分は環境が問題なく推移していることのシグナルと捉えられるため，特段の認知的調整は行わず，少量の情報からヒューリスティック的に結論を導くような，より直観的で簡易的な情報処理方略を用いる。それに対して，ネガティブ気分は環境が問題をはらんでいることのシグナルと考えられるため，認知者はより慎重に問題解決のために分析的，体系的な情報処理方略を用いるという。

シュワルツは，説得メッセージの処理場面を用いてこれらを実証した（Schwarz et al., 1991）。説得力のある議論と説得力の弱い議論を用意して，実験参加者に示した。その前に過去のエピソードを記述することによって，ポジティブ気分あるいはネガティブ気分に導入されていた実験参加者は，ネガティブ気分の者は両メッセージに対して異なる反応を示し，説得力のある議論により説得され，説得力の弱い議論では説得されなかった。これに対して，ポジティブ気分にあった実験参加者は，両タイプのメッセージに同程度の反応を示し，議論の中身を十分精緻に勘案せず，分析的，体系的処理が弱いことが示された（e.g., 北村, 2004ab）。これらの知見は，認知の二過程モデルと感情を結びつけた説明モデルの議論を促し，ブレスの一般知識構造モデル（H. Bless; MAGKモデル），同化調節モデル（K. Fiedler），快楽随伴モデル（D. T. Wegener），マーティンの感情入力モデル（L. L. Martin）などを生み出した（総覧的解説として，北村, 2004ab 参照）。さらに，社会的判断に感情の影響が混入する条件の整理という観点から，フォーガス（Forgas, 1995）は感情混入モデルを提示して検証を行っている。

図6-2のように，フォーガスの議論では，結論やその方向が決まっている直接アクセス型の判断（既に態度を有している場合）や動機づけ型（自己に有利な結論がある場合など）では，そのときの判断者の気分からの影響は受けに

図の補足

点線の矢印6から3への影響については感情を維持したり，改善したりする動機が働く場合を示している。

6から5への矢印は情動が生じた場合に認知容量がそのために減衰する影響を示している。

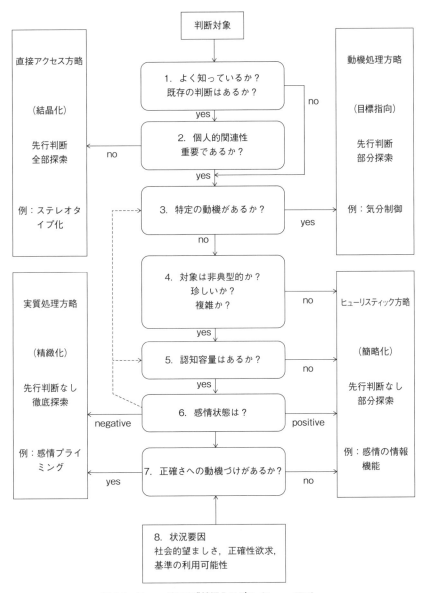

図6-2　フォーガスの感情混入モデル（Forgas, 1995）

くいが，ヒューリスティック型（少ない手がかりからより直観的に結論を定める）や実質型（入手できる情報をくまなく精緻に検討して判断する）では気分の影響が混入しやすいものとされている。ヒューリスティック型においては，感情情報機能説の主張に従って，感情を判断のヒューリスティックとして用いることによって気分が判断に影響するという。それに対して，実質型では知識を詳細に探索するので，その際にアクセスされる知識が問題となる。このときバウアー（G. H. Bauer）が主張した感情ネットワーク理論に基づいて感情プライミングの影響が生じており，感情から発した活性化の影響によって感情価の一致した情報がより多く活性化されている。この偏りによってアクセスされる情報が感情状態によって異なり，結果的に気分一致効果が生じるというメカニズムを仮定している。

3. 社会心理学と感情

　このように，感情状態が認知や社会的判断と相互作用を持つことを示してきたが，社会心理学の他の多くの分野においても感情にまつわる現象が取り上げられてきた。社会心理学領域は元来感情現象とは関連が深く，例を挙げると，怒りによる攻撃行動の生起（8章参照），不安状態に置かれたときの親和動機の高まり（Schachter, 1959），対人魅力における感情の検討をはじめとする対人感情など（岩下, 1988），様々な感情要素が理論やモデルの中に組み入れられてきた。

　また，ソーシャル・サポートによるストレスの緩和（8章参照）などネガティブな感情状態とその改善についても検討がなされてきた。そうした中でも，研究の初期では，明確な強い情動が取り上げられることが多く，いわゆる基本情動とされるような代表的な感情，怒り，恐怖，悲しみ，嫌悪などが検討されてきた。

　しかし，近年では，二次的感情といわれる発達的にも後から現われる自己意識感情や社会的感情が取り上げられるようになってきた。自己意識感情とは他者の存在を意識するとともに他者から見える自己，あるいは自分自身の基準に照らした自己像を客体的に認識するところから生じる恥，罪悪感，誇りなどの感情群である（有光・菊池, 2009; Tangney & Fischer, 1995; Tracy & Robins, 2014）。本当に高度な自己意識の成立が必須であるか，その萌芽は早くから見られるのではないかなどの議論があるが（Wingfield, 2011），いずれも近年の進化的アプローチからの観点では，とくにネガティブな自己意識感情においても適応的機能があるものと考えられている。

　恥や罪悪感は，社会集団において求められていないことや禁止されていることなどを犯してしまった際に，これらを表出することによって，「悪いことをしたと自覚している」ことを示し，許しを請うプロセスへとつなげていく働きを有している。また，予期的にある行動の結果を考えることで，不適切な行動を抑止する効果もある。タングネー（Tangney, 1995）は，とりわけ罪悪感の方が修復的行動を促進する効果があり，恥は自己の縮退感を生じさせるだけで，場合によっては恥辱を被った反発から報復的な攻撃行動を引き起こすなど好ましくない反応をもたらすことを指摘しているが，一方で恥に基づく表出は，赦しや宥和的行動を相手から引き出す表出的な手がかりともなっている（Keltner & Buewell, 1997）。

　後悔の感情も予期的に用いることで失敗を防いだり，積極的な行動を後押ししたりする機能を有する（Roese, 2005）。

　社会的感情とは他者との相互作用，関わりの中において生じる感情であり，妬み，嫉妬，恨み，シャーデンフロイデなどの感情がある（20章も参照）。社会的比較過程に基づいて自身が不利，劣勢，下位に見られるときに，上位者に対して妬みの感情を有する。妬み（envy）は望んでいるが手に入れられない対象を他者が手に入れている状況で発せられる感情であり，もともと自身が手にしていた対象を他者に奪われた状況では嫉妬（jealousy）を感じる（Salovey, 1991）。妬ましい相手が何らかの不幸に陥ったときに感じられる喜びがシャーデンフロイデ（Schadenfreude）であり，他者の不幸を喜ぶ場面は，

その他にも恨みや憎悪を抱いている相手が不幸に陥った際にも生じる（澤田, 2009; Smith et al., 1996）。ただし, 報復行動に自身が関わるならそれは広い意味で怒りに基づく攻撃行動と捉えられるため, ここで生じる不幸事は, 相手が自身で犯す過ちか, あるいは偶然によって生じる不幸ということである。

逆に相手から妬みを抱かれていると察せられる場合には, 不安感を生じるので, 友人と共に同じ目標を目指していたところが自身だけ成功し, 友人が失敗したといった状況では, 自身の成功を手放しで喜ぶことができない。他者から妬まれたり, 恨まれたりすることは, 「悪いこと」なので, 公正世界観に照らすと, 「悪いこと」が生じそうな気がして気がかりになる（佐藤・北村, 2015）。

公正世界観とは, この世界は良いことをしている人はそれだけ報われ, 悪いことをしている人はその報いを受けるという各人の行いに従って成果を授けられる公正な世界であると信じることである（19章も参照）。何も悪いことをしていないような人が被害に遭うなど, 公正世界が脅かされると, 公正さを実現しようという欲求が働き, 場合によっては被害者の落ち度を指摘するなどの被害者非難が生じる（Lerner, 1980）。こうした動機づけ, 欲求としての公正世界欲求は多くの人びとが潜在的に有するが, 世界が公正であるという信念（ビリーフ）を持つ程度には個人差があり, その人の意識的な世界観が現われたものである。これに基づいて因果応報のような推論が成立し, 悪い人（悪いことをした人）だから悪いことが起こるのだといった解釈がなされ, 世界はこれを実現して公正さを保っていると考える。これを内在的公正（immanent justice）と呼ぶ（Maes, 1998）。

たとえば, 暴力を振るった教師が, その後, 車で事故に遭うと, それで辻褄が合う。そのため, あらためての裁判における量刑判断では既につけが払われたものとして扱われ, 軽い裁決がなされる。体罰と事故は何の因果関係がなくてもそれを結びつけて考えてしまうという。

このように考えると他者との軋轢やそこに生じるネガティブ感情は放置しておくと, 悪いことを引き起こすもとになりかねないと考えられ, 極力そういった事態を避けなければならないと思うようになるだろう。これは協調や和を形成する基盤となり得る。

これ以外にも自己過程や動機づけに関連して生じる様々な感情プロセスも見られるが（5章参照）, 研究の歴史としてはネガティブな感情が取り上げられることが多かった。それは, ネガティブな感情が生じる状態の方が社会生活上問題になりやすいので, その理解, 解決のための要請もあったが, 近年では健康に資するポジティブな感情の効果にも着目がなされるようになってきた（17章参照）。

さらに, 本章で取り上げなかった表情認知や感情の表出, 読み取りについても社会心理, 認知心理, 感情心理, 発達心理などから様々なアプローチがなされているが, 徐々に発展してきた感情制御の問題とともに社会心理学領域と興味深い密接な関わりがある（Ekman & Friesen, 1975; Izard, 1990; 竹原・野村, 2004）。

このように各種の感情が, 社会心理学研究で取り上げられているが, 測定も多様化している。近年では, 脳過程の測定としてfMRIやNIRS（近赤外光脳機能イメージング）による脳画像による検討がさかんになってきたが（20章

参照).一方,以前から行われている主観的感情経験の自己報告という測度による研究もまだまだ多い。しかし,感情を自己報告することには様々な限界や正確性についての問題点がある。そこで,次節ではより潜在的に測定を行う手法について現在の研究知見を取り上げてみたい。

4. 感情の潜在測定：AMPとIPANAT

　社会心理学の研究では,感情変数を従属変数として測定することが多い。とくに質問紙法や実験法に基づく多くの研究では,参加者の自己報告によって感情を測定している。このように,独立変数の操作,プロセスに対応した出力として,fMRIや生理的指標を用いる一部の研究を除けば,自己報告尺度に頼って感情を検討しているわけである。しかし,精緻な内的世界であり,身体的反応のフィードバックである主観的感情状態を参加者自身が正確に知覚しているかどうかの確証は得られにくい。自己報告においては,特有の問題が存在し,実験条件が感情反応に及ぼす影響を検討するといったデザインの研究では,単発の自己報告を調べる場合よりもさらに大きな問題を含んでいる。とりわけ感情反応の前提となる何種類かのシナリオを呈示する方法では,実験や調査が1つの物語だとすれば,そのシナリオに見合った典型的で常識的な感情反応をその「感情に関わる知識,スキーマ」に基づいて報告をしているだけである可能性も否定しきれないわけである。つまり,ステレオタイプ的な感情経験を確認しているだけの研究になってしまう場合も存在し得る。そうすると,実験が仮に常識的な仮説に基づいている場合には,その常識的なシナリオに沿った感情をステレオタイプ的に報告するだけで,これは実験者と実験参加者に感情経験にまつわる知識が社会的に共有されていることを単に確認している作業にほかならなくなる。それでは,科学的測定とはいい難いし,科学的成果として十分なものではない。

　こうした問題を克服し,科学的研究に脱皮するには,実験参加者自身の持つ常識とは関係しない,もっと次元を異にした科学的測定方法が求められるだろう。近年では,こうした要請にいくらか応えていけるように潜在測定が工夫,開発されてきている。潜在測定とは,測定されている実験参加者が何を測定されているかその目的や意図について無自覚であり,その回答を行うことを通して間接的に参加者の状態がシステマティックに推定できる工夫された手法である（たとえば,態度の潜在測定について,7章参照）。

(1) AMP（Affect Misattribution Procedure）

　ペインら（Payne et al., 2005）は,AMP（感情誤帰属手続き）を開発した。AMPでは,第1刺激と第2刺激があり,コンピュータ・ディスプレイ上に連続呈示を行う。第1刺激がどういった感情を生起させるか検討する刺激対象であり,第2刺激は感情価がニュートラルなことを予備調査で確認した刺激である。通常,実験参加者が読むこと,理解することができないマイナーな外国文字が用いられることが多い。実験参加者は,第1刺激ではなく,第2刺激の外国文字についての直感的好悪を回答するよう求められるが,第1刺激からのプライミングに基づく影響が無自覚的に生じて,第1刺激への好悪を第2刺激への判断に重ねて回答してしまう。したがって,回答者の判断は,第1刺激に対

第1刺激
              第2刺激

図6-3　AMPの構成

する間接的な評価と捉えられ，こうした感情的態度を検討することが可能になる。現在のところは，good/bad, favorable/unfavorable などの評価的なポジティブ／ネガティブだけを測定していることが多いが，原理的には他の情動反応に入れ替えて測定することもできるだろう。たとえば，ニュートラルな第2刺激を曖昧に解釈できる街の風景画像や旅行の画像などにしておいて，様々な対人的インタラクションシーンを画像化したものを第1刺激として呈示すれば，「羨ましい」などの反応を抱くかどうかを，「はい」「いいえ」で瞬間的に回答させるといった構成によって羨ましさや妬みの間接測定が可能であるかもしれない。

　AMPの測定方法では，簡単に呈示できる第1刺激に対する感情反応といったことしか測定ができない（いろいろと工夫の余地はあるが）。しかし，これをもっと大きな状況全体に対する感情反応を取り出すという発想に立つと，次に説明するIPANATと類似の構造が成立することになるだろう。つまり，簡単な刺激に変えて，その反応に至るまでの全体的状況が，ニュートラル刺激に対する反応に転移してくるといった誤帰属という点では，次のIPANATと共通の仕組みを見てとれるわけである。

(2) IPANAT（implicit positive and negative affect test）

　キリン（Quirin et al., 2009）は，「今の自分自身の感情状態は？」という顕在質問によらない形式の間接測定の手法，IPANAT（潜在快不快感情テスト）を開発した。IPANATでは，第1刺激に当たるものはない。キリンの目的は参加者の現在の感情状態を測定することであるので，IPANATは，独立変数として感情を操作するような実験においても，操作チェックとして用いることのできる新しい方法である。

　IPANATでは，参加者に図6-4のようなアルファベットの無意味綴りを6個呈示し，その感情的印象を回答してもらう。言葉には，語感から来る意味があるといったカバーストーリーを与えて，それぞれの無意味綴りの語がどういった感情的印象を有するか直感的に回答してもらうのである。現在の評定測度は，「幸せな」「楽しい」「元気な」「憂うつな」「無力な」「緊張した」の6つでキリンの方法に準じて行われているが，ここに何を入れても測定は成立し得るので，目的に応じて，「悲しい」「腹立たしい」「残念」「いらだち」など多様な感情を間接測定できる見込みがあるものと考えられ

図6-4　IPANATの尺度例（下田ら, 2014）

る。

　感情の自覚的自己報告という問題のある方法に依拠せずに，より妥当性の高い測定を組み合わせたり，工夫したりして測定を改善していくことも感情領域の研究をさらに進めていく過程において留意すべき1つの点であろう。

5. 道徳感情（moral feeling）

　感情的，直観的要素の見直しという点では近年の新たな道徳性（morality）研究も注目される。道徳研究には，道徳性の発達など長い歴史があるが，その発達段階の考慮においても，人は理性的な思考を発達させるべきであるという規範に基づく考え方が作用していたものと考えられる。道徳的判断とは高度な理性的判断であり，人間の意識的思考に基づいた理性の証といった扱いがとりわけ西欧世界では前提視されていた（Kohlberg, 1969; Piaget, 1932）。

　ハイト（Haidt, 2001, 2013）は，それに対して，道徳的判断を構築する基礎的プロセスとして直観的判断を重視した。むしろある種の道徳的判断の理性的理由（理屈）は，既に定まっている直観的判断の結果を正当化するための後付けとしてなされたものであるという可能性を指摘した。

　直観的判断の少なくともある程度の部分は，進化的に獲得されてきた適応機能を有するものと捉えられる。回避すべき有害と思われるものに対する直観的な嫌悪感はそうした基盤の1つであり，自動的に嫌悪を抱く行動を避けさせることになる。また，他者を傷つけることは良くないことだという直観的な他者配慮的感情や，共感性は，向社会的行動を支える1つの基盤をなし，やってはいけないこと，すべきことについての生得的，あるいは早期に獲得された判断のセットを準備しているものと考えられる。

　道徳に反する場面を記述してもらうと，他者を傷つけてはならないというケア規範に基づくものと，人びとの間に平等ないしは公正さが実現していないといけないことなどが西欧の人びとの記述からはよく取り上げられる。しかし，シュウェーダーらの研究にも見られるように，インドなどアジア地域において不道徳なことを判断してもらうと，親や権威者に対する不孝行や反抗，集団規範に対する違反などについて，しばしば道徳的に問題があるとの考えが見られた（Shweder et al., 1987）。そこから，世界的により普遍的な道徳判断原理として，ハイト（Haidt, 2013）は，ケア，公正，忠誠，権威，清浄の5つを挙げ，道徳基盤理論（moral foundations theory）を提唱した（表6-1）。また，各人がそれぞれの道徳基盤をどの程度判断において重視するかを査定するMFQを構成したが，後に公正としていた概念が平等概念に近く，労力投資に見合った報酬を得るといった「公正さ」を反映していなかったことから，公正基盤は，よりこうした衡平に基づくように改訂を行い，平等基盤としては，機会を与えられないで不当に強制，制限されることの方がより本質的であるとし，そういった反道徳性を捉えた「自由／抑圧」基盤を付け加えた（Haidt, 2012）。

　ハイト（Haidt, 2001）はある種の道徳判断に意識的思考が介在していないことを，近親相姦のストーリーや人肉食のストーリーなどから，人びとが明らかに不道徳であると判断を下しながらも，その明確な理由を答えられず，後付け的に理由を与え，その理由が合理的に反駁されるとさらなる別の理由を産出し

表 6-1　道徳基盤理論（MFT）の6種類の道徳基盤（Haidt, 2013より）

道徳基盤	ケア／危害	公正／欺瞞	忠誠／裏切り	権威／権威破壊	神聖／退廃
適応課題	子どもを保護してケアする	相互的協力関係の利益を得る	凝集性の高い連合形成	階層集団の中で有益な関係を作り出す	伝染病を避ける
根源的トリガー	子どもによって表出された苦痛，苦悩，困窮	欺瞞，協力欺し	集団への脅威，挑戦	高階層，低階層の徴し	廃棄物，病人
現在のトリガー	あざらしの赤ちゃん，かわいいマンガキャラクター	婚姻関係の貞節，故障した自販機	スポーツチーム，国家	上司　尊重される専門職業人	移民　同性愛
特徴的な情動	被害者への同情，加害者に対する怒り	怒り，感謝，罪悪感	集団的誇り　裏切り者への憤怒	尊敬，恐怖	嫌悪
関連する徳	思いやり，親切	公正，正義，信頼性	忠誠，愛国心，自己犠牲	従順，敬意	節制，純潔，敬虔，清潔

ていく様子から，判断の方が既に先に直観的に下されているのだと主張した。

> 兄のマークと妹のジュリーは，大学の夏休みにフランスを旅行している。二人は，誰もいない浜辺の小屋で一夜を過ごす。そのときセックスしてみようと思い立つ。二人にとっては，少なくとも新たな経験になるはずだ。ジュリーは避妊薬を飲み，マークは念のためコンドームを使う。かくして二人は楽しんだ。だが，もう二度としないと決め，その日の出来事は二人だけの秘密にした。そうすることで，互いの愛情はさらに高まった。
>
> （Haidt, 2012／高橋訳，2014より）

この話が不道徳と感じられる基盤は，自動的，直観的に引き起こされる嫌悪感であり，読んだとたんに「不道徳」という結論は読み手の中に構成される。意識的思考によって何らかの理由を吟味したわけではない。むしろ言葉として生成する理由は自身の下した結論に整合するように後から追いかけて理屈を考案しているのだといえる。

こうした各人の道徳基盤重視の個人差は政党支持などの政治的判断に影響を及ぼすものとハイト（Haidt, 2013）は指摘，実証している。

リベラルな民主党支持層では，旧公正概念である自由の支持，ケアの2種類の道徳価値の重視が顕著であり，忠誠や権威，清浄さはそれほど重視しない。それに対して，伝統重視的，保守的な層，例としてアメリカにおける共和党支持層においては，5つの道徳基盤により広く依拠し，忠誠や権威も重視するという。保守層においては清浄さの重視は移民への反感的態度，さらにキリスト教保守主義と結びついた堕胎への反対などと関連する。一方，リベラリズムの環境保護などの意識は，食品汚染や農薬問題，遺伝子組み換え食品，森林保護，CO_2問題など，清浄さ基盤に基づき，「環境，地球にダメージを与えないことを望む」といった形で表出されている（Haidt, 2012）。

また近年，新自由主義として注目を惹いているリバタリアンでは，ケアは高くなく，公正に大きな価値を置いている。

アジア地域では，家族の価値に重きを置き，家長や目上の人を尊重するこ

新自由主義における公正

前述のように「公正」と「平等」には大きな違いがあることを背景としている。

忠誠基盤と権威基盤

「忠誠」というよりも内集団を配慮する重要性，内集団に波風を立てないことと考え方がわかりやすい場合もある。これを上下関係に拡張すると「権威」と関わり，そのため忠誠因子と権威因子の区別がつきにくい場合がある。

と，集団に忠誠を尽くすことなどが西欧世界に比べると大きな意味を持っているという（Haidt, 2012）。かねてから道徳判断の研究を行っている研究者は，5-6個の異なる価値基盤を想定しなくても，ケア基盤に集約されるといった議論を行い，現在もさかんに論争がなされている。

二重過程モデルとしては，こうした直観的判断と理性的で熟慮的な思考を対置させて，2つのプロセスが最終的な道徳判断にいかに影響を与えていくかを検討しようとしている。また，その神経的基盤の検討も行われている（20章参照）。このような観点の導入によって従来，理性的な思考の結果としてみなされてきた道徳判断において，2つのプロセスから判断を理解する道筋がとられ，探究がより進んでいくものと期待される。

6. おわりに

感情分野は，社会心理，生理心理，発達心理，パーソナリティなどとの融合領域であり，現在活発に研究が展開され，日進月歩の状況である。感情神経科学も進展し，本章で取り上げなかった神経伝達物質などの働きを探究するなど生理的な色彩も強い。しかし，社会－感情心理学独自の社会関係の中における感情の主観的経験やその生起する状況の分析など取り組むことのできる研究の幅はその研究手法やアプローチとともに多様である。状況の特定は，認知的評価モデルなども参照しながら状況から感情生起，そして表出，行動，さらに受け手の反応と，また行為者へ戻っていく影響プロセスなど，1つのインタラクション過程として興味深い多くの検討がなされ得る。15章で言及されている相互作用の研究動向と相俟って，違反に対する処罰や赦し，感謝による向社会的行動の促進など，社会をうまく構成する原理となっている互恵性や交換を円滑にする促進剤として有効に働いている姿も近年描かれるようになってきた。また，文化による感情の違い（14章）としても，各文化において推奨される反応や抑止される反応の検討なども重要である。こうしたアプローチは一見，ばらばらに見える各感情現象を一定の観点から整理してまとめあげる可能性を孕んでいるように思われる。今後そうした発展が期待される。

■文献

有光興記・菊池章夫（編著）(2009). 自己意識的感情の心理学　北大路書房
Bard, P. (1928). A diencephalic mechanism for the expression of rage with special reference to the sympathetic nervous system. *American Journal of Physiology*, 84, 490-515.
Bower, G. H. (1981). Mood and memory. *American Psychologist*, 36, 129-148.
Cannon, W. B. (1927). The James-Lange theory of emotions: A critical examination and an alternative theory. *American Journal of Psychology*, 39, 106-124.
Clark, M. S., & Isen, A. M. (1982). Toward understanding the relationship between feeling states and social behavior. In A. H. Hastorf & A. M. Isen (Eds.), *Cognitive social psychology* (pp.76-108). New York: Elsevier.
Damasio, A. R. (1994). *Descartes' error: Emotion, reason, and the human brain*. New York: Grosste/Putnam.
Damasio, A. R. (1999). *The feeling of what happens: Body and emotion in the making of consciousness*. New York: Harcourt Brace.（ダマシオ，A. R.　田中三彦（訳）(2003). 無意識の脳自己意識の脳：身体と情動と感情の神秘　講談社）
Ekman, P., & Friesen, W. V. (1975). *Unmasking the face*. Englewood Cliffs, NJ: Prentice-Hall.（エクマン，P. & フリーセン，W. V.　工藤　力（訳編）(1987). 表情分析入門　誠信書房）

Erber, M. W., & Erber, R. (2001). The role of motivated social cognition in the regulation of affective states. In J. P. F. Orgas (Ed.), *Handbook of affect and social cognition* (pp. 275-290). Mahwah, NJ: Lawrence Erlbaum Associates.

Erber, R., Wegner, D. M., & Therrisult, N. (1996). On being cool and collected: Mood regulation in anticipation of social interaction. *Journal of Personality and Social Psychology*, **70**, 757-766.

Estrade, C. A., Isen, A. M., & Young, M. J. (1994). Positive affect improves creative problem solving and influences reported source of practice satisfaction in physicians. *Motivation and Emotion*, **18**, 285-299.

Forgas, J. P. (1995). Mood and judgment: The affect infusion model (AIM). *Psychological Bulletin*, **117**, 39-66.

Frijda, N. H. (1988). The laws of emotion. *American Psychologist*, **43**, 349-358.

Gelhorn, E. (1964). Motion and emotion: The role of proprioception in the physiology and pathology of emotions. *Psychological Review*, **71**, 457-472.

Haidt, J. (2001). The emotional dog and its rational tail: A social intuitionist approach to moral judgment. *Psychological Review*, **108**, 814-834.

Haidt, J. (2012). *The righteous mind*. New York: Pantheon Books.（ハイト，J. 高橋 洋（訳）(2014). 社会はなぜ左と右にわかれるのか 紀伊國屋書店）

Haidt, J. (2013). Moral foundations theory: On the pragmatic validity of moral pluralism. In P. Devine & A. Plant (Eds.), *Advances in experimental social psychology*, Vol.47 (pp. 55-130). San Diego: Academic Press.

Harvey, J. H. (2002). *Perspectives on loss and trauma: Assaults on the self*. Thousand Oaks, CA: Sage.（ハーヴェイ，J. H. 和田 実・増田匡裕（編訳）(2003). 喪失体験とトラウマ：喪失心理学入門 北大路書房）

Isen, A. M. (1987). Positive affect, cognitive processes, and social behavior. In L. Berkowitz (Ed.), *Advances in experimental social psychology*, Vol.20 (pp. 203-253). New York: Academic Press.

Isen, A. M., Daubman, K. A., & Nowicki, G. P. (1987). Positive affect facilitates creative problem solving. *Journal of Personality and Social Psychology*, **52**, 1122-1131.

Isen, A. M., Johnson, M. M. S., Mertz, E., & Robinson, G. (1985). The influence of positive affect on the unusualness of word association. *Journal of Personality and Social Psychology*, **48**, 1413-1426.

Isen, A. M., Shalker, T. E., Clark, M. S., & Karp, L. (1978). Positive affect, accessibility of material in memory, and behavior: A cognitive loop? *Journal of Personality and Social Psychology*, **36**, 1-12.

岩下豊彦 (1988). 対人好悪とその認知―意識心理学の実験的研究 金子書房

Izard, C. E. (1990). Facial expressions and the regulation of emotions. *Journal of Personality and Social Psychology*, **58**, 487-498.

James, W. (1884). What is emotion? *Mind*, **9**, 188-205.

James, W. (1890). *The principles of psychology*, Vol. 2. New York: Holt.

Keltner, D., & Buewell, B. N. (1997). Embarrassment: Its distinct form and appeasement functions. *Psychological Bulletin*, **122**, 250-270.

北村英哉 (2003). 認知と感情 ナカニシヤ出版

北村英哉 (2004a). 認知と感情 大島 尚・北村英哉（編）認知の社会心理学（pp. 108-130）北樹出版

北村英哉 (2004b). 社会的認知と感情，行動，動機づけ 岡 隆（編）社会的認知研究のパースペクティブ：心と社会のインターフェイス（pp. 67-84）培風館

Kohlberg, L. (1969). Stage and sequence: The cognitive developmental approach to socialization. In D. A. Goslin (Ed.), *Handbook of socialization: Theory and research*. Chicago, IL: Rand McNally.（コールバーグ，L. 永野重史（監訳）(1987). 道徳性の形成 新曜社）

Laird, J. D. (1974). Self-attribution of emotion: The effects of expressive behavior on the quality of emotional experience. *Journal of Personality and Social Psychology*, **29**, 475-486.

LeDoux, J. E. (1996). *The emotional brain: The mysterious underpinnings of emotional life*. New York: Simon & Schuster.（ルドゥー，J. W. 松本 元・川村光毅・小幡邦彦・石塚典生・湯浅茂樹（訳）(2003). エモーショナル・ブレイン：情動の脳科学 東京大学出版会）

Lerner, M. J. (1980). *The belief in a just world: A fundamental delusion*. New York: Plenum.

Maes, J. (1998). Immanent justice and ultimate justice: Two ways of believing in justice. In L. Montada & M. J. Lerner (Eds.), *Responses to victimizations and belief in a just world* (pp. 9-40). New York: Plenum.

Payne, B. K., Cheng, C. M., Govorun, O., & Stewart, B. D. (2005). An inkblot for attitudes: Affect misattribution as implicit measurement. *Journal of Personality and Social Psychology*, **89**, 277-293.

Piaget, J. (1932). *Le jugement moral chezl l'enfant*. Pains: F. Alcan.（ピアジェ，J. 大伴 茂（訳）(1957). 児童道徳判断の発達 臨床児童心理学第3巻 同文書院）

Quirin, M., Kazen, M., & Kuhl, J. (2009). When nonsense sounds happy or helpless: The implicit positive and negative affect test (IPANAT). *Journal of Personality and Social Psychology*, **97**, 500-516.

Roese, N. J. (2005). *If only: How to turn regret into opportunity*. New York: Random House. (ローズ, N. J. 村田光二 (監訳) (2008). 後悔を好機に変える—イフ・オンリーの心理学 ナカニシヤ出版)

Salovey, P. (Ed.) (1991). *The psychology of jealousy and envy*. New York: Guilford Press.

佐藤栄晃・北村英哉 (2015). 人に恨まれたら何が起こるのか？―テキストマイニングによる恨みの分析― 日本パーソナリティ心理学会第24回大会発表論文集, 141.

佐藤 弥 (2010). 情動 村上郁也 (編) イラストレクチャー認知神経科学：心理学と脳科学が解くこころの仕組み オーム社

澤田匡人 (2009). 妬みと嫉妬 有光興記・菊池章夫 (編著) (2009). 自己意識的感情の心理学 (pp. 160-180) 北大路書房

Schachter, S. (1959). *The psychology of affiliation*. Stanford, CA: Stanford University Press.

Schwarz, N. (1990). Feeling as information: Informational and motivational functions of affective states. In E. T. Higgins & R. M. Sorrentino (Eds.), *Handbook of motivation and cognition: Foundations of social behavior*, Vol.2 (pp. 527-561). New York: Guilford Press.

Schwarz, N., Bless, H., & Bohner, G. (1991). Mood and persuasion: Affective states influence the processing of persuasive communications. In M. P. Zanna (Ed.), *Advances in experimental social psychology*, Vol. 24 (pp.161-199). New York: Academic Press.

Schwarz, N., & Clore, G. L. (1983). Mood, misattribution, and judgments of well-being: Informative and directive functions of affective states. *Journal of Personality and Social Psychology*, **45**, 513-523.

下田俊介・大久保暢俊・小林麻衣・佐藤重隆・北村英哉 (2014). 日本語IPANAT作成の試み 心理学研究, **85**, 294-303.

Shweder, R. A., Mahapatra, M., & Miller, J. (1987). Culture and moral development. In J. Kagan & S. Lamb (Eds.), *The emergence of morality in young children* (pp.1-83). Chicago, IL: University of Chicago Press.

Smith, R. H., Turner, T. J., Garonzik, R., Leach, C. W., Urch-Druskat, V., & Weston, C. M. (1996). Envy and schadenfreude. *Personality and Social Psychology Bulletin*, **22**, 158-168.

竹原卓真・野村理朗 (編著) (2004). 「顔」研究の最前線 北大路書房

Tangney, J. P. (1995). Shame and guilt in interpersonal relationships. In J. P. Tangney & K. W. Fischer (Eds.), *Self-conscious emotions: The psychology of shame, guilt, embarrassment, and pride* (pp.114-139). New York: Guilford Press.

Tangney, J. P., & Fischer, K. W. (1995). *Self-conscious emotions: The psychology of shame, guilt, embarrassment, and pride*. New York: Guilford Press.

戸田正直 (1992/2007). 感情：人を動かしている適応プログラム 東京大学出版会

Tomkins, S. S. (1962). *Affect, imagery, and consciousness*, Vol.1: *The positive effects*. New York: Springer-Verlag.

Tracy, J. L., & Robins, R. W. (2014). *The self-conscious emotions: Theory and research*. New York: Guilford Press.

Wingfield, C. A. (2011). The role of shame in infant development. *Birth Psychology*, **26**, 121-126.

態度と説得

1-4 村上史朗／5 原奈津子

1. 態度とは何か

　職場や学校における人間関係を円滑にしたいと考えた場合，あなたは何に注意を払うだろうか。中心になるのは，おそらく「この人は何を好み，何を嫌うのか」だろう。自分の趣味を知らせたら興味を示してくれるだろうか，それとも嫌がられるだろうか。私たちの社会的関係を考えるうえで，「好き嫌い」は非常に重要な問題である。なぜなら，好きなものには接近しようとし，嫌いなものは回避しようとする反応をともなうと考えられるからである。このような（日常用語からは少し拡張された意味での）「好き嫌い」を社会心理学では態度と呼び，行動や反応を予測する重要な概念として検討してきた。

　態度研究の歴史は長く，古くはオルポート（Allport, 1935）によって，「経験によって組織化された心的・神経生理的な準備状態であり，関連する対象や状況への個人の反応に，直接的あるいは力動的な影響を及ぼす」と定義されている。その後の定義は多様であるが，態度は対象に対するポジティブあるいはネガティブな評価的価値判断を含んでいるという点では共通している。また，態度は「感情的成分」「認知的成分」「行動的成分」の3つの成分からなるとされる。感情的成分とは，上に述べた「好き嫌い」のような判断であり，対象に対する感情，情動，評価を総称したものである。認知的成分とは，態度対象について持っている情報，知識などによって構成されている。態度はしばしば信念と混同されることがあるが，信念は，「太陽は地球の周りを回っている」のように，真偽にかかわらずそれ自体には評価的価値判断を含んでいない。それに対して態度は「私は天動説に対して否定的である」といった形をとる。また，行動的成分とは，対象についての接近－回避，受容－拒絶などの具体的な行動や決定（もしくはその意図）を指している。

　態度そのものは仮説的な構成概念であって，直接的には観察できず，判断や行動への影響を通じて観察可能となる。そのこともあって，行動予測の要因として関心が持たれてきた。しかし，測定された態度が行動を常に予測するのではないことが明らかになってきた。そこで，態度と行動がどのように結びついているのかを探る試みがなされるようになってきた。たとえば，クラウス（Kraus, 1995）のメタ分析によれば，88の研究の結果を総合すると，態度は行動に効果は持つもののその効果量は中程度であった。その中で比較的行動を予測していたのは，記憶内でアクセスしやすい態度であった。また，フィッシュバインとアイゼン（Ajzen & Fishbein, 1980; Fishbein & Ajzen, 1975）の合理的行為理論では，態度と周囲の他者がその行為を望ましいと捉えているかに関する認知（主観的規範）が行動意図を規定するとしている。合理的行為理論

メタ分析
　メタ分析（meta-analysis）とは，複数の研究結果を量的に統合して分析する手法である。個々の研究から得られた統計量を，研究間で共通の基準（多くは効果量）に変換して，その分析を通じて結論を得る。

は，後に自分はその行動が可能であるという感覚（行動統制感）も組み込んだ計画行動理論（Ajzen, 1991）へと発展した（18章も参照）。

近年は，潜在的態度を中心とした社会的認知の観点から態度を捉えるアプローチが活況を呈している（2章参照）。態度を知識表象の連合ネットワークの一部として捉える視点から，潜在的態度測定の手法が生み出され，1990年代後半以降多くの研究が行われている。本章前半では，主に社会的認知の観点から近年の態度研究のモデルと測定を中心に紹介し，その中で生じた新たな論点を示していく。

2. 態度構造の理論

対象に関する態度は，それ自体単独で存在するのではなく，行動や信念や他の態度などの要素と相互に関連し合いながら形成されている。ハイダー（Heider, 1958）のバランス理論に代表される認知的斉合性理論や，認知的不協和理論（Festinger, 1957）は，態度を含む認知要素間の一貫性を前提とした理論である（1章参照）。人は態度や行動と一貫する情報を求め，矛盾する情報を避ける（選択的接触）。また，同じ情報に接した場合でもその解釈を変えることになる（選択的解釈）。たとえば，大統領候補への態度は，彼らの討論への評価や投票行動に影響を与える（Fazio & Williams, 1986）。また，一貫性を保つ働きは双方向的である。態度が判断や行動に影響するだけでなく，行動や判断と一貫するように態度が形成されるという効果もある。

態度構造に関する近年の主要な視点は，自動的（非意識的）過程に関するものである（歴史的な面からのレビューとして，Payne & Gawronski, 2010）。本節では，態度構造の代表的なモデルとして，MODEモデルと二重態度モデルを取り上げる。態度変化を含むモデルである連合命題評価モデル，精緻化見込みモデル，ヒューリスティック-システマティックモデルは後の節で概説する。

(1) MODEモデル

態度と行動の関係はアクセシビリティによって異なるが，そのような自動的な過程と熟慮された判断を総合したモデルとして，ファジオ（Fazio, 1990）のMODE（motivation and opportunity as determinants）モデルが挙げられる。MODEモデルでは，態度は記憶内に保持されている対象とその対象への要約的な評価の連合（association）とみなしており，その連合強度はアクセシビリティの高さと対応している。アクセシビリティの高い態度は，態度対象が活性化すると連合している評価も自動的に活性化することになり，一貫した認知や行動を生じさせる。

一方，対象について誤った判断を避けたいなど，熟慮する動機づけと機会がある場合には，この自動的連合は判断に反映されず，連合に依存しない行動が生じる可能性が高くなる。たとえば，ケーキについて全体的に肯定的な連合を持つ人は，ケーキを購入するかしないかを即時的に決定する場面で購入する可能性が高くなる。しかし，ダイエットの動機があり，決定前に十分に検討できる場合，ケーキの全体的評価ではなくダイエットに関連した要素を熟慮した判断がなされることになる。逆に，動機づけが低く，熟慮しない場合には自動的

な態度と行動の相関は高くなる。また，潜在的態度と顕在的態度の相関も高くなる。

MODEモデルで想定されている態度の特徴は，上で述べたとおり「要約的」な評価という点である。個別のケースとは別の全体的な評価であるため，文脈的な影響によって変動しない安定的なものであると位置づけられている。

(2) 二重態度モデル

ウィルソンら（Wilson et al., 2000）の二重態度モデルでは，記憶内に同じ対象について自動的に活性化される潜在的態度と，想起するときに認知的な努力を要する顕在的態度がともに保持されていると仮定している。二重態度モデルでは，潜在的態度は，長期的な反復によって学習された頑健な知識構造であり，顕在的態度は即時的に獲得された記憶構造であると位置づけられている。そのため，文脈的な効果は顕在的な態度にのみ見られると想定されている。

行動との関連では，潜在的態度と顕在的態度はともに行動に影響を及ぼすと想定される。たとえば，あるトレーニング法を好んでいた人が，最近になってそのトレーニング法が有害であるとの情報を得て，そのトレーニング法に否定的になった場合，そのトレーニング法を好むという態度は否定的な態度に上書きされて消えるわけではない。古い態度は潜在的に保持されたまま新しい顕在的態度が追加されることになる。そのため，意識的な行動には新しい態度が反映されるが，古い態度も非意識的な行動に影響を及ぼすことになる。

3. 態度測定

(1) 自己報告法

自己報告法とは，回答者に自分自身の考えを報告してもらう手法である。リッカート法やSD法（semantic differential）などを用いた項目群で特定の対象に対する態度を測定することが一般的である。質問紙によって簡便に測定することができるため，最もよく用いられる測定法のひとつである。ただし，自己報告という性質上，回答者が自覚できていない態度は測定できない。また，社会的に表明することが望ましくない態度については回答が歪むおそれがある。

(2) 潜在的態度

潜在的態度は，「社会的対象への好ましい（または好ましくない）感情・思考・行動を媒介する，内観によって正確に特定できない過去の経験の痕跡」と定義される（Greenwald & Banaji, 1995）。知識構造を概念や属性が相互に結びついた連合ネットワークであると考えると，ある概念が活性化するとネットワークのリンクを通じて他の概念や属性に拡散する（活性化拡散）ことになる。この考え方を態度測定に応用し，潜在的態度測定が発展してきた。

1990年代から潜在的態度測定がさかんになってきた背景には，1980年代のステレオタイプや偏見に関する研究の隆盛がある。自己報告の心理尺度などを中心とした顕在的指標による態度測定には，それまでも知られてきた内省の限界（Nisbett & Wilson, 1977）に加え，自己呈示や社会的望ましさによって回答が歪む可能性（Paulhus, 1984）があるためである。潜在的態度測定は，参

リッカート法
　態度対象についてポジティブ，またはネガティブに表記した項目への賛成（または反対）の程度を測定する手法である。

SD法
　意味微分法とも呼ばれる。態度測定に用いる場合は，評価性に関連する形容詞対（良い-悪い，など）を両端に配置した尺度に回答させるという形で実施される。

AMP

　快または不快な態度対象を呈示し，直後に別のニュートラルな刺激を呈示して，後に呈示されたニュートラル刺激への評価を問う手続きで実施される。このとき，先行刺激の影響を受けないように教示した場合でも，先行刺激へ抱く感情価が後続刺激への反応に転移される。IATと異なり対になるカテゴリを必要としない点や，カテゴリでなく単一の刺激についても自動的評価が測定できる点がメリットとなる。

外発的感情サイモン課題

　ポジティブ／ネガティブな属性への反応を外発的に学習させ，態度対象についてそれと適合した（あるいは適合しない）課題を実施し，反応時間の平均値を比較して対象への評価を間接的に測定する手法である。たとえば，属性刺激は白文字で表示し，ポジティブであれば右のキーを，ネガティブであれば左のキーを押して回答する。また，青と緑の文字で表記された語については，語の意味とは無関係に色で判断し，青ならば右，緑ならば左のキーを押す。このとき，測定したい概念を青，緑の文字で呈示すると，その概念がポジティブな場合には青文字で呈示されると反応が早く，緑文字で呈示されると反応が遅くなる。

加者が意図的に回答をコントロールできないため，特に社会的望ましさが関連する対象について用いられるようになった。潜在的態度の測定法は，評価的プライミング（Fazio et al., 1995），AMP（affect misattribution procedure: Payne et al., 2005），IAT（implicit association test: Greenwald et al., 1998），外発的感情サイモン課題（De Houwer, 2003）など，多様な手法が開発されている。以下では，代表的な手法として評価的プライミングとIATについて述べる。

(3) 評価的プライミング

　ファジオら（Fazio et al., 1986）は，意味プライミング（semantic priming）を応用し，対象への態度がその対象を知覚するだけで自動的に活性化することを示した。態度対象に対してポジティブ（またはネガティブ）な態度を持っているのであれば，プライムとして対象と関連した刺激を呈示すると，後続の直接関連のないターゲットに対するポジティブな（またはネガティブな）反応が速くなると想定される。対象を活性化させることで連合した評価も活性化され，対象と同方向の評価となるターゲットへの反応が促進されるためである。実験では，プライムを呈示した直後にターゲットを呈示して，それがポジティブかネガティブかを2件法で，できるだけ速く回答するように求めた。その結果，プライムとターゲットが評価的に一致している場合の方が，一致していない場合よりも反応が速くなっていた。また，この効果はプライムとターゲットの呈示時間間隔が意識的反応には不十分なくらい短い場合に生じていたことから，自動過程を反映したものであるといえる。

　ファジオら（Fazio et al., 1995）は，この評価的プライミングを潜在的態度測定に応用した。黒人と白人の顔写真をプライムとして呈示し，直後に呈示される形容詞がポジティブかネガティブかを判断させた。白人参加者では，黒人の写真をプライムとした場合にポジティブな形容詞への反応が遅くなっていた。人種的偏見のような質問紙では測定しづらい態度について，潜在的態度を測定する指標として有用であることが示されたのである。

(4) IAT（潜在的連合テスト）

　IATは，連合ネットワークの知識構造における概念間の潜在的な連合強度を測定する手法である（Greenwald et al., 1998）。対になる2種類のカテゴリと2種類の属性を用い，それぞれのカテゴリと属性に含まれる刺激（単語や写真など）を分類させるという課題を行う。潜在的な連合強度の強い概念どうしは，連合強度の弱い概念どうしに比べて同じカテゴリに分類しやすいため，分類課題を行ったときに速く判断できる。たとえば，潜在的な性カテゴリへの態度を測定する場合，「男性−女性」「肯定的−否定的」の2種類の対概念を用いて，「男性」「女性」「肯定的」「否定的」の刺激語を各5語程度用意する。そして，①刺激が「男性」または「肯定的」ならば左側に，「女性」または「否定的」ならば右側に分類する，②刺激が「女性」または「肯定的」ならば左側に，「男性」または「否定的」ならば右側に分類する，という2種類の分類課題（各40試行程度）への反応の速さを比較することになる。このとき，4つの概念の刺激語はランダムに呈示される。女性よりも男性に対して肯定的な潜在的態度を持つ場合，「男性」と「肯定的」の間に強い連合があることになる

表7-1 典型的なIATの課題構成

ブロック	練習／本試行	試行数	左のキーで反応	右のキーで反応
1	練習	20	白人	黒人
2	練習	20	ポジティブ	ネガティブ
3	本試行	20	白人＋ポジティブ	黒人＋ネガティブ
4	本試行	40	白人＋ポジティブ	黒人＋ネガティブ
5	練習	20	黒人	白人
6	本試行	20	黒人＋ポジティブ	白人＋ネガティブ
7	本試行	40	黒人＋ポジティブ	白人＋ネガティブ

ため，①の課題の方が②の課題よりも容易に行うことができ，平均的な反応は速くなる。また，態度が強いほど2種類の分類課題への反応時間の差は大きくなる。表7-1に基本的なIATの課題構造を示した。詳細な課題の構成の仕方や得点化の方法については，グリーンワルドら（Greenwald et al., 2003）や北村（2010）を参照されたい。

IATは潜在的測定の中で比較的再テスト信頼性が高く（Bosson et al., 2000; Greenwald et al., 2003），種々の妥当性も確認されていることもあって（Greenwald et al., 2009; Nosek et al., 2007），潜在的態度指標の中では最も多くの研究で用いられている。また，偏見的態度では安定して有意な効果が見られる点も強みとなっている。

IATは潜在的態度の指標であるが，実験参加者にはカテゴリ，属性の名前や刺激は明示されている。そのため，測定目的が態度やステレオタイプであることに参加者が気づくこともある。この点で，閾下でプライムを呈示されればどのような連合を測定されているのかの手がかりさえない評価的プライミングとは潜在性のレベルが異なる。しかし，参加者がIATで測定されているものが回答そのものではなく反応の速さであることに気づくことはほとんどない。まれに気づいたとしても各課題の「反応しやすさ」は変わらず，意図的に反応を速くすることは不可能であるため結果に影響は出ない。意図的に反応を遅くすることは可能だが，その場合は不自然に反応の遅い試行を分析から除外することで対処できる。

IATでは連合ネットワークの知識構造を前提としており，態度（対象とポジティブ／ネガティブの連合），自尊心（自己とポジティブ／ネガティブの連合），アイデンティティ（自己と対象の連合），ステレオタイプ（対象カテゴリと属性の連合）を測定上区別しない。そのため，潜在的態度と潜在的自尊心など，複数の潜在的測定の対応関係を検討することが可能である。グリーンワルドら（Greenwald et al., 2002）は，相互にカテゴリか属性の一方を共有する3つの潜在的測定間で，バランス理論で予測されるような一貫性があることを示した。たとえば，「自己」「集団」「属性」の間の連合をそれぞれ測定する場合，自己と集団の連合はアイデンティティ，自己と属性の連合は自尊心（または自己概念），集団と属性の連合は態度（またはステレオタイプ）の測定となる（図7-1）。グリーンワルドら（2002）は，女性への潜在的態度（女性と「あたたかさ」の連合），潜在的自己概念（自己と「あたたかさ」の連合），性アイデンティティ（自己と女性の連合）の3つのIAT得点間の偏相関を検討し，複数のIAT間で一貫性があることを示している。また，その一貫性の強さは顕在的指標間よりも大きい。

IATと顕在的指標との相関は，一般的に弱いとされる水準から中程度の水

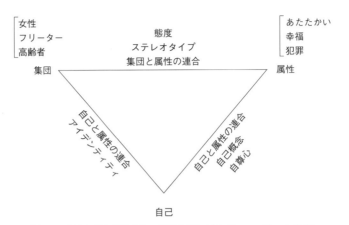

図 7-1 複数の潜在的連合の一貫性を示した図 (Greenwald et al., 2002)

準となる (Hofmann et al., 2005)。ただし，社会的望ましさの関連しない対象については比較的相関は高くなり，また行動との関連も強くなる (Greenwald et al., 2009)。顕在的指標では測れない面を測定することが潜在的態度指標の意義のひとつであることを考えると，社会的望ましさが関連する対象に対してIATで態度測定をする意義があることになる。

また，IATは2種類の対概念を用いる課題であるが，測定対象の性質によっては対概念を用いることが不自然になる場合もある。そのため，対概念との対比をせずに潜在的態度を測定できるようにアレンジしたGNAT (Go / No-go Association Task: Nosek & Banaji, 2001) やSC-IAT (single category IAT: Karpinski & Steinman, 2006) などの派生的な手法も開発されている。たとえばGNATでは，カテゴリ分類ではなく，測定概念に刺激が当てはまる場合には刺激呈示時間 (たとえば500ms) 内にキーを押し，当てはまらない場合にはキーを押さないという方法で判断する。IATの刺激は判断対象となる4カテゴリのいずれかに当てはまるものしか使われないが，GNATではディストラクタ (妨害刺激) としてカテゴリに当てはまらない刺激も含まれる。測度は，反応の正解不正解 (正答／誤答率) と反応の速さである。GNATでは主要な指標は誤答率となり，信号検出理論に基づいて算出される感度をもとに分析される。IATとその派生的手法にはそれぞれ特徴があり，研究目的に応じて使い分けることが望ましい (De Houwer & Moors, 2010; Teige-Mocigemba et al., 2010)。

(5) 神経科学的指標との関連

fMRIをはじめとする近年の神経科学的手法の発展から，態度と関連する神経科学的基盤も徐々に明らかになってきている (レビューとして，Lieberman, 2007を参照のこと)。潜在的態度は，ネガティブな態度対象に対する扁桃体 (amygdala) の賦活と関連している。たとえば，黒人の顔を白人の実験参加者に呈示した際の扁桃体の賦活は，IATで測定される黒人へのネガティブな潜在的態度と相関する (Phelps et al., 2000; Phelps et al., 2003)。この扁桃体の効果は，刺激が閾下呈示された場合の方がより強いことがわかっている (Cunningham et al., 2004)。扁桃体は，知覚された刺激が脅威をもたらすものか，それとも報酬に相当するものかという価値判断や情動反応の処理に重要な

信号検出理論
ノイズに埋もれた刺激 (信号) の検出力を評価するための理論。1950年代に通信工学的理論として考案され，その後感覚・知覚の実験を中心に心理学でも用いられるようになった。ノイズだけが存在する条件 (N条件) と信号とノイズが混在する条件 (SN条件) を想定すると，参加者の反応は，①ヒット (SN条件で「信号あり」と反応)，②誤警報 (N条件で「信号あり」と反応)，③ミス (SN条件で「信号なし」と反応)，④正しい棄却 (N条件で「信号なし」と反応)，の4つに分類できる。これら4種の反応の割合 (反応率) をもとにした指標を用いて検出力を評価する。

役割を担っている。そのため，扁桃体の賦活が潜在的態度と関連することは潜在的態度の神経科学的妥当性を示すものと考えられる。

一方，社会的望ましさの関わる顕在的態度は，意識的体験に必要な機能と関連する前頭前皮質や前帯状皮質との関連が見られる。たとえば，態度の表明をコントロールしようとする際には，右の背外側前頭前皮質（dorsolateral prefrontal cortex）が賦活し，それが扁桃体反応を弱める可能性がある（Cunningham et al., 2004）。

神経科学的指標を用いた研究は，初期には上記のように態度の理論的前提を確認し妥当性を示す目的で行われることが多かったが，近年では神経科学的知見に基づいた新たなモデルを構築する試みも見られるようになってきている（e.g., Amodio & Rather, 2011; Cunningham & Zelazo, 2007）。たとえば，多重記憶システムモデル（Amodio & Rather, 2011）では，態度関連の記憶構造を連合ネットワークモデルのように単一のシステムで捉えるのではなく，前頭前皮質と関連する意味的連合記憶（semantic associative memory），扁桃体と関連する恐怖条件づけ，大脳基底核（basal ganglia）と関連する道具的記憶の相互作用として捉えることを推奨している。これらの新しいモデルがどの程度汎用性が高いかは今後の検討を待つ必要があるが，このように神経科学的基盤に基づいて既存のモデルが修正されていくことは間違いないだろう。

4. 潜在的態度に関する論点

(1) 潜在的態度指標は「何を」測っているのか

IATを中心とした潜在的態度を測定した研究が急増し，知見が積み重ねられている一方で，潜在的態度指標は「何を」測定しているのかについても議論が重ねられている。直接的な指標である顕在的態度とは違って，間接的指標である潜在的態度測定では，直接の測定対象である概念と属性の連合が何を反映しているのかがわかりづらいのである。潜在的態度測定の初期には顕在的態度よりも優れた態度指標であることが期待されていた。しかし，社会的望ましさによって回答が歪まないからといって，自己呈示をはぎとった「真の態度」が測定できるわけではない（Greenwald et al., 2007）。実際，予測妥当性に関するメタ分析の結果からは，IATと自己報告は予測に優れた分野が異なっていることがわかっている（Greenwald et al., 2009）。現時点では，潜在的態度と顕在的態度は態度の異なる側面を測定しているとする考え方が一般的である。

潜在的態度測定では，対象と評価の連合は測定されている本人の知識における連合であることが仮定されているが，一般的な知識の影響が連合に現われる可能性もある。とくにIATに対して，単に文化・社会的信念を評定しているだけであり，個人の態度を測定していないという批判もある（Arkes & Tetlock, 2004; Karpinski & Hilton, 2001）。しかし，文化的信念だけでは説明できない知見もある。たとえば，自尊心の文化差は，顕在的指標では安定して見られるが（Heine et al., 1999），IATを含む潜在的指標では見られない（Kobayashi & Greenwald, 2003; Yamaguchi et al., 2007）。IATが文化的信念のみを反映しているのであれば，自尊心に関する文化的信念は文化を超えて共通であるのに，顕在的自尊心には文化差が生じることになってしまう。文化的信念が潜在的態度に混在している可能性は否定できないが，理論的に想定され

る態度も反映されていると考えるべきだろう。

■ (2) 潜在的態度の変動と連合命題評価モデル

二重態度モデルでは顕在的態度は直近の経験で変動する一方，潜在的態度は安定的で変動しないと想定されているが，潜在的態度も文脈的な影響を受けて変動することがある。そして，それらの知見は一貫していない。潜在的態度の方が頑健であり，顕在的態度のみが変動することを示した研究（Gawronski & Strack, 2004; Gregg et al., 2006）がある一方で，潜在的態度が文脈的影響を受けることを示した研究もある（Dasgupta & Greenwald, 2001; Karpinski & Hilton, 2001; Wittenbrink et al., 2001）。たとえば，人種的偏見を測定する際に，実験者が黒人の場合に，白人の場合よりも潜在的偏見が低いことが示されている（Lowery et al., 2001）。

一貫しないように見える潜在的態度，顕在的態度の変動を統合的に説明しようとしたモデルが，ガウロンスキーとボーデンハウゼン（Gawronski & Bodenhausen, 2006, 2011）の連合命題評価モデルである。モデルの理論的な中心は，連合過程（associative processes）と命題過程（propositional processes）の2過程を分離して考慮し，両者の間の相互作用を想定する点である（図7-2）。

連合過程は，記憶内の概念間の連合が活性化される過程である。この活性化された連合は正しい内容であるとは限らないが，正しさとは独立に潜在的態度が形成される。概念の活性化がどのような形で生じるかは，外部からの刺激入力と，記憶内の連合の既存の構造によって決まる。たとえば，「関西人」概念と「温かい」や「騒がしい」の概念が連合している場合，関西人と接触した文脈によって「温かい」が活性化されることもあれば，「騒がしい」が活性化されることもある。

命題過程は，活性化された連合から導かれる命題（命題的信念）を妥当化する過程である。ある連合が活性化すると，その連合は命題に変換され，他の命題との間に一貫性があるか確認されることになる。たとえば「東北人の田中さんは好きではない」という命題の妥当性は，「少数派のメンバーに否定的な評価をするのは良くない」「私の住む地域では東北出身者は少数派だ」という命題と一貫しない。その場合には，複数の命題を一貫させるために命題を追加したり置き換えたりして主観的な妥当性を高める。ただし，命題が否定されても

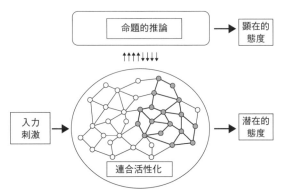

図7-2　連合活性化と命題的推論の相互作用（Gawronski & Bodenhausen, 2006）

連合の活性化が抑制されるわけではない。その場合には，連合過程を反映する潜在的態度と命題過程を反映する顕在的態度が乖離することになる。

このように，連合命題評価モデルは，連合過程と命題過程の関係や変動の多様なパターンを説明できることが特徴である。

5. 説得による態度変容

■ (1) 説得とは

私たちが，他の人の態度や行動を自分の望む方向に変えたいと思ったときには，どのような手段があるであろうか。人の態度や行動を変える手段は，①暴力，金銭，物品などを使用する物理的手段と，②言語的メッセージや非言語的メッセージを使用するコミュニケーション的手段とに大別できる。さらに後者の働きかけは，受け手の内在化をともなうか否かによって区別される。内在化とは，影響を与えようとする側の言うことが正しいと納得したうえで行動や態度を変えることである。内在化をともなうコミュニケーション的手段の代表的なものが説得であり，内在化をともなわない命令，要請，脅迫などと区別される。つまり，説得とは，「他者を納得させて，態度や行動を変化させる行為」である（深田，1998）。そして相手を納得させるための論拠が必ず情報として含まれている点が説得の大きな特徴である。

> **内在化をともなうコミュニケーション的手段**
> 説得の他には，論拠の少ない依頼や要請などがある。

■ (2) 説得されるプロセス

説得を受けると，態度はどのようなプロセスを経て変化するのであろうか。現在，説得による態度変化のプロセスは2つに分けられると仮定されている。このような考えに立つモデルには，精緻化見込みモデル（ELM：elaboration likelihood model；Petty & Cacioppo, 1986）やヒューリスティック・システマティックモデル（HSM：heuristic-systematic model; Chaiken, 1980, 1987）がある。ここでは，精緻化見込みモデルを紹介する。

> **精緻化見込みモデル**
> 精査可能性モデルと訳されることもある。

①精緻化見込みモデル

精緻化見込みモデル（以下，ELM）は，ペティとカシオッポ（R. E. Petty & J. T. Cacioppo）により提唱された。「精緻化」とは，メッセージに含まれる情報に注意を払い，その情報を既に持っている知識と関連づけ，新たな示唆を自ら生成することである。ELMでは，精緻化の程度に応じて，態度変容に2つのルートがあると考えている。

メッセージを精緻化した結果生じる態度変容のプロセスを中心的ルート（central route）という。たとえば，スマートフォンを購入する際に，パンフレットをよく読み検討したうえで，どの機種を購入するか決定する場合がこれにあたる。一方，メッセージをよく検討することなしに，その内容とは直接関係のない要因によって生じる態度変容のプロセスを，周辺的ルート（peripheral route）という。スマートフォン購入の例でいえば，あまり詳しくないのでパンフレットの内容はあまり理解できないが，自分の好きなタレントがCMキャラクターになっているので，その機種を購入することに決めるような場合である。

それでは，この2つのルートによる態度変化はどのような説得場面で生じ，

どのような特徴を持つのであろうか。ELM では，メッセージを処理する動機も能力もあるときに，中心的ルートによる態度変容が生じるという。たとえば，説得内容に対する個人的関与が高いときには，人はメッセージを精緻化するよう動機づけられるであろう。中心的ルートを経た態度変化の場合，メッセージ内容についての積極的な情報処理を行うため，論拠の強いメッセージは論拠の弱いメッセージよりも説得効果を持つ。

一方，メッセージを精緻化する動機づけと能力の両方あるいはいずれかが低い場合には周辺的ルートに沿った態度変容が生じる。たとえば，メッセージを処理する動機が高い場合でも，周囲の騒音などによって思考妨害を受けた場合には，周辺的ルートに沿った態度変容が生じるという。周辺的ルートの場合，メッセージ内容はさほど詳細には検討されない。そのため，論拠の強弱は態度変容にあまり影響しない。それよりもメッセージの本質とは関係のない周辺的な手がかり（たとえば送り手の専門性や魅力，論拠の数など）の影響を受ける。

また，中心的ルートを経た態度は，周辺的ルートを経た態度に比べ，持続性があり，想起しやすく，逆宣伝への抵抗力があり，行動の予測力も高い。

逆宣伝
逆宣伝とは，当初の説得とは反対の意見に導くことである。

② ELM の検証

２つのルートでの態度変化の違いは，次のような実験で検証されている（Petty et al., 1981）。実験参加者は大学生で，説得のテーマは「卒業試験の導入」であった。この実験では個人的関与と論拠と送り手の専門性に関する情報が操作された。個人的関与は，卒業試験が実験参加者の在学する大学で「来年度から実施されるべきだ」と主張する条件（高関与条件）と「10年後から実施されるべきだ」と主張する条件（低関与条件）を設けることによって操作した。また，実験参加者の半数には強い論拠を持つ説得的メッセージ，たとえば「職場配置や初任給は卒業試験を課している大学の卒業生のほうが有利である」といった論拠を持つメッセージが与えられた。残りの半数には「卒業試験は古代ギリシャまでさかのぼる伝統である」などのように，論拠の弱いメッセージが与えられた。さらに強い論拠を持つメッセージと論拠の弱いメッセージのそれぞれの出典について，専門性の低いものと高いものが用意されていた。実験の結果（図7-3），高関与条件では，論拠の強弱が説得効果を左右しており，送り手の専門性の効果は見られなかった。つまり，高関与条件ではメッセージが精緻文化されたため，論拠の効果が見られた。それに対して，低関与条件では，論拠の強弱にかかわらず送り手の専門性が高い場合によく説得された。すなわち，低関与条件では，メッセージが精緻文化されなかったため，論拠の効果が見られず，その代わりに送り手の専門性が態度を決める手がかりに使われたと考えられる。

③ヒューリスティック・システマティックモデルとの比較

チェイクン（S. Chaiken）のヒューリスティック・システマティックモデル（以下 HSM）も，ELM と同様の２つの説得プロセスを仮定している（Chaiken, 1980, 1987）。システマティック処理による態度変化では，メッセージ内容の処理やメッセージに基づく認知の役割が強調されている。一方，ヒューリスティック処理による態度変容では，メッセージ内容の処理は強調されず，説得

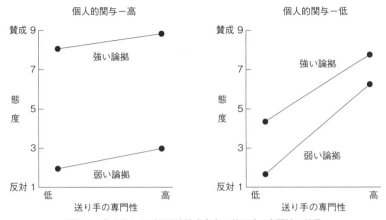

図 7-3 中心的および周辺的態度変容に送り手の専門性の効果
(Petty et al., 1981, 図の出典は Petty et al., 1994)

文脈中の手がかりに基づく単純な決定ルールに焦点が当てられている。

このように ELM と HSM は非常に似ているが，その一方でいくつかの相違点も指摘されている（藤原，2002）。中でも重要な違いは，2 つの説得プロセスの相互関係についての考え方であろう。ELM では，中心的ルートと周辺的ルートを互いに排他的であると考えているが，HSM はシステマティック処理とヒューリスティック処理が同時に生起することもあると考えている。

ところで，中心的ルートと周辺的ルートが排他的か独立かという問題は，別の見方をすれば，中心的ルートの定義に関わる問題と捉えることもできる。すなわち，精緻化される情報はメッセージ内容に限定されるのであろうかということである。たとえば，メッセージ内容とともに送り手の情報についても精緻化されることがあるのではなかろうか。このように，中心的ルートにおいて精緻化される情報の範囲については，より詳細に検討される必要があるであろう。

(3) 効果的に説得するには

説得研究においては「①だれが，②どのような内容を，どのような媒体を通して，③だれに，④どのような状況のもとで」伝えたときに最も効果的に態度を変化させることが可能か検討されてきた（表 7-2）。これらの要因は，それぞれが他の要因と複雑に絡み合うことがあるため，その説得効果を単純に解釈することはできないが，ここではいくつかの要因について簡単に紹介する。

①送り手の要因

まず，説得を成功させやすいのはどのような人であろう。これまでの研究では，送り手の信憑性や魅力，勢力などの要因が検討されているが，特に送り手の信憑性の問題がよく扱われている。

表 7-2 説得の成功に関わる要因

要因の分類	要因の例
①送り手	信憑性（専門性・信頼性），魅力，勢力など
②メッセージ	論拠の質・量，恐怖喚起，一面的・両面的メッセージ，言語スタイルなど
③受け手	性，年齢，パーソナリティ（知性，自尊心，攻撃性，認知欲求など）
④状況	予告，受け手の気分，思考妨害，反復呈示など

単純な決定ルール
たとえば「専門家の言うことは正しい」「論拠の数が多いほど信頼できる」などのルールである。

HSM
実際，HSM では，メッセージ内容とヒューリスティック手がかりのそれぞれの効果が，加算的に働いたり相殺し合ったりすることを示している。

送り手の信憑性の効果を検討した古典的な研究としてホヴランドとワイス（Hovland & Weiss, 1951）の研究が挙げられる。この研究では，説得直後には信憑性の高い送り手の方が，信憑性の低い送り手に比べて受け手を説得しやすいことが示されている。しかしこの研究は4週間後の説得効果について特に注目を集めた。というのは，信憑性の低い送り手の説得効果が4週間後になって現われたからである。このような現象をスリーパー効果というが，これは時間の経過にともなって送り手に関する記憶が失われ，メッセージそのものの効果が現われてくるためであると考えられている。ただし，このスリーパー効果は頑健な現象とはいえない。さらに，先に述べたELMではスリーパー効果は起こりえないとされている。送り手の情報が効果を持つのは周辺的ルートであるが，その場合，メッセージ内容は精緻化されておらず，説得効果を持ちえないからである。

②メッセージの要因

説得を成功させるにはメッセージをどのように構成すればよいであろうか。たとえば，送り手にとって不都合な情報があるとき，このような情報をどう扱えばよいであろうか。主張内容を支持する情報だけで構成されたメッセージは一面的メッセージと呼ばれ，主張に反する情報も盛り込んだものは両面的メッセージと呼ばれる。そして，主張に反する不都合な情報に対してメッセージの中で明確に論駁されていれば，そのような両面的メッセージは一面的メッセージよりも説得効果が高い。

両面的メッセージ
ただし，両面的メッセージは論旨が複雑になるので，受け手の教育水準が低い（たとえば小学校低学年など）と理解されにくく，結果として一面的メッセージよりも説得効果が低くなる場合がある。

恐怖を喚起させるメッセージ（fear-appeal）に関する研究も多い。このようなメッセージは説得を受け入れなかったときに予想される危険性を訴え，受け手に恐怖心を喚起させる情報と，対処行動についての勧告情報から構成される。深田（2002）は，このとき受け手に喚起させる恐怖心が強いほど，説得効果が高いと指摘している。また，防護動機理論（protection motivation theory; Rogers, 1983）によれば，①予想される危険性が大きいこと，②勧告を受け入れない場合には危険が生じる可能性が高いこと，③対処行動の有効性が高いことを受け手が納得した場合には，恐怖による説得効果が促進されることが予想される。

③受け手の要因

説得されやすい人とはどのような人であろうか。説得されやすさの程度を被説得性というが，自尊感情，性差，不安傾向，攻撃傾向などの要因が，被説得性との関連から検討されている。しかし，これらの個人差要因を扱った研究の結果は明確ではなく，状況要因やメッセージの内容などともあわせて検討することが必要である。

④状況の要因

状況の要因については，予告の効果や受け手のムード状態，思考妨害の効果などが検討されている。たとえば，説得的メッセージを与える前に，その内容や説得意図を予告することは，説得への抵抗を生じさせることが多い。また，ポジティブな気分の受け手は説得されやすい。思考妨害は，メッセージの精緻化を妨げたり，反論を抑制したりする。

■ (4) 説得への抵抗

これまでは成功する説得という点から見てきたが，説得はいつも成功するとは限らない。また，私たちは日々いろいろな説得を受けているが，受け手側からみればそう簡単に説得されても困る。それではどのようなときに説得への抵抗は生じやすいのであろうか。

①心理的リアクタンス

人は自分の自由が脅かされたと感じたとき，その自由を回復しようと動機づけられる。ブレーム（Brehm, 1966）はそのような自由の回復へと動機づけられた状態を心理的リアクタンスと呼んだ。

説得的メッセージが高圧的で有無を言わせないような内容（たとえば，「あなたはこの内容に賛成するべきだ」という一文がはさまれている）であると，受け手はそのメッセージに反対する態度を持つという自由が脅かされていると知覚する。そしてこの自由への脅威によって心理的リアクタンスが喚起され，受け手は自由の回復を求めて，メッセージに対する抵抗を示すと考えられる。

②コミットメント

自分の態度を公に表明したり署名したりすると，その内容に反するような行動や態度変化が生じにくくなる。このように行動に言質を与え，そのことによって行動が束縛されることをコミットメントという（Kiesler, 1971）。

③接種理論（inoculation theory）

マグワイア（McGuire, 1964）は予防接種と同様，説得についても免疫をつけることができるという接種理論を提唱した。

私たちは自明の理と考えている事柄（「できれば毎食後，歯を磨くべきである」など）についてそれに反するような説得（「歯を磨くべきではない」）を受けると，それまでそのような攻撃をほとんど受けたことがないために，簡単に説得されてしまうであろう。

そこで，マグワイアとパパジョージス（McGuire & Papageorgis, 1962）は，その免疫措置として，自明の理への反論とその反論に反駁する文章を実験参加者に与えた（反駁的防御）。また，別の免疫措置として自明の理を支持するだけの文章も用意した（支持的防御）。そのような免疫措置を施した後，自明の理を攻撃するような説得的メッセージを与えると，支持的防御の条件では，自明の理を疑うような方向への態度変化が見られたのに対して，反駁的防御の条件ではほとんど説得の影響を受けなかったのである。

このようなコミットメントと接種理論の方法は，私たちが容易に説得されないための方法としても利用することができる。

■ (5) 依頼の技法

人に何かを頼むときには，論拠をたくさん並べ立てなくても，頼み方次第で相手に OK と言わせることができる（図 7-4）。

たとえば，本来の依頼内容よりも難しいことを依頼して相手にそれを拒否させ，自分は譲歩したと見せかけて，より簡単な本来の依頼をするドア・イン・

説得への抵抗
より積極的な抵抗としてブーメラン効果がある。これは，送り手の意図に反して，説得の方向とは逆の方向へと，受け手が態度を変える現象である。

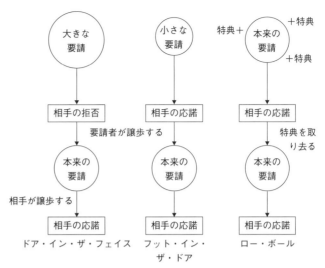

図7-4 いろいろな要請技法（原，2009）

ザ・フェイスと呼ばれるテクニックがある。これは相手が譲歩すれば自分も譲歩しなければならないという返報性のルールや，1回目の依頼を拒否したことに対する罪悪感を利用しているのである。チャルディーニら（Cialdini et al., 1975）はこのテクニックの有効性を検証するために，次のような実験を行った。

彼らはキャンパスを歩いている学生にボランティアで非行少年のグループの付き添いをやってもらうよう依頼した。ストレートにこの依頼をした場合，承諾率は17％であった。しかし別の条件ではこの依頼の前に，「少なくとも2年間，1週間に2時間，非行少年のカウンセラーをして欲しい」と依頼した。この依頼は全員に断られたが，その直後に本来の要請をすると承諾率は50％に上がったのである。

このテクニックのポイントは本来の依頼の前に，別の依頼を相手に一度拒否させることにある。しかし，それとは逆に最初に本当の依頼よりも簡単な内容を依頼して相手にOKさせた後に本当の依頼をする，フット・イン・ザ・ドアというテクニックもある。これは，依頼事項をそのまま相手に伝えたのでは断られる可能性が大きいときに，小さい要求から大きい要求へと，段階的に相手の応諾を得る方法である。相手は，小さい依頼に一度承諾してしまっているので，その後，たとえ大きい依頼をされても断りにくくなってしまう。その理由は，自己知覚理論（Bem, 1972）に基づいて説明される。つまり，いったん依頼を承諾すると，相手は「自分は協力的で人助けをする人間だ」という認知を形成し，その後もその認知に沿った行動をとるようになるのである。このテクニックはドア・イン・ザ・フェイスよりも効果的といわれる（今井，2006）。

その他，魅力的な条件を付けて相手に承諾させたとたん，その条件を取り払う方法がある。これはロー・ボール（low-ball）テクニックという。

これまで見てきたテクニックは，セールスなどの場面で利用することができるものである。その一方で，セールス場面で安易に誘導されないためにも，これらのテクニックを知っておくことは意味のあることである。

> **フット・イン・ザ・ドア**
> 自己知覚理論による説明のほかに，認知的斉合性のプロセスからの説明もある。

本章では,「態度とは何か」「態度と行動はどのように結びついているか」について,社会的認知研究(2章)に基づいて論じてきた。態度に関する研究は,ステレオタイプ(3章)や対人魅力(9章)とも密接に関わりながら発展してきた。また,他者の態度を変容する手段として,説得の効果について論じたが,説得研究は,コミュニケーション研究(10章)と共通の枠組みで論じられることが多い。さらに,態度変容には,説得によるもののほか認知的斉合性のプロセス(1章)による態度変容もある。したがって,関連する章での議論も参照されたい。

■文献

Ajzen, I. (1991). The theory of planned behavior. *Organizational Behavior and Human Decision Processes*, 50, 179-211.

Ajzen, I., & Fishbein, M. (1980). *Understanding attitudes and predicting social behavior*. Englewood Cliffs, NJ: Prentice-Hall.

Allport, G. W. (1935). Attitudes. In C. Murchison (Ed.), *Handbook of social psychology* (pp. 798-844). Worcester, MA: Clark University Press.

Amodio, D. M., & Ratner, K. G. (2011). A memory systems model of implicit social cognition. *Current Directions in Psychological Science*, 20, 143-148.

Arkes, H. R., & Tetlock, P. E. (2004). Attributions of implicit prejudice, or "Would Jesse Jackson 'fail' the implicit association test?" *Psychological Inquiry*, 15, 257-278.

Bem, D. J. (1972). Self perception theory. In L. Berkowitz (Ed.) *Advance in experimental social psychology*, Vol. 6 (pp. 1-62). New York: Academic Press.

Bosson, J. K., Swann, W. B. Jr., & Pennebaker, J. W. (2000). Stalking the perfect measure of implicit self-esteem: The blind men and the elephant revisited? *Journal of Personality and Social Psychology*, 79, 631-643.

Brehm, J. W. (1966). *A theory of psychological reactance*. New York: Academic Press.

Chaiken, S. (1980). Heuristic versus systematic information processing and the use of source versus message cues in persuasion. *Journal of Personality and Social Psychology*, 39, 752-766.

Chaiken, S. (1987). The heuristic model of persuasion. In M. P. Zanna, J. M. Olson, & C. P. Herman (Eds.), *The Ontario Symposium*, Vol. 5: *Social influence* (pp. 3-9). Hillsdale, NJ; Lawrence Erlbaum Associates.

Cialdini, R. B., Vincent, J. E., Lewis, S. K., Catalan, J., Wheeler, D., & Darby, B. L. (1975). Reciprocal concessions procedure for inducing compiance: The door-in-the-face technique. *Journal of Personality and Social Psychology*, 31, 206-215.

Cunningham, W. A., Johnson, M. K., Raye, C. L., Gatenby, J. C., Gore, J. C., & Banaji, M. R. (2004). Separable neural components in the processing of black and white faces. *Psychological Science*, 15, 806-813.

Cunningham, W. A., & Zelazo, P. D. (2007). Attitudes and evaluations: A social cognitive neuroscience perspective. *TRENDS in Cognitive Sciences*, 11, 97-104.

Dasgupta, N., & Greenwald, A. G. (2001). On the malleability of automatic attitudes: Combating automatic prejudice with images of admired and disliked individuals. *Journal of Personality and Social Psychology*, 81, 800-814.

De Houwer, J. (2003). The extrinsic affective Simon task. *Experimental Psychology*, 50, 77-85.

De Houwer, J., & Moors, A. (2010). Implicit measures: Similarities and differences. In B. Gawronski & B. K. Payne (Eds.), *Handbook of implicit social cognition: Measurement, theory, and applications*. New York: The Guilford Press.

Fazio, R. H. (1990). Multiple processes by which attitudes guide behavior: The MODE model as an integrative framework. In M. P. Zanna (Ed.), *Advances in experimental social psychology*, Vol. 23 (pp. 75-109). New York: Academic Press.

Fazio, R., Jackson, J. R., Dunton, B. C., & Williams, C. J. (1995). Variability in automatic activation as an unobtrusive measure of racial attitudes: A bona fide pipeline? *Journal of Personality and Social Psychology*, 69, 1013-1027.

Fazio, R. H., Sanbonmatsu, D. M., Powell, M. C., & Kardes, F. R. (1986). On the automatic activation of attitudes. *Journal of Personality and Social Psychology*, **50**, 229-238.

Fazio, R. H., & Williams, C. J. (1986). Attitude accessibility as a moderator of the attitude-perception and attitude-behavior relations: An investigation of the 1984 presidential election. *Journal of Personality and Social psychology*, **51**, 505-514.

Festinger, L. (1957). *A theory of cognitive dissonance*. Stanford, CA: Stanford University Press.

Fishbein, M., & Ajzen, I. (1975). *Belief, attitude, intention, and behavior: An introduction to theory and research*. Reading, MA: Addison-Wesley.

藤原武弘 (2002). 情報処理と説得：精査可能性モデル 深田博己（編） 説得心理学ハンドブック―説得コミュニケーション研究の最前線（pp.418-455） 北大路書房

深田博己 (1998). 他者の心を動かすコミュニケーション：説得 インターパーソナルコミュニケーション―対人コミュニケーションの心理学（pp.122-144） 北大路書房

深田博己 (2002). 恐怖感情と説得 深田博己（編） 説得心理学ハンドブック―説得コミュニケーション研究の最前線（pp.278-328） 北大路書房

Gawronski, B., & Bodenhausen, G. V. (2006). Associative and propositional processes in evaluation: An integrative review of implicit and explicit attitude change. *Psychological Bulletin*, **132**, 692-731.

Gawronski, B., & Bodenhausen, G. V. (2011). The associative-propositional evaluation model: Theory, evidence, and open questions. *Advances in Experimental Social Psychology*, **44**, 59-127.

Gawronski, B., & Strack, F. (2004). On the propositional nature of cognitive consistency: Dissonance changes explicit, but not implicit attitudes. *Journal of Experimental Social Psychology*, **40**, 535-542.

Greenwald, A. G., & Banaji, M. R. (1995). Implicit social cognition: Attitudes, self-esteem, and stereotypes. *Psychological Review*, **102**, 4-27.

Greenwald, A. G., Banaji, M. R., Rudman, L. A., Farnham, S. D., Nosek, B. A., & Mellott, D. S. (2002). A unified theory of implicit attitudes, stereotypes, self-esteem, and self-concept. *Psychological Review*, **109**, 3-25.

Greenwald, A. G., McGhee, D. E., & Schwarz, J. L. K. (1998). Measuring individual differences in implicit cognition: The implicit association test. *Journal of Personality and Social Psychology*, **37**, 147-169.

Greenwald, A. G., Nosek, B. A., & Banaji, M. R. (2003). Understanding and using the Implicit Association Test: I. An improved scoring algorithm. *Journal of Personality and Social Psychology*, **85**, 197-216.

Greenwald, A. G., Poehlman, T. A., Uhlmann, E., & Banaji, M. R. (2009). Understanding and using the Implicit Association Test: III. Meta-analysis of predictive validity. *Journal of Personality and Social Psychology*, **97**, 17-41.

Gregg, A. P., Seibt, B., & Banaji, M. R. (2006). Easier done than undone: Asymmetry in the malleability of implicit preferences. *Journal of Personality and Social Psychology*, **90**, 1-20.

原 奈津子 (2009). 社会的態度 堀 洋道（監修） 吉田富二雄・松井 豊・宮本聡介（編著） 新編社会心理学改訂版（pp.96-116） 福村出版

Heider, F. (1958). *The psychology of interpersonal relations*. New York: Wiley.

Heine, S. J., Lehman, D. R., Markus, H. R., & Kitayama, S. (1999). Is there a universal need for positive self-regard? *Psychological Review*, **106**, 766-794.

Hofmann, W., Gawronski, B., Gschwendler, T., Le, H., & Schmitt, M. (2005). A meta-analysis on the correlation between the Implicit Association Test and explicit self-report measures. *Personality and Social Psychology Bulletin*, **31**, 1369-1385.

Hovland, C. I., & Weiss, W. (1951). The influence of source credibility on communication effectiveness. *Public Opinin Quarterly*, **15**, 630-650.

今井芳昭 (2006). 依頼と説得の心理学―人は他者にどう影響を与えるか サイエンス社

Karpinski, A., & Hilton, J. L. (2001). Attitudes and the Implicit Association Test. *Journal of Personality and Social Psychology*, **81**, 774-788.

Karpinski, A., & Steinman, R. B. (2006). The single category implicit association test as a measure of implicit social cognition. *Journal of Personality and Social Psychology*, **91**, 16-32.

Kiesler, C. A. (1971). *The psychology of commitment: Experments linking behavior to belief*. New York: Academic Press.

北村英哉 (2010). 態度 浦 光博・北村英哉（編著） 個人の中の社会（展望 現代の社会心理学1） 誠信書房

Kobayashi, C., & Greenwald, A. G. (2003). Implicit-explicit differences in self- enhancement for Americans and Japanese. *Journal of Cross-Cultural Psychology*, **34**, 522-541.

Kraus, S. J. (1995). Attitudes and the prediction of behavior: A meta-analysis of the empirical literature. *Personality and Social Psychology Bulletin*, **21**, 58-75.

Lieberman, M. (2007). Social cognitive neuroscience: A review of core processes. *Annual Review of Psychology*, **58**, 259-289.

Lowery, B. S., Hardin, C. D., & Sinclair, S. (2001). Social influence effects on automatic racial prejudice. *Journal of Personality and Social Psychology*, **81**, 842-855.

McGuire, W. J. (1964). Inducing resistance to persuasion: Some contemporary approaches. In L. Berkowits (Ed.), *Advances in experimental social psychology*, Vol. 1 (pp. 191-229). New York: Academic Press.

McGuire, W. J., & Papageorgis, D. (1962). Effectiveness of forewarning in developing resistance to persuasion. *Public Opinion Quarterly*, **26**, 24-34.

Nisbett, R. E., & Wilson, T. D. (1977). Telling more than we can know: Verbal reports on mental processes. *Psychological Review*, **84**, 231-259.

Nosek, B. A., & Banaji, M. R. (2001). The go/no-go association task. *Social Cognition*, **19**, 625-666.

Nosek, B. A., Greenwald, A. G., & Banaji, M. R. (2007). The Implicit Association Test at age 7: A methodological and conceptual review. In J. A. Bargh (Ed.), *Automatic processes in social thinking and behavior* (pp. 265-292). New York: Psychology Press.

Paulhus, D. L. (1984). Two-component models of socially desirable responding. *Journal of Personality and Social Psychology*, **46**, 598-609.

Payne, B. K., Cheng, C. M., Govorun, O., & Stewart, B. D. (2005). An inkblot for attitudes: Affect misattribution as implicit measurement. *Journal of Personality and Social Psychology*, **89**, 277-293.

Payne, B. K., & Gawronski, B. (2010). A history of implicit social cognition: Where is it coming from? Where is it now? Where is it going? In B. Gawronski, & B. K. Payne (Eds.), *Handbook of implicit social cognition: Measurement, theory, and applications* (pp. 1-15). New York: Guilford Press.

Petty, R. E., & Cacioppo, J. T. (1986). *Communication and persuasion: Central and peripheral route to attitude change*. New York: Springer-Verlag.

Petty, R. E., Cacioppo, J. T., & Goldman, R. (1981). Personal involvement as a determinant of argument-based persuasion. *Journal of Personality and Social Psychology*, **41**, 847-855.

Petty, R. E., Cacioppo, J. T., Strathman, A. J., & Priester, J. R. (1994). To think or not to think: Exploring two routes to persuasion. In S. Shavitt & T. C. Brock (Eds.), *Persuasion: Psychological insights and perspectives* (pp. 113-147). Boston: Allyn & Bacon.

Phelps, E. A., Cannistraci, C. J., & Cunningham, W. A. (2003). Intact performance on an indirect measure of race bias following amygdala damage. *Neuropsychologia*, **41**, 203-208.

Phelps, E. A., O'Conner, K. J., Cunningham, W. A., Funayama, E. S., Gatenby, J. C., Gore, J. C., & Banaji, M. R. (2000). Performance on indirect measures of race evaluation predicts amygdala activation. *Journal of Cognitive Neuroscience*, **12**, 729-738.

Rogers, R. W. (1983). Cognitive and physiological processes in fear appeals and attitude change: A revised theory of protection motivation in theory. In J. T. Cacioppo & R. E. Petty (Eds.), *Social psychophysiology* (pp.153-176). New York: Guilford Press.

Teige-Mocigemba, S., Klauer, C. K., & Sherman, J. W. (2010). A practical guide to Implicit Association Tests and related tasks. In B. Gawronski & B. K. Payne (Eds.), *Handbook of implicit social cognition* (pp.117-139). New York: Guilford Press.

Wilson, T. D., Lindsey, S., & Schooler, T. (2000). A model of dual attitudes. *Psychological Review*, **107**, 101-126.

Wittenbrink, B., Judd, C. M., & Park, B. (2001). Spontaneous prejudice in context: Variability in automatically activated attitudes. *Journal of Personality and Social Psychology*, **81**, 815-827.

Yamaguchi, S., Greenwald, A. G., Banaji, M., Murakami, F., Chen, D., Shiomura, K., Kobayashi, C., Cai, H., & Krendl, A. (2007). Apparent universality of implicit self-esteem. *Psychological Science*, **18**, 498-500.

対人行動

1 熊谷智博／2-4 橋本 剛

8

1. 攻撃行動

(1) 攻撃の定義，形態，機能

　社会心理学において攻撃とは「他人を傷つけようとする意図的行動」と定義される（大渕，1993）。攻撃は他人から観察可能な，外的に表出された行動であるので，怒りのような内的な感情的変化や，頭の中で相手を傷つけようと考えをめぐらすことは攻撃とはいわない。また意図的であるということから，偶然生じた事故は相手に危害を与えたとしても攻撃とはみなされない。

　攻撃は様々な形態を取るが，身体的－言語的，直接的－間接的という分類が一般的である（Buss, 1961）。身体的攻撃は，殴る，蹴る，刺す，撃つといった，他人の身体を傷つける行為を指す。それに対して言語的攻撃とは大声を出す，叫ぶ，悪口を言うといった言語を用いて他人を精神的に傷つけることである。また身体的－言語的のどちらにも当てはまらないが，他人の社会的・対人的関係を傷つける関係的攻撃もあり，社会的排斥や無視がこれに含まれる。

　直接的－間接的攻撃という分類は，攻撃場面での被害者の実在に焦点を当てている（Lagerspetz et al., 1988）。直接攻撃では被害者はその場に存在し，間接的攻撃は被害者がその場にいない。身体的攻撃は相手を殴るといった直接的な攻撃の場合もあれば，相手の持ち物を破壊するといった間接的攻撃の場合もある。また言語的攻撃も面と向かって悪口をいう場合は直接的攻撃だが，悪い噂を流布する場合は間接的攻撃といえる。さらに置き換え攻撃と呼ばれる形態もある（Marcus-Newhall et al., 2000）。これは攻撃行動が向けられるターゲットが無関係の，たまたまその場に居合わせた人物などになり，いわゆる八つ当たりなどがこれに当たる。置き換え攻撃が生じる理由としては，攻撃行動を引き起こした原因に対して攻撃することが困難な場合（たとえば既に相手がその場にいない），または攻撃対象からの報復によって自分により大きな不利益が生じることなどが考えられる。

　攻撃の機能面に注目すると，相手を傷つけること自体を目的とした攻撃以外に，道具的攻撃がある。道具的攻撃では攻撃は別の目的を達成するための手段に過ぎない。たとえば殺し屋は金銭的な報酬を得る手段として個人的には関わりのないターゲットを殺害する。道具的攻撃は印象形成にも用いられ，ある種の社会や文化では攻撃的であることが好印象を与え，支持を集め，結果的には社会的な評価を高める手段となる（Mead, 1935）。さらには社会的制裁という形での攻撃は社会秩序を維持し，成員が規範に従うことによって社会全体に利益となり，またそのような処罰を他の成員に示すことで，規範逸脱を予防するという機能も持つ。

■ (2) 攻撃性の発達と性差

　人間の攻撃行動は発達のごく初期から見られ，幼児期で既に他人のおもちゃを隠すといった計画的な攻撃行動（Caplan et al., 1991）や3歳児時点で目的のものを手に入れるための身体的攻撃が見られる（Tremblay et al., 1996）。よちよち歩きの幼児の頃には他人との相互作用の25％が相手を押し退けるなど，何らかの形の身体的攻撃である（Tremblay, 2000）。このような幼児の攻撃性の高さは成長するに従い抑制される。とくに就学前および小学校低学年において身体的攻撃は徐々に減少するが，それに反して言語的および間接的攻撃は増加する（Loeber & Hay, 1997; Tremblay & Nagin, 2005）。また一部の人びとは青年期後期から成人期初期において攻撃性が高まり，より過激になり深刻な結果をもたらすものとなる（Cairns & Cairns, 1994）。

　攻撃の性差について，就学前の男児は女児よりも攻撃的であることが知られている（Loeber & Hay, 1997）。しかし実際には身体的攻撃を用いる女児は多く，また言語的，間接的攻撃に関しては男児以上である（Crick & Grotpeter, 1995）。小学生から青年期にかけて女児は間接的攻撃を，男児は身体的攻撃をより多く用いる（Lagerspetz et al., 1988）。またドメスティックバイオレンスに関しては，女性は男性よりも相手に対して身体的攻撃をより多く用いるが（Archer, 2000），男性が加害者の場合の方がより深刻な被害をもたらす。

■ (3) 攻撃性の伝統的理論
①欲求不満－攻撃仮説

　人間の攻撃性が本能であるという主張（e.g., Darwin, 1871; Freud, 1933; Lorenz, 1963）に対してドラードら（Dollard et al., 1939）は攻撃が欲求不満によって引き起こされるという仮説を提唱した。彼らは欲求不満を目的達成が妨害されたときに生じる不快感情と定義し，①攻撃の前には欲求不満が存在する，②欲求不満は常に何らかの形での攻撃を引き起こす，と主張した。しかし欲求不満が必ずしも攻撃を引き起こすわけではないという証拠が示されるにつれて，この仮説の提唱者の一人であるミラー（Miller, 1941）は，欲求不満は攻撃以外の行動傾向も強めるが，その解決方法として攻撃が役立つことを以前に学んだ場合には，欲求不満によって攻撃が引き起こされると主張を修正した。

②攻撃の学習理論

　バンデューラら（Bandura, 1977; Bandura et al., 1961）は攻撃を含めた社会的行動が観察学習や模倣によるものであると指摘し，とくに子どもは攻撃によって報酬を受け取っている様子を観察することでより攻撃的になるという，代理学習説を主張した（Bandura, 1965; Bandura et al., 1963）。バンデューラはとくに模倣の影響を重視し，それが単に行動の真似ではなく観察を通じての認知的推論過程を生み，それが他の状況へと般化されると主張した。

■ (4) 攻撃に影響する状況要因
①不快事象

　対人関係のような社会的事象はもちろんだが，気候や温度のような非社会的な不快事象もまた人びとの攻撃性に影響を与える（Anderson et al., 2000）。たとえば野球の試合では気温が高ければ高いほど，死球数は多くなる（Reifman

---

攻撃の本能論
　ダーウィンは進化論の観点から攻撃を環境適応と生存に有利に働く生得的本能と主張し，ローレンツはその証拠として，ある種の魚は特定の刺激によって自動的に攻撃が生じることを示した。

et al., 1991)。また騒音（Geen, 1978），大気汚染（Rotton & Frey, 1985）によっても人びとは攻撃性を強める。不快事象が攻撃性を強めるのは，不快な事象によって生じた怒りが，攻撃によって改善されると人びとが期待しているためである。実際，攻撃が怒りを鎮めるわけではないという説明を受けた場合には，怒りが参加者の攻撃性を強めることはなかった（Bushman et al., 2001）。

気候の影響
気候や温度の影響についてはそれが直接不快感を強めた結果ではなく気候変動による経済悪化が攻撃性に影響を与えているという解釈もある。

②武器の存在

武器の存在は，それが用いられなくても単に存在するだけで人びとの攻撃性を高めることが指摘されている。たとえば怒りを喚起された実験参加者は，テーブルの上に銃器が置いてあるときの方が，バドミントンの道具が置いてあるときよりも他人に対してより強い電気ショックを与えた（Berkowitz & LePage, 1967）。この「銃効果」はフィールド実験でも確認されており，荷台に銃器を積んだトラックは，何も積んでいないトラックよりも，後ろの車からクラクションを多く鳴らされた（Turner et al., 1975）。銃器を積んだトラックへの挑発が危険な行為であることを考えれば，これは非合理的であるので，これが無自覚に生じていることと考えられる（Anderson et al., 1998）。

(5) 攻撃抑制を阻害する状況要因

①アルコール

暴力とアルコールの関係は主に犯罪への影響から指摘されているが（Bushman & Cooper, 1990; Ito et al., 1996），それはアルコールが人びとの攻撃性を高めるというよりも，攻撃の抑制を低下させると考えられている。アルコールは浅慮（Steele & Joseph, 1990）や自己意識の低下（Hull, 1981）によって本来攻撃を抑制する働きを持つ注意や思考能力が低下し，結果として人びとが攻撃行動を用いる傾向を強めるのである。

②匿名性

匿名性も攻撃の抑制を低下させる要因となる。エリソンら（Ellison et al., 1995）は天井部分が取り外し可能な自動車を用いてクラクションの使用量を測定したところ，天井を閉じている（つまり匿名状態）場合の運転手は，天井を開けている場合の運転手よりも，より多くまたより長くクラクションを鳴らしていた。実験室実験においても頭から布をかぶっている女子学生は，布をかぶっていない女子学生よりも，不快な相手に対してより長いショックを与えていた（Zimbardo, 1969）。

(6) 攻撃行動と社会

①個人間－集団間不連続性効果と責任の拡散

同じ状況であっても，それに集団の一員として直面しているときは個人として直面している場合よりも人びとは競争的，報復的になることが指摘されている。これは個人間－集団間不連続性効果（Insko et al., 1987）と呼ばれている。インスコら（Insko et al., 1987）は，囚人のジレンマ課題を個人間で行った場合の競争的反応は全体の 6.6% であったのに対し，3 人組がこの課題を行った場合，競争的反応は 36.2% となることを示した。このような個人間－集団間不連続性の原因としては人びとが個人よりも集団を恐れること（Hoyle et al.,

1989)，集団成員は集団全体の利益を最大化する者が良き成員やリーダーであると考えることに加えて（Pinter et al., 2007），責任の拡散が大きな影響を与えている。たとえば他人に辛いソースを与える実験において，集団対集団条件は個人対集団条件や集団対個人条件よりもソースの量が多く，それに対する責任感も低かった（Meiser & Hinsz, 2004）。

②脱人間化

過剰な集団間紛争において集団成員は内集団を外集団よりも道徳的に優れ，外集団は人間以下であるとみなすようになる（Bandura, 1999; Leyens et al., 2003）。この脱人間化は外集団に対する攻撃を強める（Harris & Fiske, 2006）。バンデューラら（Bandura et al., 1975）の研究によれば，電気ショックを受ける相手が好ましい人物か，「獣じみた，不潔なやつら」か，いずれかの説明を与えたところ，後者のように脱人間化された場合には，好ましく紹介されたときより，相手に対して強い敵意を示し，より強い電気ショックを与えていた。

③文化の影響

敵対集団への攻撃に対する評価は文化によって異なる。ネイティブアメリカンのブラックフット族は譲歩によって紛争を避ける伝統があり，攻撃的な男性が勇敢で強いと評価されることはない（Bonta, 1997）。それに対して南米のヤノマノ族は攻撃的であることが社会的評価の高さと結びついているので，攻撃行動が生じやすい（Mead, 1935）。

コーエンら（Nisbett & Cohen, 1996; Vandello & Cohen, 2003）はアメリカ南部での殺人率は他の地域の3倍であることの説明として，「名誉の文化」の影響を指摘している（14章参照）。ヨーロッパ人がアメリカ南部に移民してきたとき，治安の悪さから暴力的であっても家族と財産を守る必要があり，またそれが賞賛された。さらにそのような人びとは，他人も名誉を脅かされたときに暴力的に振る舞うだろうと予想し，葛藤場面での曖昧な行動に対して脅威を知覚しやすくなった（Vandello et al., 2008）。その結果，このような地域では他の地域に比べて攻撃的相互作用が生じやすくなった。

④メディアの影響

マスメディア，とくに暴力的内容のメディアとの接触頻度と攻撃性については縦断的研究，フィールド実験，実験室実験のいずれにおいてもその影響関係が報告されている（Anderson et al., 2003; Anderson & Bushman, 2002b; Bushman & Huesmann, 2000）。短期的には攻撃的スクリプトのプライミングや暴力の模倣，長期的には暴力に対する信念の変化や暴力に対する鈍感さという形で暴力的メディアは攻撃性に影響を与える（Bushman & Huesmann, 2006）。長期的影響の例としては，15歳時点で暴力的メディアへの接触が多かった人びとは，接触が少なかった人びとと比べて，20代半ば時点での暴力メディアへの接触頻度に差がないにもかかわらず攻撃性は高かった（Huesmann et al., 2003）。

TVゲームも暴力的メディアとして攻撃性に影響を与える。たとえば暴力的内容のゲームで遊んだ人のうち，そのゲームの主人公に強く同一化している人ほど，別の課題で他人に不快なノイズ音を聞かせる機会を与えられた際に強い

スクリプト
すでに慣習化している日常的行動における手続きに関する知識。

ノイズを選択していた（Konijn et al., 2007）。さらに TV ゲームが攻撃性に与える影響は暴力映像よりも強いことが指摘されている（Polman et al., 2008）。

(7) 攻撃に対する認知と感情の影響

人びとの攻撃行動は，怒りに代表される感情状態と，自分が今どのような状況に置かれているかという認知，さらにはそれらに対する反応行動の決定といった，複数の心理的処理を経たうえで実行される。その過程はそれぞれの人が持つ特性，知識，信念，経験，能力によって影響を受ける。これらに関する従来の知見を1つのモデルにまとめたものが一般的攻撃性モデル（Anderson & Bushman, 2002a）である。一般的攻撃性モデルは，①情報のインプットとしての人物要因（行為者の個人的特徴，信念や価値，行動スクリプトなど）と状況要因（挑発，武器の存在，暑さ，暴力的メディアなど），②行為者の現在の内的状態（認知，覚醒，感情），③結果の評価と意思決定過程，の3段階での処理の結果として攻撃行動が生じると仮定している。状況の評価および意思決定は「即時的評価」という自動的な処理と「再評価」と呼ばれる高度に統制的評価が用いられる。恐怖や怒り，攻撃と関連のある目標の喚起，攻撃関連行動の意図形成などが即時的評価過程と関連し，知覚した刺激に対する行動反応のスクリプトによって攻撃行動が生じる。それに対して再評価過程は十分な認知資源があることや即時的評価が既に行われている必要がある。認知資源が他の活動によって抑制された場合には，再評価は実施されにくくなる。そしてもし即時的評価に満足，あるいは重要ではないと判断されれば，再評価は実行されないといった特徴がある。

(8) 攻撃に対する新しいアプローチ

攻撃行動に関しては従来多くの研究が成されてきたが，最近，新たなアプローチが試みられ，それによって興味深い知見も多く得られている。ここではその中でも一定の成果が得られているものとして，神経科学，攻撃性の伝承，愛着スタイルの影響を紹介する。

①神経科学

近年の神経科学の発展にともない，怒りと攻撃に関係のある脳の部位は前頭葉に集中していることが明らかになっている（Davidson et al., 2000; Raine, 2008）。前頭葉は感情と行動の制御と統制をつかさどっており，その構造的差異と攻撃的人格やサイコパス傾向との関連が指摘されている。たとえば反社会的人格障害者は一般的な人びとと比べて，前頭葉の灰白質に 11-14% の欠損が見られる（Raine et al., 2000）。人びとの攻撃性との関連性としては腹側前頭前皮質，背外側前頭前皮質，内側前頭前皮質，前帯状皮質，後帯状皮質，海馬，扁桃体といった前頭葉や大脳辺縁系の障害が指摘されている（Raine, 2008; Raine & Yang, 2008）。犯罪的サイコパス群を非犯罪的サイコパス群および統制群と比較したところ，犯罪的サイコパス群は他の群よりも前頭前皮質，前帯状皮質，後帯状皮質，扁桃体の賦活が低く（Kiehl et al., 2001），これらのことから，感情制御や行動統制にとって重要な領域における障害が暴力行動の原因となっていると考えられる。

攻撃の意思決定と実際の攻撃が実行されるタイミングをずらしたうえで脳活

サイコパス
冷淡で共感性が低いという感性反応を特徴とする症候群。

動を測定したところ，攻撃の意思決定の段階で背側前帯状皮質と内側前頭前皮質の賦活が見られ，また興味深いことに報酬系（背側線条体）の賦活が見られた。このことは攻撃が報酬として働くことを示唆している（Krämer et al., 2007）。それに対して攻撃が実行される段階では側坐核，前島，背側帯状皮質といった感情関連部位の賦活が見られた。このことは一般的攻撃性モデルが主張したとおり，人びとの攻撃行動が実行されるまでには認知的意思決定と感情反応が個別に機能し，影響を与えていることを示唆している。

②攻撃性の伝承

個人の攻撃性は生涯にわたって安定している。たとえば8歳時点で周囲から攻撃的と評価された子どものうち，37％が40歳以上になっても攻撃的と評価されていた（Huesmann et al., 2009）。これには性差が見られ，攻撃性が高いと評価された子どもに関して，成人後も攻撃性が高いと評価されたのは，男性が47％であったのに対し女性は18％だった。攻撃性の個人内での安定性に加えて，さらに最近注目されている現象としては攻撃性が親から子へと伝承することが挙げられる。ソーンベリーら（Thonberry et al., 2003）の自己報告調査によると，男親の場合には第1世代から第2世代へ，そして第2世代から第3世代へと親が子どもの攻撃性に影響を与えていた。それに対して女親の場合は第1世代から第2世代への攻撃性の伝承が生じなかった。観察データに基づく研究も3世代にわたり攻撃性が伝承されることを示している（Conger et al., 2003; Hops et al., 2003）。攻撃性が世代間で伝承される原因としては，社会的行動に影響する遺伝，親による子どもの環境の変更や親子間の関係の連続性，親の行動の観察を通じての影響が考えられる。

攻撃への遺伝的影響としては感情的覚醒や神経伝達物質のレベルでの影響が考えられる。中でも攻撃行動に影響を与える可能性のある遺伝子として最近注目されているのがγ-アミノ酪酸遺伝子（問題行動の抑制に影響；Dick et al., 2006），モノアミン酸化酵素遺伝子（社会的ストレス感受性に影響；Munafò et al., 2003），5-HT遺伝子（報復行動に影響；Waldman, 2008）などである。ただし遺伝的影響は子どもの置かれた状況との相互作用が重要であり，カスピら（Caspi et al., 2002, 2003）の研究ではモノアミン酸化酵素のレベルが低い参加者のうち，子ども時代か青年期に高いストレス下にあった場合には攻撃性が強まるリスクが高いことを報告している。攻撃性に影響を与える生活環境要因としては，ストレス，貧困，虐待，親からの拒絶などが挙げられ，両親の失業や離婚といった生活環境の変化もまた子どもの社会的感情発達にとってのリスク要因となる（Caspi et al., 2002）。

親の行動が子どもの攻撃性に影響を与える過程は2つ考えられる。短期的な再現過程と長期的な学習過程である（Huesmann & Kirwil, 2007）。短期的には親の攻撃的な振る舞いが，スキーマ，スクリプト，規範的信念として，子どもの心に植えつけられる。とくに子どもは親と自分を同一視しているので，すぐに行動を真似する。その結果，短期的には攻撃性の高い親が子どもの攻撃性を高めることになる。また最近の研究では模倣は単なる行動のコピーではなく，社会的行動統制の基礎となる社会的認知の符号化として機能していることが報告されており（Meltzoff, 2007），そのため単なる模倣であっても学習として機能することで長期的な影響を持つようになると考えられる。

③愛着スタイルと攻撃性

ボウルビィ（Bowlby, 1982）の愛着理論によれば，乳幼児期に親からどのような養育をされたかによって適切な愛着システム機能と愛着に対する安心感が形成される。この愛着に関する個々人のスタイルは「愛着不安」（愛着対象が必要なときに得られないと心配する程度）と「愛着回避」（関係のある相手の善意に不信を抱き，個人的振る舞いを保ち，相手から感情的に距離を取ろうとする）という2つの次元に分けることができる。両次元とも低い人は安全な愛着スタイルを備えているといえる。「愛着不安」と「愛着回避」はどちらも感情の経験，制御，表出に影響を与え（Mikulincer & Shaver, 2007），当然怒りもそれに含まれる。

ミクリンサー（Mikulincer, 1998）によれば，安心感の高い成人は，対人関係上の危機に際して，相手が謝罪してきたり態度を改善してきたりすると楽天的に考える。さらに安心感の高い成人は怒りを感じた出来事に対して関係修復，問題解決，葛藤後のポジティブな雰囲気づくりといった反応を取りやすい。それに対して愛着回避傾向の強い人は，怒りによる人間関係の変化を嫌い，それを抑えたり，間接的な方法で表出しようとする。またこの愛着スタイルの人は挑発に対して強い怒りを経験しないが，偶然加えられた危害による身体的・生理的変化を相手の敵意的意図に帰属する（Mikulincer, 1998）。愛着回避傾向の強い人びとは他人（たとえば親）と距離を取ったり，他人に興味がないことを示すために規則をやぶったり，反社会的行動をとったりする（Allen et al., 1998）。一方，愛着不安傾向の強い人は別離の恐怖や愛情に対する絶望的な願望，そして高い依存性のため，怒りの表出を抑える傾向があり，挑発や非難に対しては敵意，怒り，自己批判，恐怖，悲しみ，落胆といった複雑な感情反応を示す（Mikulincer, 1998）。愛着不安の人びとは注目を集め，面倒を見てもらったり怒りや憤りを表明する手段として反社会的行動をとりやすい（Allen et al., 1998）。

■ (9) 最後に

社会心理学に限らず，様々な学問領域において人間の攻撃性は研究されてきた。それは「私たちは何者なのか」という問に答えを与えてくれるものであり，決して人間の邪悪さを告発するものではない。本節に見られたとおり，人間の攻撃性は行為者本人にのみ根ざしているのではなく，私たちを取り巻く世界全体によって形作られている。その意味でも人間の攻撃性を理解することは人間の世界全体を理解することでもあるといえるだろう。

2. 援助行動

■ (1) 援助行動とは
①援助行動の定義

援助行動（helping behavior）とは，ある個人もしくは集団が，苦境や問題に直面している他者の状態を改善するために行う行動のことである。

援助行動と類似の概念として，向社会的行動（prosocial behavior）がある。向社会的行動とは，広義には社会的に好ましいとされる行動の総称であり，援助行動は向社会的行動の下位概念として位置づけられる。利他行動（altruistic

利他行動
愛他行動と称されることもある。

behavior）という概念もある。これは広義には他者の利益になる行動全般を指すが，狭義には，自身が何らかの報酬を得ることを期待せずに，他者の福利のみを目標として行われる援助行動のことである。

　これらの概念は，研究文脈によって定義が異なることもある。たとえば進化心理学では，行為の動機や意図を問わず，結果的に他者に利すると解釈される行動をすべて利他行動と称する傾向にあるが，動機を重視する立場では，利他行動とはあくまで利他的動機に基づく行動であり，利己的動機に基づく援助行動とは区別すべきという見解もある。ただしいずれにせよ，それらの実質的内容はかなり重複しており，峻別が困難な場合も多いので，本章ではこれらの概念をあまり厳密に区別せずに扱うこととする。

　援助行動や向社会的行動にまつわる研究は，大まかには3水準から理解されうる（Penner et al., 2005）。第1水準は，特定文脈における援助者－被援助者の2者関係を扱う観点である。1960～80年代に活性化した「どんなときに人びとは援助行動を行うのか／行わないのか」に関する研究や，80～90年代に行われた援助プロセスや援助動機に関する研究は，この水準に該当すると考えられる。第2水準は，人間の向社会的傾向の起源や多様性を論じる観点である。血縁選択説や互恵的利他主義などの進化心理学に基づく向社会的行動の議論，向社会的傾向の発達的変化，向社会的行動とパーソナリティの関連などに関する研究が，この水準に該当する。そして第3水準は，集団や組織における向社会的行為を扱う観点である。ボランティアや複数者による協力行動などの研究がこの水準に該当する。本章では第2水準や第3水準に関連する議論も若干含みつつ，第1水準に関連する議論を中心に論じることとする。

②傍観者効果とその理由

キティ・ジェノベーゼ
「キティ・ジェノビーズ」と訳されることもある。

　1964年，ニューヨークでキティ・ジェノベーゼ（Kitty Genovese）という若い女性が深夜に暴漢に殺害される事件があった（Rosenthal, 2008）。この事件は目撃者が38人あまりいたにもかかわらず，助けようとしたり警察へ通報しようとした人がほぼ皆無であったと報じられたことによって社会的に注目を集め，この事件を契機として，人びとはどのようなときに援助するのか／しないのかに関する社会心理学的研究も活性化した。それら初期の援助行動研究の主たる知見として挙げられるのが傍観者効果（bystander effect）である（Latané & Darley, 1970）。これは，誰かが緊急事態にあることを目撃した人数が多いほど，かえって援助行動が行われにくくなる現象のことであり，その主たる理由としては，責任の分散と多元的無知が挙げられる。

　責任の分散（diffusion of responsibility）とは，他者が居合わせることによって各個人の責任感が低下してしまうことである。責任の分散に関する代表的実験（Darley & Latané, 1968）では，はじめに実験参加者はそれぞれ個室に通されて，インターホンを使って学生同士でお互いの悩みについて討論すると教示された。実験条件としての討論参加者の人数は，①自分とサクラだけ，②自分とサクラともう1人の3人集団，③自分とサクラの他に4名の6人集団，という3条件のいずれかに割り振られた。実験実施者はその音声を聞かないという前提のもとに討論が開始されると，参加者のひとり（実はサクラ）が病気の発作で困っていると言い，その後，実際に発作が起こって助けを求めるような音声がインターホンから流れた。そこで，その音声を聞いた実験参加者

が，その緊急事態報告のために個室から出るか否か，さらにその所要時間が測定された。その結果，発作の音声を聞いていたのが自分だけと思っていた条件では6分以内に85%がそのことを報告した（援助行動をした）が，3人集団と思っていた条件での報告率は62%であり，さらに6人集団と思っていた条件の報告率は31%であった。この実験条件は緊急事態であることが明白であり，かつ他の参加者の反応を観察することもできないので，後述する多元的無知による説明は該当しない。単に，自分以外にもこの緊急事態を察知している他者がいると思うだけで，そしてその人数が増えるほど，自身が対応しなければならないという責任感が低下してしまうのである。

多元的無知（pluralistic ignorance）とは，自身の公的行為と心理は矛盾することもあることを理解しているにもかかわらず，他者の公的行為はその人の心理の反映と解釈してしまうことにより，自身が支持していない集団規範を他者は支持しているとお互いに誤解してしまう現象のことである。緊急事態の状況判断には不明瞭な要素も多く，はたしてこれが緊急事態なのか，自身では判断できない場合も少なくない。そのようなとき，人は他者の振る舞いを参照することになるが，お互いに内心「緊急事態かもしれない」と思いつつも動かないと，お互いに「みんなはそう思っていないみたいだ」と誤解してしまい，全員が援助行動を抑制してしまうという事態が生じうる。このことを実験的に検証した研究（Latané & Darley, 1968）では，男子大学生を対象に，換気口から部屋に煙が充満したときの反応を検討した。その結果，自分しかいない場合は実験参加者の75%（24人中18人）が異常を報告したが，無反応のサクラ2人といる場合の報告率は10%（10人中1人），さらに全員がナイーブな参加者である3人集団で誰かが報告した割合は38%（8グループ中3グループ）であった。この結果は，お互いに他者が反応しないことを観察することによって，その状況を非緊急事態と定義し合う心理が働くことを示唆している。

(2) 人はなぜ援助行動を行うのか

人が他者を援助する理由の主な説明としては，①他者に対する関心や共感，②他者の苦しみによって生じる自身の情動的苦痛を緩和しようとする援助者側の動機，③規範への同調，④肯定的な評判を獲得しようという欲求，などが挙げられる（Nadler & Halabi, 2014）。

①共感-利他性仮説

人が他者を援助する理由としてまず挙げられるのは，他者の苦痛を軽減したいという利他性であろう。他者への共感や利他性が援助行動を促進するという代表的な説としては，共感-利他性仮説（empathy-altruism hypothesis: Batson, 2011）が挙げられる（図8-1）。この仮説によれば，援助を必要とする他者の知覚と，他者の福利の尊重という2つの先行要因によって共感的配慮が生起し，それが利他的動機を生じさせる。さらに，利他的動機と，可能な行動についてのコスト-利益分析（援助をすること／しないことによって生じるコストと利益の検討）の組み合わせによって，自分自身で援助行動を行うか，他者に援助行動を依頼するか，援助行動を行わないかが決まることとなる。

多元的無知
「集合的無知」「多数の無知」「多元的衆愚」と称されることもある。その結果，全員が内心では同意していないはずの規範に沿うような行動をしてしまうこととなる。

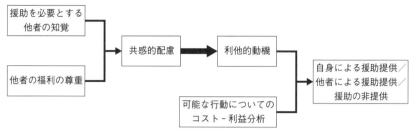

図 8-1　共感-利他性仮説 (Batson, 2011)

②利己的動機説

共感-利他性仮説に代表される「援助行動は利他性によって生じる」という説に対して，「援助者側の利己的動機によって援助行動が生起する」という説もある。その代表的な説である否定的状態解消モデル (negative state relief model: Cialdini et al., 1987) によれば，共感性が高い人は，他者が苦境に直面していることを知覚することによって自身もネガティブ感情を経験しやすく，そのネガティブ感情を緩和・解消するための手段として，援助行動を行いやすくなると考えられている。

③援助行動に関する規範

規範によって援助行動を説明しようとする観点もある。たとえば箱井・高木 (1987) は，援助行動に影響する規範意識として，返済規範意識（受けた恩は返すべきという互恵的・補償的な規範意識），自己犠牲規範意識（自身を犠牲にしてでも他者を助けるべきという利他的な規範意識），交換規範（援助行動を見返りへの期待に基づく社会的交換とみなす規範意識），弱者救済規範（弱者を救済するのは当然であるという規範意識）という4種類の規範意識を見出している。

互恵性規範 (norm of reciprocity) は援助行動を左右する中心的規範である。互恵性 (reciprocity)，いわゆるギブ・アンド・テイクは人間の社会生活における基本的パターンであり，人は「助けてくれた人を助けるべきだ」「助けてくれた人を傷つけてはいけない」という互恵性規範を有しており (Gouldner, 1960)，互恵性規範は援助行動を促進する社会規範 (social norm) のひとつとして位置づけられる（松井，1998）。

④援助行動の進化心理学的アプローチ

お互いに助け合うという社会性は，人間という動物を特徴づける主要な特徴のひとつでもあり，その特徴は，生存・適応を促すメカニズムとして，進化のプロセスを経て形成されたとも考えられる。ただし，助け合いが相互の適応を促すメカニズムは，自他の関係性によって異なるとも考えられており（小田ら，2013），たとえば血縁同士の助け合いは血縁選択説 (kin selection) で説明され得るのに対して，非血縁の特定関係における助け合いが双方の適応が促すメカニズムとしては，互恵的利他主義 (reciprocal altruism: Trivers, 1971) による説明が代表的である。さらに，不特定多数の対人関係においても利他行動が促進されるメカニズムについては，評判を介しての間接互恵性 (indirect reciprocity: Nowak & Sigmund, 1998) によって説明可能である（利他行動の

社会規範
ただし，援助行動に影響する規範には，社会規範（社会全体が有している規範）のみならず個人規範 (personal norm: 個人が個別に持っている規範）もあり，互恵性規範を個人規範として想定することも可能である。

進化論的アプローチについては15章参照)。

　援助行動は素朴にはコスト負担ともみなされうるが，これら進化心理学の観点からは，援助行動は短期的にはコスト負担をともなうが長期的に適応につながる行動とみなされうる。たとえば，配偶者や味方としての自己価値をアピールする手段としての積極的なコスト負担，すなわちコストリーシグナル（costly signal）と称されるメカニズムを援用すれば，援助行動や利他行動もコストリーシグナルとして機能する。この観点は，次に述べる援助行動の性差に関する議論にも適用され得る。

⑤援助行動の性差とその理由

　援助行動には性差も指摘されており，たとえば未知者間の一過的な援助行動を扱う古典的な援助行動研究においては，男性の方が女性よりも援助行動を行いやすい傾向にある。この理由としては，伝統的性役割に則れば，男性性役割として英雄的な援助行動が，一方で女性性役割として養育的な援助行動が推奨されやすく，古典的な援助行動研究では男性性役割に合致する援助行動を扱うことが多かったから，といった説明が考えられる（Eagly & Crowley, 1986）。

　しかし近年は，援助行動の性差を進化心理学的観点から説明する議論もある。たとえば，向社会的行動には行為者の優しさや寛大さなどの道徳的美徳を反映したものと解釈される側面もあり，それらの道徳的美徳は性的魅力につながりうる（Miller, 2007）。このような観点に基づき気前の良さや慈愛心をあからさまに示すような自己犠牲的行動が，自身の配偶者としての資質の好ましさをアピールする自己呈示的な配偶戦略として機能するというコストリーシグナルの観点を援用して，恋愛動機が喚起された際の向社会的行動の性差について実験的に検討した研究もある（Griskevicius et al., 2007）。その最初の実験では大学生男女を対象として，はじめに実験操作によって恋愛動機を高める恋愛群と対照群のいずれかに振り分けたうえで，お金の使い方や時間の使い方に関する質問を実施した。その結果，女性では恋愛群が対照群よりも多くの時間をボランティア活動に費やすと回答した。この結果は，女性の場合，恋愛動機によって優しさをアピールするような援助行動が生じやすくなることを示唆している。ただしこの実験で，男性の援助行動は恋愛動機に影響されなかった。そこで次の実験では，ボランティア活動に加えて，「誰かがボートから落ちたときに冷たい河に飛び込む」「誰かが閉じ込められている燃えさかる建物に駆け込む」などの英雄的な援助行動についても尋ねた。その結果，まずボランティア活動については，やはり女性のみで恋愛動機による促進効果が示された。その一方，英雄的援助行動については，全般的に女性より男性の方が積極的であり，さらに女性では動機による差もなかったが，男性では恋愛群の方が対照群より積極的であった。

コストリーシグナル
　コストリーシグナリング（costly signaling）という用語も用いられる。

3. 援助要請

(1) 援助要請とは
①援助要請の定義

　援助要請（help-seeking）とは，典型的には「個人が問題やニーズを抱えており，他者が時間，労力，資源を費やしてくれることによってその問題が解決

もしくは軽減されうるものであり，ニーズを抱えた個人が他者に対して直接的に援助を要請する」行動（DePaulo, 1983）のことである。ただし，これは援助要請の定義というよりもあくまで典型例であり，これに合致しなければ援助要請ではない，というわけでもない。

援助要請にも様々な下位概念がある。たとえば，援助要請する際に直面している問題の性質によって，学業上の問題に直面した際の援助要請は学業的援助要請（academic help-seeking），心理的問題に直面した際の援助要請は心理的援助要請（psychological help-seeking）と称される。また，援助要請にまつわる態度やパーソナリティを被援助志向性（help-seeking preference）と称することもある。さらに近年は，要請・授受される援助の種類として，自律的援助と依存的援助という区分も注目されている。自律的援助（autonomy-oriented help）とは，被援助者が自力で問題を解決するためのツールやヒントを提供するにとどめる援助であり，それに対して依存的援助（dependency-oriented help）とは，被援助者の問題を援助者が全面的・根本的に解決するような援助のことである。たとえば，空腹な人に釣り竿を与えるのが自律的援助，料理した魚を与えるのが依存的援助，といえよう。

依存的援助
それぞれ「自律志向的援助」「依存志向的援助」と称されることもある。

②援助要請のプロセスモデル

初期の援助要請研究では，援助要請に至るまでの意思決定プロセスについても検討されてきた。たとえば高木（1998）によるモデルでは，順に①問題への気づき（問題に気づかなければ援助要請は行われない），②問題の重大性判断（重大でなければ援助要請は行われない），③自己解決能力の判断（自己解決可能であれば援助要請は行われない），④援助要請の意思決定（援助要請する／しないことによる利得とコストに基づく判断），⑤潜在的援助者の探求，⑥援助要請方略の検討（どのように援助要請するかの検討），⑦援助要請の評価（実行された援助要請を相手がどう受け止めたかの判断）という7段階が想定されている。

ここから，援助要請においても援助提供と同様に，その利得とコストが重要な規定因であることがうかがえる。すなわち，「人が援助要請するのは，要請コストが被援助利益よりも小さく，非要請コストが非要請利益よりも大きいとき（相川, 1989, p.295）」であり，逆に要請コストが被援助利益よりも大きく，非要請コストが非要請利益よりも小さいときに，援助要請は抑制されやすくなる。

(2) 援助要請の関連要因

援助要請に関連する要因としては，①ネットワーク変数（社会的ネットワーク，ソーシャルサポートなど），②パーソナリティ変数（自尊心，帰属スタイルなど），③問題の深刻さや症状，④デモグラフィック要因（性別，年齢，文化など）など，様々なものが挙げられる（水野・石隈, 1999）。本章では紙幅の都合上，①自尊心，②性差，③文化差のみについて取り上げる。

①援助要請と自尊心

援助要請を左右する個人差要因として，これまで最も数多く議論されているのは自尊心（self-esteem）であろう。その代表的な論説である自尊心脅威モデ

自尊心
「自尊感情」とも称される。

ル（threat-to-self-esteem model: Fisher et al., 1982）によれば，援助の要請・受容は，文脈次第では受容者の脆弱性や無能さを露見させることとなり，自尊心を蝕みかねないので，そのような懸念がある場合には，人びとは援助要請に消極的になり，援助受容をネガティブにみなすことになる。したがって，自尊心防衛傾向が高いほど，援助要請は抑制されると考えられる。

しかしその一方で，「自尊心が低いほど，さらに傷つくのを避けるために援助要請を抑制する」という脆弱性（傷つきやすさ）仮説もある（Tessler & Schwartz, 1972）。この相反する仮説の妥当性について，脇本（2008）は，自尊心の高低と安定性という観点から検討している。その結果，自尊心が安定している場合には，脆弱性仮説に合致するように，自尊心が被援助志向性に正の影響を及ぼした。しかし，自尊心が不安定な場合は，自尊心脅威モデルに合致して，自尊心が被援助志向性に対して負の影響を及ぼしていた。

②援助要請の性差

全般的に，女性に比べて男性は援助要請を抑制しやすい。その主たる理由としては，自力での達成や独立などを強調する伝統的な男性性役割観の影響が指摘されてきた（Addis & Mahalik, 2003; Galdas et al., 2005; Nadler et al., 1984）。「男たるもの，他人に頼らず自力で困難を克服しなければならない」という伝統的性役割に則ると，男性の援助要請はそれに反することになるので抑制されやすくなるということである（橋本, 2005a）。女性の援助要請者は魅力的な男性の援助提供者に援助要請を行いやすいのに対して，男性の援助要請者は魅力的な女性の援助提供者に対する援助要請を抑制しやすいという知見（Nadler et al., 1982）などは，このような推測に合致するものと考えられる。

それでは「女性は他者に頼ることが性役割として規範化されているので，男性よりも援助要請に積極的である」ということなのであろうか。もちろん，そのような解釈もあり得るだろうが，別の興味深い解釈もある。それは，女性は男性より問題や困難の解決・克服に積極的であるがゆえに，援助要請にも前向きであるという可能性である（Nadler, 2015）。問題に直面したときの対処において，「積極的か消極的か」と「他者に頼るか頼らないか」というのは基本的に別次元であり，それを踏まえてのさらなる検討が求められる。

③援助要請の文化差

援助要請には文化差もあり，たとえばヨーロッパ系アメリカ人と比べて，日本を含めてアジア人は援助要請を抑制しやすい（橋本ら, 2007）。アメリカ人は個人主義的，日本人は集団主義的という俗説からすると意外に思われるかもしれないが，この文化差は，アジア人における関係懸念（relationship concern: 集団の和を乱したくない，面子を失いたくないなどの包括的概念）の高さによって生じているという指摘がある（Kim et al., 2006; Taylor et al., 2004）。すなわち，東アジアにおいては，対人関係の調和を保つことが最優先の文化的課題であり，そこで闇雲に援助要請することは，調和を脅かす行為としてネガティブに評価される懸念があるので抑制されやすい，ということである（文化については14章参照）。

この関係懸念説は，自己へのネガティブ評価を回避したいという利己的動機による説明とも解釈され得る。しかし，共感性と援助行動の関連について，利

己的動機と利他的動機の両方の説明が考えられたように，援助要請の抑制もまた，利己的動機のみならず，利他的動機から説明することも可能であろう。たとえば橋本（2012）によれば，アジア人における援助要請抑制傾向は，関係懸念のようなネガティブ評価回避志向というよりも，むしろ他者や集団全体の利得を優先しようとする利他的な志向性によって生じている可能性も考えられる。援助要請を，自己利得のために他者にコスト負担を求める行為と解釈するならば，援助要請を抑制すれば，自己利得は小さくなるが，他者に余計な負担をかけなくてすむことにもなるからである。

■（3）援助要請と地位や資源の不均衡
①援助要請はなぜネガティブにみなされるのか
　援助要請の自尊心脅威モデルや関係懸念説などから，素朴には援助要請はネガティブにみなされがちであるように思われる。しかし，諸要因の組み合わせ次第では，援助要請がポジティブにみなされることもある。援助要請者の地位やパフォーマンス期待，援助要請の理由づけや援助要請者に対する感情，そして提供される援助の関連について検討した研究（Nadler & Chernyak-Hai, 2014）によれば，低地位者からの援助要請に対しては，能力や動機づけの低さといった内的帰属がなされやすく，援助者側の憐憫の情や社会的責任感に基づく依存的援助が提供されやすい。それに対して高地位者からの援助要請は，目標達成を妨げるような外部からの妨害によるといった外的帰属がなされやすく，相手の地位や能力を尊重した自律的援助が提供されやすかった。すなわち，低地位者からの援助要請は，その人の弱さや資源不足の反映とみなされて哀れむような援助が提供されやすいのに対して，高地位者からの援助要請は，その人の強さや積極性の反映とみなされて，対等的な援助が提供されやすい，ということである。

　従来の援助行動研究では，援助行動を共感や利他性の表出という向社会性の反映とみなすことが多かった。しかし実は援助授受には，資源や地位の不均衡と連動する側面もある（Nadler & Halabi, 2014）。すなわち，他者への援助提供は資源や地位の優越性を背景としており，それは肯定的評判や尊敬の獲得などと結びついている。一方，他者からの援助に頼ることの背景には自身の資源不足という事情があり，それは低地位の甘受や敬意の喪失と結びつくことになる。

②集団間における援助と不均衡
　援助授受と地位や資源の不均衡の関連パターンは，個人間のみならず集団間関係にも適用されうる。ナドラー（Nadler, 2002; Nadler & Halabi, 2006; Nadler et al., 2009）は，そのような集団間における援助授受のモデルとして，地位関係としての集団間援助（intergroup helping as status relations: IHSR）モデルを提唱している。これは簡潔にいえば，集団間における優越的な地位への欲求が，援助授受と連動するというモデルである（図8-2）。たとえば，高地位集団から低地位集団への依存的援助の提供は，地位の序列を一層強固にする（不均衡を正当化する）。低地位集団がそのような援助を喜んで受容することは，暗黙のうちに地位の不均衡をも受容することとなり，それに対して集団間での社会的均衡を達成したいという欲求に動機づけられていると，依存的援助

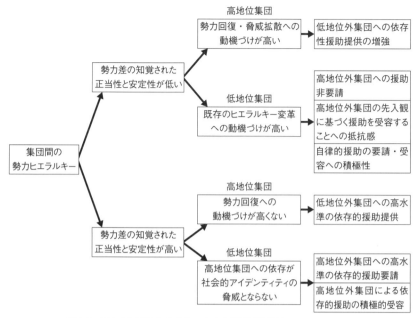

図8-2 勢力の正当性と安定性による集団間援助関係（Nadler, 2002）

の受容に対して拒否的になる。

4. ソーシャルサポート

(1) ソーシャルサポートとは
①ソーシャルサポートの定義

ソーシャルサポート（social support）とは，典型的には，身近な対人関係における日常的な支援，アドバイス，励ましなどの支え合いの総称である。

コッブ（Cobb, 1976）の古典的定義によれば，「ソーシャルサポートとは，ケアされ愛されている，尊敬されている，そして互いに義務を分かち合うネットワークのメンバーである，と信じさせるような情報として定義される」。しかしこの定義は，「ケアされ愛されている，と信じさせてくれるような情報とは何か？」という循環論的疑問を生じさせることとなり，それ以降，様々な定義が乱立する状態を経て，近年は，対人関係が心身の健康に及ぼす影響を扱う諸研究をソーシャルサポート研究と総称することで，一定のコンセンサスが得られているようである。

ソーシャルサポート研究では，心身の健康に対して基本的にポジティブな影響を及ぼしうる対人関係について扱うことが一般的である。それに対して，心身の健康にネガティブな影響を及ぼしうる対人関係は，社会的排斥（social exclusion: 浦, 2009），孤独感（loneliness: Cacioppo & William, 2008），対人ストレス（interpersonal stress: 橋本, 2005b）などと概念化されて研究されているが，紙幅の都合でその詳細は割愛する。また，近年はソーシャルサポートの関連概念として，社会関係資本（social capital: Putnam, 2000）も注目されている。

②ソーシャルサポートと援助行動の違い

　ソーシャルサポートと援助行動は少なからず重複しているが，あえてその違いを挙げるならば，援助行動研究は行動そのものに着目するのに対して，ソーシャルサポート研究は，支え合いと心身の健康（疾病やストレス，ウェル・ビーイングなど）との関連を中心的に扱う点が挙げられる。また，援助行動研究では緊急事態における未知者同士の援助行動も重視されてきたのに対して，サポート研究は知り合い同士（家族，恋人，友人など）における日常的な助け合いを中心に扱う傾向がある（Gleason & Iida, 2014; 松井・浦, 1998）。

　ただし近年では，援助行動と心身の健康の関連に着目している研究もあり（Weinstein & Ryan, 2010），援助行動研究とソーシャルサポート研究の区別は曖昧になりつつある。さらに，ポジティブ心理学（17章参照）の隆盛によって，個人の目標達成や自己実現なども健康概念の一部とみなすことも最近は一般的になりつつある。そのような風潮と連動して，最近はソーシャルサポート研究でも，従来の身体的・心理的健康に加えて，課題達成や自己実現などとの関連を検討する研究も増えつつある（Feeney, 2004; Overall et al., 2010）。

③ソーシャルサポートの効果

　ソーシャルサポートは，心身の健康状態の良好さ，疾病からの回復の早さなど，様々な健康指標に対してポジティブな影響力を有している。たとえばサポートが生理学的指標に及ぼす影響に関する研究のレビュー（Uchino et al., 1996）では，サポートが心臓血管の健康や免疫機能と結びついていることや，サポートのポジティブな影響はストレス緩衝効果によることが指摘されている。

　ストレス緩衝効果（stress buffering effect: 図8-3）とは，サポートとストレスの交互作用としてディストレスが軽減される効果のことである（Thoits, 1986）。心理社会的ストレス理論（Lazarus & Folkman, 1984）によれば，人はストレッサーを経験すると，認知的評価とコーピングを行い，そこで適切にコーピングが行われればストレス反応は抑制されるが，そうでなければストレスの悪影響が顕現化することとなる（ストレスの詳細は17章参照）。この理論に基づけば，ストレッサーが少なければサポートの多寡を問わず健康は保たれるが，ストレッサーが多いときにはコーピング機能としてのサポートが重要となり，サポートが機能すればストレッサーによる悪影響は抑制されるが，機能しなければストレッサーによる悪影響がストレス反応として顕現化することとなる。このようなストレス緩衝効果に対して，ストレスの多寡を問わず，サポートが常に健康を促進する効果は，サポートの直接効果（main effect）といわれている。

④ソーシャルサポートの種類

　ソーシャルサポートを把握するための概念的枠組みは多様である。まず大まかには，社会的統合もしくは社会的関係（結婚状態をはじめとする対人関係の存在），ソーシャルネットワーク（ネットワークの大きさ，密度，重複度など，対人関係の構造的側面），そして対人関係の機能的側面としてのソーシャルサポート（対人的相互作用の質や量など），という3側面が想定される（House et al., 1985）。さらにサポートの機能的側面は，知覚されたサポー

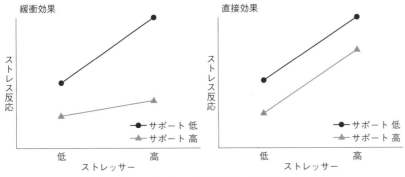

図8-3 サポートの緩衝効果と直接効果

ト（perceived support: どのようなサポートをどのくらい利用可能と知覚しているか）と，実行されたサポート（enacted support: 過去一定期間に，どのようなサポートをどのくらい受けたか）に区分される（Dunkel-Schetter & Bennett, 1990）。

さらに，どのようなサポート機能が授受されるかという観点からの区分もあり，典型的には道具的サポートと情緒的サポートという区分がある（Carver et al., 1989）。道具的サポート（instrumental support）とは，直接的もしくは間接的にストレッサーの解決に貢献するようなサポートのことである。情緒的サポート（emotional support）とは，慰めや気晴らしによってストレスを和らげるようなサポートである。この区分は，心理社会的ストレス理論における情動焦点型コーピングと問題焦点型コーピングに対応しているとも考えられる（コーピングの詳細は17章参照）。

⑤実行されたサポートは有害か

ところで，サポートが心身の健康に及ぼすポジティブな影響は，社会的統合や知覚されたサポートをサポート指標として用いている場合に見出されやすい。一方，実行されたサポートは，しばしば心身の健康とネガティブな関連を示しやすいというパラドックスが指摘されている（Barrera, 1986; Finch et al., 1997; Uchino, 2009）。たとえば高齢者を対象としたあるプロスペクティブ研究（予測型研究）では，知覚されたサポート利用可能性は致死率の低下を予測したが，実際のサポートは致死率の増加を予測している（Krause, 1997）。

この理由としては，サポート受容と不健康の両方がストレッサーなどの第三変数に規定されることによる疑似相関の可能性なども考えられる。しかし，第三変数を統制してもサポート受容とネガティブ気分は関連すること（Bolger et al., 2000; Gleason et al., 2008），実験でもサポート受容によるネガティブ効果が示されること（Bolger & Amarel, 2007），ストレスによってサポート提供が促されるという逆因果プロセスや，嫌悪的な出来事によってサポートとストレスの両方が増加するという疑似相関プロセスによる説明力は必ずしも十分でないこと（Seidman et al., 2006）などから，その他のプロセスの影響を差し引いても，サポート受容によるネガティブな影響は，それなりにあるものと考えられる。サポート受容の悪影響の理由としては，それが負債感や自尊心低下をもたらしうることによる可能性などが考えられる。

疑似相関
サポートと健康の関連を論じる際には，第三変数効果による疑似相関の可能性に留意することも重要である。疑似相関をもたらし得る第三変数としては，本文中に挙げたストレッサーのみならず，パーソナリティからデモグラフィック要因（社会経済的地位など）まで，様々な要因が考えられる。

(2) ソーシャルサポート研究の新たな展開

①キャピタライゼーション

ソーシャルサポート研究では，ネガティブな出来事によって生じる心身の健康への悪影響を，サポートが和らげる効果などについて中心的に検討してきた。しかし近年，ポジティブな出来事の好影響を，サポートがさらに促進・増幅する効果についても注目が高まりつつある。

ポジティブな出来事を経験した際に，他者との接触を求めたりその喜ばしさを最大化するような表出的応答を行うことによって，出来事自体の効果を差し引いても肯定的情緒が高まる効果はキャピタライゼーション（capitalization）といわれている（Langston, 1994）。このキャピタライゼーションのポジティブ効果は，自身がキャピタライゼーションを試みたときに，相手が積極的かつ建設的な応答をすることによってさらに促進される（Gable et al., 2004）。加えて，ポジティブな出来事を経験したときのキャピタライゼーションとしての他者からの応答性は，ネガティブな出来事を経験したときの応答以上に，相手との関係満足感や関係継続と結びつくという知見もある（Gable et al., 2006）。

②不可視的サポート

援助要請の自尊心脅威モデルや関係懸念説，受容サポートの悪影響などからも推測されるように，あからさまなサポート（visible support）は受け手に負債感（申し訳なさ）や無力感，自尊心低下などの情緒的コストを生じさせる。そこで考えられるのが，受け手がサポートされていることに気づかないようなサポート，すなわち不可視的サポート（invisible support）の方が，あからさまなサポートよりもポジティブな効果を有しているという仮説である。この仮説は，日記法を用いた研究（Bolger et al., 2000），実験による研究（Bolger & Amarel, 2007），観察者評定による研究（Howland & Simpson, 2010）など，様々な研究において基本的に支持されている。

③互恵性の重要性

援助行動と同様に，ソーシャルサポートにおいても互恵性は重要である。先述したように，サポートの過剰な受容は受け手に負債感を感じさせることとなり，自尊心低下をはじめとするネガティブな影響をもたらしうるからである。「どのくらいサポートされているか」よりも「自他のサポート授受のバランスがとれているか」の方が，心身の健康とより密接に関連するという主張もある。

たとえば，カップルにおけるサポート授受の効果を検討した研究（Gleason et al., 2003; Gleason et al., 2008）では，互恵的なサポート授受が高水準のポジティブ気分，低水準のネガティブ気分と結びつく一方で，互恵性の低いサポート受容はネガティブ気分の高まりと関連しており，とくに自分が一方的にサポートされているときに，最もネガティブ気分が高かった。このことは，互恵的なサポート授受が最も好ましい影響を及ぼし得ると同時に，過剰負担よりも過剰受容による負債感の方が，よりネガティブな影響を持ち得ることを示唆している（Uehara, 1995）。とくにアジア人は知人との贈与交換において互恵性規範を意識しやすく，互恵的でない場合の負債感を回避するために贈り物を拒否しやすいという知見もある（Shen et al., 2011）。

④助けることによる健康維持・促進効果

　従来のソーシャルサポート研究は，サポートされることによる健康への影響に主眼を置いてきた。しかし最近は，自身が（援助行動や向社会的行動も含めて）サポートする側に立つことによって，自身の心身の健康が維持・促進されるという知見も少なからず報告されている（Aknin et al., 2013; Aknin et al., 2012; Brown et al., 2003; Dunn et al., 2008; Gleason et al., 2003）。中には，サポートを受けることよりも，むしろサポートを提供することの方が，健康に及ぼすポジティブ効果は大きいという指摘もある。たとえばサポート受容よりもサポート提供の方が長寿と関連するという知見（Brown et al., 2003）や，援助提供が配偶者との死別による抑うつを低減させるという興味深い知見もある（Brown et al., 2008）。

　配偶者の突然の病気など，特定関係においてケアする側とされる側という役割が生じた場合に，ケアされる側の健康に影響するのは，受容サポートよりもむしろ提供サポートであるという興味深い指摘もある。たとえば，がん患者とそのパートナーにおける抑うつについて検討した研究（Ybema et al., 2001）において，患者側はパートナーへの貢献が少なすぎると抑うつが高くなりやすく，一方でパートナーは関係からの利得が少ないときに抑うつが高かった。多発性硬化症に直面したカップルにおける日常的サポートの効果についての研究（Kleiboer et al., 2006）でも，患者のウェル・ビーイングが情緒的サポート提供と正の関連を示すことが見出されている。「患者とそのパートナー」という枠組みでは，サポート授受に不衡平が生じやすく，患者側は負債感，パートナー側は負担感を感じやすくなってしまう。そこで，何らかの形で患者側もパートナーをサポートすることができれば，それが衡平性の回復につながり，結果的に両者のウェル・ビーイングが促進・維持されるとも考えられよう。

■文献

Addis, M. E., & Mahalik, J. R. (2003). Men, masculinity, and the contexts of help seeking. *American Psychologist*, **58**, 5-14.

相川　充 (1989). 援助行動　大坊郁夫・安藤清志・池田謙一（編）社会心理学パースペクティブ1―個人から他者へ― (pp. 291-311) 誠信書房

Aknin, L. B., Barrington-Leigh, C. P., Dunn, E. W., Helliwell, J. F., Burns, J., Biswas-Diener, R., Kemeza, I., Nyende, P., Ashton-James, C. E., & Norton, M. I. (2013). Prosocial spending and well-being: Cross-cultural evidence for a psychological universal. *Journal of Personality and Social Psychology*, **104**, 635-652.

Aknin, L. B., Hamlin, J. K., & Dunn, E. W. (2012). Giving leads to happiness in young children. *PLoS ONE*, **7**(6), e39211.

Allen, J. P., Moore, C., Kupermine, G. P., & Bell, K. (1998). Attachment and adolescent psychosocial functioning. *Child Development*, **69**, 1409-1419.

Anderson, C. A., Anderson, K. B., Dorr, N., DeNeve, K. M., & Flanagan, M. (2000). Temperature and aggression. In M. P. Zanna (Ed.), *Advances in experimental social psychology*, Vol. 32 (pp. 63-133). New York: Academic Press.

Anderson, C. A., Benjamin, A. J., & Bartholow, B. D. (1998). Does the gun pull the trigger? Automatic priming effects of weapon pictures and weapon names. *Psychological Science*, **9**, 309-314.

Anderson, C. A., Berkowitz, L., Donnerstein, E., Huesmann, L. R., Johnson, J., Linz, D., Malamuth, N. M., & Wartella, E. (2003). The influence of media violence on youth. *Psychological Science in the Public Interest*, **4**, 81-110.

Anderson, C. A., & Bushman, B. J. (2002a). Human aggression. *Annual Review of Psychology*, **53**, 27-51.

Anderson, C. A., & Bushman, B. J. (2002b). The effects of media violence on society. *Science*, **295**, 2377-2378.

Archer, J. (2000). Sex differences in aggression between heterosexual partners: A meta-analytic review. *Psychological Bulletin*, **126**, 697-702.

Bandura, A. (1965). Influence of models' reinforcement contingencies on the acquisition of imitatitive responces. *Journal of Abnormal and Social Psychology*, **66**, 575-582.

Bandura, A. (1977). *Social learning theory*. Englewood Cliffs, NJ: Prentice Hall.

Bandura, A. (1999). Moral disengagement in the perpetration of inhumanities. *Personality and Social Psychology Review*, **3**, 193-209.

Bandura, A., Ross, D., & Ross, S. A. (1961). Transmission of aggression through imitation of aggressive models. *Journal of Abnormal and Social Psychology*, **63**, 575-582.

Bandura, A., Ross, D., & Ross, S. A. (1963). Vicarious reinforcement and imitative learning. *Journal of Abnormal and Social Psychology*, **67**, 601-607.

Bandura, A., Underwood, B., & Fromson, M. E. (1975). Disinhibition of aggression through diffusion of responsibility and dehumanization of victims. *Journal of Research in Personality*, **9**, 253-269.

Barrera, M. (1986). Distinctions between social support concepts, measures, and models. *American Journal of Community Psychology*, **14**, 413-445.

Batson, C. D. (2011). *Altruism in humans*. New York: Oxford University Press.（バトソン，C. D. 菊池章夫・二宮克美（訳）（2012）．利他性の人間学―実験社会心理学からの回答― 新曜社）

Berkowitz, L., & LePage, A. (1967). Weapons as aggression-eliciting stimuli. *Journal of Personality and Social Psychology*, **7**, 202-207.

Bolger, N., & Amarel, D. (2007). Effects of social support visibility on adjustment to stress: Experimental evidence. *Journal of Personality and Social Psychology*, **92**, 458-475.

Bolger, N., Zuckerman, A., & Kessler, R. C. (2000). Invisible support and adjustment to stress. *Journal of Personality and Social Psychology*, **79**, 953-961.

Bonta, B. D. (1997). Cooperation and competition in peaceful societies. *Psychological Bulletin*, **121**, 299-320.

Bowlby, J. (1982). *Attachment and loss*, Vol. 1: *Attachment* (2nd ed.). London: Tavistock Institute of Human Relations.（ボウルビィ，J. 黒田実郎・大羽 蓁・岡田洋子・黒田 聖（訳）（1991）．新版 母子関係の理論 第1巻―愛着行動― 岩崎学術出版社）

Brown, S. L., Brown, R. M., House, J. S., & Smith, D. M. (2008). Coping with spousal loss: Potential buffering effects of self-reported helping behavior. *Personality and Social Psychology Bulletin*, **34**, 849-861.

Brown, S. L., Nesse, R. M., Vinokur, A. M., & Smith, D. M. (2003). Providing social support may be more beneficial than receiving it: Results from a prospective study of mortality. *Psychological Science*, **14**, 320-327.

Bushman, B. J., Baumeister, R. F., & Phillips, C. M. (2001). Do people aggress to improve their mood? Catharsis beliefs, affect regulation opportunity, and aggressive responding. *Journal of Personality and Social Psychology*, **81**, 17-32.

Bushman, B. J., & Cooper, H. M. (1990). Alcohol and human aggression: An integrative research review. *Psychological Bulletin*, **107**, 341-354.

Bushman, B. J., & Huesmann, L. R. (2000). Effects of televised violence on aggression. In D. Singer & J. Singer (Eds.), *Handbook of children and the media* (pp. 223-254). Thousand Oaks, CA: Sage.

Bushman, B. J., & Huesmann, L. R. (2006). Short-term and long-term effects of violent media on aggression in children and adults. *Archives of Pediatrics & Adolescent Medicine*, **160**, 348-352.

Buss, A. H. (1961). *The psychology of aggression*. New York: Wiley.

Cacioppo, J. T., & William, P. (2008). *Loneliness: Human nature and the need for social connection*. New York: W. W.（カシオポ，J. T. & パトリック，W. 柴田裕之（訳）（2010）．孤独の科学―人はなぜ寂しくなるのか 河出書房新社）

Cairns, R. B., & Cairns, B. D. (1994). *Lifelines and risks: Pathways of youth in our time*. New York: Cambridge University Press.

Caplan, M., Vespo, J., Pedersen, J., & Hey, D. F. (1991). Conflict over resources in small groups of one-and two-year-olds. *Child Development*, **62**, 1513-1524.

Carver, C. S., Scheier, M. F., & Weintraub, J. K. (1989). Assessing coping strategies: A theoretically based approach. *Journal of Personality and Social Psychology*, **56**, 267-283.

Caspi, A., McClay, J., Moffitt, T. E., Mill, J., Martin, J., Craig, I. W., Taylor, A., & Poulton, R. (2002). Role of genotype in the cycle of violence in maltreated children. *Science*, **297**, 851-854.

Caspi, A., Sugden, K., Moffitt, T. E., Taylor, A., Craig, I. W., Harrington, H., McClay, J., Hill, J., Martin, J., Braithwaite,

A., & Poulton, R. (2003). Influence of life stress on depression: Moderation by a polymorphism in the 5-HTT gene. *Science*, *301*, 386-389.

Cialdini, R. B., Schaller, M., Houlihan, D., Arps, K., Fultz, J., & Beaman, A. L., (1987). Empathy-based helping: Is it selflessly or selfishly motivated? *Journal of Personality and Social Psychology*, *52*, 749-758.

Cobb, S. (1976). Social support as a moderator of life stress. *Psychosomatic Medicine*, *38*, 300-314.

Conger, R. D., Neppl, T., Kim, K. J., & Scaramella, L. (2003). Angry and aggressive behavior across three generations: A prospective, longitudinal study of parents and children. *Journal of Abnormal Child Psychology*, *31*, 143-160.

Crick, N. R., & Grotpeter, J. K. (1995). Relational aggression, gender, and social-psychological adjustment. *Child development*, *66*, 710-722.

Darley, J. M., & Latané, B. (1968). Bystander intervention in emergencies: Diffusion of responsibility. *Journal of Personality and Social Psychology*, *8*, 377-383.

Darwin, C. (1871). *Origin of species*. New York: Modern Library.

Davidson, R. J., Putnam, K. M., & Larson, C. L. (2000). Dysfunction in the neural circuitry of emoton regulation: A possible prelude to violence. *Science*, *289*, 591-594.

DePaulo, B. M. (1983). Perspectives on help-seeking. In B. M. DePaulo, A. Nadler, & J. D. Fisher (Eds.), *New directions in helping*, Vol. 2: *Help-seeking* (pp. 3-12). New York: Academic Press.

Dick, M. D., Bierut, L., Hinrichs, A., Fox, L., Bucholz, K. K., Kramer, J., Kuperman, S., Hesselbrock, V., Schckit, M., Almasy, L., Tischfield, J., Poriesz, B., Begleiter, H., Nurnberger, J. Jr., Xuei, X., Edenberg, J. H., & Foroud, T. (2006). The role of GABRA2 in risk for conduct disorder and alcohol and drug dependence across developmental stages. *Behavior Genetics*, *36*, 577-590.

Dollard, J., Doob, L. W., Miller, N. E., Mowrer, O. H., & Sears, R. R. (1939). *Frustration and aggression*. New Haven, CT: Yale University Press.

Dunkel-Schetter, C., & Bennett, T. L. (1990). Differentiating the cognitive and behavioral aspects of social support. In B. R. Sarason, I. G. Sarason, & G. R. Pierce (Eds.), *Social support: An interactional view* (pp. 267-296). New York: Wiley.

Dunn, E. W., Aknin, L. B., & Norton, M. I. (2008). Spending money on others promotes happiness. *Science*, *319*, 1687-1688.

Eagly, A. H., & Crowley, M. (1986). Gender and helping behavior: A meta-analytic review of the social psychological literature. *Psychological Bulletin*, *100*, 283-308.

Ellison, P. A., Govern, J. M., Petri, H. L., & Figler, M. H. (1995). Anonymity and aggressive driving behavior. *Journal of Applied Social Psychology*, *10*, 265-272.

Feeney, B. C. (2004). A secure base: Responsive support of goal strivings and exploration in adult intimate relationships. *Journal of Personality and Social Psychology*, *87*, 631-648.

Finch, J. F., Barrera, M., Okun, M. A., Bryant, W. H. M., Pool, G. J., & Snow-Turek, A. L. (1997). The factor structure of received social support: Dimensionality and the prediction of depression and life satisfaction. *Journal of Social and Clinical Psychology*, *16*, 323-342.

Fisher, J. D., Nadler, A., & Whitcher-Alagna, S. (1982). Recipient reactions to aid. *Psychological Bulletin*, *91*, 27-54.

Freud, S. (1933). *Warum Krieg?: Gesmmelte Werke*. (Bd. X IV). London: Imago Publishing. (フロイト, S. 土井正徳・吉田正巳 (訳) (1974). 何故の戦争か フロイド選集8 改訂版 宗教論―幻想の未来― 日本教文社)

Gable, S. L., Gonzaga, G. C., & Strachman, A. (2006). Will you be there for me when things go right? Supportive responses to positive event disclosures. *Journal of Personality and Social Psychology*, *91*, 904-917.

Gable, S. L., Reis, H. T., Impett, E. A., & Asher, E. R. (2004). What do you do when things go right? The intrapersonal and interpersonal benefits of sharing positive events. *Journal of Personality and Social Psychology*, *87*, 228-245.

Galdas, P. M., Cheater F., & Marshall, P. (2005). Men and health help-seeking behaviour: Literature review. *Journal of Advanced Nursing*, *49*, 616-623.

Geen, R. G. (1978). Effects of attack and uncontrollable noise on aggression. *Journal of Research in Personality*, *12*, 15-29.

Gleason, M. E. J., & Iida, M. (2014). Social support. In M. Mikulincer & P. R. Shaver (Eds.), *APA handbook of personality and social psychology*, Vol. 3: *Interpersonal relations* (pp. 351-370). Washington, DC: American Psychological Association.

Gleason, M. E. J., Iida, M., Bolger, N., & Shrout, P. E. (2003). Daily supportive equity in close relationships.

Personality and Social Psychology Bulletin, 29, 1036-1045.
Gleason, M. E. J., Iida, M., Shrout, P. E., & Bolger, N. (2008). Receiving support as a mixed blessing: Evidence for dual effects of support on psychological outcomes. *Journal of Personality and Social Psychology, 94,* 824-838.
Gouldner, A. W. (1960). The norm of reciprocity: A preliminary statement. *American Sociological Review, 25,* 161-178.
Griskevicius, V., Tybur, J. M., Sundie, J. M., Cialdini, R. B., Miller, G. F., & Kenrick, D. T. (2007). Blatant benevolence and conspicuous consumption: When romantic motives elicit strategic costly signals. *Journal of Personality and Social Psychology, 93,* 85-102.
箱井英寿・高木　修（1987）．援助規範意識の性別，年代，および世代間の比較　社会心理学研究, 3, 39-47.
Harris, L. T., & Fiske, S. T. (2006). Dehumanizing the lowest of the low: Neuroimaging responses to extreme out-groups. *Psychological Science, 17,* 847-853.
橋本　剛（2005a）．対人関係に支えられる　和田　実（編著）　男と女の対人心理学（pp.137-158）　北大路書房
橋本　剛（2005b）．ストレスと対人関係　ナカニシヤ出版
橋本　剛（2012）．なぜ「助けて」といえないのか？―援助要請の社会心理学―　吉田俊和・橋本　剛・小川一美（編著）　対人関係の社会心理学（pp.145-166）　ナカニシヤ出版
橋本　剛・今田俊恵・北山　忍（2007）．日米における援助要請傾向―日常的援助と専門的援助の両側面から―　日本心理学会第71回大会発表論文集, 74.
Hops, H., Davis, B., Leve, C., & Sheeber, L. (2003). Cross-generational transmission of aggressive parent behavior: A prospective, mediational examination. *Journal of Abnormal Child Psychology, 31,* 161-169.
House, J. S., Kahn, R. L., McLeod, J. D., & Williams, D. (1985). Measures and concepts of social support. In S. Cohen & S. Syme (Eds.), *Social support and health* (pp. 83-108). San Diego, CA: Academic Press.
Howland, M., & Simpson, J. A. (2010). Getting in under the radar: A dyadic view of invisible support. *Psychological Science, 21,* 1878-1885.
Hoyle, R. H., Pinkley, R. L., & Insko, C. A. (1989). Perceptions of social behavior: Evidence of differing expectations for interpersonal and intergroup interactions. *Personality and Social Psychology Bulletin, 15,* 365-376.
Huesmann, L. R., Dubow, E. F., & Boxer, P. (2009). Continuity of aggression from childhood to early adulthood as a predictor of life outcomes: Implications for the adolescent-limited and life-course-persistent models. *Aggressive Behavior, 35,* 136-149.
Huesmann, L. R., & Kirwil, L. (2007). Why observing violence increases the risk of violent behavior in the observer. In D. J. Flannery, A. T. Vazsonyi, & I. D. Waldman (Eds.), *The Cambridge handbook of violent behavior and aggression* (pp. 545-570). Cambridge, UK: Cambridge University Press.
Huesmann, L. R., Moise-Titus, L., Podolski, C. L., & Eron, L. D. (2003). Longitudinal relations between children's exposure to TV violence and their aggressive violence behavior in young adulthood: 1977-1992. *Developmental Psychology, 39,* 201-221.
Hull, J. G. (1981). A self-awareness model of the causes and effects of alcohol consumption. *Journal of Abnormal Psychology, 90,* 586-600.
Insko, C. A., Pinkley, R. L., Hoyle, R. H., Dalton, B., Hong, G., Slim, R., Landry, P., Holton, B., Ruffin, P. F., & Thibaut, J. (1987). Individual-group discontinuity: The role of intergroup contact. *Journal of Experimental Social Psychology, 23,* 250-267.
Ito, T. A., Miller, N., & Pollock, V. E. (1996). Alcohol and aggression: A meta-analysis on the moderating effects of inhibitory cues, triggering events, and self-focused attention. *Psychological Bulletin, 120,* 60-82.
Kiehl, K. A., Smith, A. M., Hare, R. D., Mendrek, A., Forster, B. B., Brink, J., & Liddle, P. F. (2001). Limbic abnormalities in affective processing by criminal psychopaths as revealed by fuctional magnetic resonance imaging. *Biological Psychiatry, 50,* 677-684.
Kim, H. S., Sherman, D. K., Ko, D., & Taylor, S. E. (2006). Pursuit of comfort and pursuit of harmony: Culture, relationships, and social support seeking. *Personality and Social Psychology Bulletin, 32,* 1595-1607.
Kleiboer, A. M., Kuijer, R. G., Hox, J. J., Schreurs, K. M. G., & Bensing, J. M. (2006). Receiving and providing support in couples dealing with multiple sclerosis: A diary study using an equity perspective. *Personal Relationships, 13,* 485-501.
Konijn, E. A., Bijvank, M. N., & Bushman, B. J. (2007). I wish I were a warrior: The role of wishful identification in effects of violent video games on aggression in adolescent boys. *Developmental Psychology, 43,* 1038-1044.
Krämer, U. M., Jansma, H., Tempelmann, C., & Münte, T. F. (2007). Tit-for-tat: The neural basis of reactive aggression. *NeuroImage, 38,* 203-211.

Krause, N. (1997). Received support, anticipated support, social class, and mortality. *Research on Aging*, **19**, 387-422.

Lagerspetz, K. M., Bjorkqvist, K., & Peltonen, T. (1988). Is indirect aggression typical of females? Gender differences in aggressiveness in 11-to-12-year-old children. *Aggressive Behavior*, **14**, 403-414.

Langston, C. A. (1994). Capitalizing on and coping with daily-life events: Expressive responses to positive events. *Journal of Personality and Social Psychology*, **67**, 1112-1125.

Latané, B., & Darley, J. M. (1968). Group inhibition of bystander intervention in emergencies. *Journal of Personality and Social Psychology*, **10**, 215-221.

Latané, B., & Darley, J. M. (1970). *The unresponsive bystander: Why doesn't he help?* Englewood Cliffs, NJ: Prentice Hall. (ラタネ, B. & ダーリー, J. M. 竹村研一・杉崎和子(訳)(1997).［新装版］冷淡な傍観者　ブレーン出版)

Lazarus, R. S., & Folkman, S. (1984). *Stress, appraisal, and coping*. New York: Springer. (ラザルス, R. S. & フォルクマン, S. 本明　寛・織田正美・春木　豊(訳)(1991).ストレスの心理学―認知的評価と対処の研究―　実務教育出版)

Leyens, J., Cortes, B., Demoulin, S., Dovidio, J. F., Fiske, S. T., Gaunt, R., Paladino, M., Rodriguez-Perez, A., Rodriguez-Torres, R., & Vaes, J. (2003). Emotional prejudice, essentialism, and nationalism: The 2002 Tajfel Lecture. *European Journal of Social Psychology*, **33**, 703-717.

Loeber, R., & Hay, D. (1997). Key issues in the development of aggression from childhood to early adulthood. *Annual Review of Psychology*, **48**, 371-410.

Lorenz, K. (1963). *Das sogenannte Bose: Zur Naturgeschichite der Aggression*. Wien: Dr. G. Borotha-SchoelerVerlag. (ローレンツ, K. 日高敏隆・久保和彦(訳)(1970). 攻撃―悪の自然誌―　みすず書房)

Marcus-Newhall, A., Pedersen, W. C., Carlson, M., & Miller, N. (2000). Displaced aggression is alive and well: A meta-analytic review. *Journal of personality and Social Psychology*, **78**, 670-689.

松井　豊 (1998). 援助行動の意思決定過程モデル　松井　豊・浦　光博(編) 人を支える心の科学 (pp. 79-113) 誠信書房

松井　豊・浦　光博 (1998). 援助とソーシャル・サポートの研究概略　松井　豊・浦　光博(編) 人を支える心の科学 (pp. 1-17) 誠信書房

Mead, M. (1935). *Sex and temperament*. Oxford: Morrow.

Meltzoff, A. N. (2007). Like me: A foundation for social cognition. *Developmental Science*, **10**, 126-134.

Mikulincer, M., & Shaver, P. R. (2007). *Attachment patterns in adulthood: Structure, dynamics, and change*. New York: Guilford Press.

Miller, G. F. (2007). Sexual selection for moral virtues. *Quarterly Review of Biology*, **82**, 97-125.

Miller, N. E. (1941). The frustration-aggression hypothesis. *Psychological Review*, **48**, 337-342.

Mikulincer, M. (1998). Adult attachment style and individual differences in functional versus dysfunctional experiences of anger. *Journal of Personality and Social Psychology*, **74**, 513-524.

水野治久・石隈利紀 (1999). 被援助志向性, 被援助行動に関する研究の動向　教育心理学研究, **47**, 530-539.

Munafò, M. R., Clark, T. G., Moore, L. R., Payne, E., Walton, R., & Flint, J. (2003). Genetic polymorphisms and personality in healthy adults: A systematic review and meta-analysis. *Molecular Psychiatry*, **8**, 471-484.

Nadler, A. (2002). Inter-group helping relations as power relations: Maintaining or challenging social dominance between groups through helping. *Journal of Social Issues*, **58**, 487-502.

Nadler, A. (2015). The other side of helping: Seeking and receiving help. In D. Schroeder & W. Graziano (Eds.), *The Oxford handbook of prosocial behavior* (pp. 307-328). New York: Oxford University Press.

Nadler, A., & Chernyak-Hai, L. (2014). Helping them stay where they are: Status effects on dependency/autonomy-oriented helping. *Journal of Personality and Social Psychology*, **106**, 58-72.

Nadler, A., & Halabi, S. (2006). Intergroup helping as status relations: Effects of status stability, identification, and type of help on receptivity to high-status group's help. *Journal of Personality and Social Psychology*, **91**, 97-110.

Nadler, A., & Halabi, S. (2014). Helping relations and inequality between individuals and groups. In M. Mikulincer & P. R. Shaver (Eds.), *APA handbook of personality and social psychology*, Vol. 2: *Group processes* (pp. 371-393). Washington, DC: American Psychological Association.

Nadler, A., Harpaz-Gorodeisky, G., & Ben-David, Y. (2009). Defensive helping: Threat to group identity, ingroup identification, status stability, and common group identity as determinants of intergroup help-giving. *Journal of Personality and Social Psychology*, **97**, 823-834.

Nadler, A., Maler, S., & Friedman, A. (1984). Effects of helper's sex, subjects' androgyny, and self-evaluation on males' and females' willingness to seek and receive help. *Sex Roles*, **10**, 327-339.

Nadler, A., Shapira, R., & Ben-Itzhak, S. (1982). Good looks may help: Effects of helper's physical attractiveness and sex of helper on males' and females' help-seeking behavior. *Journal of Personality and Social Psychology*, **42**, 90-99.

Nisbett, R. E., & Cohen, D. (1996). *Culture of honor: The psychology of violence in the South*. New York: Perseus Publishing. (ニスベット，R. E. & コーエン，D. 石井敬子・結城雅樹（訳）（2009）．名誉と暴力―アメリカ南部の文化と心理― 北大路書房）

Nowak, M. A., & Sigmund, K. (1998). Evolution of indirect reciprocity by image scoring. *Nature*, **393**, 573-577.

大渕憲一 （1993）．人を傷つける心―攻撃性の社会心理学― サイエンス社

小田　亮・大　めぐみ・丹羽雄輝・五百部　裕・清成透子・武田美亜・平石　界 （2013）．対象別利他行動尺度の作成と妥当性・信頼性の検討　心理学研究，**84**, 28-36.

Overall, N. C., Fletcher, G. J. O., & Simpson, J. A. (2010). Helping each other grow: Romantic partner support, self-improvement, and relationship quality. *Personality and Social Psychology Bulletin*, **36**, 1496-1513.

Penner, L. A., Dovidio, J. F., Piliavin, J. A., & Schroeder, D. A. (2005). Prosocial behavior: Multilevel perspectives. *Annual Review of Psychology*, **56**, 365-392.

Pinter, B., Insko, C. A., Wildschut, T., Kirchner, J. L., Montoya, R. M., & Wolf, S. T. (2007). Reduction of interividnal-intergroup discontinuity: The role of leader accountability and proneness to guilt. *Journal of Personality and Social Psychology*, **93**, 250-265.

Polman, J., Orobio de Castro, B., & Van Aken, M. (2008). Experimental study of the differential effects of playing versus watching violent video games on children's aggressive behavior. *Aggressive Behavior*, **34**, 256-264.

Putnam, R. D. (2000). *Bowling alone: The collapse and revival of American community*. New York: Simon & Schuster. (パットナム，R. D. 柴内康文（訳）（2006）．孤独なボウリング―米国コミュニティの崩壊と再生　柏書房）

Raine, A. (2008). From genes to brain to antisocial behavior. *Current Directions in Psychological Science*, **17**, 323-328.

Raine, A., Lencz, T., Bihrle, S., LaCasse, L., & Colletti, P. (2000). Reduced prefrontal gray matter volume and reduced automatic activity in antisocial personality disorder. *Archives of General Pshchiatry*, **57**, 119-127.

Raine, A., & Yang, Y. (2008). Neural foundation to moral reasoning and antisocial behavior. *Social Cognitive and Affective Neuroscience*, **1**, 203-213.

Reifman, A. S., Larrick, R. P., & Fein, S. (1991). Temper and temperature on the diamond: The heat-aggresion relationship in major league baseball. *Personality and Social Psychology Bulletin*, **17**, 580-585.

Rosenthal, A. M. (2008). *Thirty-eight witnesses: The Kitty Genovese case*. New York: Melville House. (ローゼンタール，A. M. 田畑暁生（訳）（2011）．38人の沈黙する目撃者―キティ・ジェノヴィーズ事件の真相― 青土社）

Rotton, J., & Frey, J. (1985). Air pollution, weather, and violent crime: Concomitant time-series analysis of archival data. *Journal of Personality and Social Psychology*, **49**, 1207-1220.

Seidman, G., Shrout, P. E., & Bolger, N. (2006). Why is enacted social support associated with increased distress? Using simulation to test two possible sources of spuriousness. *Personality and Social Psychology Bulletin*, **32**, 52-65.

Shen, H., Wan, F., & Wyer Jr., R. S. (2011). Cross-cultural differences in the refusal to accept a small gift: The differential influence of reciprocity norms on Asians and North Americans. *Journal of Personality and Social Psychology*, **100**, 271-281.

Steele, C. M., & Joseph, R. A. (1990). Alcohol myopia: Its prized and dangerous effects. *American Psychologist*, **45**, 921-933.

高木　修 （1998）．人を助ける心―援助行動の社会心理学― サイエンス社

Taylor, S. E., Sherman, D. K., Kim, H. S., Jarcho, J., Takagi, K., & Dunagan, M. S. (2004). Culture and social support: Who seeks it and why? *Journal of Personality and Social Psychology*, **87**, 354-362.

Tessler, R. C., & Schwartz, S. H. (1972). Help seeking, self-esteem, and achievement motivation: An attributional analysis. *Journal of Personality and Social Psychology*, **21**, 318-326.

Thoits, P. A. (1986). Social support as coping assistance. *Journal of Consulting and Clinical Psychology*, **54**, 416-423.

Thonberry, T. P., Freeman-Gallant, A., Lizotte, A. J., Krohn, M., & Smith, C. A. (2003). Linked lives: The intergenerational transmission of antisocial behavior. *Journal of Abnormal Child Psychology*, **31**, 171-184.

Tremblay, R. E. (2000). The development of aggressive behavior during childhood: What have we learned in the

past century? *International Journal of Behavioral Development*, 24, 129-141.
Tremblay, R. E., Boulerice, B., Harden, P. W., McDuff, P., Peruse, D., Pihl, R. O., & Zoccolillo, M. (1996). Do children in Canada become more aggressive as they approach adolescence? In Human Resources Development Canada (Ed.), *Growing up in Canada: National longitudinal survey of children and youth* (pp. 127-137). Ottawa: Statistics Canada.
Tremblay, R. E., & Nagin, D. S. (2005). The developmental origins of physical aggression in humans. In R. E. Tremblay, W. W. Hartup, & J. Archer (Eds.), *Developmental origin of aggression* (pp. 83-106). New York: Guilford Press.
Trivers, R. L. (1971). The evolution of reciprocal altruism. *Quarterly Review of Biology*, 46, 35-57.
Turner, C. W., Layton, J. F., & Simons, L. S. (1975). Naturalistic studies of aggressive behavior: Aggressive stimuli, victim visibility, and horn honking. *Journal of Personality and Social Psychology*, 31, 1098-1107.
Uchino, B. N. (2009). Understanding the links between social support and physical health: A life-span perspective with emphasis on the separability of perceived and received support. *Perspectives on Psychological Science*, 4, 236-255.
Uchino, B. N., Cacioppo, J. T., & Kiecolt-Glaser, J. K. (1996). The relationship between social support and physiological processes: A review with emphasis on underlying mechanisms and implications for health. *Psychological Bulletin*, 119, 488-531.
Uehara, E. S. (1995). Reciprocity reconsidered: Gouldner's 'moral norm of reciprocity' and social support. *Journal of Social and Personal Relationships*, 12, 483-502.
浦　光博 (2009). 排斥と受容の行動科学―社会と心が作り出す孤独―　サイエンス社
Vandello, J. A., & Cohen, D. (2003). Male honor and female fidelity: Implicit cultural scripts that perpetuate domestic violence. *Journal of Personality and Social Psychology*, 84, 997-1010.
Vandello, J. A., Cohen, D., & Ransom, S. (2008). U.S. southern and northern differences in perceptions of norms about aggression: Mechanisms for the per petuation of a culture of honor. *Journal of Cross-Cultural Psychology*, 39, 162-177.
脇本竜太郎 (2008). 自尊心の高低と不安定性が被援助志向性・援助要請に及ぼす影響　実験社会心理学研究, 47, 160-168.
Waldman, I. D. (2008). *The etiology of hostile perceptual biases and their relation with children's aggression*. Paper presented at the annual meeting of the Behavior Genetics Association, Louisville, KY.
Weinstein, N., & Ryan, R. M. (2010). When helping helps: Autonomous motivation for prosocial behavior and its influence on well-being for the helper and recipient. *Journal of Personality and Social Psychology*, 98, 222-244.
Ybema, J. F., Kuijer, R. G., Buunk, B. P., DeJong, G. M., & Sanderman, R. (2001). Depression and perceptions of inequity among couples facing cancer. *Personality and Social Psychology Bulletin*, 27, 3-13.
Zimbardo, P. G. (1969). The human choice: Individuality, reason, and order versus deindividuation, impulse, and chaos. In W. J. Arnold & D. Levine (Eds.), *Nebraska Symposium on Motivation*. Lincoln, NE: University of Nebraska Press.

人間関係

金政祐司

　私たちは，出会い，そして別れる。私たちは，それぞれがプラットホームとして他者を迎え入れ，また，時に他者のプラットホームから出発する。このような他者と親密になっていくプロセスについて，あるいは，悲しくも他者との関係が終焉へと舵が切られる様について，本章では触れていくこととしよう。

1. 親密な関係の形成

　私たちは，どのような人に対して魅力を感じ，また，どういった相手と仲良くなるのだろうか。親密な関係の形成に関連する要因は様々なものがあるが，ここでは，物理的近接性，身体的魅力，類似性の3つを取り上げ，その解説を行っていく。

(1) 物理的近接性と単純接触効果

　私たちは，一般によく顔を合わせる相手や頻繁に会う相手に対して魅力を感じる傾向がある。小・中学校や高校の友達のことを思い起こしてみると，そもそも仲良くなったきっかけは，席が隣だったから，名簿の順番が近かったからという人は多いのではないだろうか。このような物理的（あるいは空間的）近接性は，他者に魅力を感じる際の重要な要因となり得る。それは，1つに物理的近接性は，相手との接触頻度を高めることになるからである。実際，生活場面を対象とした古典的研究においても，大学の寮の住人が同じ階の隣人同士で親しくなりやすいことが示されている（Festinger et al., 1950）。さらには，近接性は，初めての出会いの場においてでさえ，友人関係の形成されやすさに影響するという報告もある（Back et al., 2008）。

　相手との接触頻度の高まりが，魅力と結びつくということは，単純接触効果という現象から理解できる。私たちは，何かの対象に対して単純に接触するだけでも，その対象に対する好意度や評価を上昇させる傾向がある。人間関係で考えれば，物理的近接性によって，相手と繰り返し顔を合わせることで互いが見慣れた存在となり，そのため，相手に対して好意的な評価が生じやすくなる。この単純接触効果については，ザイアンス（Zajonc, 1968）が顔写真を用いた実験を行い，その検討を行っている。実験参加者は，記憶に関する実験であると告げられ，未知の人物の顔写真を多数見せられた後，各顔写真に対する好意度を尋ねられる。この実験では，顔写真を見た回数とその顔写真に対する好意度との関連が検討され，その結果，顔写真を見た（接触した）回数が多ければ多いほど，その写真に対する好意度は高くなっていたのである。

　このような接触頻度とその対象への好意度との関連は，私たちの実生活の場面においても見受けられるものである。たとえば，最初はそれほど好感を抱

いていなかった芸能人あるいは音楽であったとしても，テレビのCMで頻繁に見かけているうちに，もしくはラジオから何度もその曲が流れているのを聞くうちに，いつの間にか，それらに好意的な評価をしていたという経験がある人も多いのではないだろうか。実際，単純接触効果は，写真以外にも，実際の人物，絵や文字，商品，音楽においても認められることが報告されており（Bornstein, 1989），さらに，本人が対象を見たという認識がなくとも単純接触効果は起こり得ることが知られている（Bornstein & D'Agostino, 1992; Kunst-Wilson & Zajonc, 1980; Murphy et al., 1995）。

近年では，単純接触効果をより拡張した文脈で捉え，熟知性（familiarity）という観点から検討を行った研究（Reis et al., 2011）も存在する。その結果，相手との相互作用の回数が多くなればなるほど，相手についての知識や相手への責任感，相互作用への満足度が高まり，そのことが相手に対する魅力を増大させることが示されている。

(2) 身体的魅力

外見や身体的特徴が，魅力の強力な規定因となり得ることは日常的な経験からも容易に想像できる。たとえば，テレビのCMなどに起用される人物は，一般に同性，異性を問わず好感を抱かれるような外見や身体的特徴を持つことが多い。実際，これまで数多くの研究において，身体的魅力が他者からの肯定的な評価や好意の獲得につながることが示されており，それはとくに異性に対する評価や恋人・配偶者選択（mate selection）において強く見られるとされる（e.g., Langlois et al., 2000; 松井・山本, 1985; Rhodes, 2006）。

そのような身体的魅力の影響力を示した初期の研究にウォルスター（Walster et al., 1966）のダンスパーティ実験がある。ウォルスターは，互いに未知の男女大学生をランダムにペアにしてダンスパーティを実施した。その際，実験参加者の大学生は，気づかれないように，身体的魅力に基づいて3つの水準（高・中・低）に分類されていた。実験参加者たちは，ペアになった相手とダンスパーティを楽しみ，その後，その相手に対する好意度を尋ねられた。研究の結果は，相手に対する好意度を予測する変数は身体的魅力のみであり，また，自身の身体的魅力はどうであれ，相手の身体的魅力が高いほど，その相手に対して好意を抱きやすいというものであった。このことは，関係初期段階の恋人選択においては，身体的魅力が重要な要因となり得ることを示しているといえよう。

身体的魅力が，恋人・配偶者選択に及ぼす影響については，これまでの研究において性差が見られることが報告されており，一般に男性の方が女性よりも身体的魅力を重視しやすいとされる（e.g., Buss, 1989; Spretcher et al., 1994）。しかしながら，近年の研究では，想定上の評価や顕在的指標においては，男性は女性よりも身体的魅力を重視しやすいものの，実際の恋人選択や潜在的指標においては，性差は見られないといった報告もある（Eastwick & Finkel, 2008; Eastwick et al., 2011）。ただし，進化論的観点から，さらにそれらに反駁する研究も提出されており，長期的な関係における，あるいは長期的関係を踏まえた恋人・配偶者選択では，やはり上記のような性差は認められるとの主張も見られ（Li et al., 2013; Meltzer et al., 2014），恋人・配偶者選択における身体的魅力の重要度の性差については依然議論の余地がある。

身体的魅力

実際にどのような容貌が魅力と関連するのかについての研究では，女性の場合，"幼児的特徴"としての大きな目や小さな鼻，小さな顎，"成熟的特徴"としての頬骨の目立ちやすさ，頬の薄さ，"表現的特徴"としての瞳孔の大きさ，高い位置にある眉毛，微笑時の口の大きさなどが魅力につながることが報告されている（Cunningham, 1986）。また，男性では，"幼児的特徴"としての大きな目や小さな鼻，"成熟的特徴"としての頬骨の目立ちやすさや顎の長さ，"表現的特徴"としての微笑時の口の大きさなどが魅力につながるとされる（Cunningham et al., 1990）。

関係初期段階の恋人選択

ただし，実際に付き合っているカップル間の身体的魅力については，メタ分析の結果（Feingold, 1988），自分と同レベルの身体的魅力をもつ者同士がカップルになりやすいというマッチング（類似性）が成立していることが示されている。このようなカップル間での身体的魅力のマッチングは，多くの人は身体的魅力の高い人と付き合うことを望むが，それが実現する可能性は低く，結果的に，自分と同程度の身体的魅力をもつ者同士がカップルになりやすいことにより生起していると考えられている（Kalick & Hamilton, 1986）。

先のように，外見や身体的特徴の良さ（身体的魅力の高さ）が，魅力の喚起や他者からの好意の獲得につながるのは，その1つの説明因として，ハロー効果が考えられる。ハロー効果とは，他者がある部分で望ましい（あるいは望ましくない）特徴を持っていると，その評価を相手の全体的な評価にまで広げてしまう傾向のことを指す。すなわち，好ましい外見や身体的特徴を持つ個人は，好ましい性格や個人特性を持っていると判断されやすくなるのである。実際，これまでの研究においても，身体的魅力の高い人は，身体的魅力の低い人と比べて，社交的で社会的なスキルが高く，知的かつ支配力があり，精神的な健康状態も良いとみなされやすい傾向があることが報告されている（Feingold, 1992）。

さらに，身体的魅力の高さは，上記のような恋人選択や異性に対する評価にのみならず，日常的な場面においてもその影響は見られ，とくに男性では，友人関係での社会的なステイタス（目立ちやすさや影響力など）とも関連するとされる（Anderson et al., 2001）。このように，身体的魅力が対人関係に及ぼす影響は非常に大きなものではあるが，ならば身体的魅力の高さは本人の幸福感を相当に促進させるかというとそれほど単純ではない。身体的魅力と幸福感との関連について検討した研究では，身体的魅力の高い人ほど多少幸福感は高いものの，その関連はさほど強くないことが示されている（Diener et al., 1995）。

(3) 類似性と仮定された類似性

一般に，私たちは自分と似た考えや意見，態度を持つ人に対して魅力を感じやすい。このような現象は，類似性－魅力仮説と呼ばれ，その検討はバーンとネルソン（Byrne & Nelson, 1965）の古典的研究においてなされている。彼らの実験では，実験参加者は自身の態度や意見に関する質問紙に回答した後，これから会う"相手"が回答したとされる同様の質問紙を見せられた。ただし，その"相手"というのは実際には存在せず，実験参加者が見せられた質問紙は，実験者が彼／彼女らの回答をもとに態度や意見の類似度を操作して作り上げたものであった。つまり，各実験参加者は，ランダムに自分の態度や意見と非常に類似したもの（高類似），あるいはまったく類似しないもの（低類似）を見せられていたのである。その後，実験参加者は，これから会う"相手"に対する好意度の回答を行った。この実験では，相手の態度や意見の類似度とその相手への好意度との関連が検討され，その結果は，図9-1に示すようなものであった。つまり，自分と相手の態度や意見が類似していればいるほど，その相手に対して好意（魅力）を感じやすくなっていたのである。このような現象は，本人にとって重要な態度や意見が類似している場合に（奥田, 1993），また，好きなものよりも嫌いなものが類似している場合に（Bosson et al., 2006）より顕著になりやすいことが報告されている。逆に，相手との非類似性の認知は，その相手への好意を引き下げることにつながるとされる（Norton et al., 2007）。さらに，類似性と魅力との関連は，態度や意見に関してだけでなく，パーソナリティや身体的魅力，感情状態，社会・経済的地位や学

類似性と魅力との関連

類似性がなぜ魅力に影響を及ぼすのかについては，合意的妥当性と認知的コストの2つの観点から説明できる。私たちは基本的に自分の考えをある程度正しく，妥当であると思っていたい。自分と態度や意見が類似していない人と一緒にいると，自分の考えを否定され気分を害する可能性は高まる。しかし，自分と類似した態度や意見をもつ人と一緒にいれば，自分の考えや行動を支持してくれやすいことから自分の考えは妥当であるという確信を得る機会は多くなり（合意的妥当性），自己を肯定的に捉えることができる。また，類似した態度や意見をもつ他者との相互作用は，そうではない他者とのそれよりも，認知的コストが少なくてすむ。すなわち，そのような相互作用は，相手の考えや感情，行動を推測するために認知的な負荷があまりかからないため，相手と良好な関係が形成，維持されやすいのである。

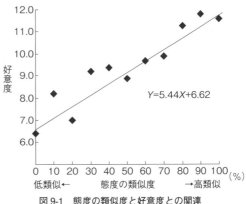

図9-1 態度の類似度と好意度との関連
(Byrne & Nelson, 1965)

歴に関しても認められている (e.g., Feingold, 1988; Gonzaga et al., 2007; 国立社会保障・国立人口問題研究所, 2012; Montoya & Horton, 2012; Montoya et al., 2008)。

また，私たちは，実際以上に，自分と他者との類似性を高く見積もる傾向があるとされ，この現象は，仮定された類似性と呼ばれる (e.g., Human & Biesanz, 2011)。仮定された類似性は，とくに不安傾向が高い者において強く見られ (Mikulincer et al., 1998)，さらに，友好的・協調的志向性（communion）の高い者は，嫌いな相手よりも好意を持った相手に対して類似性を仮定しやすい（Locke et al., 2012)。このような自分と他者との類似性を高く見積もる傾向は，単なる個人のバイアス以上の機能を有しており，友人関係や恋愛・夫婦関係などの親密な関係に対してポジティブな影響を及ぼすことが知られている（Murray et al., 2002; Selfhout et al., 2009）。

一方で，私たちは，自分にはないものを持っている相手に対して魅力を感じることもある。これは，相補性への魅力と呼ばれ，古くはウインチら（Winch et al., 1954）によってその検討がなされている。ただし，この相補性への魅力は，支配-服従というかなり限定的な次元においては認められるものの（Dryer & Horowitz, 1997; Tiedens & Fragale, 2003），類似性の魅力への影響ほど堅固なものではないと考えられている。さらにいえば，相補性とは，支配-服従というように，ある共通する次元上での両極性による相補であることをふまえると，相補性への魅力は，根源的には類似性への魅力によって支えられるものであるといえるだろう。

2. 親密な関係の維持

親密な関係を維持していくことは，親密な関係を形成することと同様，あるいはそれ以上に容易なことではない。相手のことを親密であると思うがゆえに，嫌われることを恐れて自分の気持ちをうまく伝えることができず，やきもきする人も少なくないはずである。ここでは，そのような親密な関係の継続性に絡む要因のいくつかを取り上げ，それらについての研究を概観していこう。

■ (1) 好意の返報性と報酬の互恵性

相手から好きと言われれば，それが同性であれ異性であれ，多くの人はうれしいと感じるはずである。たとえこれまでほとんど気にかけなかった相手であったとしても，相手から好かれているということを知れば，次第に，相手のことが気になり始め，その相手を多少なりとも好意的に見てしまうのではないだろうか。このように，私たちは一般に自分のことを好きだと言ってくれる相手に対して好意を抱きやすい。いうなれば，相手からの好意のお返しとして，私たちは相手のことを好きになりやすいのである。このことは好意の返報性と呼ばれる。これまでの研究でも，私たちが，自分に好意を抱いてくれる相手や自分を高く評価してくれる相手に対して魅力を感じやすいことが示されており（Aronson & Linder, 1965; Lowe & Goldstein, 1970），さらに，好意の返報性は，お互いに知らない者同士がほんの10分程度会話を交わしただけでも認められるとの報告もある（Chapdelaine et al., 1994）。

返報性は，上記のような好意についてのみならず，一般にサポートや後述す

好意の返報性

好意の返報性は，友人関係と比べ，恋愛関係において相手を好きになった理由として言及されやすいとされる（Aron et al., 1989; Sprecher, 1998）。"恋に落ちた理由"と"友人になった理由"について調査を行った研究結果（Aron et al., 1989）では，"恋に落ちた理由"として，「好意の返報性」を挙げていた人の割合は68%と最も高く，次いで，「相手の望ましい特徴」(56%)，性格や態度の「類似性」(34%)，「熟知性（近接性）」(27%) と続いていた。"友人になった理由"についても，それら4つの理由を挙げていた者の割合は高かったものの，その割合は4つの理由でほぼ同程度であり (42-46%)，「好意の返報性」を挙げていた人の割合は46%にとどまっていた。この結果を見る限り，恋愛や夫婦関係においては，"相手から好かれていると感じられる"ことは，相手に対して好意を抱く際の重要な規定因となり得るといえるだろう。

る自己開示に関しても成立する。サポートの返報性については，親友との関係で自分と相手が同程度にサポートを提供し合っているという返報性の成立が，関係内の個人の孤独感の低さに結びつくことが示されている（Buunk & Prins, 1998）。また，恋愛関係においても，図9-2のように，相手に対して自分がコストをかけて何かをしてあげることが，相手にとっての報酬となり，それが相手の満足感を高め，相手もコストを払って何かお返しをしようすることにつながるという一連の循環的プロセスが存在することが報告されている（奥田，1994）。すなわち，関係が継続していくカップルの間には，お互いが相手に対して報酬を与え合うという報酬の互恵性（返報性）が機能しているといえるだろう。このような自身の感情や情報，また，サポートやケアなどをお互いに提供し合い，それらを相互に返報し合うという過程を通して，私たちは関係を深化させていくのである。

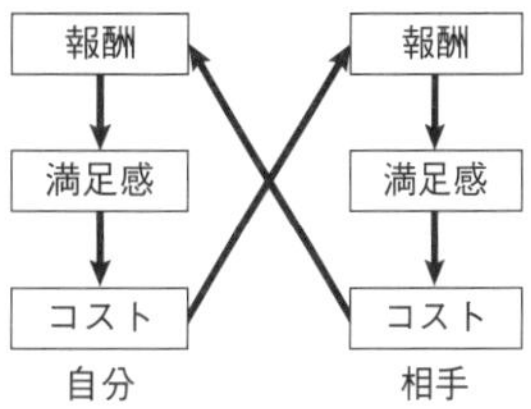

図9-2 恋愛関係における互恵性
（奥田，1994）

(2) 自己開示と社会的スキル

私たちは，日々の生活の中で，自分の考えや情報，感情や経験などを他者に言葉で伝えようとすることがある。このようなコミュニケーションのことを自己開示という。一般に，自己開示を多く行う者は，そうでない者と比べて，他者から好意を抱かれやすく（Collins & Miller, 1994），それゆえ，自己開示は，他者との関係を形成するためにも，また，親密な関係を築き，それをより良く維持していくためも非常に重要な役割を果たす。

私たちが，どのような内容の自己開示を，どの程度開示するのかは，当然のことながら，相手との関係性によって異なってくる。一般には，関係初期段階での自分の好みや趣味といった浅いレベルの自己開示から始まり，相手との関係が次第に親密になるにつれて，悩みや性的な話，自分の欠点といった深いレベルの自己開示へと移行していくとされる（Altman & Taylor, 1973）。また，私たちは，相手に対して好意を抱いていたり，相手との関係を重要視していたりした場合には，その相手に対して自己開示をしやすい（Collins & Miller, 1994; Lemay & Melville, 2014）。さらに，自己開示は，開示者の気分（mood）や感情によっても影響を受けており，これまでの研究では，人はポジティブな気分や幸せなときには，ネガティブな気分や悲しみを感じているときと比して，プライベートなことを開示しやすいことが示されている（Cunningham, 1988; Forgas, 2011）。

それでは，自己開示は日々の生活の中でどのような機能を果たしているのであろうか。その1つは，相手との関係の発展を調節する機能である。私たちは，一般に，親密になりたい相手には自分を開示しようとするが，親しくなりたくない相手に対しては自己開示を控えようとする。それによって，相手との親密度を調整しようとするのである。これまでの研究でも，自己開示は，開示者自身の相手への好意を高めるとともに（Collins & Miller, 1994），恋愛関係での関係満足度やコミットメントの高さとも関連する（Sprecher & Hendrick, 2004）ことが示されている。さらに，自己開示を受けた側も，自己開示によって相手から信頼や親密さを受け取っていることになるため，そのお返しとして相手に自己開示を行いやすくなる（Miller & Kenny, 1986）。この現象は，自己開示の返報性と呼ばれており，このような相互の自己開示のやり取りによって，二者関係の親密化はさらに加速する。

自己開示
自己開示の授受には，性差が見られることも知られており，一般に，女性は男性よりも自己開示をしやすく，かつ自己開示をされやすい（Dindia & Allen, 1992; 榎本, 1987）。加えて，自己開示は同性間，特に，女性-女性間において促進されやすいという報告もある（Collins & Miller, 1994; Dindia & Allen, 1992）。

ポジティブな気分や幸せなとき
反対に，ネガティブな気分の場合には，他者の行動に対してより注意を払いやすくなることから，相手からの自己開示と同程度のものを返報的に開示しやすいとされる（Forgas, 2011）。

自己開示のもう1つの機能は，個人の適応状態の向上にある。他者に自分の悩みや経験，感情を打ち明けることは，一般に，開示者の精神的健康や感情状態を良好なものとしやすい。先行研究においても，恋愛関係で自己開示を多く行う者ほど自尊心が高いこと（Sprecher & Hendrick, 2004），また，友人への自己開示を多く行う者ほど孤独感が低いこと（榎本・清水，1992; Solano et al., 1982）が報告されており，自己開示をよく行う者は，全般的に適応状態が良いといえるだろう。

では，自己開示が個人や関係にとっていつも良い結果を生み出すかといえば，そうとも限らない。相手との親密度の段階に対応しない自己開示，たとえば，関係の初期段階におけるプライベートな情報の開示や過度な親密さの表出は，社会的に不適切であるとみなされ，相手からの拒絶を招く恐れがある（Berg, 1984）。また，恋愛関係において，普段からネガティブなことがらや感情を関係内で表出しやすい人は，たとえ相手に自身のストレスや気分の悪さを開示したとしてもそれほど深刻ではないと捉えられてしまい，それゆえ，相手から適切な対応やサポートを提供してもらえない可能性があることが示されている（Forest et al., 2014）。

これまで述べてきたように，適切な自己開示を行うことは，日常生活における重要なスキルの1つであり，また，それは関係の質や個人の適応性とも密接に関連している。それでは，青年期の若者は，自身の悩みや心配ごとなどを主に誰に対して開示（相談）しているのであろうか。内閣府の調査（2009, 2014）によると，図9-3に示したように，まず，親に関しては，一般に母親は父親と比べて自己開示をされやすい。また，近所や学校の友達や恋人といったピア関係（同等の関係）への自己開示については，2003年から2013年にかけて減少傾向にあり，とくに近所や学校の友達への開示は，2003年では59.5%ともっとも高かったものが，2013年では母親の47.3%を下回り，38.0%となっている。このような近年のピア関係（友達や恋人）への自己開示の減少傾向については，様々な要因が考えられるが，その1つとして社会的スキルの低下が挙げられるだろう。

社会的スキルとは，対人関係を円滑に運営していくための学習可能な能力であるとされ（大坊，2008），近年，対人関係の希薄化やコミュニケーション力の低下がさけばれる中，その重要性が指摘されている（大坊，2006; 松山ら，2011）。社会的スキルのコンテンツは多種多様であるが，相川（2000）は，その主なものとして，傾聴スキル（相手の話に耳を傾け，その思いを受け止めるスキル），自己主張スキル（自分の思いを相手に適切に伝えるスキル），対人葛藤処理スキル（相手と対立したときに，それを解決するためのスキル）の3つを挙げている。

社会的スキルが，対人関係の進展や維持と関連することは，これまでいくつかの研究において報告されており，たとえば，相川ら（1993）の研究では，孤独感の高い者は，初対面の相手との会話場面で自身の経験の開示や意見表明が少なく，相手に対する反応も薄いといったスキルの低さが認められると

社会的スキルと対人関係の進展や維持との関連

恋愛関係に焦点を当てた研究（堀毛，1994）では，現在の異性関係が進展している者ほど，また，過去に恋愛経験や失恋経験を有する者ほど，社会的スキルが高いことが示されている。

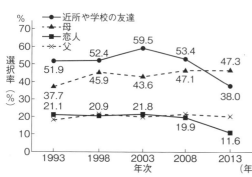

図9-3 悩みや相談ごとの相談相手（内閣府，2009, 2014）
注）調査対象者は，1993年から2008年までは18〜24歳，2013年は13歳〜29歳である。なお，父親の数値に関しては，煩雑さを避けるため，図には記載していない。

される。また，社会的スキルは対人関係の良好さに影響を及ぼすのみならず，そのことによって幸福感や人生の満足感といった個人の適応状態を高めることを示唆する研究もある（Segrin & Taylor, 2007）。同様のことは，縦断的研究においても示されており，青年期前期（12歳頃）での社会的スキルの低さは，その4年後（16歳頃）の抑うつ傾向と関連すること，加えて，女性では，青年期前期の社会的スキルの高さが，その2年後（14歳頃）の友人からのサポートを予測し，さらに，それが16歳頃の抑うつ傾向の抑制につながることが報告されている（Nilsen et al., 2013）。

(3) 社会的交換理論と投資モデル

対人関係の進展や継続について，経済学的な取り引きあるいは個人間の資源のやり取りという観点から説明を試みようとしたのが社会的交換理論である。社会的交換理論では，人の社会的な行動は，報酬からコストを引いた最終的な成果の大きさによって決定するとされる。この場合の報酬とは，金銭や物品の獲得といった物理的報酬のみならず，相手と一緒にいることにともなう快感情や相手との信頼感といった心理的報酬をも含むものである。また，コストには，相手と会うための時間や自分を抑えて相手に合わせるといった時間的，心理的コストも含まれる。一般に，人は他者との相互作用において，報酬とコストの差異，すなわち，成果が大きくなるほど，その関係に満足しやすくなるため，関係は進展，継続しやすくなる。ただし，恋愛関係においても，個人は成果を最大化し，その際に関係への満足度が高くなるのかというと必ずしもそうではなく，報酬がコストをかなり上まわっている（成果がかなり大きい）場合の関係満足度は比較的低く，報酬とコストがほぼイコール，あるいはコストよりも報酬の方が若干上まわっている場合に，関係への満足度が最も高くなることが報告されている（Walster et al., 1978）。

では，恋愛関係や友人関係といった親密な関係の継続性の鍵を握る要因は何であろうか。社会的交換理論に立脚してラズバルト（Rusbult, 1983）が提唱した投資モデルでは（図9-4），関係満足度，選択比較水準の質，投資量の3つの要素が重要であるとされ，さらに，それら3つの要素が関係へのコミットメントに収斂されることで関係の継続性を規定するとされる。ここでの関係満足度とは，"関係においてネガティブ感情よりもポジティブ感情を経験する程度"，選択比較水準の質とは，"当該関係以外に自分のことをもっとも受け入れてくれそうな他の関係（あるいは利用可能な他の活動）の望ましさ"，投資量とは，"関係に付随する資源（この資源は関係が崩壊した際にその価値を減じたり失ったりするもの）の大きさと重要度"のことを指す（Rusbult et al., 1998）。また，コミットメントは，関係を継続しようとする意思や関係に対する心理的な愛着，あるいは，関係に対して誠実であろうとする感覚として捉えられる（Rusbult et al., 1998）。

投資モデルに関するこれまでの研究では，恋愛関係において，相手が自分の欲求を満たしてくれることで関係満足度が高まるほど（VanderDrift & Agnew, 2012），当該関係以外

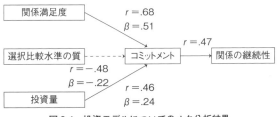

図9-4 投資モデルについてのメタ分析結果
(Le & Agnew, 2003)
注）実線は正の影響を，破線は負の影響を示す。

に自分の欲求を満たしてくれるような魅力的な関係が他になく選択比較水準の質が低くなるほど（Drigotas & Rusbult, 1992），また，物やお金といった物理的な投資量よりも，時間や自己開示といった精神的あるいは非物理的な投資量が大きくなるほど（Goodfriend & Agnew, 2008），コミットメントは高まり，関係は継続しやすくなるとされる。

　この投資モデルの妥当性については，これまで恋愛関係や友人関係，夫婦関係といった様々な関係性を対象にその検討がなされてきている（Le & Agnew, 2003）。それら多様な研究のメタ分析からは（図9-4），関係へのコミットメントに対しては，関係満足度（β = .51）が最も大きな影響力を持ち，それとともに投資量（β = .24）がポジティブな影響を，反対に選択比較水準の質（β = −.22）はネガティブな影響を及ぼし，加えて，関係へのコミットメントが高まることによって関係の継続も高まる（r = .47）という結果が得られている。類似した結果は，本邦の研究（古村ら，2013）においても得られており，投資モデルの理論的堅固さがうかがえるであろう。

3. 友人関係と恋愛関係

　友人関係や恋愛関係は，とくに青年期において重要な役割を果たしやすい。それら双方の関係は，親子関係や教師と生徒の関係といった垂直的な関係とは異なり，基本的に対等な関係，ピア（peer）関係であるといえる。そのため，それらの関係における個々の役割は，たとえば，関係内で慰める側と慰められる側が入れ替わるというように，流動的であり，交換可能なものとなりやすい。さらに，それら両関係は，本人の意思によって選択的に関係を築き，また，関係を解消することができるという共通項もある。しかし，それと同時に，友人関係と恋愛関係には明確な違いも存在する。それは，自分と相手以外の第三者が関係内に入り込むことを拒む傾向，すなわち，排他性の有無であり，さらに，性的喚起とそれにともなう激しい感情を経験するか否かである。恋愛関係では，一般に，特定の相手にこだわるという独占欲が生じやすく，また，そこには性的行為も内包される傾向があるゆえ，友人関係と比して，ポジティブ感情とネガティブ感情の両感情が関係内で強く経験されやすい（金政・大坊，2003; 立脇，2007）。ここでは，そのような相似点と相違点を持つ友人関係と恋愛関係について触れていこう。

■ (1) 友人関係

　先にも述べたように，友人関係は，とくに青年期において重要なものとなりやすい（松井，1996; 宮下，1995）。青年期は，個人のサポートを求める対象がそれまでの親から同性友人や恋人へと次第に移行していく時期であるとされ（Furman & Buhrmester, 1992），それゆえ，親からの心理的な独立を図るうえでも，また，心理的な安寧を確保するうえでも，悩みや考えを共有できる友人の存在は貴重なものとなる。実際，友人から受けるサポートの程度は，青年期早期（12, 13歳ぐらい）から青年期後期（17, 18歳ぐらい）にかけて次第に増加していくことが知られている（De Goede et al., 2009）。

　そのような友人関係におけるサポートの授受は，関係性や個人の適応にとって重要な役割を果たす。たとえば，友人関係でお互いが相手のことを自主的

関係へのコミットメント
恋愛関係や夫婦関係において，関係へのコミットメントは，関係葛藤時における適切な対処行動や関係のための自己犠牲といった関係の維持に寄与する行動を促進させ，そのことによってパートナーの信頼感が醸成されることが示されている（Wieselquist et al., 1999）。

友人から受けるサポートの程度
友人のことを情緒的にサポーティブであるとみなせるかどうかは，その相手との関係満足度の重要な予測因子となり得ることも報告されている（Buhrmester et al., 1998）。

にサポートしているほど，相手への信頼感や関係満足度は高くなること，また，個人の適応性に関しては，相手からのサポート享受よりも，自身が相手にサポートを提供しているかどうかが強く影響を及ぼすことが報告されている（Deci et al., 2006）。同様に，友人関係に求めるものに関する研究（下斗米，2000）でも，大学生は，友人や親友に対して心理的あるいは物理的なサポートや支持を強く期待しており，その一方で，類似性への期待（相互の類似点を認識し，それを確認することへの期待）はそれほど強くないことが示されている。さらに，友人関係において，サポートや支持への期待はずれ（期待とその遂行度とのズレ）が大きくなると，関係満足度は低下するが，類似性についての期待はずれにはそのような傾向が見られないことが報告されている。これらの結果は，友人関係でサポートや支持への期待が満たされていることが，その関係の質を規定するうえで重要となることを示唆するものといえる。

それでは，友人関係においては互いの類似性はそれほど重要ではないのかというとそうではない。11歳から18歳の参加者を対象とした5年間の縦断研究（Hafen et al., 2011）からは，友人との類似性は，その関係の継続性にとって重要となることが示されており，非行行動や飲酒頻度，自尊心や達成動機において類似している友人同士は，関係が長期間続きやすいとされる。さらに，友人となる以前のそれらの類似性が，後に，友人になった際の関係の継続性とも関連することから，このような結果は，先に触れた類似性-魅力仮説を支持するものということができるだろう。

上記の非行行動や飲酒頻度の類似性が友人との関係性を規定することからも示唆されるように，青年期では，喫煙や飲酒といったネガティブな行動についても親友や友人グループからの影響が少なくない（Ennett & Bauman, 1994; Soenens et al., 2006; Urberg et al., 1997）。また，青年期においては，恋人に暴力を振るう友人が自分の周囲にいる場合，自分自身も恋人に対して暴力を振るいやすくなること，反対に，互いが友人であると認識し合うような質の高い友人関係を持っていることは，恋人に対して暴力行為を行うリスクを低減させることが知られており（Foshee et al., 2013），「朱に染まれば赤くなる」という言葉のごとく，友人関係は良く悪くも個人に対して影響を及ぼし得るということができるだろう。

前述の友人から受けるサポートの程度と同様，友人とのつきあい方も個人の発達段階によって変化する。落合・佐藤（1996）は，深さと広さという2つの次元から友人とのつき合い方を4つに分類し，その発達的変化について検討した結果（図9-5），誰とでも同じように仲良くしようとするが，自分の本音は出さない"友人と浅く広く"関わるつきあい方は，年齢が増すにつれて減少し，逆に，限られた相手と積極的に関わり，わかり合おうとする"友人と深く狭く"関わるつき合い方は，年齢とともに増加することを示している。このような友人とのつき合い方は，個人の適応状態にも影響する。大学生を対象とした研究では，友人との関わりを回避する者や友人関係で傷つき傷つけられることを恐れる者は，友人と内面的な関わり合いを求める者と比べて，自尊心が低く，病理的な自己愛や境界性人格障害傾向が

> **サポートや支持への期待はずれ**
> 友人へのサポートの期待がうまく満たされないこと（サポートについての期待はずれ）が，個人の適応状態に影響をすることを示唆する研究もある。大学に入学したばかりの新入生を対象にした3ヶ月間の縦断的研究（中村・浦, 1999）によると，ストレスを多く経験していた場合，旧友（大学入学前の学外の親しい友人）からのサポートの期待はずれが，本人の適応や自尊心に対してネガティブな影響を及ぼしやすいことが示されている。

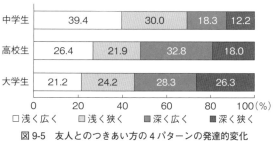

図9-5 友人とのつきあい方の4パターンの発達的変化
（落合・佐藤, 1996）

強いことが示されている（岡田, 2007）。同様の結果は，他の研究でも得られており，友人と表面的な関わり方をする者は，評価過敏や自意識過剰傾向が強く（小塩, 1998），社会的スキルが低いこと（橋本, 2000），さらに，対人関係でのストレスに対してポジティブなコーピング方略を用いづらいこと（加藤, 2007）が報告されている。ただし，人間関係のつき合い方と適応状態との関連については，個人の志向性が影響を及ぼすことを示唆する研究もあり（内田ら, 2012），広く開放的な人間関係を求める人は，つき合う人の数が多いほど，逆に，安定的な人間関係を維持しようとする人は，居心地の良いグループを割合的に多く持つほど，幸福感が高くなることが示されている。

近年のコミュニケーション・メディアの進展はめざましく，携帯電話やインターネットが急速に普及したことで，SNS，インスタントメッセンジャー，あるいはメールなどを使用することで，私たちは，いつでも，どこでも，誰とでもつながれるようになった。このような状況は，友人関係のコミュニケーションのありようにも，また，友人関係の質そのものにも影響を及ぼす可能性がある。13歳から19歳の青年を対象とした研究（Reich et al., 2012）では，SNSを使用する理由としては，"あまり会わない友人と連絡をとり合うため"が84%と最も高かった。加えて，SNSやインスタントメッセンジャーによるコミュニケーションは，オンライン上でのみの知り合いと行われることはほとんどなく，多くの場合が，実生活で既に知っている友人との間で行われていることが報告されている。また，本邦の研究（古谷・坂田, 2006）でも，相手と会う機会の少ない遠距離友人と身近に会うことのできる近距離友人とでは，関係の満足度を規定する要因が異なっており，遠距離の友人とは，基本的に，携帯電話や携帯のメールでのコミュニケーションによって関係の維持を図ろうとすることが示唆されている。これらの結果から，SNSやインスタントメッセンジャー，メールは，既に形成された友人との関係を維持，強化するためのコミュニケーション・ツールとして利用されることが多いといえよう。加えて，オンライン上でのコミュニケーション，とくに，インスタントメッセンジャーでのコミュニケーションは，既存の友人関係や恋愛関係の質をより良いものとし（Blais et al., 2008; Valkenburg & Peter, 2009），また，それはオンラインにおける自己開示を介してであることが報告されている（Valkenburg & Peter, 2009）。このようなめざましい発展，変容を遂げるコミュニケーション・メディアが，友人関係を含め，対人関係のあり方にどのような影響を及ぼすのかについては，今後，さらに検討の余地があるだろう。

(2) 恋愛関係，そして結婚
①愛着関係としての恋愛関係

恋愛関係では，相手との関係が深まるにつれて，次第に2者間に強い心理的な絆，愛着が形成されていくと考えるのが成人の愛着理論（Hazan & Shaver, 1987）である。成人の愛着理論では，その発達的な観点から，乳幼児期の親子関係と青年・成人期の恋愛・夫婦関係を相似的なものとして捉え，双方ともに2者間が強い心理的絆で結びついている関係，すなわち，愛着関係であると考える。個人の愛着対象は，発達段階を通して，乳幼児期での親から次第に青年・成人期では恋人や配偶者へと移行していくため，乳幼児期での親子関係の特徴が青年・成人期での恋愛・夫婦関係の特徴にある程度の影響を及ぼし得る

SNSを使用する理由
"あまり会わない友人と連絡をとり合うため"の次に，"暇なときの時間つぶし・退屈しないため"，さらに，"友だちがみんなアカウントを持っているから"，"親戚や家族と連絡を取り合うため"，"よく合う友達と予定を立てるため"と続く。

愛着関係
愛着関係は，親密さという観点から他の社会的関係とは弁別され得るものであり，次のような4つの特徴を有するとされる。1つ目の特徴は，近接性の探索で，相手との近接性を探求し，それを維持しようとする傾向，2つ目は，分離苦悩で，相手との分離に対して抵抗を示し，苦悩する傾向である。また，3つ目は，安全な避難所で，主観的あるいは現実的な危険に直面した場合に相手から安心を得ようとする傾向，4つ目の特徴は，安全基地で，安心感を提供してくれる相手の存在によって，探索行動などの愛着と直接関連しない行動が活発になる傾向である。

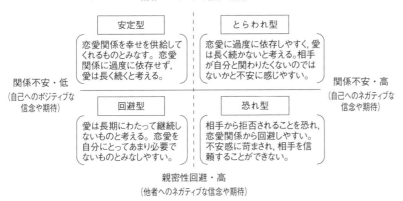

図 9-6 青年・成人期の 4 つの愛着スタイルと恋愛の捉え方
(Bartholomew & Horowitz, 1991; Hazan & Shaver, 1987 に基づく)

と仮定するのである。このような成人の愛着理論は，比較行動学的な視点を持つボウルビィ（Bowlby, 1969/2000, 1973/2000）の愛着理論に基づいて展開されたものであり，彼によれば，愛着とは"ある特定の他者に対して強い絆を形成する人間の傾向（Bowlby, 1977, p.203）"と定義され，そうであるがゆえに，愛着は人生を通して個人ならびに個人の持つ関係性を特徴づけていくとされる。

このような愛着の連続性，継続性を仮定する際に重要となるのが，内的作業モデルである。ボウルビィによれば，乳幼児は親（もしくは養育者）との長期的な相互作用を通して，"自分は他者から愛される価値があるのか，受容される存在なのか"といった自己への信念や期待を，また，"他者は自分のことを受け入れてくれるのか，自分の要求に応えてくれるのか"といった他者への信念や期待を自身の心のうちに形作っていくとされる。この自己や他者に対する信念や期待のことを内的作業モデルと呼ぶ。内的作業モデルは，その信念や期待（自己や他者へのポジティブな，あるいはネガティブな信念や期待）に沿うように，個人の対人関係における認知や行動，さらに，他者の行動の予測やその解釈を方向づけるため，個人の発達段階を通して維持されていく傾向にある。上記の自己への信念や期待は，それがネガティブな場合，自信のなさや過度の不安感，他者から見捨てられることへの焦燥感を経験しやすくなるゆえ，対人関係においては，関係不安（関係への不安傾向）として理解される。また，他者への信念や期待がネガティブな場合，他者と親密な関係を築くことを回避しようとし，加えて，他者に依存することに嫌悪感を抱きやすくなるため，対人関係では，親密性回避（親密性からの回避傾向）として捉えられるものとなる。この内的作業モデルの 2 つの軸，関係不安と親密性回避は，愛着二次元と呼ばれ，それらを縦軸と横軸に配置することで，青年・成人期における愛着の個人差，すなわち，愛着スタイルは，「安定型」「とらわれ型」「回避型」「恐れ型」の 4 つに分類される（図 9-6）。また，それら 4 つの愛着スタイルによって，個人の恋愛に対する考え方や恋人への対応は異なってくるのである。

近年の青年・成人期の愛着スタイルの研究は，愛着スタイルの観点からよりも，関係不安と親密性回避という愛着二次元の観点からなされることが多い。

愛着の連続性，継続性
　約 20 年間にわたる縦断的研究（Simpson et al., 2007）でも，愛着の連続性，継続性を示唆するように，乳幼児期における母親とのやり取りが，小学校での友人関係での対人スキルや能力を，さらに，16 歳時の友人関係における安心感や信頼感を媒介して，成人後（20〜23 歳）の恋愛関係での感情経験や協力行動に影響を及ぼすことが示されている。

たとえば，交際中のカップルや夫婦を対象にした研究では，関係不安や親密性回避が高くなると，関係内で怒り，悲しみ，不安といったネガティブな感情を経験しやすく，反対に，幸せ，愛，プライドといったポジティブな感情を経験しづらいこと（Feeney, 1995, 1999），加えて，関係への満足度も低くなることが報告されている（Shaver et al., 2005）。

また，金政（2009, 2010）では，青年・成人期の愛着関係であると定義される青年期の子ども－母親関係，恋愛関係，中年期の夫婦関係の3つの関係を対象に，ペア調査を行っている。その結果（図9-7），本人の関係不安の高さは，それら3つの関係において，本人の関係内でのネガティブ感情を増大させ，そのことで関係への満足度が低下すること，さらに，その傾向は本人のみにとどまらずパートナー（母親，恋人，配偶者）についても認められ，本人の関係不安が高い場合，パートナーも関係内でネガティブ感情を経験しやすく，関係への満足度が低くなることが示されている。最近の研究においても（Overall et al., 2014），関係不安の高い人は，恋人との葛藤時に，自身の苦悩や傷つきを過度に表出することで相手に罪悪感を抱かせ，恋人の自分に対する関心やコミットメント（関与）を再確認しようとする傾向があること，さらに，そのような罪悪感の喚起は，長期的に恋人の関係への評価を下げることが報告されている。

もう一方の愛着次元である親密性回避に関しても，やはり恋愛関係にネガティブな影響を及ぼすことが知られている。たとえば，親密性回避の高い人は，葛藤的な話し合い時に，恋人が自分の考えや行動に関して何か指図したり，不満を言ってきたりした場合，より怒りを経験しやすく，加えて，相手を無視したり，話し合いを拒否したりといったネガティブな反応をとりやすい（Overall & Sibley, 2009; Overall et al., 2013）。また，親密性回避は，恋人へのサポート提供の適切さとも関連し，親密性回避が高い場合，ストレス状況下の恋人に対して十分なサポートを提供しない傾向がある（Fraley & Shaver, 1998; Simpson et al., 1992）。さらに，親密性回避の高さは，他者に依存することへの嫌悪感から，ストレス経験時の恋人へのサポート希求の低さも予測するとされる（Simpson et al., 1992）。それでは，親密性回避の高い者は，恋人からのサポートをまったく望んでいないのかというと必ずしもそうではなく，恋人からのサポートが中程度の場合には，親密性回避の高い者は，ストレスを経験しやすく自己効力感も低下するというネガティブな反応を示すものの，恋人から非常に多くのサポートが提供されている場合には，恋人を信頼してストレスが低下し，自己効力感も高まることが報告されている（Girme et al., 2015）。

これまで概観してきたように，関係不安や親密性回避の高さといった愛着の不安定さは，恋愛や夫婦関係の質やその継続性に対してネガティブな影響を及ぼし得る。ただし，最近では，愛着の不安定さやそれが恋愛関係に及ぼすネガティブなインパクトは，パートナーの対応のしかた（たとえば，ポジティブ感情を明確に伝える，ネガティブ感情を抑制する，柔和なコミュニケーションを行う）によって緩和，軽減されることから，愛着関係でのパートナー同士の相互制御の可能性を示唆する研究も提出されてきている（Girme et al.,

パートナーの関係満足度の低下

これは，相手から嫌われること，見捨てられることに過度の不安や怖れを抱くことが，まさに自らが怖れる関係の危機を具現化させてしまう（自身とパートナーの関係への評価を低下させる）という点において，関係不安の悲しき予言の自己成就（Simpson & Rholes, 2004）を示すものであるといえる。

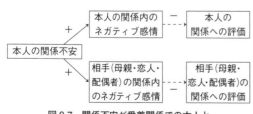

図9-7 関係不安が愛着関係での本人とパートナーの感情経験と関係満足度に及ぼす影響
（金政, 2009, 2010）

2015; Lemay & Dudley, 2011; Overall et al., 2013)。

②恋愛から結婚へ

若年層の恋愛に対する「草食化」「絶食化」が叫ばれて久しい。20～30代を対象とした内閣府の調査（2015）によると，「今，恋人が欲しいか」という問いに対して，現在恋人がいない未婚者の36.7%，およそ3人に1人が「欲しくない」と回答していた。また，その理由としては，「恋愛が面倒」（46.2%），「自分の趣味に力を入れたい」（45.1%）などが挙げられている。このような若年層の恋愛を回避する傾向は，現代の結婚の約9割が恋愛結婚であることを加味すれば（国立社会保障・国立人口問題研究所，2012），晩婚化，非婚化の大きな要因になっていると考えられよう。

平均初婚年齢は，1970年では，男性で26.9歳，女性で24.2歳であったものが，2013年度のデータでは，男性で30.9歳，女性で29.3歳と，男性で約4歳，女性で約5歳，晩婚化が進んでいる（国立社会保障・人口問題研究所，2015）。また，非婚化に関しても，図9-8に示すように年々確実に進行しているといえる。さらに，生涯未婚率（50歳の時点で一度も結婚をしたことのない人の割合）については，2010年では，女性で10.61%，男性で20.14%と，1970年と比較して，女性で3倍以上，男性では12倍近くにまで上昇しており，女性のおよそ10人に1人，男性に至っては5人に1人が50歳の時点で一度も結婚していないことになる（国立社会保障・人口問題研究所，2015）。

上記のように，現在の結婚の約9割が恋愛結婚ではあるものの，結婚の形態の主流が，見合い結婚から恋愛結婚へと移り変わっていったのは，50年ほど前の1960年代後半からである（国立社会保障・国立人口問題研究所，2012）。以前は，ある程度の年齢になれば，親や親戚，職場の人たちが結婚の候補者を探して本人に紹介するという形が結婚の過程のひとつとして成立していた。しかし，現代のように，恋愛結婚が主流となり，結婚が個人の選択の問題となったことで，多くの場合，結婚相手は自分自身で見つけなければならなくなった。それゆえ，結婚のためには，まず恋愛を始めなければならず，異性とうまくコミュニケーションをとり，親密な関係を形成するためのスキルが必要とされるようになったのである。さらに，恋愛から結婚に至るまでの平均交際期間が約4.3年であることをふまえると（国立社会保障・人口問題研究所，2012），関係形成のためだけでなく，それを継続させていくためのスキルも必要とされ

> **20～30代を対象とした内閣府の調査**
> 大学生を対象とした調査においても（髙坂，2013），1,532名の調査対象者のうち，66.8%の1,024名が「現在恋人がいない」と回答しており，さらに，そのうちの307名，すなわち，「現在恋人がいない」者のうちの約3割が恋人を欲しいと思っていないとの報告がなされている。

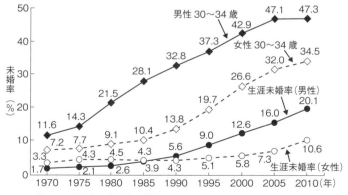

図9-8　晩婚化・非婚化の推移（国立社会保障・人口問題研究所，2015）

る。このような背景をふまえると，恋愛から結婚へと至る過程においても，先に述べた社会的スキルを身につけておくことの重要性が増しているといえよう。

　もちろん，恋愛や結婚が人生のすべてではないであろうし，また，恋愛や結婚の選択権は，基本的に個人に帰するべきものであろう。ただし，晩婚化・非婚化の問題は，少子化や老人介護，貧困家庭など現在の日本が抱える大きな問題とも密接に絡み合っている。それゆえ，恋愛や結婚は個人的な問題であり，それらについて議論することには意味がないと一蹴することはそう簡単にはできない。

4．関係葛藤への対処と関係の崩壊

　親密な関係は，多くの場合，個人にとって重要なものであり，そうであるがゆえに，個人の適応に対して大きな影響を及ぼしやすい。そのため，関係葛藤にいかように対処するのか，また，関係の崩壊をどう未然に防ぐか，さらにいえば，避けようのなかった関係の崩壊に対してどのように向き合うのかは，私たちの心の安寧を保つうえでも非常に重要なことであるといえる。ここでは，それらに対して私たちができることを少し探っていくことにしよう。

(1) 関係葛藤への対処

　どのような関係でも，時に相手と意見が合わず，対立や言い争いが生じることがあるだろう。ちょっとしたすれ違いであっても，うまく対処しなければ相手との衝突は激しさを増していき，結果的に関係の崩壊につながることがある。そのため，関係葛藤にいかように対処するのかについての方略は，その後の関係の質やその継続性に対して大きな影響を及ぼす。

　このような関係葛藤への対処行動（対処方略）について，ラズバルト（Rusbult, 1987）は，建設的-破壊的ならびに積極的-消極的という2つの軸を設定することによって，4つに分類している。それらは，図9-9に示すように，積極的かつ建設的対処である「話し合い行動」，消極的な建設的対処である「忠誠行動」，積極的な破壊的対処の「別れ行動」，消極的で破壊的な対処の「無視行動」の4つの対処行動である。これまでの研究では，関係満足度が高

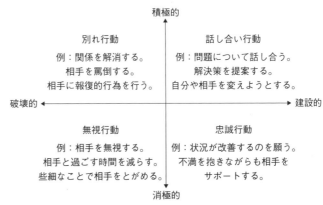

図9-9　関係葛藤への4つの対処行動（Drigotas et al., 1995）

い人，あるいは関係に対する投資量が大きい人は，建設的な対処行動をとりやすく，反対に，関係満足度が低い人や関係への投資量が小さい人は，破壊的な対処を行いやすいことが報告されている（Rusbult et al., 1991; Rusbult et al., 1982; 相馬ら，2003）。また，現在の恋愛関係へのコミットメントをプライミングによって実験的に操作されて低められると，高められた場合と比較して，恋人の裏切り行為（嘘や浮気）に対して，より破壊的な対処行動をとりやすくなることが示されている（Finkel et al., 2002）。

4つの対処行動は，その名のとおり，基本的に「別れ行動」や「無視行動」といった破壊的行動は，関係に対してネガティブな影響を及ぼしやすく，反対に，「話し合い行動」や「忠誠行動」といった建設的行動は，関係の質を良好なものにしやすい。加えて，破壊的行動が関係に対して及ぼすネガティブな影響は，建設的行動のポジティブな影響よりも大きく，また，積極的行動は消極的行動よりも関係に対してより大きな影響力を持つとされる（Drigotas et al., 1995; Rusbult et al., 1986）。つまり，関係の継続性や良好さを考えた場合，ポジティブな対処方略である建設的行動を行おうとするよりも，まずネガティブな対処である破壊的行動をとらないようにすること，さらにいえば，「話し合い行動」を率先して行い，かつ「別れ行動」をとらないようにすることが重要であるといえよう。

■ (2) 親密な関係の崩壊

どのような関係であってもいつかは別れのときを迎える。恋人とのけんか別れや話し合った末の別れ，相手に思いを告げられないままの別れ，友人といつの間にか連絡が途絶え，疎遠になってしまったという別れ。また，死別も悲しい別れのひとつといえる。その形は様々だが，それがどのようなものであれ，別れは個人の心に暗い影を落とす。とくに，恋愛関係の崩壊は，その排他性ゆえに明確なものとなりやすく，激しい感情経験をともなうことから個人にとってストレスフルなものとなりやすい。実際，これまでの研究でも，恋愛関係の崩壊，パートナーとの別れは，その後の精神的健康を阻害し，人生への満足感を低下させることが報告されている（Rhoades et al., 2011; Simon & Barrett, 2010）。

それでは，恋愛関係の継続と崩壊を分かつ要因とは何であろうか。現在恋人がいる人を対象にした縦断研究（Simpson, 1987）では，最初のデータ収集の時点で，①恋人への満足度が低い，②恋人との交際期間が短い，③恋人と性的な関係になっていない，④恋人以外にデートする相手がいる，⑤本人が性に対して開放的であることが3ヶ月後の関係崩壊の予測因となり得ることが示されている。さらに，つき合い始めて4週間以内という関係のかなり初期段階であっても，恋人への信頼感や親密性の低さ，関係満足度の低さは，後の関係崩壊を予測すること（Fletcher et al., 2000），加えて，1週間ごとの日常的な関係満足度の変動の大きさが，後の関係崩壊の招きやすさにつながること（Arriaga, 2001）を報告する研究もある。

恋愛関係の崩壊と関連する個人的な特性についてもこれまでいくつかの研究が提出されてきており，その1つに不安傾向の高さを挙げることができるだろう。ダウニーら（Downey et al., 1998）は，拒否感受性という観点から，不安傾向の高さが関係崩壊につながる可能性について検討を行っている。拒否感受

恋愛関係の崩壊

ただし，同じ恋愛関係の崩壊という別れであっても，別れを切り出した側と切り出された側とでは，その反応が異なるとされる。別れを切り出した側は，罪悪感や自責の念を抱きやすく，また，別れについて周囲にあまり相談しない傾向にあるが，別れを切り出された側は，苦悩や悲嘆を経験し，別れた相手のことを頭の中で反芻してよりを戻したいと思いやすく，さらに，相手に対して怒りや敵意といったネガティブな感情を抱く可能性があることが示されている（Davis et al., 2003）。

性とは，自分の要求に対する親密な他者からの拒否についての予測と，それに対する不安の感じやすさのことを指す。彼らは，最初のデータ収集時点で6ヶ月以上つき合っている（関係が比較的安定している）カップルを対象に縦断研究を行い，拒否感受性の高い人は，拒否感受性の低い人と比べ，1年後，2倍以上も高い割合で当初の相手と別れているという結果を得ている（図9-10）。このように拒否感受性の高い人が，恋愛関係を安定させることができないのは，その不安傾向の高さゆえに，相手の曖昧な言動や何気ないしぐさに対して否定的な意図や悪意を感じ取りやすく，また，そのことで恋人のちょっとした言動を激しく責め立ててしまって相手を不快にさせ，結果的に，双方の関係満足感を低下させてしまうからだとされる。実際，実験的にも，恋人との葛藤的な話し合い場面で，女性の拒否感受性の高さは，恋人に対するネガティブな行動（相手を馬鹿にした言動や無責任な発言など）を引き起こし，そのことで恋人の怒りが増大することが示されている（Downey et al., 1998）。

もう1つの個人的特性としては，自己犠牲への意志（willingness to sacrifice；自己犠牲をいとわない気持ち）の強さが挙げられる。ヴァン・ラングらの研究（Van Lange et al., 1997）によると，恋人との関係のために自分のやりたいことや大事なことをあきらめるといった自己犠牲への気持ちが強い人は，関係への満足感やコミットメントが高く，また，関係の崩壊を招きにくいことが報告されている。ただし，この自己犠牲への気持ちが，常によい結果を生むかというと必ずしもそうではなく，自身が自己犠牲を行った際，感情の表出を抑制する傾向が強いと，その後の本人の関係への満足度が低下しやすく，また，恋人との別れを考える可能性が高まることが示されている（Impett et al., 2012）。

先述のように，恋人との別れや失恋の痛手は多くの人にとって非常にストレスフルなものとなりやすい。それでは，恋人との別れや失恋時に，人びとはどのような感情を経験し，それに対してどのように対処しているのだろうか。これまでの研究（和田，2000）では，恋人との関係が進展していた人ほど，関係崩壊時により強い苦悩を経験しやすく，また，後に別れたことを悔やむ，相手の家の周りを歩き回るといった後悔，未練行動をとりやすいことが報告されている。さらに，失恋に際して，別れを悔やんだり相手のことを思い出したりするといった対処や相手を憎んだり意図的に忘れようとしたりするといった対処をとることは，失恋に対するストレスを増大させ，失恋からの回復期間を遅らせるとされる（加藤，2005）。もちろん，別れに対する反応には個人差も見られており，先の成人の愛着理論において触れた関係不安が高い人ほど，別れに対して身体的あるいは精神的なストレスを経験しやすく，別れた相手に執着してよりを戻したいと思う傾向が強いこと，さらには，怒りや復讐心を抱きやすいことが知られている（Davis et al., 2003）。

別れた相手への執着心や失恋時における怒りや復讐心をともなう感情は，近年，社会的な問題となっているストーカー行為を引き起こす要因となり得るだろう。実際，警視庁（2015）の報告でも，ストーカー行為を行う者の約6割が交際相手（元交際相手を含む）や配偶者（内縁・元含む）であることから，別れ話のもつれがストーカー行為に

ストーカー行為

ストーカー規制法（通称）によると，ストーカー行為とは，"特定の者に対する恋愛感情その他の好意感情又はそれが満たされなかったことに対する怨恨の感情を充足する目的で，その特定の者又はその家族などに対して以下の8つの行為を繰り返し行うこと"であるとされる（警視庁，2016）。その際，規制対象となる8つの行為とは，a. つきまとい・待ち伏せ・押しかけ，b. 監視していると告げる行為，c. 面会や交際の要求，d. 乱暴な言動，e. 無言電話，連続した電話・ファクシミリ・電子メール，f. 汚物などの送付，g. 名誉を傷つける，h. 性的羞恥心の侵害である。

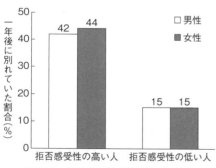

図9-10　拒否感受性と恋愛関係の継続性
（Downey et al., 1998 より作成）

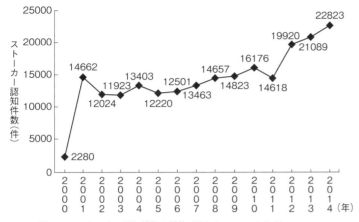

図9-11 ストーカー認知件数の推移（警視庁，2015より作成）
注）執拗なつきまといや無言電話等のうち，ストーカー規制法やその他の刑罰法令に抵触しないものも含む。

つながる蓋然性は高いといえよう。ストーカー規制法が2000年に施行されて以来，ストーカーの認知件数は増加傾向にあり，2013年以降は実に2万件を超えている（図9-11）。また，警視庁（2015）によると，ストーカー行為を行う者の8割以上が男性であり，その年齢は20歳代～40歳代で6割を超えるとされる。このようなストーカー行為に関しては，社会的な注目は高いものの，その研究は本邦において未だ少ないといわざるを得ない。ストーカー行為は時に凄惨な事件につながっていく可能性もある。今後は，恋愛関係をいかにうまく形成させ，それを存続させるかということのみならず，いかに親密な相手との関係を終わらせるのかについても考えていく必要があるだろう。

5. おわりに

　人間関係において，これがたった1つの正解などというものは存在しない。それは兎にも角にも人間関係というものが複雑きわまりないからにほかならないのだが，それでもやはり人間関係を実証的に扱うことには大きな意味がある。人間関係，とくに親密な関係は，その親密さゆえに関係内で激しい感情経験をともないやすい。"愛憎相半ばする"という言葉もあるように，親密な関係では，愛情の深さや強い親密性ゆえに，それが相手から拒絶されたと感じる場合には，怒りや嫉妬といった激烈なネガティブ感情を経験しやすく，また，それらの感情は相手に対して直接的に表出されやすい。加えて，親密な関係における諸事は，個人の適応状態に対して非常に大きな影響力を持つ。それゆえに，親密な関係についての研究を積み重ねていくことは，砂漠の砂一粒，一粒を吟味するような気の遠くなる作業だとしても，私たちの幸福を考えるうえで非常に重要なものとなり得るのである。

■文献

相川　充　（2000）．人づきあいの技術―社会的スキルの科学　サイエンス社
相川　充・佐藤正二・佐藤容子・高山　巌　（1993）．孤独感の高い大学生の対人行動に関する研究―孤独感と社会的

スキルとの関係— 社会心理学研究, 8, 44-55.
Altman, I., & Taylor, D. A. (1973). *Social penetration: The development of interpersonal relationships.* New York: Holt, Rinehart & Winston.
Anderson, C., John, O. P., Keltner, D., & Kring, A. M. (2001). Who attains social status? Effects of personality and physical attractiveness in social groups. *Journal of Personality and Social Psychology*, **81**, 116-132.
Aron, A., Dutton, D. G., Aron, E. N., & Iverson, A. (1989). Experiences of falling in love. *Journal of Social and Personal Relationships*, **6**, 234-257.
Aronson, E., & Linder, D. (1965). Gain and loss of esteem as determinants of interpersonal attractiveness. *Journal of Personality and Social Psychology*, **1**, 156-171.
Arriaga, X. B. (2001). The ups and downs of dating: Fluctuations in satisfaction in newly formed romantic relationships. *Journal of Personality and Social Psychology*, **80**, 754-765.
Back, M. D., Schmukle, S. C., & Egloff, B. (2008). Becoming friends by chance. *Psychological Science*, **19**, 439-440.
Bartholomew, K., & Horowitz, L. M. (1991). Attachment styles among young adults: A test of a four-category model. *Journal of Personality and Social Psychology*, **61**, 226-244.
Berg, J. H. (1984). Development of friendship between roommates. *Journal of Personality and Social Psychology*, **46**, 346-356.
Blais, J. J., Craig, W. M., Pepler, D., & Connolly, J. (2008). Adolescents online: The importance of internet activity choices to salient relationships. *Journal of Youth and Adolescence*, **37**, 522-536.
Bornstein, R. F. (1989). Exposure and affect: Overview and meta-analysis of research, 1968-1987. *Psychological Bulletin*, **106**, 265-289.
Bornstein, R. F., & D'Agostino, P. R. (1992). Stimulus recognition and the mere exposure effect. *Journal of Personality and Social Psychology*, **63**, 545-552.
Bosson, J. K., Johnson, A. B., Niederhoffer, K., & Swann, W. B. (2006). Interpersonal chemistry through negativity: Bonding by sharing negative attitudes about others. *Personal Relationships*, **13**, 135-150.
Bowlby, J. (1969/2000). *Attachment and loss*, Vol. 1; *Attachment.* New York: Basic Books.
Bowlby, J. (1973/2000). *Attachment and loss*, Vol. 2: *Separation: Anxiety and anger.* New York: Basic Books.
Bowlby, J. (1977). The making and breaking of affectional bonds. *British Journal of Psychology*, **130**, 201-210.
Buhrmester, D., Furman, W., Wittenberg, M. T., & Reis, H. T. (1988). Five domains of interpersonal competence in peer relationships. *Journal of Personality and Social Psychology*, **55**, 991-1008.
Buss, D. M. (1989). Sex differences in human mate preferences: Evolutionary hypotheses tested in 37 cultures. *Behavioral and Brain Sciences*, **12**, 1-49.
Buunk, B. P., & Prins, K. S. (1998). Loneliness, exchange orientation, and reciprocity in friendships. *Personal Relationships*, **5**, 1-14.
Byrne, D., & Nelson, D. (1965). Attraction as a linear function of proportion of positive reinforcements. *Journal of Personality and Social Psychology*, **1**, 659-663.
Chapdelaine, A., Kenny, D. A., & LaFontana, K. M. (1994). Matchmaker, matchmaker, can you make me a match? Predicting liking between two unacquainted persons. *Journal of Personality and Social Psychology*, **67**, 83-91.
Collins, N. L., & Miller, L. C. (1994). Self-disclosure and liking: A meta-analytic review. *Psychological Bulletin*, **116**, 457-475.
Cunningham, M. R. (1986). Measuring the physical in physical attractiveness: Quasi-experiments on the sociobiology of female facial beauty. *Journal of Personality and Social Psychology*, **50**, 925-935.
Cunningham, M. R. (1988). Does happiness mean friendliness? Induced mood and heterosexual self-disclosure. *Personality and Social Psychology Bulletin*, **14**, 283-297.
Cunningham, M. R., Barbee, A. P., & Pike, C. L. (1990). What do women want? Facialmetric assessment of multiple motives in the perception of male facial physical attractiveness. *Journal of Personality and Social Psychology*, **59**, 61-72.
大坊郁夫 (2006). コミュニケーション・スキルの重要性 日本労働研究雑誌, **546**, 13-22.
大坊郁夫 (2008). 社会的スキルの階層的概念 対人社会心理学研究, **8**, 1-6.
Davis, D., Shaver, P. R., & Vernon, M. L. (2003). Physical, emotional, and behavioral reactions to breaking up: The roles of gender, age, emotional involvement, and attachment style. *Personality and Social Psychology Bulletin*, **29**, 871-884.
Deci, E. L., La Guardia, J. G., Moller, A. C., Scheiner, M. J., & Ryan, R. M. (2006). On the benefits of giving as well as receiving autonomy support: Mutuality in close friendships. *Personality and Social Psychology Bulletin*, **32**,

313-327.
De Goede, I. H. A., Branje, S. J. T., & Meeus, W. H. J. (2009). Developmental changes and gender differences in adolescents' perceptions of friendships. *Journal of Adolescence*, **32**, 1105-1123.
Diener, E., Wolsic, B., & Fujita, F. (1995). Physical attractiveness and subjective well-being. *Journal of Personality and Social Psychology*, **69**, 120-129.
Dindia, K., & Allen, M. (1992). Sex differences in self-disclosure: A meta-analysis. *Psychological Bulletin*, **112**, 106-124.
Downey, G., Freitas, A. L., Michaelis, B., & Khouri, H. (1998). The self-fulfilling prophecy in close relationships: Rejection sensitivity and rejection by romantic partners. *Journal of Personality and Social Psychology*, **75**, 545-560.
Drigotas, S. M., & Rusbult, C. E. (1992). Should I stay or should I go? A dependence model of breakups. *Journal of Personal and Social Psychology*, **62**, 62-87.
Drigotas, S. M., Whitney, G. A., & Rusbult, C. E. (1995). On the peculiarities of loyalty: A diary study of responses to dissatisfaction in everyday life. *Personality and Social Psychology Bulletin*, **21**, 596-609.
Dryer, D. C., & Horowitz, L. M. (1997). When do opposites attract? Interpersonal complementarity versus similarity. *Journal of Personality and Social Psychology*, **72**, 592-603.
Eastwick, P. W., Eagly, A. H., Finkel, E. J., & Johnson, S. E. (2011). Implicit and explicit preferences for physical attractiveness in a romantic partner: A double dissociation in predictive validity. *Journal of Personality and Social Psychology*, **101**, 993-1011.
Eastwick, P. W., & Finkel, E. J. (2008). Sex differences in mate preferences revisited: Do people know what they initially desire in a romantic partner? *Journal of Personality and Social Psychology*, **94**, 245-264.
Ennett, S. T., & Bauman, K. E. (1994). The contribution of influence and selection to adolescent peer group homogeneity: The case of adolescent cigarette smoking. *Journal of Personality and Social Psychology*, **67**, 653-663.
榎本博明 (1987). 青年期（大学生）における自己開示性とその性差について　心理学研究, **58**, 91-97.
榎本博明・清水弘司 (1992). 自己開示と孤独感　心理学研究, **63**, 114-117.
Feeney, J. A. (1995). Adult attachment and emotional control. *Personal Relationships*, **2**, 143-159.
Feeney, J. A. (1999). Adult attachment, emotional control, and marital satisfaction. *Personal Relationships*, **6**, 169-185.
Feingold, A. (1988). Matching for attractiveness in romantic partners and same-sex friends: A meta-analysis and theoretical critique. *Psychological Bulletin*, **104**, 226-235.
Feingold, A. (1992). Good-looking people are not what we think. *Psychological Bulletin*, **2**, 304-341.
Festinger, L., Schachter, S., & Back, K. (1950). *Social pressures in informal groups: A study of human factors in housing*. New York: Harper.
Finkel E. J., Rusbult, C. E., Kumashiro, M., & Hannon, P. A. (2002). Dealing with betrayal in close relationships: Does commitment promote forgiveness? *Journal of Personality and Social Psychology*, **82**, 956-974.
Fletcher, G. J. O., Simpson, J. A., & Thomas, G. (2000). Ideals, perceptions, and evaluations in early relationship development. *Journal of Personality and Social Psychology*, **79**, 933-940.
Forest, A. L., Kille, D. R., Wood, J. V., & Holmes, J. G. (2014). Discount and disengage: How chronic negative expressivity undermines partner responsiveness to negative disclosures. *Journal of Personality and Social Psychology*, **107**, 1013-1032.
Forgas, J. P. (2011). Affective influences on self-disclosure: Mood effects on the intimacy and reciprocity of disclosing personal information. *Journal of Personality and Social Psychology*, **100**, 449-461.
Foshee, V. A., Benefield, T. S., Reyes, H. L. M., Ennett, S. T., Faris, R., Chang, L., Hussong, A., & Suchindran, C. M. (2013). The peer context and the development of the perpetration of adolescent dating violence. *Journal of Research on Adolescence*, **42**, 471-486.
Fraley, R. C., & Shaver, P. R. (1998). Airport separations: A naturalistic study of adult attachment dynamics in separating couples. *Journal of Personality and Social Psychology*, **75**, 1198-1212.
Furman, W., & Buhrmester, D. (1992). Age and sex differences in perceptions of networks of personal relationships. *Child Development*, **63**, 103-115.
古谷嘉一郎・坂田桐子 (2006). 対面，携帯電話，携帯メールでのコミュニケーションが友人との関係維持に及ぼす効果：コミュニケーションのメディアと内容の適合性に注目して　社会心理学研究, **22**, 72-84.
Girme, Y. U., Overall, N. C., Simpson, J. A., & Fletcher, G. J. O. (2015). "All or nothing": Attachment avoidance and

the curvilinear effects of partner support. *Journal of Personality and Social Psychology*, **108**, 450-475.

Gonzaga, G. C., Campos, B., & Bradbury, T. (2007). Similarity, convergence, and relationship satisfaction in dating and married couples. *Journal of Personality and Social Psychology*, **93**, 34-48.

Goodfriend, W., & Agnew, C. R. (2008). Sunken costs and desired plans: Examining different types of investments in close relationships. *Personality and Social Psychology Bulletin*, **34**, 1639-1652.

Hafen, C. A., Laursen, B., Burk, W. J., Kerr, M., & Stattin, H. (2011). Homophily in stable and unstable adolescent friendships: Similarity breeds constancy. *Personality and Individual Differences*, **51**, 607-612.

橋本　剛 (2000). 大学生における対人ストレスイベントと社会的スキル・対人方略の関連　教育心理学研究, **48**, 94-102.

Hazan, C., & Shaver, P. R. (1987). Romantic love conceptualized as an attachment process. *Journal of Personality and Social Psychology*, **52**, 511-524.

堀毛一也 (1994). 恋愛関係の発展・崩壊と社会的スキル　実験社会心理学研究, **34**, 116-128.

Human, L. J., & Biesanz, J. C. (2011). Through the looking glass clearly: Accuracy and assumed similarity in well-adjusted individuals' first impressions. *Journal of Personality and Social Psychology*, **100**, 349-364.

Impett, E. A., Kogan, A., English, T., John O., Oveis, C., Gordon, A., & Keltner, D. (2012). Suppression sours sacrifice: Emotional and relational costs of suppressing emotions in romantic relationships. *Personality and Social Psychology Bulletin*, **38**, 707-720.

Kalick, S. M., & Hamilton, T. E. (1986). The matching hypothesis reexamined. *Journal of Personality and Social Psychology*, **51**, 673-682.

金政祐司 (2009). 青年期の母―子ども関係と恋愛関係の共通性の検討：青年期の2つの愛着関係における悲しき予言の自己成就　社会心理学研究, **25**, 11-20.

金政祐司 (2010). 中年期の夫婦関係において成人の愛着スタイルが関係内での感情経験ならびに関係への評価に及ぼす影響　パーソナリティ研究, **19**, 134-145.

金政祐司・大坊郁夫 (2003). 愛情の三角理論における3つの要素と親密な異性関係　感情心理学研究, **10**, 11-24.

加藤　司 (2005). 失恋ストレスコーピングと精神的健康との関連性の検証　社会心理学研究, **20**, 171-180.

加藤　司 (2007). 大学生における友人関係の親密性と対人ストレス過程との関連性の検討　社会心理学研究, **23**, 152-161.

警察庁 (2015). 平成26年中のストーカー事案及び配偶者からの暴力事案等の対応状況について
〈https://www.npa.go.jp/safetylife/seianki/stalker/seianki26STDV.pdf〉（2015年7月24日）

警視庁 (2016). ストーカー規制法
〈http://www.keishicho.metro.tokyo.jp/kurashi/higai/dv/kiseho.html〉（2016年5月10日）

国立社会保障・人口問題研究所 (2012). わが国夫婦の結婚過程と出生力：第14回出生動向基本調査　厚生統計協会

国立社会保障・人口問題研究所 (2015). 人口統計資料（2015年度版）
〈http://www.ipss.go.jp/syoushika/tohkei/Popular/Popular2015.asp?chap=6〉（2015年7月1日）

古村健太郎・仲嶺　真・松井　豊 (2013). 投資モデル尺度の邦訳と信頼性・妥当性の検討　筑波大学心理学研究, **46**, 39-47.

髙坂康雅 (2013). 青年期における"恋人を欲しいと思わない"理由と自我発達との関連　発達心理学研究, **24**, 284-294.

Kunst-Wilson, W. R., & Zajonc, R. B. (1980). Affective discrimination of stimuli that cannot be recognized. *Science*, **207**, 557-558.

Langlois, J. H., Kalakanis, L., Rubenstein, A. J., Larson, A., Hallam, M., & Smoot, M. (2000). Maxims or myths of beauty? A meta-analytic and theoretical review. *Psychological Bulletin*, **126**, 390-423.

Le, B., & Agnew, C. R. (2003). Commitment and its theorized determinants: A meta-analysis of the investment model. *Personal Relationships*, **10**, 37-57.

Lemay, E. P., Jr., & Dudley, K. L. (2011). Caution: Fragile! Regulating the interpersonal security of chronically insecure partners. *Journal of Personality and Social Psychology*, **100**, 681-702.

Lemay, E. P., Jr., & Melville, M. C. (2014). Diminishing self-disclosure to maintain security in partners' care. *Journal of Personality and Social Psychology*, **106**, 37-57.

Li, N. P., Yong, J. C., Tov, W., Sng, O., Fletcher, G. J. O., Valentine, K. A., Jiang, Y. F., & Balliet, D. (2013). Mate preferences do predict attraction and choices in the early stages of mate selection. *Journal of Personality and Social Psychology*, **105**, 757-776.

Locke, K. D., Craig, T., Baik, K-D., & Gohil, K. (2012). Binds and bounds of communion: Effects of interpersonal values on assumed similarity of self and others. *Journal of Personality and Social Psychology*, **103**, 879-897.

Lowe, C. A., & Goldstein, J. W. (1970). Reciprocal liking and attributions of ability: Mediating effects of perceived intent and personal involvement. *Journal of Personality and Social Psychology*, **16**, 291-297.

松井　豊 (1996). 親離れから異性との親密な関係の成立まで　斎藤誠一（編）　青年期の人間関係（pp. 19-54）　培風館

松井　豊・山本真理子 (1985). 異性関係の対象選択に及ぼす外見的印象と自己評価の影響　社会心理学研究, **1**, 9-14.

松山早希・大坊郁夫・横山ひとみ・藤原　健・谷口淳一・磯友輝子 (2011). 対人認知課題を用いた社会的スキル・トレーニングの研究　電子情報通信学会技術研究報告, **111**, 183-188.

Meltzer, A. L., McNulty J. K., Jackson, G. L., & Karney, B. R. (2014). Sex differences in the implications of partner physical attractiveness for the trajectory of marital satisfaction. *Journal of Personality and Social Psychology*, **106**, 418-428.

Mikulincer, M., Orbach, I., & Iavnieli, D. (1998). Adult attachment style and affect regulation: Strategic variations in subjective self-other similarity. *Journal of Personality and Social Psychology*, **75**, 436-448.

Miller, L. C., & Kenny, D. A. (1986). Reciprocity of self- disclosure at the individual and dyadic levels: A social relations analysis. *Journal of Personality and Social Psychology*, **50**, 713-719.

宮下一博 (1995). 青年期の同世代関係　落合良行・楠見　孝（編）　講座生涯発達心理学　第4巻　自己への問い直し―青年期　（pp.155-184）　金子書房

Montoya, R. M., & Horton, R. S. (2012). A meta-analytic investigation of the processes underlying the similarity-attraction effect. *Journal of Social and Personal Relationships*, **30**, 64-94.

Montoya, R. M., Horton, R. S., & Kirchner, J. (2008). Is actual similarity necessary for attraction? A meta-analysis of actual and perceived similarity. *Journal of Social and Personal Relationships*, **25**, 889-922.

Murphy, S. T., Monahan, J. L., & Zajonc, R. B. (1995). Additivity of nonconscious affect: Combined effects of priming and exposure. *Journal of Personality and Social Psychology*, **69**, 589-602.

Murray, S. L., Holmes, J. G., Bellavia, G., Griffin, D. W., & Dolderman, D. (2002). Kindred spirits? The benefits of egocentrism in close relationships. *Journal of Personality and Social Psychology*, **82**, 563-581.

内閣府 (2009). 第8回世界青年意識調査〈http://www8.cao.go.jp/youth/kenkyu/worldyouth8/html/mokuji.html〉（2015年4月14日）

内閣府 (2014). 平成25年度 我が国と諸外国の若者の意識に関する調査〈http://www8.cao.go.jp/youth/kenkyu/thinking/h25/pdf_index.html〉（2015年4月14日）

内閣府 (2015). 平成26年度「結婚・家族形成に関する意識調査」報告書
〈http://www8.cao.go.jp/shoushi/shoushika/research/h26/zentai-pdf/index.html〉（2015年7月1日）

中村佳子・浦　光博 (2000). 適応及び自尊心に及ぼすサポートの期待と受容の交互作用効果　実験社会心理学研究, **39**, 121-134.

Nilsen, W., Karevold, E., Roysamb, E., Gustavson, K., & Mathiesen, K. S. (2013). Social skills and depressive symptoms across adolescence: Social support as a mediator in girls versus boys. *Journal of Adolescence*, **36**, 11-20.

Norton, M. I., Frost, J. H., & Ariely, D. (2007). Less is more: The lure of ambiguity, or why familiarity breeds contempt. *Journal of Personality and Social Psychology*, **92**, 97-105.

落合良行・佐藤有耕 (1996). 青年期における友達とのつきあい方の発達的変化　教育心理学研究, **44**, 55-65.

岡田　努 (2007). 大学生における友人関係の類型と，適応及び自己の諸側面の発達の関連について　パーソナリティ研究, **15**, 135-148.

奥田秀宇 (1993). 態度の重要性と仮想類似性―対人魅力に及ぼす効果　実験社会心理学研究, **33**, 11-20.

奥田秀宇 (1994). 恋愛関係における社会的交換過程：公平，投資，および互恵モデルの検討　実験社会心理学研究, **34**, 82-91.

小塩真司 (1998). 青年の自己愛傾向と自尊感情，友人関係のあり方との関連　教育心理学研究, **46**, 280-290.

Overall, N. C., Girme, Y. U., Lemay, E. P., Jr., & Hammond, M. D. (2014). Attachment anxiety and reactions to relationship threat: The benefits and costs of inducing guilt in romantic partners. *Journal of Personality and Social Psychology*, **106**, 235-256.

Overall, N. C., & Sibley, C. G. (2009). Attachment and dependence regulation within daily interactions with romantic partners. *Personal Relationships*, **16**, 239-261.

Overall, N. C., Simpson, J. A., & Struthers, H. (2013). Buffering attachment avoidance: Softening emotional and behavioral defenses during conflict discussions. *Journal of Personality and Social Psychology*, **104**, 854-871.

Reich, S. M., Subrahmanyan, K., & Espinoza, G. (2012). Friending, IMing, and hanging out face-to-face: Overlap in adolescents' online and offline social networks. *Developmental Psychology*, **48**, 356-368.

Reis, H. T., Maniaci, M. R., Caprariello, P. A., Eastwick, P. W., & Finkel, E. J. (2011). Familiarity does indeed promote attraction in live interaction. *Journal of Personality and Social Psychology*, **101**, 557-570.

Rhoades, G. K., Kamp Dush, C. M., Atkins, D. C., Stanley, S. M., & Markman, H. J. (2011). Breaking up is hard to do: The impact of unmarried relationship dissolution on mental health and life satisfaction. *Journal of Family Psychology*, **25**, 366-374.

Rhodes, G. (2006). The evolutional psychology of facial beauty. *Annual Review of Psychology*, **57**, 199-226.

Rusbult, C. E. (1983). A longitudinal test of the investment model: The development (and deterioration) of satisfaction and commitment in heterosexual involvements. *Journal of Personality and Social Psychology*, **45**, 101-117.

Rusbult, C. E. (1987). Responses to dissatisfaction in close relationships: The exit-voice-loyalty-neglect model. In D. Perlman., & S. Duck (Eds.), *Intimate relationships: Development, dynamics, and deterioration* (pp. 209-237). Newbury Park, CA: Sage.

Rusbult, C. E., Johnson, D. J., & Morrow, G. D. (1986). Impact of couple patterns of problem solving on distress and nondistress in dating relationships. *Journal of Personality and Social Psychology*, **50**, 744-753.

Rusbult, C. E., Martz, J. M., & Agnew, C. R. (1998). The investment model scale: Measuring commitment level, satisfaction level, quality of alternatives, and investment size. *Personal Relationships*, **5**, 357-391.

Rusbult, C. E., Verette, J., Whitney, G. A., Slovik, L. F., & Lipkus, I. (1991). Accommodation processes in close relationships: Theory and preliminary empirical evidence. *Journal of Personality and Social Psychology*, **60**, 53-78.

Rusbult, C. E., Zembrodt, I. M., & Gunn, L. K. (1982). Exit, voice, loyalty, and neglect: Responses to dissatisfaction in romantic involvements. *Journal of Personality and Social Psychology*, **43**, 1230-1242.

Segrin, C., & Taylor, M. (2007). Positive interpersonal relationships mediate the association between social skills and psychological well-being. *Personality and Individual Differences*, **43**, 637-646.

Selfhout, M., Denissen, J. J. A., Branje, S., & Meeus, W. (2009). In the eye of the beholder: Perceived, actual, and peer-rated similarity in personality, communication, and friendship intensity during the acquaintanceship process. *Journal of Personality and Social Psychology*, **96**, 1152-1165.

Shaver, P. R., Schachner, D. A., & Mikulincer, M. (2005). Attachment style, excessive reassurance seeking, relationship processes, and depression. *Personality and Social Psychology Bulletin*, **31**, 343-359.

下斗米 淳 (2000). 友人関係の親密化過程における満足・不満足感および葛藤の顕在化に関する研究―役割期待と遂行のずれからの検討― 実験社会心理学研究, **40**, 1-15.

Simon, R. W., & Barrett, A. E. (2010). Nonmarital romantic relationships and mental health in early adulthood: Does the association differ for women and men? *Journal of Health and Social Behavior*, **51**, 168-182.

Simpson, J. A. (1987). The dissolution of romantic relationships: Factors involved in relationship stability and emotional distress. *Journal of Personality and Social Psychology*, **53**, 683-692.

Simpson, J. A., Collins, W. A., Tran, S., & Haydon, K. C. (2007). Attachment and the experience and expression of emotions in romantic relationships: A developmental perspective. *Journal of Personality and Social Psychology*, **92**, 355-367.

Simpson, J. A., & Rholes, W. S. (2004). Anxious attachment and depressive symptoms: An interpersonal perspective. In W. S. Rholes & J. A. Simpson (Eds.), *Adult attachment: Theory, research, and clinical implications* (pp. 408-437). New York: Guilford.

Simpson, J. A., Rholes, W. S., & Nelligan, J. S. (1992). Support seeking and support giving within couples in an anxiety-provoking situation: The role of attachment styles. *Journal of Personality and Social Psychology*, **62**, 434-446.

Soenens, B., Vansteenkiste, M., Luyckx, K., & Goossens, L. (2006). Parenting and adolescent problem behavior: An integrated model with adolescent self-disclosure and perceived parental knowledge as intervening variables. *Developmental Psychology*, **42**, 305-318.

Solano, C. H., Batten, P. G., & Parish, E. A. (1982). Loneliness and patterns of self-disclosure. *Journal of Personality and Social Psychology*, **43**, 524-531.

相馬敏彦・山内隆久・浦 光博 (2003). 恋愛・結婚関係における排他性がそのパートナーとの葛藤時の対処行動選択に与える影響 実験社会心理学研究, **43**, 75-84.

Sprecher, S. (1998). Insider's perspectives on reasons for attraction to a close other. *Social Psychology Quarterly*, **61**, 287-300.

Sprecher, S., & Hendrick, S. S. (2004). Self-disclosure in intimate relationships: Associations with individual and relationship characteristics over time. *Journal of Social and Clinical Psychology*, **23**, 857-877.

Spretcher, S., Sullivan, Q., & Hatfield, E. (1994). Mate selection preferences: Gender differences examined in a national sample. *Journal of Personality and Social Psychology*, **66**, 1074-1080.

立脇洋介 (2007). 異性交際中の感情と相手との関係性 心理学研究, **78**, 244-251.

Tiedens, L. Z., & Fragale, A. R. (2003). Power moves: Complementarity in dominant and submissive nonverbal behavior. *Journal of Personality and Social Psychology*, **84**, 558-568.

内田由紀子・遠藤由美・柴内康文 (2012). 人間関係のスタイルと幸福感：つきあいの数と質からの検討 実験社会心理学研究, **52**, 63-75.

Urberg, K. A., Değirmencioğlu, S. M., & Pilgrim, C. (1997). Close friend and group influence on adolescent cigarette smoking and alcohol use. *Developmental Psychology*, **33**, 834-844.

Valkenburg, P. M., & Peter, J. (2009). The effects of instant messaging on the quality of adolescents' existing friendships: A longitudinal study. *Journal of Communication*, **59**, 79-97.

VanderDrift, L. E., & Agnew, C. R. (2012). Need fulfillment and stay-leave behavior: On the diagnosticity of personal and relational needs. *Journal of Social and Personal Relationships*, **29**, 228-245.

Van Lange, P. A. M., Rusbult, C. E., Drigotas, S. M., Arriaga, X. M., Witcher, B. S., & Cox, C. L. (1997). Willingness to sacrifice in close relationships. *Journal of Personality and Social Psychology*, **72**, 1373-1395.

Walster, E., Aronson, V., Abrahams, D., & Rottman, L. (1966). Importance of physical attractiveness in dating behavior. *Journal of Personality and Social Psychology*, **4**, 508-516.

和田 実 (2000). 大学生の恋愛関係崩壊時の対処行動と感情および関係崩壊後の行動的反応―性差と恋愛関係進展度からの検討― 実験社会心理学研究, **40**, 38-49.

Walster, E., Walster, G. W., & Traupmann, J. (1978). Equity and premarital sex. *Journal of Personality and Social Psychology*, **36**, 82-92.

Wieselquist, J., Rusbult, C. E., Foster, C. A., & Agnew, C. R. (1999). Commitment, pro-relationship behavior, and trust in close relationships. *Journal of Personality and Social Psychology*, **77**, 942-966.

Winch, R. F., Ktsanes, T., & Ktsanes, V. (1954). The theory of complementary needs in mate-selection: An analytic and descriptive study. *American Sociological Review*, **19**, 241-249.

Zajonc, R. B. (1968). Attitudinal effects of mere exposure. *Journal of Personality and Social Psychology, Monographs Supplement*, **9**, 1-27.

コミュニケーション

10

石井敬子・菅さやか

1. はじめに

(1) コミュニケーション研究の背景と定義

コミュニケーションが想定するのは，ある一方から別の一方への情報の流れである。これはヒトに限らず，生物種一般に顕示行動として広く見られる。たとえばウグイスが「ホーホケキョ」と鳴くのは，オスによる求愛であったり，縄張りの主張であったりする。一方，ヒトのコミュニケーションは，「相手にとってこの情報は有益かもしれない」や「自分と相手との間で共有したいからこの態度や感情を相手に知ってもらいたい」といった送り手側の意図，さらにはその意図を置かれた状況から推測しようとする受け手側の動機づけを含んでおり，特異的である。こうしたコミュニケーションは，送り手のシグナルに受け手が注意を向け，送り手の意図や送り手が想定している状況や文脈を受け手が共有することを可能にする精巧な認知システムによって成り立っている（Tomasello, 1999, 2008）。この認知システムは，個々の間での様々な情報の共有や蓄積を可能にし，社会・文化環境を作り上げ，後世への情報伝達を通じその社会・文化環境を再生産するのに寄与している。

コミュニケーションは広範な現象であり，とくに心と社会環境との相互作用を明らかにしていこうとする社会心理学においてきわめて重要なトピックである。にもかかわらずとくにそのプロセスに関しては社会的認知への関心とともにようやく知見が積まれてきた経緯がある。その理由のひとつは，心理学の歴史に依拠するかもしれない。心理学の祖ともいえるヴント（W. Wundt）は，人間の高次な精神活動を分析するためには，言語学的な資料を分析する必要があると考えていた。このように，心理学の成立当初から心理プロセスと言語の関係には焦点が当てられていた。しかしその後の行動主義の時代において，意図や文脈の共有といった目に見えない心理プロセスへの関心は欠落し，長い間研究対象にはならなかった。またもうひとつ別のより本質的な理由として，定義の難しさを挙げることができよう。たとえば対人的なコミュニケーションをどのように定義するかに関し，シンボル，つまり言語に代表されるように当該の社会やコミュニティにおける慣習的な意味が（しばしば恣意的に）結びついたシグナルのみに限定するのか（e.g., Ekman & Friesen, 1969; Wiener et al., 1972），それともそこにシンボル以外のあらゆる表出行動も含めるのか（Watzlawick et al., 1967），研究者によって見解は異なる。実際のところ共通見解はない。

クラウスとフッセル（Krauss & Fussell, 1996）は，明確な定義がない現状において，コミュニケーションとは何かを問うよりも，以下に引用するスペル

ベルとウィルソンによる定義に依拠しながら，コミュニケーションのプロセスに着目することの方が有益であることを指摘している。上記で触れたトマセロとそのチームの一連の研究も同様の立場をとりながら，系統発生，個体発生の両方からコミュニケーションの進化的起源に迫ろうとしており，この立場は非常に有力なものである。

> コミュニケーションは2つの情報処理装置を含む過程である。一方の装置（送り手）は，もう片方（受け手）の物理的な環境を修正する。その結果，一方にもともとあった表象と同様の表象をもう片方は作り上げる（カッコの補足は，筆者によるもの）（Sperber & Wilson, 1986, p.1）。

(2) 言語コミュニケーション・非言語コミュニケーション

コミュニケーションは言語か非言語かの2つの側面に分類されることが多い。言語は，当該の社会やコミュニティにおいて共有され慣習化されている符号化のシステムである。音韻，形態，統語，意味の4つのサブシステムから主に成り立っており，文法はその総称である（Krauss & Chiu, 1997）。非言語コミュニケーションは，言語に依拠しないコミュニケーションの要素であり，表情，声のトーンやアクセントといった言語を含まない音声情報，ジェスチャー，対人的距離，視線の向きなどを含む（Noels et al., 2003）。

以下では主に言語コミュニケーションに依拠した研究を紹介していくが，言語・非言語の両方のコミュニケーションに共通した側面は数多く存在する。たとえば，言語によってのみならず，表情や声のトーンなどによっても送り手はその内的表象を表出することができる。また非言語コミュニケーションであっても，表出や解読のしかたは当該の社会・文化環境に依存する。その結果，内集団の表情は外集団の表情よりも正確に認識されやすいという表情認識の内集団優位性は頑健に見られる（e.g., Elfenbein & Ambady, 2002）。

さらに，当該の社会・文化環境において歴史的に共有されてきている自己観や世界観は，言語の規則（たとえば原則的に文法上主語の欠落が可能な言語と集団主義の程度との関係性，Kashima & Kashima, 1998）やコミュニケーションの形態（たとえば発話意図の推測にあたって言外の文脈的手がかりがどの程度重要であるかの文化・言語差，Hall, 1976）および機能（たとえば情報伝達機能もしくは関係維持機能を重視するかの文化・言語差，Scollon & Scollon, 1995）と関連し，その結果，相対的に非言語コミュニケーションの情報を重視する程度に文化差が生じる場合がある（石井・北山，2004）。たとえば，言外の文脈的手がかりを重視したコミュニケーションの慣習が優勢な文化（たとえば日本やフィリピン）にあっては，そうでない文化（たとえばアメリカ）と比較し，人びとは言語の意味情報よりも，そうした文脈的手がかりのひとつである声の調子に自動的に注意を向けやすい（Ishii et al., 2003; Kitayama & Ishii, 2002）。また日本における声の調子の優位性は，表情と比較した場合でも生じる（Tanaka et al., 2010）。これらの知見は，文化における日常の慣習やその実践とコミュニケーションとの関連性を示したものであり，異文化コミュニケーションの研究関心にも対応する。

(3) 本章の概要

本章では以下の3つのアプローチに基づいて対人的コミュニケーションのプロセスを概略し，それぞれに関連した知見（主に社会心理学の知見）を紹介する。最初のアプローチは，言語による符号化・解読についてであり，前述のようにこれはコミュニケーションの送り手・受け手の内的表象に関連するものである。人間がある程度文化普遍的な情報処理過程を獲得しているならば，その処理の結果生じた内的表象を言語化する際にも一定の傾向があると考えられる。しかし，当該の社会やコミュニティにおいて共有され慣習化されているシステムとしての言語を想定すると，言語が異なることによってその内的表象をどう表出し解読するかに何らかの影響があると予測できる。言語相対性仮説に関する研究はその可能性を支持する。

残りの2つのアプローチは，言語情報による符号化・解読にとどまらないコミュニケーションの側面に注目する。往々にして，言語コミュニケーションにおける送り手の意図の理解は，その言語情報のとくに文法面に即しただけでは不可能である。たとえば，あなたと友人が歩いていたところ，その共通の友人のAとたまたま会い，Aがこれから少し先にあるカフェに行くというのを耳にしたとしよう。そしてAが見えなくなってから，友人があなたに「俺，さっきカフェの前で赤い自転車を見たよ」と言い，あなたは「そいつはまずいな」と返したとしよう。言語情報を追う限りは，どうしてこのような会話が成り立つのかよくわからない。しかし，友人はあなたが「Aは最近彼女と別れたばかりで，その赤い自転車は彼女のものだ」ということを知っており，そのことが2人の間の了解事項であることを想定し，あなたは友人がそういった想定をもってこのような発話をしてきたことを理解し，その想定内で可能な返答をするというプロセスをふまえれば，なぜその会話が成り立つのか理解できよう。この例が示すように，暗黙の了解を前提としている場合には，コミュニケーションの送り手も受け手も協力的でなければ，そのコミュニケーションは成り立たない。こうしたコミュニケーションの特徴をふまえ，2番目のアプローチでは，主に送り手の意図の表出に着目し，言語行為に関する語用論的なものとしてグライスの公理やオースティンの発話行為理論に言及したのち，社会心理学における関連の知見を紹介する。3番目のアプローチは，上記の例における2人の間の了解事項に関するものである。このような協力的なコミュニケーションでは，送り手も受け手も，互いが互いの視座に立ち，何を知っていて何を知らないかを推測しながら，メッセージを送ったり理解したりする。2番目のアプローチと異なり，ここで注目するのは，受け手の視座を送り手がどのように捉え，その点を調整しながらどのようにメッセージを出すのか，また互いが互いの視座をとることでどのような暗黙の前提を考えるのか，さらにはそのように形成された暗黙の前提が互いの発話行為や理解にどのような影響を与えるのかなどの点である。

2. コミュニケーションに関する3つのアプローチ

(1) 言語による符号化・解読

人から人への内的表象の伝達がコミュニケーションの一側面であるならば，その表象は言語表現にどのように反映されるのだろうか。また，表象の内容を

解読する際，社会や文化で共有されたシステムとしての言語はその処理にどの程度影響を与えるのだろうか。この問いは，サピアとウォーフによる言語相対性仮説と軌を一にするものである。以下に，内的表象が言語表現に反映されることを示した研究と，表象の理解に言語が影響することを示した研究について紹介する。

①意図性の判断と行動の生起要因の説明

コミュニケーション場面に限らず，他者の行為の意図を理解することは，人が適応的な社会生活を送るうえで必要不可欠な心理プロセスである（Tomasello, 1999）。たとえば，他者の意図をうまく理解することができなければ，他者と協調して行動をとることはできない。また，他者の意図を読めないことで，騙されたり裏切られたりしてしまう可能性もある。そのため一般的に人は，「意図的な行動には行為者の願望や信念などが伴う」という素朴理論を適用し，非意識的かつ自発的に意図性の判断を行う（Malle, 2001; Malle & Knobe, 1997）。

意図性の判断に関する内的表象は，他者の行為の原因を説明する際，暗黙のうちに言語表現に反映される。一定のコーディング・スキーム（表10-1）を適用して行動に対する説明内容を分析すると，行動を観察した人が，その行動に対して意図を認識していたかどうかを判断することができる（Malle, 2004, 2014）。日本語での説明にもこのコーディング・スキームを適用した分析が可能であることが示されている（寺前・唐沢，2008）。

上述のとおり，人は意図的な行動には行為者の願望や信念がともなうという素朴理論を持っているため，意図的な行為の説明には，行為者の心的な状態に言及する表現が用いられる。これは，行為者がその行動をする「理由」を直接的に説明するものである（理由説明）。理由説明には，表10-1の例にある「物的証拠から判断した」のように，行為者の内的状態を直接的に表す語彙が含まれている場合もあれば，そのような明確な言語表現が用いられない場合もある。また，行動の意図を認識しているものの，その理由が明確でない場合などには，行為者がその行動をするに至った理由の背景に言及する表現が用いられる（理由の来歴説明）。たとえば，「捜査が不十分であったから」という説明は，「（少ない）物的証拠から判断した」という理由の先行要因となり得る。

理由説明や理由の来歴説明は，「なぜそのようなことをしたのか」という行動の動機を尋ねる問いに答える際に用いられるものである。これに対し，「どうしてその行動ができたのか」という行動の遂行について尋ねる場合には，行動の実現を可能にした要因に言及する説明が増える（実現可能要因説明）。これは，行動を実現するための手段や，行動の達成を促進した要因を説明するものである。

観察した行動に意図がないと判断した場合には，その行動を引き起こした「原因」に言及した説明が行われる。理由と原因はいずれも行動を生起させる要因である。しかし，行動の理由には行為者の信念や願望といった意図がともなうが，原因には意図がともなわない。説明が理由と原因のいずれについて述べたものであるかを判断するためには，「それが理由で【行為者】は【その行為】することを選んだ」という言語テストを適用するとよい。たとえば，「寝不足だった。それが理由で，【刑事】は【事件とは無関係な人物を逮捕】する

理由と原因
ある行為をすることを選ぶということは，そこに行為者の意図が想定されるということだと考えられる。そのため「【寝不足だった】から【事件と無関係な人物を逮捕する】ことを意図的に選んだ」という文章で考えると，意味が通じないことがより理解できるだろう。

ことを選んだ」という文章は，意味が通らない。このような言語テストを行って意味が通じない場合は，原因説明に分類される。

　意図性の判断が非意識的かつ自発的なものであることを考えると，行動が「どの程度意図的であるか」といったような顕在的な質問紙尺度では，自発的な意図性の認知の程度を反映する純粋な指標にならない可能性がある。一方で，行動の説明に用いられる言語表現には，説明者自身も気づかないうちに意図性の認識の程度が反映されている。よって，自発的な意図性の認知を測定するためには，質問紙尺度よりも言語表現の方が妥当性のある指標になっているといえる。

②言語集団間バイアスと言語期待バイアス

　人が他者の行為を観察した際に自発的に行っているのは，意図性の判断に限らない。行為者の特性について判断することも，他者との社会的な関係性を構築したり，破棄したりするためには重要である。実際，人は他者の行動からその人物の内的な特性を自発的に推論することが多くの研究によって示されている（Uleman et al., 2008）。たとえば，ある人が電車で高齢者に席を譲っているのを見ると，「優しい人だ」と推論することがあるだろう。言語を通してこの内的な表象がコミュニケーションにそのまま反映されることもあるが，その行為者と行為を観察した人との社会的な関係次第では，異なる言語表現が用いら

表10-1　行動に関する素朴理論的説明のコーディング・スキーム
（Malle, 2004; 寺前・唐沢, 2008 を改変）

説明の種類	例	分類基準
理由説明 （Reason explanation）	信念理由 ＊物的証拠から判断した ＊その人物にアリバイがなかった 願望理由 ＊早く事件を解決したかったから ＊捜査の進展を急いでいたので	意図的な行為の説明に用いられ，行為者が行為への意図を形成した「理由」に言及した説明。「理由」とは行為者の願望・信念・好き嫌いなどの心的な状態であり，行為への意図を形成した時点の行為者の思考内容である。行為者が事実だと考えている知識や信念に言及する信念理由や，まだ実現されておらず，成就可能な行為者の欲求に言及する願望理由に分類できる。
理由の来歴説明 （Causal history of reason explanation）	＊焦っていたため ＊組織の統制が取れていないから ＊捜査が不十分であったから	行為が意図的である場合に用いられ，「理由」となる行為者の心的状態が生起した背景的要因に言及した説明。行為者の特性や環境などが含まれる。
実現可能要因説明 （Enabling factor explanation）	＊手錠をもっていたから ＊仲間がたくさんいたから ＊逮捕状があったから ＊容疑者を取り押さえる腕力があったため	意図的な行為に対して用いられる説明。なぜ当該の行為に至ったのかという行為に対する意図や理由ではなく，その行為を実現した手段や行為の達成を促進した要因を説明しているもの。
原因説明 （Cause explanation）	＊単なるミス ＊ワナにはまったので ＊うっかりしていたから	行為が非意図的と判断された場合に用いられる説明。行為者の意図が介在しない行為に対して，その行為を引き起こした要因に言及するもの。

注：例に挙げたのは，寺前・唐沢（2008）で用いられた実験刺激である「警察署／刑事が事件とは無関係な人物を逮捕した」という行動に対する説明である。

れる場合もある。もし高齢者に席を譲った人物が観察者の所属する集団（内集団）とは異なる集団（外集団）に属していたら，「席を立って，どこかに行った」のように一時的な行動に言及した表現が用いられる可能性がある。一方，もしも内集団の成員が道端で誰かとぶつかった場合，その観察者は「肩をぶつけた」と一時的な行動で表現するのに対し，外集団の成員の場合には「乱暴だ」のように特性で表現しやすい。このように，内集団の望ましい行為と外集団の望ましくない行為に対しては，安定的な特性を表す言語表現が用いられ，内集団の望ましくない行為と外集団の望ましい行為には，一時的な行動を表わす言語表現が用いられる現象を言語集団間バイアスという（linguistic intergroup bias; Maass et al., 1989）。内集団と外集団の対立が明確な状況で観察される言語集団間バイアスは，内集団の望ましい社会的アイデンティティを維持しようとする動機から生じる現象であると考えられている。

しかし，その後の研究によって，言語集団間バイアスは，さらに一般的な現象である言語期待バイアス（linguistic expectancy bias）の一種として位置づけるべきであることが明らかになった。マースら（Maass et al., 1995）は，たとえ内集団の成員が望ましい行為をした場合であっても，それが集団に対する既存の期待と一致しないものであれば，特性を表す言語表現が用いられるわけではないことを示した。すなわち，言語期待バイアスは，期待に不一致な情報を具体化することで既存の期待から切り離し，その一方で期待に一致する情報を一般化することによって，もとの期待を維持するために生じる現象だと考えられている。

言語集団間バイアスや，言語期待バイアスを検証する研究では，参加者が記述した内容を分析するにあたってセミンとフィードラー（Semin & Fiedler, 1988）が開発した言語カテゴリー・モデル（linguistic category model）の分類基準を適用している（表10-2）。これは，文の述部を抽象度という次元に基づいて分類するモデルである。この述部の分析によって，主語に置かれた人物に対する特性推論の程度を測定することができる。先述した例のように，電車で席を譲ったという行為を見ただけで，その行為者のことを「優しい」という抽象的な言語カテゴリー（形容詞）で表現したならば，一時的な行為から行為者の内的で安定的な特性を推論したことがわかる。またこのモデルは，もともと欧米語圏で開発され適用されてきたが，いくつかの新たな分類基準を加えることで日本語にも適用可能なことが示されている（菅・唐沢, 2006）。

表10-2 言語カテゴリー・モデル（Semin & Fiedler, 1988を改変）

抽象度	カテゴリー	例	分類基準
高	形容詞 (Adjective; ADJ)	優しい 乱暴だ	個人の特性を示し，行為の対象や状況，文脈に関する言及を必要としない。解釈の可能性が最も高い。
やや高	状態動詞 (State verb; SV)	思いやる 憎む	主に行為者の心的・感情的な状態を示すもの。行動の始めと終わりが明確でない。
やや低	解釈的行為動詞 (Interpretive action verb; IAV)	助ける 攻撃する	単一の行動であるが，解釈を含むもの。ポジティブ・ネガティブの評価の区別をともなうことが多い。
低	記述的行為動詞 (Descriptive action verb; DAV)	席を立つ 肩をぶつける	単一の行動で，行動の物理的な特徴を表現するもの。行動の始めと終わりが明確である。ポジティブ・ネガティブの評価的な区別がない。

③色名と色の知覚

　意図性や行為者の特性と言語表現との関連に一定の傾向があるとしても，社会やコミュニティで共有され慣習化されているシステムとしての言語をふまえると，人がその内的表象を表出し解読する過程に言語は何らかの影響を与えると予測できる。サピアとウォーフによる言語相対性仮説（Whorf, 1956）は，各社会・文化で使用される言語が人の思考や認知に影響を与えることを示唆した。そして，この仮説が提唱された1950年代以降，数多くの研究がその妥当性を検討してきた。これまでの研究によって明らかになったのは，言語が認知を完全に規定しているのではなく，主に言語構造や語彙などの文法規則が認知に影響を与えているということである（レビューとして，今井, 2000や塚崎・石井, 2004を参照のこと）。

　色名と色の知覚の関係の検討は，言語相対性仮説の妥当性を確かめる代表的な手法のひとつである。色の知覚には，光の反射などの物理的な要因，網膜上の錐体細胞や視神経といった生物学的な要因，そして知覚された色に対する呼び方という言語学的な要因が関わっている。物理的な要因や生物学的な要因によってのみ，色の知覚がある程度規定されるならば，色の知覚のメカニズムと色名には関係がないと考えられる。この考えを支持する研究を行ったのが，ハイダーら（Heider & Olivier, 1972）である。実験は，暗く冷たい色を表す語（mili）と，明るく暖かい色を表す語（mola）の2つの色名しか持たないダニ語話者と，英語話者を対象に行われた。実験は2段階に分かれており，第1段階では，8種類の中心色（例：最も赤らしい赤）のカラーチップと，それ以外の色（例：黄色みがかった赤）のカラーチップを混ぜて呈示し，それらを学習してもらった。第2段階では，160種類のカラーチップを呈示し，第1段階でどの色のチップを見たかを尋ねた。実験の結果，ダニ語話者は，英語話者と同様に，中心色のカラーチップを中心色でないものよりも正確に記憶していた。すなわち，言語的には，赤らしい赤と黄色みがかった赤を区別する語を持たないダニ語話者でも，英語話者と同様に，それらの色を区別して認識できることが示された。

　しかしながら，ハイダーらの実験手続きには，問題があったことが指摘されている（Lucy & Shweder, 1979）。そして近年では，色名が色の知覚に影響を与えることを示す研究結果が得られてきている。たとえばロバーソンら（Roberson et al., 2000）は，パプアニューギニアのベリンモ族と，英語話者を対象に実験を行った。ベリンモ語では，黄に近い色（wor）と，緑に近い色（nol）を区別することはできるが，緑と青の区別はない。これに対し，英語では，緑（green）と青（blue）の区別はあるが，黄に近い色と緑に近い色を明確に区別するような語はない。そこで，ロバーソンらは，同じ色名で表わされる色が，異なる色名で表される色よりも，記憶の再認の際に混同されやすいかを検証した。実験の結果，ベリンモ語話者は，黄に近い色（wor）と緑に近い色（nol）の再認に比べ，緑と青（いずれもnol）の再認で混同が起きやすく，英語話者は，緑（green）と青（blue）の再認に比べ，黄に近い色と緑に近い色（いずれもgreen）の再認では混同が起きやすいことが示された。すなわち，色名に関する語彙が，色の識別に影響を与えていることが明らかになった。

④書字の方向と行動の空間的理解

　語彙や文法規則以外の言語の特徴のひとつに書字の方向がある。これは果たして行動の空間的理解に影響するだろうか。たとえば，「AがBを押した」という状況を絵で表わすとしたら，一般的に人には，Aを空間の左側に，Bを右側にそれぞれ認識し描く傾向があるという。その理由として2つの説がある。1つは，この傾向を脳の左半球における空間認知と言語理解のシステムに起因するものと考える説である（Chatterjee et al., 1999）。もう1つの説明は，各文化における書字の方向とそれを目にすることによる習慣の影響であると考えるものである（Nachson, 1985; Nachson et al., 1999）。後者の説によると，アラビア語のような右から左に向けて文字を書く文化においては，行動を空間的に理解する際，主語であるAを右に配置し，目的語のBを左側に配置して捉える傾向があると考えられる。

　マースらは，これらの説の妥当性を検証するため，イタリア語母語話者と，アラビア語母語話者を対象に実験を行った。「AがBを押した」という状況をあらわす絵を描く際，イタリア語母語話者は，Aを左，Bを右に配置し，アラビア語母語話者は反対に配置することが示された（Maass & Russo, 2003）。また，サッカーの試合で選手がゴールを決める映像を呈示し，ゴールの力強さやスピード，美しさの評定を求める実験も行った（Maass et al., 2007）。イタリア語母語話者は，画面左側から右側へボールが動くゴールの方が，逆の軌道のゴールよりも，力強く，スピードが速く，美しいと感じ，アラビア語母語話者はそれとは逆の反応を示すことが明らかになった。これらの研究結果は，行動の空間的理解の傾向が書字の方向に強い影響を受けていることを示している。ただし，マースらが示した一連の研究結果は，脳の左半球の神経学的な要因による説を完全に否定するものではなく，書字の方向による影響との加算的な効果を支持するものである（Maass & Russo, 2003）。

(2) 語用論的な側面

　送り手の発話意図は，しばしばその発話内容の字義どおりの意味と異なることがある。また，そうした理由から，その発話を取り巻く状況や文脈を考慮したとしても，それらとの一義的な関係が常にその発話意図と対応するわけでもない。こうした曖昧さにかかわらず，コミュニケーションの送り手は，どのようにしてその発話意図が正しく理解されるよう発話をするのだろうか。一方その受け手は，どのようにしてその発話意図を理解するのだろうか。グライス（Grice, 1975）は，たとえその意図する内容が受け手に対する批判的なものであったとしても，コミュニケーションとは送り手・受け手の協力的な行為によって成り立つことを指摘した（協調の原理）。そしてそれを可能にする4つの公理として，メッセージに関する質（quality，真実でなければならない），量（quantity，情報は必要とされる量の以上でも以下でもあってはならない），関係（relation，現在の話題に関係していなければならない），様態（manner，簡潔かつ曖昧さを避けなければならない）を挙げた。

　実際のコミュニケーションは，必ずしもこれらの公理を満たしているわけではない。たとえば，ちょっとした批判を受けたときに，その相手に対して「あなたって感じいいですね」と言ったとしたら，実際のところそれが「あなたは感じ悪い」ことを意味していると多くの人は思うだろう。このような皮肉表現

は明らかに質の公理に違反している。にもかかわらずその意図を理解できるということは，コミュニケーションにあたって互いに協力的であるという前提のもと，こうした違反があればまさにそれを解決しようという観点でメッセージを解釈しようとするからである。

発話意図とその理解に関するこのような問いに関して，グライスの協調の原理と並び，有名なのがオースティンの発話行為理論（Austin, 1962）である。これは，発話において送り手が意図している行為を3つの異なったタイプで示したものである。最初のタイプは発語行為（locutionary act）であり，これは発話内容そのものにあたる。2番目のタイプは，発語内行為（illocutionary act）であり，これは発語に含まれる言外の要求や約束などの行為を指す。最後は，発語媒介行為（perlocutionary act）であり，受け手からの言葉や行動による反応を引き出す行為にあたる。たとえば，送り手が受け手に「棚にある社会心理学の教科書をとって，自分に渡してほしい」という場合，その文章を発したことそのものが発語行為であり，言外に含まれている受け手に対する要求が発語内行為である。そして受け手に対して，その本をとって渡すことを仕向けようとすることが発語媒介行為である。この3つのうち，発語内行為が発話において様々な機能を持つことをオースティン自身が指摘しており（Austin, 1962），実際にそれに焦点を当てた研究が蓄積されてきている。

以下では，グライスの提唱した公理に則してコミュニケーションが行われることを支持する社会心理学的研究について紹介し，次いで，オースティンの発語内行為と密接な関係があるポライトネス理論に触れる。

①受け手へのチューニング

言語による表出のみならず，そもそも他者に情報を伝達するという目標そのものが，情報の送り手の認知に影響し，言語表現に変化をもたらすことがある。実際，そのような目標がある場合には，人は伝達すべき情報をより精緻に処理する傾向があり，これを認知的チューニング（cognitive tuning）という（Zajonc, 1960）。また，情報の受け手の知識や態度を考慮して情報の伝達を行うことを受け手へのチューニング（audience tuning）という（Higgins, 1999）。

フッセルとクラウス（Fussell & Krauss, 1989）は，人が情報の受け手の知識を考慮して情報伝達を行うことを示している。実験では，参加者に対し，意味の曖昧な図形を呈示し，それらの図形を言葉で記述するよう求めた。その際，後で自分または他者がその記述を読んで，どの図形のことを指しているのかを言い当てられるように記述するよう教示した。すると，他者のために書かれた記述は，自分のためのメモとしての記述よりも長く，図形の細部について述べる詳細なものになることが示された。これらは，グライスの量や様態の公理に則した情報伝達であったといえる。このような記述が行われたのは，情報の送り手が，情報の受け手との間に共通の基盤（common ground）がないことを考慮したためであると考えられる。共通の基盤とは，情報の送り手と受け手が共有している（または共有していると思っている）知識や信念のことである。情報の送り手が受け手との間に共通の基盤があると認識できる場合には，それを用いて簡潔に情報を伝達することができ，情報の受け手も容易に伝達内容を理解することができる。しかし，共通の基盤がない場合には，言葉を尽く

して丁寧に説明を行ったり，詳細な情報を伝達したりする必要がある。

これに関連し，リオンズと嘉志摩（Lyons & Kashima, 2003）は，連続再生法（伝言ゲームのようなもの）を用い，題材となっているターゲットの集団についての知識が送り手と受け手の間にないときとそれがあるときによって，その集団に関する伝達内容の変遷に差異が生じることを示した。知識がないときには，集団についての典型的な特徴が伝達されやすく，そうでないものは再生が進むにつれ脱落していった。一方，知識があるときには典型的な特徴のみならず，非典型的な特徴も伝達されやすく，それが脱落していく傾向は弱かった。このことは，知識がないときは，グライスの質や量の公理に従った結果，典型的なものは真で情報価のあるものとして伝達されやすかったのに対し，知識があるときには典型的なものは相互に既に知っているだろうと送り手は考えやすく，その結果として相対的に非典型的なものに対する情報価が上がり，ゆえに伝達されやすくなったことを示唆する。

またヒギンズとロールズ（Higgins & Rholes, 1978）は，情報の受け手の態度を考慮したチューニングが生じることを示している。彼らは，実験参加者に情報の送り手としての役割を与え，名前を出さずにある人物（ターゲット）についての情報を受け手に伝えるよう指示した。すなわち，この実験において情報の送り手は，情報の受け手がターゲットのことを特定できるよう情報を伝達しなければならなかった。このとき，情報の送り手には，ターゲットについての良い情報と悪い情報，そしてどちらともとれる両義的な情報が同数ずつ与えられた。また，情報の受け手とターゲットが同じ集団に所属するメンバーであるとともに，情報の受け手がターゲットに対して好意的な態度または非好意的な態度を持っていることが伝えられた。情報の送り手が作成したメッセージの内容を分析したところ，情報の受け手がターゲットに対して好意的な態度を持っていると伝えられた条件の参加者は，ターゲットに関する良い情報を強調して伝達することがわかった。反対に，受け手がターゲットに対して非好意的な態度を持っていると知らされた条件の参加者は，ターゲットの悪い情報を多く伝えたり，もとは両義的な意味を持っていた情報をネガティブな内容に歪めたりすることが明らかになった。すなわち，この実験における送り手は，受け手にとってのターゲットの真の姿を伝えるために，質の公理に従って情報を歪め，そして受け手が早くターゲットのことを特定できるようにするために，量や関係の公理に従って情報を伝達したと考えられる。

②ポライトネス理論

送り手が受け手に何らかの要求や依頼をすることで，受け手の面子を傷つけたり，その立場やイメージを悪くしたりする場合がある。そのようなとき，送り手は，受け手への（ないしは自身を含めた双方の）侵害が最小限になるよう努めながら，自らの意図を伝達しようとする。ブラウンとレヴィンソン（Brown & Levinson, 1987）は，そのようなコミュニケーションにおける原則としてポライトネス理論を提唱した。彼らによれば，そのような侵害が少ない場合には，送り手は補償行為を含めずに露骨にその意図を示す。そして送り手がその侵害の度合いを多く見積もるにつれて，ポジティブポライトネスを示す（たとえば，受け手に対する関心や共感を示す），ネガティブポライトネスを示す（たとえば，曖昧な表現や間接的な表現を用いて，受け手の立場には侵入し

ない，むしろその立場は守られていることを暗示する），発話意図を曖昧にする，の順にそのストラテジーも変わり，その度合が最も高い場合には，送り手はそのような侵害行為をしない。また彼らは，送り手は，自身と受け手との相対的な地位，自身と受け手との相対的な関係，要求する内容の程度の3つによって，面子やイメージの侵害の度合いを判断することも主張した。

　ブラウンとレヴィンソンは，文化普遍的な原則としてポライトネス理論を提唱しているものの，これまでのいくつかの研究は，そこに含まれている要素のうちどれを重視するのかが文化によって異なっていることを示唆している。たとえば，ホルトグレイヴスとヤン（Holtgraves & Yang, 1992）は，アメリカと韓国で，相手の地位，相手との関係性の度合い，要求内容の度合いが両文化で同程度に異なるよう作られたシナリオを数種類用意した。それぞれの文化における参加者は，依頼者の立場で，それぞれの場面でどのようなことを言うかを記述した。そして実験協力者がこれらの記述を表現の丁寧さの程度に着目してコーディングした。そうしたところ，相手の地位，相手との関係性の度合い，要求内容の度合いがそれぞれ高まるにつれて，丁寧さの度合いも増していた。ブラウンとレヴィンソンが指摘するように，どの文化においてもこれらの要素は相手の面子に対する侵害と関連するため，この結果は，参加者はその侵害を避けようと丁寧な表現を用いたことを示唆する。しかしながら，とくにどの要素が丁寧表現と関連しているかに関して，文化差が生じていた。まず，アメリカ人も韓国人も，相手との関係性が遠くなるほど表現を丁寧にしていたが，この傾向は，韓国人において顕著だった。次に，相手の地位が高くなるほど丁寧さが高まる傾向は韓国人で生じていたが，アメリカ人では生じていなかった。さらに，要求内容が大きいほど表現が丁寧になる傾向は，韓国人よりもアメリカ人において強くなっていた。相対的な地位や関係性をより韓国人が考慮しやすいというこの傾向は，その文化において優勢な相互協調的自己観（14章参照）の反映かもしれない。

　同様の文化差は，言語的なコミュニケーションのみならず，非言語的なコミュニケーションにも着目したアンバディらの研究（Ambady et al., 1996）でも生じている。この研究は，ホルトグレイヴスとヤンが用いた場面想定法ではなく，ある情報を他者にどのように伝えるかを実際に参加者に実演してもらう方法をとっている点でユニークである。韓国では株式仲買員が，アメリカでは大学院生がそれぞれ実験に参加し，日常的に経験する良いまたは悪い内容のニュースを上司，同僚，部下にどのように伝えるか，実際にロールプレイした。次いで，言語・非言語チャネルでどのような情報が伝達されているかを見るために，別のアメリカ人および韓国人参加者がロールプレイの録画映像（言語的・非言語的なコミュニケーション），録画のみ（非言語的なコミュニケーション），音声のみ（言語的なコミュニケーション）のテープと発言内容のトランススクリプトを見て，その内容をコーディングした。コーディングのカテゴリーは，先行研究を参考に20次元が想定されていた。これらの次元への評定値を因子分析したところ，米韓ともに，①他者志向的傾向（たとえば，相手に賛同したり同調したりする表現），②親密的傾向（たとえば，冗談やユーモアなどの表現），③婉曲的傾向（たとえば，へりくだりや婉曲の表現）の3因子が見出された。因子寄与率が相対的に低かった②と③では，米韓で共通する結果が得られた。親密的表現は地位が同等の相手に対して，また，婉曲的表現

は非言語的な手段を通じてそれぞれ伝えられやすかった。一方，因子寄与率が高かった他者志向性に関しては，興味深い文化差があった。まず全体的に他者志向性は韓国人において高くなっていた。しかしこの傾向に伝達相手や伝達内容が影響していた。具体的には，上司に対して伝達する際，韓国人における他者志向性は顕著になっていた。これに対しアメリカ人では伝達相手による効果はなかったものの，伝達内容による差異が生じており，悪い知らせを伝えるとき，その他者志向性がとくに低くなっていた。しかし韓国人ではそのような差異はなかった。実際のロールプレイでもホルトグレイヴスとヤンが示したものと同様の文化差が生じることは，その頑健さを示唆するだろう。

(3) 送り手と受け手の相互の視座の取得

再度，送り手と受け手の協力的な行為としてのコミュニケーションに立ち返ると，その協力関係は，もし受け手が送り手の意図を様々な可能性から推測するのみであれば，単なる一方向に過ぎない。送り手が受け手の知識状況を想定したり，自分が受け手だったとしたら自分が送る情報をどのように理解したりするかを考えたりしたうえでその意図を表出したときに，その関係は双方向的になるといえよう。ここでは互いが互いの視座をとることによるコミュニケーションが双方の知識状態や認知にどのような影響を与えるか，その観点から研究を紹介する。

①共有的リアリティ

受け手の態度へのチューニングを示したヒギンズらの実験（Higgins & Rholes, 1978）には，続きがある。彼らは，参加者がメッセージを作成した後で，参加者自身のターゲットに対する印象を尋ね，さらにターゲットについての情報を思い出して記述するよう求めた。参加者が作成したメッセージの内容と，ターゲットに対する印象，ターゲットについての記憶情報の関連性を検証したところ，情報の受け手の態度に合わせてターゲットの良い情報を伝えた参加者は，ターゲットに対してポジティブな印象をもち，ターゲットについての記憶も好意的なものになっていることが示された。一方で，ターゲットについて非好意的な態度を持っている受け手に合わせて情報伝達をした参加者は，ターゲットに対する印象が悪く，ターゲットについて再生した情報もネガティブなものであった。このように，情報の受け手へのチューニングを行った結果，その伝達内容に応じて情報の送り手自身の認知や記憶が変化する再帰的な効果を Saying-is-believing（SIB）効果という。

SIB 効果に見られる受け手へのチューニング後の印象や記憶のように，他者と理解を共有することで社会的な妥当性を得た主観的現実感（例，本当らしさ，真実らしさ）のことを共有的リアリティ（shared reality）という（Hardin & Higgins, 1996）。エクターホフら（Echterhoff et al., 2009）は，共有的リアリティが成立するための4つの条件を提唱している。1つ目は，他者と内的な状態（信念，判断，感情など）を共有していることである。言い換えると，ただ外面的に他者と意見や行動を合わせただけでは共有的リアリティは成立せず，内的な状態を共有しているという感覚があることが共有的リアリティの成立にとって重要なのである。2つ目の条件は，何について共有的リアリティを成立させるかを理解していることである。単に他者の内的状態を共有するだけ

でなく，何に関する内的状態を共有するのかを理解していなければ，共有的リアリティは成立しない。3つ目は，共有的リアリティを成立させようとする動機があることである。この動機には，妥当性・信頼性のある理解を得ようとする認識的動機と，他者とつながりを持とうとする関係性動機がある。他者を楽しませようとする動機や，他者に対して丁寧に振る舞おうとする動機などが，受け手へのチューニングを引き起こすことはある。しかしながら，受け手へのチューニングの結果，SIB効果のような送り手への再帰的な影響を引き起こすのは，認識的動機と関係性動機に基づいたコミュニケーションを行った場合のみである。そして4つ目は，実際に共有を主観的に経験することである。いくら認識的動機や関係性動機に基づいて受け手へのチューニングを行ったとしても，最終的に「受け手は自分（送り手）の伝えた情報を共有している」と送り手自身が実感として経験することができなければ，共有的リアリティは成立しない。ただしこの場合，受け手からの同意や賛成といった明示的なフィードバックを得ることは必ずしも必要ではない。「受け手と理解が共有された」という認識は，受け手の明示的なコミュニケーション行動によって確立される場合もあれば，非明示的なコミュニケーションによって確立される場合もある（Hardin & Conley, 2001）。つまり，受け手が送り手の伝達内容を「実際に」理解している必要はなく，あくまでも送り手自身が受け手の自分に対する共有的理解を認識できさえすれば，共有的リアリティは成立するのである。

②予言の自己成就

　先のヒギンズらの実験において，ターゲットが実在しており，それがあなただったとしよう。ある人物はあなたの行動に対して望ましさを期待している。そのときその期待はあなたの行動にどのような影響を与えるだろうか。また別の他者はそのあなたの行動をどのように評価するだろうか。周囲が抱く期待に沿った行動を暗黙のうちにしてしまうことによって，その期待が現実のものとなることを予言の自己成就という。この現象はもともと社会学者のマートン（Merton, 1948）が指摘した。心理学研究の代表例はローゼンタールとジェイコブソンによるもので（Rosenthal & Jacobson, 1968），これはピグマリオン効果とも呼ばれる。彼らは，ある小学校での知能テスト後にランダムに約20%の小学生を実験群として選び，残りを統制群とした。そして教師には，知能テストの結果，その実験群の子どもたちの知能がこの8ヶ月で急激に伸びるという偽のフィードバックを与えた。そして8ヶ月後に再度知能テストを行ったところ，統制群の子どもたちと比較し，実験群の子どもたちの成績は向上していた。この現象は，教師が特定の子どもたちの能力に期待することで，彼らへの対応を変えさらにその子どもたちがその教師の期待に応じて努力した結果，知能が向上したと考えられる。

　これまでの多くの研究は，人種や性，社会階層などについての信念に焦点を当てながら，この予言の自己成就の現象を示してきている。たとえば，ワードら（Word et al., 1974）は，チームでのある競争状況を実験場面に設けた。その状況において，白人参加者は自身のチームにメンバーを追加する必要があり，そのため何人かの白人および黒人候補者（サクラの実験協力者）に対して面接をしなければならなかった。その際の参加者の行動を調べたところ，候補者が白人のときと比較し，それが黒人の場合には，より離れて座り，面接時間

を約25%短く切り上げ，言い間違えを頻発していた。次に，ワードらは，別の白人参加者に対して同様の実験状況を設け，先の白人候補者のような扱いを受ける群と黒人候補者のような扱いを受ける群にランダムに分け，しかもその際の様子をビデオで録画し，さらに別の参加者（第三者）グループに呈示した。この第三者グループは，先の実験での黒人候補者のような扱いを受けた白人参加者に対し，もう一方の白人参加者のような扱いを受けた群と比較し，より神経質で，能力がないように判断していた。そしてこの黒人候補者のような扱いを受けた白人参加者自身，面接に対する満足度は低く，その面接官に対して友好的でないと判断していた。ここでも面接官が候補者に対して持つネガティブな期待につい従った行動を候補者自身がしてしまうことで予言の自己成就が生じるが，この研究において重要なのは，その様子を見ている第三者による評価である。つまりこの現象は，面接官の期待を現実化させるに留まらず，第三者が持つその対象となっている個人のカテゴリカルな属性（たとえば人種や性）に対する期待をも現実化させることを示唆する。このことは，そのカテゴリカルな属性に対する固定観念をより強化させる帰結をもたらすだろう。

3. まとめ

　これまで見てきたように，対人コミュニケーションは，言語ないしは非言語的な媒体を用いた情報の伝達にとどまらない。そこには意図をもった情報の発信とその意図の理解がある。意図は，そのメッセージそのものを超えてそれが発せられた状況や文脈にも潜む。しかも送り手と受け手が互いに互いの視座をとりながら相互作用していくことで，その状況や文脈の理解やそれに関する暗黙の前提は刻一刻と更新されていく。そしてこのような相互作用の結果立ち現われてくる暗黙の前提や共有信念は，それをつくりだした私たち自身の考えや行動に影響を与える。実際のところ，これは，人びとが社会的現実をつくり，社会的現実が人びとの心の性質をつくりあげるとするマイクロ－マクロダイナミクスにほかならない。

　本章では，主に社会的認知の観点にたったコミュニケーション研究を選択的にレビューしたが，マイクロ－マクロダイナミクスに代表される社会心理学の学問的な本質をふまえると，コミュニケーションを通じて，互いが互いの視座に立ちながら，何を期待し，その結果，どのような共通理解が生まれ，さらにそれが各々の内的表象にどう影響を与え，その結果各々はどのように行動するのか，そしてその行動は連続するコミュニケーションにどのような影響を与えるのかなどについての実証的な知見がさらに必要だろう。これに加えて，送り手と受け手の関係性，送り手が想定している行為の目的，送り手と受け手が置かれた文脈，それらの間の共有知識などを考慮したインタラクティブな観点からの研究も不可欠であろう。

　また，系統発生や個体発生の観点からヒト特異的な送り手と受け手による協力的なコミュニケーションの進化的基盤を探る試みとともに，社会的現実を作り上げるそのコミュニケーションの特徴こそがある一定の社会・文化環境の維持や変容をもたらしているという前提のもと，そのようなマクロ的な観点を視座にしたコミュニケーション研究も，今後重要である。たとえば，家族やコミュニティの人びととのコミュニケーションを含んだ様々な日常経験を通じ

て，子どもは社会化し，その社会・文化環境に沿った心の性質を獲得していくが，そのコミュニケーションの中にどの程度その社会・文化環境で優勢な価値や慣習は根づいているだろうか。また，ある社会・文化環境が維持されていくには，そこでの行動様式のパターンが世代から世代へと伝達される必要があるが，コミュニケーションはどの程度寄与するのだろうか。たとえばそのような過程では，集団内部の権威者による行動や多数派になっているような行動の模倣が想定されるが（e.g., Richerson & Boyd, 2005），果たしてコミュニケーションはその効率を高めるのだろうか。コミュニケーションは実に広範な現象である。それゆえに，社会心理学にとどまらず，社会学や生物学等の様々な分野と協働できるようなテーマ設定が可能である。今後そうした協働―まさに学問分野を超えたコミュニケーション―の結果によって，私たちの心の性質や，それを取り巻く社会環境との関係性についての理解がさらに進むであろう。

■文献

Ambady, N., Koo, J., Lee, F., & Rosenthal, R. (1996). More than words: Linguistic and nonlinguistic politeness in two cultures. *Journal of Personality and Social Psychology*, **70**, 996-1011.

Austin, J. L. (1962). *How to do things with words*. Cambridge, MA: Harvard University Press.

Brown, P., & Levinson, S. (1987). *Politeness: Some universals in language usage*. Cambridge, UK: Cambridge University Press.

Chatterjee, A., Southwood, M. H., & Basilico, D. (1999). Verbs, events and spatial representation. *Neuropsychologia*, **37**, 395-402.

Echterhoff, G., Higgins, E. T., & Levine, J. M. (2009). Shared reality: Experiencing commonality with others' inner states about the world. *Perspectives on Psychological Science*, **4**, 496-521.

Ekman, P., & Friesen, W. V. (1969). Nonverbal leakage and clues to deception. *Psychiatry*, **32**, 88-106.

Elfenbein, H. A., & Ambady, N. (2002). On the universality and cultural specificity of emotion recognition: A meta-analysis. *Psychological Bulletin*, **128**, 203-235.

Fussell, S. R., & Krauss, R. M. (1989). The effects of intended audience on message production and comprehension: Reference in a common ground framework. *Journal of Experimental Social Psychology*, **25**, 203-219.

Grice, H. P. (1975). Logic and conversation. In P. Cole & J. L. Morgan (Eds.), *Syntax and semantics*, Vol.3: *Speech acts* (pp. 225-242). New York: Academic Press.

Hall, E. T. (1976). *Beyond culture*. New York: Doubleday.

Hardin, C. D., & Conley, T. D. (2001). A relational approach to cognition: Shared experience and relationship affirmation in social cognition. In G. Moskowitz (Ed.), *Cognitive social psychology: The Princeton symposium on the legacy and future of social cognition* (pp. 3-17). Mahwah, NJ: Lawrence Elbaum Associates Publishers.

Hardin, C. D., & Higgins, E. T. (1996). Shared reality: How social verification makes the subjective objective. In R. M. Sorrentino & E. T. Higgins (Eds.), *Handbook of motivation and cognition*, Vol. 3: *The interpersonal context* (pp. 28-84). New York: Guilford Press.

Heider, E. R., & Olivier, D. C. (1972). The structure of the color space in naming and memory for two languages. *Cognitive Psychology*, **3**, 337-354.

Higgins, E. T. (1999). "Saying is believing" effects: When sharing reality about something biases knowledge and evaluations. In L. L. Thompson, J. M. Levine, & D. M. Messick (Eds.), *Shared cognition in organizations: The management of knowledge* (pp. 33-48). Mahwah, NJ: Lawrence Erlbaum Associates Publishers.

Higgins, E. T., & Rholes, W. S. (1978). "Saying is Believing": Effects of message modification on memory and liking for the person described. *Journal of Experimental Social Psychology*, **14**, 363-378.

Holtgraves, T., & Yang, J. (1992). Interpersonal underpinnings of request strategies: General principles and differences due to culture and gender. *Journal of Personality and Social Psychology*, **62**, 246-256.

今井むつみ (2000). サピア・ワーフ仮説再考―思考形成における言語の役割，その相対性と普遍性― 心理学研究, **71**, 415-433.

石井敬子・北山　忍　（2004）．コミュニケーション様式と情報処理様式の対応関係：文化的視点による実証研究のレビュー　社会心理学研究, **19**, 241-254.

Ishii, K., Reyes, J. A., & Kitayama, S. （2003）. Spontaneous attention to word content versus emotional tone: Differences among three cultures. *Psychological Science*, **14**, 39-46.

Kashima, E. S., & Kashima, Y. （1998）. Culture and language: The case of cultural dimensions and personal pronoun use. *Journal of Cross-Cultural Psychology*, **29**, 461-486.

Kitayama, S., & Ishii, K. （2002）. Word and voice: Spontaneous attention to emotional utterances in two languages. *Cognition & Emotion*, **16**, 29-59.

Krauss, R. M., & Chiu, C. Y. （1998）. Language and social behavior. In D. Gilbert, S. Fiske, & G. Lindzey （Eds.）, *Handbook of social psychology* （4th ed., pp. 41-88）. Boston, MA: McGraw-Hill.

Krauss, R. M., & Fussell, S. R. （1996）. Social psychological models of interpersonal communication. In E. T. Higgins & A. Kruglanski （Eds.）, *Social psychology: Handbook of basic principles* （pp. 655-701）. New York: Guilford Press.

Lucy, J. A., & Shweder, R. A. （1979）. Whorf and his critics: Linguistic and nonlinguistic influences on color memory. *American Anthropologist*, **81**, 581-615.

Lyons, A., & Kashima, Y. （2003）. How are stereotypes maintained through communication? The influence of stereotype sharedness. *Journal of Personality and Social Psychology*, **85**, 989-1005.

Maass, A., Milesi, A., Zabbini, S., & Stahlberg, D. （1995）. Linguistic intergroup bias: Differential expectancies or in-group protection? *Journal of Personality and Social Psychology*, **68**, 116-126.

Maass, A., Pagani, D., & Berta, E. （2007）. How beautiful is the goal and how violent is the fistfight? Spatial bias in the interpretation of human behavior. *Social Cognition*, **25**, 833-852.

Maass, A., & Russo, A. （2003）. Directional bias in the mental representation of spatial events: Nature or Culture? *Psychological Science*, **14**, 296-301.

Maass, A., Salvi, D., Arcuri, L., & Semin, G. （1989）. Language use in intergroup contexts: The linguistic intergroup bias. *Journal of Personality and Social Psychology*, **57**, 981-993.

Malle, B. F. （2001）. Folk explanations of intentional action. In B. F. Malle, L. J. Moses, & D. A. Baldwin （Eds.）, *Intentions and intentionality: Foundations of social cognition* （pp. 265-286）. Cambridge, MA: MIT Press.

Malle, B. F. （2004）. *How the mind explains behavior: Folk explanations, meaning, and social interaction*. Cambridge, MA: MIT Press.

Malle, B. F. （2014）. F. Ex: A Coding scheme for folk explanations of behavior. （version 4.5.7）〈http://research.clps.brown.edu/soccogsci/Coding/Fex%204.5.7%20(2014).pdf〉

Malle, B. F., & Knobe, J. （1997）. The folk concept of intentionality. *Journal of Experimental Social Psychology*, **33**, 101-121.

Merton, R. K. （1948）. The self-fulfilling prophecy. *Antioch Review*, **8**, 193-210.

Nachson, I. （1985）. Directional preferences in perception of visual stimuli. *International Journal of Neuroscience*, **25**, 161-174.

Nachson, I., Argaman, E., & Luria, A. （1999）. Effects of directional habits and handedness on aesthetic preference for left and right profiles. *Journal of Cross-Cultural Psychology*, **30**, 106-114.

Noels, K. A., Giles, H., & LePoire, B. （2003）. Language and communication processes. In M. A. Hogg & J. Cooper （Eds.）, *The Sage handbook of social psychology* （pp. 232-257）. Thousand Oaks, CA: Sage.

Richerson, P. J., & Boyd, R. （2005）. *Not by genes alone: How culture transformed human evolution*. Chicago, IL: The University of Chicago Press.

Roberson, D., Davies, I., & Davidoff, J. （2000）. Color categories are not universal: Replications and new evidence from a stone-age culture. *Journal of Experimental Psychology: General*, **129**, 369-398.

Rosenthal, R., & Jacobson, L. （1968）. *Pygmalion in the classroom: Teacher expectation and pupils' intellectual development*. New York: Holt, Rinehart & Winston.

Scollon, R., & Scollon, S, W. （1995）. *Intercultural communication: A discourse approach*. Cambridge, UK: Blackwell.

Semin, G. R., & Fiedler, K. （1988）. The cognitive functions of linguistic categories in describing persons: Social cognition and language. *Journal of Personality and Social Psychology*, **54**, 558-568.

Sperber, D., & Wilson, D. （1986）. *Relevance: Communication and cognition*. Cambridge, MA: Harvard University Press.

菅　さやか・唐沢　穣　（2006）．人物の属性表現にみられる社会的ステレオタイプの影響　社会心理学研究, **22**, 180-188.

Tanaka, A., Koizumi, A., Imai, H., Hiramatsu, S., Hiramoto, E., & de Gelder, B. (2010). I feel your voice cultural differences in the multisensory perception of emotion. *Psychological Science*, **21**, 1259-1262.

寺前 桜・唐沢 穰 (2008). 集団の行為に対する意図性認知―自由記述による説明内容の分析― 人間環境学研究, **6**, 35-41.

Tomasello, M. (1999). *The cultural origins of human cognition*. Cambridge, MA: Harvard University Press.

Tomasello, M. (2008). *Origins of human communication*. Cambridge, MA: The MIT Press.

塚崎崇史・石井敬子 (2004). 認知における言語・文化相対性：Sapir-Whorf 仮説再考 心理学評論, **47**, 173-186.

Uleman, J. S., Saribay, S. A., & Gonzalez, C. M. (2008). Spontaneous inferences, implicit impressions, and implicit theories. *Annual Review of Psychology*, **59**, 329-360.

Watzlawick, P., Bavelas, J., & Jackson, D. (1967). *Pragmatics of humancommunication: A study of interactional patterns, pathologies, and paradoxes*. New York: Norton.

Whorf, B. L. (1956). *Language, thought, and reality: Selected writings of Benjamin Lee Whorf*. Cambridge, MA: MIT Press.

Wiener, M., Devoe, S., Rubinow, S., & Geller, J. (1972). Nonverbal behavior and nonverbal communication. *Psychological Review*, **79**, 185-214.

Word, C. O., Zanna, M. P., & Cooper, J. (1974). The nonverbal mediation of self-fulfilling prophecies in interracial interaction. *Journal of Experimental Social Psychology*, **10**, 109-120.

Zajonc, R. B. (1960). The process of cognitive tuning in communication. *Journal of Abnormal and Social Psychology*, **61**, 159-167.

組織と集団過程

1-3　坂田桐子／4-5　三沢　良

1. 組織と集団

(1) 組織と集団の定義

　2人以上の人びとが自分たちを集団の成員であると定義し，しかもその集団の存在が少なくとも1人の他者から認識されているとき，そこに集団が存在する（Brown, 1988）。一言で集団といっても，その集団が1つの統一体に見える程度，すなわち実体性（entitativity）の程度は様々である。実体性は，人びとの近接性，類似性，および共通運命などの要因に規定される。家族や親友のように，高い凝集性と緊密な対面的相互作用に特徴づけられ，長期にわたって存続する集団（第一次集団）もあれば，職場の集団やスポーツ・チームのように，共通目標の達成を目指して，メンバーの多少の入れ替わりはあっても一定期間相互作用する集団もある。これらの集団は比較的実体性の高い集団といえる。一方，レジ待ちの行列やコンサート会場に集まっている聴衆のように，ごく短期間だけ同じ場所に存在する集合体や，「日本人」「女性」といった社会的カテゴリーを共有する人びとの集合も一種の集団とみなすことができる。これらの集団の実体性は比較的低く，あまり「集団らしい」とはみなされないかもしれないが，一定の条件下では統一的な行動や心理的特徴を示すことがある。

　一方，組織とは，共通目標の達成のために，2人以上の人びとで構成される意識的につくられた社会的ユニットであり，他の集団とは異なる独特の形態を持つ集団の一種である。通常，公式組織では，共通目標の達成のために，職能の分業と権限や責任の階層化を通して人びとの活動を調整する（Schein, 1970）。しかし，組織には公式的な側面だけでなく非公式的な側面があり，公式組織が必ずしも求めていない関係性や規範を自発的に作り出し，個人的な事情や感情に支配されて動く部分がある。公式組織と非公式組織のこのような乖離と複雑な相互作用から，組織における多様な心理学的問題が生じるのである。

(2) 組織行動研究のトピックス

　組織において生じる心理学的問題を解決するために，組織行動研究の領域では様々な研究が行われている。典型的なトピックスとしては，ワーク・モチベーション，情報処理とコミュニケーション（葛藤，情報伝達，意思決定），仕事の能率と安全，ワークストレスとバーンアウト，キャリアの展開と育成，組織社会化，人事評価，リーダーシップなどが挙げられる。本章では，組織行動研究と集団研究の両方で取り上げられることの多いトピックスについて紹介する。

2. 勢力と地位

(1) 勢力と地位の定義

　組織や集団のメンバー全員が対等な関係にあることは珍しい。どのような組織・集団でも，メンバー間に地位や勢力の差があることの方がむしろ一般的である。集団間関係についても同様であり，集団によって地位や勢力が異なることが多い。組織においては，多くの人びとの活動を管理し調整するために管理職というポジションが設定され，公式的に勢力の差異がつくられている。勢力と地位はいずれも組織や集団内・集団間に階層化をもたらす基軸となっており，共通する点も多いが，それぞれ異なる概念である。かつては地位と勢力という用語が互換的に用いられることも多かったが，近年では，勢力と地位が異なる機能を持つことも明らかにされつつある。

　勢力（power）に関する初期の研究において最もよく知られている定義は，フレンチとレイブン（French & Raven, 1959）の「他者の行動や態度，信念などを思い通りに変化させることのできる潜在的な力」または「心理的に意味のある方法で他者に影響を及ぼすことができる潜在的な力」というものであろう。それから30年以上を経た近年の勢力研究では，「価値ある資源を付与したり差し引いたりすることによって，他者の成果を統制できる程度」（e.g., Fiske, 1993; Keltner et al., 2003）という定義が採用されることが多い。いずれの定義も，勢力を，他者に影響を及ぼせる「可能性のある状態（潜在的な力）」とし，実際の勢力行使や他者に影響を及ぼすことそのものとは区別している。また，いずれの定義も「何らかの資源を統制する力」を勢力の中核とし，その力によって勢力保有者と非保有者の間に依存関係が生み出され，非保有者に対して影響を及ぼすことが可能になると想定していることに変わりはない。したがって，ある個人が統制できる資源が相対的に希少かつ重要であるほど，その人物の勢力は大きくなる。

　一方，地位（status）とは，ある個人または集団が「他者から尊敬され，敬愛され，高く評価されている程度」のことを指す（e.g., Fiske & Berdahl, 2007; Fragale et al., 2011; Magee & Galinsky, 2008）。地位は，他者の評価によって規定されるものであり，他者がある個人や集団に付与する社会的価値の指標である（Blader & Chen, 2012）。

　勢力と地位は，いずれも他者に対する影響力をもたらすという点で共通している。しかし，地位が全面的に他者からの評価によって規定されるものであるのに対して，勢力の程度は相対的に他者からの評価に依存する程度が低い（Blader & Chen, 2012）。ただし，勢力と地位の共通点と相違点については，研究者によって見解が異なる部分もあり，今後の研究を待つ必要がある。

(2) 他者に対する影響力の源泉

　勢力と地位はいずれも他者に対する影響力をもたらすが，具体的にどのような要因が影響力の源泉になっているのかを見てみよう。フレンチとレイブン（French & Raven, 1959）は，他者に影響を及ぼす潜在的な力をもたらすものを勢力基盤（もしくは勢力資源）と呼び，表11-1に示す5つの基盤を示した。後に，レイブン（1965）は，6番目の勢力基盤として情報勢力を加え，さらに

表11-1 勢力基盤（French & Raven, 1956; Raven, 1965）と対人的勢力相互作用モデル（Raven, 2008）における11分類

French & Raven（1956），Raven（1965）	Raven（2008）	二分類
報酬勢力： OがPに物理的・心理的な報酬を与えることができることに基づく勢力	対人的報酬勢力： 承認や賞賛など 非対人的報酬勢力： 金銭など有形の報酬	ハード
強制勢力： OがPに物理的・心理的な罰を与えることができることに基づく勢力	対人的強制勢力： 否認や拒絶など 非対人的強制勢力： 身体的な脅威など	ハード
正当性勢力： Oは影響を与える正当な権限を持ち，Pはそれを受け入れる義務があるという規範に基づく勢力	ポジション： 上位のポジションに従うべきという規範	ハード
	互恵性： 価値あるものを受け取ったらお返しをすべきという規範	ハード
	公平性： 公平性の規範，補償規範	ハード
	責任性： 弱者を助けるべきという規範	ソフト
専門勢力： Oがある領域に関する知識や技術を持つことに基づく勢力	同左	ソフト
参照勢力： PのOに対する同一視や尊敬や親しみに基づく勢力	同左	ソフト
情報勢力： OがPに呈示することができる情報や論理的議論に基づく勢力	同左	ソフト

報酬，強制，および正当性勢力を細分化して11カテゴリーの勢力基盤を提案している（Raven, 2008）。これらはさらにハードな勢力基盤とソフトな勢力基盤に二分されるが，その分類基準は，影響に従うかどうかの選択の自由が受け手に残されている程度である。なお，近年の研究における地位と勢力の概念的区別を考慮すると，フレンチとレイブン（French & Raven, 1959）が「勢力」基盤と呼んでいるもののうち，参照勢力はむしろ「地位」概念に近いと考えられる（Blader & Chen, 2012）。

その他に，集団の中でどのような人物が影響力を持つようになるかを説明する理論として，特異性信用状（idiosyncrasy credit: Hollander, 1958）と成員性信用状（membership credential: e.g., Platow & van Knippenberg, 2001）がある。特異性信用状とは，集団メンバーによって，ある特定のメンバーに付与された影響力行使への承認と正当性のことであり，この信用状を獲得したメンバーは，集団規範に従わないことや集団に反対することを許容される。集団の変革を目指すリーダーは，是非獲得しておきたい影響力の基盤である。特異性信用状は，集団目標に貢献する能力を示すことと，集団の期待に応え，集団規範への同調（すなわち集団への忠誠心）を示すことによって獲得される。逆説的であるが，集団への忠誠を示した者が集団を変革する資格を与えられるのである（e.g., Hollander & Julian, 1970）。一方，成員性信用状も，それを有することによって影響力の行使が承認され，集団規範からの逸脱が可能になるという点では特異性信用状と同じであるが，その信用状をもたらすものは内集団プ

ロトタイプ性，すなわち「内集団らしさ」から生じる社会的魅力である。他集団から内集団を肯定的に区別する特徴を備えたメンバーは，集団成員として魅力的に見えるため，他のメンバーから影響力行使の正当性を付与されるのである。この内集団プロトタイプ性が他者に対する影響力をもたらすのは，とくに集団メンバーの集団同一視が高い場合や集団顕現的な場合であることが明らかになっている（e.g., Hains et al., 1997；坂田ら，2005）。

近年では，進化論の視座から，ソーシャル・エンゲージメント（social engagement: Keltner et al., 2008）を示す者に集団メンバーから勢力が付与されるとする説が提唱されている。ソーシャル・エンゲージメントとは，集団の中に協力的な関係性や強い同盟関係を形成し，集団全体の利益を高める行動であり，人びととの結びつきやラポールを生み出し，葛藤を解決する行動などが含まれる。ソーシャル・エンゲージメントは進化論の，特異性信用状は交換理論の，成員性信用状は社会的アイデンティティ理論の視座からそれぞれ提唱されているが，いずれも「内集団を利する」とみなされる人物が勢力を持つことを想定しているという点では共通していると考えられる。

(3) 勢力と地位の効果

それでは，勢力や地位は，集団や組織においてどのように機能するのだろうか。この問いに関する研究として，①リーダーが用いる勢力基盤の種類がフォロワーのパフォーマンスや心理状態に及ぼす影響に関する研究，②勢力を持つこと（または持たないこと）が，勢力保持者自身の知覚や行動に及ぼす影響に関する研究がある。①については次節で触れることとし，ここでは近年急速に知見が蓄積されつつある②の研究について述べる。

この領域の代表的な古典的研究のひとつにキプニス（Kipnis, 1972, 1976）の勢力変性効果（metamorphic effects of power）に関する研究がある。キプニス（Kipnis, 1972）は大学生参加者に監督者役を割り当て，部下の給与を左右できる権限の有無によって勢力を操作したうえで，参加者の行動を測定した。その結果，勢力を与えられた監督者は低勢力の監督者に比べて，部下への影響企図が高く，部下の能力を低く評価し，部下と距離を置こうとすることが明らかになった。勢力者は，低勢力者の優れた業績の原因を自分の示唆や命令に帰属し，低勢力者の自律性を低く見積もるために，低勢力者の価値を切り下げるのである。この現象は「勢力の腐敗」を表わすものと解釈された。しかし，近年の研究は，勢力の保持が保持者自身に及ぼす影響がもっと複雑であることを示している。

フィスク（Fiske, 1993）は，高勢力者が他者をステレオタイプ化しがちであることを実証し，勢力が他者に注意を向けようとする動機づけを低減させる効果を持つことを示している。その10年後，ケルトナーら（Keltner et al., 2003）は勢力の接近‐抑制理論（approach-inhibition theory）を提唱し，勢力の増大が報酬や自由の増大と関連するため行動賦活系を，勢力の低減は脅威や制約の増大と関連するため行動抑制系を活性化すると仮定した（表11-2）。この理論は，感情，注意，社会的認知，社会的行動など広範囲にわたって勢力が及ぼす効果を統一的に説明する枠組みを提唱している。さらに近年，勢力は勢力保持者の行動の方向性（すなわち目標の内容）および目標を追求するプロセスに影響するという勢力の状況焦点理論（the situated focus theory of power:

行動賦活系と行動抑制系
人間の行動を制御する二大動機づけシステム（Gray, 1987）。行動賦活系は目標の達成に向けて行動を開始させる働きをし，ポジティブ感情をともなう。行動抑制系は，罰の回避など自分の行動を抑制するように作用し，ネガティブ感情をともなう。

表 11-2　勢力の接近 – 抑制理論の仮説 (Keltner et al., 2003)

	勢力の増大	勢力の低減
感情		
気分	ポジティブ，せっかち	ネガティブ，不安，抑うつ
不連続な情動	欲求，熱中，プライド	畏怖，当惑，恐怖，罪悪感，感謝，恥，不安，抑うつ
情動障害	躁状態	
社会的注意		
刺激のバレンス	報酬，機会	罰，脅威
自己と他者への注意	自分の目標達成の手段としての他者	他者の目標達成の手段としての自己
社会的認知		
個人知覚	ステレオタイプ，不正確な推論	個人化された情報，正確な推論
集団知覚	外集団差別，内集団びいき	内集団差別，外集団びいき
帰属		
集合的課題	自己焦点	他者焦点
他者の行為	素因	状況
行動		
行動の内容	接近	抑制
行動の決定因	内的特性や状態	文脈
社会的規範との関係	反規範的	規範に制約される

Guinote, 2007) が提唱されている。この理論によると，勢力は心に浮かびやすい目標，すなわち，個人の現在の内的状態や環境によってアフォードされる目標，あるいは報酬をもたらしたり階層維持動機を満たす目標などの追求を促進するという。また，勢力は目標に関連する情報への選択的注意や素早い意思決定を促進する。勢力研究から得られた知見を総合すると，勢力は，人びとを社会的規範の圧力から自由にし，注意を他者ではなく自己の目標や内的状態に向けさせる機能を持つ (Galinsky et al., 2008)。そして，高勢力者は低勢力者の欲求や意見を軽視し，むしろ自己の目標達成のための道具とみなすようになる (e.g., Gruenfeld et al., 2008)。規範の圧力から自由になるという点は両価的であり，個人特性としての他者志向性が高い人が勢力を持つ場合は，低勢力の場合よりも，他者志向的な行動傾向が強くなる (e.g., Chen et al., 2001)。この点を考慮すると，勢力はすべての保持者を「腐敗」させるわけではない。

しかし，近年，「地位を伴わない勢力」は，その保持者を他者に対して不公正にし (Blader & Chen, 2012)，品位を欠いた行動をとらせる (Fast et al., 2012) ことが示されつつある。前述したように，地位は全面的に他者の評価によって規定される。そのため，地位を維持することへの関心は，むしろ他者に対する注意を促し，尊敬してもらえそうな行動を促進すると考えられる。実際，自分が高地位であることを認識させられた実験参加者は，自分を高勢力であると認識した参加者に比べて，独裁者ゲームにおいて公平な分配を行うことが示されている (Blader & Chen, 2012)。また，低地位・高勢力者は，ボーナス獲得のために協働者に課す行動を行動リストから選ぶとき，一般的に人が嫌がるような行動（「私は汚い」と 5 回言う，など）を選択する傾向があることが示されている (Fast et al., 2012)。勢力と地位の効果の違いについては今後さらに探究される必要があるが，現在示されている知見が，リーダーシップや集団間関係に対して示唆することは非常に重要である。

3. リーダーシップと影響戦術

　リーダーシップは，組織や集団を成功に導くために重要な要因であると考えられており，これまでに膨大な量の研究が蓄積されてきた。その研究視点は研究の進行や時代の要請とともに変遷を遂げており，「リーダーシップ」という言葉から一般的に人びとがイメージする内容は研究知見と一致しない部分もある。リーダーシップ研究が，基本的に「集団においてどのような機能が発揮されると効果的なのか」を探究するものであるのに対し，影響戦術研究は，より実践的なレベルで，具体的な働きかけの方法とその効果に焦点を当てる。影響戦術研究では，リーダーから集団メンバーへ（下方向）の働きかけだけでなく，同僚間（水平方向）や部下から上司へ（上方向）の働きかけにも着目しており，リーダーとフォロワーの相互影響過程の解明や，低勢力者による影響過程の解明に結びつくものである。

(1) 影響戦術

　影響戦術の分類の試みには，先述したフレンチとレイブン（French & Raven, 1959）の勢力基盤の枠組みを基に，各勢力基盤の行使の方法に焦点を当てるアプローチ（e.g., Hinkin & Schriesheim, 1989）と，勢力基盤にとらわれず，実際に現場で使われている影響戦術を解明しようとするアプローチ（e.g., Kipnis et al., 1980）がある。

　前者の研究に関する知見としては，勢力基盤に基づく影響戦略使用の効果に関するメタ分析（Carson et al., 1993）によって，被影響者の職務満足度や管理に対する満足度が専門勢力および参照勢力の使用と正の相関を，強制勢力の使用と負の相関を示すことが示されている一方，被影響者のパフォーマンスは専門勢力の使用と正の関連を示すことが見出されている。また，表 11-1 に示したレイブン（Raven, 1993）の 11 カテゴリーのうち，ソフトな勢力基盤の行使を受けた人ほど職務満足度が高いことが示されている（Raven et al., 1998）。その他の研究からも，専門勢力や参照勢力などソフトな勢力基盤の使用は，部下の満足度やパフォーマンスにポジティブな影響を及ぼすといえそうである。

　後者の研究については，キプニスら（Kipnis et al., 1980）の影響戦術 6 種類の特定とその測定尺度（profile of organizational influence strategy: POIS）の開発を皮切りに，多くの研究者が尺度の改訂や精緻化に携わってきた。その中でもユクルら（Yukl et al., 2008）は，管理職が用いる影響戦術を，その部下，同僚，または上司が評定したデータを用いて，11 種類の影響戦術を測定する影響行動尺度（Influence Behavior Questionnaire: IBQ）の妥当性と信頼性を確認した（表 11-3）。11 種類のうち，合理的説得，相談，情動的アピール，および協働は，他者から能力を高く評価されている管理職の方が，低く評価されている管理職に比べて使用頻度が高かった。影響戦術の効果に関する研究には様々なものがある。ユクル（Yukl, 2003）のレビューによると，一般的に，相談と情動的アピールは，課題に対するコミットメントを高めるのに最も有効な戦略である。合理的説得の有効性は，それがどのように使用されるかによって異なる。弱い合理的説得（短い説明や証拠のない主張など）は強い合理的説得（詳細な提案，精緻化された文書，部下の関心事項に応える説得）に比べて

メタ分析
　同じ仮説を検討した複数の研究の結果を統合し，全体として仮説が支持されているのかどうかを統計的に分析する手法。

表 11-3　11 の影響戦術 (Yukl et al., 2008)

戦術名	内容
合理的説得 Rational persuasion	要求や提案が，重要な課題目標にとって現実的であることを示すために，証拠を挙げたり論理的主張を行ったりする
相談 Consultation	被影響者からの助けを必要とする計画について，相談という形をとりながら，意見を求めたり改善案を示唆したりしてくれるよう被影響者に依頼する
情動的アピール Inspirational appeals	要求や提案へのコミットメントを得るために，被影響者の感情的覚醒を引き起こし，価値や理想に訴えかける
協働 Collaboration	被影響者が要求や提案を実行するなら，必要な資源や援助を提供すると申し出る
告知 Apprising	要求や提案を実行することが，被影響者のキャリアや個人的利益にとってどのように有益なのかを説明する
取り入り Ingratiation	要求や提案を実行するよう影響しようとする前や影響している最中に，賞賛したり友好的に振る舞ったりする
個人的アピール Personal appeals	友情や個人的好意に基づいて要求を実行したり提案を支持したりすることを被影響者に求める
取り引き Exchange	要求や提案を実行するなら，被影響者が望むものを提供したりお返しをしたりすることを申し出る
正当化 Legitimating tactics	要求の正当性を確立したり権威を示したりする
圧力 Pressure	要求を実行するよう口うるさく言ったり，脅したり，頻繁なチェックを行ったりする
連合 Coalition tactics	影響を及ぼすことに対して他者からの支援を取り付けたり，他者の支持を利用したりする

有効ではない。合理的説得は他のソフト戦略と組み合わせて使用される場合の方が，単独使用やハード戦略と組み合わせて使用される場合に比べて有効である。取り入りや取り引きは，部下や同僚に影響する場合は中程度に有効であるが，上位者に対してはあまり有効ではない。取り入りは，上司との関係改善のための長期的戦略の一部として使用される場合は，上司にすぐに影響を及ぼしたい場合に比べて有効である。圧力や連合や正当化戦略は，被影響者のコミットメント向上に対してあまり有効ではないが，合理的説得と組み合わされた場合は，応諾を引き出すのに有効である (Yukl, 2003)。

(2) リーダーシップの定義

　多くの研究者に受け入れられている広義のリーダーシップの定義は，「集団目標の達成に向けてなされる集団の諸活動に影響を与える過程」(Stogdill, 1950) というものである。必ずしも公式的なリーダー役割に就く人物の影響力というわけではなく，集団目標の達成を目指して集団の誰でもが発揮できる影響のことを示している。本来，リーダーとは，目標達成を意図した他メンバーへの働きかけが成功しやすい（他メンバーから受け入れられることが多い）メンバーを指す。リーダー役割には制度上で規定された公式なものと非公式なものがあるが，公式リーダーのポジションには，通常，リーダーシップが成功しやすいように，正当勢力や報酬・強制勢力 (French & Raven, 1959) が付与されている。

(3) リーダーシップ研究のアプローチ

　従来のリーダーシップ研究の大部分は，狭義のリーダーシップ，すなわち公式リーダーが発揮する影響の過程に焦点を当ててきた。リーダーシップ有効性

の決定因として何を重視しているかという観点から，それらをいくつかのアプローチに分類できる。各アプローチの代表的な理論を簡単に紹介する。

①行動論

組織や集団にとって有効なリーダーの行動を明らかにしようとする試みが数多くなされている。マネジリアル・グリッド（Blake & Mouton, 1964）やPM理論（三隅，1984）がその代表的な理論である。たとえば，PM理論では，目標やそれを達成するための手順を明確にし，規則を厳守させ，個人の能力を最大限に発揮させるなどの目標達成促進行動（Performance：P行動）と，メンバーの心情に配慮し集団のまとまりを維持する集団維持行動（Maintenance：M行動）の両方を十分に行うリーダーが，集団生産性，メンバーのモチベーション，事故の少なさなどあらゆる側面において最も有効であることが実証されている。

②状況論

集団が置かれた状況によって有効なリーダーシップ行動は異なるとする観点の研究も数多く蓄積されており，コンティンジェンシー・モデル（Fiedler, 1967）や状況対応型リーダーシップ理論（Hersey & Blanchard, 1982），リーダーシップ代替論（Kerr & Jermier, 1978）などが挙げられる。たとえばリーダーシップ理論では，フォロワーの成熟度（課題に関する能力と意欲の高さ）に応じて，リーダーの行動スタイルを，教示型，説得型，参加型，委任型と変えることを提唱している。リーダー行動の有効性を調整する状況要因として，フォロワーの成熟度の他に，課題の構造化の程度，職場集団の凝集性，およびリーダーの地位などが挙げられている（Kerr & Jermier, 1978）。

③交換理論

リーダーとメンバーの交換関係の質の高さが，フォロワーのパフォーマンス，ひいては組織の業績を高めることが指摘されている（Leader-Member Exchange: Graen & Uhl-Bien, 1995）。高質な交換関係とは，職務に必要な最低限の公的な役割関係にとどまらず，相互に関心を払い，信頼し合う互恵的な関係を指す。この視座は特にリーダーとメンバーの二者関係に焦点を当てたものといえるが，一方で集団全体に目を向けた場合は，リーダーとメンバーの関係性の質のチーム内分散が集団生産性に影響を及ぼすとする視座もある（e.g., Boies & Howell, 2006）。

④変革型

フォロワーを高い集団目標の達成に強く動機づけることにより，フォロワー自身の発達と組織の変革を促すリーダーシップを変革型リーダーシップ（e.g., Bass & Avolio, 1990）という。バスとアボリオ（Bass & Avolio, 1990）は，「使命達成のために，フォロワーに利己的な関心を超越させたリーダー」の特徴を調査し，次の4つの特徴を見出した。①理想的影響：フォロワーにリーダーを信頼させ，リーダーに同一視させる影響力，②モチベーションの鼓舞：魅力的な将来像とそのために達成すべき目標を示して，革新に取り組む勇気を与える働きかけ，③知的活性化：フォロワーが過去の考えに疑問を持ち，創造

マネジリアル・グリッド
管理者の行動スタイルを「人間への関心」と「業績への関心」の2次元で捉えようとした理論。各次元を9段階（1：関心が低い―9：関心が高い）に分け，「人間への関心」と「業績への関心」の両方ともに高いタイプ（9・9型）を理想的なリーダーとしている。

コンティンジェンシー・モデル
リーダーが集団生産性を上げられるかどうかは，「リーダーシップのタイプ」と「リーダーが集団状況を統制できる程度」に規定されるとする理論。この理論によると，集団状況が非常に統制しやすいか統制しにくい場合は課題志向的なリーダーが，集団状況が中程度に統制しやすい場合は関係志向的なリーダーが効果的である。

リーダーシップ代替論
フォロワー特性，課題の性質，組織特性など様々な環境要因が，リーダーシップの代わりとして機能したりリーダーシップの効果を制限したりする。たとえば，職場集団が凝集的であれば，そのことが関係志向的リーダーおよび課題志向的リーダーの代わりとして機能するため，そのような状況ではリーダーは必ずしも必要ではないとする理論。

的な思考をするよう援助すること，④個別的配慮：フォロワーを成長させるよう，個々のフォロワーそれぞれに合った配慮を行うこと。変革型リーダーシップは，報酬と罰の交換に基づく交流型リーダーシップと区別されるが，組織を有効にするためには変革型と交流型の両方のリーダーシップが必要であることが示されている。

⑤フォロワー中心の視座

リーダーシップ・プロセスは，リーダーだけでなく，フォロワーが生み出すものでもある。リーダーについての評価は，リーダーの実際の行動よりも，フォロワーが持っているリーダーシップ・プロトタイプに強く影響されていること（リーダー・カテゴリー化理論：Lord & Maher, 1991）や，人は集団・組織のパフォーマンスの原因をリーダーシップに過剰に帰属する傾向があること（リーダーシップ幻想：Meindl, 1995）などが示されている。

> **リーダーシップ・プロトタイプ**
> 「リーダー」というカテゴリー・メンバーの特徴に関して人びとが共有するスキーマ。

⑥近年のリーダーシップ研究

リーダーシップ過程は，「1人の公式リーダーがフォロワー集団に一方向的に影響を及ぼす過程」という側面にとどまらず，リーダー，フォロワー，および集団状況が相互に影響し合うダイナミックな過程である。たとえば，近年では，集団内にリーダーシップを発揮するメンバーが複数存在し，リーダーシップが共有されている方が，公式リーダー1人がリーダーシップを発揮している状態よりも有効であることが明らかになりつつある（Mehra et al., 2006; 高口ら, 2002）。また，パワー・ハラスメントや組織不正問題が社会でクローズアップされるにともない，リーダーの倫理性に対する関心も高まっており，フォロワーの倫理性を育成するためのリーダーシップやリーダー自身の倫理的もしくは非倫理的意思決定に寄与する要因についての研究が増えている（e.g., Brown et al., 2005）。前節で述べた勢力の効果とあわせて考えると，通常は高勢力者であるリーダーが集団の利益よりも自己利益を優先して動く危険性は意外に高いと考えるべきかもしれない。今後，この領域の研究のさらなる発展が望まれる。

4. チームワークと集団生産性

(1) 集団生産性

集団は様々な目的を達成するために，課題へ取り組む。集団の生産性の向上は，企業・組織の実務においても高い関心を寄せられるテーマである。個人で課題を遂行する際の成果は，各自の能力，技術，努力に依存する。しかし，集団で課題に取り組む場合には，個々のメンバーの能力や技術に加え，メンバー間で協調のために相互作用を交わすプロセスが成果を左右する。その結果，集団の生産性は，本来期待される水準には及ばないことがある。

スタイナー（Steiner, 1972）は，集団生産性の性質を「実際の集団生産性＝潜在的な集団生産性－プロセス・ロス」という定式で表した。潜在的な集団生産性は，集団の保有する資源（メンバーの能力や技術など）と集団課題の要請により規定される。集団が課題遂行のための資源を十分に備えていたとしても，プロセスに問題があれば生産性は損なわれるのである。

①プロセス・ロス (process loss)

プロセス・ロスが生じる主な理由は，相互協調の失敗と動機づけの低下である。相互協調の失敗とは，メンバー間で活動の調整に失敗し，個々の努力が集団の成果に反映されにくくなることを指す。集団で協働する際には，課題自体への労力とは別に，他のメンバーとの活動の調整に労力を要する。たとえば，綱引き課題では，各メンバーがタイミングよく，同じ方向に綱を引かなければ，集団として発揮される力は個人の力の単純な総和よりも弱くなる。

一方，動機づけの低下とは，社会的手抜き（social loafing）として知られる。個人は単独で課題を遂行する場合に比べ，集団で課題を遂行する際には努力を低下させる（Williams et al., 1981）。ラタネら（Latané et al., 1979）は，実験参加者に大声や拍手で音を出す課題を行わせ，集団サイズが大きいほど，1人あたりの音圧が低下することを見出した。また，集団で課題に取り組んでいると思い込ませて，実際には1人で課題を行わせる疑似集団条件を設定し，相互協調の失敗が生じない状況でも，動機づけの低下によって生産性が損なわれることを報告している。

社会的手抜きは，集団による課題遂行では責任が分散し，メンバーが努力を怠ることを表わすが，そのことにメンバー自身が無自覚な場合もある。数多くの実験研究が行われ，綱引きなどの加算型課題（additive task）で社会的手抜きは生じやすいことが知られている（Karau & Williams, 1993）。近年は産業労働（Liden et al., 2004），学校でのプロジェクト学習（Ferrari & Pychyl, 2012），チームスポーツ（Høigaard et al., 2006）など，様々な現実の集団を対象にした知見も増えている。

では，社会的手抜きを防止するにはどうすればいいのだろうか。いくつかの抑制要因が明らかにされている。まず，識別性（identifiability）である。集団の成果に対する個々のメンバーへの貢献が識別され，それに応じた評価が与えられる場合に社会的手抜きは生じにくくなる（Williams et al., 1981）。次に課題へのコミットメントである。重要性の高い課題（Brickner et al., 1986）や挑戦しがいのある困難な課題（Shepperd, 1993, 1995）では，社会的手抜きが生じにくい。近年では，集団での他者との協働を楽しむ者は，集団での経験と達成に価値を見出し，動機づけの低下が見られないという報告もある（Stark et al., 2007）。

期待価値倫理に基づき提案された集合的努力モデル（collective effort model; Karan & Williams, 1993）は，集団メンバーの課題への動機づけを規定する2つの要因を説明している。このモデルによれば，目標達成の見込みが高く，その目標が魅力的である場合に，動機づけは最も高くなる。彼らは78編の研究知見をメタ分析し，理論の基本的予測を裏づける結果を得ている。

②プロセス・ゲイン (process gain)

前掲のスタイナーの定式は，集団生産性を阻害する要因として，集団内のプロセスを位置づけたものであった。しかし，メンバー間の相互作用によって，個々人の能力・技術に基づく潜在的な力を上回る水準の集団成果が生まれるプロセス・ゲイン，あるいはシナジー効果（synergy effect）が生まれることもある。近年，集団のシナジー効果へ注目した研究は増加しており（Larson, 2010），スタイナーの定式を「実際の集団生産性＝潜在的な集団生産性－プロ

加算型課題
　個々のメンバーの努力や作業成績が合算されることによって，集団全体の成績となる課題を指す。メンバーの数が多くなれば，潜在的な集団の生産性は単純に増加するが，メンバーひとりあたりの生産性は低下することが知られている。

セス・ロス＋プロセス・ゲイン」と拡張する捉え方も提唱されている（本間, 2011）。

プロセス・ゲインに関連して，社会的手抜きの研究から派生した社会的補償（social compensation）とケーラー効果（Köhler effect）について簡潔に述べておく。社会的補償とは，重要な課題に取り組む際，協働する他のメンバーの能力や動機づけが低いと感じられた場合，それを補償し，集団の成果向上のために単独作業の場合を上回る努力を払う現象である（Williams & Karau, 1991）。

ケーラー効果は，集団内で他よりも能力の劣るメンバーが，個人単独で課題遂行をする際よりも，より大きな努力を払う現象である（Witte, 1989; Kerr et al., 2007）。人は集団の最弱者（weakest link）として全体の足を引っ張ることを嫌い，自分より有能な他者との上方社会的比較に基づいて課題に取り組む（Stroebe et al., 1996）。メタ分析によると，ケーラー効果は集団内で最も能力の低いメンバーに集団成績が依存する結合型課題（conjunctive task）で生じやすく，他のメンバーの成績情報が利用可能な場合に顕著なことが報告されている（Weber & Hertel, 2007）。

(2) チームワーク

現代の組織では，チーム（team）で業務を担う体制が一般的となっている。従来，組織内の複数の人びとで構成される職務遂行単位は仕事集団（work group）と称されてきた。両者を明瞭に区別せず用いる研究者もいるが，仕事集団を伝統的な組織上の部署や課などを含む広義の名称とし，課題遂行にメンバー間の協働が強く求められ，相互依存性が高い集団をチームと呼ぶことが多い（Salas et al., 1992; チームのより詳細な定義は Kozlowski & Ilgen (2006) に詳しい）。

組織内で課題遂行に取り組むチームの効果性は，チーム内外の要因によって左右される。マグラス（McGrath, 1984）やハックマン（Hackman, 1987）は，チームの成果が生み出される過程を入力（input）－プロセス（process）－出力（output）で捉える I-P-O モデルを提案した。入力とは，チームを取り巻く組織環境の文脈（報酬，教育，情報システムなど）やチームのデザイン（課題の構造，人員構成など）に関する変数である。プロセスとはメンバー間で交わされる様々な相互作用を指し，入力を出力に転換する。出力には，生産性や効率性をはじめとして，メンバーの満足感や離脱などの成果が含まれる。この I-P-O モデルを指針とし，実証研究ではとくにプロセス変数の果たす役割が探求されてきた。このプロセス変数の代表例がチームワークである。

チームでメンバーが従事する活動はタスクワークとチームワークの2つに大別される（Morgan et al., 1993）。タスクワークとは，課題に特有の作業自体（道具の使用や機器の操作を含む）であり，メンバーが個別に行う活動を指す。チームワークとは，メンバー間での情報交換や相互援助などの対人的な活動を指す。たとえば陸上競技のリレーチームでは，タスクワークとは個々の走者が100m を走ることであり，チームワークとは走者の間でバトンを受け渡すことである。双方が適切に行われて，初めてチームとしての成果を生み出せる。

前述の例は，チームワークを「円滑な連携」という行動として示したものだが，チームワークは集団の心理学的な特性と密接な関わりを持つため，心理

結合型課題
　すべてのメンバーが作業を完全に遂行することが，集団の最終的な成果に必要とされる課題である。たとえば，登山をするチームでは，山頂まで全員が到達する時間を，チームの中で最も能力の低いメンバーが左右することになる。

チームの詳細な定義
　①メンバーは2名以上の個人で構成される，②社会的相互作用を交わす，③1つ以上の共通目標を持つ，④組織の重要な課題を遂行するために集められる，⑤作業の流れ，目標，成果に関して相互依存性がある，⑥個々が異なる役割と責任を持つ，⑦より大きな組織システムの内部に組み込まれている。

側面も含めて検討がなされている（山口，2008）。心理的側面には，チーム全体の士気や活動意欲を左右する態度面の特徴，またチーム内での知識の共有という認知のあり方が含まれる。

①チームワークの行動的要素

　チームワークの行動的要素は，チーム・プロセス（team process）とも呼ばれ，様々な種類の行動変数が提案されてきた。詳細な行動変数を包括した「チームワーク行動の階層的分類」のモデル（Rousseau et al., 2006）では，チームワーク行動を「課題遂行の統制管理」と「対人関係の維持」の2つに大別し，その下位に細分化した行動変数を体系的に位置づけている。「課題遂行の統制管理」の下位には課題遂行前の準備，課題遂行時の協働，課題遂行状況の評価，チームとしての適応・調整が含まれる。「対人関係の維持」の下位には心理的支援とメンバー間の葛藤の統合的解決が含まれる。

　また「チームプロセス・フレームワーク」（Marks et al., 2001）では，チーム活動における3つの時間的位相の存在に着目し，各位相で必要なチームワーク行動が整理されている。第1位相はある業務の完結から次の業務に着手するまでの「移行プロセス」（任務分析，目標の明確化，戦略策定），第2位相は実際に業務を遂行する「実行プロセス」（目標達成の進捗監視，システム監視，支援行動，相互協調），第3位相は業務の着手前と遂行中の双方で生じる「対人関係調整プロセス」（葛藤解決，動機づけと自信構築，感情管理）である。

②チームワークの態度的要素

　チームワークの態度的要素については，メンバーの一体感や目標達成への意欲に深く関連する変数が検討されている。たとえば，集団の代表的な心理的特性である凝集性や規範は，チームワーク研究でも重要視されている（Hackman, 1987; Mathieu et al., 2008）。

　とくに凝集性については，課題凝集性（集団が取り組む課題にメンバーが抱く興味・関心），社会的凝集性（集団内の対人関係の良好さ），集団への誇り（集団が外部から受ける評価の高さ）の3つを構成要素とする理論化も進められ，メタ分析により集団生産性との正の関連が報告されている（Mullen & Cooper, 1994; Beal et al., 2003）。ただし，集団凝集性の概念が意味する内容は広範であり，近年，定義の再検討や，より適切な測定方法の再吟味がなされている（Carron & Brawley, 2000; Salas et al., 2015）。

　その他の態度的要素としては，チーム効力感（team efficacy; Stajkovic et al., 2009），相互信頼感（mutual trust; Webber, 2002），チーム志向性（team orientation; Driskell & Salas, 1992）などが，チームワーク行動と成果を促進することが見出されている。

③チームワークの認知的要素

　チームワークの認知的要素とは，メンバー間でいかに知識・理解の共有を実現しているかを表す変数である。近年，円滑なチームワーク行動を支える基盤として，精力的に検討がなされている。共有メンタルモデル（shared mental model; Cannon-Bowers et al., 1993; Klimoski & Mohammed, 1994），トランザクティブ・メモリー・システム（transactive memory system;

Moreland, 2006; Peltokorpi, 2008) をはじめ，チーム状況認識（team situation awareness; Salas et al., 1995)，戦略的合意（strategic consensus; Kellermanns et al., 2005）など多彩な概念が提唱され，「チーム認知 (team cognition)」という1つの研究領域が飛躍的に発展を遂げている（Salas et al., 2012）。

共有メンタルモデルとは，チームの課題，作業手順，役割や責任などについて，メンバー間で共有された知識である。知識が共有されている程度が高いほど，メンバーは互いの行動を予測し，円滑に協調して課題を遂行できる。実証研究では，個人の知識構造を把握したうえで（パスファインダー法，概念図法，多次元尺度構成法などが用いられる），そのメンバー間の類似度を共有メンタルモデルの指標とし，チームワークの行動的要素や成果との関連が示されている（Mathieu et al., 2000, 2005）。

他方，トランザクティブ・メモリー・システムとは，チーム内でメンバーが専門分化して知識を保有し，それらを効率的に活用できる集合的な記憶様式である。各自の長所や専門性に基づき，「誰が何を知っているのか」に関する共通認識が成立することで，情報交換と相互協調が促進される。実証研究では質問紙尺度（Lewis, 2003）やチーム内の専門性の相互評定（Austin, 2003）によって測定した指標が，チームの成果と関連することが示されている（Zhang et al., 2007）。

共有メンタルモデルが知識の「共有」状態を反映するのに対し，トランザクティブ・メモリー・システムは知識の「分有」状態を表わしている。一見すると両者は相反するように思えるが，必ずしも矛盾はしない。課題遂行の目的，計画，手続きなどの基本知識はチーム内の全員で共有すべきだが，役割や専門性に特化した知識はそれを担う各メンバーに分有されていた方が効率的である。どちらの認知的要素もチーム内に共存しうるため，その効果性を統合的に理解するうえで，今後の研究の発展が期待される。

5. 集団意思決定

組織での重要な意思決定は，トップマネジメントの独断ではなく，会議や委員会などの集団で行われることが多い。一般的に「三人寄れば文殊の知恵」という諺が示すように，個人が単独で考えるよりは集団で討議した方が，優れた解決や的確な決定が可能と考えられている。集団では人数が多い分，多くの情報を持ち寄り，多様な観点から決定の根拠となる有力な情報を探し出せると期待される。集団意思決定は古くから検討されてきたテーマであるが，様々なバイアスが生じ，上記の素朴な期待が実現されることは困難であることを，数多くの研究が示している。以下では，集団意思決定のバイアスに関する代表的な現象を述べる。

(1) 集団極性化 (group polarization)

集団討議は広く意見を集約し，民意を反映した平均的な結論を導くために行われる場合がある。しかし，1970年代に精力的に行われた集団極性化に関する研究は，集団討議後の決定が，討議前の個人の平均的な意見よりも極端な方向へ変化することを明らかにした。

初期の研究（Stoner, 1961; Wallach et al., 1962）では，リスクのともなう判

断を迫る選択ジレンマ課題を用い，個人で決定する場合よりも，集団討議後の方がリスクの高い決定が下される傾向が確認され，リスキーシフトと呼ばれていた。その後，集団討議後の極端な変容は，安全志向側にも生じること（コーシャスシフト；McCauley et al., 1973）が見出された。さらに，リスクを含まない政治的態度などの問題でも同様の傾向が確認され，現在では集団討議前に多数派を占めていた意見が，討議を通じてより極端に変化する集団極性化現象として理解されている（Moscovici & Zavalloni, 1969）。

この集団極性化が発生する理由については，いくつかの説がある。①社会的比較（Sanders & Baron, 1977）では，メンバーは自身の意見と集団討議で表明される他のメンバーの意見とを比較し，集団の価値観を支持する望ましい方向に自らの意見を変化させる。②説得的論拠（Burnstein & Vinokur, 1977）では，メンバーが集団討議で自分の知らなかった論拠に接し，確信を得ることで自身の意見をより極端に変化させる。③社会的決定スキーマ理論（Davis, 1973；亀田，1997）では，集団が多数決での決定ルールを採用すると個々のメンバーが極端化して集約される。④準拠情報的影響（Mackie, 1986）は，メンバーの社会的アイデンティティが顕現化することで，集団内の典型的な態度に意見を同調・収斂させ，結果として極性化が生じることがある。

(2) 共有情報バイアス（shared information bias）

メンバーが多くの情報を持ち寄っても，そのすべてが集団討議で等しく取り上げられるわけではない。事前にメンバー全員が知っている情報（共有情報）は，少数のメンバーのみが知っている情報（非共有情報）よりも，多くの時間を割いて議論されやすい（Stasser & Titus, 1985, 1987）。その結果，非共有情報が無視され，すべての情報を考慮すれば到達できたはずの最適な判断には至らず，集団は誤った意思決定を下してしまう。こうした傾向は共有情報バイアスと呼ばれ，討議前に集団メンバーが共有する情報の初期分布を操作した「隠れたプロフィール（hidden profile）」課題を用いた実験で繰り返し確認されている（Kerr & Tindale, 2004）。共有情報バイアスが生じる理由は，メンバーの多くが事前に共有する情報は確率論的に話題に上りやすいこと（Stasser et al., 1989），他のメンバーが同じ情報に言及することで，その情報に社会的な正当性が付与されること（Parks & Cowlin, 1996; Wittenbaum et al., 1999）などが挙げられる。

では，メンバーが独自に所有する非共有情報が，集団討議で活用されるにはどうすればよいのだろうか。これまでの知見から，非共有情報は討議の後半で言及されることが多いため，十分な討議時間を確保することが推奨される（Larson et al., 1994）。また，集団内での意見に多様性を持たせるために，異論や新たな観点の話題を奨励するなど，議論の進め方の工夫も有効とされる（Greitemeyer et al., 2006; Klocke, 2007）。

(3) 集団思考（groupthink）

非常に有能なメンバーで構成された集団であっても，悲惨な結果を招く愚かな意思決定を下すことがある。ジャニス（Janis, 1982）は，米国の外交政策の失敗事例（たとえば 1961 年のキューバ・ピッグス湾侵攻作戦）に見られる意思決定過程を分析し，集団思考という現象を指摘した。集団思考とは「凝集性

の高い集団に深く関与する人びとが，行動選択肢を現実的に評価しようとする動機づけよりも，全員の合意を得る努力を優先した場合に用いる拙速で安易な思考様式」(Janis, 1982) と定義される。

　集団思考は，集団凝集性が非常に高く，集団が外部から隔絶されており，公平性を欠く影響力の強いリーダーがおり，さらに外部の脅威による強いストレスにさらされる場合に生じやすいといわれる。集団思考に陥った集団には，①集団への過大評価（自分たちの能力と倫理的な正しさを過大視する），②閉鎖的心理傾向（自分たちに不都合な情報・勧告の重要性を割り引いて解釈する），③斉一化への圧力（多数派の意見を全員の一致した意見と思い込み，異議や反対意見に圧力をかけたり，不都合な情報から集団を守る監視人役のメンバーが現れる）といった兆候が見られる。そして，こうした集団では，意思決定過程において，選択肢を十分に探索・検討しない，選択にともなうリスクを考慮しない，状況に応じた実行計画を立案できない，などの問題が生じ，最終的に不適切な決定を下してしまう。

　実際の組織で不正や不祥事が起こった際，その背景と意思決定過程を探るうえで，集団思考の理論は分析に有用な枠組みとなる（たとえばスペースシャトル・チャレンジャー事故；Moorhead et al., 1991）。しかし，その後に行われた事例研究と実験研究のいずれにおいても，集団思考の先行条件，兆候，意思決定過程の特徴に関する因果関係については，十分な証左が得られていない（Turner & Pratkanis, 1998）。近年，バロン（Baron, 2005）はこれまでの実証的知見から，集団思考の先行条件，とくに集団凝集性は必須の要因ではないと批判している。また同調，集団極性化，共通情報バイアスなどの知見を考慮すれば，集団思考に見られる特徴はジャニスが当初想定していたよりも，広範な集団で生じうると指摘し，集団思考の普遍的モデル (the ubiquitous model of groupthink) を提唱している。このモデルでは，①社会的アイデンティティ，②集団内での規範の顕現化，③メンバーの自己効力感の低下，を集団思考の先行条件としている（12章参照）。

　本章で紹介した組織行動研究のトピックスは，経営学，社会学，工学など，様々な分野での検討が進められている。組織や集団の中で生じる心理学的問題に焦点を当てた社会心理学的な研究への期待は大きく，他分野と連携しながら，さらに知見を蓄積していく必要がある。

キューバ・ピッグス湾侵攻作戦

　ジョン・F・ケネディ政権下の1961年4月17日，米国政府の支援を受けてキューバ人亡命者部隊が，キューバのフィデル・カストロの革命政府を打倒するためにピッグス湾に侵攻した。しかし，この侵攻作戦は開始から3日で撃退を受け，大失敗に終わった。後に作戦計画の段階で，キューバ軍の戦力の過小評価，侵攻に不利な上陸地点の選定などの浅はかな問題点が見られたことが指摘されている。

スペースシャトル・チャレンジャー事故

　1986年1月28日，米国航空宇宙局のスペースシャトル・チャレンジャー号が，打ち上げ直後に爆発し，搭乗していた乗組員7名全員が死亡した。事故原因となった部品の不具合については事前に察知されながらも，打ち上げに至った意思決定過程の問題が指摘されている。

■文献

Austin, J. R. (2003). Transactive memory in organizational groups: The effects of content, consensus, specialization, and accuracy on group performance. *Journal of Applied Psychology*, **88**, 866-878.

Baron, R. S. (2005). So right it's wrong: Groupthink and the ubiquitous nature of polarized group decision making. *Advances in Experimental Social Psychology*, **37**, 219-253.

Bass, B. M., & Avolio, B. J. (1964). *Transformational leadership development: Manual for the Multifactor Leadership Questionnaire*. Palo Alto, CA: Consulting Psychologist Press.

Beal, D. J., Cohen, R. R., Burke, M. J., & McLendon, C. L. (2003). Cohesion and performance in groups: A meta-analytic clarification of construct relations. *Journal of Applied Psychology*, **88**, 989-1004.

Blader, S. L., & Chen, Y. R. (2012). Differentiating the effects of status and power: A justice perspective. *Journal of Personality and Social Psychology*, **102**, 994-1014.

Blake, R. R., & Mouton, J. S. (2012). *The managerial grid: The key to leadership*. Houston, TX: Gulf.（ブレーク，R. R. & ムートン，J. S.　上野一郎（訳）(1964)．期待される管理者像　産業能率短期大学出版部）

Boies, K., & Howell, J. M. (2006). Leader-member exchange in teams: An examination of the interaction between relationship differentiation and mean LMX in explaining team-level outcomes. *Leadership Quarterly*, 17, 246-257.

Brickner, M. A., Harkins, S. G., & Ostrom, T. M. (1986). Effects of personal involvement: Thought provoking implications for social loafing. *Journal of Personality and Social Psychology*, 51, 763-769.

Brown, M. E., Trevino, L. K., & Harrison, D. A. (2005). Ethical leadership: A social learning perspective for construct development and testing. *Organizational Behavior and Human Decision Processes*, 97, 117-134.

Brown, R. (1988). *Group processes: Dynamics within and between groups*. Oxford, UK: B. Blackwell（ブラウン，R.　黒川正流・橋口捷久・坂口桐子（訳）(1993)．グループ・プロセス：集団内行動と集団間行動　北大路書房）

Burnstein, E., & Vinokur, A. (1977). Persuasive argumentation and social comparison as determinants of attitude polarization *Journal of Experimental Social Psychology*, 13, 315-332.

Cannon-Bowers, J. A., Salas, E., & Converse, S. (1993). Shared mental models in expert team decision making. In N. J. Castellan (Ed.), *Individual and group decision making: Current issues* (pp. 221-246). Hillsdale, NJ: Lawrence Erlbaum Associates.

Carron, A. V., & Brawley, I. R. (2000). Cohesion conceptual and measurement issues. *Small Group Research*, 31, 89-106.

Carson, P. P., Carson, K. D., & Roe, C. W. (1993). Social power bases: A meta-analytic examination of interrelationships and outcomes. *Journal of Applied Social Psychology*, 23, 1150-1169.

Chen, S., Lee-Chai, A. Y., & Bargh, J. A. (2001). Relationships orientation as a moderator of the effects of social power. *Journal of Personality and Social Psychology*, 80, 97-125.

Davis, J. H. (1973). Group decision and social interaction: A theory of social decision schemes. *Psychological Review*, 80, 97-125.

Driskell, J. E., & Salas, E. (1992). Collective behavior and team performance. *Human Factors*, 34, 277-288.

Fast, N. J., Halevy, N., & Galinsky, A. D. (2012). The destructive nature of power without status. *Journal of Experimental Social Psychology*, 48, 391-394.

Ferrari, J. R., & Pychyl, T. A. (2012). "If I wait, my partner will do it:" The role of conscientiousness as a mediator in the relation of academic procrastination and perceived social loafing. *North American Journal of Psychology*, 14, 13-24.

Fiedler, F. E. (1967). *A theory of leadership effectiveness*. New York: McGraw-Hill.（フィードラー，F. E.　山田雄一（訳）(1970)．新しい管理者像の研究　産業能率短期大学出版部）

Fiske, S. T. (1993). Controlling other people: The impact of power on stereotyping. *American Psychologist*, 48, 621-628.

Fiske, S. T., & Berdahl, J. (2007). Social power. In A. Kruglanski & E. T. Higgins (Eds.), *Social psychology: A handbook of basic principles* (pp. 678-692). New York: Guilford Press.

Fragale, A. R., Overbeck, J. R., & Neale, M. A. (2011). Resources versus respect: Social judgments based on targets' power and status positions. *Journal of Experimental Social Psychology*, 47, 767-775.

French, J. R. P., & Raven, B. (1959). The bases of social power. In D. Cartwright (Ed.), *Studies in social power* (pp. 150-167). Ann Arbor, MI: Institute for Social Research, University of Michigan.

Galinsky, A. D., Magee, J. C., Gruenfeld, D. H., Whitson, J., & Liljenquist, K. (2008). Power reduces the press of the situation: Implications for creativity, conformity, and dissonance. *Journal of Personality and Social Psychology*, 95, 1450-1466.

Graen, G. B., & Uhl-Bien, M. (1995). Relationship-based approach to leadership: Development of leader-member exchange (LMX) theory of leadership over 25 years: Applying a multi-level multi-domain perspective. *Leadership Quarterly*, 6, 219-247.

Gray, J. A. (1987). *The psychology of fear and stress* (2nd ed.). Cambridge: Cambridge University Press.

Greitemeyer, T., Shulz-Hardt, S., Brodbeck, F. C., & Frey, C. (2006). Information sampling and group decision making: The effects of an advocacy decision procedure and task experience. *Journal of Experimental Psychology: Applied*, 12, 31-42.

Gruenfeld, D. H., Insei, M. E., Magee, J. C., & Galinsky, A. D. (2008). Power and the objectification of social targets. *Journal of Personality and Social Psychology*, 95, 111-127.

Guinote, A. (2007). Power and goal pursuit. *Personality and Social Psychology Bulletin*, 33, 1076-1087.

Hackman, J. R. (1987). The design of work teams. In J. W. Lorsch (Ed.), *Handbook of organizational behavior* (pp.

315-342). Englewood Cliffs, NJ: Prentice-Hall.
Hains, S. C., Hogg, M. A., & Duck, J. M. (1997). Self-categorization and leadership: Effects of group prototypicality and leader stereotypicality. *Personality and Social Psychology Bulletin*, **23**, 1087-1099.
Hersey, P., & Blanchard, K. H. (1982). *Management of organizational behavior* (4th ed.). Englewood Cliffs, NJ: Prentice Hall.
Hinkin, T. R., & Schriesheim, C. A. (1989). Development and application of new scales to measure the French and Raven (1959) bases of social power. *Journal of Applied Psychology*, **74**, 561-567.
Høigaard, R., Säfvenbom, R., & Tønnessen, F. E. (2006). The relationship between group cohesion, group norms, and perceived social loafing in soccer teams. *Small Group Research*, **37**, 217-232.
Hollander, E. P. (1958). Conformity, status, and idiosyncrasy credit. *Psychological Review*, **65**, 117-127.
Hollander, E. P., & Julian, J. W. (1970). Studies in leader legitimacy, influence, and innovation. In L. L. Berkowitz (Ed.), *Advances in experimental social psychology*, Vol. 5 (pp. 33-69). New York: Academic Press.
本間道子 (2011). 集団行動の心理学：ダイナミックな社会関係のなかで　サイエンス社
Janis, I. L. (1982). *Group think: Psychological studies of policy decisions and fiacoes* (2nd ed.). Boston, MA: Wadsworth.
亀田達也 (1997). 合議の知を求めて：グループの意思決定　共立出版
Karau, S. J., & Williams, K. D. (1993). Social loafing: A meta-analytic review and theoretical integration. *Journal of Personality and Social Psychology*, **65**, 681-706.
Kellermanns, F. W., Walter, J., Lechner, C., & Floyd, S. W. (2005). The lack of consensus about strategic consensus: Advancing theory and research. *Journal of Management*, **31**, 719-737.
Keltner, D., Gruenfeld, D. H., & Anderson, C. (2003). Power, approach, and inhibition. *Psychological Review*, **110**, 265-284.
Keltner, D., Van Kleef, G. A., Chen, S., & Kraus, M. W. (2008). A reciprocal influence model of social power: Emerging principles and lines of inquiry. *Advances in Experimental Social Psychology*, **40**, 151-192.
Kerr, N. L., Messé, I. A., Seok, D., Sambolec, E. J., Lount, R. B., & Park, E. S. (2007). Psychological mechanisms underlying the Köhler motivation gain. *Personality and Social Psychology Bulletin*, **33**, 828-841.
Kerr, N. L., & Tindale, R. S. (2004). Group performance and decision making. *Annual Review of Psychology*, **55**, 623-655.
Kerr, S., & Jermier, J. M. (1978). Substitutes for leadership: Their meaning and measurement. *Organizational Behavior and Human Performance*, **22**, 375-403.
Kipnis, D. (1972). Does power corrupt? *Journal of Personality and Social Psychology*, **24**, 33-41.
Kipnis, D. (1976). *The powerholders*. Chicago, IL: The University of Chicago Press.
Kipnis, D., Schmidt, S. M., & Wilkinson, I. (1980). Intraorganizational influence tactics: Explorations in getting one's way. *Journal of Applied Psychology*, **65**, 440-452.
Klimoski, R., & Mohammed, S. (1994). Team mental model: Construct or metaphor? *Journal of Management*, **20**, 403-437.
Klocke, U. (2007). How to improve decision making in small groups: Effects of dissent and training. *Small Group Research*, **38**, 437-468.
高口央・坂田桐子・黒川正流 (2002). 集団間状況における複数リーダー存在の効果に関する検討　実験社会心理学研究, **42**, 40-54.
Kozlowski, S. W. J., & Ilgen, D. R. (2006). Enhancing the effectiveness of work groups and teams. *Psychological Science in the Public Interest*, **7**, 77-124.
Larson, J. R. (2010). *In search of synergy: In small group performance*. New York: Psychology Press.
Larson, J. R. J., Foster-Fishman, P. G., & Keys, C. B. (1994). Discussion of shared and unshared information in decision-making groups. *Journal of Personality and Social Psychology*, **67**, 446-461.
Latané, B., Williams, K., & Harkins, S. (1979). Many hands make light the work: The cause and consequences of social loafing. *Journal of Personality and Social Psychology*, **37**, 822-832.
Lewis, K. (2003). Measuring transactive memory systems in the field: Scale development and validation. *Journal of Applied Psychology*, **88**, 587-604.
Liden, R. C., Wayne, S. J., Jaworski, R. A., & Bennett, N. (2004). Social loafing: A field investigation. *Journal of Management*, **30**, 285-304.
Lord, R. G., & Maher, K. J. (1991). *Leadership and information processing: Linking perceptions and performance*. London: Routledge.

Mackie, D. M. (1986). Social identification effects in group polarization. *Journal of Personality and Social Psychology, 50*, 720-728.

Magee, J. C., & Galinsky, A. (2008). Social hierarchy: The self-reinforcing nature of power and status. *Academy of Management Annals, 2*, 351-398.

Marks, M. A., Mathieu, J. E., & Zaccaro, S. J. (2001). A temporally based framework and taxonomy of team processes. *Academy of Management Review, 26*, 356-376.

Mathieu, J. E., Heffner, T. S., Goodwin, G. F., Cannon-Bowers, J. A., & Salas, E. (2005). Scaling the quality of teammates' mental models: Equifinality and normative comparisons. *Journal of Organizational Behavior, 26*, 37-56.

Mathieu, J. E., Heffner, T. S., Goodwin, G. F., Salas, E., & Cannon-Bowers, J. A. (2000). The influence of shared mental models on team process and performance. *Journal of Applied Psychology, 85*, 273-283.

Mathieu, J., Maynard, M., Rapp, T., & Gilson, L. (2008). Team effectiveness 1997-2007: A review of recent advancements and a glimpse into the future. *Journal of Management, 34*, 410-476.

McCauley, C., Stitt, C. L., Woods, K., & Lipton, D. (1973). Group shift to caution at the race track. *Journal of Experimental Social Psychology, 9*, 80-86.

McGrath, J. E. (1984). *Groups: Interaction and performance*. Englewood Cliffs, NJ: Prentice-Hall.

Mehra, A., Smith, B. R., Dixon, A. L., & Robertson, B. (2006). Distributed leadership in teams: The network of leadership perceptions and team performance. *Leadership Quarterly, 17*, 232-245.

Meindl, J. R. (1995). The romance of leadership as a follower-centric theory: A social constructionist approach. *Leadership Quarterly, 6*, 329-341.

三隅二不二 (1984). リーダーシップ行動の科学 改訂版 有斐閣

Moorhead, G., Ference, R., & Neck, C. P. (1991). Group decision fiascoes continue: Space shuttle challenger and a revised groupthink framework. *Human Relations, 44*, 539-550.

Moreland, R. L. (2006). Transactive memory: Learning who knows what in work groups and organizations. In J. M. Levine & R. L. Moreland (Eds.), *Small groups* (pp. 327-346). New York: Psychology Press.

Morgan, B. B., Salas, E., & Glickman, A. S. (1993). An analysis of team evolution and maturation. *Journal of General Psychology, 120*, 277-291.

Moscovici, S., & Zavalloni, M. (1969). The groups as a polarizer of attitudes. *Journal of Personality and Social Psychology, 12*, 125-135.

Mullen, B., & Copper, C. (1994). The relation between group cohesiveness and performance: An integration. *Psychological Bulletin, 115*, 210-227.

Parks, C. D., & Cowlin, R. A. (1996). Acceptance of uncommon information into group discussion when that information is or is not demonstrable. *Organizational Behavior and Human Decision Processes, 66*, 307-315.

Peltokorpi, V. (2008). Transactive memory systems. *Review of General Psychology, 12*, 378-394.

Platow, M. J., & Van Knippenberg, D. (2001). A social identity analysis of leadership endorsement: The effects of leader ingroup prototypicality and distributive intergroup fairness. *Personality and Social Psychology Bulletin, 27*, 1508-1519.

Raven, B. H. (1993). The bases of power: Origins and recent developments. *Journal of Social Issues, 49*, 227-251.

Raven, B. H. (2008). The bases of power and the power/interaction model of interpersonal influence. *Analyses of Social Issues and Public Policy, 8*, 1-22.

Raven, B. H., Schwarzwald, J., & Koslowsky, M. (1998). Conceptualizing and measuring a power/ interaction model of interpersonal influence. *Journal of Applied Social Psychology, 28*, 307-332.

Rousseau, V., Aube, C., & Savoie, A. (2006). Teamwork behaviors: A review and an integration of frameworks. *Small Group Research, 37*, 540-570.

坂田桐子・藤本光平・高口 央 (2005). リーダーシップと集団成員性：リーダーの影響力に及ぼす集団プロトタイプ性の効果 実験社会心理学研究, 44, 109-121.

Salas, E., Dickinson, T. L., Converse, S. A., & Tannenbaum, S. I. (1992). Toward an understanding of team performance and training. In R. W. Swezey & E. Salas (Eds.), *Teams: Their training and performance* (pp. 3-29). Westport, CT: Ablex Publishing.

Salas, E., Fiore, S. M., & Letsky, M. P. (Eds.) (2012). *Theories of team cognition: Cross-disciplinary perspectives*. New York: Routledge.

Salas, E., Grossman, R., Hughes, A. M., & Coultas, C. W. (2015). Measuring team cohesion: Observations from the science. *Human Factors, 57*, 365-374.

Salas, E., Prince, C., Baker, D. P., & Shrestha, L. (1995). Situation awareness in team performance: Implications for measurement and training. *Human Factors*, **37**, 123-136.

Sanders, G. S., & Baron, R. S. (1977). Is social comparison irrelevant for producing choice shifts? *Journal of Experimental Social Psychology*, **13**, 303-314.

Schein, E. H. (1970). *Organizational psychology* (3rd ed.). Englewood Cliffs, NJ: Prentice-Hall. (シェイン, E. H. 松井賚夫 (訳) (1981). 組織心理学 岩波書店)

Sheppered, J. A. (1993). Productive loss in performance groups: A motivational analysis. *Psychological Bulletin*, **113**, 67-81.

Sheppered, J. A. (1995). Remedying motivation and productivity loss in collective settings. *Current Directions in Psychological Science*, **5**, 131-133.

Stajkovic, A. D., Lee, D., & Nyberg, A. J. (2009). Collective efficacy, group potency, and group performance: Meta-analyses of their relationships, and test of a mediatin model. *Journal of Applied Psychology*, **94**, 814-828.

Stark, E. M., Shaw, J. D., & Duffy, M. K. (2007). Preference for group work, winning orientation, and social loafing behavior in groups. *Group and Organization Management*, **32**, 699-723.

Stasser, G., Taylor, L. A., & Hanna, C. (1989). Information sampling in structured and unstructured discussions of three- and six-person groups. *Journal of Personality and Social Psychology*, **57**, 67-78.

Stasser, G., & Titus, W. (1985). Pooling of unshared information in group decision making: Biased information sampling during discussion. *Journal of Personality and Social Psychology*, **48**, 1467-1478.

Stasser, G., & Titus, W. (1987). Effects of information load and percentage of shared information on the dissemination of unshared information during group discussion. *Journal of Personality and Social Psychology*, **53**, 81-93.

Steiner, I. D. (1972). *Group process and productivity*. New York: Academic Press.

Stogdill, R. M. (1950). Leadership, membership, and organizations. *Psychological Bulletin*, **47**, 1-14.

Stoner, J. A. F. (1961). *A comparison of individual and group decisions involving risk*. Unpublished masters' thesis, Massachusetts Institute of Technology, Cambridge, MA.

Stroebe, W., Diehl, M., & Abakoumkin, G. (1996). Social compensation and the Köhler effect: Toward a theoretical explanation of motivation gains in group productivity. In E. H. Witte & J. H. Davis (Eds.), *Understanding group behavior*, Vol. 2: *Small group processes and interpersonal relations* (pp. 37-65). Hillsdale, NJ: Lawrence Erlbaum Associates.

Turner, M. E., & Pratkanis, A. R. (1998). Twenty-five years of groupthink theory and research: Lessons from the evaluation of a theory. *Organizational Behavior and Human Decision Processes*, **73**, 105-115.

Wallach, M. A., Kogan, N., & Bem, D. J. (1962). Group influence on individual risk taking. *Journal of Abnormal and Social Psychology*, **65**, 75-86.

Webber, S. S. (2002). Leadership and trust facilitating cross-functional team success. *Journal of Management Development*, **21**, 201-214.

Weber, B., & Hertel, G. (2007). Motivation gains of inferior group members: A meta-analytical review. *Journal of Personality and Social Psychology*, **93**, 973-993.

Williams, K. D., Harkins, S., & Latané, B. (1981). Identifiability as a deterrent to social loafing: Two cheering experiments. *Journal of Personality and Social Psychology*, **61**, 570-581.

Williams, K. D., & Karau, S. J. (1991). Social loafing and social compensation: The effects of expectations of co-worker performance. *Journal of Personality and Social Psychology*, **61**, 570-581.

Witte, E. H. (1989). Köhler rediscovered: The anti-Ringelmann effect. *European Journal of Social Psychology*, **19**, 147-154.

Wittenbaum, G. M., Hubbell, A. P., & Zuckerman, C. (1999). Mutual enhancement: Toward an understanding of the collective preference for shared information. *Journal of Personality and Social Psychology*, **77**, 967-978.

山口裕幸 (2008). チームワークの心理学：よりよい集団づくりをめざして サイエンス社

Yukl, G. (2002). *Leadership in organizations* (5th ed.). Upper Saddle River, NJ: Prentice-Hall.

Yukl, G., Seifert, C. F., & Chavez, C. (2008). Validation of the extended Influence Behavior Questionnaire. *Leadership Quarterly*, **19**, 609-621.

Zhang, Z., Hempel, P. S., Han, Y., & Tjosvold, D. (2007). Transactive memory system links work team characteristics and performance. *Journal of Applied Psychology*, **92**, 1722-1730.

集団間関係

12

竹村幸祐・横田晋大

1. 集団間葛藤と人間

　人間は，社会的動物である。血縁関係にない他者と集団を作り出し，互いに協力し合うことで現在の社会を築き上げてきた。ただし，集団の形成とともに，集団同士の葛藤も生まれてくるようになった。人間の歴史を紐解けば，戦争をはじめとした集団間葛藤は数知れない。戦争は悲劇しか生まないことは，すべての人がわかり切っているはずなのに，未だ後を絶たないのはなぜなのだろうか。どうして人は集団間葛藤を引き起こしてしまうのだろうか。

(1) 集団とは？

　「集団」の定義は，社会科学の様々な分野や立場によっても，そして社会心理学者の間でも様々である。たとえば，集団の定義のひとつとして，「自分を集団の成員として認識している人びと（Reicher, 1982）」が挙げられる。また，ターナー（Turner, 1982）は，集団の定義として相互依存性（互いの利益に影響を与え合う関係性）と主観的な類似性（お互いが似ていると思うこと）が重要であると述べている。本章では，集団の定義を「3人以上で互いに相互作用する人びと」とする。そのため，国家や民族のような大規模な社会的カテゴリーから，家族などの小集団まですべてを含む。

　本章では，まず集団間葛藤に関する心の働きについて検討した，社会心理学の知見や理論を紹介する。ここでの問いは，「人間には，集団間葛藤を積極的に引き起こす『心』が備わっているのだろうか」というものである。最初に，集団間葛藤を引き起こしたり，激化させたりする心の働きについて，いかなる方法を用いて検討され，どのような説明がなされているのかを解説する。その後に，集団間葛藤を解決する際に働く心の仕組みを説明する。以下では，まず，集団間葛藤の生起・激化を促す振る舞いのひとつである「内集団ひいき」の研究を紹介する。

2. 集団間葛藤を生じさせる心の仕組み

(1) 内集団ひいき

　人がある集団に所属し，他の集団と何らかの相互作用を行ったり，対峙したりするときに見られる，自分の集団や他の集団に対する振る舞いを集団間行動という。その際，自分が所属する集団を「内集団」，自分が所属しない他の集団を「外集団」と呼ぶ。集団間行動の中でも，外集団よりも内集団に対してより好意的に振る舞ったり，肯定的に評価したりする「内集団ひいき」（ingroup favoritism; または，内集団バイアス ingroup bias; Tajfel & Turner, 1979) は，集団間葛藤につながったり，葛藤を持続させたりするとして注目されてきた。そのため，長年，社会心理学者は内集団ひいきを引き起こす心の仕組みの解明に努めてきた。以下で紹介するのは，その研究方法と仮説である。

(2) 最小条件集団パラダイム

なぜ人は内集団ひいきをするのか。この問いに対して，タジフェルら（Tajfel et al., 1971）は，実験室実験を用いて，内集団ひいきが起こる最低限の条件を見出そうとした。その方法は，実験室内に人工的に2つの集団を作り出し，その行動を観察するというものである。集団の中で培われた文化や規範，そして集団自体や集団間の関係性に関する歴史など，内集団ひいきに影響しそうな様々な要因を排除するため，タジフェルらは次の4つの基準を設定した。①集団内，集団間において，成員同士で直接コミュニケーションをするなどの対面的相互作用を認めない[1]，②参加者自身の個人情報やその決定などは他の参加者や実験者にわからない（匿名性の保証），③集団分類の基準は参加者が行う決定に影響を与えない（たとえば，出身地で集団を分けると，各都道府県のステレオタイプに基づいて特別な振る舞いをするかもしれない），④参加者が行う決定は自分の利益とは直接関係しない。以上の基準を満たす集団を最小条件集団，この集団を用いて内集団ひいきを検討する一連の実験手法は最小条件集団パラダイム（minimal group paradigm; 以下，MGPと略）と呼ばれている。

MGPの基本的な手続きは以下のとおりである。実験は2段階に分かれる。第1段階では，参加者が簡単な課題（スクリーンに映った点の数を推定したり，2種類の絵画に対する選好を答えたりするなど）を行い，その結果をもとに2つの集団のいずれかに分類される。第2段階では，同じ実験に参加している人の報酬を決める課題を行う。この課題では，匿名の内・外集団成員1名ずつの実験の報酬額を決定する。もし内集団に対して外集団よりも多くの報酬を分配すれば，内集団ひいきが生じたとみなす。報酬分配では分配マトリクス（図12-1, 2）を使用する。マトリクスは，上段が内集団成員，下段が外集団成員へ分配するポイントを表わしており，上下一組が1つの選択肢である。参加者は，13の選択肢のうち，1つを選ぶ。マトリクスには複数の種類があり，それぞれ参加者が行った分配がどんな動機に基づいたものかが測定できるよう

	←内集団ひいき										外集団ひいき→	
内集団成員へ	19	18	17	16	15	14	13	12	11	10	9	8	7
外集団成員へ	1	3	5	7	9	11	13	15	17	19	21	23	25

図12-1　内集団ひいきを測定する報酬分配マトリクス（Tajfel et al., 1971）
注）表中の数字は相手に分配されるポイントであり，ポイントは後ほど実際の報酬に交換されて相手に渡されると教示される。

---

[1] 本章の集団の定義は「3人以上で互いに相互作用する人びと」であり，最小条件集団は直接的な相互作用を禁じるため，厳密にはこの定義には当てはまらない。むしろ純粋な社会的カテゴリーであるといえる。しかし，ここで重要なのは，最小条件集団実験は，集団を構成する際に必須と考えられていた相互作用を統制しても内集団ひいきが観測されたことであり，その点が当時の社会心理学者を驚愕させた点である。

	←内集団ひいき								外集団ひいき→		
内集団成員へ	11	12	13	14	15	16	17	18	19	20	21	22	23
外集団成員へ	5	7	9	11	13	15	17	19	21	23	25	27	29

図 12-2　集団間の差の最大化動機を測定する報酬分配マトリクス（Tajfel et al., 1971）

になっている。たとえば，図 12-2 のマトリクスでは，集団間の利益の差を広げたいとの動機に基づいて報酬分配を行っているかどうかがわかる。このマトリクスでは，最も右の選択肢（内集団へ 23 ポイント，外集団へ 29 ポイント）が，内集団の利得が最も高い。だが，内外集団間の利益の差の拡大を狙うのならば，内集団の取り分は犠牲になるが，より左の選択肢（たとえば，内集団へ 11 ポイント，外集団へ 5 ポイント）を選ぶことになる。

　最小条件集団状況において，分配相手について参加者がわかるのは集団所属性のみである。よって，もしこの状況で内集団ひいきが見られたら，それはカテゴリー分類だけで人が差別をするようになることを意味する。実験の結果，内集団ひいきが観測された。参加者は内集団成員により多く，外集団成員により少なく報酬を配分していた。さらに，図 12-2 で紹介したマトリクスにおいても内集団ひいきが観測され，差の最大化動機が内集団ひいきの原因の 1 つになっていることが示された。MGP を用いた追試はその後も数多く行われ，同様の結果が頑健に示されてきた（e.g., Brewer, 1979; Dobbs & Crano, 2001; Gagnon & Bourhis, 1996; Perreault & Bourhis, 1998, 1999; Stroebe et al., 2005）。

3. 最小条件集団で内集団ひいきが起こる理由：社会的アイデンティティ理論と閉ざされた一般交換システムに対する期待仮説

(1) 社会的アイデンティティ理論と自己カテゴリー化理論

　「人はカテゴリーに分けられただけで内集団ひいきをする」タジフェルらの報告は当時の社会心理学者に衝撃を与えた。では，なぜカテゴリー分けだけで内集団ひいきが起こるのか。タジフェルらは，上記の実験結果を説明するため，社会的アイデンティティ理論（social identity theory/SIT; Tajfel & Turner, 1979）を提唱した。SIT によれば，内集団ひいきは，内集団を外集団よりも優位に立たせるために行われるという。人の自己概念には，個人の独自性が強調される個人的アイデンティティと，その人にとって心情的，価値的に重要な特定の所属集団（自分の国や所属校など）の一員であるとの知識である社会的アイデンティティがある。そして，人には，肯定的な社会的アイデンティティを求めるという基本的な欲求がある。肯定的な社会的アイデンティティを得るために，人は，外集団と内集団を比較する（Festinger, 1954）。内集団が外集団よりも優位であれば，この欲求は満たされる。しかし，もし内集団が外集団よりも優位でなければ，内集団ひいきを通じて，集団間の格差をつけようとするのである。SIT に基づけば，最小条件集団状況には集団間の格差が存在しないため，内集団ひいきで内集団の優位性を確保しようとしたと解釈できる。SIT は，その後，ただカテゴリーに分けられたとしても，主観的にその集団の一員であると認識しなければ，集団行動には結びつかないことを見

出した（Tajfel & Tuner, 1986）。自分をその集団に主観的に同一視すること，つまり内集団への同一化（identification; Tajfel & Tuner, 1986; Perreault & Bourhis, 1999）こそが，内集団ひいきに最も影響力がある要因なのである。

　内集団への同一化の背後にある集団認知の過程を明らかにしたのが，SITの発展形の自己カテゴリー化理論（self-categorization theory; Turner et al., 1987）である。人は，集団間状況に直面すると，集団内の類似性と集団間の差異性を強調して知覚する（メタコントラスト）。すなわち，内集団成員は皆似た者同士であり，外集団成員と自分たちは異なる存在だとの認識が強くなる。その結果，自分と他の内集団成員とを知覚的に弁別しなくなり，自分を内集団の一部だと認識するのである。よって，同一化により内集団への投資が自身への投資と同じだと知覚されるのである。典型的な例として，日本の野球選手がアメリカのメジャーリーガーとして活躍していることを知り，自分が活躍したわけでもないのに誇らしかったり，良い気持ちになったりすることがある（栄光浴 basking in reflected glory; Cialdini et al., 1976，5章参照）。この現象は，自身が日本というカテゴリーの一部だと知覚していることから起きると解釈できる。以上より，最小条件集団における内集団ひいきは，自分と集団の一体視が原因となって成立することになる。

(2) 社会的アイデンティティ理論の拡張

　SITは集団行動の説明原理として広く支持されてきた。一方で，SITの予測を支持しない結果も数多く提出され，説明原理としての妥当性が疑問視されている。これらの批判を受け，SITは様々な形で理論の変更を余儀なくされている。以下では，現在提唱されているSITを拡張した理論を紹介する。

　まず，内集団ひいきを引き起こす根源的な要因を探ったのが，主観的不確実性の低減仮説（subjective uncertainty reduction hypothesis; Grieve & Hogg, 1999; Hogg, 2000; Hogg & Abrams, 1993）である。人は，自身が何者かわからないという主観的に不確実で不安定な状況に直面すると，それを減じようと努める。そのため，内集団への同一化や内集団ひいきを通じて，内外という基準を明確にし，不確実性を緩衝させるという。ホッグとその仲間たちは，最小条件集団状況で不確実性の認知を操作し，不確実性を強く知覚する参加者は，その知覚が弱い参加者よりも，内集団への同一化が強く，同時に内集団ひいきの程度も強いことを示した（e.g., Grieve & Hogg, 1999; Hogg & Mullin, 1999）。不確実性の低減仮説は，内集団への同一化を説明原理の核に据えるSITよりも，さらにメタなレベルでの説明を試みた理論だといえる。

　また，差別や偏見にともなう負の感情に注目した集団間情動理論（intergroup emotion theory; Mackie et al., 2000; Mackie & Smith, 1998; Smith, 1993, 1999）では，集団を単位とした情動（集団間情動 intergroup emotion; Smith et al., 2007）が，内集団への同一化から生じると主張する。ただし，生起する情動の種類は，取り巻く環境によって異なる。たとえば，強い外集団と対峙すると，攻撃や逃避（fight or flight）を引き起こす恐怖（fear）が生じるが，弱った外集団には憐憫（pity）が生じ，援助の手を差し伸べるかもしれない。すなわち，集団間情動理論は，生じる情動の種類を予測することで，より具体的で幅広く集団行動を予測することができるのが特徴である。

　以上のように，SITは最小条件集団状況での内集団ひいきの説明原理として

のみならず，差別・偏見にともなう様々な心理メカニズムを包括する形で発展を遂げている。ただし，いずれの理論においても，その構成は，内集団と外集団の関係性に根差し，内集団への同一化から集団行動が生起するとの主張を根幹に据えている。この主張に対して疑問を投げかけたのが，以下に紹介する閉ざされた一般交換システムに対する期待仮説である。

■ (3) 閉ざされた一般交換システムに対する期待仮説（Bounded generalized reciprocity hypothesis）

先述した「人間には，集団間葛藤を積極的に引き起こす『心』が備わっているのだろうか」との問いへの答えは，最小条件集団実験の結果およびSITに鑑みると，"Yes"になるだろう。だが，SITは，理論と方法の両面において批判されてきた（e.g., Berkowitz, 1994; Bornstein et al., 1983a, 1983b; Gerard & Hoyt, 1974; Ng, 1981）。とくに，カテゴリーに分けられただけで，人が外集団を貶めようとする攻撃的な動機から内集団ひいきが生じるという主張は強い反発を招いた。SITを最も批判した研究者たちは，集団内の相互依存性こそが内集団ひいきを生じさせる要因であると主張した。相互依存性とは互いの利益に影響を与え合う関係性のことである。彼らの主張によれば，内集団ひいきとは，内集団成員との互恵的関係の形成・維持を重視した結果であり，外集団への冷遇はあくまで副産物だという。以下では，内集団ひいきのもう1つの主流な説明原理として，相互依存性を中心に据えた理論を紹介する。

「最小条件集団での内集団ひいきは相互依存性により生じる」。そう主張したのは，ラビーら（Rabbie et al., 1989）である。参加者間の直接的な相互作用が禁じられた最小条件集団状況では，互いの行動が直接的に影響することはない。しかし，参加者全員が報酬分配を行う，との教示が，自身が分配者であると同時に被分配者でもある相互依存状況だと認知させたという。これが「隠された相互依存性」（Karp et al., 1993）である。相互依存関係にある相手には，報酬を多く渡せば，自身も多く返してもらえるだろうという互恵性（ギブアンドテイク）を期待する。つまり，自身への見返りを暗黙裡に期待して内集団ひいきが生じるのである。

ただし，直接利益を返してもらえるわけでもないのになぜひいきしてしまうのか，そして，そもそもなぜ内集団にのみ互恵性を期待するのか，との疑問が残る。これらの疑問に対し，山岸とその仲間たちは，ラビーらの主張を拡張した，閉ざされた一般交換システムに対する期待仮説（Bounded generalized reciprocity hypothesis/BGR; 清成, 2002; Yamagishi et al., 1999; Yamagishi &

外集団への冷遇
　山岸らが行った実験では，内集団への分配額がすでに決まっており，外集団へ分配額を自由に決定できる状況を設定しても，外集団の額を減らす傾向が見られなかった（Yamagishi et al., 1999, Experiment 4）。これより，外集団への冷遇が生じるには何らかの条件が必要だといえる。

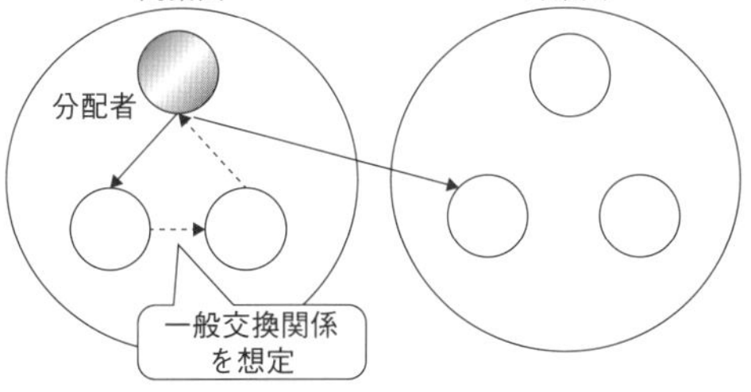

図12-3 最小条件集団状況における報酬分配と「隠された相互依存関係」
（参加者が6名で3名ずつの集団になった場合）

Kiyonari, 2000) を提唱した。BGR によれば，人は，自身が集団に所属していると認知すると，自動的に集団内に一般交換システムの存在を仮定し，そのシステムを形成・維持するために内集団ひいきが生じるという。一般交換システム（一般交換関係）とは，特定の 2 者間で交換が行われる直接交換とは異なり，資源を提供する相手と自身に資源を提供してくれる相手が一致しない交換形態を指す（Ekeh, 1974）。つまり，「情けは人の為ならず」である。報酬分配の相手と直接的な相互作用がないにもかかわらずひいきが生じるのは，一般交換関係にあると想定するからである。そして，集団（カテゴリー）は一般交換が成り立つ範囲とみなされる。ひいきが返ってくると期待できる範囲は内集団までであり，外集団には期待できない。よって，最小条件集団実験でも，内集団をひいきすれば，間接的に他の成員からひいきしてもらえると期待し，結果として内集団ひいきが生じるのである（清成, 2002）。

BGR の妥当性を検討するため，従来の MGP を修正した実験が行われた（Karp et al., 1993）。実験では，報酬分配の際，外集団成員 1 名と参加者以外の他の集団成員は，まったく別の課題を行うと教示する条件を新たに設けた。この条件では，参加者と外集団成員 1 名以外には分配課題を行わないと教示されるため，互恵性を期待できない状況である。SIT では，相互依存性が存在せずとも，内集団への同一化が働くため内集団ひいきが観測されると予測される。しかし，実験の結果，互恵性が期待できない状況では内集団ひいきが消えた。つまり，互恵性の期待が内集団ひいきを生じさせていたのである。その後行われた追試でも，同様の結果が頑健に再現されており（e.g., 神ら, 1996; Yamagishi et al., 1999; 横田・結城, 2009)，近年では，メタ分析の結果から，BGR の妥当性が確認されている（Balliet et al., 2014）。

BGR をはじめとする相互依存性を強調する立場の主張は，内集団ひいきはあくまで集団内の関係性を重視した結果であり，外集団に対しての敵意や競争的な動機が根底にあるわけではないということである。すなわち，「人間には，集団間葛藤を積極的に引き起こす『心』が備わっているのだろうか」との問いへの回答は，BGR では"No"となる。

4. SIT と BGR の違い：集団「間」と集団「内」

SIT と BGR において，理論としての決定的な違いは 2 つある。1 つは，内集団ひいきをもたらす要因が，個人にとって内在的なものか，外在的なものかである。SIT は，内在的な要因（肯定的な社会的アイデンティティの獲得欲求や内集団への同一化）が内集団ひいきを起こすという理論構成である。つまり，個人の心理から内集団ひいきは生じているとの主張である。一方，BGR では，内集団ひいきは外在的な要因である他者との関係性から生じると述べている。内集団ひいきは自分の心理で決まるのではなく，あくまで個人の外にある要因から生じるという構成である。これらの違いは，差別問題の解決に対して，異なるアプローチを生み出す。SIT では個人の心理や意識を変えることによる差別の解消を目指すが，BGR では他者との関係性を変えるような制度の構築を目指すことになる。

SIT と BGR におけるもう 1 つの違いは，理論構成の重点が SIT は集団「間」の関係性である一方で，BGR は集団「内」の関係性だという点である。

近年，SITとBGRのどちらか一方が妥当なのではなく，そもそも異なる状況下における内集団ひいきを説明したものではないか，と主張されている（中川ら，2015; Stroebe et al., 2005; 横田・結城，2009）。つまり，集団「間」の関係性が重要な状況ではSIT，集団「内」の関係性が重要な状況ではBGRが説明力を持つのである。このように，長年，SITとBGRはその妥当性について二者択一の議論を展開していたが，近年では両者を統合した見解が主流になっている。

5. その他の内集団ひいき／集団間葛藤の説明理論

これまで，内集団ひいきを説明する主要な理論としてSITとBGRを紹介してきた。だが，その他にも内集団ひいきの説明原理として提唱された理論は数多く存在する。以下では，その他の理論を紹介する。

(1) 存在脅威管理理論（terror management theory）

ソロモンら（Solomon et al., 1991）は，内集団ひいきを死生観との関連から説明しようとした。人は，誰しも自身の死を意識すると，そこから逃れたいとする欲求を持っている。そして，死から逃れたいという欲求を満たすため，文化的世界観（cultural worldview）に自身を合わせようとする。文化的世界観とは，容易に揺らいだり，失われたりすることなく安定しており，未来永劫絶えることのない主観的現実のことであり，何を良いあるいは悪いとみなすかという価値観の基準のことである。文化的世界観に自身の価値観や行動を合わせれば，安定感や永続性を象徴的に得ることができ，結果として死への恐怖が和らぐのだという。内集団ひいきは，文化的世界観を共有した内集団成員を肯定し，異なる文化的世界観を持つ外集団成員から内集団を守るため，死の恐怖が緩衝される。実際，自身の死の顕現化（mortality salience）は，内集団ひいきを強めることが報告されている（e.g., Castano et al., 2002; Greenberg et al., 1992; McGregor et al., 1998）。ソロモンらは，この理論を存在脅威管理理論（TMT; Greenberg et al., 1986; Greenberg et al., 1997）と名づけた。

(2) 徒党心理仮説（coalitional psychology hypothesis）

TMTはその新規性と斬新さから注目を集めた。しかし，次の点において疑問が提示されている（Navarrete et al., 2004）。それは，TMTが主張する不安の主観的低減は本当に適応的なのか，という疑問である。たとえば，車にぶつかりそうなら，世界観を思い浮かべるよりも，まずは避けることが適応的だろう。こうしたことより，TMTの理論としての整合性には疑問符が打たれる。

TMTへの批判をもとに提唱されたのが，徒党心理仮説（Cosmides et al., 2003; Navarrete et al., 2004; Navarrete, 2005; Tooby & Cosmides, 1988; Tooby et al., 2006）である。人には，徒党（coalition）同士での争いに適応的な行動を引き起こす心理の働きが備わっているという。互いに協力して過酷な生存競争を生き残ってきた人間にとって，重要な他者から見放される社会的に孤立した状態は個人の生存を困難にする。よって，ひとりでは解決できない状況の手がかりを知覚すると，他者と互いにサポートし合って課題を解決する心理メカニズムが働くのである。TMTの検証実験では，死を意識させるシナリオ

SITとBGR
SITとBGR，どちらの理論がより説明力を持つかは，文化によっても異なることが指摘されている（Yuki, 2003）。SITに合致した反応は北米で見られやすく，BGRに合致した反応は東アジア（日本を含む）で見られやすいとされている（レビューとして，Yuki & Takemura, 2013）。

存在脅威管理理論
日本語では，『存在脅威管理理論への誘い―人は死の運命にいかに立ち向かうのか』（脇本竜太郎著，サイエンス社）を参照。

を読ませて死の顕現化を操作していた。ただし，そのシナリオには社会的に孤立する可能性も描かれており，純粋に死のみが顕現化されていたとは言い難い。そこで，ナバレットらは，内集団成員からのサポートが受けられず，社会的に孤立するというシナリオを読ませる条件を追加した追試を行った。その結果，死の顕現化条件と同じように，社会的孤立条件でも内集団ひいきが生起したのである。この結果は集団の種類を変えて行われた追試でも再現されている（Navarrete, 2005）。

(3) 意味維持モデル（meaning maintenance model）

TMT の主張する死の顕現化による不安の低減を，一般的な意味を維持するための行動のひとつであると主張するのが，意味維持モデル（MMM; Heine et al., 2006; Proulx & Heine, 2006）である。ここで論じる意味とは「関連」のことである。たとえば，「犬」というシンボルと四足歩行動物を関連づけたとき，そこに意味が生じる。人は外界を捉えたり理解したりするとき，あらゆる物事を関連づけて，ある1つの物事やパターンを見出したり，現実に存在しないもの（妖怪など）と関連づけたりしようとする。こうした「関連」のまとまりは事象を理解するときの枠組みとなる。まとまりには，人，場所，対象，出来事など様々な事柄が含まれ，それらの要素間に原因と結果（因果）などの関係があることを期待する。そして，人には，意味を維持したり，求めたりする欲求がある。もし意味をなさない，意味が通じないことなどを経験すると，その人の持つ意味の枠組み自体が脅かされ，壊れてしまうことがある。そのとき，人は，別の意味づけをして再構築する。この過程を流動的な補完（fluid compensation）と呼ぶ。ある意味の崩壊を，別の意味の強化・再構築で補おうとする反応のことである。TMT における文化的世界観は，MMM での意味に含まれる。文化的世界観への脅威は，意味への脅威の一種であり，MMMはTMTを含んだ包括的な理論だといえる。

(4) システム正当化理論（system justification theory）

システム正当化理論（SJT; Jost & Banaji, 1994; レビューとして Jost et al., 2004）は，内集団ひいきのみならず，外集団ひいきをも説明の範疇に入れたモデルである。内集団ひいき研究では，とくに集団間の地位格差がある場合，内集団ひいきだけではなく，劣位集団の成員が自分の集団よりも優位集団をひいきするという外集団ひいきが観測されることがある（図12-3参照）。SJT は，内／外集団ひいきは，社会システムの正当性を維持する動機により生じると説明する。人は，自分や集団の利益を損なってまでも，自身が所属する社会のあり方が正当なものであってほしいと考える。このとき，社会システムの正当性は，有利な（地位の高い）集団は優遇され，不利な（地位の低い）集団は優遇されないことで守られる。劣位集団の成員は，自分の集団に好意的ではないため，優位な外集団をひいきすることが「合理的」になるのである。劣位集団が優位集団をひいきするという社会構造のあり方は，やがて個人に規範やステレオタイプとして内在化し，ひいき行動の源泉となる。SJT の妥当性を検証するため，地位格差のある大学を対象として各大学を評価させる実験が行われた（Jost, 1996）。その結果，優位な大学では内集団ひいきが見られる一方で，劣位な大学ではひいきは見られなかった。そして，正当性を強く知覚する劣位な

表12-1 Mullen et al. (1992) のメタ分析の結果

	内集団の地位		
	高	同等	低
内集団ひいき			
頻度	20	27	3
%	100	73	15
平等			
頻度	0	2	0
%	0	5	0
外集団ひいき			
頻度	0	8	17
%	0	22	85

注1) 頻度は各行動が観測された数を表わす。
注2) パーセンテージは各地位（列）内での値を表わす。

大学に所属する人は，外集団ひいきを示していたのである。

SJTは，前述した社会的アイデンティティ理論（SIT）とは論理的に矛盾しないモデルである。SITでは，集団間に地位格差がある場合，その社会システムの正当性や安定性により集団行動が変わり，とくに正当だと知覚している劣位集団の成員は外集団ひいきを行うと予測している（e.g., Tajfel & Turner, 1986）。ただし，SJTは，同一化を内集団ひいきの生起要因に据えるSITとは異なり，システムの正当化を調整変数あるいは従属変数として捉え，あくまで内集団ひいきを引き起こす要因は内在化した規範やステレオタイプだとしている。ただし，そもそもなぜ社会のあり方についての規範が内在化しやすいのかについては議論されておらず，さらなる発展が望まれる。

(5) 社会的支配理論（social dominance theory）

社会的なイデオロギーから内集団ひいきを説明しようと試みたのが，社会的支配理論（Sidanius & Pratto, 1999）である。社会には，集団間の階層化を促したり衰えさせたりするイデオロギーがあり，そのイデオロギーを受け入れる程度には個人差が存在する。この個人差を社会的支配志向（social dominance orientation; SDO）と呼ぶ。SDOは，言い換えれば，集団単位での支配傾向や社会集団間の不平等に対する欲求の強さである。この傾向が高い人は，集団間の階層化を支持し，外集団を支配しようとする一方で，低い人は，集団間の階層化をなくしたいと考え，内外集団間の差を縮小しようとする。SDOは，実験室実験で観測される差別行動のみならず（Amiot & Bourhis, 2003; Perrault & Bourhis, 1998; Pratto, 1999; Sidanius et al., 1994），政策への支持や集団間関係における行動・態度などを規定する要因となる（e.g., Kteily et al., 2011; Levin & Sidanius, 1999; Pratto & Shih, 2000）。また，近年では共感性との関連も報告され，その説明の幅を広げている（Bäckström & Björklund, 2007; Chiao et al., 2009; Duriez & Soenens, 2006; McFarland, 2010; Sidanius et al., 2013）。SDOの大きな特徴は，差別行動における男女差を説明する点である。SDOには性差があり（Pratto, 1996; Sidanius, 1993; Sidanius & Pratto, 1993などを参照のこと），そのレベルは一貫して男性の方が女性よりも高い（e.g., Levin, 2004; Sidanius & Pratto, 1999; Pratto et al., 1994; Pratto et al., 1997）。よって，男性は支配傾向が高く，差別的・攻撃的である（Subordinate male target hypothesis; e.g., Sidanius & Veniegas, 2000）。ただし，SDOの性差が

SDO
SDOは安定した特性とされている（Sidanius & Pratto, 1999）が，近年では，状況の影響によってその強さが異なることが示されている（Morrison & Ybarra, 2008）。そのため，SDOそのものの概念としての定義に疑問が投げかけられている。

なぜ存在するかは明らかになっておらず，今後の研究が望まれる。

以上のように，内集団ひいきの背後にある心理メカニズムの解明には様々なアプローチが存在する。とくに，集団間の地位格差という社会構造要因が調整変数として内集団ひいきの生起に影響することは興味深く，より現実問題に即した理論構成だといえる。今後は，これらの要因を包含するメタ理論の登場が期待される。

6. 集団間葛藤を支える社会的相互作用：なぜ解消が難しいのか？

次に，集団間葛藤が，社会的相互作用の中で維持・増幅されるメカニズムについて述べる。人間は他者の影響を受ける（1章参照）。当然，集団間行動も，周囲の集団成員の影響を受ける。たとえば，個人的には外集団に肯定的でも，周囲の内集団成員が否定的であれば，ときには自分も否定的な扱い（差別）をしてしまうこともあるだろう（O'Gorman, 1979）。また，個人的には葛藤の解消を願っても，外集団からの否定的な態度や行動を受ければ，葛藤解消のための行動を控えざるを得ないこともあるだろうし，自分も外集団を差別するようになるかもしれない（レビューとして Insko & Schopler, 1998）。これらは，すなわち，集団間葛藤のメカニズムにマイクロ-マクロ・ダイナミクス（亀田・村田, 2010）が働いていることを意味する。個人の差別・攻撃行動（マイクロ）は，周囲を取り囲む人々の行動（マクロ）の影響を受け，同時に，その個人の行動が，他の誰かの行動に影響するマクロの一部となっているのである。ここに浮かび上がるのは，人びとの差別・攻撃行動が，社会的相互作用の中で循環的に維持・増幅されている状態である。以下では，そうした循環的メカニズムを示した研究を紹介する。

(1) 集団間相互作用と集団間葛藤の持続・拡大
①外集団攻撃をもたらす恐怖・不信

集団間葛藤が相互作用の中で持続する現象の一例が，恐怖・不信に基づく外集団への攻撃である。一般的に，他者・他集団に対して攻撃・競争的行動をとる理由には，自己利益を追求する「欲（greed）」と，相手から攻撃されるという「恐怖・不信（fear）」があるとされている（Pruitt & Kimmel, 1977）。欲に基づく攻撃が資源の積極的獲得のために行われるものであるのに対し，恐怖・不信に基づく攻撃とは，相手からの攻撃に対する防衛反応である。防衛反応としての攻撃行動は，個人間関係で生じるだけでなく集団間関係でも生じ，外集団に対する恐怖・不信こそが，集団間で協力関係が生起しにくい一因だと指摘されている（Hoyle et al., 1989; Insko & Schopler, 1998）。たとえば，和平のための話し合いの席に武器を持ってきてしまったり，相互協力を前提としたプランに合意できなかったりして，集団間葛藤の解消からは遠ざかってしまう。

そして，ひとたび攻撃が生じると，被害者は恐怖・不信を強める。たとえそれが自衛のための攻撃であっても，攻撃を受けた側には攻撃であることに変わりなく，そのための防衛反応（反撃など）を起こさざるを得ない。こうして，外集団に対する不信と攻撃（または協力の抑制）は，集団間関係の中で循環的に維持される（Insko & Schopler, 1998）。こうした議論に基づき，集団間で

の協力が生じにくい原因のひとつとして相手集団への不信が存在することが，一連の調査・実験を通じて実証されている（Insko et al., 1990; Schopler et al., 1993）。

②集団間代理報復

さらに，集団間の相互作用の中で，当初は無関係だった個人が「集団の一員」として巻き込まれていくことがある。ある集団の一員（人物 A_1）が，別の集団の一員（B_1）に害を加えたとする。その加害行為に対する報復行動がとられるとき，実際の加害者 A_1 と同じ集団の成員 A_2 に矛先が向くことがある。A_1 の代理として A_2 が攻撃される現象は「集団間代理報復」と呼ばれ，研究が進められてきた（レビューとして，Lickel et al., 2006; 縄田, 2013）。

実際の加害者 A_1 とは別人の A_2 が報復の対象になりやすいのは，加害者の属する集団の実体性（entitativity）が高いときだとされている（Lickel et al., 2006）。これは，実体性が高い集団では，成員同士が互いに影響を与えやすいと人びとが信じるためである。集団成員が相互に影響し合っているのであれば，成員の誰か（A_1）の加害行為も，実は他の成員（A_2）の影響下で生じた可能性がある。こうした推測に基づき，実際の加害者ではない A_2 を対象とした報復が生じやすくなる。同時に，A_2 は A_1 の加害行為を止めることができた（にもかかわらず止めなかった）との認知もされやすくなり，これも A_2 が報復対象になる一因となる。以上より，実体性の高い集団ほど，間接的責任を集団全体が負っていると認知されやすくなり，そのために代理報復を招きやすくなるのである。

集団間報復では，別の意味での「代理」も起こる。先の例では，実際に被害を受けたのは B_1 であったが，B_1 と同じ集団の別人 B_2 が報復行動を起こすことがある。この代理報復を促す要因として，報復者（B_2）による内集団同一化が挙げられる。内集団への同一化が高まると，内集団成員への攻撃も，自分への攻撃と同様に認知される（熊谷・大渕, 2009；Stenstrom et al., 2008 も参照）。こうしたプロセスを介して，当初は無関係だった個人も，報復行動に参加するようになる（Lickel et al., 2006）。

集団間葛藤の解消を難しくしているのは，代理報復を促す 2 つの要因（実体性と内集団への同一化）が，どちらも集団間葛藤状況で高まりやすい点にある。集団間葛藤時には自己犠牲行動を促す社会規範が促進され（Mathew & Boyd, 2011, 2014），結果として行動の斉一性が高まることで実体性は上昇するし，内集団への同一化も促進される（Brewer et al., 1995）。このように，集団間葛藤は，当初は無関係だった個人を「集団の一部」にして増幅を続けるという代理報復を招く特徴を内包しているといえる。

③予言の自己実現

集団間の相互作用の中で葛藤が持続する現象は，人種差別の文脈でも指摘されてきた。社会学者マートン（Merton, 1948）は，市民権運動以前のシカゴでの黒人差別に，「予言の自己実現」のメカニズムが関与していると主張している。当時は労働組合の力が強く，雇用のためには労働組合への加入が不可欠であった。しかし，白人中心の労働組合には，「黒人は労働運動の敵」だとする信念があり，黒人の加入を拒否するという差別が存在した。その結果として，

集団の実体性
集団実体性とは，個人の集合である集団が，ひとつのまとまった実体として知覚される程度を指す（Campbell, 1958）。集団は，メンバーが互いに似ているときや，行動がそろっているときなどに実体として知覚されやすいとされている。

黒人労働者は正規の仕事に就けず，組合加入を条件としない職を求めることになる。そうした職のひとつが，ストライキ破りの職であった。このことが，黒人労働者を実際に「労働運動の敵」たらしめてしまい，そして黒人労働者は労働組合からますます拒否されることとなる。「黒人は労働運動の敵」という信念（あるいは予言）に従って白人が行動した結果，その信念を現実のものにしてしまう行動を，黒人はとらざるを得なくなったのである（同様の議論として，経済学者サロー（Thurow, 1975）の統計的差別も参照）。ここでも，2つの集団の行動が相互に影響し合うことで，集団間の悪化した関係が持続している。

統計的差別

統計的差別とは，対象集団に対する否定的態度（偏見）や感情がなくても差別が合理的に再生産されてしまうメカニズムを指す。たとえば，企業の昇進人事において，人事担当者が，その時点では同等の能力があると推定される男性社員1名と女性社員1名のどちらを昇進させるかを意思決定するとする。人事担当者はとくに女性に否定的な態度や感情を持ってはいない。しかし，これまでの統計から，女性社員は男性社員よりも平均的に早期に退職しやすいことがわかっているとする。このとき，合理的な人事担当者は，男性社員を昇進させることになる。問題は，こうした合理的判断が広く行われるとすると，女性社員は長く会社に勤めるインセンティブを失うことになる点である。その結果，確実に，女性社員は男性社員よりも早期に退職しやすくなる。ここには，女性に対する否定的な態度も感情も関与しておらず，人事担当者および社員の合理的な意思決定の結果，差別が循環的に維持されるメカニズムが描かれている。

■ (2) 集団内相互作用と集団間葛藤の持続・激化

集団間葛藤には，集団内の社会的ダイナミズムも大きく関与する。たとえば，宗教的営みと自爆テロの関係を分析した研究（Ginges et al., 2009）は，自爆テロを支持する態度は，個人的な宗教的営み（祈り）の頻度とは関係せず，集団内のイベント（集合的な宗教儀式への参加頻度）と関連することを見出した。この知見は，外集団攻撃を支持する態度に，内集団成員からの社会的影響が何らかの形で関与していることを示している。

①偏見・差別をもたらす集団内の影響

それでは，一体どのような集団内の相互作用が集団間葛藤に関与しているのだろうか。考えられるメカニズムの中には，他の章で紹介された社会心理学的現象も含まれる。たとえば，集団極性化や集団思考（11章）は，外集団に対して攻撃的な方向に行動を極化させることもあるだろう（Rabbie, 1998）。また，個人ではなく集団で意思決定を行うことで責任の分散が生じ（第8章），その結果，外集団への攻撃行動が促進されることもあるだろう（Rabbie, 1998; Schopler et al., 1995）。また，権威者への服従（1章）も他者への加害行動につながり，ナチによるユダヤ人攻撃の背後にこのメカニズムがあったと指摘されている（Milgram, 1963）。また，集団間葛藤時には，集団内の多数派への同調が内集団協力を促進させ，葛藤の激化につながる可能性も示されている（中西・横田, 2016；横田・中西, 2012）。

既に紹介したBGRも，内集団ひいきの背後に集団内のダイナミズムが働いていることが想定されている。BGRでは，人は，内集団成員に利益を提供することが，巡り巡って自己利益につながることを期待しているとする。同時に，内集団を優遇しないと，罰（関係からの排除など）を受けるため，内集団ひいきが起こる（小野田・高橋, 2013; Shinada et al., 2004）。最小条件集団状況で実際に集団から排除されることはないが，現実社会でのそうした慣行の中で獲得された意思決定方略が，ヒューリスティックス（4章）として実験でも発露しているのだと考えられている（Yamagishi et al., 1999）。

同様に，外集団への積極的攻撃においても，集団内の規範の関与が指摘されている。東アフリカのトゥルカナ族を対象とした調査で，外集団への襲撃への参加を躊躇する成員に制裁を与えることで，攻撃への参加を促進させることが見出されている（Mathew & Boyd, 2011, 2014）。

②自己利益追求の集団内相互承認

　上記の研究から示唆されるのは，内集団優遇の奨励，または，それに反する行動への制裁が集団内に存在することである。これと一貫した仮説を，インスコらも提唱している。彼らは，個人対個人の関係に比べて，集団対集団の関係が競争的になりやすいという「個人間－集団間不連続性効果」を見出し，そのメカニズムを検討した（レビューとして，Insko & Schopler, 1998; Wildschut & Insko, 2007）。個人間関係と違い，集団間関係では，自己利益の追求を集団内で相互に承認し合うことができる。この過程が，外集団の利益よりも内集団の利益を優先する行動を促すという（Schopler et al., 1993）。この仮説は，集団内の会話と集団の意思決定の関係を分析した研究などを通じて支持されている（Schopler et al., 1995; Wildschut et al., 2002）。

③多元的無知

　外集団への否定的態度や行動において多元的無知と呼ばれるプロセスが働いている可能性がある（O'Gorman, 1975, 1979; O'Gorman & Garry, 1976）。ここで重要なのは，集団間葛藤の真の原因が誤解だという点である。多元的無知とは，集団成員が相互に誤解し，成員の個人的な態度の総和と相容れない集団規範が形成・維持されてしまう現象である。有名な例が「裸の王様」である。誰も王様が服を着ているとは思わないものの，「他の人には王様の服が見えている」と互いに誤解している。その誤解のまま「王様の服は立派だ」と発言する人がいるために，「やはり他の人には王様の服が見えている」と，誤解が再強化されてしまうのである。

　オゴルマンは，この多元的無知が白人による黒人差別の背後で働いていると指摘した。1972年にアメリカで実施された白人と黒人の分離政策に対する白人の態度を調べた調査では，分離政策支持は15%だけだった。しかし，「白人の多くは分離政策を支持している」と推測した白人は48%にのぼった。すなわち，実際に黒人に否定的態度を持つ白人は少数であるにもかかわらず，「他の白人は黒人に否定的だ」との誤解が広く共有されていたのである。こうした誤解は，日常生活における内集団成員（他の白人）との相互作用の中で形成され，共有される。もし個人的態度とは裏腹に，周囲の白人の目を気にして黒人差別を支持すれば（あるいは反対の表明をしなければ），それが周囲の誤解を招き，「白人の多くは分離政策を支持している」との誤解が広がることとなる。重要な点は，誰も個人的態度としては黒人差別を望んでいないにもかかわらず，差別行動を取ってしまい，それがゆえに集合レベルで差別行動が再生産されていく点である。

　以上のように，集団間・集団内の相互作用が，集団間葛藤の持続・激化につながる。言い換えれば，集団間葛藤の解決には，差別を行う者の内的要因にのみ注目するだけでは限界があるといえる。集団間葛藤における他者の影響は無視できない。マイクロ－マクロ・ダイナミクスの視座に立つこととは，こうした現実を見据え，個別の行為者のみならず，行為者間の相互作用の中に解決の糸口を見出そうとすることにほかならない。

個人間－集団間不連続性効果
　個人間－集団間不連続性効果が生じる原因については，ここで議論されている集団内相互承認の他にも複数の原因が指摘されている。そのひとつが，「集団は（個人より）攻撃的に振る舞いがちである」とする信念（外集団不信スキーマ）である（Insko & Schopler, 1998）。集団内の相互承認が欲（greed）に基づく競争的行動を促進するのに対し，外集団不信スキーマは恐怖・不信（fear）に基づく競争的行動を促進する。

7. 集団間葛藤の解消

　集団間葛藤はいかに解決されるのか。多くの要素が絡む複雑な社会現象であることから，その解決は容易ではない。しかし，社会心理学者は，様々な解決につながる理論および知見を積み重ねてきた。

(1) 上位目標の導入

　集団間葛藤の原因は現実的な利益の葛藤にあるとする説がある（現実的葛藤理論；Campbell, 1965）。この考えに基づけば，一方の集団が利益を得れば，他方の集団が利益を得られない（あるいは損失をこうむる）利害関係こそ集団間葛藤の原因であり，利害関係が一致すれば葛藤は解決される。シェリフらの行った古典的実験（Sherif et al., 1988）は，この仮説を支持している。

　泥棒洞窟実験（robbers cave experiment）と名づけられたこの実験では，夏休み中にサマーキャンプを行うと称して，初対面の少年たち（11-12歳）が集められた。彼らは，事前に2つの集団に分けられ，それぞれ別々のキャンプ場に連れて行かれ，3週間を過ごした。

　実験は，「集団の形成」「集団間葛藤」「葛藤の解消」という3つの段階に分けられ，この2つの集団の間の葛藤の生起と解消が，集団間の利害関係と連動することが確認された。第1段階の「集団の形成」では，キャンプにおける様々な活動を通じて，少年たちに集団内での仲間意識を芽生えさせた。この時は外集団の存在は知らされていなかった。第2段階は「集団間葛藤」で，集団間に利害葛藤が導入された。少年たちには，このキャンプ地にもう1つ別の集団がいると告げられた後，集団間で「価値ある希少資源（ペンナイフなど）」を巡る競争を何度か行った。その結果，外集団への敵意が増加し，罵りやいやがらせなどの激しい敵対行動が生じた。最後の第3段階は「葛藤の解消」であった。食料を積んだトラックが溝にはまり，すべての少年たちが協力しないと食料を得られない状況など，集団間で協力しなければ達成できない「上位目標」が設定された。こうした共同作業を経ると，少年たちの外集団に対する敵意や敵対行動は著しく減っていった。上位目標を設定することにより，集団間葛藤が解消する方向に向かったのである。つまり，現実的な利害の葛藤の導入が少年たちの敵対行動を促進し，葛藤の除去（上位目標の導入）によりそれらが低減したのである。

　もちろん，この知見から，集団間葛藤解消のメカニズムをより詳細に特定することは困難である。上位目標の導入，すなわち，現実的利益の葛藤解消は，なぜ外集団への敵対行動を減らしたのか。集団間での利害の一致が，外集団による敵対行動への恐れが低下した結果であると考えることもできる。また，外集団成員との協力という形のポジティブな接触を経験し，これまで「我々」と「彼ら」だった集団の捉え方が「私たちみんな」になったというカテゴリーの変化なども考えられる。以下では，「集団間接触」と「カテゴリー化」に焦点を当て，集団間葛藤解消の心理メカニズムについての研究を紹介する。

(2) 集団間接触

　偏見や葛藤の解消方法として，古典的に知られるのが集団間接触（intergroup

contact) である。偏見を減らすためには，まずは相互に理解を深める必要があり，そのために直に接する機会を増やすことが差別や偏見を低減させる，との仮説である。オルポート (Allport, 1954) は，接触による低減効果について次の4つの条件を主張した。①集団同士で接触する際に地位の高低がないこと，②共通の目標を持っていること，③協力的・親密な接触であること，④権威や法，あるいは慣習や規範などによって，その接触が支援されていること，である。

①集団間接触による偏見の減少

オルポート (1954) 以後，集団間接触が偏見を弱める効果を調べる研究が数多く行われた。そうした集団間接触の効果を調べた500件以上の研究データを統合したメタ分析の結果，決して強い効果ではないものの，集団間接触が偏見を弱める効果を持つことが見出された (Pettigrew & Tropp, 2006)。とくに，オルポート (1954) の指摘した4条件が満たされるように設計された集団間接触の場合には，相対的に強い効果がみられた。集団間接触が偏見を弱める効果は，中東やキプロス，南アフリカなど，激しい民族間対立のある状況でも確認されている (Lemmer & Wagner, 2015)。また，集団間接触が偏見を弱めるのは，外集団への不安が集団間接触によって低下するためであることが示されている (Pettigrew & Tropp, 2008)。

集団間接触が偏見を弱める効果は，実際に接触した個人にとどまらず，集団内に広まっていくことがある。複数の大規模国際調査データを分析したある研究 (Christ et al., 2014) は，集団間接触経験者の多いコミュニティでは，集団間接触未経験の成員の偏見も弱められることを示している。同様に，集団間接触を描いた書籍・映像などにも偏見を弱める効果があることが報告されている (Lemmer & Wagner, 2015)。

以上の知見は，集団間葛藤における負の連鎖をほどく糸口を提供している。恐怖・不信に基づく攻撃と報復の負の連鎖は，誰も望まないトラップに陥っている状態である。しかし，集団間接触に関する研究が示してきたとおり，適切な条件のもとで集団間接触がなされることにより，相互不信が解消される場合がある。これは，個人の内的要因だけを変えるのではなく，集団間接触を通じて両集団の恐怖や不信を低減させる方法である。上で紹介した研究の知見は，集団間葛藤の解決を考える際に，社会的相互作用の中で生じる循環プロセスに目を向けることの必要性を浮き彫りにしている。

②集団間接触による偏見の増幅

集団間接触は，偏見を弱める効果を常に持つわけではない。接触がポジティブであればよいが，ネガティブな雰囲気 (例，ぴりぴりした会話) になることはあり，しかもポジティブな接触が偏見を弱める効果より，ネガティブな接触が偏見を強める効果の方が大きいことが知られている (Barlow et al., 2012)。また，外集団成員が近くに存在することが偏見を強めることも指摘されている。上で紹介した研究 (Lemmer & Wagner, 2015; Pettigrew & Tropp, 2006, 2008) が扱っていたのは，異なる集団の成員同士が直に顔を合わせて接する場面 (あるいは，そうした場面を描いた書籍・映像に接すること) であった。一方で，直接的なやり取りがないまま他民族が近くにいると，むしろ偏見が強く

なることも知られている（Enos, 2014; Quillian, 1996; Schmid et al., 2014）。以上をふまえると，身近に外集団が存在することが，その集団に対する不安，ひいては偏見を強める一方で，直に接する機会が与えられれば，不安は弱まり，関係が好転しやすくなることを示している。

なお，集団間接触などによる偏見の低減が，集合行動（collective action）の抑制という思わぬ副産物をもたらす可能性も指摘されている（Dixon et al., 2012）。ポジティブな集団間接触は，社会の中にある差別を「それほどシビアなものではない」と知覚させる効果を持つ。その結果，不平等是正に必要な集合行動への参加が抑制される。この主張は，個人の持つ偏見の低減を問題にする立場とは異なる立場からの問題提起である。

(3) カテゴリー化による葛藤の解消効果

集団間葛藤の解消につながる鍵のひとつとして，「我々」と「彼ら」というカテゴリーではなく，1つの大きな集団として認知することがあった。以下では，カテゴリー認知の変容による偏見や集団間葛藤の解消を目指した仮説を紹介する。第一に，対象人物を「〇〇集団の一員」としてではなく，個人の特徴に注意を向け，個人として捉える脱カテゴリー化（decategorization）である（Brewer & Miller, 1984）。このプロセスにより，成員間の弁別性が高まるため，集団間代理報復は生じにくくなると考えられる。第二に，別のカテゴリーを強調することで，葛藤関係にある内集団・外集団の区別を軽減しようとする方略として，再カテゴリー化（recategorization）がある。別のカテゴリーとは，典型的には両集団を包含する上位カテゴリーを指す（共通内集団アイデンティティ・モデル；Gaertner et al., 1993）。これは，先述した泥棒洞窟実験での上位目標の導入にあたる（Sherif et al., 1988）。第三に，元あるカテゴリーを決める次元（たとえば，人種）と交差する別の次元（たとえば性別）を強調する手法である交差カテゴリー化がある。別次元のカテゴリーの顕現性が高まることで，もとのカテゴリーの顕現性が弱まり，偏見や内集団ひいきが弱まるとされている（Crisp & Hewstone, 2007）。以上はいずれも，個人の認知に注目した葛藤解決アプローチである。ただし，個人の認知は社会的相互作用の中で生じる循環プロセスの一部であり，状況要因の影響をふまえたうえで理解される必要がある。

8. 結　語

本章では，集団間葛藤を生起，維持，そして増幅させる心理メカニズムと，そのマイクロ-マクロ・ダイナミクスについて説明してきた。社会心理学における集団間葛藤研究は，1960年代のシェリフに代表されるように状況そのもの（例，現実的利益の葛藤）に原因を求めるものから，1980年代の社会的アイデンティティ理論や自己カテゴリー化理論に代表されるように個人の認知に原因を求めるもの，そして2000年代に入り，進化という視点から，状況と個人の心理メカニズムとの相互作用を考える傾向に至っている。近年では，進化の観点から，内集団ひいきは，積極的に外集団を攻撃して資源を得るために進化的に獲得されてきた心理メカニズムの表われであると主張する立場がある（Choi & Bowles, 2007; McDonald et al., 2012; Tooby & Cosmides, 1988;

Van Vugt et al., 2007)。この主張を受けて，内集団への協力（そしてその副産物としての外集団の冷遇）と外集団への攻撃を弁別して測定し，集団間葛藤状況では内集団協力のみが優勢になることが報告されている（e.g., De Dreu, 2010; De Dreu et al., 2010; Halevy et al., 2008）。つまり，外集団への攻撃は外集団からの脅威が存在するような条件でしか観測されないとの主張である（Yamagishi & Mifune, 2016 を参照のこと）。こうした知見からは，恐怖に基づかなければ攻撃は起こらないことになる。

　ここで，本章の問いである「人間には，集団間葛藤を積極的に引き起こす『心』が備わっているのだろうか」に戻ろう。上記の集団間葛藤状況の研究結果（De Dreu など）や，恐怖に基づく攻撃行動を示した研究（Insko & Schopler, 1998），また，内集団ひいきは集団内の一般交換システムの副産物であることを示した研究（Yamagishi et al., 1999）からは，本章の問いへの回答は "No" となる。しかし一方で，SIT の実験結果や上述の進化的観点からの研究（e.g., Choi & Bowles, 2007），また，特定の条件下では外集団攻撃が生じることを示した研究（e.g., Sugiura & Sakata, 2013; Weisel & Böhm, 2015）なども存在する。だが，外集団攻撃が「積極的に」行われることは検証されておらず，社会心理学者は未だ外集団攻撃の全容を見出せていないといえる。果たして積極的に外集団への攻撃を引き起こす心理メカニズムは存在するのだろうか。存在するとしたら，いかなる環境・状況下で個人に内在化され得るのだろうか。社会心理学者が積み上げた膨大な知見は，個人の心理メカニズムから攻撃行動が生じるのみならず，その人を取り巻く状況の力にも注目しなければならないことを如実に物語っている。では，どのような状況で，いかなる心理メカニズムが，集団間葛藤の生起や維持，そして激化を担うのだろうか。社会心理学で培ってきた理論や方法論を駆使すれば，集団間葛藤が引き起こされる仕組みを明らかにできるかもしれない。今後の成果に期待しよう。

■文献

Aberson, C. L., Healy, M., & Romero, V. (2000). Ingroup bias and self-esteem: A meta-analysis. *Personality and Social Psychology Review*, **4**, 157-173.

Allport, G. W. (1954). *The nature of prejudice*. Reading, MA: Addison-Wesley.

Alter, A. L., & Darley, J. M. (2009). When the association between appearance and outcome contaminates social judgment: A bidirectional model linking group homogeneity and collective treatment. *Journal of Personality and Social Psychology*, **97**, 776-795.

Amiot, C. E., & Bourhis, R. Y. (2003). Discrimination and the positive-negative asymmetry effect: Ideological and normative processes. *Personality and Social Psychology Bulletin*, **29**, 597-608.

Bäckström, M., & Björklund, F. (2007). Structural modeling of generalized prejudice: The role of social dominance, authoritarianism, and empathy. *Journal of Individual Differences*, **28**, 10-17.

Balliet, D., Wu, J., & De Dreu, C. K. W. (2014). Ingroup favoritism in cooperation: A meta-analysis. *Psychological Bulletin*, **140**, 1556-1581.

Barlow, F. K., Paolini, S., Pedersen, A., Hornsey, M. J., Radke, H. R. M., Harwood, J., Rubin, M., & Sibley, C. G. (2012). The contact caveat: Negative contact predicts increased prejudice more than positive contact predicts reduced prejudice. *Personality and Social Psychology Bulletin*, **38**, 1629-1643.

Berkowitz, N. H. (1994). Evidence that subjects' expectancies confound intergroup bias in Tajfel's minimal group paradigm. *Personality and Social Psychology Bulletin*, **20**, 184-195.

Blanz, M., Mummendey, A., & Otten, S. (1995). Positive-negative asymmetry in social discrimination: The impact of stimulus valence and size and status differentials on intergroup evaluations. *British Journal of Social*

Psychology, **34**, 409-419.

Bornstein, G. (2003). Intergroup conflict: Individual, group, and collective interests. *Personality and Social Psychology Review,* **7**, 129-145.

Bornstein, G., Crum, L., Wittenbraker, J., Harring, K., Insko, C. A., & Thibaut, J. (1983a). On the measurement of social orientations in the minimal group paradigm. *European Journal of Social Psychology,* **13**, 321-350.

Bornstein, G., Crum, L., Wittenbraker, J., Harring, K., Insko, C. A., & Thibaut, J. (1983b). Reply to Turner's comments. *European Journal of Social Psychology,* **13**, 369-381.

Brewer, M. B. (1979). In-group bias in the minimal intergroup situation: A cognitive-motivational analysis. *Psychological Bulletin,* **86**, 307.

Brewer, M. B. (1999). The psychology of prejudice: Ingroup love or outgroup hate? *Journal of Social Issues,* **55**, 429-444.

Brewer, M. B., & Miller, N. (1984). Beyond the contact hypothesis: Theoretical perspectives on desegregation. In N. Miller & M. B. Brewer (Eds.), *Groups in contact: The psychology of desegregation* (pp. 281-302). Orlando, FL: Academic Press.

Brewer, M. B., Weber, J. G., & Carini, B. (1995). Person memory in intergroup contexts: Categorization versus individuation. *Journal of Personality and Social Psychology,* **69**, 29-40.

Campbell, D. T. (1965). Ethnocentric and other altruistic motives. In D. Levine (Ed.), *Nebraska Symposium on Motivation.* Lincoln, NE: University of Nebraska Press.

Campbell, D. T. (1958) . Common fate, similarity, and other indices of the status of aggregates of persons as social entities. *Behavioral Science,* **3**, 14-25.

Castano, E., Yzerbyt, V., Paladino, M. P., & Sacchi, S. (2002). I belong, therefore, I exist: Ingroup identification, ingroup entitativity, and ingroup bias. *Personality and Social Psychology Bulletin,* **28**, 135-143.

Choi, J. K., & Bowles, S. (2007). The coevolution of parochial altruism and war. *Science,* **318**, 636-640.

Chiao, J. Y., Mathur, V. A., Harada, T., & Lipke, T. (2009). Neural basis of preference for human social hierarchy versus egalitarianism. *Annals of the New York Academy of Sciences,* **1167**, 174-181.

Christ, O., Schmid, K., Lolliot, S., Swart, H., Stolle, D., Tausch, N., Al Ramiah, A., Wagner, U., Vertovec, S., & Hewstone, M. (2014). Contextual effect of positive intergroup contact on outgroup prejudice. *Proceedings of the National Academy of Sciences of the United States of America,* **111**, 3996-4000.

Cialdini, R. B., Borden, R. J., Thorne, A., Walker, M. R., Freeman, S., & Sloan, L. R. (1976). Basking in reflected glory: Three (football) field studies. *Journal of Personality and Social Psychology,* **34**, 366-375.

Cosmides, L., Tooby, J., & Kurzban, R. (2003). Perceptions of race. *Trends in Cognitive sciences,* **7**, 173-179.

Crisp, R. J., & Hewstone, M. (2007). Multiple social categorization. In M. P. Zanna (Ed.), *Advances in experimental social psychology,* Vol. 39 (pp. 163-254). Orland, FL: Academic Press.

De Dreu, C. K. (2010). Social conflict: The emergence and consequences of struggle and negotiation. In S. T. Fisk, D. T. Gilbert, & G. Lindrey (Eds.), *Handbook of social psychology,* Vol.2 (5th ed., pp. 983-1023). New York: Wiley.

De Dreu, C. K., Greer, L. L., Handgraaf, M. J., Shalvi, S., Van Kleef, G. A., Baas, M., Ten Velden, F. S., VanDijk, E., & Feith, S. W. (2010). The neuropeptide oxytocin regulates parochial altruism in intergroup conflict among humans. *Science,* **328**, 1408-1411.

Dixon, J., Levine, M., Reicher, S., & Durrheim, K. (2012). Beyond prejudice: Are negative evaluations the problem and is getting us to like one another more the solution? *Behavioral and Brain Sciences,* **35**, 411-425.

Dobbs, M., & Crano, W. D. (2001). Outgroup accountability in the minimal group paradigm: Implications for aversive discrimination and social identity theory. *Personality and Social Psychology Bulletin,* **27**, 355-364.

Duriez, B., & Soenens, B. (2006). Personality, identity styles and authoritarianism: An integrative study among late adolescents. *European Journal of Personality,* **20**, 397-417.

Ekeh, P. P. (1974). *Social exchange theory: The two traditions.* Cambridge, MA: Harvard University Press.

Enos, R. D. (2014). Causal effect of intergroup contact on exclusionary attitudes. *Proceedings of the National Academy of Sciences of the United States of America,* **111**, 3699-3704.

Festinger, L. (1954). A theory of social comparison processes. *Human Relations,* **7**, 117-140.

Gaertner, S. L., Dovidio, J. F., Anastasio, P. A., Bachman, B. A., & Rust, M. C. (1993). The common ingroup identity model: Recategorization and the reduction of intergroup bias. *European Review of Social Psychology,* **4**, 1-26.

Gagnon, A., & Bourhis, R. Y. (1996). Discrimination in the minimal group paradigm: Social identity or self-interest? *Personality and Social Psychology Bulletin,* **22**, 1289-1301.

Gerard, H. B., & Hoyt, M. F. (1974). Distinctiveness of social categorization and attitude toward ingroup members. *Journal of Personality and Social Psychology*, **29**, 836.

Ginges, J., Hansen, I., & Norenzayan, A. (2009). Religion and support for suicide attacks. *Psychological Science*, **20**, 224-230.

Greenberg, J., Pyszczynski, T., & Solomon, S. (1986). The causes and consequences of a need for self-esteem: A terror management theory. In R. F. Banmeister (Ed.), *Public self and private self* (pp. 189-212). New York: Springer.

Greenberg, J., Simon, L., Pyszczynski, T., Solomon, S., & Chatel, D. (1992). Terror management and tolerance: Does mortality salience always intensify negative reactions to others who threaten one's worldview? *Journal of Personality and Social Psychology*, **63**, 212.

Greenberg, J., Solomon, S., & Pyszczynski, T. (1997). Terror management theory of self-esteem and cultural worldviews: Empirical assessments and conceptual refinements. In M. P. Zanna (Ed.), *Advances in experimental social psychology*, Vol.29 (pp.61-139). San Diego, CA: Academic Press.

Grieve, P. G., & Hogg, M. A. (1999). Subjective uncertainty and intergroup discrimination in the minimal group situation. *Personality and Social Psychology Bulletin*, **25**, 926-940.

Halevy, N., Bornstein, G., & Sagiv, L. (2008). "In-group love" and "out-group hate" as motives for individual participation in intergroup conflict: A new game paradigm. *Psychological science*, **19**, 405-411.

Halevy, N., Weisel, O., & Bornstein, G. (2012). "in-group love" and "out-group hate" in repeated interaction between groups. *Journal of Behavioral Decision Making*, **25**, 188-195.

Heine, S. J., Proulx, T., & Vohs, K. D. (2006). The meaning maintenance model: On the coherence of social motivations. *Personality and Social Psychology Review*, **10**, 88-110.

Hewstone, M., Fincham, F., & Jaspars, J. (1981). Social categorization and similarity in intergroup behaviour: A replication with 'penalties'. *European Journal of Social Psychology*, **11**, 101-107.

Hewstone, M., Rubin, M., & Willis, H. (2002). Intergroup bias. *Annual Review of Psychology*, **53**, 575-604.

Hogg, M. A. (2000). Subjective uncertainty reduction through self-categorization: A motivational theory of social identity processes. *European Review of Social Psychology*, **11**, 223-255.

Hogg, M. A. (2004). Uncertainty and extremism: Identification with high entitativity groups under conditions of uncertainty. In V. Yzerbyt, C. M. Judd, & O. Corneille (Eds.), *The psychology of group perception: Perceived variability, entitativity, andessentialism* (pp. 401-418). New York: Psychology Press.

Hogg, M. A., & Abrams, D. E. (1993). *Group motivation: Social psychological perspectives*. London: Harvester Wheatsheaf.

Hogg, M. A., & Mullin, B. A. (1999). Joining groups to reduce uncertainty: Subjective uncertainty reduction and group identification. In D. Abrams & M. A. Hogg (Eds.), *Social identity and social cognition* (pp. 249-279). Malden, MA: Blackwell Publishing.

Hoyle, R. H., Pinkley, R. L., & Insko, C. A. (1989). Perceptions of social behavior: Evidence of differing expectations for interpersonal and intergroup interaction. *Personality and Social Psychology Bulletin*, **15**, 365-376.

Insko, C. A., & Schopler, J. (1998). Differential distrust of groups and individuals. In C. Sedikides, J. Schopler, & C. A. Insko (Eds.), *Intergroup cognition and intergroup behavior: Applied social research* (pp. 75-107). Hillsdale, NJ: Lawrence Erlbaum Associates.

Insko, C. A., Schopler, J., Hoyle, R. H., Dardis, G. J., & Graetz, K. A. (1990). Individual-group discontinuity as a function of fear and greed. *Journal of Personality and Social Psychology*, **58**, 68-79.

神 信人・山岸俊男・清成透子 (1996). 双方向依存性と"最小条件集団パラダイム" 心理学研究, **67**, 77-85.

Jost, J. T. (1996). *Ingroup and outgroup favoritism among groups differing in socio-economic success: Effects of perceived legitimacy andjustification processes*. Unpublisheddoctoral thesis, Yale University, New Haven, CT.

Jost, J. T., & Banaji, M. R. (1994). The role of stereotyping in system-justification and the production of false consciousness. *British Journal of Social Psychology*, **33**, 1-27.

Jost, J. T., Banaji, M. R., & Nosek, B. A. (2004). A decade of system justification theory: Accumulated evidence of conscious and unconscious bolstering of the status quo. *Political Psychology*, **25**, 881-919.

亀田達也・村田光二 (2010). 複雑さに挑む社会心理学:適応エージェントとしての人間 改訂版 有斐閣

Karp, D., Jin, N., Yamagishi, T., & Shinotsuka, H. (1993). Raising the minimum in the minimal group paradigm. 実験社会心理学研究, **32**, 231-240.

清成透子 (2002). 一般交換システムに対する期待と内集団ひいき 心理学研究, **73**, 1-9.

Kteily, N. S., Sidanius, J., & Levin, S. (2011). Social dominance orientation: Cause or 'mere effect'?: Evidence for SDO as a causal predictor of prejudice and discrimination against ethnic and racial outgroups. *Journal of Experimental Social Psychology*, **47**, 208-214.

熊谷智博・大渕憲一 (2009). 非当事者攻撃に対する集団同一化と被害の不公正さの効果　社会心理学研究, **24**, 200-207.

Lemmer, G., & Wagner, U. (2015). Can we really reduce ethnic prejudice outside the lab? A meta-analysis of direct and indirect contact interventions. *European Journal of Social Psychology*, **45**, 152-168.

Levin, D. Z., & Cross, R. (2004). The strength of weak ties you can trust: The mediating role of trust in effective knowledge transfer. *Management Science*, **50**, 1477-1490.

Levin, S. (2004). Perceived group status differences and the effects of gender, ethnicity, and religion on social dominance orientation. *Political Psychology*, **25**, 31-48.

Levin, S., & Sidanius, J. (1999). Social dominance and social identity in the United States and Israel: Ingroup favoritism or outgroup derogation? *Political Psychology*, **20**, 99-126.

Lewis, G. J., Kandler, C., & Riemann, R. (2014). Distinct heritable influences underpin in-group love and out-group derogation. *Social Psychological and Personality Science*, **5**, 407-413.

Lickel, B., Miller, N., Stenstrom, D. M., Denson, T. F., & Schmader, T. (2006). Vicarious retribution: The role of collective blame in intergroup aggression. *Personality and Social Psychology Review*, **10**, 372-390.

Mackie, D. M., Devos, T., & Smith, E. R. (2000). Intergroup emotions: Explaining offensive action tendencies in an intergroup context. *Journal of Personality and Social Psychology*, **79**, 602-616.

Mackie, D. M., & Smith, E. R. (1998). Intergroup relations: Insights from a theoretically integrative approach. *Psychological Review*, **105**, 499-529.

Mathew, S., & Boyd, R. (2011). Punishment sustains large-scale cooperation in pre-state warfare. *Proceedings of the National Academy of Sciences of the United States of America*, **108**, 11375-11380.

Mathew, S., & Boyd, R. (2014). The cost of cowardice: Punitive sentiments towards free riders in Turkana raids. *Evolution and Human Behavior*, **35**, 58-64.

McDonald, M. M., Navarrete, C. D., & Van Vugt, M. (2012). Evolution and the psychology of intergroup conflict: The male warrior hypothesis. *Philosophical Transactions of the Royal Society of London B: Biological Sciences*, **367**, 670-679.

McFarland, S. (2010). Authoritarianism, social dominance, and other roots of generalized prejudice. *Political Psychology*, **31**, 453-477.

McGregor, H. A., Lieberman, J. D., Greenberg, J., Solomon, S., Arndt, J., Simon, L., & Pyszczynski, T. (1998). Terror management and aggression: Evidence that mortality salience motivates aggression against worldview-threatening others. *Journal of Personality and Social Psychology*, **74**, 590-605.

Merton, R. K. (1948). The self-fulfilling prophecy. *Antioch Review*, **8**, 193-210.

Milgram, S. (1963). Behavioral study of obedience. *Journal of Abnormal and Social Psychology*, **67**, 371-378.

Morrison, K. R., & Ybarra, O. (2008). The effects of realistic threat and group identification on social dominance orientation. *Journal of Experimental Social Psychology*, **44**, 156-163.

Mullen, B., Brown, R., & Smith, C. (1992). Ingroup bias as a function of salience, relevance, and status: An integration. *European Journal of Social Psychology*, **22**, 103-122.

Mummendey, A., & Otten, S. (1998). Positive–negative asymmetry in social discrimination. *European Review of Social Psychology*, **9**, 107-143.

Mummendey, A., Otten, S., Berger, U., & Kessler, T. (2000). Positive-negative asymmetry in social discrimination: Valence of evaluation and salience of categorization. *Personality and Social Psychology Bulletin*, **26**, 1258-1270.

中川裕美・横田晋大・中西大輔 (2015). 実在集団を用いた社会的アイデンティティ理論および閉ざされた一般互酬仮説の妥当性の検討：広島東洋カープファンを対象とした場面想定法実験　社会心理学研究, **30**, 153-163.

中西大輔・横田晋大 (2016). 集団間葛藤における内集団協力と頻度依存傾向：少数派同調を導入した進化シミュレーションによる思考実験　社会心理学研究, **31**(3), 193-199.

Navarrete, C. D. (2005). Death concerns and other adaptive challenges: The effects of coalition-relevant challenges on worldview defense in the US and Costa Rica. *Group Processes & Intergroup Relations*, **8**, 411-427.

Navarrete, C. D., Kurzban, R., Fessler, D. M., & Kirkpatrick, L. A. (2004). Anxiety and intergroup bias: Terror management or coalitional psychology? *Group Processes & Intergroup Relations*, **7**, 370-397.

縄田健悟 (2013). 集団間紛争の発生と激化に関する社会心理学的研究の概観と展望　実験社会心理学研究, **53**, 52-74.

Ng, S. H. (1981). Equity theory and the allocation of rewards between groups. *European Journal of Social*

Psychology, **11**, 439-443.

O'Gorman, H. J. (1975). Pluralistic ignorance and white estimates of white support for racial segregation. *Public Opinion Quarterly*, **39**, 313-330.

O'Gorman, H. J. (1979). White and black perceptions of racial values. *Public Opinion Quarterly*, **43**, 48-59.

O'Gorman H. J., & Garry S. L. (1976). Pluralistic ignorance: A replication and extension. *Public Opinion Quarterly*, **40**, 449-458.

小野田竜一・高橋伸幸 (2013). 内集団ひいき行動の適応的基盤：進化シミュレーションを用いた検討 社会心理学研究, **29**, 65-74.

Perreault, S., & Bourhis, R. Y. (1998). Social identification, interdependence and discrimination. *Group Processes & Intergroup Relations*, **1**, 49-66.

Perreault, S., & Bourhis, R. Y. (1999). Ethnocentrism, social identification, and discrimination. *Personality and Social Psychology Bulletin*, **25**, 92-103.

Pettigrew, T. F., & Tropp, L. R. (2006). A meta-analytic test of intergroup contact theory. *Journal of Personality and Social Psychology*, **90**, 751-783.

Pettigrew, T. F., & Tropp, L. R. (2008). How does intergroup contact reduce prejudice? Meta-analytic tests of three mediators. *European Journal of Social Psychology*, **38**, 922-934.

Pratto, F. (1996). Sexual politics: The gender gap in the bedroom, the cupboard, and the cabinet. In D. M. Buss & N. M. Malamuth (Eds.), *Sex, power, conflict: Evolutionary and feminist perspectives* (pp.179-230). New York: Oxford University Press.

Pratto, F. (1999). The puzzle of continuing group inequality: Piecing together psychological, social, and cultural forces in social dominance theory. *Advances in Experimental Social Psychology*, **31**, 191-264.

Pratto, F., & Shih, M. (2000). Social dominance orientation and group context in implicit group prejudice. *Psychological Science*, **11**, 515-518.

Pratto, F., Sidanius, J., Stallworth, L. M., & Malle, B. F. (1994). Social dominance orientation: A personality variable predicting social and political attitudes. *Journal of Personality and Social Psychology*, **67**, 741-763.

Pratto, F., Stallworth, L. M., & Sidanius, J. (1997). The gender gap: Differences in political attitudes and social dominance orientation. *British Journal of Social Psychology*, **36**, 49-68.

Proulx, T., & Heine, S. J. (2006). Death and black diamonds: Meaning, mortality, and the meaning maintenance model. *Psychological Inquiry*, **17**, 309-318.

Pruitt, D. G., & Kimmel, M. J. (1977). Twenty years of experimental gaming: Critique, synthesis, and suggestions for the future. *Annual Review of Psychology*, **28**, 363-392.

Quillian, L. (1996). Group threat and regional change in attitudes toward African-Americans. *American Journal of Sociology*, **102**, 816-860.

Rabbie, J. M. (1998). Is there a discontinuity or a reciprocity effect in cooperation and competition between individuals and groups? *European Journal of Social Psychology*, **28**, 483-507.

Rabbie, J. M., Schot, J. C., & Visser, L. (1989). Social identity theory: A conceptual and empirical critique from the perspective of a behavioural interaction model. *European Journal of Social Psychology*, **19**, 171-202.

Reicher, S. D. (1982). The determination of collective behaviour. In H. Tajfel (Ed.), *Social identity and intergroup relations* (pp. 41-83). Cambridge, UK: Canbridge University Press.

Rusch, H. (2012). Asymmetries in altruistic behavior during violent intergroup conflict. *Evolutionary Psychology: An International Journal of Evolutionary Approaches to Psychology and Behavior*, **11**, 973-993.

Rusch, H. (2014). The two sides of warfare. *Human Nature*, **25**, 359-377.

Scherer, F. M. (1988). Corporate takeovers: The efficiency arguments. *The Journal of Economic Perspectives*, **2**, 69-82.

Schmid, K., Ramiah, A. A., & Hewstone, M. (2014). Neighborhood ethnic diversity and trust: The role of intergroup contact and perceived threat. *Psychological Science*, **25**, 665-674.

Schopler, J., Insko, C. A., Drigotas, S. M., Wieselquist, J., Pemberton, M. B., & Cox, C. (1995). The role of identifiability in the reduction of interindividual-intergroup discontinuity. *Journal of Experimental Social Psychology*, **31**, 553-574.

Schopler, J., Insko, C. A., Graetz, K. A., Drigotas, S., Smith, V. A., & Dahl, K. (1993). Individual-group discontinuity: Further evidence for mediation by fear and greed. *Personality and Social Psychology Bulletin*, **19**, 419-431.

Sherif, M., Harvey, O. J., White, B. J., Hood, W. R., & Sherif, C. W. (1988). *The robbers cave experiment: Intergroup conflict and cooperation.* Middletown, CT: Wesleyan University Press. (Previously published: University Book

Exchange. 1961)

Shinada, M., Yamagishi, T., & Ohmura, Y. (2004). False friends are worse than bitter enemies: "Altruistic" punishment of in-group members. *Evolution and Human Behavior*, **25**, 379-393.

Sidanius, J. (1993). The psychology of group conflict and the dynamics of oppression: A social dominance perspective. In S. Iyengar & W. J. McGuire (Eds.), *Explorations in political psychology. Duke studies in political psychology* (pp. 183-219). Durham, NC: Duke University Press.

Sidanius, J., Haley, H., Molina, L., & Pratto, F. (2007). Vladimir's Choice and the Distribution of Social Resources A Group Dominance Perspective. *Group Processes & Intergroup Relations*, **10**, 257-265.

Sidanius, J., Kteily, N., Sheehy-Skeffington, J., Ho, A. K., Sibley, C., & Duriez, B. (2013). You're inferior and not worth our concern: The interface between empathy and social dominance orientation. *Journal of Personality*, **81**, 313-323.

Sidanius, J., & Pratto, F. (1993). The inevitability of oppression and the dynamics of social dominance. In P. M. Snederman, P. E. Tetlock, & E. G. Carmines (Eds.), *Prejudice, politics, and the American dilemma* (pp.173-211). Staford, CA: Stanford University Press.

Sidanius, J., & Pratto, F. (1999). *Social dominance: An intergroup theory of socialhierarchy and oppression*. Cambridge, UK: Cambridge UniversityPress.

Sidanius, J., Pratto, F., & Mitchell, M. (1994). In-group identification, social dominance orientation, and differential intergroup social allocation. *The Journal of Social Psychology*, **134**, 151-167.

Sidanius, J., & Veniegas, R. C. (2000). Gender and race discrimination: The interactive nature of disadvantage. In S. Oskamp (Ed.), *Reducing prejudice and discrimination: The Claremont Symposium on Applied Social Psychology* (pp. 47-69). Mahwah, NJ: Erlbaum.

Smith, E. R. (1993). Social identity and social emotions: Toward new conceptualizations of prejudice. In D. M. Mackie & D. L. Hamilton (Eds.), *Affect, cognition, and stereotyping: Interactive processes in group perception* (pp. 297-315). San Diego, CA: Academic Press.

Smith, E. R. (1999). Affective and cognitive implications of a group becoming a part of the self: New models of prejudice and of the self-concept. In D. Abrams & M. A. Hogg (Eds.), *Social identity and social cognition* (pp. 183-196). Malden, MA: Blackwell.

Smith, E. R., Seger, C. R., & Mackie, D. M. (2007). Can emotions be truly group level? Evidence regarding four conceptual criteria. *Journal of Personality and Social Psychology*, **93**, 431.

Solomon, S., Greenberg, J., & Pyszczynski, T. (1991). A terror management theory of social behavior: The psychological functions of self-esteem and cultural worldviews. In M. P. Zanna (Ed.), *Advances in experimental social psychology*, Vol. 24 (p. 159). San Diego, CA: Academic Press.

Stroebe, K., Lodewijkx, H. F., & Spears, R. (2005). Do unto others as they do unto you: Reciprocity and social identification as determinants of ingroup favoritism. *Personality and Social Psychology Bulletin*, **31**, 831-845.

Stenstrom, D. M., Lickel, B., Denson, T. F., & Miller, N. (2008). The roles of ingroup identification and outgroup entitativity in intergroup retribution. *Personality and Social Psychology Bulletin*, **34**, 1570-1582.

Sugiura, H., & Sakata, K. (2013, January). Effect of intergroup and intragroup status on out-group derogation: Moderating role of intergroup relationships. Poster session presented at the 14th Annual Meeting of the Society for Personality and Social Psychology, New Orleans.

Tajfel, H., & Turner, J. C. (1979). An integrative theory of intergroup conflict. In W. G. Austin & S. Worchel (Eds.), *Social psychology of intergroup relations*. Monterey, CA: Brooks / Cole.

Tajfel, H., & Turner, J. C. (1986). The social identity theory of intergroup behaviour. In S. Worchel & W. G. Austin (Eds.), *Psychology of intergroup relations* (pp. 7-24). Chicago, IL: Nelson-Hall.

Tajfel, H., Billig, M. G., Bundy, R. P., & Flament, C. (1971). Social categorization and intergroup behaviour. *European Journal of Social Psychology*, **1**, 149-178.

Thurow, L. C. (1975). *Generating inequality: Mechanisms of distribution in the U.S. economy*. New York: Basic Books.（サロー，L. C. 小池和男・脇坂 明（訳）(1984). 不平等を生み出すもの 同文舘）

Tooby, J., & Cosmides, L. (1988). The evolution of war and its cognitive foundations. *Institute for Evolutionary Studies Technical Report* 88-1, Palo Alto, CA.

Tooby, J., Cosmides, L., & Price, M. E. (2006). Cognitive adaptations for n-person exchange: The evolutionary roots of organizational behavior. *Managerial and Decision Economics*, **27**, 103-129.

Turner, C. H. (1982). The retention of dental posts. *Journal of Dentistry*, **10**, 154-165.

Turner, J. C., Hogg, M. A., Oakes, P. J., Reicher, S. D., & Wetherell, M. S. (1987). *Rediscovering the social group: A*

self-categorization theory. New York: Basil Blackwell.
Van Vugt, M., De Cremer, D., & Janssen, D. P. (2007). Gender differences in cooperation and competition the Male-Warrior hypothesis. *Psychological Science*, **18**, 19-23.
Weisel, O., & Böhm, R. (2015). "Ingroup love" and "outgroup hate" in intergroup conflict between natural groups. *Journal of Experimental Social Psychology*, **60**, 110-120.
Wildschut, T., & Insko, C. A. (2007). Explanations of interindividual-intergroup discontinuity: A review of the evidence. *European Review of Social Psychology*, **18**, 175-211.
Wildschut, T., Insko, C. A., & Gaertner, L. (2002). Intragroup social influence and intergroup competition. *Journal of Personality and Social Psychology*, **82**, 975-992.
Wrahngham, R. W., Wilson, M. L., & Muller, M. N. (2006). Comparative rates of violence in chimpanzees and humans. *Primates*, **47**, 14-26.
Yamagishi, T., Jin, N., & Kiyonari, T. (1999). Bounded generalized reciprocity: Ingroup boasting and ingroup favoritism. *Advances in Group processes*, **16**, 161-197.
Yamagishi, T., & Kiyonari, T. (2000). The group as the container of generalized reciprocity. *Social Psychology Quarterly*, **63**, 116-132.
Yamagishi, T., & Mifune, N. (2016). Parochial altruism: Does it explain modern human group psychology? *Current Opinion in Psychology*, **7**, 49-43.
横田晋大・中西大輔 (2012) 集団間葛藤時における内集団協力と頻度依存傾向:進化シミュレーションによる思考実験 社会心理学研究, **27**, 75-82.
横田晋大・結城雅樹 (2009). 外集団脅威と集団内相互依存性―内集団ひいきの生起過程の多重性― 心理学研究, **80**, 246-251.
Yuki, M. (2003). Intergroup comparison versus intragroup relationships: A cross-cultural examination of social identity theory in North American and East Asian cultural contexts. *Social Psychology Quarterly*, **66**, 166-183.
Yuki, M., & Takemura, K. (2013). Intergroup comparison and intragroup relationships: Group processes in the cultures of individualism and collectivism. In M. Yuki & M. B. Brewer (Eds.), *Frontiers of culture and psychology: Culture and group processes* (pp. 38-65). New York: Oxford University Press.

インターネット

13

三浦麻子

1. コミュニケーションを変えたインターネット

The most compelling reason for most people to buy a computer for the home will be to link it into a nationwide communications network.
（人は皆，一家に一台，コンピュータを購入するようになると思うよ。なぜって，全国規模のコミュニケーション・ネットワークに接続するためさ）

これは，1984年に『プレイボーイ』誌のインタビューを受けたスティーブ・ジョブズ氏（アップル社の共同設立者）の発言である。まだ，ほとんどの人がインターネットの存在すら知らなかった当時，彼は既に今の社会を見通していたことになる。

(1) インターネットが支える社会

日本の「インターネット元年」は1995年だといわれている。ジョブズ氏の発言にあるとおり，それをさかのぼること10年ほど前から，ネットワークに接続されたコンピュータを介した通信の普及は徐々に始まっていた。インターネット利用が私たちの日常生活に本格的に浸透し始めてから既にかなりの年月が経過したことになる。

政府統計でその変遷を確認してみよう（図13-1）。まず，総務省「通信利用動向調査」によれば，1997年にはごく小さな割合（9.2％）に過ぎなかったインターネットの人口普及率は2002年に過半数（57.8％）に達し，2013年に

通信利用動向調査
本調査をはじめとする政府統計は，日本の社会状況の実状と変遷を知るのに非常に有用である。「政府統計の総合窓口 e-Stat」（http://www.e-stat.go.jp/）で一覧でき，データのダウンロードや視覚化が可能である。

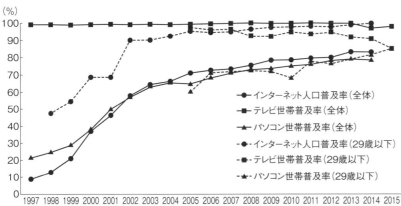

図13-1 インターネット・テレビ・パソコン普及率の時系列推移

80％を超えた後は横ばい傾向を示している。内閣府「消費動向調査」によれば，テレビの世帯普及率（2015年3月末現在）は97.5％で，さすがにこれには大きく劣るが，世代別だと29歳以下では84.7％と近年急速な落ち込みを示しているのに対して，同年齢層のインターネット人口普及率は99.2％とほぼ全数に達している。パソコンの世帯普及率（2015年3月末現在）は78.0％で伸びは鈍化ないしは減少の傾向にあるが，コミュニケーション・ネットワークに接続する新たな機器として携帯端末，とくにスマートフォンの登場が大きく影響しているのはいうまでもないし，29歳以下ではテレビの世帯普及率とほぼ並んでいる。

インターネットは，時間と空間を越え，私たちに莫大な量と豊富な質の情報への接触機会をもたらした。そして，データが如実に示すとおり，社会的ネットワークを比類なきレベルにまで拡大・強化させるための基盤的技術として，個人，対人関係，集団，そして社会といった多岐にわたるレベルで，さらにそれらが互いに連動しながら，私たちの日常生活に急速に浸透し，ライフスタイルそのものを大きく変化させてきた。

「おはようからおやすみまで」あるいは「ゆりかごから墓場まで」，私たちの日常生活の至るところにインターネットのもたらした変化は遍在しているが，本章ではとくにコミュニケーションのあり方にもたらした変化に注目する。インターネットの持つどのような特徴が，私たちのコミュニケーションをどう変えたのだろうか。本格的に利用されるようになってから「かなりの年月が経過した」とはいえ，コミュニケーションの歴史全体の中ではまだ新しく，また今後の変化も多分に予想されるメディアなので，少しの年月の経過でも古びた印象を持たれる記述があるかもしれない。しかし一方で，利用する人びとの心理的側面にはとくに大きな変容が見られるわけではない。それを理解していただくのが本章の目的である。本節では，それを考える素地として，インターネット・コミュニケーションの歴史を概観しておく。

(2) インターネット・コミュニケーションの歴史

インターネットは，全世界的なコンピュータ・ネットワークのネットワークである。コンピュータ同士のネットワークは，それを利用する人間のネットワークでもある。インターネット，あるいはその原初的形態によって，世界各地に点在するコンピュータが回線で結ばれ，ネットワーク化されたことで，回線を介した，つまりオンラインの人間同士の結びつきが生まれた。電子メールやチャット，遠隔地のコンピュータを手元のコンピュータから操作できるようにする仕組み（telnet），ファイル転送（FTP）など，ネットワークを有効に利用できるコミュニケーション技術が次々と開発された。もちろん利用者はまだ限られた専門家を中心とする人びとではあったが，こうした技術を利用して，インターネット上に自分たちの「居場所」，つまり相互のつながりを維持できる空間を築くようになった。これがその後ソーシャルメディアとも呼称されるようになった，オンラインコミュニティの端緒である。インターネット・コミュニケーション（CMC（Computer-Mediated Communication）とも呼ばれる）は，ここから始まった。

日本でインターネット利用者を増やすきっかけとなったのは，1985年に日本電信電話公社がNTTとして民営化したのと同時に通信が自由化され，電話

```
SGB01567      川浦　康至           それではぼちぼちと
はじめまして、川浦です。司会ということになっていますが、司会だけでは会議は進行
しませんので、書込みの方どしどしお願いします。現在、横浜の大学で教えています。
専門はコミュニケーション心理学です。電話やファックス、対面、手紙、それからこの
パソコン通信が研究の種です。自己紹介はとりあえずこれぐらいにしておきます。
この会議室は社会／応用心理学ということになっていますが、テーマがあちこちに跳び
そうな気がします。また日常生活の問題もたくさん出てくると思います。しばらくは自
然体でいきましょう。それでは、開幕といきましょう。
```

図 13-2　パソコン通信でのコミュニケーション

回線を利用したパソコン通信ネットワークサービスが提供され始めたことであった。大手商用サービスだけではなく，電話回線と通信機器，そしてパソコンがあれば個人でも開設できたことから，「草の根 BBS」と称されるごく小規模のパソコン通信サービスも全国各地で始まり，多様な興味関心や趣味情報を手がかりとするオンラインコミュニティが成長するきっかけとなった。インターネットが世界中のネットワーク同士を結ぶ開かれたネットワークであり，参加に際して何ら登録を必要としないことに比べると，パソコン通信はサービスごとに参加登録を要する閉じたネットワークであった。しかし，時間と空間を簡単に越えるコミュニケーションを実現できる場が用意されたことは，対面や電話などによるコミュニケーションにも，マスメディアからの情報取得にもない魅力として，多くの人びとを惹きつけた。パソコン通信をきっかけに，コンピュータ・ネットワークの利用が自らのコミュニケーションを拡げる可能性に気づいた人びとの増加は，その後のインターネット・コミュニケーション隆盛の素地となった。たとえば当時主要だったサービスの 1 つニフティ・サーブでは，様々な話題に関する電子掲示板として「フォーラム」が設けられ，多くの参加者がコミュニケーションを楽しんだ。図 13-2 は「心理学フォーラム」で社会心理学の会議室開設を告げる投稿（1991 年 2 月 28 日）である。

　インターネット利用者を飛躍的に拡大させるきっかけを作ったのは，1990 年代初頭に開発された Web（World Wide Web）である。Web は，インターネット上の公開文書に画像や音声など文字以外のデータと，他文書へのハイパーリンクを埋め込むことを可能にした。つまり，インターネットを介して伝達可能な情報がより豊かになり，情報同士の相互連携も容易になったのである。さらに，閲覧用ソフト（ブラウザ）が無料で提供されたため，誰でも気軽にアクセスすることができた。Web は，文字どおり「世界的に広がる（worldwide）蜘蛛の巣（web）」となって人びとを絡め取ったといえる。Web を利用したコミュニケーションの場，つまり Web サイトが日本で初めて公開されたのは 1992 年である。個人で Web サイトを開設して情報発信をする利用者も増え，多くの人が「おしゃべり」をする場である電子掲示板もさかんに利用された。パソコン通信でコミュニケーションを楽しんでいた人たちも，一気にインターネットに流入してきた。

　楽しむことを主眼としてインターネットを利用する人びとの流入とその比率の増加は，それまで学術利用が主であったインターネット・コミュニケーションにおける 1 つの規範を大きく変えた。従来のインターネット利用者の間では，電子メールなど個人間のやりとりだけでなく，不特定多数が参加するオンラインコミュニティでも，コミュニケーションに際しては実名を名乗るべきで

Web サイト
「ホームページ」と称されることもあるが，これは複数のページから構成された Web サイトのトップページのことを指す言葉なので，本来的には誤用である。

あるとする暗黙の前提があった。しかし，ハンドルネームによる，つまり実名公開を必要としないコミュニケーションが一般的だったパソコン通信からの利用者の流入で，その規範が廃れたのである。多くの電子掲示板サービスはハンドルネームも必要としない匿名による投稿を許し，中でも1999年に開設された匿名掲示板コミュニティ「2ちゃんねる」（http://www.2ch.net）は，一時期は日本のオンラインコミュニティとして最大規模のものとなり，不特定多数の匿名個人によるコミュニケーション空間として一種独特の雰囲気を持つ場所となった（松村ら, 2004）。

オンラインコミュニティ上で展開されるコミュニケーションは，個人のWebサイトにせよ，電子掲示板にせよ，利用者個人が情報を発信するものである。こうした情報発信は，その個人は特定の対象者や対象集団を受け手として想定しているかもしれないが，不特定多数に向けて発信されており，パスワードをかけるなどして能動的に秘匿しなければ，誰の目にでも触れる可能性がある。こうした情報発信は，放送に近い。放送は，インターネットが普及する以前は，テレビやラジオなどマスメディアによらなければ実現困難で，誰もが体験しうるような一般的な行為ではなかった。しかし，Webの登場によって，インターネット接続環境さえあれば，誰でも気軽にできるようになった。Webサイトは，それがマスメディアによる発信であろうと，個人による発信であろうと，同じ情報発信力を持ちうる（もちろんあくまでも可能性があるということであって，どの程度実際に受信されるかは，また別の話である）。このことは，マスメディアによる放送の一方的な受信者という立場に慣らされていた個人にとって革命的な変化であり，Webによって，インターネットは個人が情報発信しやすいメディアとして，そしてその情報発信を手がかりとする対人コミュニケーションメディアとして，いずれについても利用しやすい形へとさらに発展していくこととなった。

インターネット・コミュニケーションに関する社会心理学的な研究では，当初はその特異性に注目し，現実社会でのコミュニケーションと比べてその優劣が論じられることが多かった。とくに，草創期は現実社会よりも劣っていることを指摘する研究が，その後はむしろ優れている点もあることを強調する研究が続いた。しかし，インターネット・コミュニケーションが量的にも質的にも発展していくとともに，インターネット上の社会と現実社会との間のボーダーラインは曖昧になり，両者のシームレス化が進んでいる。前出の通信利用動向調査・平成26年版（本章執筆時点での最新版）によれば，インターネット利用者に占めるソーシャルメディア[1]の利用者の割合は42.4%だが，若年層の利用率は20-29歳で71.4%に達しているのを頂点として非常に高い。利用目的は「従来からの知人とのコミュニケーションのため」が85.4%を占め，このことからもインターネットが主たるコミュニケーションメディアとなりつつあることは明らかである。

かといって，インターネットというメディアの特徴が以前と比べて大きく変わった，たとえば私たち人間の都合のいいように進化を遂げた，わけではない。多くの人が日常的にインターネットを介したコミュニケーションをするなかで，インターネットならではのトラブルは，今も昔もさして質は変わらず，日常的に生じているし，インターネットがなければ実現しなかっただろう素晴

---

[1]「複数の人とインターネットでやりとりできる情報サービス」と定義されている。

らしい出来事も，また頻繁に起きている。インターネットが当たり前の社会的インフラとして生活に組み込まれた現在，私たちにとって必要なのは，インターネットのメディアの特徴とそれによって生じるコミュニケーションのメカニズムをよく知り，その善し悪しを一面的に眺めるのではなく，適切な選択を志向することである。

次節では，インターネットのメディアとしての特徴について，主要な2点—匿名性と文字ベースのコミュニケーション—を述べる。

2. メディアとしての特徴

(1) 2つの匿名性
①視覚的匿名性

インターネット・コミュニケーションは，スカイプのようなWebカメラを使った動画チャットなどを例外として，基本的にはコミュニケーションの相手を見ることができない，つまり視覚的匿名性の高い状況である。こうした不可視状況により，コミュニケーション主体の身体情報（たとえば，体つき，容貌などの外見）が失われる。こうした情報の伝達（の欠落）は，対人認知に大きな影響を与える。性別や人種，身体的特徴など，それと関連して何らかのステレオタイプが喚起されるような属性についても（積極的に伝えようとしない限りは）伝わらない。属性あるいはそれに付随するステレオタイプに関する情報は，情動・態度・行動といった多様な側面でコミュニケーションに情緒的影響を与える（Blair, 2002）。つまり「相手を見た目で判断して，それに応じて話す内容を変える」という，私たちが対面コミュニケーションで善かれ悪しかれほとんど無意識的かつ自動的にしている振る舞いが，オンラインでは困難である。

また，身体情報が伝達されないことと関連して，伝達されるメッセージには非言語的な手がかり（声の大きさ，ジェスチャー，表情，姿勢など）も付与されない。対面コミュニケーションの研究において，非言語的手がかりはときに言語よりも「雄弁」であることが繰り返し指摘されており（e.g., Mehrabian & Ferris, 1967），これがほとんど欠落することもインターネット・コミュニケーションを特徴づける主要な要素である。

②識別可能性

「視覚的」匿名性は高いが，個人の識別可能性という意味での匿名性は決して高くない。視覚的匿名性を保持できる一方で，個人の識別可能性はむしろ高まっており，どこの誰なのかは容易に特定されてしまう可能性が高い。しかもその範囲は時間も空間も越える。「誰からでも，いつになっても」特定可能なのである。

その理由は2つある。まずシステム側の運営管理方法が変わったことである。前節で，草創期のインターネット・コミュニケーションでは実名を明らかにすべきとされていたことと，その後になってその規範に変化があったことを述べた。「2ちゃんねる」のような電子掲示板サービスは，個人を識別しようという意図を持たない運営がなされており，利用に際してID登録を必要としなかった。しかしその後登場したソーシャルメディアはより管理的になってお

り，利用の際はID登録が必須で，そのIDは個人情報と紐づいている。さらに，特定のサービスで取得したIDを別のサービスと連携させる，つまり異なるサービス間で同じIDを共有する方式が一般的になりつつある。たとえば，ソーシャルメディアFacebook[2]のIDは，航空会社各社のオンライン予約サービスのそれと連携させることができる。連携を許可すれば，航空会社の予約サービスにはFacebookのIDでログインできるようになる。日常生活に関わる多種多様なサービスがインターネットで提供されるようになり，あるいは，インターネットでしか提供されないこともあるので，その利便性を享受するためには，IDという形で個人情報を渡すことになる。当然，便利なのだが，IDの連携により，ある特定のサービスの利用状況，たとえばFacebookに投稿した情報が別のサービスの運営元によって容易に入手可能となったともいえる。IDによる管理が行き届くことで，個人の識別性はコントロールしにくくなっている。

　もう1つは，利用者自身も自らの手で個人の識別可能性を高くする「努力」をしているかのような状況があることによる。前節で述べたとおり，個人の日常生活におけるインターネット・コミュニケーションの位置づけは変化している。日常的コミュニケーションに占めるインターネットの比率が高まることにより，同じ関心を共有できる人を幅広く探すための手段というよりも，そもそも「人とつながる」ための第一手段となったのである。親しい人とのつながりを維持するための媒体としての重要性も高い。ソーシャルメディア利用の際に，IDやハンドルネームは実名とは遠いものにする一方で，プロフィールに実に具体的な情報を開示している個人は枚挙にいとまがない。いわゆる「個人情報」(実名，あるいはメールアドレス，住所，電話番号など) の明記は避ける代わりに，知り合いに自分を特定してもらうための手がかり情報を豊富に記述する。よく記述されるのは，在学している大学やサークル，あるいは卒業した学校や出身地など社会的アイデンティティ（集団や社会的カテゴリからとらえた自己認識）に関する情報である。また，投稿内容にもそれらを推定できる手がかりは頻出する。インターネット・コミュニケーションにおいては，「気づいてもらいたい人に気づいてもらう」ことは，「気づいてもらう必要がない，あるいは，気づいてもらいたくない」人びとにも，個人を識別しうる情報を提供していることになる。

■ (2) 文字ベースのコミュニケーション

　「相手が見えない」ことに加えて，メッセージに非言語的な手がかりが付与されないことも特徴的である。ほとんどの場合，キーボードやキーパッドからの文字入力によってコミュニケーションが展開されるからである。電話と比較するとわかりやすいが，視覚的匿名性があるのは同じだが，言語的メッセージに声が含まれない点が異なる。

　受け手の立場から考えると，インターネットを介して受信する情報は，対面や電話による声をともなうコミュニケーションとは異なり，「発信者＝他者が話している声を聞く」という受動的行為ではなく「受信者＝自分が目を通す」という能動的行為だということになる。対面の関わりのある親しい人からの

---

[2] とくにFacebookは，実名によるコミュニケーションを前提とするソーシャルメディアである。

メールならまるで本人が目の前で話しているかのような状況を想起するかもしれないが，それもまた受信者の推測によるものであることに変わりはない。

一方で，送り手にとってどうかといえば，「話す」ではなく「書く」ことによるコミュニケーションであるという特徴（Barak & Miron, 2005; Pennebaker et al., 2003）が発信する情報に反映される。文字を書くことは，言葉を話すよりも文案を練ったり編集したりまとめたりすることが容易で，個人の内面を反映させやすい（Esterling et al., 1999; Pennebaker et al., 2003）。メールを書いたりソーシャルメディアに投稿したりする際，誰かと共同ですることはほとんどなく，たいていは一人で書くだろう。「一人で書く」経験が，誰かに向かって話すのとは対照的な独白のような感覚をもたらし，情動やその結果として生じる行動に心理的影響を与えることがある。相手とのアイコンタクトがまったく存在しないことも，それを加速させる。

こうした状況は，双方の誤解，つまりコミュニケーション・バイアスを，声をともなう場面より頻繁に発生させ，またその程度を大きくさせる可能性がある。送り手はメッセージに自身の思いを込めることが容易であり，またそうしがちである一方で，受け手は受け手で，自らの持つ枠に当てはめてメッセージを解釈する余地が大きくなる。両者の方向性が合致すれば「わかり合えた」感覚は増幅するだろうが，合致しなければ乖離は対面のそれを超えるものとなるだろう。

オンラインでの文字ベースのコミュニケーションのもう1つの特徴は，内容の記録性が格段に高いことである。保存や検索，コピーや転送などが容易である。同じ文字ベースでも手書きにはない特徴である。過去のコミュニケーションにおけるエピソードや表現をログ（記録）から検索して再（追）経験することもできるし（Suler, 2004b），それを他者と共有することもまた容易である。全世界の全インターネット情報のアーカイブ（保存記録）を目的とした情報収集が定期的に行われているので，個人が意識的に保存しなくても勝手に保存されている。この認識の浸透によって，人は自らの記憶をインターネット上の検索サイトに頼るようになっていることを示した研究がある（Sparrow et al., 2011）。「私が忘れてしまってもインターネットは忘れないでいてくれる」というわけだ。しかしこのことは，裏を返せば「私は忘れてしまいたいのにインターネットが忘れてくれない」ということでもある。こうした内容の記録性の高さは，前項で述べた個人の識別可能性を高めもする。インターネットでは，コミュニケーション主体がどんな姿をしているかは見えにくい一方で，過去の痕跡はしっかりと消えずに残っており，そこには個人を特定するための手がかりが豊富に含まれている場合があるからである。

コミュニケーション・バイアスを少しでも減らそうとする試みとして，ユニークな発展を遂げたのが，顔文字や絵文字といったエモティコン（emoticon）である。エモティコンという名称が情動（emotion）を伝える象徴（icon）という意味の造語であることからもわかるとおり，言語的手がかりの欠落を補う手段として用いられてきた歴史は長い（Walther & D'Addario, 2001）。現在でもよく用いられている「顔文字」という言葉に象徴されるとおり，文字ベースの顔文字では，顔面表情を擬したものがほとんどであったが，画像を用いた絵文字では，動物・天気・建物・飲食物などその内容は多様性を増した（図13-3）。たとえばメール文面への表情以外の絵文字の付与の

エモティコン
英語ではスマイリーとも呼ばれ，笑顔 :-) など日本のものとはやや異なる形状のものもある。現在では海外でもemojiあるいはkaomojiという言葉が普及している。

> 突然ゴメンね🙏
> ちょっと頼みたいことあるんだけど……
> 今から6号館🏢の食堂🍴来られる？お願い！

図 13-3　謝罪メールに付与された絵文字（北村・佐藤，2009 で用いられた刺激文）

有無が，受け手にどのような印象を喚起するかを検討した研究（北村・佐藤，2009）がある。図 13-3 の刺激文のようなくだけた文体のメールに付与された場合は，絵文字の有無は顕著な効果を示し，絵文字がない場合よりもある場合の方がより誠実でていねいであると評価されていた。言葉を尽くして説明する，という表現があるが，とくに携帯端末の小さな画面でのコミュニケーションでは，ごく短文をやりとりするケースが多く，むしろそれは煩瑣である。そこで絵文字を積極的に使用することがマナーとなっているのだろう。スマートフォンの普及にともなって利用者が急増した，携帯端末から短文メッセージをやりとりするコミュニケーションサービス LINE（ライン）では，文字をほとんど用いず，スタンプと呼ばれる絵文字を主体にコミュニケーションが展開するケースすら多く見られている。

　それでは，こうしたインターネットのメディアとしての特徴が，どのような形で私たちのコミュニケーションに影響を与えているのか，対人関係とオンラインコミュニティの2点から眺めてみることにしよう。

3. インターネット・コミュニケーションを介した対人関係

(1) 自己表現の内容

　人びとが積極的にインターネット・コミュニケーションに関わる理由には，時間や空間を越えたやりとりが容易になるから，という機能的なものの他に，もっと心理的なもの，つまりそこが対面コミュニケーションとは質の異なるコミュニケーションができる場所であると感じられるところにもあると考えられる。その感覚を，前節に基づいてもう少し詳細に解明してみよう。

　視覚的匿名性が維持されることで容貌や表情などの手がかりが伝わりにくく，また声もともなわない状況は，程度の差こそあれ，そうでないときとは違った振る舞いをさせる動機づけ要因として働く。こうした振る舞いが見られることをオンラインの脱抑制効果（online disinhibition effect）と呼ぶ（Suler, 2004a）。心の「たが」が外れたような状態である。現実社会では，メッセージにともなうこうした手がかりが，そうしようと本人たちが意識しようがしまいが，相手に伝達され，また相手から伝達される。それらはたとえば「女性だから」「若者だから」といったステレオタイプ的な対人認知を促進し，上下関係や多数派と少数派などの様々な立場の差を生じさせることがある。コンピュータを介して文字ベースで行うコミュニケーション場面を用いた研究では，視覚的匿名性が維持された環境であれば，社会的地位が低い個人と高い個人の発言率の差が対面場面よりも縮まり，社会的地位が低い個人の発言が活発になった（Sproull & Kiesler, 1991）。つまり，インターネット・コミュニケーションでは，自由な自己表現を行うことのコストが低下し，その内容が変化することがある。変化の方向には，次の異なる2つがある。異なる一方で，両者はコインの表裏のようなものである。

①**本当の自己の表出**

　自己表現を行うことのコスト低下がもたらす1つの変化は，「本当の自己 (true self)」(Bargh et al., 2002) が表現されやすくなり，自己開示が促進されることである。ふだんは世間のしがらみや他者からどう評価されるかが気がかりで表出しにくいが，本来自分はこういう人間なのだ，という意識は，多かれ少なかれ誰しも持っていることだろう。こうした「本当の自己」がインターネット・コミュニケーションでは表現されやすい。たとえば，電子掲示板での発言内容と，参加者を対象とした質問紙調査のデータを統合して分析した研究では，同性愛やSM愛好のように，現実社会ではマイノリティかつ存在すること自体すら隠されがちなアイデンティティを持つ人びとが，積極的に自らの嗜好を開示してコミュニケーションに参加しており，なおかつその積極性が参加者自身の自己受容の程度を増大させ，現実社会でのカミングアウトを促進し，社会的な孤立の程度を低めることが示された (McKenna & Bargh, 1998)。インターネット・コミュニケーションには，ふだん話しにくいことを話しやすくなり，対面よりも自己開示が促進されやすいという側面がある。ソーシャルメディア利用に関する研究においても，自己開示が増えることが，Facebookの利用頻度増加やオンライン上での関係強化と関連することが見出されている (Ledbetter et al., 2011)。

②**偽りの自己の表出**

　インターネット・コミュニケーションで表出されやすい，ふだん表出しているのとは異なる自己は「本当の自己」だけではない。それと同程度に「偽りの自己」を演じることもまた容易になる。

　嘘を見抜こうと考えるとき，あなたはメッセージの何に注目するだろうか。目つき，あるいは手や足先の小刻みな震えなどに表出される落ち着きのなさに要注目，とよくいわれる。本当にそれらで見抜けるかどうかは別として，そういわれていることを私たちは知っている。視覚的匿名性が保たれた状況では，こうした非言語的手がかりが伝達されない。つまり，相手をだますことで負わなければならないコストは低下する。虚言行動の発生率を対面とインターネット・コミュニケーションで比較した研究によると，いずれの場面でも虚言行動の発生率は，絶対的には低水準である一方で，「年齢」や「身体的特徴」に関してはインターネットで対面よりもかなり高いが，「趣味」ではむしろ低いという傾向が見出されている (Cornwell & Lundgren, 2001)。つまり，見た目がわかるとごまかしのきかない点に関して，インターネットにおいては嘘をつきやすい。

　嘘をつくとまではいかずとも，「他者からこう見られたい」という自己を意図的に他者に伝達しようとする行動，つまり自己呈示を行う場所としてもまた，インターネットは選ばれやすい。とくに，自らにとって都合のよくない情報を隠蔽するときに使われやすい。こうした戦略的な自己呈示が可能となるのは，対面ではおのずと伝わる情報を，インターネットでは発信者がコントロールできることによる。伝達すべき内容の異なる4つの自己呈示状況を設定して，大学生に自分の交際相手とそれぞれの状況でやりとりする自分を想像させたうえで，対面よりインターネット経由で行うことを好む程度を評定させた研究では，自分に関して，相手からの好ましいイメージを低下させる可能性があ

るような否定的内容を伝達する状況において，インターネットがより好まれていた（O'Sullivan, 2000）。自分にとって都合の悪い情報を告白するときは，相手に非言語的な手がかりを見られることは大きな心理的負担となる。となれば，自己呈示をコントロールしたいのに思うようにならない対面場面よりも，インターネットが好まれることになる。自分に都合のいいことを話したり，相手に関することを話したりするときは，自己呈示をコントロールすることの重要性が相対的に低く，インターネットを選好する傾向はあまり見られない。

(2) 対人関係の展開

前節では，インターネットのメディアとしての特徴が発信者の振る舞いにもたらす影響について，特に自己表現の変化に注目して述べた。発信者の振る舞いが異なると同時に，受信者のメッセージの解釈も異なる。本節では，そのサイクルが対人関係の展開にもたらす影響について解説する。

インターネット上で知り合った人びとが，一度も会うことのないままに非常に親しくなる，という事例が，その普及初期にはよく観察された。また，会ったことのある関係において長期にわたって会わない期間が続いても，インターネット上でやりとりが継続していれば，再会したさいにそれを久しぶりと感じない経験をしたことがある人も多いだろう。こうした対人関係の形成や維持，発展にもまた，インターネットのメディアとしての特徴が大きく寄与している。

インターネットが対面をともなわない，すなわちメッセージの受け手と送り手が時間と空間を共有する必要性のないコミュニケーションメディアであることは，行為を発動させるさいの物理的コストを激減させる。よりわかりやすくいえば，いつやりとりするか，タイミングも場所も合わせる必要がなく，いつでも送受信が可能である。よって，短期間に非常に濃密なやりとりをすることができる。このことで，対人関係が対面よりも急速に深い相互理解（と，感じられるもの）に進展することがある。それぞれにおいて同等水準のコミュニケーションを行った場合に，コンピュータを介した場合に対面を上回る水準の感情や情動が生じることは「超個人的（hyperpersonal）コミュニケーション」として理論化され，それをもたらす要因として以下の4点が指摘されている（Walther, 1996）。

まずは受け手の要因である。インターネット上には莫大かつ雑多な情報が溢れているが，個人がよく接触する情報はその莫大さや雑多さを必ずしも反映しない場合が多い。というよりもむしろ莫大でも雑多でもない場合の方が多く，たいてい自分が何がしかの関心を持っている事物や人に関する情報にのみ選択的に接触している。そこで出会う相手は，自分と似たような関心を持っていたり，何らかの社会的カテゴリを共有していたりする，類似した点を持つ人物である場合が多い。一般に，人は類似した他者に好意を持ちやすい（Byrne, 1971）ので，インターネットで知り合う相手には好意を抱きやすい。

次に，送り手の要因がある。前述のとおり，非言語的な手がかりが少ないインターネットでは，戦略的な自己呈示を行うのが容易である。よって，対面より「見せたい」自分を選び，理想的な自分を受け手に印象づけることができる。

さらに，送り手と受け手が用いるコミュニケーションの経路（チャネル）の

超個人的（hyperpersonal）コミュニケーション
　現代的な日本語話法では，「超」がつくと「個人的」な程度を強調しているかのように受け取られがちだが，ここの「超個人的」は「対面で経験するよりはるかに急速に強い感情や情動を喚起させる」という意味である。

要因がこれに加わる。同じ時間を共有する必要がない非同期的なチャネルでは，いつでも送受信が可能であることの他に，発言のタイミングを見計らったり，送信前にコミュニケーション内容をじっくり吟味したりすることが可能である。このことは，相手との関係の調整や，自己の情報管理のしやすさにつながる。

こうした3つの要因のもたらす効果を増幅させるのがフィードバックの要因である。メッセージの受け手（送り手）はすなわち受け手（送り手）でもあるので，あるコミュニケーション・チャネルを通してそれぞれの要因がもたらす効果がフィードバックされあうことで一種の強化ループが形成される。それが「やっぱりこの人は私と似ていたんだ！」という思い（予言の自己成就：10章参照）と「相手が期待している私により近い私をどんどん伝えよう！」という思い（行動確証）の両方を生じさせることによって，相互に理想的な自己呈示が行われ，その結果として好意的な相互理解が生じやすい。こうした超個人的なコミュニケーションは，しばしば常軌を逸した親密さを急速に形成させることがあるし，対人関係の維持・発展において，対面の途絶を補ってあまりあるだけの力を持つこともある。

インターネット上の対人関係は，そこで展開される自己表現と同じく，対面中心の対人関係よりも極端な様相を見せることがあり，うまくいけば短期間で信じられないほど強固な絆ができあがることもあるし，次節で後述するが，あっという間に激烈なトラブルを生じさせることもある。もちろんインターネットでしか起こりえない現象というわけではないが，メディアとしての特徴が，私たちにこうした経験をより頻繁にさせるような方向に働くのである。

4. オンラインコミュニティにおける人間行動

(1) ソーシャルサポートと集合知

本節では，インターネットのメディアとしての特徴がコミュニケーションに与える影響について，よりマクロな視点から検討する。まずは，オンラインコミュニティをポジティブな意味で活性化させ，有用なものにする側面を取り上げる。インターネット上に蓄積される情報は，雑多なように見えて実は「案外正しい」側面があり，私たちの生活に大きな影響を与えているという指摘があるが（Surowiecki, 2004），オンラインコミュニティはまさにその集積場ともいえる。ここではある程度明確な目標を持った2つ，オンライン自助グループと知識共有コミュニティに注目する。

①オンライン自助グループ

オンライン自助グループとは，ある特定の（多くの場合，病理的な）悩みを抱えている人びとがオンライン上で優秀な医師・新薬などの情報（道具的サポート）や共感（情緒的サポート）などのソーシャルサポートを交換し合うグループである。ソーシャルサポートを授受する場としてのインターネット，とくにオンラインコミュニティの利点を指摘する研究は数多くあり，サポート希求者だけでなく，提供者の側も気軽に見知らぬ他者に援助の手を差し伸べやすいために，実社会でサポート源が十分でない人びとによって積極的に活用されている（Cummings et al., 2002）。オンライン自助グループとして運営された

チャットの内容分析に基づいて，参加した患者の精神的健康にポジティブな効果がもたらされ，相互扶助的で相互信頼感に支えられた自律的グループ形成が促進されたことを明らかにした研究もある（Kusumi et al., 2014）。

　自助グループがインターネット上で展開されることが有効な理由は主に2つある。まず，同じ悩みを持つ人と出会いやすいことがある。たとえば「がん」について考えてみると，身体のどの部位に発生したどのようながんであるかで，治療方法など必要とされる情報は異なるので，周囲に情報交換できるがん患者やその家族がいないことが多い。インターネットという莫大な数の不特定多数者の集合であれば，罹患者数のきわめて少ない希少がんであっても，探している相手を見つけられる確率が高まる。また，病気はときに現実社会では隠したい，あるいは詳細を語りたくない情報である場合が多い。前述したとおり，顔や姿が見えず声もないコミュニケーションであれば，それらの情報を開示する敷居が下がる。いずれも，インターネットならではのメリットである。

②知識共有コミュニティ

　知識共有コミュニティは，利用者自らが随時情報の登録や更新を行うデータベースコミュニティのことである。従来の情報データベースと大きく異なる点は，随時更新が可能であることに加えて，利用登録さえすれば誰でもそれらの作業に参加できることである。百科事典的なデータベース（たとえばWikipedia）も，種々雑多な質問と回答の集積であるQ&Aコミュニティ（たとえばYahoo! 知恵袋）も，専門家の担保が何らないにもかかわらず，群衆の知恵（wisdom of crowds）として一定の評価を受けている。

　このうち多くの人が単なる利用者ではなく積極的な参加者となる可能性のあるのはQ&Aコミュニティであろう。百科事典的なデータベースと比べると知識としての質は玉石混淆といったところだが，長年にわたって多くの利用者があり，広く受け容れられていることは間違いがない。2011年に，京都大学をはじめとするいくつかの大学で，入学試験時間中に問題の一部が質問としてYahoo! 知恵袋に投稿される事件があったが，わずか数分で回答が寄せられている[3]。世間を大いに騒がせた事件である一方で，Q&Aコミュニティがいかに社会に受容されているかを示すエピソードだともいえる。

　Yahoo! 知恵袋の利用者を対象とした質問紙調査と投稿履歴を結びつけて分析した研究は，Q&Aコミュニティで活発に情報が交換・蓄積されていることと，利用者間の相互作用が情報を介したソーシャルサポートとしての意味合いを持っていることを明らかにしたうえで，コミュニティそのものとそこで展開されるコミュニケーションに対するポジティブな評価が，参加に際する敷居の低さと，その低さにもかかわらず感じられる有用性に根ざしたものであることを示している（三浦・川浦, 2008, 2009）。誰が質問や回答をしているのかが見えない状況は，悪くすれば無責任な虚偽の回答を導く可能性はあり，Wikipediaでは悪意に基づく情報の改ざんが行われる例が少なくない。しかし，Q&Aコミュニティに投稿される質問は，その多くが他愛もないものであり，たまたま持っている知識や経験を回答として提供することで，困っている人を助ける喜びを味わえる一方で，嘘をつくことの意味はあまりない。多くの

Wikipedia
　本章では詳述しないが，Wikipediaの百科事典的な利用については，情報源の明示のない記載は鵜呑みにしない，明示された情報源は必ず原典を確認する，などを常に心がけ，慎重な態度で臨んでほしい。

---

[3] Wikipediaに詳しいまとめがある（https://ja.wikipedia.org/wiki/大学入試問題ネット投稿事件）。

人が善意で参加するコミュニティも，インターネット上には確かに存在するのである。

(2)「炎上」というトラブル

ネガティブな側面としては炎上を取り上げる。炎上とは，オンラインコミュニティで常軌を逸した非難・批判・誹謗・中傷などネガティブなコメントの投稿が短期間に集中して繰り返されることである。火のない所に煙は立たないというが，もちろん炎上が生じるのには何らかのきっかけがある。いわゆる「問題発言」であるが，典型的なのは，未成年の飲酒・喫煙やカンニングの告白など，触法行為や規則違反のような社会的規範を守らない行為に関する投稿である。こうした行為は「してはならない（するべきではない）」という社会的規範がある一方で，日常から逸脱した奇抜な行為をしたときに，その興奮を誰かに伝えたくなることもよくあるだろう。また，軽微な犯罪に対する触法意識の低さもある。こうして，誰の目にも触れる状態になることを意識せずに，仲間内でのちょっとした武勇伝のつもりでインターネット上に投稿したことが炎上のきっかけとなり，大きなトラブルに発展することもある。Web という共通のインタフェース上の投稿であれば，ソーシャルメディアでも，ブログでも，掲示板でも，リンクを張れば誰でも到達可能なので，火事場騒ぎに駆けつける野次馬も少なくない。そんなことをするとはけしからんと，どこの誰とも知らない人びとから罵られ続けるのである。

炎上が生じる心理的メカニズムは，脱個人化効果の社会的アイデンティティ解釈モデル（SIDE; social identity model of deindividuation effects）をふまえて考えるとわかりやすい（Lea & Spears, 1991）。このモデルは，視覚的匿名性によって脱個人化（個人や個性の希薄化）が生じると，集団としての規範が強まる場合があることを示したものである。集団としての規範を強めるか，それとも統制を弱めるかには，利用者の社会的アイデンティティが高まっているかどうかが強く関わっている。コンピュータを介して集団で討議を行う実験で，集団のメンバーの社会的アイデンティティが全員同じだと教示されたうえで視覚的匿名状態に置かれると，集団としての一体化が進み，集団成員相互の個々の違いを「小さく」する方に議論が進んだ。一方で，メンバーの社会的アイデンティティに関する情報が与えられないままに視覚的匿名状態に置かれると，集団としての統制はむしろ弱まり，個々人の孤立と他のメンバーに対する反発や反抗的な行動が多くなった。前者は，個人や個性の希薄化が生じて不安定になった自らのアイデンティティを，社会的なものを強く意識することで埋め合わせようとするメカニズムだと説明できる。

炎上はネガティブコメントが渦巻く場なので，不規則な，集団としての統制が弱化した状況だと思われるかもしれないが，実はそうではないことが多い。規範を守らなかった（と受け手にみなされた）特定個人や組織に対して「けしからん」というコメントが殺到するのだから，むしろ投稿者側は規範を遵守すべきという見解を持った集団として一体感を高めているのである。しかも，前述したとおり，知り合いからの識別性を高めるために自らの社会的アイデンティティを明らかにする利用者が多いことは，「○○大学の学生であればこう振る舞うべし」といった規範に沿った行動を求めやすくさせる。そうなれば，それから逸脱した（と受け手に感じられた）行為は厳しい批判を浴びせられる

炎上
平成27年情報通信白書「SNS での「拡散」と「炎上」」節に，社会的状況と個別の利用行動を関連づけた考察があるので参考にされたい（http://www.soumu.go.jp/johotsusintokei/whitepaper/ja/h27/html/nc242210.html）。

図 13-4
　2つ目のツイートは事後に削除された。炎上や無用な情報拡散を止めるために発信源となった利用者が取り得る手段としては，おそらく削除が最善であろう。

想田和弘 @KazuhiroSoda 8月21日
命をかけるならもっとずっとずっと大事で価値あることあるんじゃないの。発電に命かけてどうすんのよ。
286　62

想田和弘 @KazuhiroSoda 8月21日
下手すると今度こそ日本終わるんじゃないかとビクビクしながらする行為が単なる「発電」ってほんと狂った話だとおもうんだが。命がけで発電。単なるアホです。
526　138

想田和弘 @KazuhiroSoda 8月21日
こういうニュース読むだけで心臓がバクバクする。これ，一種のトラウマだ…。→時事ドットコム：川内1号機，出力上昇を延期＝2次冷却水に海水混入か－九電 jiji.com/jc/zc?k=201508…
94　27　　　　　　　　　　　　　　概要を表示

図 13-4　ソーシャルメディアで炎上が生じるとき

ことになる。そして，超個人的コミュニケーションによってさらに苛烈にもなる。

　「こう振る舞うべし」という規範遵守が時として過度に求められるのが，いわゆる「有名人」など社会的地位が高い個人や，大企業，マスメディア，政府機関などであり，賛否が分かれるテーマに関する発言や失言，あるいはミス，不祥事などをきっかけに炎上が生じやすい。とくに，メッセージ単位がごく短い文字数に制限されるソーシャルメディアでは，こうした炎上の発生に拍車がかかり，それが誤解に基づくものである場合もある。たとえばツイッター（Twitter）は，メッセージ（ツイート）の1単位が140文字で，込み入った問題であればあるほど1つのツイートで送り手が主張を尽くすことは難しくなる。しかし，情報を転送（リツイート）する単位はツイートであるから，受け手にインパクトを与えたツイートが前後のツイートから切り離されて一人歩きすることがある。リツイートによりその情報に接触する利用者は，そのツイートだけを唐突に目にすることになる。図13-4に示したのは，ある映画監督による一連のツイートである。2つ目のツイートが他の2つより多くリツイートされている。連続したツイートを読めば，この「発電」が原子力発電を指していることがわかるのだが，2つ目のツイート単独ではわからない。このツイートには非難や批判の返信も数多く寄せられたが，その多くは「発電」を原子力によるものに限らずその行為一般を指しているとみなしたものであった。

　こうした炎上の素地となっているのは，前述した文字ベースのコミュニケーションにおいて発生しやすいバイアスである。送り手は自らの思いを込めて（だからこそなのだろうが，元ツイートには炎上を誘発させやすい過激な表現が含まれている）メッセージを発信するが，受け手は自分の目についたツイートのみに注目し，それを自分の思うように解釈する。そして，文脈の分断によりそれが顕著になり，さらにリツイートによりその影響も拡散的になるという事例が，ソーシャルメディアではよく観察されている。

5. 結 論

インターネットは，私たちにとって対面とともに主要なコミュニケーションメディアであり，両者のシームレス化は着実に進んでいる。しかし，オンラインコミュニティと対面（オフライン）コミュニティが完全に同質になることはない。視覚的匿名性は緩和され，また，文字ベースに限らないコミュニケーションが主流となるかもしれないが，物理的な空間と時間を共有しないことには変わりがない。よって，私たちはそれによって生じるコミュニケーションの過程や所産の特徴，つまり対面コミュニケーションとの違いについて常に意識しておくべきである。とくに，本章で述べたとおり，こうした特徴は，コインの表裏のように状況によって両面的な作用を持つことに留意すべきである。対面とのシームレス化が進んでいるからこそ，こうした違いに意識的になることはより重要な意味を持つ。インターネットのメディアとしての特徴，そしてそれがコミュニケーションを変化させる基本的なメカニズムをよく知り，その善し悪しのどちらかだけ一面的に眺めるのではなく，自らの幸福な社会生活の実現のためにどうポジティブに生かすかを考え，適切な選択を志向することの必要性は増している。そうした選択の試みこそが，より豊かで幸福なインターネット社会を生きるための手がかりとなるだろう。

■文献

Barak, A., & Miron, O. (2005). Writing characteristics of suicidal people on the internet: A psychological investigation of emerging social environments. *Suicide and Life-Threatening Behaviour*, **35**, 507-524.

Bargh, J., McKenna, K., & Fitzsimons, G. (2002). Can you see the real me?: Activation and expression of the "true self" on the Internet. *Journal of Social Issues*, **58**, 33-48.

Blair, I. V. (2002). The malleability of automatic stereotypes and prejudice. *Personality and Social Psychology Review*, **6**, 242-261.

Byrne, D. (1971). *The attraction paradigm*. New York: Academic Press.

Cornwell, B., & Lundgren, D. C. (2001). Love on the Internet: Involvement and misrepresentation in romantic relationships in cyberspace vs. realspace. *Computers in Human Behavior*, **17**, 197-211.

Cummings, J. N., Butler, B., & Kraut, R. (2002). The quality of online social relationships. *Communications of the ACM*, **45**, 103-108.

Esterling, B. A., L'Abate, L., Murray, E. J., & Pennebaker, J. W. (1999). Empirical foundations for writing in prevention and psychotherapy: Mental and physical health outcomes. *Clinical Psychology Review*, **19**, 79-96.

北村英哉・佐藤重隆 (2009). 携帯メールへの絵文字付与が女子大学生の印象形成に与える効果 感情心理学研究, **17**, 148-156.

Kusumi, T., Ogura, K., & Miura, A. (2014). Development of a support group using a virtual space for cancer patients. *International Journal of Web Based Communities*, **10**, 445-465.

Lea, M., & Spears, R. (1991). Computer-mediated communication, de-individuation and group decision-making. *International Journal of Man Machine Studies*, **34**, 283-301.

Ledbetter, A. M., Mazer, J. P., DeGroot, J. M., Meyer, K. R., Mao, Yuping, & Swafford, B. (2011). Attitudes toward online social connection and self-disclosure as predictorsof Facebook communication and relational closeness. *Communication Research*, **38**, 27-53.

松村真宏・三浦麻子・柴内康文・大澤幸生・石塚 満 (2004). 2ちゃんねるが盛り上がるダイナミズム 情報処理学会論文誌, **45**, 1053-1061.

McKenna, K. Y. A., & Bargh, J. (1998). Coming out in the age of the Internet: Identity 'demarginalization' through virtual group participation. *Journal of Personality and Social Psychology*, **75**, 681-694.

Mehrabian, A., &Ferris, S. R. (1967). Inference of attitudes from nonverbal communication in two channels. *Journal of Consulting Psychology*, **31**, 248-252.

三浦麻子・川浦康至 (2008). 人はなぜ知識共有コミュニティに参加するのか：質問行動と回答行動の分析 社会心理学研究, **23**, 233-245.

三浦麻子・川浦康至 (2009). 内容分析による知識共有コミュニティの分析：投稿内容とコミュニティ観から 社会心理学研究, **25**, 153-160.

O'sullivan, P. B. (2000). What you don't know won't hurt me: Impression management functions of communication channels in relationships. *Human communication Research*, **26**, 403-431.

Pennebaker, J. W., Mehl, M. R., & Niederhoffer, K. (2003). Psychological aspects of natural language use: Our words, our selves. *Annual Review of Psychology*, **54**, 547-577.

Sparrow, B., Liu, J., & Wegner, D. M. (2011). Google effects on memory: Cognitive consequences of having information at our fingertips. *Science*, **333**, 776-778.

Sproull, L., & Kiesler, S. (1991). *Connections: New ways of working in the networked organization*. Cambridge. MA: MIT Press.

Suler, J. R. (2004a). The online disinhibition effect. *CyberPsychology & Behavior*, **7**, 321-326.

Suler, J. R. (2004b). The psychology of text relationships. In R. Kraus, J. Zack, & G. Striker (Eds.), *Online counseling: A manual for mental health professionals* (pp. 19-50). London: Elsevier Academic Press.

Surowiecki, J. (2004). *The wisdom of crowds: Why the many are smarter than the few and how collective wisdom shapes business, economies, societies and nations*. New York Doubleday. (スロウィッキー, J. 小高尚子（訳）(2014). 群衆の智慧 角川書店)

Walther, J. B. (1996). Computer-mediated communication: Impersonal, interpersonal, and hyperpersonal interaction. *Communication Research*, **23**, 3-43.

Walther, J. B., & D'Addario, K. P. (2001). The impacts of emoticons on message interpretation in computer-mediated communication. *Social Science Computer Review*, **19**, 323-345.

文　化

14

内田由紀子

1. はじめに

　私たちは家族や友人などの小さな集団から地域や国など，様々な範囲の「社会」の中で生きている。社会の中では人びとの交流が生じ，一定の行動習慣・規範が生まれ，さらには価値観が伝達される。「習慣・規範・価値観」など，「社会」の中で共有されるものを，ここでは「文化（culture）」と呼ぶ。文化は人びとのものの見方・考え方・感じ方・行動などの，「心の働き」と密接に関連している。私たちの「心の働き」は，文化の中ではぐくまれ，そこに適応していこうとするからである。

　認知や行動・感情という「個人」の中で生じる現象と，文化という「マクロ」な現象の相互作用を検討することは，社会科学が人間理解のひとつの命題として目指してきたことである。この20年ほどの研究から，ものの見方や人間関係についての理解，他者の行動の原因の考え方などが，文化を切り離しては理解できないということが示されてきた。そこで本章では社会心理学の中で理解されてきた文化と心の関わりを見ていきたい。

2. 理論と方法論

(1) 文化とは何か

　文化とは，集団の中に存在・共有される行動習慣・規範・価値観などの総体であり，世代を超えて伝達されている意味の集合をいう（Bruner, 1990）。たとえば，「ビジネスの場面で名刺を渡す」という日本企業の行動習慣や，規範，教育体制，経済状態，宗教，言語など，様々なレベルにおいて存在する有形無形のものである。文化が共有される集団のサイズは様々であり，広くいえば日本やアメリカなどの国家社会から，地域社会，学校や会社などの組織，小さなグループまで含めることができる。

　クラックホーン（Kluckhohn, 1954）は，文化とは人間社会ででき上がってきたものを通して人が獲得し，伝達する思考・感情・反応のパターンであり，歴史を通じて選択されてきた伝統や，様々な物事に付与された価値などが含まれるとしている。また，マーカスと北山は「社会の歴史を通じて築かれた慣習および公の意味・日常的現実」と述べている（Markus & Kitayama, 1991；北山, 1998）。当然のことながら，文化は人の社会的営みなしには生まれ得ないものでもあり，また，社会や生態的環境の変化とともに，その内容を変え得るものでもある。

　自分の所属する集団の中にある習慣やルール・価値観は，まわりの人にも共

有されており，日常生活にとけ込んでいるため，「当たり前」のものとして，日頃意識されることは少ない。しかし，自分が所属している集団とは異なる規範や習慣を持つ集団に接すると，それらが突如明確に意識されることがある。たとえば外国に行って生活の仕方や家族のあり方などの考えが異なっていることに驚いたりすることなどがその一例である。

(2) 文化心理学

実証的研究がさかんになってきた文化心理学（cultural psychology）では，「文化と心の相互構成プロセス」の解明を目的とした実証的研究が行われてきた。一部の人たち（主に北米の大学生）を対象に行われた研究を，全世界のあらゆる環境下に暮らす人に当てはめる過度な普遍主義的心理学への警鐘として，文化の重要性を指摘するような研究が多く提出されてきた（Henrich et al., 2010）。近年ではより発展的に，なぜ，どのような条件下で文化差が生じるのか，その原因を推測していくような研究が行われている。

図14-1は，このような文化心理学の考え方を，模式的に表したものである。右端に示しているのが，私たちの行動・感情など，いわゆる「心理機能」である。心理機能には脳・身体の機能などの生物的な要因が関わっており，文化を超えて人一般に共通する部分もある。しかし，心理機能は「文化」の影響を様々な形で受けている。ここでいう文化は，家庭環境や集団組織の風潮などの身近なものから，広くは政治や経済，言語やコミュニケーション様式，さらにその背後にある価値観や人間観など，様々な次元で捉えることが可能であり，それらは互いに連動し合っている。たとえば左端に書かれている「価値観」は，政治・経済・宗教・言語，さらに身近には学校や家庭，職場など，人間関係の中を通じて人びとの中に伝達・浸透していく。

文化と心の関係は，文化が心を作り上げるという一方向的なものにはとどまらない。いったん人の心理プロセスが作り上げられると，個人は他者とコミュニケーションをとり，行動を起こすことにより，文化慣習の維持や変容に意識的・無意識的に関わる。その過程で文化慣習の維持や変容が生じていく。このダイナミクスを，シュウェーダーは「文化と心の相互構成プロセス」と呼んだ（Shweder, 1991）。

こうした視点の重要性は，20世紀前半から指摘されていた。たとえば，ミー

WEIRD
これまでの研究が"WEIRD" Western, Educated, Industrialized, Rich, and Democratic（西洋の教育水準の高い，産業化された，リッチな，民主主義的）な人びとを対象にして行ったものとし，そこから得られた結果を過度に普遍化・一般化することを問題視している（Henrich et al., 2010）。

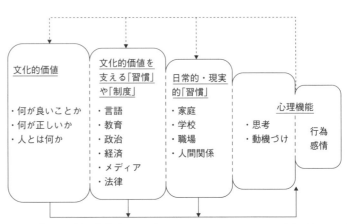

図14-1　文化と心の相互構成プロセス（Kitayama & Markus, 1994を一部改変：内田，2009）

ド（Mead, 1934）は，「自己」は社会的産物であるとし，自己形成と社会関係を切り放して分析することが不可能であることを述べている。またヴェーバー（Weber, 1920/大塚訳, 1989）は『プロテスタンティズムの倫理と資本主義の精神』の中で，宗教的道徳感や倫理観とそこに生きる個人のあり方の関係を描き出している。

(3) 方法論

心と社会・文化の関係を明らかにするためには，どのような方法が用いられているのであろうか。ひとつには歴史的背景が異なっている地域・集団間の比較（たとえば日米比較研究など）を行うことの有効性が示唆されている（北山・宮本, 2000）。共通する要素の多い集団間を比較する場合には，何がその差異を生み出しているのかを検討するのは困難なのに対して，歴史的背景が異なる部分の多い領域を比較することは，心理プロセスと文化の要素の関係が明らかにされやすいであろう。

たとえば本章ではいくつかの比較文化による知見を挙げているが，これらは調査や実験の手法を通じての比較研究である。

また，文化に関連した事物や状況などを示すことによって，その文化の持つ性質に応じた心理反応を見出そうとする「プライミング効果（priming effect）」を用いた研究も挙げられる。たとえばある文化のことを連想させるような絵を見せたり，その文化の言語を使ったり，音楽を聞かせるなどのことをプライミング刺激として用いる。東洋と西洋の2つの文化にアイデンティティを持つバイカルチュラルの中国系アメリカ人は，中国文化のシンボル（龍の絵など）を見せられた後には中国的な反応をし，アメリカ文化のシンボル（星条旗など）を見せられた後にはアメリカ的反応をするということがある（Hong et al., 2000）。

また，状況サンプリング法（situation sampling method）は，文化の中にある状況が人の心にどのように作用するのかを検証するものである。北山らは，日本とアメリカの学生に，「自尊心が変化した」状況をたくさん思い出して書き出してもらい，その後日米両方で集められた様々な状況を，今度は別の日米の学生に示し，もし自分がその状況下にあったら，どの程度自尊心が上がるか，もしくは下がるかどうかを尋ねている（Kitayama et al., 1997）。すると，一般的に自尊心を高揚させやすい（自己高揚動機が強い）アメリカ人の方が，日本人よりも自尊心が上がる度合いが高いという「心理傾向の文化差」のみならず，日本で集められた状況よりもアメリカで集められた状況の方が日本人にとっても自尊心を上げる効果が強いという，「状況要因の文化差」も見られた。このように状況サンプリング法からは，文化の違いをもたらしているものは状況に反応する心の中にある傾向だけではなく，文化の中にある状況そのものにもあるということを知ることができる。

注意点として，文化の研究は，文化を比較して差異を見つけ出すことを目的として行われるものではないことが挙げられる。得られた差異は文化と心の関係を明らかにする有効なツールであるが，それ自体が目的ではなく，共通性を見出すことにも意義がある。また，差異を見つけることそのものよりは，理論的にどのような差異や共通性が導かれるべきであるかを検討したうえでデータを収集し，解釈することが重要となる。

文化の研究

たとえば山岸らの研究では，どのように振る舞うことが適切なのかについての明示的な情報・文脈が存在するときには文化差が消失することを見出し，文化に特定の行動傾向を一種の戦略として理論化することを試みている（Yamagishi et al., 2014）。また，北山らは，文化に特有の傾向を学習する，神経生物学のメカニズムとしてドーパミン系が関わっていることを示している（Kitayama et al., 2014）。

3. 自　己

(1) 文化的自己観：相互独立的自己観・相互協調的自己観

「人とは，どのように考え，行動するか」ということについて，私たちは自らの経験や観察をもとに，ある一定の「行動モデル・あるいは規範」を作り出している。たとえばグループでどこに遊びに行くかを決めるときのことを考えてみよう。どうしても映画がいいと思ったらまわりを説得して映画に決定するように働きかける行動と，まわりの人の大多数の意見に合わせる行動，どちらがより「人とは大概の場合こうしてしまうものだ」というあなたの人間観により当てはまるだろうか？

文化的習慣や価値観によってつくられた自己（self）や人一般についての理解のモデルは「文化的自己観（cultural construals of the self）」と呼ばれている（北山, 1998; Markus & Kitayama, 1991）。マーカスと北山はとくに日米の文化差に着目し，北米の中流階級では相互独立的自己観（independent self）が，日本では相互協調的自己観（interdependent self）がそれぞれ主に見られるとしている（Markus & Kitayama, 1991）。図 14-2 に示しているのが，それぞれの自己観のモデル図である。

北米文化で主に見られる相互独立的自己観では，①自己とは，他者や周囲の

> **文化比較**
> また，文化比較は単順に平均値などを用いていわゆる「ランキング」として行うと，誤った結果が導かれることがある。たとえば日本人の方があまり強く賛成・反対を表明しない傾向にあるため，日米比較を行うと，どの尺度でもアメリカ人の方が得点が良くなる，ということがある。こうしたことから単なる平均値の比較ではなく，交互作用を見つけだすモデルや，ある変数間の問題の文化差の分析などが用いられることが多い。

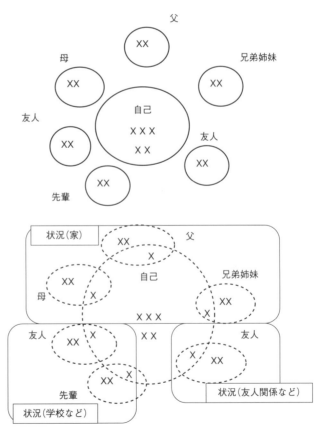

図 14-2　相互独立的自己観のモデル（上）と相互協調的自己観のモデル（下）
（Markus & Kitayama, 1991 を一部改変：内田, 2006）

状況から区別された能力・性格などによってでき上がっている独立した主体的存在であり，②その行動の原因となるのはその人の内部にある属性そのものであり，自己の内部にある特性や意図・態度（図の中の「X」で示されているもの）は，状況や他者からはあまり影響を受けないものとして捉えられる。つまり自己は文脈や周囲の状況から切り離されて考えられる傾向がある。よって，③他者やその他の対象を理解する際にも，その対象を文脈や背景情報と切り離して認識する傾向がある。そして④自らの意図や考えによって，周囲に影響を与えるような対人関係を構築するというモデルである。

相互独立的自己観による人間観を持っているとすれば，「どんな状況にいても，わたしはわたし」「わたしがやりたいと思ったから，それをやった」という感覚が経験されることになる。そして「自己の独立」（自己表現や自己主張，他者への影響，自立など）にまつわる価値観が生まれていく。北米で繰り返し検証される自己高揚傾向（自分が他者よりも優れていると考える傾向）などはこの表われともいえるだろう。

一方で日本文化で主に見られる相互協調的自己観においては，①人は他者や周囲の状況などと結びついた社会関係の一部であるため，その定義は状況や対人関係の性質によって左右されるものであり，自己を動かす力は個人の「内部」だけではなく，まわりにも存在すると考えられ，②自己の特性や意図・態度は，状況や他者からも影響を受けてでき上がっていくものとして捉えられる。つまり，図の中の「X」で示されているものはそのときの状況によって異なる。よって，③他者やその他の対象を理解する際にも，その対象を文脈・背景情報と切り離さず，全体として認識する傾向がある。さらに④対人関係は周囲からの要求に互いに「合わせる」行動によって作られている，というモデルである。

相互協調的自己観による人間観においては，自己の内的属性などは状況要因によって変化し得るものと考えられる。つまり，「学校にいるときと，家にいるときでの自分の気持ちや態度は違っている」「まわりの状況が私を動かした」という感覚が経験され，「社会との協調・調和」にまつわる価値観が生まれていく。自己観に関連した行動モデルとして，先の例に戻れば，自らの願望や意志により人や環境をコントロールするような対人関係は北米で多く見られ，他者の願望や意図を読み取り，状況要因や周囲に合わせて行動するような対人関係は日本で多く見られることが示されている（Morling et al., 2002）。また，自己の力を高く見積もるような自己高揚（self-enhancement）傾向は日本ではあまり見られない（Heine & Lehman, 1999）。

文化的自己観の違いを示す研究として，「私は……」で始まる20の文章を作ってもらう課題（Twenty Statement Test: TST）を行うと，アメリカの参加者は自分の性格や特徴など，状況には左右されないものとして自己を捉え，記述する（「私は社交的だ」など）のに対し，東アジアの参加者は社会的なアイデンティティ（「私は○○大学の学生だ」など）をより多く記述したり（Triandis et al., 1990），状況によって変化する自己についてより多く記述する（「私は『家では』おとなしい」など）ことが見出されている（Cousins, 1989）。同様に金川ら（Kanagawa et al., 2001）は，TST を「一人でいるとき」「友達と二人でいるとき」「集団でいるとき」などの様々な状況設定下で行った。そしてその場面ごとの自己記述内容の変化が，日本ではアメリカよりも大きく，

状況に即して自己の概念が変化しやすいことを示している。

「個人の自立」と「社会の調和」という価値観はいずれの文化にもある程度存在しているが，これらの概念がどの程度それぞれの文化的習慣や価値観として組み込まれているのかには文化差が存在する。とりわけ人口密度が低く，移動が頻繁で，狩猟採集に依存する経済体系を歴史的に持ってきたアメリカでは，独立性が優先されやすい。逆に人口密度が高く，定住型の農耕に依存する経済体系を歴史的に持ってきた日本では，社会の協調が優先されやすいとされる。人口密度が低く，自らの意志で移住したいわゆる「フロンティア」の住人の間では個人主義的心理傾向が培われているのではないかという「自主的移民仮説」なども検証されている（Kitayama, Ishii, et al., 2006）。

ここで述べられているような文化的自己観による分析は，「西洋」「東洋」のように世界を2分するものではなく，あくまで北米と日本や中国などとの比較検討により浮かび上がってきたものである。すべての国家や集団が相互独立－相互協調のいずれかに分類されるという意味ではない。また，同じ文化の中にある人がすべて同一の文化的自己観を有しているのではなく，文化内の個人差も考慮に入れる必要がある。自己観は人が「知識として」持っている固定的な性格特性ではない。

また，個人と社会関係のいずれを重視するかによる文化差についての議論も存在する。その1つが個人主義（individualism），集団主義（collectivism）である。個人主義とは，個人的な達成，動機づけ，選択，感情を，集団のそれよりも重視し，個人の目標に対して集団の目標よりも優先させて取り組む傾向・価値観を示す。これに対して集団主義とは，集団内の協調性や調和，集団全体としての達成，動機づけ，選択，感情を，個人のそれよりも重視し，集団の目標を優先させる傾向・価値観を示す（Hofstede, 1991, 2001; Triandis, 1995）。トリアンディス（Triandis, 1995）が個人差としての個人主義，集団主義を検討しているのに対して，ホフステッドは国全体での文化的価値の個人主義，集団主義を論じていることからも，複数の国を比較するデータの説明変数としてホフステッドの指数が用いられることが多い。たとえばセロトニントランスポーターというタンパク質の発現に関わる遺伝子多型の国家間での分布（日本ではS型保持者が多く，アメリカでは少ないなどの違いがある）が，国レベルでの集団主義－個人主義と関連している（集団主義である国の方がS型保持者が多い）ということを示した研究などはその一例である（Chiao & Blizinsky, 2010：20章参照のこと）。

4．認知・思考様式と文化

(1) 原因帰属

他者に対する情報から，その人についての何らかの判断や推論を行うプロセスを対人認知という。その中でも，他者の行為についての情報から，その人がなぜそのような行為を行ったのか，その原因を求めようとする認知過程を原因帰属という（4章参照）。これまでの研究から，人は他者の行為の原因を推測する際には，その人が置かれた立場や状況の影響を低く見積もり，相手の意見や志向性，能力などの内的要因への帰属を過度に行いやすいという根本的帰属の誤り（対応バイアスとも呼ばれる）（Nisbett & Ross, 1980; Ross, 1977），が

見られることが知られている（4章参照）。

相互独立的自己観において，「行為とはそもそもその行為者の内側を原動力として起こるものである」という信念が共有されるならば，根本的な帰属の誤りが北米で一般的であるのも不思議ではない。しかし相互協調的自己観においては，「行為とはその人の性格や能力が，周囲の状況要因や他者との関係性の影響を受けて起こるものである」という信念が共有されており，状況要因にも注意が行くことが知られている（Masuda & Kitayama, 2004）。モリスとペン（Morris & Peng, 1994）は，1匹の魚が他の魚から離れていくというような魚の群れのアニメーションを示し，その行為の原因について説明を求めた。すると，中国では魚の動きをより外的な要因（他の魚や群れ全体の要因など）によって説明するのに対し，アメリカではより内的な要因（離れていった魚の意志など）によって説明していた。

こうした傾向は発達に応じて強くなるようである。ミラーはインドと北米の5歳から成人までに，自分の知り合いが行った行為について思い出してもらい，なぜそのようなことをしたと思うかを回答させた（Miller, 1984）。すると，インドの大人は状況要因を用いた原因帰属を，北米の大人は本人の性格などの内的な要因を用いた原因帰属を行う文化差が見られた。そしてこの傾向が顕著になるのは11歳ぐらいからであることが見出された。

(2) 景色や物体に対する認知：分析的・包括的認知スタイル

視覚機能や脳の構造は人類共通であると考えられてきたため，これまで認知科学や視覚・知覚心理学で扱われてきたような基礎的な認知プロセスについての文化の要因は，かつてはほとんど検討されなかった。しかし近年，物の見え方，とくに注意の置き方の文化的影響についての証拠が提示されてきている。

ニズベットたちの研究グループは，文化と認知様式の関連について調査している。北米をはじめとする文化においては，対象と背景とを切り離して思考するような「分析的思考様式（analytic thinking style）」が，日本や中国などの文化では，対象と背景の関係を全体的に捉えようとする「包括的思考様式（holistic thinking style）」が優勢であるとしている（Nisbett, 2003/村本訳, 2004; Nisbett et al., 2001）。包括的思考様式においては，物と物とのつながり，図と地との関係性に注意が向けられる。これに対して分析的思考様式においては，対象を背景や文脈情報から切り離して認識しようとするため，対象そのものが持つ性質に注意が向きやすい。

増田とニズベットらによる一連の研究は，包括的思考様式が優勢な日本人の実験参加者と，分析的思考様式が優勢なアメリカ人の実験参加者では，注意の向け方が異なっていることを示している（Masuda & Nisbett, 2001）。実験では，水槽内で魚が泳いでいる（そしてその背景には水草などがある）アニメーションを示し，その後何を見たか，記憶再生を行ってもらう課題を実施した。するとアメリカ人参加者はアニメーションの中で最も目立つ動きをしている魚の特徴などについて詳しく述べたのに対し，日本人参加者は，「緑色の池のような水の中」というように，背景に言及する説明を行っていたことが示された。さらに，山や砂漠などの背景画像に，オオカミなどの動物を組み合わせた画像を呈示し，その画像ごとに「この動物が好きか嫌いか」を判断してもらった。その後，動物の好み判断課題では出てこなかった動物と出てきた動物を呈

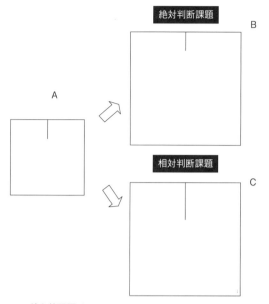

図14-3 線と枠課題（Kitayama et al., 2003 より一部改変：内田，2006）
左の線と枠（A）を見た後，右の四角が呈示され，その中に線を書き込む課題。絶対判断課題（B）では左の四角の中にある線と同じ長さの線を書くと正解。相対判断課題（C）では左の四角に対する線の長さの比率（図の場合は3分の1）と同じ比率の線を書くと正解。

示し，「先程行ってもらった好み判断課題で，この動物を見たかどうか」を尋ねた。その際，好み判断課題の際に呈示したものと同じ背景と組み合わせて呈示する場合と，背景なしで呈示する場合，そして異なった背景と組み合わせて呈示した場合とで，記憶の再認率を比較した。すると日本人でもアメリカ人でも，最初に呈示されたものと異なる背景で動物が呈示された場合には再認の成績が落ちる傾向があったが，その程度は日本人でより大きい，すなわち背景の影響が日本人ではより強いということが示されたのである。

　増田とニズベットが用いた，より社会的な文脈情報のある刺激をさらに分解して，注意の基礎的な文化差を検証したのが北山ら（Kitayama et al., 2003）による「線と枠課題（framed-line test）」である。実験参加者は図14-3のような四角い枠の中に，1本の縦線が入った図形を示された。次に別のサイズの四角形が呈示され，その中に線分を書き入れるように教示された。この際，1つの課題（絶対判断課題）では，先に見た図形の線の長さと「まったく同じ長さの線分」を四角の中に描くように求められた。つまりこの課題では，枠の大きさを無視して線のみに注目することが必要とされる。もう1つの課題（相対判断課題）では，最初に見た図形の，枠に対する線の比率（たとえば枠の3分の1の長さ）と「同じ比率の線分」を次に呈示された四角の中に書き入れることが求められた。つまりこの課題では，線と枠の相対的関係に注意を払う必要がある。結果，アメリカ文化では枠を無視して線にのみ注目する絶対判断課題でのエラーが少なく，日本文化では枠を無視しなくてもよい相対判断課題でのエラーが少なかった。

5. 動機づけと文化

■ (1) やる気を感じるとき

　ある行為の原動力となり，維持させるものを動機づけ（motivation）という。その中でも，「何か買ってもらえるから」など，外的な要因によって起こっているやる気を外発的動機づけ（extrinsic motivation），「面白いと思ったから」など，取り組んでいる対象そのものに引き起こされるやる気を内発的動機づけ（intrinsic motivation）と呼ぶ（Lepper & Greene, 1978）。

　ヨーロッパ系アメリカ人とアジア系アメリカ人の子どもが，自分で選んだ課題を行う場合と，他者（実験者）が選んだ課題を行う場合，そして母親が選んで行う場合の，いずれの場合の遂行における成績がより良いかを比べた実験がある。すると，ヨーロッパ系アメリカ人の子どもは自分で選んだ場合に，より課題の成績がよかった。つまり，自らの「選択」が，内発的動機づけを高めていた（Iyengar & Lepper, 1999）。北米では自らの「選択」が，意思を外に示す重要なものとされており，「選択重視」傾向はとくに教育水準が高いアメリカ人に共有されている（Snibbe & Markus, 2005）。

　これに対しアジア系の子どもは母親が選択を行った際に最も課題成績が良く，母親の「期待」が子どもの動機づけを促進していた。

　動機づけが，良い成績を出した場合により高まるか，あるいは逆に失敗したときにそれを克服しようとする場合に強く動機づけられるかにも文化差がある。ハイネらの研究（Heine et al., 2001）では，まず参加者に言語連想課題を行ってもらい，その後に「あなたの成績は全体の中のトップクラスです」という「成功のフィードバック」，もしくは「あなたの成績は下の方です」という「失敗のフィードバック」のいずれかが与えられた。その後，実験者は急な実験中のトラブルが生じたといって退室するが，その際，「待っていただく間，もしよかったらこちらの課題をやって時間をつぶしておいてください」と言って先の課題と類似した言語連想課題の用紙を参加者に渡す。退室した実験者は15分間，1人になった実験参加者がどれぐらい課題に取り組んでいるかを別室のモニターから計測した。研究結果では，日本人は失敗した後に類似課題に長く取り組むのに対し，カナダ人は成功した後に類似課題に長く取り組むことが見出されている。カナダや北米の文化では，自分の才能・能力を磨いていくこと（=「自己高揚」）が重要であり，成功した課題（得意分野）でより動機づけが高まるということが示されたといえる（同様の知見は Oishi & Diener, 2003 にも見られる）。これに対して日本文化においては，自分の欠点を克服していく「自己向上」の動機づけ傾向が高く，失敗した課題への取り組みを重視するのではないかと結論づけられている。

　キムとマーカス（Kim & Markus, 1999）は，「ユニークであろうとする志向」と好みの関連について検討している。アメリカ人とアジア人にアンケート調査に答えてもらうよう依頼し，その謝礼として5つのペンから好きなものを1本選んでもらった。この実験では参加者たちがどのペンを選ぶのかを知ることが目的であった。差し出された5本のペンの中には，赤4本+黒1本，あるいは赤3本+黒2本，といったように，2種類の色のペンがまざっていた。すると，ヨーロッパ系アメリカ人は5本の中に1本もしくは2本しかない数少

ない色のペンを選び，アジア人は5本の中に3本もしくは4本ある，数多い色のペンを選ぶ傾向があった。このように，ヨーロッパ系アメリカ人は他の人と同じであることよりは，むしろ「ユニークであること」を好む傾向があり，ユニークであろうとする動機づけと，ユニークさを示すような意思決定が好まれる傾向があると考えられる。

6. 感情と文化

(1) 関与的感情・脱関与的感情

感情の中には，個人の独立を示す「自尊心」や「誇り」などの対人脱関与的感情（socially disengaging emotion）と，相手との関係性を志向する「親しみ」や「尊敬」などの対人関与的感情（socially engaging emotion）とがあると指摘され，それぞれの経験頻度に文化差があるとされている。たとえば，日米の大学生に，一日の間で最も感情的だった出来事を思い出してもらい，その際感じた感情の強さを報告してもらうと，良い出来事が起こった場面では，アメリカ人は誇りや自尊心などの脱関与的快感情を，日本人は親しみなどの関与的感情をより強く感じていた（Kitayama et al., 2000, 2006）。

(2) 陰と陽

感情経験は価値観や人生観・世界観とも関わっている。日本や中国，韓国など東アジアの価値観の中には「良い」ことは必ずしも良い意味だけを持つのではなく，否定的な要素をも持ち合わせているという陰陽思想が存在している。「人生塞翁が馬」の故事でも表わされているとおり，幸福であることはかえって不幸を招き，むしろ「良いこと・悪いことがそれぞれに絡み合って存在するのが人生である」という思考が存在する。このような信念・価値観は，感情経験にも影響を与えている。ポジティブ感情とネガティブ感情を感じる強さや頻度は，北米では負の相関を持つ（ポジティブ感情を感じているときにはネガティブ感情は感じられにくいなど，ポジティブとネガティブが両極性を持つ）のに対し，中国や日本では正の相関を持つこともある（＝同時に感じられる）ことなどが示されている（Bagozzi et al., 1999; Kitayama et al., 2000）。また，ポジティブ感情とネガティブ感情のバランスが，日本では身体的健康をもたらしていることなども知られている（Miyamoto & Ryff, 2011）。

(3) 覚醒水準と「理想感情」

ツァイとその研究グループは，感情の覚醒水準（認知的，感情的に活性化する度合い）と理想感情（ideal affect）について検討している（Tsai et al., 2006; Tsai et al., 2007）。ヨーロッパ系アメリカ文化では，覚醒水準の高い快感情（興奮することやうきうきすること）が理想的な感情状態とされているのに対し，アジア系アメリカ人や中国などの東洋文化では，穏やかな気持ちやリラックスした気持ちが理想的な感情状態とされているという。このような傾向は，小さい頃からの教育などとも関連して形成されていることがわかっている。日本と台湾で売れている絵本の中に出てくる登場人物の表情や動きを分析してみると，アメリカで人気のある絵本では，登場人物の笑顔が大きく表現されており（たとえば口のサイズが大きいなど），覚醒水準の高さが示されていた。こ

れに対し台湾や日本では，笑顔の口のサイズは小さく表現されていた（Tsai et al., 2007）。

(4) 表　　情

エクマンによると，顔の表情と感情経験の対応関係は，人類に普遍的であるとされている（Ekman, 1984; Ekman & Davidson, 1993）。エクマンは，人間には喜び，恐れ，怒り，軽蔑，驚き，悲しみ，嫌悪などの「基本情動」があり，それらに対応した表情があるとしている。嬉しいときには口の両端を上げ，目元を緩ませて笑顔をつくることなど，表情表出は生得的な要因による共通性も多く見られる。感情表出は社会的な場面での情報の伝達役割を担っており，進化の過程で獲得されてきたからであると考えられている。

一方で，欧米文化圏の人びとは強い感情表現をするのに対し，日本文化では感情表現を抑制することが社会的に学習されているなど，文化的な表出ルール（Matsumoto et al., 1998）が存在するとされている。北米文化ではより明確に感情を表現することが重要になり，また，相手の感情を読み取るような場面においても，感情表現が増幅され，意図的にコントロールされやすい部分を重視して情報処理が行われるとされている。つまり，相手の「口元」に注目し，笑っているかどうかを確認する，ということが行われる。これに対して日本文化ではむしろ感情を抑制して表出することが重視されるため，相手の感情を読み取る際にも，むしろ「隠しきれない」（＝コントロールの難しい）部分，つまり「目元」に注目して情報処理を行うとされている（Yuki et al., 2007）。この表出ルールとそれに対する理解があるため，同じ文化内にいる人の表情の読み取りの方が，他の文化の人の表情よりも，より正確に行えるという知見も見られる。

また，こうした外的な「ルール」による制約だけではなく，そもそも主観的な感情経験そのものも文化によって異なるという理論が存在する。感情を喚起するのは，身のまわりで起こる出来事である。そのような出来事が持つ意味そのものは，どの文化においても同じであるとはいえない。つまり文化が異なることによって，状況や原因の理解の仕方が異なり，それによって生ずる感情が異なる（感情の認知的評価理論）可能性がある（Smith & Lazarus, 1993 を参照のこと）。つまり，認知的状況評価には個人差，文化差があるために，感情経験にも文化差が生じるということになる。

また，ある実験では，ある群の実験参加者たちは「自分について考えて記述する」課題（自分条件）を行い，別の群の人たちは「家族について考えて記述する」課題（家族条件）を行っている。その後どちらの人たちにも，お笑い番組のビデオを見てもらった。そのビデオを見ている間の表情を分析したところ，ヨーロッパ系アメリカ人の学生では，笑顔などの感情表現は自分条件で家族条件よりもより強く見られた。逆に，アジア系の学生では，家族条件の方でより感情表現が強かった。つまり，ヨーロッパ系アメリカ人の文化においては，自分自身に焦点が当たっているときに感情的になりやすいのに対して，アジア系の文化においては，他者の存在や，自分と他者との関係に焦点が当たっているときに感情的になりやすいことが示されている（Chentsova-Dutton & Tsai, 2010）。

(5) 感情の文化維持機能

　ある特定の文化に固有な感情（たとえば日本でいう「甘え」の感情など）が，その文化の規範や行動様式に影響し，またその規範や行動様式によりその感情経験が再生産されることがある。アメリカ南部の男性の「怒り」行動を扱った名誉の文化（culture of honor）の研究は，文化と心の関係を描き出す事例である（Nisbett & Cohen, 1996）。アメリカ南部の男性は北部の男性に比べて喧嘩っ早く，また，統計的にも北部に比べて暴力事件の事例が多いとされており，侮辱されたときには怒りの感情が強く感じられるという。なぜこのような南北での地域差が見られるのかについては，気温の高さや経済格差，かつての奴隷制度などに言及されることが多かったが，コーエンとニズベットは南部における「名誉の文化」（自らの名誉を守るための暴力は受け入れられる）との関連を検証している。

　アメリカ南部では歴史的に大規模な牧畜を産業としてきたことから，家畜を盗まれたりすることがないようにするために，自らの力（もしも誰かがルールを破ったら，許さず制裁を加えること）を示して秩序を守ることが重要になってきたという。農耕では収穫期以外，経済のよりどころである田畑そのものが盗まれる心配はないが，牧畜では育ててきた牛などを盗まれる危険性は常にあったのである。そのため南部の男性は自らの屈強さをアピールし，「弱いやつだ」（＝牛を盗みやすい）というレッテルを貼られないように，評判を保つことが重要になったという。こうした中，牧畜業者は減少し，GPS装置などで牛の管理ができるようになった現在においても，「名誉」を示す文化が残り，南部出身者の感情経験に影響を与えているという仮説である。実際アメリカ南部の人びとは，とくに相手から侮辱された場面で，自らの名誉を守るために威嚇する怒りを表わすような行動を行うことが実験により示されている。廊下を通行中の実験参加者に対して，サクラが侮辱するような言葉を浴びせると，南部出身の参加者は北部出身の参加者よりも，攻撃性に関連するホルモンであるテストステロンやストレス反応（コルチゾール）のレベルが上昇し，サクラに道をなかなか譲らない行動をとるなどのことが見られた。北部出身者と南部出身者の差は，侮辱を受けなかった統制条件では見られず，南部の人たちは自分の名誉を傷つけられたときのみに，怒りの反応を示すことが明らかにされている。

(6) 幸せの意味の違い

　幸せとは，誰しもが求めたいと思う状態である。しかし，どのようなときに，そしてどのような人が幸せを感じるのか，幸せにはどのような意味があるのかは，文化の中にある価値観や，幸福が実際にどのように実現されているのかなどの条件によって異なっている。たとえば経済的に安定した国においては人生の満足度が高いという一般的な傾向があるものの，収入の要因をコントロールすると，ブラジルやチリ，アルゼンチンなどの国で幸福感が高く，これに欧米諸国が続き，日本など東洋では比較的低くなるなどの，一定の文化差が見られることが知られている（Diener & Suh, 1999；大石，2009なども参照のこと）。

　筆者ら（Uchida et al., 2004; Uchida & Ogihara, 2012；内田・荻原，2012）は，それまで日米で主に行われてきた幸福感についての研究をレビューし，幸福感（subjective well-being）の①原因，②動機づけ，③意味，の3つが異なっていることを明らかにした。北米では自己の能力の発現である「個人的な

達成」が幸福の主要定義であり，自分に誇りを持ち，達成感を味わうことで初めて幸福が実現するとされているのに対し，日本においては幸福が関係性の結びつきの実現として定義されている。ディーナーとディーナー（Diener & Diener, 1995）は，個人主義−集団主義の軸を用いて 31 か国での比較研究を行い，「集団」を重視する文化に比べて，欧米などの「個人」を重視する文化で，自尊心が主観的幸福感に与える影響（Taylor & Brown, 1988）がより強いことを示している。

また，日本では周囲から情緒的サポート（emotinal support）を受けていることも幸福の大切な要素となっている（ただし，だからといって援助要請をさかんにするわけではなく，むしろ北米の方が援助要請がなされる傾向がある。この点については 8 章参照のこと）。情緒的サポートとは，周囲からの愛情を受け取ったり，困っているときに様々な側面から支えてもらったりすることである。自尊心を重要視する北米文化においては，サポートを受け取ることが自分の無力感を自覚することにつながり，自尊心に脅威を与え，結果として幸福感への影響が小さくなる場合がある。しかし日本では，たとえサポートを受け取ることで自尊心が傷ついたとしても，サポートは対人関係の結びつきを認識させるものであるため，幸福とサポートの関係性はより強固であることが示されている（Uchida et al., 2008）。

ポジティブ感情・ネガティブ感情の関係の違いや，理想感情の違いも幸福感に反映されている。東アジアの国のデータでは，「幸せ」はうきうきした良い意味を持つというよりも，どちらかというと穏やかで，かつ否定的な要素をも持ち合わせている感情であるという考えが存在する（Kitayama & Markus, 1999）。この点について，内田と北山（Uchida & Kitayama, 2009）は，日米で幸福の特徴や効果を記述させる課題を行い，分析を行った。すると，アメリカでは集められた「幸福の意味」のうち 98％の回答が，幸福についての良い側面（「何事にも前向きになる」「人に優しくなれる」「自尊心が高まる」など）となっていたのに対し，日本では良い側面だけではなく，30％ほどの悪い側面が記述された。たとえば「幸福が続くと，かえって不安になる」「幸福は長続きしない」「周囲の嫉妬を招いてしまう」「まわりに気遣いができなくなる」などである。しかし北米では，このような「幸せのネガティブな側面」は全体の 3％以下しか見られず，基本的に幸せは良い面のみが認識される傾向にあった。

7. 言語とコミュニケーション

言語を用いることで私たちは文化の中にある思考方法や暗黙のルールを取り入れるというプロセスが存在するだろう。

日本語では英語と異なり，主語を脱落させる用法が日常的に用いられる。嘉志摩らは 39 の言語を比較し，主語脱落が起こる文化はより個人主義の程度が低い文化であること（先に紹介した Hofstede の集団主義−個人主義次元が用いられている）を示している（Kashima & Kashima, 1998）。日本語では人称名詞を文脈や関係性によって多様に変化させる。公的には「私」を使う人も，家に帰ると子どもに向かって「お母さんはね」というように相手から見た自分の役割で自分を表現する。このような人称変化は，特に相手が自分より年下の場合に用いられるため，相手の視点を取っていたわる仕組みになっているとも

考えられる（鈴木, 1973）。さらに, 日本では, 話されることの言語的情報内容よりは, その発言がなされる文脈や言い方（トーン）などによって自分の思いを伝えることが重視される。日本語では「いいよ」という言葉を, 明るい感じで言うか, 暗い感じで言うかによって, 発話者の意図は180度違って聞こえるであろう。石井らの実験ではアメリカ人は言語の意味を重視した認知処理を行っているのに対して, 日本人やフィリピン人は発話の際の語調（イントネーション）を重視した認知処理を行っていることを実証的に示している（Ishii et al., 2003）。

また, 北米のヨーロッパ系アメリカ人の文化では, 自分の考えを明確に言語化して表明することが自らが「きちんと考えていること」の証明とみなされる。そこで, 親や教師も「はっきり考えを言い表す」ように子どもたちを幼い頃から教育する。しかし日本では, 言語的な表現はそれほど重視されず, 沈黙はよく考えている証とされることもある（授業中の発言は日本でアメリカよりも圧倒的に少ない）。このような観察をもとに, 話すことが思考に与える影響について実証する研究が行われている（Kim, 2002）。実験では, 知能検査の問題を解く際に, 考えていることを口にしながら行う場合と, 黙って解く場合の条件を与え, 検査の成績を比較している。結果, ヨーロッパ系アメリカ人の学生は話しながら問題を解く場合の方が実際に思考が促進され, 成績が良くなるのに対し, アジア系アメリカ人の子どもは話しながら問題を解くと逆に思考が阻害され, 成績が悪くなるという傾向が見出された。

8. 文化的産物

これまで文化によって私たちの心理傾向が形作られていることを示してきた。では逆に, 文化はどのように私たちの心によってつくられたり, 維持されたりしているのであろうか。私たちの心がつくり出し,「文化」を伝達する媒体としての役割を担っているものは「文化的産物（cultural products）」と呼ばれ, 様々な分析が行われている。そして, 文化的産物の分析は, 個人の主観的な文化的価値観などを測定する質問紙調査よりもその文化の特徴をよく反映し得ることが指摘されている（Morling & Lamoreaux, 2008）。物語, 書籍, メディア報道, 芸術などがこれに当たる。

マーカスと内田ら（Markus et al., 2006）は, オリンピック選手のメディア報道を取り上げ, 日米それぞれでの目標達成や人物描写の内容の比較検討を行った。2000年のシドニーオリンピック, および2002年のソルトレークシティ冬季オリンピックにおける, 日本人選手77名とアメリカ人選手265名についての日米での新聞, テレビ, 雑誌のオリンピック報道（選手のコメント, 記者の分析, 解説者の分析を含む）の一字一句がどのような内容に言及しているかを内容分析（コーディング）した。すると, アメリカの報道では, 選手の強さやライバルとの関係などの競争性に基づいた選手の説明や勝因の分析に焦点が当てられた報道がなされており, 競技におけるパフォーマンスを個人の特性に帰属し, 競争的な環境の重要性を考慮に入れる傾向が強いことが明らかになった。これに対し日本の報道では, ライバル以外の他者（家族やコーチ, 友人）, 過去の経験, 選手の気持ちなどについてアメリカよりも多く言及しがちであり, 勝敗に関わる様々な要因を総合的に考察するような報道がなされて

いた。また，アメリカでは選手の弱さなどの否定的要素にほとんど注目しないが，日本においては選手の弱点や怪我などの否定的な要素にも肯定的要素と同様に注目することが示唆された。

今田（Imada, 2012）は文化的産物の中でもとくにたくさんの子どもに読まれる小学校の国語の教科書に載っている物語を日米で分析している。それぞれの国の小学校で最もよく使われている教科書から選ばれた物語に，個人主義的価値と集団主義価値がどの程度反映されているかを分析した。その結果日本の教科書の物語には他者との調和などの集団主義的価値をテーマとした物語が多いのに対して，アメリカの教科書には個人の意思決定を達成するなどの個人主義的価値をテーマにした物語が多いことがわかった。同様の試みは，雑誌広告を分析し，ユニークさのアピールが北米の雑誌で韓国の雑誌よりも多いことなどを示した研究にも見られる（Kim & Markus, 1999）。

私たちはこのような報道という文化的産物に触れることで，人物に対する理解の仕方や，目標達成がどのようになされるのかという「文化内に共有されたストーリー」を構築していく。それにより，たとえば状況に原因帰属をする他者理解の思考や，包括的認知傾向を獲得するかもしれない。実際，同じ犯罪の報道でも，中国系アメリカ人が読む新聞と，ヨーロッパ系アメリカ人が読む新聞では報道内容が違っている（前者の方が，犯人そのものよりも，犯人を取り巻く環境の悪さなどについて言及される傾向がある）ということが示されている（Morris & Peng, 1994）。こうしたことが人の行動の原因帰属に影響を与えるかもしれない。つまり，文化的産物に接することで，文化がまた新たに人に伝わっていくのである。文化的産物はもとより人びとの心によってつくり出されたものである。その意味で，文化的産物は制作者や聴衆など，その文化に生きる人びとの「心」の総体であると同時に，あらたに聴衆に影響を与える「環境要因」となり得るものでもある。

9. 文化差の要因と文化の変化

(1) 文化差の要因

これまで見てきたような文化的自己観あるいは振る舞いがどのようにして定着していったのかを明らかにするためには，歴史的な分析が必要である。文化的な心理傾向は，地理・風土的基盤（気候風土や，狩猟・農耕などの生活形態）あるいは人口流動や人口密度などに見られる社会生態的基盤と関連して立ち現われてきたものである（社会生態学的アプローチ（socio-ecological approach），竹村・結城，2014）。

この議論は，アメリカ，日本といった国家・民族などの大きな枠組みだけではなく，地域や家庭などの，歴史的に積み重ねられてきた背景を共有する人の集まりすべてに当てはめることができる。つまり，私たちの生活には，様々な文化が多層的に重なって存在している。こうした複雑な文化の中身と，これまた複雑な心の中身との相互作用を調べていく作業は簡単なものではない。そのうえ，文化も心も一定のところでとどまっている固定的なものではなく，それぞれお互いに相互作用し合いながら変化をしている。こうしたことも含めて解き明かしてくことも現在の文化研究のひとつの重要な命題となっている。

洋の東西の文化差を作り出す要因として，ニズベットらは，農耕や狩猟と

いった古代中国と古代ギリシャの経済システムの違いを挙げている。古代ギリシャのように狩猟採集を主とする集団では，自分の力を信じ，新しい道を切り拓くこと，つまり「相互独立性」が重要とされる。このような環境下では，たとえば人と助け合うことよりは自分の力を信じた方がより適応的である。これに関連して北山らは，先述のとおり開拓民のフロンティア精神と相互独立性の関連を指摘している（Kitayama et al., 2006）。また，古代中国のように農業を主とする地域では，より他者に気を配り，包括的認知傾向が高まるという証拠も得られている（Talhelm et al., 2014; Uskul et al., 2008）。

さらに，大石（Oishi, 2010）は，人口移動（流動性）の重要性を指摘している。アメリカでは，引越し回数や転職回数，離婚率が高いなど，人口移動の流動性が高い。このような社会においては，自分の力を信じて見極め，より新しい機会を求めて移動することがより効率的となる。一方で日本社会はアメリカに比較すれば流動性は低い。転職や離婚はチャンスの増大というメリットよりはリスクが大きいとされ，人びとは組織にとどまりがちである。流動性が高い社会の方が低い社会よりも，他者に自分をアピールする自己開示がさかんに行われ（Schug et al., 2010），自己のユニークさを追求し（Takemura, 2014），自尊心を幸福と結びつけがちになる（Yuki et al., 2013）という知見もある。逆に流動性が低い社会では，いったん既存のグループから排除されるとそこから新たな可能性を見出す機会に乏しいため，排除されることに対する不安を抱くようになるという（Sato et al., 2014）。

宗教も文化を形作る重要な要素であろう。マックス・ヴェーバー（Weber, 1920）は，『プロテスタンティズムと資本主義の精神』の中で，プロテスタントの宗教的道徳観や倫理観と，そこに生きる個人のあり方（個人主義）の密接な関係を描き出している。また，日本的な感情経験や対人関係は，仏教や儒教の考え方とも関連していると思われる。

(2) 文化の変化

文化はある集団に共有され，伝達されるものであり，集団を構成する人びとが変化することにより，文化自体も変化する。文化は動的なものであり，維持と再生産のプロセスの中で変容すると考えられている（Kashima, 2014）。

これまでのある一時点での文化比較研究の方法論においては，文化の変化が心の性質に与える影響そのものを追うことは困難であった。しかし近年では，データの蓄積とともに，その二次利用によって時間軸を考慮に入れた分析を行うことが可能になってきている。近年はグローバリゼーション（globalization）により様々な西洋流の個人主義化が生じていると指摘されることがある。この点について浜村（Hamamura, 2012）は，個人主義－集団主義の軸における日米での文化を，1950年から2008年までの間で分析している。すると日米双方で世帯人数の減少や都市部居住の増加，離婚率の上昇などが見られるなど，いわゆる個人主義化・都市生活化にかかる現象が見られるが，逆に集団主義的傾向が増加している領域もあるという（アメリカでは離婚率は1980年をピークに低下，親への尊敬が上昇し，日本では社会的義務が上昇，個人の権利の重要性が減少している）。

あるいは先ほど紹介した「文化的産物」の分析により，文化の変化を追う研究も見られる。グリーンフィールド（Greenfield, 2004）はメキシコ・チアパ

Google Ngram
　Googleが所有する電子化された蔵書情報を用いて，キーワードがそれぞれの年代の書誌の中に出現する頻度を分析することができるツール。

スの Nabenchauk における文化の変化を調査している。1991年当初の織物のパターンは，民族的でローカルな美的感覚によってつくり出されていたが，その7年後，アメリカからの経済的影響を大きく受けた中で，模様がより西洋的スタンダードへと変化したという。また，Google Ngram などを用いて，書籍で用いられた言葉の分析をし，アメリカでは個人主義や選択にまつわる言葉が用いられる頻度が増えている，つまり個人主義が上昇しているという分析もある（Greenfield, 2013; Twenge et al., 2012）。

人は適応的に生きるために，現実の要請に対応しようとする動機づけも持ち合わせており，心の性質は可塑的な側面もある。新しい文化への適応プロセス（アカルチュレーション）はその一例である。一方でグローバリゼーションにより，既存の文化と新しい価値のせめぎ合いが経験されることも指摘されている。日本における個人主義化は，アメリカなどで観察される個人主義とは同一のものにはならず，むしろその表層的一部分のみの導入に留まってしまっている（内田・荻原，2012）。

また，文化と進化の「共進化」という理論モデルが構築されている（Richerson & Boyd, 2005）。ある生態学的環境要因が変化して，必要とされる行動の「機能」に変化が生じた場合，それに合わせて行動傾向が変わる。その行動傾向が集合的に集積されることにより，「文化変容（cultural change）」がもたらされることもあると考えられる。今後も心と文化の相互構成プロセスについて検討していくことが必要である。

■文献

Bagozzi, R. P., Wong, N., & Yi, Y.（1999）. The role of culture and gender in the relationship between positive and negative affect. *Cognition and Emotion*, **13**, 641-672.
Bruner, J.（1990）. *Acts of meaning*. Cambridge, MA: Harvard University Press.
Chentsova-Dutton, Y. E., & Tsai, J. L.（2010）. Self-focused attention and emotional reactivity: The role of culture. *Journal of Personality and Social Psychology*, **98**, 507-519.
Chiao, J. Y., & Blizinsky, K. D.（2010）. Culture-gene coevolution of individualism-collectivism and the serotonin transporter gene. *Proceedings of the Royal Society of London B: Biological Sciences*, **277**, 529-537.
Cohen, S., & Wills, T. A.（1985）. Stress, social support, and the buffering hypothesis. *Psychological Bulletin*, **98**, 310-357.
Cousins, S. D.（1989）. Culture and self-perception in Japan and the United States. *Journal of Personality and Social Psychology*, **56**, 124-131.
Diener, E., & Diener, M.（1995）. Cross cultural correlates of life satisfaction and self-esteem. *Journal of Personality and Social Psychology*, **68**, 653-663.
Diener, E., & Suh, E. M.（1999）. National differences in subjective well-being. In D. Kahneman, E. Diener, & N. Schwarz（Eds.）, *Well-being: The foundations of hedonic psychology*（pp. 434-450）. New York: Russell Sage Foundation.
Dunning, D., Meyerowitz, J. A., & Holzberg, A. D.（1989）. Ambiguity and self-evaluation: The role of idiosyncratic trait definitions in self-serving assessments of ability. *Journal of Personality and Social Psychology*, **57**, 1082-1090.
Ekman, P.（1984）. Expression and the nature of emotion. In K. Scherer & P. Ekman（Eds.）, *Approach to emotion*（pp. 319-344）. Hillsdale, NJ: Lawrence Erlbaum.
Ekman, P. E., & Davidson, R. J.（1994）. *The nature of emotion: Fundamental questions*. New York: Oxford University Press.
Greenfield, P. M.（2004）. *Weaving generations together: Evolving creativity in the Maya of Chiapas*. Santa Fe, NM: SAR Press.

Greenfield, P. M. (2013). The changing psychology of culture from 1800 through 2000. *Psychological Science*, 24, 1722-1731.

Hamamura, T. (2012). Are cultures becoming individualistic? A cross-temporal comparison of individualism-collectivism in the United States and Japan. *Personality and Social Psychology Review*, 16, 3-24.

Heine, S. J., Kitayama, S., Lehman, D. R., Takata, T., Ide, E., Leung, C., & Matsumoto, H. (2001). Divergent consequences of success and failure in Japan and North America: An investigation of self-improving motivation and malleable selves. *Journal of Personality and Social Psychology*, 81, 599-615.

Heine, S. J., & Lehman, D. R. (1997). Culture, dissonance, and self-affirmation. *Personality and Social Psychology Bulletin*, 23, 389-400.

Heine, S. J., & Lehman, D. R. (1999). Culture, self-discrepancies, and self-satisfaction. *Personality and Social Psychology Bulletin*, 25, 915-925.

Henrich, J., Heine, S. J., & Norenzayan, A. (2010). Most people are not WEIRD. *Nature*, 466, 29-29.

Hofstede, G. (1991). *Cultures and organizations: Software of the mind*. London: McGraw-Hill.

Hofstede, G. (2001). *Culture's consequences: Comparing values, behaviors, institutions and organizations across nations*. Thousand Oaks, CA: Sage Publications.

Hong, Y. Y., Morris, M. W., Chiu, C., & Benet-Martinez, V. (2000). Multicultural minds: A dynamic constructivist approach to culture and cognition. *American Psychologist*, 55, 709-720.

Imada, T. (2012). Cultural narratives of individualism and collectivism: A content analysis of textbook stories in the United States and Japan. *Journal of Cross-Cultural Psychology*, 43, 576-591.

Ishii, K., Rayes, J. A., & Kitayama, S. (2003). Spontaneous attention to word content versus emotional tone: Differences among three cultures. *Psychological Science*, 14, 39-46.

Iyengar, S. S., & Lepper, M. R. (1999). Rethinking the value of choice: A cultural perspective on intrinsic motivation. *Journal of Personality and Social Psychology*, 76, 349-366.

Ji, L.-J., Zhang, Z., & Nisbett, R. E. (2004). Is it culture or is it language? Examination of language effects in cross-cultural research on categorization. *Journal of Personality and Social Psychology*, 87, 57-65.

Kanagawa, C., Cross, S. E., & Markus, H. R. (2001). "Who am I?" The cultural psychology of the conceptual self. *Personality and Social Psychology Bulletin*, 27, 90-103.

Kashima, E. S., & Kashima, Y. (1998). Culture and language: The case of cultural dimensions and personal pronoun use. *Journal of Cross-Cultural Psychology*, 29, 461-486.

Kashima, Y. (2014). How can you capture cultural dynamics? *Frontiers in Psychology*, 5, 1-16. 〈doi.org/10.3389/fpsyg.2014.00995〉

Kim, H. S. (2002). We talk, therefore we think? A cultural analysis of the effect of talking on thinking. *Journal of Personality and Social Psychology*, 83, 828-842.

Kim, H., & Markus, H. R. (1999). Deviance or uniqueness, harmony or conformity? A cultural analysis. *Journal of personality and social psychology*, 77, 785-800.

北山 忍 (1998). 自己と感情―文化心理学による問いかけ 共立出版

Kitayama, S., Duffy, S., Kawamura, T., & Larsen, J. (2003). Perceiving an object and its context in different cultures: A cultural look at New Look. *Psychological Science*, 14, 201-206.

Kitayama, S., Ishii, K., Imada, T., Takemura, K., & Ramaswamy, J. (2006). Voluntary settlement and the spirit of independence: Evidence from Japan's "Northern Frontier". *Journal of Personality and Social Psychology*, 91, 369-384.

Kitayama, S., & Markus, H. R. (1994). Introduction to cultural psycholosy and emotion research. In S. Kitatama & H. R. Markus (Eds.), *Emotion and culture: Empirical studies of mutual influence* (pp. 1-19). Washington, DC: American Psychologial Association.

Kitayama, S., & Markus H. R. (1999). Yin and Yang of the Japanese self: The cultural psychology of personality coherence. In D. Cervone & Y. Shoda (Eds.), *The coherence of personality: Social-cognitive bases of consistency, variability and organization* (pp. 242-301). New York: Guilford.

Kitayama, S., Markus, H. R., & Kurokawa, M. (2000). Culture, emotion, and well-being: Good feelings in Japan and the United States. *Cognition & Emotion*, 14, 93-124.

Kitayama, S., Markus, H. R., Matsumoto, H., & Norasakkunkit, V. (1997). Individual and collective processes in the construction of the self: Self-enhancement in the United States and self-criticism in Japan. *Journal of Personality and Social Psychology*, 72, 1245-1267.

Kitayama, S., Mesqiuta, B., & Karasawa, M. (2006). Cultural affordances and emotional experience: Socially engaging and disengaging emotions in Japan and the United States. *Journal of Personality and Social Psychology*, **91**, 890-903.

北山　忍・宮本百合　(2000)．文化心理学と洋の東西の巨視的比較—現代的意義と実証的知見—　心理学評論，**43**, 57-81.

Kluckhohn, K. (1954). Culture and behavior. In G. Lindzey (Ed.), *Handbook of social psychology*, Vol.2 (pp. 921-976). Cambridge, MA: Addison-Wesley.

Lepper, M. R., & Greene, D. (1978). Divergent approaches to the study of rewards. In M. R. Lepper & D. Greene (Eds.), *The hidden costs of reward* (pp. 217-244). Hillsdale, NJ: Erlbaum.

Markus, H., & Kitayama, S. (1991). Culture and self: Implications for cognition, emotion and motivation. *Psychological Review*, **98**, 224-253.

Markus, R. H., Uchida, Y., Omoregie, H., Townsend, S. S. M., & Kitayama, S. (2006). Going for the Gold: Models of agency in Japanese and American contexts. *Psychological Science*, **17**, 103-112.

Masuda, T., & Kitayama, S. (2004). Perceiver-induced constraint and attitude attribution in Japan and the US: A case for the cultural dependence of the correspondence bias. *Journal of Experimental Social Psychology*, **40**, 409-416.

Masuda, T., & Nisbett, R. E. (2001). Attending holistically versus analytically: Comparing the context sensitivity of Japanese and Americans. *Journal of Personality and Social Psychology*, **81**, 922-934.

Matsumoto, D., Takeuchi, S., Andayani, S., Kouznetsova, N., & Krupp, D. (1998). The contribution of individualism vs. collectivism to cross-national differences in display rules. *Asian Journal of Social Psychology*, **1**, 147-165.

Mead, G. H. (1934). *Mind, self, and society*. Chicago, IL: The University of Chicago Press.

Miller, J. G. (1984). Culture and the development of everyday social explanation. *Journal of Personality and Social Psychology*, **46**, 961-978.

Miyamoto, Y., & Ryff, C. D. (2011). Cultural differences in the dialectical and non-dialectical emotional styles and their implications for health. *Cognition and Emotion*, **25**, 22-39.

Morling, B., Kitayama, S., & Miyamoto, Y. (2002). Cultural practices emphasize influence in the United States and adjustment in Japan. *Personality and Social Psychology Bulletin*, **28**, 311-323.

Morling, B., & Lamoreaux, M. (2008). Measuring culture outside the head: A meta-analysis of individualism-collectivism in cultural products. *Personality and Social Psychology Review*, **12**, 199-221.

Morris, M. W., & Peng, K. (1994). Culture and cause: American and Chinese attributions for social and physical events. *Journal of Personality and Social Psychology*, **67**, 949-971.

Nisbett, R. E. (2003). *The geography of thought: Why we think the way we do*. New York: The Free Press. (ニスベット，R. E.　村本由紀子（訳）(2004)．木を見る西洋人，森を見る東洋人：思考の違いはいかにして生まれるか　ダイヤモンド社)

Nisbett, R. E., & Cohen, D. (1996). *Culture of honor: The psychology of violence in the South*. Boulder, CO: Westview Press.

Nisbett, R. E., Peng, K., Choi, I., & Norenzayan, A. (2001). Culture and systems of thought: Holistic versus analytic cognition. *Psychological Review*, **108**, 291-310.

Nisbett, R. E., & Ross, L. (1980). *Human inference: Strategies and shortcomings of social judgment*. Englewood Cliffs, NJ: Prentice-Hall.

Norenzayan, A., Smith, E. E., Kim, B. J., & Nisbett, R. E. (2002). Cultural preferences for formal versus intuitive reasoning. *Cognitive Science*, **26**, 653-684.

大石繁宏　(2009)．幸福を科学する—心理学からわかったこと　新曜社

Oishi, S. (2010). The psychology of residential mobility implications for the self, social relationships, and well-being. *Perspectives on Psychological Science*, **5**, 5-21.

Oishi, S., & Diener, E. (2003). Culture and well-being: the cycle of action, evaluation, and decision. *Personality and Social Psychology Bulletin*, **29**, 939-949.

Richerson, P. J., & Boyd, R. (2005). *Not by genes alone: How culture transformed human evolution*. Chicago, IL: The University of Chicago Press.

Ross, L. (1977). The intuitive psychologist and his shortcomings: Distortions in the attribution process. In L. Berkowitz (Ed.), *Advances in experimental social psychology*, Vol.10 (pp. 174-221). New York: Academic Press.

Sato, K., Yuki, M., & Norasakkunkit, V. (2014). A socio-ecological approach to cross-cultural differences in the sensitivity to social rejection: The partially mediating role of relational mobility. *Journal of Cross-Cultural Psychology*, **45**, 1549-1560.

Schug, J., Yuki, M., & Maddux, W. (2010). Relational mobility explains between- and within-culture differences in self-disclosure to close friends. *Psychological Science*, **21**, 1471-1478.

Shweder, R. (1991). Cultural psychology-what is it? In R. Shweder (Ed.), *Thinking through culture* (pp. 73-110). Cambridge, MA: Cambridge University Press.

Smith, C. A., & Lazarus, R. S. (1993). Appraisal components, core relational themes, and the emotions. *Cognition & Emotion*, **7**, 233-269.

Snibbe, A. C., & Markus, H. R. (2005). You can't always get what you want: Educational attainment, agency, and choice. *Journal of Personality and Social Psychology*, **88**, 703-720.

鈴木孝夫 (1973). ことばと文化 岩波書店

Takemura, K. (2014). Being different leads to being connected: On the adaptive function of uniqueness in "open" societies. *Journal of Cross-Cultural Psychology*, **45**, 1579-1593.

竹村幸祐・結城雅樹 (2014). 文化への社会生態学的アプローチ 山岸俊男 (編) 文化を実践する：社会行動の文化・制度的基盤 (pp.91-140) 勁草書房

Talhelm, T., Zhang, X., Oishi, S., Shimin, C., Duan, D., Lan, X., & Kitayama, S. (2014). Large-scale psychological differences within China explained by rice versus wheat agriculture. *Science*, **344**, 603-608.

Taylor, S. E., & Brown, J. D. (1988). Illusion and well-being: A social psychological perspective on mental health. *Psychological Bulletin*, **103**, 193-210.

Triandis, H. C. (1995). *Individualism and collectivism*. Boulder, CO: Westview Press.

Triandis, H. C., McCusker, C., & Hui, C. H. (1990). Multimethod probes of individualism and collectivism. *Journal of Personality and Social Psychology*, **59**, 1006-1020.

Tsai, J. L., Knutson, B., & Fung, H. H. (2006). Cultural variation in affect valuation. *Journal of Personality and Social Psychology*, **90**, 288-307.

Tsai, J. L., Louie, J. Y., Chen, E. E., & Uchida, Y. (2007). Learning what feelings to desire: Socialization of ideal affect through children's storybooks. *Personality and Social Psychology Bulletin*, **33**, 17-30.

Twenge, J. M., Campbell, W. K., & Gentile, B. (2012). Changes in pronoun use in American books and the rise of individualism, 1960-2008. *Journal of Cross-Cultural Psychology*, **44**, 406-415.

内田由紀子 (2006). わたしの文化を超えて 金政祐司・石盛真徳 (編) わたしから社会へ広がる心理学 (pp.200-222) 北樹出版

内田由紀子 (2009). 文化と心 遠藤由美 (編) 社会心理学―社会で生きる人のいとなみを探る (pp.161-180) ミネルヴァ書房

Uchida, Y., & Kitayama, S. (2009). Happiness and unhappiness in east and west: Themes and variations. *Emotion*, **9**, 441-456.

Uchida, Y., Kitayama, S., Mesquita, B., Reyes, J. A. S., & Morling, B. (2008). Is perceived emotional support beneficial? Well-being and health in independent and interdependent cultures. *Personality and Social Psychology Bulletin*, **34**, 741-754.

Uchida, Y., Norasakkunkit, V., & Kitayama, S. (2004). Cultural constructions of happiness: Theory and evidence. *Journal of Happiness Studies*, **5**, 223-239.

Uchida, Y., & Ogihara, Y. (2012). Personal or interpersonal construal of happiness: A cultural psychological perspective. *International Journal of Wellbeing*, **2**, 354-369.

内田由紀子・荻原祐二 (2012). 文化的幸福観：文化心理学的知見と将来への展望 心理学評論, **55**, 26-42.

Uskul, A. K., Kitayama, S., & Nisbett, R. E. (2008). Ecocultural basis of cognition: Farmers and fishermen are more holistic than herders. *Proceedings of the National Academy of Sciences*, **105**, 8552-8556.

Weber, M. (1920). *Die protestantische Ethik und der "Geist" des Kapitalismus, Gesammelte Aufsätze zur Religionssoziologie*. Bd. 1. Tübingen: J. C. B. Mohr (Paul Siebeck). (ヴェーバー, M. 大塚久雄 (訳) (1989). プロテスタンティズムの倫理と資本主義の精神 岩波書店)

Yamagishi, T., Hashimoto, H., & Schug, J. (2008). Preference vs. strategies as explanations for culture-specific behavior. *Psychological Science*, **19**, 579-584.

Yuki, M., Maddux, W. W., & Masuda, T. (2007). Are the windows to the soul the same in the East and West? Cutural differences in using the eyes and mouth as cues to recognize emotions in Japan and the United States. *Jaurnal of Experimental Social Psychology*, **43**, 303-311.

Yuki, M., Sato, K., Takemura, K., & Oishi, S. (2013). Social ecology moderates the association between self-esteem and happiness. *Journal of Experimental Social Psychology*, **49**, 741-746.

進化的アプローチ

15

竹澤正哲

1. 進化的アプローチとは何か？

　社会心理学に進化的アプローチが導入されはじめた1990年代の後半，*Evolutionary Social Psychology* というタイトルの本が出版された。その中で，著名な社会心理学者であるリチャード・ニズベットが語った次のような言葉が紹介されている——「今後，全ての心理学者が進化心理学者となることはないだろう。だが全ての心理学者は進化的視点を理解し，自分の研究において進化的な説明をしていくようになるだろう（Kenrick & Simpson, 1997, p. 17）」。この言葉が指し示すように，進化的アプローチという独立した研究領域が存在するわけではなく，これは心理学におけるすべての研究対象に適用可能な視点である。だが，それはいったい何を意味するのか？　まず2つの例を見ながら，この問題を考えてみたい。

色覚の進化

　世界は色に満ち溢れている。私たちが色を知覚できるのは，人間の網膜には3つの異なる色を知覚する錐体細胞が備わっているからである。だが人間と同様の三色型色覚の能力はすべての動物に備わっているわけではない。進化の歴史を紐解くと，爬虫類は色を知覚するための細胞を4種類持っていたが（四色型色覚），哺乳類が誕生すると錐体細胞は2種類に減少し（二色型色覚），そして人間を含む一部の霊長類だけが再び三色型色覚を獲得したのだという。だがなぜ，一度は失われた色覚が再び獲得されたのだろうか？　チャンギージーら（Changizi et al., 2006）は，三色型色覚は他者の感情を顔色から認識するために進化したのだと主張した。人間の皮膚の色は，血液の中のヘモグロビンの酸化飽和度に応じて赤－緑の次元で変化し，また血流量に応じて青－黄の次元で変化する。つまり2つのパラメータの組み合わせによって，人間の皮膚の色は多様な範囲で変化するのだが，人間の三色型色覚は，皮膚色の変化を検知するよう最適化されているという。また皮膚の色の変化（すなわち血液における2つのパラメータの変化）は様々な感情状態と対応していることも知られている。したがって，皮膚の色の変化を知覚できれば，そこから個体の感情の状態を識別することが可能となる。興味深いことに，霊長類の中でも三色型色覚システムを持つ種は人間と同様に顔に毛が生えていない。皮膚の色から感情状態を推測するためには毛があると邪魔なうえに，自らの感情状態を伏せ隠すよりも，他者に対してシグナルとして伝達することが適応的だったからであろう。集団で生活する生物にとって，他個体の心の状態を推論し，それに応じて行動を変化させることは生存のために必要な能力である。私たちが世界に存在する

色を見て美しさを感じることができるのは，複雑な社会関係の中で適切に振る舞うために，皮膚の色から他者の心の状態を推測することが必要であり，進化の過程で三色型色覚というメカニズムが獲得されたからなのだと考えられる（Changizi, 2009）。

危険な生物に対して感じる恐怖

　恐怖という感情は，その対象から素早く身を遠ざけ，危害を被るリスクを低減させるための適応的なメカニズムであるが，そこには複雑な仕組みが潜んでいる。研究室で生まれ育ったアカゲザルは蛇を見ても恐怖を示さないが，「仲間が蛇を見て怖がっている」様子を見ると蛇に対する恐怖を学習するという。つまり恐怖の対象は生得的に決まっているわけではなく，社会的学習によって決定されるらしい。だが，アカゲザルは仲間が怖がっている対象なら何でも怖がるようになるわけではない。「仲間が花を見て怖がっている」動画を見せても，花に対する恐怖が学習されることはない（Cook & Mineka, 1989）。

　これは，アカゲザルには危険な生物に対してのみ恐怖を学習できる準備性（preparedness）が備わっていることを意味するのだが（Öhman & Mineka, 2001），よく考えてみるとこれは非常に賢くデザインされたメカニズムである。本当は仲間が蛇を見て怖がっているのに，たまたまバナナに隠れて蛇が見えない場面を考えてみよう。もしバナナに対する恐怖を学習し，肝心の蛇に対する恐怖を学習できなければ，生存上不利になる。つまりいかなる対象であれ仲間が怖がるものを避けるようなメカニズムは，あまり適応的とはいえない。一方で，危険な生物の外見に関する情報を遺伝子上にエンコーディングし，生まれながらにそれらを回避するメカニズムもあまり賢いデザインには思えない。危険な生物は多種多様で，環境によってその色や大きさ，形状も異なる。避けるべき対象をすべて遺伝子で規定しようとするならば，膨大な量の情報が遺伝子上に符号化されなければならないだろう。何か危険な生物に共通する単純な視覚的手がかりを抽出し，そうした手がかりを持つ対象に対してのみ恐怖学習（恐怖条件づけ）を準備することは，これらの問題を回避するための適応的なデザインである。

　コールとウィルキンス（Cole & Wilkins, 2015）は，蛇やクモなどの危険な生物には，自然界に存在する他の物体には見られない光学的な特徴（例，空間周波数のある領域における輝度コントラストが通常よりも高い）が共通して備わっていることを見出した。一般的に，物の形状を認識するためには高次の視覚処理が必要だが，輝度や動きは検知と処理が容易な低次の情報である。人間やサルは，危険な生物に共通する低次の光学的情報に対して高い感受性を持っているのだろう。たとえば，生後 8〜14ヶ月の人間の乳児ですら蛇の画像を他の物体よりも素早く検知できること（LoBue & DeLoache, 2010），大人は蛇を識閾下で認識していること（Öhman & Soares, 1993），網膜に投影された蛇の画像は，視覚野での形状分析が行われるよりも前に，視床枕という脳部位で検知されることが知られている（Van Le et al., 2013）。

　もし，危険な生物に共通の光学的特徴を持ちながら，実は危害をもたらさない対象があるとしたらどうなるだろうか？　きっと人間は，そのような対象にもつい恐怖を感じてしまうだろう。実は，その代表例が蓮の花托である。インターネット上で，蜂の巣のようにたくさんの穴が開き，その中から種子の頭

がのぞいている蓮の花托の写真を見てしまい，なんとも言えないゾッとした気持ちに襲われたことがある人も多いだろう。蓮の花托のように，たくさんの小さな穴があいた物体の画像を解析すると，蛇やクモなどと同様に，特定の空間周波数帯域で特異な輝度コントラストを示しているという（Cole & Wilkins, 2015）。穴恐怖症（trypophobia）と呼ばれるこの現象は，危険な生物を回避するために進化した心が生み出す副産物であるといえるだろう。

■ 進化的アプローチを取ることの意味

動物行動学者ニコ・ティンバーゲンは，動物行動を研究するためには4つのレベルから「なぜ」と問う必要があると考えた（長谷川，2002）。「その行動を引き起こしたメカニズムはどのようなものか（メカニズム）」「そのメカニズムは個体の中でどのように発達してきたか（個体発生）」という2つの問いは近接要因（proximate mechanisms）と呼ばれる。残りは究極要因（ultimate mechanisms）と呼ばれ，「それは祖先が持つ行動からどのように進化してきたのか（系統発生）」「その行動はどのような適応的価値を持っているのか（機能・進化）」という2つの問いからなる。前節の例においては，この「なぜ」という問いが複層的に重なり合い，一見するとバラバラに見える知見が，進化という大きな幹へと統合されていくことに気づいただろうか。

進化的アプローチの最大のメリットは，ここにある。あるメカニズムがいかなる機能を持つのかという問いを導入することにより知見の統合が促進され，メカニズムを問うだけでは到達できない大きな視点から人間と社会を理解していくことが可能となる。そして，進化的な視点を取ることによって新たな仮説が生み出され研究が生産されていく。人間の行動や心理を進化という視点から理解することにより，自然科学と統合された新たな社会心理学の構築を目指すことが進化的アプローチの目的である。

本章では，進化的アプローチによって理解が促進された3つのトピック，適応的認知，協力，表情と魅力の認知を紹介する。繰り返しになるが進化的アプローチとは，特定の研究テーマを指すのではなく，人間の行動と心に関する研究対象すべてに適用可能な視点である。本章だけでは進化的アプローチに基づく研究の一部しか紹介できないため，関心のある読者は以下の教科書とあわせて参照されたい（長谷川・長谷川，2000；亀田・村田，2010；北村・大坪，2012）。また進化的アプローチは，進化心理学とも大きく重なっている。配偶者選択や性淘汰に関しては，進化心理学の教科書（長谷川・長谷川，2000；北村・大坪，2012；Buss, 2012）で詳細に扱われているため，本章では割愛していることに注意していただきたい。

2. 適応的認知

「人間は非合理的で誤りばかり犯す存在である」——トヴァスキーとカーネマン（Tversky & Kahneman, 1974）によって「ヒューリスティックスとバイアス」という研究プログラムが提唱されて以来，社会心理学では人間が非合理的な存在であるとの認識が共有されている。だが近年，一見すると非合理的に見える人間の判断や意思決定も，進化的な観点から見ると非常に賢くデザインされた適応的な認知システムの副産物であることが明らかとなってきた。

進化的アプローチにおける遺伝子の位置づけ

生物進化とは遺伝子における淘汰を意味するはずだが，進化的アプローチでは遺伝子が直接の研究対象となることは少ない。これは行動生態学における表現型戦略（phenotypic gambit）という研究の枠組みを受け継いだものである。遺伝子（遺伝型）から行動（表現型）が発現するまでの長く複雑な仕組みをブラックボックスとみなし，淘汰は表現型のレベルで生じるものと仮定して研究を進めていく戦略である。

非合理的なバイアスが適応的であるとは何を意味するのか？　ここで，対称性バイアスという非合理的バイアスを例にして考えてみよう（Sidman, 1994）。論理学に従えば，$p \to q$ が真であるとしても，$q \to p$ が真であるとは限らない。だが，人間はいともたやすく，前者が真ならば後者もまた真であると推論してしまう。たとえば私たちは，「りんご」という音声が『りんご』という対象を指し示すことを学習すると，即座に『りんご』という対象は「りんご」という音声によって指し示されるのだと推論する。だが，これは論理的には誤った推論である。そして人間以外には，対称性バイアスを示す動物はほとんどいない。だが，この非合理的なバイアスは，幼児が語彙を学習するうえで，決定的に重要な役割を果たすことは明らかだろう（Matoba et al., 2011）。対称性バイアスを持たず，すべての論理的可能性を探索する合理的な子どもがいたら，数万語に及ぶ日本語の語彙を学習するためには，どれだけの時間がかかることだろうか。

進化という観点から見ると，人間とは決して愚かな存在ではなく，環境へ適応するようデザインされたきわめて賢い存在であることがわかる。以下では，進化的アプローチによって，人間の合理性に関する従来の知見を塗り替えつつある，適応的認知（adaptive cognition）という研究領域を紹介したい（Gigerenzer et al., 1996; Gigerenzer & Gaissmaier, 2011; Gigerenzer et al., 2011; Todd et al., 2012; Hertwig et al., 2013）。

(1) 確率判断におけるベイジアン合理性

次の問題を考えてみよう。「ある病気を診断する検査がある。この検査は病気に罹患しているときには 95% の確率で陽性と判断する一方，罹患していないときには 95% の確率で陰性と判断する。あなたが検査を受けたところ陽性との結果が出た。あなたと同じ年齢でこの病気に罹患している人の割合は 1% である。あなたが病気に罹患している確率は何 % だろうか？」。多くの人びとは，こうした問題に対して「病気に罹患している確率は 95% 程度だろう」と回答する。だが，ベイズの定理を用いて正答を求めると，$\frac{0.01 \times 0.95}{0.01 \times 0.95 + 0.99 \times 0.05} = 0.16$ となり，病気に罹患している確率は 16% に過ぎない。たとえ検査の信頼性が高くても，もともと 99% の人間は健康なので，誤って陽性と判断されるケースが多くなるためである。基準確率の錯誤（base-rate fallacy）と呼ばれ，人間の推論がベイジアン合理性から逸脱することを示す証拠だとされてきた（Tversky & Kahneman, 1974）。

だがここで同じ問題を次のように言い換えてみよう。「あなたと同じ年齢の人が 1 万人いた場合，そのうち 100 人が病気に罹患している。罹患者 100 人が検査を受けると，そのうち 95 人が正しく陽性と判断されるが，9,900 人の健康な人のうち 495 人が誤って陽性と判断される。さてこの検査で陽性と判断された時，実際にその人が病気に罹患している確率は？」。この場合，正答が 95/（95+495）=0.16 であることがすぐにわかるだろう。ベイジアン合理性からの逸脱とみなされてきた基準確率の錯誤は，情報を確率表現から頻度表現に置き換えただけでたやすく消失するのである（Gigerenzer & Hoffrage, 1995; Hoffrage et al., 2000）。

「頻度の方が暗算しやすいのだから当たり前の話ではないか」と思うかもしれない。だがそもそもなぜ頻度で問題が表現されると，途端にわかりやすくな

るのだろうか？　認知科学者であるギガレンツァー（G. Gigerenzer）は，次のように主張する。そもそも事象の生起しやすさを，確率によって表現するようになったのは，16世紀にカルダノ（G. Cardano）がギャンブルをオッズ比で表現し，そして17世紀に入ってパスカル（B. Pascal）とフェルマー（P. de Fermat）が世界で初めて確率論を生み出してからである（Gigerenzer et al., 1989）。数十万年にわたる人間の進化史においては，ごく最近の出来事に過ぎない。つまり心というシステムは，小数点やパーセンテージで表現された情報を生まれながらに計算するようには形作られておらず，近代的な教育システムの下で計算アルゴリズムの訓練を積まなければならない。一方，頻度は数十万年にわたって私たちの生活に深く根ざしてきた情報表現であり，人間の心は生まれながらに頻度情報を処理するように形作られている。実際，事象の生起頻度の記憶や頻度情報の計算は認知的負荷が低く，意識的な処理を必要としないことが知られている（Hasher & Zacks, 1979）。

人間が非合理的な存在であるという主張は，心というシステムに適合しない確率表現を用いた実験から生じたアーティファクトだと考えることができるだろう。人間の心は頻度を処理するように進化してきた。その形式で情報が入力されるならば，人間はベイジアン合理性を満たす判断を下せるのである。

■ (2) 情報サンプリングと学習

この視点をさらに一歩進めてみよう。意思決定の実験ではしばしば参加者に「この選択肢を選ぶと10%の確率で500円がもらえ，90%の確率で何ももらえない」という表現を使って問題を呈示する。意思決定のために必要な情報はすべて，質問紙に書かれた数値情報として参加者の心に入力される。意思決定における多くの非合理性は，こうした実験状況で見出されたものである。だが日常生活では，自ら何度も行動して，結果が生起する確率を学習していることが多いはずである。先ほどと同様に，参加者自身が情報を試行錯誤して学習する状況では，意思決定の研究で見出された非合理性は消失するのではないだろうか。

カーネマンとトヴァスキー（1979）が提唱したプロスペクト理論は，リスク下における人間の意思決定を記述するモデルとして知られるが，そこでは小さな確率で生じる出来事に対して主観的に大きな重みを付けて評価するとの前提が置かれている（overweighting of rare events）。これは意思決定における様々な非合理性の源泉としてよく知られている。だが，参加者が自らくじを何度も引いて事象の生起確率を学習していく場合には，この現象が消失し，むしろ小さな確率を過小に評価する傾向（underweighting of rare events）が生じるのである（Hertwig et al., 2004）。

生物が進化してきた環境においては，事象の生起しやすさを数値で表し，紙に書いて渡してくれる実験者は存在していない。生物は，世界からデータを1つずつサンプリングし，そこから世界の中にあるパターンやルールを帰納（＝学習）して判断や推論を下す。人間の心はこの環境に適応して進化した認知システムである。情報サンプリングと学習というコンテクストを考慮して実験をすると，人間は合理的で賢い判断を下すことを示す証拠は数多い（Fiedler, 1996, 2000; Fiedler & Juslin, 2006）。

学習とは，生物が環境へ適応していくために進化したメカニズムである。近

年，認知科学者は学習というシステムはベイジアン合理性を満たす仕組みであると議論しはじめている（Oaksford & Chater, 2007）。過去30年間にわたり，社会心理学では，人間の心はベイジアン合理的な計算システムではないという考えが支配的であった。だが近年の認知科学においては，そのような考えと真っ向から対立するデータや理論が出揃いつつある（Grifitths et al., 2008; Tenenbaum et al., 2011; Xu & Tenenbaum, 2007）。人間の心が，進化の過程によって形作られたベイジアン合理的なシステムであるという視点は，近い将来，認知科学から社会心理学へも浸透してくることだろう。

(3) 思い出しやすさの生態学的合理性

「kで始まる単語と，3字目がkである単語はどちらの方が多いか？」――実際には後者の方が3倍も数が多いのに，アメリカ人の参加者は前者の方が多いと回答する（Tversky & Kahneman, 1974）。これは利用可能性ヒューリスティックス（availability heuristic）を利用したことから生じるエラーである。kから始まる単語は想起しやすいが，3字目がkである単語は想起しにくい。想起しやすい事例は頻度が高いと判断することを利用可能性ヒューリスティックスという。基準確率の錯誤と同様，利用可能性ヒューリスティックスは，人間の推論が非合理的である証拠だと考えられてきた。

だが，想起しやすさを用いて判断することは間違ったことなのだろうか？ある刺激と頻繁に接触してきたならば，その刺激が想起されやすくなることは人間の記憶システムが持つ性質である。つまり想起しやすい刺激は生起頻度が高い事象であると判断することは，あながち誤りとはいえないのではないだろうか。この可能性を実験によって示したのがゴールドシュタインとギガレンツァーである（Goldstein & Gigerenzer, 2002）。

「サン・ディエゴとサン・アントニオ，2つのアメリカの都市のうちどちらの人口が多いか」という問いに対して，アメリカ人とドイツ人のどちらが，正答する確率が高いだろうか？　知識の多いアメリカ人の方が有利に思えるかもしれない。だがゴールドシュタインとギガレンツァーの実験では，アメリカの都市についてあまり知らないはずのドイツ人の方がより高い正答率を示したのである。彼らはアメリカ国内にある複数の都市を対象として，参加者に人口の比較をさせた。一般的に人口の多い都市ほど，経済や社会活動が活発なためマスメディアに登場する確率が高い。この統計的な特徴をうまく利用すれば，都市の人口比較課題において高い成績を挙げることが可能となるが，ドイツ人参加者は，アメリカ人参加者よりもこの特徴をうまく利用することができたのである。なぜならば先ほどの例でいえば，多くのドイツ人参加者はサン・ディエゴという都市名を聞いたことがあるもののサン・アントニオと都市名は聞いたことがない。そのため，自分が再認できる都市の方が人口が多いと判断すること，すなわち再認ヒューリスティックスを頻繁に利用して人口の大小を判断することができたからである。対照的に，多くのアメリカ人参加者はいずれも自国の都市名であり，その名を知っていたため再認ヒューリスティックスを用いることができない。そのような場合，様々な情報に基づいて都市人口を推測しなければならない。だが都市の人口とマスメディアでの登場確率の間には非常に高い相関があるため，都市名の再認というたった1つの情報のみを利用する再認ヒューリスティックスを用いる方が，その他の情報を用いるよりも，より

正確な判断ができる。このような統計的構造が存在しているため，頻繁に再認ヒューリスティックスを利用できるドイツ人の方が，アメリカの都市人口判断課題において，アメリカ人よりも高い成績を挙げられたのである。その後の研究によって，たとえ両方の対象を再認できたとしても，主観的に体験される再認の速度（記憶から情報が取り出される速度）の違いを用いて人びとが量的判断を行うこと，そしてこの情報を用いたヒューリスティックスもまた，実際に正確な判断を生み出すことが見出されている（Schooler & Hertwig, 2005; Hertwig et al., 2008）。

もちろん，ヒューリスティックスはいついかなる場合でも，正しい解を生み出すわけではない（Andersson & Rakow, 2007）。再認ヒューリスティックスは，人口が多い都市ほどマスメディアにその名前が登場する確率が高く，そして頻繁に接触する対象ほど再認しやすい／想起しやすい限りにおいて，正確な判断を導く。ヒューリスティックスとは適した環境において用いられるならば，非常に高いパフォーマンスを挙げる，適応的な道具なのである。こうした「早く倹約的なヒューリスティックス（fast and frugal heuristics）」には様々な種類があり，人びとはそれらを利用して正確な判断や意思決定を行っていることが知られている（Gigerenzer et al., 1996; Todd et al., 2012; Hertwig et al., 2013）。

(4) 忘却の生態学的合理性

人間はすべての情報を等しく記憶できる訳ではない。情報は記憶から忘却されていく。だがそこには一定の統計的なパターンが存在していることは，古くから知られてきた。そして忘却に見られるこの統計的なパターンは，記憶が環境に適応したシステムである証拠であると考えられている。たとえば，人間は最近接触した刺激ほど，また過去に接触した回数が多い刺激ほど早く想起できるが，刺激の想起しやすさはこれら2つの変数に対する指数関数の形をとる（エビングハウスの忘却曲線）。実は，私たちの世界において様々な事象が生起する際にも，これと非常によく似たパターンが存在しているのである（最近生起した事象ほど，また過去に生起した回数が多い事象ほど生起確率が高く，また指数関数の形をとる）。この一致は，記憶というシステムが「現在，最も必要である可能性が高い情報を記憶から取り出す」という機能を達成するうえで，必要な仕組みであるという（Anderson, 1990; Anderson & Schooler, 1991）。

この主張を直感的に理解するためには，OS X や Windows に搭載された「最近のファイル」という機能について考えるとよいだろう。これは，最近開いた順にファイルがリストとして表示されているだけであるが，この機能は，私たちの作業環境が持つ統計的構造（例，最近開いたファイルほど再び開かれる確率が高い）を有効に利用したものである。使ってみると驚くほど便利な機能である。これと同様に記憶もまた，世界における情報分布という生態環境に適応した認知システムであると考えられる。

3. 協力の進化

(1) 2者間の協力

協力は，進化的視点に立つ多くの研究者が関心を持つ主要な研究テーマであ

り，進化生物学における理論モデルを中心として研究が進んできた。まず出発点として，協力を定義しよう。あなたが相手に協力する（あるいは援助する）ことによって，相手は b という利益を得るが，代わりにあなたは c という資源（コスト）を失うとしよう。協力しなければ，両者の利益は 0 である。なお $b > c$ で，いずれも正の値とする。このように協力とは自己利益を低下させる非合理的な行為であると定義しよう。2人がペアとなり相手に協力するか否かを決定する状況を囚人のジレンマと呼ぶ。両者が協力すれば，双方が b の利益を得られ，互いに非協力する場合よりもよい状態になる。だが相手に対して協力することは非合理的な行為であり，人びとが自己利益に基づいて決定する限り相互協力は生まれない。

　ここが研究の出発点である。囚人のジレンマは2者間における協力関係を抽象化したモデルであり，進化的アプローチにおいては進化ゲーム理論を用いて，どのような行動が適応的となるかを考えていく。具体的には，人びとが様々な行動ルール，すなわち戦略に基づいて行動を決定すると考える。そして各戦略が得る期待利得を計算し，平均的に高い利得を得る戦略の比率が集団内で増加していくと考え，どのような行動が進化するかを分析するのである（McElreath & Boyd, 2004）。

①互恵性

　ここで2人が何試行も囚人のジレンマを繰り返しプレイすると考えよう（章末付録）。常に協力し続ける人間（無条件協力戦略；All-C）は，常に非協力し続ける人間（無条件非協力；All-D）に搾取され続けるため，最初にどれだけたくさん All-C が存在したとしても，その比率は減少を続け，いずれ集団内における All-C の比率は 0 となり集団は All-D に支配される。すなわち，進化ゲーム理論分析によれば，All-D は進化的に安定した戦略（evolutionarily stable strategy; ESS）であると同時に，All-C に対して侵入可能な戦略である。一方 All-C はそのいずれでもない。

　だがここで「最初は協力を選び，相手も協力を選び続ける限りは協力し続けるが，相手が非協力を選択したら，その次の試行で非協力を選ぶ」戦略を考えてみよう。しっぺ返しと呼ばれる戦略である（tit-for-tat; TFT）。TFT は，All-D の集団に侵入できない。最初の試行で協力してしまうため，決して All-D より高い利得を得ることができないからである。一方，All-D もまた TFT の集団に対してごく限られた条件の下でしか侵入できない。TFT と対戦した All-D は，最初の試行では裏切りの利益を得られるが，それ以降は相互に非協力し合うため相手を搾取できないからである。All-D と TFT のペアを見ている限り，All-D は TFT より大きな利益を得ている。だが集団成員の大多数が TFT で占められている場合，ほとんどの TFT は他の TFT とペアになり，長期にわたって相互協力の利益を享受できる。つまりこの集団において All-D が得る平均利得は，TFT が得る平均利得よりも遥かに小さいため，All-D は TFT の集団に対しては，相互作用の回数がよほど短くないかぎり侵入できないのである（章末付録 -a, b, c）。

　このように2つの戦略がともに他戦略の侵入を許さない進化的に安定した戦略である場合，進化ゲーム理論ではどちらの方がより容易に進化しやすいかが分析される。計算をしてみると集団内に占める TFT の比率が

進化ゲーム理論

　個体の得る利益が，自身の行動だけでなく他者の行動によって影響を受ける相互作用場面においては，いかなる行動が適応的なのか自明ではない。そうした複雑な相互作用場面における行動の進化をモデル化するのが進化ゲーム理論である。

進化的に安定した戦略

　ある戦略によって集団が占められており，少数の別の戦略が集団内に侵入しても，既存の戦略より低い利益しか得られず淘汰されてしまう場合，前者を進化的に安定した戦略と呼ぶ。単一戦略ではなく複数の戦略が一定の比率で存在している状態が進化的に安定している場合には，混合戦略均衡（mixed strategy equilibrium）と呼ばれる。

$p^* = \dfrac{1-w}{w\,(b/c-1)}$ よりも多ければ，TFT が増加していくことがわかる（章末付録 (5)）。w とは2者間の相互作用が続く確率であるが，この値が大きくなるほど p^* の値は0へと近づいていく。つまり，2者間の相互作用が長期にわたって繰り返されるほど，TFT が進化しやすくなるのである。

この進化ゲーム理論に基づく分析から，1つの仮説が導かれる。同じ相手と繰り返し関係を持ち続けることが外的に強制される場合には，人びとは互恵的に，そして協力的に振る舞うという仮説である。実際にこれは実験室実験でくりかえし観察されている現象である（Andreoni & Miller, 1993; Cooper et al., 1996; Keser & van Winden, 2000）。また，TFT のような互恵的行動は，二者関係における行動を決定する強い要因であることも，順序のある囚人のジレンマを用いた実験を通じてよく知られている（Kiyonari et al., 2000）。

②同類相互作用

先ほどの分析においては，無作為に選び出された相手と相互作用すること（ランダム・マッチング）が想定されていた。だがここで，何らかの仕組みによって協力的な人びとだけが集まって相互作用できる状況を考えてみよう。$p\,(C|C)$ を All-C が All-C と出会って相互作用する確率，$p(C)$ を集団内における All-C の比率とし，$r = p(C|C) - p(C)$ とする。r が0より大きい場合には同類相互作用が起きていることを意味する。進化ゲーム分析によれば $rb>c$ の関係が成立する場合には，たとえ相手と1回しか相互作用しないとしても，集団内において All-C が進化していくことがわかっている。

a. 見極めと裏切り者検知

こうした同類相互作用（positive assortment）と呼ばれる状況は，様々なメカニズムによって生じうる。たとえば初対面の相手でも外見や話し方から，どの程度協力的な人間であるかを見抜き，そして協力的だと思う相手とだけ相互作用をすることができれば，r の値は十分に高くなる。実際に人間は相手と話すだけで，ランダムよりも高い確率で非協力しそうな相手を見ぬくことができるというデータも存在する（裏切り者検知（cheater detection）; Fetchenhauer et al., 2010; Yamagishi et al., 2003; Vanneste et al., 2007）。

b. 非協力顔の記憶

非協力している場面を目撃したとき，非協力者の顔を記憶し，後でその相手との相互作用を避けられるならば，r の値は高くなる。いくつかの実験によれば，私たちは非協力的な振る舞いをした人間の顔を正確に記憶し（Mealy et al., 1996; Oda, 1997）彼らとの相互作用を回避する（Oda & Nakajima, 2010）。また非協力者の顔についての記憶は消去されにくいこと（Suzuki et al., 2013），一見すると協力的に見えるが実は非協力者である人間の顔は特に強く記憶されやすいことが知られており（Suzuki & Suga, 2010），人間の記憶システムは非協力者の顔に対する感受性が高い可能性が示されている。

c. 評判の共有

他者から裏切られた体験をゴシップとして人に話し，非協力的な人びとに対する評判を集団内で共有するならば，非協力的な人びととの相互作用を回避で

きる。メスーディら（Mesoudi et al., 2006）の実験によれば，人間は社会的に不適切な振る舞いをした人に関する物語を正確に記憶することができ，またそうした物語は人から人へと口伝えに広まっても内容が変質せず，正確に保存されていくという。

　非協力者の評判を共同体内で共有し，協力関係を維持する事例は，歴史の中にいくつも求めることができる。11世紀地中海において交易に従事していたユダヤ人貿易商たちはマグリブと呼ばれ，スペインから北アフリカ，中東に至る広大な交易ネットワークを構築していた。だが当時の交通手段では，エジプトからシチリア島まで13-50日もかかり，また確実に目的地にたどり着けるとは限らなかった。このような状況で交易をするために，マグリブ商人たちは他のマグリブ商人を代理人として遠隔地に置いていた。だが雇い主の目の届かない場所で代理人が正直に振る舞う保証はなく，代理人に裏切られて大きな損をする可能性が常に存在している。そこで，マグリブ商人たちは，ユダヤ人コミュニティの情報ネットワークを利用し，自らを裏切った商人が出た場合にはその情報を商人仲間で共有し，誰もその商人を代理人として雇用しないようなシステムを作っていたという（Greif, 1989, 2006）。

　江戸時代の商人たちが作っていた株仲間という仕組みも，同様の機能を果たしていたという。約束どおりに取引を履行しなかった問屋や職人がでると，株仲間の中で情報が共有され，非協力者は株仲間の誰とも取り引きをすることができなくなることで非協力が抑止されていた。興味深い話であるが，天保の改革によって株仲間が強制的に解散させられると，非協力者の発生を防ぐ仕組みが消失してしまったため，商取引は滞り経済が縮小していったという（岡崎, 2015）。

d. 間接互恵性

　他者についての評判を集団内で共有し，評判が良い人には協力し，評判が悪い人には協力しないことを評判型間接互恵性という。たとえばAさんにBさんが協力すると，CさんはBさんに協力し，さらに別のDさんがCさんに協力することで，社会の中に協力関係が広まっていく仕組みである。前節の囚人のジレンマと同様に数理モデルによる分析が進められてきたが，評判型間接互恵性によって協力的な社会を生み出すためには，どうやって人びとの評判を形成するかが決定に重要であることがわかっている。他者に協力した者を良い人，協力しなかった者を悪い人と評価するのが当たり前だと思うかもしれないが，それでは不十分であり，たとえば非協力的な人間に対して非協力的に振る舞った人のことは良い人だと判断するなど，評価対象の行為だけではなく，その行為が向けられた他者の評判をも考慮したうえで評判を形成しない限り，理論的には評判型間接互恵性は進化し得ないことがよく知られている（この分野の理論研究および実験研究のレビューとしては，真島, 2010が詳しい）。

　間接互恵性には，もう1つ恩送りと呼ばれる形態がある。AさんがBさんに協力すると，今度は協力されたBさんが別のCさんに協力することで，協力の連鎖が広がる仕組みである。現実社会と実験室実験のいずれにおいても，他者から協力されると別の他者に協力する確率が高まることが確認されている（Bartlett & DeSteno, 2006; Gray et al., 2014; Stanca, 2009）。だが，評判型間接互恵性とは大きく異なり，進化ゲーム理論分析によれば恩送りは適応的な行

動ではない。進化的な観点から見れば存在し得ないはずの現象であり，進化的アプローチに立つ研究者の間では，なぜ恩送りが存在しているのかが1つの大きな謎とされている。最近，恩送りは一般に信じられているほど堅固な現象ではないことを示す研究が出てきた（Horita et al., 2016）。また恩送りは感謝や共感という感情によって駆動されていること（Watanabe et al., 2014），他者から助けられることによって感謝という感情が生起しても，感情の原因を正確に帰属した場合には恩送りが消失することがわかっている（Bartlett & DeSteno, 2006）。恩送りは，それ自体が適応的だから進化したのではなく，別の目的のために進化した感謝という感情の副産物として生じている可能性が高い。そして恩送り自体は本来は非適応的な行為であるため，恩送りによる協力の連鎖は長続きせず，短時間のうちに崩壊していくのである（Horita et al., 2016）。

(2) 集団における協力

ここまでは，囚人のジレンマを出発点として，2者間における協力から間接互恵性までを概観してきた。次に，協力の対象が個人ではなくn人の成員からなる集団である場合を考えよう。個人が協力すると集団は利益bを受け取るが，この利益は公共財であり，n人の成員の間で等しく分かち与えられるものとする。自分がコストcをかけて集団のために協力すると，（自分も含めた）すべての成員がb/nの利益を得る。$b>c$で，かつ，$b/n<c$であるとき，この状況を社会的ジレンマ（あるいは公共財問題）と呼ぶ。囚人のジレンマと同様に，全員が協力した場合にはすべての成員がbという利益を得られるため，誰も協力しないよりは皆が協力した方が社会全体にとっては良い状態となる。だが協力は自己利益の損失につながる行為であり（cの資源を失って，それより少ないb/nという利益を得る），囚人のジレンマと同様にAll-CとAll-Dという2つの戦略だけを考える限り，All-Dが優越した状況である。

その定義を見る限り，2者間の協力とよく似ているように見えるが，進化的な観点から見ると，集団における協力は大きく様子が異なる。何よりも，ここまでに説明してきたメカニズムのいずれも，集団における協力の進化を説明するためには不十分だからである。

①互恵性と同類相互作用

まず人びとが社会的ジレンマを繰り返しプレイする状況を考えてみよう。2者間の場合には，互恵性によって相互協力が生じるはずだが，集団の中に1人かそれ以上の非協力者がいたとき，互恵性の原理に基づいてこれまで協力していた成員が非協力へと転ずると，他の協力していた成員に対してまでも非協力してしまうことになり，結局は協力が崩壊してしまう。このため互恵的な戦略は進化できないことが示されている（Boyd & Richerson, 1988）。協力／非協力の二択ではなく，集団へ協力する程度を自由に選べる場合には，条件つき協力戦略（conditional cooperation）が特定の条件下で進化することがわかっている（Takezawa & Price, 2010）。社会的ジレンマや公共財問題ゲームの実験においては，人びとが条件つき協力戦略に従って行動していることはよく知られている（Fischbacher et al., 2001; Keser & Van Winden, 2000; Rustagi et al., 2010）。だが，条件つき協力戦略は，非協力的な成員が少数存在するだけでも，徐々に協力量を下げていくため，試行が進むにつれて集団内での協力は徐々に

崩壊していく。これは実際に多くの実験で繰り返し確認されている現象である（Fehr & Gächter, 2002; Chaudhuri, 2010; Yamagishi, 1986）。

もし協力的な人間だけで集団を形成することができるならば，公共財問題ゲームにおいて高い協力率が維持される（Charness & Yang, 2014）。だが，2者間の関係とは異なり，集団の場合には，特にそのサイズが大きくなるほど協力的な人間ばかりで集団形成することが困難となるため，この仕組みだけでは集団における協力を安定的に維持することはできない。

②懲　　罰

社会的ジレンマにおいて協力を生み出す有効な仕組みとして，懲罰がある。協力しなかった人に懲罰が与えられるならば，集団のために協力することは自己利益の増加につながる。多くの実験を通じて，機会が与えられると参加者は非協力者に対して罰（協力者に対しては報酬）を与え，その結果，協力率が高まることが見出されてきた（Fehr & Gächter, 2002; Rand et al., 2009; Yamagishi, 1986, 1988）。現実社会においても，懲罰は大きな役割を果たしている。オストローム（Ostrom, 1990）は世界中に存在する様々な共同体が，協力を維持するために非協力者を監視して罰を与える制度を作り出しており，そうした制度の構築に失敗した共同体においては共有地の悲劇（18章参照）といえるような状態が現出することを指摘している。

だが，懲罰を与えることはそれ自体が社会的ジレンマの構造を持っており，誰か別の人間に罰のコストを負担してもらい，自らは罰を与えずにただ乗りする方が得である。実際，進化ゲーム理論を用いて，罰を与えることが適応的な戦略として進化することを示した研究は少ない（Boyd & Richerson, 1982; Boyd et al., 2010）。恩送りと同様に，なぜ人間は損をしてまでも非協力者に罰を与えるのか，進化的アプローチに立つ研究者の間では長年にわたって大きな謎とされている。だが近年，この問題について実証と理論の双方から，突破の端緒が切り開かれつつある。

(3) 協力の進化における新たな方向性

①罰に対する高度な感受性

ゲヒターらは（Gächter et al., 2008），罰のある公共財問題ゲームを50試行という長期にわたって行った。最初のうちは非協力者に対して激しく罰が与えられ，それに呼応して高い協力率が得られていたのだが，試行が進むにつれて罰の量は減少していったにもかかわらず，協力率は高いまま維持されていたのである。これは，「この集団では非協力に対して罰が与えられる」という期待を初期の試行において参加者が学習した結果，人びとが協力的に振る舞うようになることを示している。また公共財問題ゲームなどの実験場面においては，ただの非難の声が，金銭的な罰と同じ効果を持つことも見出されている（Masclet et al., 2003; Ellingsen & Johannesson, 2008）。このように，人間は物質的な罰だけでなく，非難や無視といった象徴的な罰をも避けようとするうえに，罰の予期があるだけで，実際に罰を受けないとしても協力しようとする（Cinyabuguma et al., 2005）。

fMRIを用いた神経科学的な研究によれば，社会的に排除されることが脳の中では身体的な痛みと同様に処理されているという（Eisenberger et al., 2003;

懲罰と報酬

懲罰がコストをかけて他者の利得を引き下げる行為であるのに対し，他者の利得を引き上げる報酬もまた，懲罰と同様に協力率を高める効果を持つ。同じ効果を持つならば互いを傷つけ合う懲罰よりも，報酬によって協力を引き出す方が望ましいように思われる。だが多くの人が協力している状態が生じたら，懲罰を与える必要はほとんどなくなるのに対し，報酬によって協力を引き出そうとするならば，皆が協力している状態においても常に報酬を提供し続けなければならない。現実社会において，報酬ではなく懲罰による協力の維持が数多く観察される理由のひとつだと考えられる。

Eisenberger & Lieberman, 2004)。人間が罰に対して高度な感受性を持っていることを考慮すれば，これまで研究者が考えていたよりも容易に罰の進化を説明できるかもしれない。コストの低い象徴罰を与えることで非協力者が協力するようになるならば，そして罰を受けるかもしれないという期待だけで，実際に罰を受けずとも人びとが協力的に振る舞うのならば，罰にともなうコストは劇的に減少するからである。従来の理論モデルでは，物質的な罰のみが考慮され，コストの低い象徴的な罰によって協力が引き出される可能性は考慮されていなかった。だが，罰に対する高度な感受性を持つことがいかなる状況において進化し得るのか，それについての理論モデルが必要であることはいうまでもない。象徴的な罰しか与えられない社会においては，そんなものは無視してひたすら非協力を続けることが適応的となるはずである。象徴的罰と協力の進化は，今後の発展が期待される研究テーマである（この問題をまとめた文献としては，高橋・竹澤，2014がある）。

②プライス方程式と文化的集団淘汰

最後に，協力の進化に関する1つのホットな議論を紹介したい。詳細は以下の文献（Bowles & Gintis, 2011; Henrich, 2004; McElreath & Boyd, 2004）に詳しいが，協力の進化という問題を抽象的で高次なレベルで定式化すると，協力が進化するために必要な一般的条件をプライス方程式（Price equation; Price 1970, 1972）によって表現できる。J. メイナード・スミスとともに進化ゲーム理論の礎を築き，非業の死を遂げたことで知られる集団遺伝学者ジョージ・R. プライスによって生み出されたこの方程式によれば，自己の適応度を下げる代わりに他者の適応度を増加させる形質が進化するためには，集団内での形質の分散が小さく，集団間で形質の分散が大きくなっている必要がある。そして人間の進化史においてこの条件を生み出すメカニズムが存在していたこと，ゆえに集団における協力は人間という種において広範に観察されるのだという可能性が浮上してきた。

それが文化的集団淘汰（cultural group selection）というメカニズムである。人間と社会は数十万年をかけてプライス方程式における条件を満たすように進化し，その結果として他の動物には見られないほど高度に協力的な種になり得たという議論であるが（Bowles & Gintis, 2011），これは今，協力の進化を研究する人びとの間で賛否両論を含め大きな注目を集めている。協力の進化に関する百家争鳴というべき乱立した多数の理論モデルが，プライス方程式というエレガントな1つの数式に統合されることで，50年近い歴史を持つ協力の進化に関する研究は次の段階へと大きくシフトしつつある。

4. 表情と魅力

(1) 表情の認知

冒頭の三色型色覚の進化でも紹介したように，多数の個体が集団を形成して生活する種においては，複雑な社会関係の中で適切に振る舞うために，他個体の心的状態を推測することが重要だと考えられる。実際，他者の表情を認知する能力は，生後6-7ヶ月の乳児において既に存在している。仲渡ら（Nakato et al., 2011）はNIRSを使って乳児の脳活動を測定したが，笑顔を見たときと

集団淘汰と協力の進化
一般的に集団淘汰とは，個人ではなく集団が淘汰の単位となって丸ごと死滅するような状況を指す。たとえば集団間で競争があり，敗れた集団の全成員が虐殺されるような状況である。近年，協力の進化において集団淘汰という概念が登場する際，それは上記のような集団を単位とした淘汰を指すのだと誤解されがちであるが，実際には集団内の形質の分散が集団間の形質の分散よりも相対的に小さい状態が生じていることを指し示すに過ぎない。

怒り顔を見たときでは、脳内で異なる処理が行われ、表情の生物学的な意味を理解している可能性が示唆されている。心の状態に応じて表情が変化するのは人間だけではない。犬もまた人間の笑顔と怒り顔を正確に弁別できる（Müller et al., 2015）。近年、ラットも痛みを感じたときには表情が変化し、さらには痛みを感じている仲間の表情を認識していることもわかってきた（Nakashima et al., 2015）。

　もし仮に、表情の認知が人間という種を超えて普遍的に適応的な価値を持つ能力であるのならば、冒頭の恐怖条件づけにおいて議論したように、表情の弁別は高次の情報処理に依拠せずに実行される可能性があるのではないだろうか？　ヴリウミールら（Vuilleumier et al., 2003）はその可能性を指し示すデータを見出している。網膜に投影される視覚刺激は空間周波数帯に分布した光学情報の集合である。怒り顔の写真から低空間周波成分と高空間周波成分のいずれかを抽出した刺激を作成して参加者に呈示したところ、脳の扁桃体と視床枕が怒り顔の低周波成分にだけ反応することがわかった。一般的に高空間周波成分は輪郭のようなくっきりとした詳細な光学情報を伝達するのに対し、低空間周波成分はぼんやりとした全体的な光学情報を伝達している。この研究は、人間の脳は怒り顔を皮質下における低次な処理によって認識している可能性を示している。相手が怒っているのに気づかないことの危険性を考えれば、これは適応的な認知デザインと考えられる（ただしStein et al., 2014という反証もある）。

(2) 魅力の認知

　外見的魅力とは、非常に不思議な現象である。どんな体型や顔を魅力的だと感じるのか、その基準は文化の中でかなりの程度共有されている。その他の要因を統制しても、外見的魅力は私たちが異性のパートナーを選ぶうえで重要な役割を果たしており、外見的魅力の認知は、適応と直結した重要な問題である。進化心理学においては、人びとがある外見的特徴に対して魅力を感じるのは、そうした特徴が目に見えない健康度や繁殖力と相関しているからであるという発想に基づいて研究が進められてきた。

　ウェスト・ヒップ比とは臀部に対する腰のくびれの細さを示すパラメータ（1より小さくなるほど腰がくびれている）である。これまで多くの研究によって、人びとはこのウェスト・ヒップ比が小さい女性に対してより強く魅力を感じること（Singh, 1993）、そしてこの選好は文化を通じてかなり普遍的であることが見出されている（Singh et al., 2010）。ウェスト・ヒップ比は女性ホルモンの分泌量と関係していることなどが示されており、繁殖力の高い女性に対して魅力を感じることで健康な子孫を残す確率を高める、適応的な反応だと考えられている。

　ウェスト・ヒップ比の他にも、パートナーとしての高い性質と相関した形質が存在し、人間はそうした形質を持つ相手のことを魅力的だと感じるようにデザインされているという主張は多い。顔立ちの女性らしさは繁殖適齢期に最も強まり年齢とともに減少していくという主張や（Thornhill & Gangstead, 1993）、女性の健康度と相関しているという主張（Thornhill & Gangstead, 2006）、顔立ちの男らしさは男性の健康状態と相関しているとの主張（Rhodes et al., 2003）。さらには平均顔に近い顔立ちであるほど知性が高いという主張

（Zebrowitz & Rhodes, 2004）や顔が左右対称であるほど正常な発達を遂げてきたのだという主張（Møller, 1999）などがある。だがウェスト・ヒップ比とは異なり，ここで挙げたそれぞれの特徴に対して，人びとが魅力を感じているのかまだ明確な結論は出ていない（Gangstead & Scheyd, 2005）。

平均的な顔や左右対称の顔に対して魅力を感じるのは，健康な相手を選ぶためではなく，人間の認知システムが持つ一般的な性質の副産物であると主張する研究者もいる。人間の認知システムは様々な事例からプロトタイプを抽出し，それを用いて情報処理を行う。プロトタイプは処理しやすい情報であり，また人間は処理しやすい情報を好ましく感じるために，こうした顔立ちを好むのだという主張である。実際，人間の顔に限らず，動物やオートバイなどに対しても，人間は平均化された刺激を好むというデータもある（Halberstadt & Rhodes, 2003）。異性に対する魅力というものが，質の高いパートナーを選ぶことで子孫が残る確率を高める適応的なシステムであるという主張の妥当性については，さらなる研究が必要とされている。

5. 最後に

冒頭に述べたように，進化的アプローチとは研究者が依って立つ視点であり，人間の心と社会についての知見を，進化という視点から統合的に理解していく試みである。本章で紹介したトピックを見てわかるように，進化的アプローチの下で研究を行うということは，生物学から神経科学，情報科学，認知科学，経済学，歴史学といった複数の領域を貫いて活動していくことを意味する。こうした野心的な学問のあり方に関心を持ち，この広大な領域へ飛び込もうとする人びとがこれからも増えていくことを願って本章を執筆したが，最後に進化的アプローチを採用して研究を行っていくうえでの注意点を1つだけ述べたい。それは進化的アプローチにおける理論モデルの重要性である。

いくつかの節で紹介したように，どのような行動やメカニズムが適応的であるかを議論するためには，しばしば数理モデルやコンピュータ・シミュレーションを利用する必要がある。また自然科学から社会科学にわたる多様な背景を持つ研究者が正確に意思疎通を図るうえでも，共通言語としてのフォーマルな理論モデルが必要不可欠である。何よりも，本章で紹介した多くの研究は，実験と理論モデルの両方を駆使することで成立している。

社会心理学を学ぶ学生の多くは，数理モデルやプログラミングの体系的な教育を受けていない。そのため，進化的アプローチに関心を持って研究を開始しても，途中で行き詰まることがある。だが数理モデルを恐れないで欲しい。数理モデルは決して難しくはない。英語を学ぶのと同じように，少しずつ時間をかけて学びさえすれば，誰でも使いこなすことができる道具に過ぎない。

本章では紹介しきれなかったが，進化的アプローチは文化についてもその射程を広げつつあり（14章参照），ダーウィン進化の産物である人間が相互作用する中から文化が立ち現われる様子を理論化し，文化（差）の生成，維持，変容を説明しようとする領域が登場している。文化進化（cultural evolution）と呼ばれるが，この研究領域は集団遺伝学の精緻な数理モデルを基礎として成立し，そしてベイズ統計など先端的な統計手法を利用することで，誰も見たことがないような興味深い成果を挙げてきた（Mesoudi, 2011）。また第1節で紹介

した適応的認知の研究もそのほぼすべてが，機械学習や統計的学習理論を積極的に利用して，人間の心が驚異的なパフォーマンスを挙げる適応的な認知システムであることを明らかにしてきた。こうした学際的な研究を理解し，その面白さを味わうためには，数理モデルを恐れないことが必要不可欠である。一人でも多くの学生が，このエキサイティングな研究に足を踏み込むことを願いながら，本章を締めくくりたい。

■文献

Anderson, J. R. (1990). *The adaptive character of thought*. Hillsdale, NJ: Lawerence Earlbaum Associates.

Anderson, J. R., & Schooler, L. J. (1991). Reflections of the environment in memory. *Psychological Science*, 2, 396-408.

Andersson, P., & Rakow, T. (2007). Now you see it now you don't: The effectiveness of the recognition heuristic for selecting stocks. *Judgment and Decision Making*, 2, 29-39.

Andreoni, J., & Miller, J. H. (1993). Rational cooperation in the finitely repeated prisoner's dilemma: Experimental evidence. *Economic Journal*, 103, 570-585.

Axelrod, R., & Hamilton, W. D. (1981). The evolution of cooperation. *Science*, 211, 1390-1396.

Bartlett, M. Y., & DeSteno, D. (2006). Gratitude and prosocial behavior: Helping when it costs you. *Psychological Science*, 17, 319-325.

Bowles, S., & Gintis, H. (2011). *A cooperative species: Human reciprocity and its evolution*. Princeton, NJ: Princeton University Press.

Boyd, R., Gintis, H., & Bowles, S. (2010). Coordinated punishment of defectors sustains cooperation and can proliferate when rare. *Science*, 328, 617-620.

Boyd, R., & Richerson, P. J. (1988). The evolution of reciprocity in sizable groups. *Journal of Theoretical Biology*, 132, 337-356.

Boyd, R., & Richerson, P. J. (1992). Punishment allows the evolution of cooperation (or anything else) in sizable groups. *Ethology and Sociobiology*, 13, 171-195.

Buss, D. M. (2012). *Evolutionary psychology: The new science of the mind* (4th ed.) Boston, MA: Allyn & Bacon.

Changizi, M. A. (2009). *The vision revolution: How the latest research overturns everything we thought we know about human vision*. Dallas, TX: BenBella Books. (チャンギージー, M. A. 柴田裕之（訳）(2012). ひとの目，驚異の進化：4つの凄い視覚能力があるわけ インターシフト)

Changizi, M. A., Zhang, Q., & Shimojo, S. (2006). Bare skin, blood and the evolution of primate colour vision. *Biology Letters*, 2, 217-221.

Charness, G., & Yang, C.-L. (2014). Starting small toward voluntary formation of efficient large groups in public goods provision. *Journal of Economic Behavior and Organization*, 102, 119-132.

Chaudhuri, A. (2010). Sustaining cooperation in laboratory public goods experiments: A selective survey of the literature. *Experimental Economics*, 14, 47-83.

Cinyabuguma, M., Page, T., & Putterman, L. (2005). Cooperation under the threat of expulsion in a public goods experiment. *Experimental Approaches to Public Economics*, 89, 1421-1435. doi:10.1016/j.jpubeco.2004.05.011

Cole, G. G., & Wilkins, A. J. (2015). Fear of holes. *Psychological Science*, 24, 1980-1985.

Cook, M., & Mineka, S. (1989). Observational conditioning of fear to fear-relevant versus fear-irrelevant stimuli in rhesus monkeys. *Journal of Abnormal Psychology*, 98, 448-459.

Cooper, R., DeJong, D. V., Forsythe, R., & Ross, T. W. (1996). Cooperation without reputation: Experimental evidence from prisoner's dilemma games. *Games and Economic Behavior*, 12, 187-218.

Eisenberger, N. I., & Lieberman, M. D. (2004). Why rejection hurts: A common neural alarm system for physical and social pain. *Trends in Cognitive Sciences*, 8, 294-300.

Eisenberger, N. I., Lieberman, M. D., & Williams, K. D. (2003). Does rejection hurt? An fMRI study of social exclusion. *Science*, 302, 290-292.

Ellingsen, T., & Johannesson, M. (2008). Anticipated verbal feedback induces altruistic behavior. *Evolution and Human Behavior*, 29, 100-105.

Fehr, E., & Gächter, S. (2002). Altruistic punishment in humans. *Nature*, 415, 137-140.

Fetchenhauer, D., Groothuis, T., & Pradel, J. (2010). Not only states but traits: Humans can identify permanent altruistic dispositions in 20s. *Evolution and Human Behavior*, **31**, 80-86.

Fiedler, K. (1996). Explaining and simulating judgment biases as an aggregation phenomenon in probabilistic, multiple-cue environments. *Psychological Review*, **103**, 193-214.

Fiedler, K. (2000). Beware of samples! A cognitive-ecological sampling approach to judgment biases. *Psychological Review*, **107**, 659-676.

Fiedler, K., & Juslin, P. (2006). *Information sampling and adaptive cognition*. New York: Cambridge University Press.

Fischbacher, U., Gächter, S., & Fehr, E. (2001). Ace people conditionally cooperative? Evidence from a public goods experiment. *Economics Letters*, **76**, 397-404.

Gächter, S., Renner, E., & Sefton, M. (2008). The long-run benefits of punishment. *Science*, **322**, 1510-1510.

Gangstead, S. W., & Scheyd, G. J. (2005). The evolution of human physical attractiveness. *Annual Review of Anthropology*, **34**, 523-548.

Gigerenzer, G., & Gaissmaier, W. (2011). Heuristic decision making. *Annual Review of Psychology*, **62**, 451-482.

Gigerenzer, G., Hertwig, R., & Pachur, T. (2011). *Heuristics: The foundations of adaptive behavior*. New York: Oxford University Press.

Gigerenzer, G., & Hoffrage, U. (1995). How to improve Bayesian reasoning without instruction: Frequency formats. *Psychological Review*, **102**, 684-704.

Gigerenzer, G., Swijtink, Z., Porter, T., Daston, L., Beatty, J., & Krueger, L. (1989). *The empire of chance: How probability changed science and everyday life*. Cambridge, UK: Cambridge University Press.

Gigerenzer, G., Todd, P. M., & the ABC Research Group. (1996). *Simple heuristics that make us smart*. New York: Oxford University Press.

Goldstein, D. G., & Gigerenzer, G. (2002). Models of ecological rationality: The recognition heuristic. *Psychological Review*, **109**, 75-90.

Gray, K., Ward, A. F., & Norton, M. I. (2014). Paying it forward: Generalized reciprocity and the limits of generosity. *Journal of Experimental Psychology: General*, **143**, 247-254.

Greif, A. (1989). Reputation and coalitions in medieval trade: Evidence on the Maghribi traders. *Journal of Economic History*, **49**, 857-882.

Greif, A. (2006). *Institutions and the path to the modern economy: Lessons from medieval trade*. New York: Cambridge University Press.（グライフ, A. 岡崎哲二・神取道宏（監訳）(2009). 比較歴史制度分析 NTT出版）

Griffiths, T. L., Kemp, C., & Tenenbaum, J. B. (2008). Bayesian models of cognition. In R. Sun (Ed.), *Cambridge handbook of computational cognitive psychology* (pp. 59-100). New York: Cambridge University Press.

Halberstadt, J., & Rhodes, G. (2003). It's not just average faces that are attractive: Computer-manipulated averageness makes birds, fish, and automobiles attractive. *Psychonomic Bulletin and Review*, **10**, 149-156.

長谷川眞理子 (2002). 生き物をめぐる4つの「なぜ」 集英社

長谷川寿一・長谷川眞理子 (2000). 進化と人間行動 東京大学出版会

Hasher, L., & Zacks, R. T. (1979). Automatic and effortful processes in memory. *Journal of Experimental Psychology: General*, **108**, 356-388.

Henrich, J. (2004). Cultural group selection, coevolutionary processes and large-scale cooperation. *Journal of Economic Behavior and Organization*, **53**, 3-35.

Hertwig, R., Barron, G., Weber, E. U., & Erev, I. (2004). Decisions from experience and the effect of rare events in risky choice. *Psychological Science*, **15**, 534-539.

Hertwig, R., Herzog, S. M., Schooler, L. J., & Reimer, T. (2008). Fluency heuristic: A model of how the mind exploits a by-product of information retrieval. *Journal of Experimental Psychology: Learning, Memory, and Cognition*, **34**, 1191-1206.

Hertwig, R., Hoffrage, U., & the ABC Research Group (2013). *Simple heuristics in a social world*. New York: Oxford University Press.

Hoffrage, U., Lindsey, S., Hertwig, R., & Gigerenzer, G. (2000). Communicating statistical information. *Science*, **290**, 2261-2262.

Horita, Y., Takezawa, M., Kinjo, T., Nakawake, Y., & Masuda, N. (2016). Transient nature of cooperation by pay-it-forward reciprocity. *Scientific Reports*, **6**, 19471.

Kahneman, D., & Tversky, A. (1979). Prospect theory: An analysis of decision under risk. *Econometrica*, **47**, 263.

亀田達也・村田光二 (2010). 複雑さに挑む社会心理学―適応エージェントとしての人間 改訂版 有斐閣
Kenrick, D. T., & Simpson, J. A. (1997). Why social psychology and evolutionary psychology need one another. In J. A. Simpson & D. T. Kenrick (Eds.), *Evolutionary social psycholgy* (pp. 1-20). New York: Psychology Press.
Keser, C., & Van Winden, F. (2000). Conditional cooperation and voluntary contributions to public goods. *Scandinavian Journal of Economics*, **102**, 23-39.
北村英哉・大坪庸介 (2012). 進化と感情から解き明かす社会心理学 有斐閣
Kiyonari, T., Tanida, S., & Yamagishi, T. (2000). Social exchange and reciprocity: Confusion or a heuristic? *Evolution and Human Behavior*, **21**, 411-427.
LoBue, V., & DeLoache, J. S. (2010). Superior detection of threat-relevant stimuli in infancy. *Developmental Science*, **13**, 221-228.
Masclet, D., Noussair, C., Tucker, S., & Villeval, M.-C. (2003). Monetary and nonmonetary punishment in the voluntary contributions mechanism. *American Economic Review*, **93**, 366-380.
真島理恵 (2010). 利他行動を支える仕組み―「情けは人のためならず」はいかにして成り立つか ミネルヴァ書房
Matoba, R., Nakamura, M., & Tojo, S. (2011). Efficiency of the symmetry bias in grammar acquisition. *Information and Computation*, **209**, 536-547.
McElreath, R., & Boyd, R. (2004). *Mathematical models of social evolution: A guide for the perplexed*. Chicago, IL: The University of Chicago Press.
Mealey, L., Daood, C., & Krage, M. (1996). Enhanced memory for faces of cheaters. *Ethology and Sociobiology*, **17**, 119-128.
Mesoudi, A. (2011). *Cultural evolution: How darwinian theory can explain human culture and synthesize the social sciences*. Chicago, IL: The University of Chicago Press.（メスーディ, A. 野中香方子（訳）竹澤正哲（解説）(2016). 文化進化論：ダーウィン進化論は文化を説明できるか NTT出版）
Mesoudi, A., Whiten, A., & Dunbar, R. (2006). A bias for social information in human cultural transmission. *British Journal of Psychology*, **97**, 405-423.
Møller, A. P. (1999). Asymmetry as a predictor of growth, fecundity and survival. *Ecology Letters*, **2**, 149-156.
Müller, C. A., Schmitt, K., Barber, A. L. A., & Huber, L. (2015). Dogs can discriminate emotional expressions of human faces. *Current Biology*, **25**, 1-5.
Nakashima, S. F., Ukezono, M., Nishida, H., Sudo, R., & Takano, Y. (2015). Receiving of emotional signal of pain from conspecifics in laboratory rats. *Royal Society Open Science*, **2**, 140381-140381.
Nakato, E., Otsuka, Y., Kanazawa, S., Yamaguchi, M. K., & Kakigi, R. (2011). Distinct differences in the pattern of hemodynamic response to happy and angry facial expressions in infants: A near infrared spectroscopic study. *NeuroImage*, **54**, 1600-1606.
Oaksford, M., & Chater, N. (2007). *Bayesian rationality: The probabilistic approach to human reasoning*. Oxford, UK: Oxford University Press.
Oda, R. (1997). Biased face recognition in the prisoner's dilemma game. *Evolution and Human Behavior*, **18**, 309-315.
Oda, R., & Nakajima, S. (2010). Biased face recognition in the faith game. *Evolution and Human Behavior*, **31**, 118-122.
Öhman, A., & Mineka, S. (2001). Fears, phobias, and preparedness: Toward an evolved module of fear and fear learning. *Psychological Review*, **108**, 483-522.
Öhman, A., & Soares, J. J. F. (1993). On the automatic nature of phobic fear: Conditioned electrodermal responses to masked fear-relevant stimuli. *Journal of Abnormal Psychology*, **102**, 1221-1132.
岡崎哲二 (2015). 江戸の市場経済：歴史制度分析からみた株仲間 講談社
Ostrom, E. (1990). *Governing the commons: The evolution of institutions for collective action*. New York: Cambridge University Press.
Price, G. R. (1970). Selection and coveriance. *Nature*, **227**, 520-521.
Price, G. R. (1972). Extension of covariance selection mathematics. *Annals of Human Genetics*, **35**, 485-490.
Rand, D. G., Dreber, A., Ellingsen, T., Fudenberg, D., & Nowak, M. A. (2009). Positive interactions promote public cooperation. *Science*, **325**, 1272-1275.
Rhodes, G., Chan, J., Zebrowitz, L. A., & Simmons, L. W. (2003). Does sexual dimorphism in human faces signal health? *Proceedings of the Royal Society London B*, **270**(Suppl. 1), 93-95.
Rustagi, D., Engel, S., & Kosfeld, M. (2010). Conditional cooperation and costly monitoring explain success in Forest Commons Management. *Science*, **330**, 961-965.

Schooler, L. J., & Hertwig, R. (2005). How forgetting aids heuristic inference. *Psychological Review*, **112**, 610-628.

Sidman, M. (1994). *Equivalence relations and behavior: A research history*. Boston, MA: Authors Cooperative.

Singh, D. (1993). Adaptive significance of female physical attractiveness: A role of the waist-hip-ratio. *Journal of Personality and Social Psychology*, **65**, 293-307.

Singh, D., Dixson, B. J., Jessop, T. S., Morgan, B., & Dixson, A. F. (2009). Cross-cultural consensus for waist-hip ratio and women's attractiveness. *Evolution and Human Behavior*, **31**, 176-181.

Stanca, L. (2009). Measuring indirect reciprocity: Whose back do we scratch? *Journal of Economic Psychology*, **30**, 190-202.

Stein, T., Seymour, K., Hebart, M. N., & Sterzer, P. (2014). Rapid fear detection relies on high spatial frequencies. *Psychological Science*, **25**, 566-574.

Suzuki, A., Honma, Y., & Suga, S. (2013). Indelible distrust: Memory bias toward cheaters revealed as high persistence against extinction. *Journal of Experimental Psychology: Learning, Memory, and Cognition*, **39**, 1901-1913.

Suzuki, A., & Suga, S. (2010). Enhanced memory for the wolf in sheep's clothing: Facial trustworthiness modulates face-traitassociative memory. *Cognition*, **117**, 224-229.

高橋伸幸・竹澤正哲 (2014). 協力と賞罰 山岸俊男・亀田達也 (編著) コミュニケーションの認知科学4巻：社会のなかの共存 (pp.121-144) 岩波書店

Takezawa, M., & Price, M. E. (2010). Revisiting "The evolution of reciprocity in sizable groups": Continuous reciprocity in the repeated n-person prisoner's dilemma. *Journal of Theoretical Biology*, **264**, 188-196.

Tenenbaum, J. B., Kemp, C., Griffiths, T. L., & Goodman, N. D. (2011). How to grow a mind: Statistics, structure, and abstraction. *Science*, **331**, 1279-1285.

Thornhill, R., & Gangestad, S. W. (1993). Human facial beauty: Averageness, symmetry, and parasite resistance. *Human Nature*, **4**, 237-270.

Thornhill, R., & Gangestad, S. W. (2006). Facial sexual dimorphism, developmental stability, and susceptibility to disease. *Evolution Human Behavior*, **27**, 131-144.

Todd, P. M., Gigerenzer, G., & the ABC Research Group. (2012). *Ecological rationality: Intelligence in the world*. New York: Oxford University Press.

Tversky, A., & Kahneman, D. (1974). Judgment under uncertainty: Heuristics and biases. *Science*, **185**, 1124-1131.

Van Le, Q., Isbell, L. A., Matsumoto, J., Nguyen, M., Hori, E., Maior, R. S., ...Nishijo, H. (2013). Pulvinar neurons reveal neurobiological evidence of past selection for rapid detection of snakes. *Proceedings of the National Academy of Sciences*, **110**, 19000-19005.

Vanneste, S., Verplaetse, J., Van Hiel, A., & Braeckman, J. (2007). Attention bias toward noncooperative people: A dot probe classification study in cheating detection. *Evolution and Human Behavior*, **28**, 272-276.

Vuilleumier, P., Armony, J. L., Driver, J., & Dolan, R. J. (2003). Distinct spatial frequency sensitivities for processing faces and emotional expressions. *Nature Neuroscience*, **6**, 624-631.

Watanabe, T., Takezawa, M., Nakawake, Y., Kunimatsu, A., Yamasue, H., Nakamura, M., ...Masada, N. (2014). Two distinct neural mechanisms underlying indirect reciprocity. *Proceedings of the National Academy of Sciences of the United States of America*, **111**, 3990-3995.

Xu, F., & Tenenbaum, J. B. (2007). Word learning as Bayesian inference. *Psychological Review*, **114**, 245-272.

Yamagishi, T. (1986). The provision of a sanctioning system as a public good. *Journal of Personality and Social Psychology*, **51**, 110-116.

Yamagishi, T. (1988). The provision of a sanctioning system in the United States and Japan. *Social Psychology Quarterly*, **51**, 265.

Yamagishi, T., Tanida, S., Mashima, R., Shimoma, E., & Kanazawa, S. (2003). You can judge a book by its cover. *Evolution and Human Behavior*, **24** 290-301.

Zebrowitz, L. A., & Rhodes, G. (2004). Sensitivity to "bad genes" and the anomalous face overgeneralization effect: Cue validity, cue utilization, and accuracy in judging intelligence and health. *Journal of Nonverbal Behavior*, **28**, 167-185.

付録　繰り返し囚人のジレンマにおけるしっぺ返し戦略（TFT）の進化の分析

　TFT によって協力が進化するというメッセージはよく知られているが，実際にどのような計算に基づいてその命題が導かれているのか，社会心理学や進化心理学の教科書で詳細に説明されることはほとんどない。だが，TFT は無条件で進化できるわけではない。ここでは，進化ゲーム理論分析の雰囲気をつかんでもらうために，どのようなロジックに基づいて TFT が進化すると主張されているのか，ステップを踏んで紹介したい（Axelrod & Hamilton, 1981; McElreath & Boyd, 2004）。

(1) TFT と All-D が対戦する場合の各ラウンドにおける利得

	試行				
	1	2	3	…	N
TFT	$-c$	0	0	…	0
All-D	b	0	0	…	0

　TFT と All-D がペアとなり，N 試行囚人のジレンマをプレイするとき，各試行において各プレイヤーが得る利得を示した。$V(TFT|All\text{-}D)$ を「TFT が All-D と対戦した時の期待利得」とすると各戦略の利得は以下のとおりとなる。

$$V(TFT|All\text{-}D) = -c \quad (1)$$
$$V(All\text{-}D|TFT) = b \quad (2)$$

(2) TFT 同士が対戦する場合の各ラウンドにおける利得

	試行				
	1	2	3	…	N
TFT	$b-c$	$b-c$	$b-c$	…	$b-c$
TFT	$b-c$	$b-c$	$b-c$	…	$b-c$

　第 2 ラウンド以降は確率 w でゲームがプレイされるかどうか決まるものとする。そのため，TFT 同士が対戦したときに得られる期待利益とは「各試行で得られる利得」×「その試行が実現する確率」を足し合わせたものとなる。

	試行				
	1	2	3	…	N
各試行がプレイされる確率	$w^0 (=1)$	w^1	w^2	…	w^{N-1}

$$V(TFT|TFT) = \sum_{N=1}^{\infty} w^{N-1} \cdot (b-c)$$
$$= (b-c) + w(b-c) + w^2(b-c) + \cdots w^{N-1}(b-c)$$
$$= (b-c)(1 + w + w^2 + \cdots + w^{N-1})$$
$$= \frac{b-c}{1-w} \quad (3)$$

(3) TFT からなる集団に少数の All-D が侵入を試みる場合

　進化ゲーム理論においては，原則的に無限サイズの母集団に対し少数の他戦略が進入すると想定する。このとき，$V(TFT|TFT) > V(All\text{-}D|TFT)$ であるならば，TFT からなる集団に All-D は侵入できない。なぜならば，TFT からなる集団にごく少数の All-D が侵入した場合（例，TFT の比率を p，All-D の比率を $1-p$ とし，$1-p \to 0$ という極限を考える），TFT はほぼ確率 1 で他の TFT とペアとな

り，また All-D もほぼ確率1で TFT とペアとなるからである。つまり，この状況における両戦略の期待利得は，それぞれ $V(TFT|TFT)$ と $V(All\text{-}D|TFT)$ へと収束するため，この2つの値を比較するだけで，TFT の安定性を確認できる。

上の式2と3より，
$$\frac{b-c}{1-w} > b$$
$$wb > c$$

という条件が求められる。b, c は正の値であり，また w は1以下の正の値であるため，常にこの条件が満たされるとは限らない。だが協力のコスト c に対して，協力から得られる利益 b が大きくなるほど，また相互作用が長く続くほど（$w \to 1$）この条件は満たされやすくなる。たとえば囚人のジレンマの実験では，$b=2, c=1$ という値がよく用いられるが，その場合，w は 0.5 より大きければ TFT は進化的に安定する。$w=0.5$ というのは，第2試行で相互作用が終了する確率が 0.5 ということであり，相互作用の回数がかなり短いことを意味する。したがって，相互作用が数試行以上繰り返される場合には，TFT は All-D の侵入を許さないので，この条件は満たされる可能性が高いと考えてよいだろう。

■ (4) All-D からなる集団に少数の TFT が侵入を試みる場合

$V(All\text{-}D|All\text{-}D) > V(TFT|All\text{-}D)$ であるならば，All-D の集団に対して TFT は侵入できない。前者は0であるため，$0 > -c$ となり，この式は常に満たされる。したがって TFT は All-D の集団に対しては常に侵入できない。

■ (5) 集団の中に All-D と TFT が混在する場合

集団内における TFT の比率を p とおく。また $W(TFT)$ をこの集団における TFT の期待利得，b_0 をこの集団におけるベースラインの適応度（適当な正の値）とする。

$$W(TFT) = b_0 + pV(TFT|TFT) + (1-p)V(TFT|All\text{-}D)$$
$$= b_0 + p \cdot \frac{b-c}{1-w} + (1-p)(-c)$$

$$W(All\text{-}D) = b_0 + pV(All\text{-}D|TFT) + (1-p)V(All\text{-}D|All\text{-}D)$$
$$= b_0 + pb$$

ここで両者の得る期待利得が等しくなるような p^* の値を求めると，
$$W(TFT) = W(All\text{-}D)$$
$$b_0 + p^* \cdot \frac{b-c}{1-w} + (1-p^*)(-c) = b_0 + p^*b$$
$$p^* = \frac{1-w}{w(\frac{b}{c}-1)}$$

証明は省くが，$p=p^*$ という状態は不安定な均衡（中立安定）であり，集団内における TFT の割合 p が p^* よりわずかでも多ければ，TFT の比率が増加し最終的に集団は TFT によって占められる。この式では w が1に近づくほど p^* は0に近づくため，TFT の割合が少なくても TFT は進化することができる。

このように，TFT は無条件で進化するわけではない。そもそも All-D は TFT に対して常に ESS であるのだが，相互作用の回数が長ければ長いほど，初期比率が少なくても TFT は増加していくので，「長期的な関係においては TFT が進化する」と結論づけられているのである。

アクションリサーチ

16

宮本　匠

1. はじめに

　現代社会は様々な問題を抱えている。その問題は，ある種の物質的な豊かさの水準を満たすことによって解決されるものだけでなく，生活の質の向上や，豊かさとはそもそも何だったのかを問い返すようなことを必要とするところに特徴がある。物質的な豊かさの水準を満たすのであれば，その基準はある程度までは画一的に万人に共通なものとなろう。衛生的な生活環境，安定した食料の供給，十分な医療などは，いずれの人間社会においても最低限度の豊かさを保障するものとして考えることができる。これらの環境を適切に整えるには，それらの知識や技術に十分に長けた専門家や研究者を養成し，彼らが組織的に問題に働きかけることが，ある程度の水準を達成するまでは効率的な方策であるといえるだろう。しかし，物質的な豊かさを満たした社会では専門家や研究者による試みだけでは解決できない問題が生まれることになる。

　たとえば，生活習慣病と呼ばれる病気は，衛生的な生活環境を整えることによって飛躍的に被害を食い止められるような伝染病とは異なり，それぞれの生活者自身がそれぞれの生活習慣をあらためて考え直し，生活の成り立ちを整えることによって初めて予防できたり，病とつき合っていくことができる。そのとき，たとえばある生活者は，仕事のストレスを発散するために毎晩実行していた暴飲暴食の晩餐を，早朝の陽射しを浴びながら行う運動や，家族と過ごす何気ない時間に置き換えたり，そもそも自分の人生の中で仕事が持つ意味を問い返して働き方を再考したりするかもしれない。そうだとしたら，この当初の生活習慣病を予防したり治療しようという試みは，その問題の改善以上に，当事者の生活の質の向上に結びつくこととなるだろう。

　ここに，現代社会特有の問題の特徴がある。現代社会が抱える問題には，誰か専門家のような社会の一部の人びとが役割を果たせば解決されるものではなく，その問題に関わる一人ひとりが自分自身の問題として取り組まなければ解決できない種類のものがある。さらに，興味深いことは，その問題改善に自ら関わることが，その問題の克服だけにとどまらない，自らの生の豊かさの向上や，そもそもの豊かさの質的な転換を実現することにつながるのだ。

　アクションリサーチとは，研究者と当事者がよりよい社会的状態を目指して取り組む協働的な実践である。様々な社会課題に対して，学術研究がどのように貢献できるのか，期待も欲求もますます高まりつつある。それゆえ，社会問題の解決を志向するアクションリサーチの重要性もニーズもますます高まっている。しかし，今日，アクションリサーチの意義が増しているのは，こうした社会的な要請によるものだけではない。アクションリサーチは，その主体とし

て研究者だけではない，当該の問題の最も近くにいる当事者の参加を重視するところに特徴がある。先に書いた生活者の例のように，現代社会特有の問題は当事者自身が自らの生活や生き方をあらためて省察することから初めて解決可能なものがあるのだった。研究者によるものだけでない，当事者がそこに主体的に参加してこそリサーチが始まると考えるアクションリサーチの重要性が現代社会において増す理由がここにもある。

2. アクションリサーチの歴史

　アクションリサーチの歴史を概説することは難しい。そもそもアクションリサーチの定義が論者によって異なるし，今やアクションリサーチは，医療，教育，コミュニティ，社会福祉，異文化理解などあらゆる分野において展開されているからである。ただし，自覚的にアクションリサーチという言葉を用いて最初に体系的な研究を行った人物として一般的に語られるのは，社会心理学にとっても無縁でない，グループ・ダイナミックスの祖として知られるクルト・レヴィンである (Lewin, 1948)。本章では，まずはレヴィンに始まるアクションリサーチの系譜をたどりながら，社会心理学，あるいはグループ・ダイナミックスにおけるアクションリサーチの歴史に絞って紹介したい。実は，アクションリサーチを始めたレヴィンがどのような人物であり，彼がどのような想いで一連の研究を行ったのかを知ることは，アクションリサーチのあるべき方向性を理解するにあたって大変重要なことである。

　クルト・レヴィンは，1890年に，当時のプロシア，現在のポーランドに生まれたユダヤ人である。彼が後にアクションリサーチとして知られる研究を行うようになったのは，ナチスドイツによる権力の掌握が増し，アメリカに亡命した後のことである。彼はアイオワ大学に移り，そこで行動科学の理論と実践に大きな貢献をなすのだが，評伝によれば，その背景にはヒトラーの存在があったという (Marrow, 1969/望月・宇津木訳, 1972)。彼は，民主的な社会とはどのような人間共同体であるべきかを問いながら，独裁・民主制についての研究を行った。ユダヤ人であり，亡命教授であったレヴィンにとって，どのようなリーダーシップが民主的な社会の実現に資するのかを考えることは，さしせまって重要な研究テーマだった。

　八ッ塚 (2013) は，アクションリサーチにおいて，一見対立するかに見える「研究」と「実践」が，その創始者とされるレヴィンにおいては決して別々のものではなかったことを強調している。八ッ塚 (2013) は，「まずレヴィンにとっては，基礎と応用という区別自体がさほど重要な意味を持っていなかった。集合的な現象は，常に具体的な集団という場の中で発生する。リーダーシップ研究も集団討議法の研究も，抽象的な基礎研究の応用ではなく，常に現場の中で，問題解決の試みとして展開されてきた」(同, p.228) と述べたうえで，レヴィン自身の生活史を振り返り，「ナチス政権下のドイツからアメリカに亡命したレヴィンにとっては，よりよいリーダーのあり方，民主的な集団運営などの問題は，応用的な関心事であると同時に，基礎研究の最も重要かつ切実なテーマであった。両者は一体をなしており，いずれかがいずれかに優越するといった関係にはない」と書いている。

　このように，レヴィンのアクションリサーチを振り返ってみると，アクショ

ンリサーチにとって「研究」と「実践」，「基礎」と「応用」が表裏一体のものであることがわかる。さらに，重要なことは，レヴィンにとって民主制の研究が，ユダヤ人である自らの人生と切っても切り離せないテーマであったように，アクションリサーチにおいて研究者はその実践を通して自らがどのように生きるのか，自らが考えるよりよい社会とはどのような社会であるのかを体現することとなる。それゆえ，アクションリサーチは，インタビュー調査，質問紙調査，実験室実験などと並列される研究手法のひとつなのではなく，研究者や当事者が研究に臨むときの姿勢であったり，生き方の問題であることがしばしば強調されている（e.g., 渥美, 2014；矢守・渥美, 2011）。

　アクションリサーチは，1947 年のレヴィンの死後，科学的な厳密性を重視する実証主義心理学の台頭によって，アメリカでは限定的に存続することとなるが，イギリスやノルウェーなどのヨーロッパやオーストラリアなどの英語圏において多様な分野で活用されていくこととなる（Greenwood & Levin, 1998）。また，アメリカにおいても 1960 年代の公民権運動に代表される様々な社会運動の中で参加型のリサーチが発展すると同時に，社会科学全般での論理実証主義への批判から社会構成主義が台頭し，アクションリサーチが再び注目を浴びるようになる（藤井, 2006；武田, 2014）。

　日本にレヴィンのアクションリサーチを，グループ・ダイナミックスの枠組みの中で紹介したのは三隅二不二である。三隅は，PM 理論と名づけられたリーダーシップ研究で知られる。PM 理論とは，リーダーシップが果たす役割を目標達成である P（performance）と集団維持の M（maintenance）の 2 つから構成されるものとして考える理論である（三隅, 1967, 1978）。PM 理論は，戦後の日本においてどのように民主的な社会の実現が可能なのかというレヴィンゆずりの問題意識を持ちながら，企業における生産性の向上や事故防止，看護師を中心とした医療組織，教育，自治体，宗教団体等において，リーダーシップの類型化をはかる PM サーベイが実施されたり，よりよいリーダーシップのあり方を求めて，リーダーシップ・トレーニングが実施された（加藤・三隅, 1977；吉田ら, 1995）。

　三隅のもとでグループ・ダイナミックスを学んだ杉万俊夫は，それを社会構成主義をメタ理論とした新しい社会心理学として発展させた（杉万, 2006a, 2013）。後述するが，杉万が発展させたグループ・ダイナミックスにおいても，研究者が当事者とともに現場を変革していくことが強調されている。杉万が当初手がけたアクションリサーチは，緊急避難状況における避難誘導法について，「指差誘導法」と「吸着誘導法」を現場実験によって検討したものであった（杉万・三隅, 1984；杉万ら, 1983）。杉万（2013）がこれらの実験結果をわかりやすくまとめているので，次に紹介する。

　「指差誘導法」とは，誘導者が，「(1) 目立つ位置に立ち，(2) 大きな声と大きな身振りで，(3) 明確に出口の方向を指示する」ような誘導法のことで，それまでの避難誘導において有効だと考えられていた方法だった。それに対して杉万は，「(1) 目立つ位置には立たない，(2) 大きな声も出さず，大きな身振りもしない，(3) 出口の方向は指示しない」という，「指差誘導法」のまったく逆をいく誘導法もあるのではないかと考えた。それが「吸着誘導法」である。「吸着誘導法」では，「指差誘導法」の 3 点の代わりに，誘導者が自分のごく近辺にいる一名ないし二名の少数の避難者に対して，「自分についてきてく

ださい」と働きかけ，その避難者たちを実際に出口まで引き連れて避難する。誘導者が近辺の避難者を自分に吸着させて避難することから「吸着誘導法」と名づけられている。

　この2つの避難誘導法を比較検討するために，杉万は福岡市JR（国鉄）博多駅一帯で行われた大規模な都市防災訓練において社会実験を行う。その結果，従来有効だと考えられていた「指差誘導法」よりも，「吸着誘導法」の方が，短時間に，より多くの避難者を避難させたことがわかった。杉万はその後，誘導者と避難者の人数比を変えてみると，両者の優劣が逆転する結果もあることを示しながら，現実の避難誘導では状況に応じていずれかが採用されたり，もしくは併用されることが望ましいとしている。

　杉万のアクションリサーチのフィールドは，その後，鳥取県智頭町のまちづくり運動に代表される過疎地域の活性化を目指すコミュニティの現場（岡田ら，2000；杉万，2000）や，看護（杉万ら，2006）や原子力発電所（Fukui & Sugiman, 2009）のような組織，そして阪神・淡路大震災のような災害（杉万ら，1995）の現場へと広がっていく。災害の現場で，グループ・ダイナミックスの立場からのアクションリサーチをさらに展開していったのが，杉万のもとで学んだ渥美公秀や矢守克也であった。渥美は，阪神・淡路大震災の当時居住していた西宮市で実際に被災し，近隣の小学校でのボランティア活動に参加したことをきっかけに，災害ボランティアについてのアクションリサーチを行っている（渥美，2001；渥美，2014）。矢守は，阪神・淡路大震災を語り継ぐ語り部グループとの実践や，震災を経験した自治体職員へのインタビュー調査をもとに作成された防災ゲームである「クロスロード」の開発などに関わりながら，「防災人間科学」を提唱している（矢守，2009, 2010；矢守ら，2005）。このように，三隅に始まる日本のグループ・ダイナミックス研究におけるアクションリサーチは，現在に至るまで，様々な領域で継続されている。

3. アクションリサーチの理論

　冒頭に，アクションリサーチとは研究者と当事者がよりよい社会的状態の実現を目指す協働的な実践であると書いた。このような現状改革志向を持つアクションリサーチが拠り立つ理論，とりわけ先の歴史の部分でも触れた社会構成主義の影響を受けた現代のアクションリサーチが礎としている理論は，たとえば自然科学が依拠している理論とは異なる性格を有している。ここでは，杉万（2013）が整理する「自然科学」と「人間科学」という2つの科学を紹介したい。自然科学と人間科学ではそれぞれ立脚しているメタ理論が異なっている。メタ理論とは，個別の理論の根底にあるような「哲学」のことである。自然科学がそのメタ理論として「論理実証主義」を採用しているのに対して，人間科学は「社会構成主義」に基づいている。

　ここで，混乱を避けるために，先にそれぞれの用語の関係を整理しておきたい。まず科学は，自然科学と人間科学によって成立している。そして，杉万が考えるグループ・ダイナミックスは，人間科学のひとつである。本章においても，グループ・ダイナミックスを杉万の文脈で捉えている。そして，グループ・ダイナミックスを含む人間科学は多かれ少なかれアクションリサーチとしての性格を有しているのだが，通常アクションリサーチという言葉が用いられ

るのは，「研究者が，ある集合体や社会のベターメント（改善，改革）に直結した研究活動を，自覚的に行っている場合」（杉万，2006b）である。つまり，グループ・ダイナミックスはアクションリサーチの性格を有しているが，すべてのグループ・ダイナミックス研究がアクションリサーチであるかといえば，それは研究者が自覚的に行っているかどうかに規定される。

　それでは，杉万（2013）が説明する自然科学と人間科学の2つの科学がどのように異なるものであるのか，まずは自然科学のメタ理論である論理実証主義について見てみよう。論理実証主義は，「外界／内界」図式に立っている。これは，「心を内蔵した肉体」としての個人（内界）が，その外に広がる事実（外界）を言語によって忠実に写し取ろうとするものである。ここでいう言語には，日常言語の他に，数学言語，記号言語も含まれる。この「外界／内界」の図式によって得られた外在的知識が自然科学の成果である。この外在的知識は，端的にいえば，人間が知ろうと知るまいと存在する事実についての知識である。杉万は，その例として，たとえばワトソンとクリックによって発見された遺伝子の二重螺旋構造を挙げている。もちろん，二重螺旋構造は，ワトソンとクリックが発見する前からも存在していたし，発見したからといって変化することのない事実である。あるいは，矢守（2009）は，震度やマグニチュードという言葉を挙げながら，私たちがこれら自然科学に由来する言葉を知ろうと知るまいと，地震活動は起きてきたし，これからも起こるだろうと説明している。

　このように自然科学においては，人間が知ろうと知るまいと存在する事実を探求するのであるから，それを写し取ろうとする人間の内界によって，その事実が異なってしまうことは避けなければならない。ここで，外界の観察対象と観察者の間に一線を引いて，一線の向こう側に据えた観察対象を，一線のこちら側から観察者が観察しなければならないという鉄則が生まれる。このことによって，自然科学は普遍的な事実を得ることとなる。

　自然科学が以上の原則に立って人類にもたらした知的貢献には計り知れないものがある。しかし，一方で，自然科学の原則に立っていては知りたいことを知ることができない現象があることも確かである。たとえば，杉万は次のような経済現象を例に挙げている。エコノミストと呼ばれるような経済の専門家が向こう1年間の景気について，理論とデータをもとに，かなり悪くなると予測したとしよう。すると，企業の経営者の中には，消費が冷えるのなら，商品の値段を安くしておかなければと値下げに踏み切る経営者もいるかもしれない。そのような経営者が多くなると，いろいろな商品の値段が安くなり，国民の購買意欲が増し，結果的には物がよく売れ，企業が儲かり，景気が悪くならなくてすむといった事態に至ることとなる。予測は外れたのである。

　ただし，これとはまったく逆の事態もありうる。消費の冷え込みを見込んで，企業の経営者の中には，生産規模をあらかじめ縮小しようとするものも出てくるかもしれない。消費者の中にも，給料が上がらないことを見越して，財布の紐を引き締める人も出てくるだろう。そうした人びとが多くなると，結果的に景気は悪くなってしまう。このとき，エコノミストの予測は当たったといえるのだろうか。それは違う。なぜなら，以上の結果は，エコノミストの予測の正しさが事態を把握できたのではなくて，エコノミストの予測を信じた国民が経済行動を変えたことに由来するからだ。予測（予言）が，その理論的根拠の正しさとは無関係に当たってしまうことは，古くは社会学者のロバート・

マートンが「予言の自己成就」として指摘していたことだ（Merton, 1957）。

以上の事例が示していることは、人間がそれを知ったとたんに変化してしまう事象が存在するということだ。このとき、観察者と観察対象の間に一線を引いて観察しようとする論理実証主義はつまずくことになる。観察者と観察対象を分離することが不可能となるのである。ここで、論理実証主義ではないメタ理論として登場するのが社会構成主義である。杉万は、社会構成主義は、「すべての行為（認識を含む）は、何らかの集合流に内在して初めて可能になる。すべての行為は集合流の一コマとしてしか存立しない」と考える。どういうことか。集合流とは、集合性の変化のことである。集合性とは、人びととその環境によって構成される集合体が帯びる、その集合体ならではの性質のことである。ちなみに、集合性は、物理的集合性と意味的集合性に分かれている。物理的集合性とは、たとえばある集合体において物品や設備がどのように配置されているのかといった特性のことである。意味的集合性とは、集合体の中で形成された「意味」を巡る性質のことである。たとえば、ある集合体において、朝9時にならされる「チャイム」は「心地よいメロディ」ではなくて、「業務開始の合図」である。このように、集合性は、集合体の成員にとって、暗黙かつ自明の前提として存在している。あらゆる集合体は、それぞれに独特な集合性を帯びて存在している。

社会構成主義は、普遍的であらゆる時代、地域、人びとにとって妥当するような事実ではなく、ある特定の時代、地域、人びと、言い換えれば、集合流に内在して初めて存在するローカルな現象を把握しようとする。だから、論理実証主義に立脚する自然科学の研究者が研究対象との間に一線を引こうとするのに対して、社会構成主義においては、研究者は研究対象とともに同じ集合流に巻き込まれていくのだと考える。何らかの集合流に内在しなければ、いかなる現象も意味を持ったものとして現われないからである。たとえば、あるコミュニティに入った研究者が、コミュニティを観察し、住民の声を聞きながら、コミュニティが抱える問題に気づいたとしたら、それは研究者がコミュニティの集合流に巻き込まれていったのだと考えるのである。

この研究者と研究対象が同じ集合流に巻き込まれてくということは、言い換えれば、研究者と研究対象者が一緒に何かをやっている状態になるということである。これを、杉万は「協同的実践」と呼んでいる。現状をよりよい状態へと変革するために研究者と当事者が協働的実践を行う、これがグループ・ダイナミックスの研究スタンスであり、アクションリサーチを支える姿勢である。誤解してはいけないのは、ここでいう協働的実践は、「当事者とともに何事かを行うこと」が推奨されているというわけではない。それが良いとか悪いというのではなくて、人間科学の視点に立てば、人間がそれを知ったとたんに対象が変化してしまうような事態においては、協働的実践は必然的に始まっているということである。アクションリサーチは、以上のような人間科学の視点に立って、「自覚的に」行われる協働的実践である。

さて、自然科学が、時代と場所を超えて万人に妥当するような普遍的な知識を志向するのに対し、人間科学が特定の時代の、特定の地域で、特定の人びとと行われるのだとしたら、アクションリサーチの記録や知見は大変局所的なものとなる。それでは、アクションリサーチで得られた知見は、それが実践されたローカルな場だけにとどまるしかないものなのだろうか。ここで、杉

社会構成主義

社会構成主義の詳細については、杉万俊夫が日本への紹介に関わった、ケネス・ガーゲンの一連の論考（Gergen, 1994a, 1994b, 1999）が参考となる。とりわけ、Gergen (1999) は、社会構成主義がどのような学説史上登場してきたのか、また社会構成主義に基づいた具体的な実践にはどのようなものがあるのかをわかりやすく知ることができ、初学者には最適の書だろう。

協働的実践

キョウドウは、「共同」「協同」「協働」「恊働」と同音語が多く、「キョウドウ」的実践の表記も論者によって異なっている。ここでは、「キョウドウ」的実践の提唱者である杉万俊夫からの引用は、原著のまま「協同的実践」とし、その他のところでは、「キョウドウ」的実践が研究者と当事者がともに現状変革に向かって働きかけを行う側面を強調するために、「協働的実践」と表記する。

万（2013）は，その「生々しい記録」を，「ちょっとだけ抽象化」することが重要であると述べる。ローカルな協働的実践の記録を一歩抽象化することで，別のローカルな場で協働的実践を進める人びとにとっても参考になるかもしれない。この抽象化する作業も，研究者と当事者が一緒に行うことができる。地点と時点を異にするローカルな場が，一歩抽象化された言説によって結びつけられる関係を，杉万は「インターローカリティー」と名づけている。もちろん，「インターローカリティー」は，「ユニバーサリティー」ではなく，あくまで特定のローカルな場と場の間で結ばれる関係であって，「インターローカリティー」を結ぶことの繰り返しが何か普遍的な事実へと漸近していくわけではない。

4. アクションリサーチのプロセス

　それでは，アクションリサーチはどのように進められるのだろうか。アクションリサーチのプロセスは大変独特なものである。そもそも，アクションリサーチはどのように始まるのだろうか。従来の研究であれば，研究者が研究目的を設定し，それに応じた研究手法を選びとって，研究が始められることになる。しかし，アクションリサーチでは，研究目的が当事者の側から提示されることに意味があったり，そもそもある時点では，何が研究目的となるかが明示的にわからない場合さえある。まず，草郷（2007）は，「アクション・リサーチでは，問題の所在が研究者単独ではなく，実践者によってなされるところから始まる。実践者によるイニシアティブがあってこそアクション・リサーチが始められるといってもよいだろう」と述べ，研究目的の設定に，実践者のイニシアティブが重要であることを強調している。また，宮本・渥美（2009）は，「いわゆる仮説検証型の研究であれば，あらかじめ研究の目標を設定した上で研究を開始するだろう。しかし，現場に入ってみないと何が研究の目標，つまり問いになるのかが分からなかったり，その目標がまた生生流転することがアクションリサーチの特徴でもある」と述べ，フィールドでの協働的実践が深化するにつれ，アクションリサーチの研究目標が生まれたり，明確になったり，変化することさえあると考えている。いずれも，アクションリサーチが研究者のみによる関心ではなく，切実な社会状況を起点として開始されることを考えれば，問題の最も近くにいる当事者にイニシアティブがあったり，当該の問題の見え方が変化するに応じて研究目的が変化することは当然であろう。

　さらに，渥美（2014）は，グループ・ダイナミックスの営みを協働的実践とアクションリサーチに分け，協働的実践は「当事者と非当事者が一緒になってよりよい事態を目指して行う実践」であり，アクションリサーチは「当事者と非当事者が一緒になってよりよい事態を目指して行う研究」であるというように，両者を切り分けて考えている。このとき，すべてのアクションリサーチは協働的実践であるが，すべての協働的実践がアクションリサーチではないことを強調している。つまり，協働的実践はアクションリサーチの必要条件であるが，十分条件ではないということだ。その理由として，「現場から見れば，人々が協働して行う実践＝アクションがあるばかりであって，そこに研究者が研究者として加わった場合には，リサーチという協働的実践もあり得るというに過ぎない」のだと述べる。

このことは，杉万（2006b）が強調した，「アクションリサーチの要不要」の問題ともつながる視点である。杉万（2006b）は，実践の現場には，当然のことながら「政治的，経済的，教育的，医療的，宗教的等々，数多くの営み」があり，研究的営みも，まさに「その数多くの営みの一つ（one of them）にすぎない」のだから，実践の現場では，「action research ならぬ research in action」なのだという。それゆえ，「特定の実践において，すべての営みが必要なわけではない」のだから，「すべての実践にとって研究的営みが必要と考えるのは，研究者の思い上がりに過ぎない」としたうえでアクションリサーチにおいては，そもそも研究的営みが必要なのかという，アクションリサーチそのものの要不要が自省されなければならないと述べている。このように，はじめからアクションリサーチが何らかの問題を抱えた現場で存在しうるのではなく，それは当事者との協働的実践の中で，必要とされたときに初めてアクションリサーチが開始されるものであると考えることも重要である。

さて，切実な社会状況を起点にアクションリサーチが始まることがあるとして，それはどのようなプロセスで進んでいくのだろうか。多くの論者が指摘するのは，アクションリサーチは循環的なプロセスを持っている点である（草郷，2007；Mcniff, 2013；Stringer, 2007；武田，2015）。循環的なプロセスとは，アクションリサーチが「実践上の問題の把握に始まり，アクション・リサーチ・チームの編成，アクション・リサーチデザイン，アクション・リサーチの実行，研究成果と提言，アクション改善の実施，新たな問題把握」（草郷，2009）のように，研究成果を出して終わるのではなく，それが再び実践に還元され，改善が試みられ，再び新たな問題を把握し，次のアクションリサーチへとつながっていくような螺旋状のプロセスを経るということである。先に述べたアクションリサーチにおいて研究目的が生生流転するということも，このような循環的なプロセスに由来している。

このような循環的プロセスを，アクションリサーチが何らかの集合流に内在して展開すること，すなわち協働的実践として進むことを踏まえて説明しているのが，杉万（2013）が述べる「一次モード」と「二次モード」の連続的交替運動としてのアクションリサーチである。「一次モード」は，「ローカルな現状，過去，将来を把握し，その把握に基づいて問題解決に取り組む」段階の協働的実践のことである。この段階においては，量的であれ質的であれ，現状を把握するためにあらゆる手段がとられることになる。重要なことは，「一次モード」の協働的実践が，必ず何らかの「気づかざる前提」に立っているということある。どれだけ自分たちが前提にしていることを徹底的に洗い出して，考え抜いたとしても，必ずその先に「気づかざる前提」が残ってしまう。しかし，協働的実践が進行するうちに，それまでの実践の根底にあった「気づかざる前提」に気づくことがある。これが「二次モード」である。「二次モード」においては，それまでの「一次モード」の実践が「あんな前提に立って考えていた」というように，過去形で気づかれることとなる。ただし，「二次モード」を迎えることは，新たな「一次モード」の始まりを意味する。新たな「一次モード」においては，先の「一次モード」におけるローカルな現状の過去や未来の把握が根本的に異なることとなる。この新たな「一次モード」も，やはり何らかの「気づかざる前提」に立っている。こうして，協働的実践は，新たな「二次モード」に向かって進んでいくこととなる。これらの「気づかざる前提」

アクションサーチの要不要
研究者による関わりが現場にもたらす弊害や，自省すべき点を理解するには，宮本・安渓（2008）を参照するのがよい。

の変化が集合流における集合性の変化である。

　この2つのモードの交替運動は，さらに微視的な交替運動と巨視的な交替運動に分けて考えることができる。なぜなら「一次モード」における小さな気づき（小さな「二次モード」）の連続（微視的な交替運動）があってこそ，巨視的な意味での大きな「二次モード」への移行の蓋然性が高まるからだ。ここで，「蓋然性」と書いたのは，「二次モード」への転換は，必然的なものではなく，何をきっかけにそれに至るのかがまったく蓋然的であること，「二次モード」の到来はそれを迎えて初めて回顧的に言及することが可能となるからである。大きな「二次モード」に入ると，まさに「気づかざる前提」に気づいたという目から鱗の感覚をともなう。このように，アクションリサーチの循環的なプロセスは，集合流における集合性の変化，それも微視的な交替運動と巨視的な交替運動の2つの運動からなるプロセスとして捉えることもできる。

　さらに，宮本ら（2012）は，大澤（2005）の議論をもとに，アクションリサーチのプロセスについて，杉万の2つのモードの交替運動とは別の視点から記述しているので見てみよう。まず，私たちの社会的構成は，「言語の水準」と「身体の水準」という2つの水準によって構成されている。「言語の水準」とは，さしあたって言明される水準のことであり（例，「AはBだ」），「身体の水準」とは，ある時点では抑圧されていて，言語化されないのだが，「言語の水準」にとって違背的な事態に遭遇したときに回顧的に気づかれる水準のことである（例，「AはCだった」or「AはDだった」or「AはEだった」or……，のように。ここで，「だった」と過去形で書かれているのは，身体の水準が回顧的にしか言及できないことを強調するためである）。先の「2つのモード」に照らし合わせて考えれば，「言語の水準」が「一次モード」に，「身体の水準」が「二次モード」に該当する。この2つの水準が，当事者の内的な世界において存在していると同時に，当事者が属する共同体を巡る関係においても，そのまま写像されるように存在している。当事者の内的な世界における「言語の水準」に相応するのが，共同体を巡る関係における「当事者自身が所属する当事者コミュニティ」であり（「AはBだ」を共有する人びと），当事者の内的な世界における「身体の水準」に相応するのが，共同体を巡る関係における誰かしらの「他者」である（「AはBだ」を共有しない他者）。これらの関係をまとめたものが表16-1である。

　この「言語の水準」と「身体の水準」は原理的に逆接の関係にある。「逆接」とは，AとBが「AだからB」のように関係することを「順接」と呼ぶのに対し，「AだがB」のように，AとBが背反するような関係をいう。注意しなければいけないのは，当事者やある共同体において何らかの問題が生じていたり，困難が感じられているときというのは，この「言語の水準」と「身体の水準」が逆説の関係にあるからではない。このことを理解するには，当事者の内的な世界における「言語の水準」がどのように成立しているのかに目を向ける必要がある。「言語の水準」における言語化は，その言語化以外の可能性を十分に隠ぺいすることによって存在している。その時，他の言語化のされ方ではなく，まさにその言語化こそが当たり前であるという自明性は，ある一群の人びとの間において，その言語化が繰り返されることで成立していく。つまり，当事者の内的な世界における「言語の水準」は，それぞれに独立して存在しているのではなく，そこで言明されることを暗黙の裡に妥当であると承認してい

表16-1 「言語の水準」と「身体の水準」の関係

	当事者の内的な世界	当事者の属する共同体を巡る人びと
言語の水準	「AはBだ」	「AはBだ」を共有する当事者コミュニティ
身体の水準	「AはCだった」or 「AはDだった」or……	「AはBだ」を共有しない他者

る共同体の一員として帰属することで存在しているということである。この，何らかの言明を自明なものであるという前提に立っている共同体の単位が，グループ・ダイナミックスが研究対象としている集合体である。

　アクションリサーチにおけるより深刻な問題は，この「言語の水準」と「身体の水準」の間の矛盾が顕在化するとき，言い換えれば，言語化されていることの自明性が揺らぐときに体験される。極言すれば，何らかの「言語の水準」で言及されている問題図式の中で解決される類の問題は，さして深刻な問題ではない。冒頭の現代社会特有の問題に立ち返れば，物質的な豊かさの水準の向上や，専門化組織の養成と効率的な働きかけで解決される水準の問題がそれにあたるだろう。一方で，「言語の水準」の自明性の揺らぎとして現象する類の問題が，現代社会に特有の問題であり，真にアクションリサーチにとって深刻な問題として経験されるものである。

　さて，この揺らぎは，ポジティブな側面に焦点を当てれば，杉万の2つのモードでいう「二次モード」に至る蓋然性の高まりではあるのだが，さしあたって当事者にとっては閉塞感として感じられることになる。それでは，この閉塞感は，どのように乗り越えられるのだろうか。端的にいえば，当事者（ら）にとって自明であった「言語の水準」を自明なものとしない，当事者が属する共同体にとっての他者との出会いが，当事者の「身体の水準」の新たな「言語の水準」への顕在化を果たし，顕在化していた矛盾を再び隠蔽することによって，閉塞感は解消されることになる。もちろん，この新たな「言語の水準」は，新たな「一次モード」がそうであったように，再び新たな「身体の水準」を持っていることとなる。

　この過程を，具体的な例をもとに簡単に振り返ってみると，よりわかりやすくなるだろう。たとえば大地震で被災した山間集落があるとする。この集落は地震以前から過疎高齢化に悩まされてきた。高度経済成長の時代から，多くの若者が仕事をもとめて都市部へと流出していったからである。彼らは，都市との「格差」を埋めるために，「われわれの地域には○○がない」と政治家や行政に陳情を繰り返してきた。その陳情が，政治家や行政を動かし，要望したもの，たとえば立派な道路やトンネルが地域にもたらされ続けたとしよう。すると，「○○がない」と欠如でもって自らの生活をまなざし，誰かに訴えることで，村が「豊か」になる（あくまで物質的になのだが）成功体験を繰り返すことになる。しかし，立派なインフラが整えられても，若者の流出は止まらない。そこで大地震に被災する。そして，地震からの復興を，さらには過疎を克服するような未来を描きましょうといった話し合いがなされる。そこでどのような会話がなされるか。「復興だなんだといっても，そもそも子どもがいない年寄りばっかの村に未来なんてない！」「こんな何も資源のない村で復興なんてできない」などの声が飛びだすのではないか。しかし，いくら「子どもがいない」「資源がない」と訴えたところで，急に若年人口が増加する手立てはな

閉塞感の解消
　正確には，閉塞感の解消は，薄らいでいた「言語の水準」の自明性を，共同体において何度も言語化することを通して，再び自明性を強固なものにすることによっても可能なのだが，ここではよりドラスティックな変化をもたらす「身体の水準」が新たな「言語の水準」へと顕在化する事例を紹介するにとどめる。

い。やがて，村人の中には，自らの境遇を嘆く悲壮感と，自分たちにやれることは何もないのだという閉塞感が漂ってしまうことになる。

ここで，「言語の水準」は，「子どもがいない」「資源がない」というような自分たちの村や生活を「〇〇がない」という欠如の視点でもって言語化される形として現われている。それでは，この閉塞感はどのように解消されうるだろうか。たとえば，被災したこの村には復興支援をきっかけに現地を訪れるようになった都市部の大学生ボランティアらがやってくるかもしれない。都市に生まれ育った彼・彼女らにとって山間部の生活は，珍しかったり，逞しく感じられたりするだろう。鍬一本で，見事に畑の水を高いところから低いところへと誘導していく地形を作ったり，手間隙かけて一冬分の保存食をこしらえてしまったり，新鮮な野菜や米に囲まれた生活は，大学生らにとって大変豊かなものであると感じられるかもしれない。このとき，大学生らは村人とのやり取りの中で，感嘆したり，感動したりするだろう。その大学生らの反応を通して，村人はこれまで言語化しなかったこと，たとえば山間部の暮らしでは人と人の助け合いが何よりも重要であり，それが山の豊かさでもあるのだというようなことを語るようになるかもしれない。こうして，村人はそれまで気づいていなかった自らの足元の豊かさに気づき，「〇〇がない」という言語化から，「〇〇がある」という言語化へと語り口を変化させることとなる。

この一連のプロセスは次のように考えることができる。村人は本当は「身体の水準」において，自らの生活が豊かさに満ち溢れたものであることを知っていたのだが，「〇〇がない」としか言語化できなかったところに閉塞感があった。しかし，村人にとっての他者である大学生ら，つまり「〇〇がない」という言語化の形を自明なものとしない他者との出会いを通して，「身体の水準」にとどまっていた「〇〇がある」という言明が新たな「言語の水準」へと顕在化し，閉塞感が解消されたのだと。

アクションリサーチのプロセスを，「言語の水準」と「身体の水準」からなる社会の複層的な構造として考えてみることでわかることがある。あらためて振り返ってみると，アクションリサーチは，「研究者と実践者」（草郷，2007），「研究者と研究対象者」（矢守，2010），「研究者と当事者」（杉万，2013），「当事者と非当事者」（渥美，2014）と示されるように，様々な論者によって，「〇〇と〇〇」といった異なる二群の人びととの間でなされるものと位置づけられている。これは，言葉の定義の問題を超えて，これらアクションリサーチャーの間で，アクションリサーチが何らかの異なる人びとが出会う関係性の中で進行すること，その関係性の中でこそ問題がより解決へと近づいていることを感じとっているからではないか。表16-1でもって語られるプロセスが示すことは，アクションリサーチが（あるいは協働的実践が）誰かしらの他者とともになされていることの意義である。その誰かしらの他者が持つ異質性，異なる集合性が事態を打開していく鍵となりうるのである。

5. アクションリサーチの困難

アクションリサーチのプロセスには，様々な困難が立ちはだかる。人びとの信頼関係に由来するものもあれば，制度的な制約もあるかもしれない。しかし，それらとは別に，アクションリサーチにとっての困難中の困難ともいうべ

新潟県中越地震の復興過程
ここで紹介した例は，実際に筆者が新潟県中越地震の復興プロセスで経験したことである。詳細は，宮本ら（2012）を参照。

きものがある。それは，なんとアクションリサーチの大前提に由来する困難だ。その大前提とは，「よりよい状態を目指す」ことのうちにある。それが，なぜ深刻な問題をもたらすのだろうか。実は，よりよい状態を目指そうとすればするほど事態がより深刻なものになってしまうことがあるのだ。どのような事態か。

　先の，大地震で被災した山間集落の例を思い出すとわかりやすい。当の村の閉塞感を生んでいたのは，本当は自分たちは豊かな暮らしのうちに生きているのに，その暮らしを何か欠如に満ちたものとして，「○○がない」としか言語化できないところにあった。その閉塞感を突破したのは，山の暮らしを知らない大学生らとの交流だった。だが，大学生らがやってくる前の，地震からの復興に向けた話し合いが頓挫していたことを思い出そう。よりよい未来について話し合おうという試みは，むしろ村人の「○○がない」という言語化を強めることで，事態をいっそう閉塞的なものとしていたのだ。だが，地震で被災した村において，よりよい村になるための話し合いをしましょうというのは，よくよく考えてみると，当然の手段ではないだろうか。災害復興のアクションリサーチが，仮にこの集落で始められるとしたら，そのきっかけとして，未来についての話し合いをしましょうというのは，きわめて妥当なやり方であるかに見える。ここに，「よりよい状態を目指す」アクションリサーチに困難が訪れることになる。

　なぜ，「よいよい状態を目指す」ことが閉塞感を強めてしまうことがあるのか。ここで，肥後（2015）が提起する「めざす」関わりと「すごす」関わりの議論が参考になる。肥後は，保育現場の子どもたちと接する中で，何らかの問題を抱える子どもたちが，何かが「できる-できない」ことを巡る傷つきに多かれ少なかれ出会っていることに気づく。何かが「できる」状態を「めざす」ことは，もちろん子どもたちの成長にとって大切な要素であるが，「成長するに従って目指したようにはいかないこと，しょせんとどかないこと」が目に見えてきて，「それでも『めあて』にむかって目指す生活態度のみ求められると，次第に充実感や達成感よりも，緊張感，失敗への不安，『できない』ことや『変わらない』ことからくる無力感のほうが大きくなってくる」という。そこで，「めざす」生活態度が活かされるためには，もう一方で，「変わらなくてよい」「このままでよい」というメッセージを含んだ「すごす」関わりが形成されていることが大切だと肥後は指摘する。

　「めざす」関わりが頓挫するのは，端的にいって，「よりよい状態を目指す」ことが暗黙のうちに現在の存在を否定しているからである。現在が十分でないからよりよい未来がめざされる。そのとき，その対象が，そもそも現在の自分自身を否定的にまなざすことで無力感を抱いているのだとしたら，「めざす」関わりはその無力感を強めるように働いてしまうのである。「よりよい状態をめざす」アクションリサーチが，事態をより閉塞したものにしてしまうことがあるのはこの機制による。それでは，どのようにこの閉塞感を突破することができるか，それは，「変わらなくてよい」という「すごす」関わりである。先の集落の例でいえば，大学生らとの関わりの中で村人が見出したことは，何気ない日常の中にある自分たちの豊かさであり，それを築き上げる自らの逞しさだった。注意しなければならないことは，「すごす」関わりは問題含みの現状を肯定しているのではないことだ。「すごす」関わりが肯定しようとしている

のは，当事者自身が気づいていなかった自らに備わる潜在的な力のことである。「すごす」関わりによって，力を取り戻した当事者は，初めてそこで「よりよい状態」を目指すことができるようになる。

積極的な未来を構想することが難しいフィールドでは，アクションリサーチはまずは当事者に本来備わっていた力が回復されるような，当事者の現在の存在の肯定につながるような協働的実践から始まるのが，アクションリサーチの困難を回避する方策である。その協働的実践は，一見，ただ一緒に地域を歩いたり，作業をともにしたり，何気ない会話をしているに過ぎないかもしれないが，のちのち振り返ってみれば死活的に重要だった時間になるかもしれない。また，積極的な未来を構想することが難しいというのは，実は相対化が進むといわれる現代社会自身が持つ特質である。それゆえ，現代社会のアクションリサーチは，多かれ少なかれ，まずは当事者が当該の問題解決についての主体性を回復するような，自らの生を支える豊かさをもう一度問い返すことから始まるのだともいえる。

6. おわりに

おわりに代えて，これからアクションリサーチを学んでいこうとする読者に向けて，本章で紹介したものもしなかったものも含めて，簡単な読書案内を付したい。まず，本章で何度も引用した杉万（2013）は，人間科学としてのグループ・ダイナミックスが展開してきたアクションリサーチの，理論的にも実践的にも現時点での「決定版」である。さらに，本文では取り上げなかったが，パーカー（Parker, 2004）は，アクションリサーチにつながる質的研究法の先鋭化について，きわめて刺激的な議論を展開している。渥美（2014）や，矢守（2009），矢守（2010）は，杉万が展開したグループ・ダイナミックスを，さらに復興や防災の現場に広げて考えている。これらは実践例も多く紹介されているので，具体的にアクションリサーチがどのような形で研究としてまとめられるのか，参考になるだろう。

いかに当事者自身が主体的に問題に関わることができるのかという問題は，アクションリサーチにおいて最も重要な視点であるが，これについては，フレイレ（Freire, 1970）の論考が必読文献であろう。本文はもちろんのこと，巻末に付された解説を読むと，フレイレがなぜこの著作を書くに至ったのか，また彼が展開した画期的な識字教育がどのように人びとの解放につながったのかを知ることができる。

本章では，他分野のアクションリサーチについて，あまり詳しく紹介することがなかったが，ここで何点か挙げたい。何度か引用した草郷（2007）は，地域コミュニティにおけるアクションリサーチについて，考え方や特徴，そして様々な手法を紹介している。その中でも，「実践プロセス評価」として紹介される手法は，アクションリサーチをどのように評価するのかという点で参考になるだろう。実践プロセス評価手法とは，「個別の実践活動について，当該の当事者自身によって，実践活動を推進する過程で用いられる評価手法」のことである。ここでは，エンパワメント評価を提唱するフェッターマン（Fetterman, 2001）が挙げられているが，現在では日本においても同様のプロジェクトが進められており，例として草郷自身が関わった長久手市の事例（長

「めざす」関わりと「すごす」関わり
　宮本（2015）では，肥後の論考を参照しながら，復興支援における「めざす」関わりと「すごす」関わりの関係をより詳しく論じている。

久手市, 2014）がある。市民が生活実感を評価するに当たり，評価項目の設定から議論をするこの手法は大変興味深い。他分野のアクションリサーチの動向を整理したものとして，最後に挙げたいのが武田（2015）だ。様々な分野でアクションリサーチ，あるいは参加型のリサーチがどのように展開してきたのかを知ることができる。

　先に書いたように，グループ・ダイナミックスの祖であるクルト・レヴィンは，アクションリサーチの祖でもあった。レヴィンをはじめとした先達たちの社会変革への思いが今後も確かに連なっていくことを期待したい。

■文献

渥美公秀　（2001）．ボランティアの知：実践としてのボランティア研究　大阪大学出版会
渥美公秀　（2014）．災害ボランティア：新しい社会へのグループ・ダイナミックス　弘文堂
Fetterman, D. M.　（2001）．*Foundations of empowerment evaluation.* Thousand Oaks, CA: Sage.
Freire, P.　（1970）．*Pedagogia do oprimido.* Rio de Janeiro: Paz e Terra.（フレイレ，P.　小沢有作・楠原　彰・柿沼秀雄・伊藤　周（訳）（1979）．被抑圧者の教育　学亜紀書房）
藤井達也　（2006）．参加型アクションリサーチ：ソーシャルワーク実践と知識創造のために　社会問題研究, **55**, 45-64.
Fukui, H., & Sugiman, T.　（2009）．Organizational learning for nurturing safety culture in a nuclear power plant. In E. Hollnagel (Ed.), *Safer complex industrial environments* (pp.171-187). CRC Press.
Gergen, K. J.　（1994a）．*Realities and relationships: Soundings in social construction.* Cambridge, MA: Harvard University Press.（ガーゲン，K. J.　永田素彦・深尾　誠（訳）（2004）．社会構成主義の理論と実践：関係性が現実をつくる　ナカニシヤ出版）
Gergen, K. J.　（1994b）．*Toward transformation in social knowledge* (2nd ed.). London: Sage.（ガーゲン，K. J.　杉万俊夫・矢守克也・渥美公秀（監訳）（1998）．もうひとつの社会心理学：社会行動学の転換に向けて　ナカニシヤ出版）
Gergen, K. J.　（1999）．*An invitation to social construction.* Sage Publication.（ガーゲン，K. J.　東村知子（訳）（2004）．あなたへの社会構成主義　ナカニシヤ出版）
Greenwood, D. J., & Levin, M.　（1998）．*Introduction to action research: Social research for social change.* Thousand Oaks, CA: Sage.
肥後功一（2015）．改訂版　通じ合うことの心理臨床：保育・教育のための臨床コミュニケーション論　同成社
加藤富子・三隅二不二（編）（1977）．新しいリーダーシップ　学陽書房
草郷孝好（2007）．アクション・リサーチ　小泉潤二・志水宏吉（編）実践的研究のすすめ：人間科学のリアリティ (pp.251-266)　有斐閣
Lewin, K.　（1948）．*Resolving social conflicts: Selected papers on group dynamics.* New York: Harper.（レヴィン，K.　末永俊郎（訳）（1954）．社会的葛藤の解決：グループ・ダイナミックス論文集　東京創元社）
Marrow, A. J.　（1969）．*The practical theorist: The life and work of Kurt Lewin.* New York: Basic Books.（マロー，A. J.　望月　衛・宇津木　保（訳）（1972）．クルト・レヴィン：その生涯と業績　誠信書房）
McNiff, J.　（2013）．*Action research: Principles and practice* (3rd ed.). New York: Routledge.
Merton, R. K.　（1957）．*Social theory and social structure.* New York: Free Press.（マートン，R. K.　森　東吾・森好夫・金沢　実・中島竜太郎（訳）（1961）．社会理論と社会構造　みすず書房）
三隅二不二　（1967）．新しいリーダーシップ：集団指導の行動科学　ダイヤモンド社
三隅二不二　（1978）．リーダーシップ行動の科学　有斐閣
宮本　匠　（2015）．災害復興における"めざす"かかわりと"すごす"かかわり：東日本大震災の復興曲線インタビューから　質的心理学研究, **14**, 6-18.
宮本　匠・渥美公秀　（2009）．災害復興における物語と外部支援者の役割について―新潟県中越地震の事例から―　実験社会心理学研究, **49**, 17-31.
宮本　匠・渥美公秀・矢守克也　（2012）．人間科学における研究者の役割：アクションリサーチにおける「巫女の視点」　実験社会心理学研究, **52**, 35-44.
宮本常一・安渓遊地　（2008）．調査されるという迷惑：フィールドに出る前に読んでおく本　みずのわ出版

長久手市 (2014). ながくて幸せ実感アンケート報告書：みんなでつくろう　幸せのモノサシ
岡田憲夫・杉万俊夫・平塚伸治・河原利和 (2000). 地域からの挑戦：鳥取県・智頭町の「くに」おこし　岩波書店
大澤真幸 (2005). 思考のケミストリー　紀伊國屋書店
Parker, I. (2004). *Qualitative psychology: Introducing radical research*. Buckingham: Open University Press. (パーカー, I. 八ッ塚一郎 (訳) (2008). ラディカル質的心理学　ナカニシヤ出版)
Stringer, E. T. (2007). *Action research* (3rd ed.). Thousand Oaks, CA: Sage. (目黒輝美・磯部卓三 (監訳) (2012). アクションリサーチ　フィリア)
杉万俊夫 (2000). フィールドワーク人間科学：よみがえるコミュニティ　ミネルヴァ書房
杉万俊夫 (編著) (2006a). コミュニティのグループ・ダイナミックス　京都大学学術出版会
杉万俊夫 (2006b). 質的方法の先鋭化とアクションリサーチ　心理学評論, 49, 551-561.
杉万俊夫 (2013). グループ・ダイナミックス入門：組織と地域を変える実践学　世界思想社
杉万俊夫・渥美公秀・永田素彦・渡邊としえ (1995). 阪神大震災における避難所の組織化プロセス　実験社会心理学研究, 35, 207-217.
杉万俊夫・谷浦葉子・越村利恵 (2006). 研修会場と職場が共振する研修プログラムの開発：看護組織の中堅看護研修における試み　実験社会心理学研究, 45, 136-157.
杉万俊夫・三隅二不二 (1984). 緊急避難状況における避難誘導方法に関するアクション・リサーチ（II）：誘導者と避難者の人数比が指差誘導法と吸着誘導法に及ぼす効果　実験社会心理学研究, 23, 107-115.
杉万俊夫・三隅二不二・佐古秀一 (1983). 緊急避難状況における避難誘導方法に関するアクション・リサーチ（I）：指差誘導法と吸着誘導法　実験社会心理学研究, 22, 95-98.
武田　丈 (2015). 参加型アクションリサーチ（CBPR）の理論と実践：社会変革のための研究方法論　世界思想社
矢守克也 (2009). 防災人間科学　東京大学出版会
矢守克也 (2010). アクションリサーチ：実践する人間科学　新曜社
矢守克也・渥美公秀 (編) (2011). 防災・減災の人間科学　新曜社
矢守克也・吉川肇子・網代　剛 (2005). 防災ゲームで学ぶリスク・コミュニケーション：クロスロードへの招待　ナカニシヤ出版
八ッ塚一郎 (2013). 災害・危機への研究アプローチ　矢守克也・前川あさ美 (編)　発達科学ハンドブック第7巻　災害・危機と人間 (pp.227-234)　新曜社
吉田道雄・三隅二不二・山田　昭・三角恵美子・桜井幸博・金城　亮・松田良輔・松尾英久・徳留英二 (1995). リーダーシップPM理論に基づくトレーニングの開発　*INSS Journal*, 2, 214-148.

健　康

大竹恵子

1. 健康の考え方と社会的行動

(1) 健康の定義

　健康に生きることは，全人類に共通した願いのひとつだといえるが，健康とは何を意味するのだろうか。健康の定義として，世界保健機関（World Health Organization：WHO）が1948年に発効したWHO憲章の前文が有名である。それによると，健康とは，「単に病気または虚弱でないということではなく，身体的（physical），精神的（mental），そして社会的（social）に完全に良好な状態」とされている。1978年には，健康を基本的人権と位置づけ，プライマリ・ヘルス・ケアの重要性を明確に示したアルマ・アタ宣言が出され，「すべての人々に健康を（health for all）」という目標が掲げられた。1986年には，ヘルスプロモーションのための国際会議が開催され，その成果がオタワ憲章として採択されている。そこでは健康の前提となる条件として，平和，住居，教育，食物，収入，安定したエコ・システム，持続可能な資源，社会的な正義・公正が挙げられており，健康は人生の目的ではなく，日々の生活のための資源のひとつであること，健康の改善と促進には，健康のための政策や健康を支援する環境づくり，地域活動や個人技術（スキル）の向上，医療の再設置というヘルスプロモーション戦略が必要であることが示されている。

　さらに1998年には，WHO憲章の健康定義について2つ提案があった。1つは健康と病気の連続性を強調して動的な（dynamic）という文言，もう1つはスピリチュアル（spiritual）という文言の追加であった。これらの提案は最終的な決議では採択が見送られ，改訂には至らなかったが，健康の定義の中にQOL（quality of life）や宗教，死生観等を含むスピリチュアルヘルスを追加する動きがあることは，人生の満足感や意義，幸福感といった人間が生きることを支えるポジティブな心理的要因の意義と重要性の高まりを示唆しているといえる。

(2) 生物心理社会モデル

　現在の健康の考え方に従えば健康の最終目標はウェルビーイングだといえるが，医療制度が十分に整備されていない時代では，衛生環境や栄養状態が悪く，急性の感染症対策が急務であったため，病気がない状態を健康の目標としていた。このような昔の医学の考え方は生物医学モデルと呼ばれ，そこでは病気の原因は病原菌やウィルス等の外部からの要因にあり，医学的処置の判断や責任は医学の専門家にあると考えられてきた。つまり，生物医学モデルでは，疾病の病理メカニズムの解明と治療に焦点が当てられていたのである。

ヘルスプロモーション
　WHOは，1986年のオタワ会議で，ヘルスプロモーションを「個人とコミュニティが健康の決定要因をよりコントロールできるようになり，その結果として健康を改善する過程」と位置づけた。健康を導く様々な活動や条件に対する教育と環境からの支援の連携を意味する。

ウェルビーイング
　人間の幸せや健康を包括する適応概念であり，満足感や幸福感などの認知的側面や，ポジティブ感情／ネガティブ感情などの感情的側面などがある。主観によって評定および測定するものを主観的ウェルビーイングと呼ぶこともある。

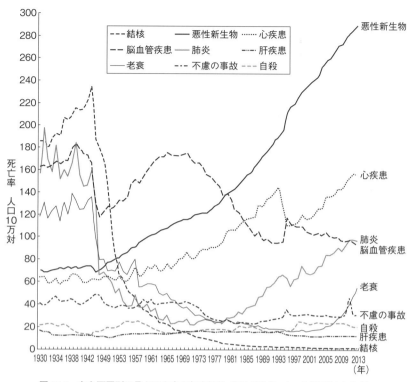

図 17-1 主な死因別に見た死亡率の年次推移 （厚生労働省 人口動態統計より作成）

　図17-1には，1930年から2013年までの日本における死因別の死亡率の年次推移を示している。これを見ると，1950年以降，グラフの形状から疾病構造が大きく変化していることがわかる。1930-1940年代は結核や肺炎，脳血管疾患が主な死因であったが，1950年以降，栄養・衛生状態の改善と医療技術の進歩によって感染症の治療が効果をあげ，とりわけ結核と肺炎の死亡率は劇的に減少した。その一方で1960年代以降，三大死因と称される悪性新生物，心疾患，脳血管疾患の死亡率が増加している。また，2011年以降，肺炎の死亡率が脳血管疾患を抜いて第3位と増加しているが，この背景には，1980年代以降の人口の高齢化が関係している。高齢者の場合，肺炎は重篤な疾患となる危険性が高く，実際，肺炎で死亡する人の97％以上が65歳以上である。
　このように近年の肺炎の増加傾向はあるものの，感染症から生活習慣病へと疾病構造が変化し，これにともなって健康対策の必要性も変化した。とくに生活習慣が発症の原因と考えられる疾患に対するアプローチを考えると，生物医学モデルの考え方では，行動変容を目指した治療対策や健康増進を含む予防対策等の現実的な対応ができない。そこで新しく提案されたモデルが，心身を統合的に考える生物心理社会モデルである（Engel, 1977）。このモデルでは，病気の原因はウィルス等の外的な単一要因ではなく，生物的（身体的），行動的，心理的，社会的な様々な要因が相互に関連して生じると考えており，これはまさにWHOの健康の定義と一致した健康と病気とを連続するものと位置づける立場である。現在の主要な死因を考えると，私たちの日々の健康行動（生活習慣）に対するアプローチが健康対策として必要であり，このことは同時に，すべての人は自分の健康や病気に責任があることを意味している。

(3) 健康と社会的要因

効果的な健康対策を実現するためには，パーソナリティやソーシャルサポート等の社会心理学からの知見とその活用が重要である。感染症が健康を脅かす主原因であった時代にはこれらの要因を考慮する必要性は低かったが，現在は治療だけではなく，予防対策を強化していることから，（不）健康行動の形成や習慣化といった行動変容の過程に関連するパーソナリティや社会的要因の解明が求められている。また，健康／病気という現象自体が，社会的要因によって決定されると主張する社会構成主義の考え方もある。このことは，健康の規定要因を検討する際に，それぞれの文化や社会環境といった広い意味での社会的要因を考慮する必要性を示唆している。

健康に影響を与える行動の中には，社会性の影響を強く受けるものがある。たとえば，他者と一緒に食べるという共食は，摂食量やおいしさに影響を与えることが明らかにされている（Pliner & Chaiken, 1990）。また，外的刺激に対する反応性の高さを意味する外発反応性の傾向は，肥満者の食行動の特徴とされており，摂取量を検討した食実験で，肥満の人は標準体重の人に比べて時刻の認知や食べ物の味覚や視覚的情報，場への依存性等の外発的な要因の影響を強く受けることが示されている（Schachter & Gross, 1968; Nisbett, 1968; Hibscher & Herman, 1977）。拒食や過食に代表される食行動異常（eating disorder）も個人特性や家族関係，社会環境等が密接に関わる食の問題行動である。この他，喫煙は心理的薬理的な依存性が高く，健康に悪いとわかっていても止められない代表例といえるが，社会性の影響を強く受ける行動でもある。禁煙指導や喫煙防止といった習慣化した不健康行動の修正や健康行動の維持を目指した予防対策には，行動変容の過程としてステージ（stage）を考えることが効果的とされており（Prochaska & DiClemente, 1983; Otake & Shimai, 2001），喫煙のきっかけや喫煙する／しない動機，対人関係や社会環境要因等の影響を把握したアプローチが重要である。

2. ストレス

(1) ストレスとは

ストレスとは，もともとは「物体に圧力をかけることで生じる歪み」を意味する物理学用語であったが，生理学者のセリエ（Selye, 1936）が，「外界からのあらゆる要求に対してもたらされる生体の非特異的反応」と定義した。ストレスを生じさせるストレス源となる刺激はストレッサ（stressor），ストレッサによって引き起こされる心身の影響はストレス反応と呼ばれる。

(2) セリエのストレス学説

セリエは，生体に有害刺激であるストレッサが加えられると，生体に特徴的な生理的変化（副腎皮質の肥大，胸腺・脾臓・リンパ節の萎縮，胃・十二指腸の出血や潰瘍等）が共通して引き起こされることを見出し，この変化を汎適応症候群（general adaptation syndrome: GAS）と呼んだ（図17-2）。このようなストレス反応が発現する過程には3つの時期があり，それらは，①ストレッサを受けた直後には一時的に抵抗力が低下する「ショック相」と，それに対する防衛反応が働き抵抗力が高まる「反ショック相」からなる「警告反応期」，

ステージ
個人の認知的な要因であるレディネス（準備性）に焦点を当て，行動変容の段階をステージと捉えた理論が，ステージモデル（段階的変化モデルやトランスセオレティカルモデルと呼ばれることもある）である（Prochaska & DiClemente, 1983）。

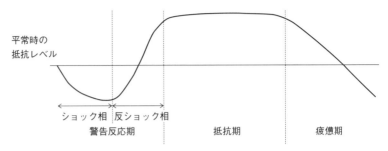

図17-2 セリエの汎適応症候群の3期過程 (Selye, 1978/杉ら訳, 1988より作成)

②ストレッサに対して平常時より抵抗力が高まり，適応状態が維持される「抵抗期」，③さらにストレッサが除去されず続くと，抵抗力が低下し，生体が衰弱する「疲憊期」である。疲憊期が続くと，最終的には身体疾患への罹患の可能性が高まり死に至る，と考えられている。ストレス反応の慢性化は，たとえば日常での風邪の発症を高めるなど免疫機能を低下させることが明らかにされており（Cohen et al., 1991），様々なストレス関連疾患と呼ばれる症状を引き起こし，心身の健康に深刻な影響を及ぼす可能性がある。

(3) ストレッサの考え方

セリエの研究に代表される動物を対象にした初期のストレス研究では，有害な外的刺激をストレッサと捉え，主に生理学的なストレスのメカニズムに焦点を当てていた。その後，人を対象にした研究がさかんになり，ストレス生起過程における心理的要因の重要性が示唆されてきた。中でも，心身のストレス反応を引き起こすストレッサの解明が進み，心理社会的要因の重要性を指摘したのがホームズとレイ（Holmes & Rahe, 1967）の研究である。私たちが人生で経験する比較的大きな変化をもたらす出来事はライフイベント（life event）と呼ばれるが，ホームズとレイは，このような日常生活で生じる様々な変化こそがストレッサになると考え，人生で遭遇する可能性のある43のライフイベントとその生活変化の強度・重大さをLCU得点（life change unit score）として社会的再適応評価尺度（social readjustment rating scale: SRRS）を作成した（表17-1）。各ライフイベントの得点は，「結婚」を基準点（50点）として0から100点の範囲で数値化されており，表に示したように過去1年間に経験したライフイベントの合計得点の高さが身体疾患の発症率の高さに関連することが報告されている。

しかし，先に示したライフイベントは人生において稀にしか遭遇しない出来事が多く，各ライフイベントの数値が固定されていることから個人差が考慮されていないという批判がなされるようになった。ラザルスとコーエン（Lazarus & Cohen, 1977）は，ストレッサの捉え方は個人によって異なることを指摘し，実際の日々の生活を考えると，人生で稀に経験する重大な出来事よりも，日常的に頻繁に経験する不快な情動を引き起こす出来事の方が心身の健康に悪影響を及ぼす可能性があると考えたのである。様々な人間関係や仕事上での問題といった日常的に繰り返し経験する些細なストレッサは，デイリーハッスルズ（daily hassles: 日常苛立ち事）と呼ばれ，ライフイベントよりも健康状態を予測する可能性が高いことが報告されている（Kanner et al., 1981;

表17-1 社会的再適応評価尺度：SRRS（Holmes & Rahe, 1967より作成）

ライフイベント	LCU得点	ライフイベント	LCU得点
1. 配偶者の死	100	23. 息子や娘が家を離れる	29
2. 離婚	73	24. 義理の親族とのトラブル	29
3. 夫婦別居	65	25. 顕著な業績の達成・個人的成功	28
4. 刑務所等での拘留	63	26. 妻の就職・離職	26
5. 近親者の死	63	27. 自身の入学・卒業	26
6. 自身のけがや病気	53	28. 生活条件の変化	25
7. 結婚	50	29. 個人的な習慣の変化	24
8. 解雇	47	30. 上司とのトラブル	23
9. 夫婦の和解	45	31. 通勤時間・条件の変化	20
10. 退職	45	32. 転居	20
11. 家族の健康状態の変化	44	33. 転校	20
12. 妊娠	40	34. 余暇の変化	19
13. 性生活上の問題	39	35. 宗教活動の変化	19
14. 新たな家族の増加	39	36. 社会活動の変化	18
15. 仕事上での再適応	39	37. 少額（1万ドル以下）の借金	17
16. 経済状態の変化	38	38. 睡眠習慣の変化	16
17. 親しい友人の死	37	39. 家族団らんの変化	15
18. 転職・異動	36	40. 食習慣の変化	15
19. 夫婦の口論回数の変化	35	41. 休暇	13
20. 多額（1万ドル以上）の借金	31	42. クリスマス	12
21. 担保・貸付金の損失	30	43. 些細な法律違反	11
22. 仕事上の責任の変化	29		

1年間に経験したライフイベントのLCU合計得点	ストレス関連疾患の発症率
300点以上	約80%
200点〜299点	約50%
150点〜199点	約40%

DeLongis et al., 1982）。

　その後，現在に至るまでストレッサの感じ方の違いである個人差も含めて心理的ストレスの研究がさかんになり，年齢や職種に応じた様々なストレッサ尺度が開発され，心身の健康との関連が検討されている。

■(4) ラザルスとフォークマンの心理的ストレスモデル

　同じストレッサにさらされても健康を損なう人もいれば元気な人もいる。このことはストレッサの捉え方やストレス反応に至るまでの対処過程に個人差があることを意味している。このようなストレス過程における個人差としての心理的要因の役割，すなわち，ストレッサに対する認知的評価やストレス対処（コーピング）を重視した理論が，図17-3に示したラザルスとフォークマンの心理的ストレスモデルである（Lazarus & Folkman, 1984）。

①認知的評価

　認知的評価として，まず遭遇したストレッサが自分にとって有害かどうか，脅威かどうかを判断する一次的評価という段階がある。この評価には，ネガティブな意味だけではなく，成長の機会といった挑戦かどうかというポジティブな評価も含まれる。いずれにしても，この段階でストレスフルではないと評価されると，潜在的ストレッサはストレッサとは認識されない。つまり，図17-3の潜在的ストレッサとは，一次的評価が行われる前の外界からの刺激や出来事を意味するため「潜在的」と表記している。次の段階の二次的評価では，ストレッサに対してどのような対処を行うことが可能かというコントロー

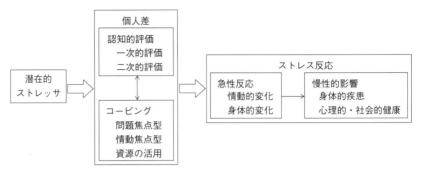

図 17-3　心理的ストレスモデル (Lazarus & Folkman, 1984)

ルの可能性を判断する。また、ラザルスとフォークマンは、これらの認知的評価に影響を及ぼす要因として個人的要因と環境的要因を挙げている（Lazarus & Folkman, 1984）。個人的要因には、自己効力感（必要な行動をうまく遂行できるという確信）やコミットメント（特定の対象に対して重要性や意味を見出すなどの関与の強さ）、実存的確信（信仰のように人生に意味を見出すことを可能にする全般的な信念）、コントロール感（重要な出来事や結果をどの程度コントロールできると思うかという信念）、環境的要因には、新奇性（未経験の新しい状況）、不確実性（予測できない不確実な状況）、時間的な要因（有害刺激が切迫していたり、有害な状況が長時間続くこと）、出来事のタイミング（卒業や就職、結婚などのライフイベントが生じるタイミング）が挙げられており、これらは相互に関連しながら認知的評価に影響すると考えられている。

②コーピング

　上記の認知的評価の過程でストレスフルな状況と評価されると、そのストレッサを軽減するために認知的および行動的な努力が行われる。これをコーピング（coping）という。コーピングには様々な方略があり、分類方法も研究者によって異なるが、代表的なものとして、ラザルスとフォークマンが大別した「問題焦点型（problem-focused form）」と「情動焦点型（emotion-focused form）」という2種類がある。問題焦点型コーピングとは、ストレスフルな状況をもたらしている問題を解決するために、問題の所在を検討・整理したり、情報収集を行い、解決策を検討・実施するなど、問題に直接的に働きかける積極的な対処である。一方、情動焦点型コーピングとは、問題そのものに直接働きかけるのではなく、ストレッサによって引き起こされる不快な情動を制御して調整する対処であり、回避（avoidance）と再評価（reappraisal）に分類されている（Lazarus & Lazarus, 1994）。回避とは、趣味を楽しんだり、気晴らしや運動をして不快な情動を低減するよう試みたり、ストレス状況から距離を置いて問題について考えることを逃避するといった方略が含まれる。他方、再評価とは、ストレス状況を再解釈して不快な情動が低減するように認知的評価を変えようとする方略である。

　コーピングの結果として生じるストレス反応には、コーピングを行った直後の反応である急性反応と、長期的なストレスフル状況の持続によって引き起こされる慢性的影響がある。一般的に問題焦点型コーピングはストレス反応が低く、適応的で健康につながる方略、一方、回避に代表される情動焦点型コーピ

ングはストレス反応が高く，不適応につながりやすい方略とされている。しかしながら，現実の生活を考えるとストレッサに対して直接的に働きかけることが可能な状況ばかりではなく，また実際に行っている対処方略も問題焦点型と情動焦点型のどちらか一方というわけではない。ストレッサによって喚起された不快な情動を表出しないように抑制することは，交感神経系の活動を活性化する。そのため，健康に悪影響を及ぼす可能性が指摘されている（Gross, 1998）。つまり，情動焦点型コーピングを上手に用いることは情動への対処として重要だといえる。たとえば，気晴らしを行うことでストレッサによって引き起こされた不快な情動をうまく調整し，その後，問題解決に向けて対応できるようになることもある。

　ストレッサに対する認知的評価とコーピングの組み合わせに着目し，コントロールの可能性から有効な対処を考えるグッドネス・オブ・フィット（goodness of fit）という仮説がある。そこでは，ストレッサに対処できると評価されれば問題焦点型コーピングを用いることが有効だが，ストレスフルな状況に対して自分ではコントロール不能と判断されれば，情動焦点型コーピングが効果的だとされている。また前述した情動焦点型コーピングのひとつである再評価は，健康において適応的な方略だとされており，ストレスフルな状況の中で自己を再認識し，生きる意味や他者への感謝といった利得（benefit）を見出した人は，ストレス反応が低減し，免疫力や生存期間に効果があることが報告されている（Bower et al., 2008）。ストレス過程でのコーピングや認知的評価は，相互に作用しながら繰り返されるものであるため，ストレス反応の低減と心身の健康や適応を促すためには，その時々でのストレス状況に対して様々なコーピングを柔軟に使い分けること，すなわちコーピングの柔軟性（coping flexibility）が重要である（Westman & Shirom, 1995）。

③ストレス過程における資源

　ストレッサに対する認知的評価やコーピングの選択には個人差が大きいが，同時に個人が置かれている状況の違いやその影響も強い。ストレス対処を比較的安定した個人特性やパーソナリティと位置づけ，健康との関係を説明する考え方もあるが（後述の3. を参照），ラザルスとフォークマンの心理的ストレスモデルでは，ストレス過程は個人がおかれているストレス状況によって規定されると考えており，その意味でも効果的なコーピングを選択するためには，様々な資源（resource）の活用が重要とされている。

　このコーピングの資源とは，認知的評価やコーピング選択に影響を及ぼし，ストレス反応の低減に効果的だと考えられている要因を示す。具体的には，ストレスに対処するための基盤となる身体的エネルギーや経済力として個人の健康状態（身体的健康）や経済的状況，自分には問題が解決できると確信している自己効力感（self-efficacy），問題の状況把握，解決策の検討と遂行に必要な技能や人脈の活用と円滑な対人関係の形成を含む問題解決スキル（problem-solving skills）や社会的スキル（social skills），有形無形の他者からのサポートとして健康に非常に大きな効果をもたらす（8章を参照）ソーシャルサポート（social support）などがある。

　ソーシャルサポートに関連して他者に自分のおかれている困難な状況や辛さを他者に打ち明けることがあるが，この行動は自己開示（self-disclosure）と

呼ばれる。ペネベーカーらは，トラウマ経験に関する自己開示の効果を実験的に検討し，トラウマティックな経験やストレスフルな出来事に関する不快な情動を筆記開示することによって長期的な効果として医療機関の受診率が低下することを報告している（Pennebaker & Beall, 1986）。その後，筆記開示研究がさかんになり，メタ分析の結果から筆記開示によって健常群の健康状態が向上するという結果（Smyth, 1998）や，健常群では医療機関の受診を低下させる効果があるが臨床群では健康への効果は認められないという報告（Harris, 2006）など様々な見解が示されているが，ストレス過程での不快な情動への対処が健康の鍵を握っているといえる。

この他，ストレス過程を資源の増減という大きな視点から説明している資源保護理論（conservation of resources theory）がある（Hobfoll, 1989, 2002）。ここでの資源とは，個人の健康や自尊心，経済力やソーシャルサポートといった社会環境要因など様々な要因を含んでおり，ストレスフルな状況においても全体としての資源が維持できれば健康への悪影響は生じないとされている。この理論は個人差に注目した心理的ストレスモデルとは異なり，コミュニティや社会全体の仕組みやバランスに着目した考え方である。

3. 健康とパーソナリティ

(1) パーソナリティが健康に影響するメカニズム

　パーソナリティとは，時間や場所を超えて比較的安定してみとめられる心理的傾向であり，個人の行動様式や価値観，他者や社会との関わりを規定するため，健康関連行動や病気／健康の引き起こしやすさなどにも影響を与えると考えることができる。パーソナリティが健康に影響を及ぼすメカニズムは，実際には複雑で生理的な仕組みなど未解明な部分も多いが，1つの有力な枠組みが先述したストレスから理解する考え方である（Wiebe & Fortenberry, 2006）。ストレス過程には様々な個人差が存在しており，たとえば，ストレッサに対する認知的評価やコーピングはパーソナリティの影響を強く受ける。そして，ストレスフルな状況の引き起こしやすさやコーピングの資源，ストレス反応といった様々な要因にもパーソナリティは関連し，各要因が相互に作用する。つまり，ストレスに関する個人の評価や対処によって生理的反応が引き起こされ，病気の罹患に影響すると考えることができる。

　パーソナリティと健康との関係を論じるうえで，病気のリスク因子やその関連要因に寄与する健康阻害要因と，病気からの回復やウェルビーイングを促進する健康促進因子と分けて考える必要がある。そこで，ここでは，健康のリスクとなる代表的なパーソナリティを紹介する。

(2) タイプA：怒り・敵意・攻撃性

　心筋梗塞や狭心症に代表される冠状動脈性心臓疾患（coronary heart disease: CHD）と関連があるパーソナリティとして，フリードマンとローゼンマンが明らかにしたタイプA行動パターン（Friedman & Rosenman, 1959）がある。怒りや攻撃，敵意，時間切迫，焦燥感，競争心，活動性の高さといった行動特徴を示す人（タイプA）は，その反対の傾向の人（タイプB）に比べて心疾患の罹患率が2倍以上高いことが示され（Rosenman et al., 1975），こ

メタ分析
　過去に行われた複数の信頼できる研究結果を統合し，様々な手法を用いて比較検討を行う統計解析法のことである。

の行動特性に注目が集まった。

　しかしながら1980年代以降，タイプAという概念の曖昧さやCHDと関連性が示されないという結果が報告されるようになり，AHAと呼ばれる攻撃性の3側面，つまり，感情としての怒り（anger），認知や態度としての敵意（hostility），行動としての攻撃（aggression）が心臓疾患の罹患や死亡との関連で注目されるようになった。中でも敵意という認知と慢性的な怒りの強さ，そして喚起した怒りを抑制（anger-in）する傾向がCHDの発症や再発のリスク因子になると考えられている（Dembroski et al., 1985; Miller et al., 1996）。

(3) タイプD

　CHDのリスク因子として近年注目されているタイプDと呼ばれるパーソナリティがある。デノレットらは，抑うつや神経不安などのネガティブ感情（negative affectivity: NA）を感じやすく，それらの感情表出を社会的に抑制する（social inhibition: SI）という2つの特徴が強い傾向をDistress（苦痛・苦悩）と位置づけ，これをタイプDと名づけた（Denollet et al., 2000）。タイプDに関する研究は，CHD患者を対象にした追跡調査が多く，それによると，タイプDが他の要因（性，年齢，心疾患罹患歴や医学的要因，うつなどの精神医学的要因）よりもCHDの再発や死亡率の高さに関連することが報告されている（Denollet et al., 2008; Schiffer et al., 2010; Versteeg et al., 2012）。

　この他，ストレス負荷をかける課題を用いて生理反応を測定した実験から，タイプDの男性は課題中に心拍出量が増大することが報告されており（Williams et al., 2009），この結果からタイプDがCHDの発症に関連する可能性が示唆されている。近年，タイプDに関する研究は増加しており，たとえば，22か国の患者データでの比較文化研究（Kupper et al., 2013）や健常者を対象にしてタイプD傾向と知覚されたストレス，身体的健康状態，コーピング，ソーシャルサポートとの関連を検討した研究（Williams & Wingate, 2012），パーソナリティ5因子との関係を検討した研究（Svansdottir et al., 2013）など様々な報告がなされている。今後，生理心理学的なメカニズムの検討も含めて，タイプD傾向の高い健常な人が心疾患を発症するのかどうかという前向きコホート研究（prospective study）を行い，タイプDがCHDの発症に寄与するのかどうかを検証する必要がある。

(4) タイプC

　がんの発症や罹患に関連したパーソナリティとしてタイプCがある。これは，テモショックらによって提唱された概念であり（Temoshok et al., 1985; Temoshok & Dreher, 1992），がんに罹りやすいとされる人たちの特徴として，①怒りを表出せず，怒りの気持ちに気づかない，②怒り以外の不安や恐怖，悲しみなどのネガティブ感情も感じにくく，それらの表出も少ない，③我慢強く，控えめで自己主張せず，協力的な態度を示す，④周りを気遣い，他人の要求を満たすことを優先し，自分を犠牲にする，といった傾向の強さを挙げている。

　パーソナリティ研究で有名なアイゼンクは，前向きコホート研究を行い，10年以上の追跡調査から，タイプCの合理的-非情緒的行動（rational-antiemotinoal behavior）の強さが，がんの発症や死亡率の高さに関連するこ

とを報告している（Eysenck, 1988; Grossarth-Maticek et al., 1988）。同様の結果が，フランスの大規模な GAZEL コホート研究による 16 年間の追跡調査からも示されており（Lemogne et al., 2013），行動や考え方がきわめて合理的で，かつ非情緒的な傾向であるタイプ C の合理的 - 非情緒的行動は，がんの発症に関するリスク要因のひとつである可能性が示唆されている。一方，タイプ C の中でも感情抑制（とくに怒り感情）が，がんの発症や罹患，癌の進行にも関連しているという報告もあるが（Gross, 1989），先の GAZEL コホート研究では，感情表出の抑制については関連性が示されていない。今後さらに生理心理学的メカニズムの解明も含めて研究の蓄積が期待されている。

(5) アレキシサイミア

ストレス性の胃潰瘍や高血圧，過敏性腸症候群といった心理社会的要因が身体疾患の発症や経過に関係する病態を心身症（psychosomatic disease）と呼ぶが，この心身症に関連する個人要因としてアレキシサイミアがある。アレキシサイミアとは，ギリシャ語の欠落を意味する「ア」，意味という「レクシス」，感情の「シモス」からシフネオス（Sifneos, 1973）が提唱した心身症患者の特徴を示すものであり，①自分の感情や感情による身体的な感覚に気づくことが困難，②空想することが苦手，③他者に対して自分の感情を表現（言語化や伝達）することが困難，といった感情と感情の認知や表出に関する特徴を持つ（Nemiah et al., 1976）。わが国では，失感情症とも呼ばれている。

アレキシサイミアは，他の精神疾患との関連が指摘されており，たとえば，薬物依存障害の患者にアレキシサイミア傾向が高いこと（Taylor et al., 1997）や，神経性食欲不振症や神経性過食症の摂食障害の患者のうち，半数以上の割合でアレキシサイミア傾向が強く見られること（Casper, 1990; Taylor et al., 1996）が報告されている。また，アレキシサイミア傾向の高い人は，不安障害になりやすく，恐怖症患者や強迫性障害の患者にもアレキシサイミア傾向が高い患者が多く，中でもパニック障害の患者は，高アレキシサイミアの割合が 50-70％であることが明らかにされている（Taylor, 2000; Taylor et al., 1997）。このように，アレキシサイミア傾向が強い人は，様々な不健康状態を呈する傾向が高い。

4. 健康とポジティブ心理学

(1) ポジティブ心理学とは

先述したように，健康の最終目標はウェルビーイングだといえる。そこで，ここでは健康増進や予防という観点からウェルビーイングを高める要因について考える。具体的には，近年注目されているポジティブ心理学の動向を含めて健康を支えるポジティブな要因について紹介する。

ポジティブ心理学（positive psychology）とは，人間が持っているポジティブな側面に着目した 21 世紀の心理学と称される研究動向であり（Seligman & Csikszentmihalyi, 2000），ピーターソンは，「私たち人間が生まれてから死ぬまでの人生すべての時間において"何が良いことなのか"ということを科学的に研究する心理学」と述べている（ピーターソン，2006）。また，ポジティブ心理学は，人間が持っているポジティブな機能を解明し，それらを促進するため

の科学的で応用的なアプローチとも定義されている（Snyder & Lopez, 2007）。

■ (2) ポジティブ心理学とウェルビーイング

　ポジティブ心理学の主張は，過去に類を見ない新しい提案というよりは，むしろ，これまでも心理学が探究し続けてきたことでもある。たとえば，マズローが述べた自己実現の欲求に代表されるように（Maslow, 1970），動機づけや感情のポジティブな側面に注目した研究には長い歴史があり，ポジティブ感情についても1970年代の認知革命以降，多くの研究が行われてきた。アイセンらは，ポジティブ感情が独創的な思考を引き起こすこと（Isen et al., 1985）や，柔軟性や創造性を高めること（Isen, 1987; Isen et al., 1987），問題解決や意思決定に影響を与えること（Isen, 1993）など，様々な機能があることを明らかにしており，それらの研究知見を受けて，ポジティブ感情には「拡張（broaden）」と「形成（build）」という2つの機能があると提唱したフレドリクソンの"拡張-形成理論（broaden-and-build theory）"があると考えることができる（Fredrickson, 1998, 2001）。

　また，ポジティブな自己認知や個人特性は健康やウェルビーイングを促進するパーソナリティとしても注目され，社会心理学や臨床心理学，健康心理学などの領域を中心に多くの研究が進められてきた。たとえば，バンデューラ（Bandura, 1986）が提唱した自己効力感，ストレッサに対する頑強なパーソナリティとしてコバサ（Kobasa, 1979）が定義した3つのC：①コントロール（control），②コミットメント（commitment），③チャレンジ（challenge）から構成されるハーディネス（hardiness），近年注目されているセンス・オブ・コヒアランス（sense of coherence: SOC）と呼ばれる健康生成論（Antonovsky, 1979, 1987），物事がうまくいくという信念を持っている楽観主義（optimism）傾向（Scheier & Carver, 1992; Seligman, 1991）やポジティブ・イリュージョン（positive illusion）と呼ばれる自己高揚的動機に基づく認知バイアス（Taylor & Brown, 1988），逆境やストレスフルな状況から立ち直るレジリエンス（resilience）と呼ばれる強さ（Masten et al., 1990; Jew et al., 1999; Wagnild & Young, 1993）など，健康や適応との関連から人間が持つポジティブな精神機能が検討されている。フレドリクソンの拡張-形成理論に従えば，心身の健康やウェルビーイングを高めるうえでポジティブ感情の経験が重要であり，ポジティブ感情によって個人の様々な思考や行動のレパートリーが広がり，対処能力やレジリエンスなどの様々な個人資源が獲得され，最終的に健康やウェルビーイングが促進されると考えられている（Fredrickson & Joiner, 2002; Tugade et al., 2004）。

　このように，ポジティブ心理学は，過去の心理学の歴史や成果を受けて現在の社会的状況のもと，時を得て関心と反響を呼んだ心理学の使命を再認識するきっかけとなった研究動向といえる。先に述べたように，衛生栄養環境の改善と疾病構造の変化を受けて，心理学の分野においても精神疾患や障害の回復を疾病モデルから理解していたこれまでの考え方を見直し，疾病の予防や健康増進に関連して充実した人生を探求する必要性が生じた。そして，高齢化社会とともにQOL（quality of life）や主観的ウェルビーイング（subjective well-being）の研究が多く行われるようになったのである（Diener, 1984; Diener et al., 1999; Kahneman et al., 1999）。

主観的ウェルビーイングの研究では，個人が自分の人生をどのように評価し，満足しているのかという主観による判断が重視されており（Diener et al., 2003），近年では，一時的な幸福感や満足感といった状態だけではなく，持続的な幸福感に関するアプローチも増えている（Diener, 2013）。また，主観的幸福感（subjective happiness）を規定する要因のうち，40％は自分で変容可能な意図的な活動要因であることが指摘されたり（Lyubomirsky et al., 2005），主観的ウェルビーイングの指標として「flourish（繁栄・活力）」という新しい概念の重要性も提案されており（Seligman, 2011），これらは健康を支える重要な概念としても注目されている。

(3) ポジティブ心理学への批判

　ポジティブ心理学の提唱は世界中で大きな反響を生んだが，同時に様々な批判や警告を含む懸念も存在している。そのひとつとして，ここでは先述したストレス研究で著名なラザルスの指摘を紹介する。彼は，ポジティブ心理学運動は足が地に着いているのか？ という批判論文を展開し（Lazarus, 2003），ポジティブな感情や特性だけで人間の健康や幸せは導かれないのではないかと疑問を投げかけた。彼は自身のストレス研究への思いも含めて心理学の流行現象によって基礎研究に支えられていない知見が一般社会に誤解とともに普及することを懸念したのである。ポジティブ心理学はその名前からも誤解や大衆心理学化を生みやすく，実際ポジティブ心理学をポジティブシンキングだと理解している人は多いかもしれない。

　このような批判や反響に対して，セリグマンら（Seligman & Pawelski, 2003）は，人間にとってネガティブな側面が重要であることはいうまでもなく，ポジティブ心理学はそれを否定するものではないことを強調したうえで，ポジティブ心理学はポジティブで幸せな感情だけではなく，個人の特性や強み，社会や制度も取り扱うことを指摘し，単なる安らぎやポジティブ感情だけでは幸せな状態ではないだろうと述べている。また，ポジティブ心理学は，行動をともなわない単に座って考えだけを変えるプラス思考やポジティブシンキングとは異なり，人間のポジティブな経験や感情，特性を研究することは，苦悩などのネガティブな側面においても有効になるだろうと考えている。このようにポジティブ心理学には批判や懸念も多いが，重要なことは科学的な方法論に基づいた実証研究を行うことであり，健康の促進要因についてのメカニズムの解明や疫学的な効果検証が期待されている。

(4) ヒューマン・ストレングス

　ポジティブ心理学の主要な研究テーマのひとつとして「ヒューマン・ストレングス（human strengths）」と呼ばれる人間のポジティブな個人特性がある。本章でも紹介した疾病とパーソナリティとの関連については多くの知見が得られており，中でも疾病モデルに基づいた人間の精神病理やそのメカニズムの解明と治療に大きく貢献したのが，精神疾患の分類基準であるDSM（Diagnostic and Statistical Manual of Mental Disorders）である。しかし当然ではあるが，DSMには人間のポジティブな精神機能や特性は含まれていない。そこでピーターソンとセリグマン（Peterson & Seligman, 2004）は，DSMとは対照的な人間のポジティブな機能や能力，強さ，特徴を包括的に捉え，それらを

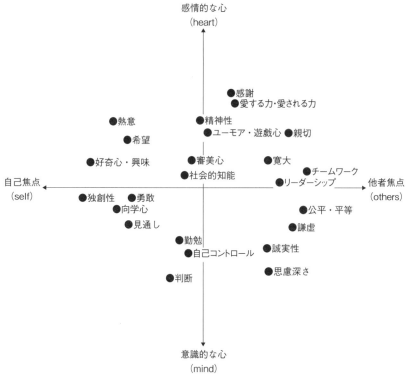

図17-4 ヒューマン・ストレングス間における二律背反的関係 (Peterson, 2006)

表17-2 VIA-ISの構成：6つの領域と各ヒューマン・ストレングス

領域	ヒューマン・ストレングス
知恵と知識	独創性，好奇心・興味，判断，向学心，見通し
勇気	勇敢，勤勉，誠実性，熱意
人間性	愛する力・愛される力，親切，社会的知能
正義	チームワーク，平等・公正，リーダーシップ
節度	寛大，謙虚，思慮深さ・慎重，自己コントロール
超越性	審美心，感謝，希望・楽観性，ユーモア・遊戯心，精神性

「ヒューマン・ストレングス (human strengths)」と定義し，分類，測定する枠組みを提案したのである。

　ヒューマン・ストレングスは，国や文化を超えて普遍的で包括的な人間の強さや長所，人徳を表わすものと位置づけられ，様々な哲学書や教典から概念や道徳的基準が検討された。そして，「知恵と知識」「勇気」「人間性」「正義」「節度」「超越性」という6つの中核概念が選出され，この6つの領域に含まれる具体的な特性を検討するため，①よい人生につながる充実をもたらす，②それ自体が精神的，道徳的に価値を持つといった10の基準を設け，これを満たす24の特徴をヒューマン・ストレングスとして選出した（表17-2）。そして，この24の特性に各10項目，計240項目のVIA-IS (value in action inventory of strengths) という自己評定式の質問紙が開発され (Peterson & Seligman, 2004)，その邦訳も試みられている（大竹ら，2005）。また，この質問紙は，10歳から17歳を対象にした青少年版も開発されている (Park & Peterson, 2005, 2006)。

この24のヒューマン・ストレングスは，図17-4にあるようにトレードオフの関係（二律背反的関係）にあると考えられている（Peterson, 2006）。近い距離にある特性は，それらは同時に発現するが，距離が遠い特性はトレードオフの関係にあるため，同一人物内では発揮されにくいことを意味している。ヒューマン・ストレングスの測定方法を含めてVIA-ISの心理尺度として検討課題は多く残されているが，ピーターソンらは，人間のポジティブな個人特性を包括的に捉え，それらの形成を目指すうえで必要な研究の基礎としての大きな枠組みの整理を目指したといえる。

　この他，日米でヒューマン・ストレングスを比較すると，素点ではアメリカ人の方が日本人よりも高い値を示していたが，自己評価として高く順位付けするヒューマン・ストレングスは類似することが報告されている（Shimai et al., 2006）。また，他者に対する特性（感謝，希望・楽観性，愛する力・愛される力など）は人生満足感と高い相関を示すこと，高く自己評価している特性に合致した仕事や人間関係を選ぶ傾向があること，人生における様々な危機を経験し，それを乗り越えた人たちは特定の特性が高いこと，といった興味深い知見も示されている（Peterson, 2006）。

　このようにポジティブな個人特性は，幸福で価値のある人生を実現するために重要だと考えられているが，重要なことは，どのようにすれば，これらを育成できるかということでもある。自分の健康を上手にコントロールし，改善・維持するヘルスプロモーションを効果的に実現するためにも，人間のポジティブな特性は活用できると考えられており，とりわけ予防的アプローチが期待されている。

■文献

Antonovsky, A. (1979). *Health, stress and coping: New perspective on mental and physical well-being*. San Francisco, CA: Jossey-Bass.
Antonovsky, A. (1987). *Unraveling the mystery of health: How people manage stress and stay well*. San Francisco, CA: Jossey-Bass Publishers.
Bandura, A. (1986). *Social foundations of thought and action: A social cognitive theory*. Englewood Cliffs, NJ: Prentice Hall.
Bower, J. E., Low, C. A., Moskowitz, J. T., Sepah, S., & Epel, E. (2008). Benefit finding and physical health: Positive psychological changes and enhanced allostasis. *Social and Personality Psychology Compass*, **2**, 223-244.
Casper, R. C. (1990). Personality features of women with good outcome from restricting anorexia nervosa. *Psychosomatic Medicine*, **52**, 156-170.
Cohen, S., Tyrrell, D. A., & Smith, A. P. (1991). Psychological stress and susceptibility to the common cold. *New England Journal of Medicine*, **325**, 606-612.
DeLongis, A., Coyne, J. C., Dakof, G., Folkman, S., & Lazarus, R. S. (1982). Relationship of daily hassles, uplifts, and major life events to health status. *Health Psychology*, **1**, 119-136.
Dembroski, T. M., MacDougall, J. M., Williams, R. B., Haney, T. L., & Blumenthal, J. A. (1985). Components of type A, hostility, and anger-in: Relationship to angiographic findings. *Psychosomatic Medicine*, **47**, 219-233.
Denollet, J., Martens, E. J., Nyklíček, I., Conraads, V. M., & de Gelder, B. (2008). Clinical events in coronary patients who report low distress: Adverse effect of repressive coping. *Health Psychology*, **27**, 302-308.
Denollet, J., Vaes, J., & Brutsaert, D. L. (2000). Inadequate response to treatment in coronary heart disease adverse effects of type D personality and younger age on 5-year prognosis and quality of life. *Circulation*, **102**, 630-635.
Diener, E. (1984). Subjective well-being. *Psychological Bulletin*, **95**, 542-575.

Diener, E. (2013). The remarkable changes in the science of subjective well-being. *Perspectives on Psychological Science, 8,* 663-666.

Diener, E., Oishi, S., & Lucas, R. E. (2003). Personality, culture, and subjective well-being: Emotional and cognitive evaluations of life. *Annual Review of Psychology, 54,* 403-425.

Diener, E., Suh, E. M., Lucas, R. E., & Smith, H. E. (1999). Subjective well-being: Three decades of progress. *Psychological Bulletin, 125,* 276-302.

Engel, G. L. (1977). The need for a new medical model: A challenge for biomedical. *Science, 196,* 129-136.

Eysenck, H. J. (1988). Personality and stress as causal factor in cancer and coronary heart disease. In M. P. Janisse (Ed.), *Individual differences, stress, and health psychology* (pp.129-145). New York: Springer-Verlag.

Fredrickson, B. L. (1998). What good are positive emotions? *Review of General Psychology, 2,* 300-319.

Fredrickson, B. L. (2001). The role of positive emotions in positive psychology: The broaden-and-build theory of positive emotions. *American Psychologist, 56,* 218-226.

Fredrickson, B. L., & Joiner, T. (2002). Positive emotions trigger upward spirals toward emotional well-being. *Psychological Sciences, 13,* 172-175.

Friedman, M., & Rosenman, R. H. (1959). Association of specific overt behavior pattern with blood and cardiovascular findings. *Journal of the American Medical Association, 169,* 1286-1296.

Gross, J. (1989). Emotional expression in cancer onset and progression. *Social Science and Medicine, 28,* 1239-1248.

Gross, J. J. (1998). Antecedent-and response-focused emotion regulation: Divergent consequences for experience, expression, and physiology. *Journal of Personality and Social Psychology, 74,* 224-237.

Grossarth-Maticek, R., Eysenck, H. J., & Vetter, H. (1988). Personality type, smoking habit and their interaction as predictors of cancer and coronary heart disease. *Personality and Individual Differences, 9,* 479-495.

Harris, A. H. (2006). Does expressive writing reduce health care utilization? A meta-analysis of randomized trials. *Journal of Consulting and Clinical Psychology, 74,* 243-252.

Hibscher, J. A., & Herman, C. P. (1977). Obesity, dieting, and the expression of obese characteristics. *Journal of Comparative and Physiological Psychology, 91,* 374-380.

Hobfoll, S. E. (1989). Conservation of resources: A new attempt at conceptualizing stress. *American Psychologist, 44,* 513-524.

Hobfoll, S. E. (2002). Social and psychological resources and adaptation. *Review of General Psychology, 6,* 307-324.

Holmes, T. H., & Rahe, R. H. (1967). The social readjustment rating scale. *Journal of Psychosomatic Research, 11,* 213-218.

Isen, A. M. (1987). Positive affect, cognitive processes, and social behavior. In L. Berkowitz (Ed.), *Advances in experimental social psychology,* Vol. 20 (pp. 203-253). San Diego, CA: Academic Press.

Isen, A. M. (1993). Positive affect and decision making. In M. Lewis & J. M. Haviland (Eds.), *Handbook of emotions* (pp. 261-277). New York: Guilford Press.

Isen, A. M., Daubman, K. A., & Nowicki, G. P. (1987). Positive affect facilitates creative problem solving. *Journal of Personality & Social Psychology, 52,* 1122-1131.

Isen, A. M., Johnson, M. M. S., Mertz, E., & Robinson, G. F. (1985). The influence of positive affect on the unusualness of word associations. *Journal of Personality and Social Psychology, 48,* 1413-1426.

Jew, C. L., Green, K. E., & Kroger, J. (1999). Development and validation of a measure of resiliency. *Measurement and Evaluation in Counseling and Development, 32,* 75-89.

Kahneman, D., Diener, E., & Schwarz, N. (Eds.) (1999). *Well-being: The foundations of hedonic psychology.* New York: Russell Sage Foundation.

Kanner, A. D., Coyne, J. C., Schaefer, C., & Lazarus, R. S. (1981). Comparison of two modes of stress measurement: Daily hassles and uplifts versus major life events. *Journal of Behavioral Medicine, 4,* 1-39.

Kobasa, S. C. (1979). Stressful life events, personality, and health: An inquiry into hardiness. *Journal of Personality and Social Psychology, 37,* 1-11.

Kupper, N., Pedersen, S. S., Höfer, S., Saner, H., Oldridge, N., & Denollet, J. (2013). Cross-cultural analysis of type D (distressed) personality in 6222 patients with ischemic heart disease: A study from the International HeartQoL Project. *International Journal of Cardiology, 166,* 327-333.

Lazarus, L. R. (2003). Dose the positive psychology movement have legs? *Psychological Inquiry, 14,* 93-109.

Lazarus, R. S., & Cohen, J. B. (1977). Environmental stress. In I. Altaian, & J. F. Wohlwill (Eds.), *Human behavior and the environment: Current theory and research* (pp. 89-127). New York: Springer.

Lazarus, R. S., & Folkman, S. (1984). *Stress, appraisal, and coping.* New York: Springer.（ラザルス，R. S. & フォルクマン，S. 本明 寛・春木 豊・織田正美（監訳）（1991）．ストレスの心理学―認知的評価と対処の研究 実務教育出版）

Lazarus, R. S., & Lazarus, B. N. (1994). *Passion and reason: Making sense our emotions.* New York: Oxford University Press.

Lemogne, C., Consoli, S. M., Geoffroy-Perez, B., Coeuret-Pellicer, M., Nabi, H., Melchior, M., Limosin, F., Zins, M., Ducimetière, P., Goldberg, M., & Cordier, S. (2013). Personality and the risk of cancer: A 16-year follow-up study of the GAZEL cohort. *Psychosomatic Medicine*, **75**, 262.

Lyubomirsky, S., Sheldon, K. M., & Schkade, D. (2005). Pursuing happiness: The architecture of sustainable change. *Review of General Psychology*, **9**, 111-131.

Maslow, A. H. (1970). *Motivation and personality* (2nd ed.). New York: Harper & Row.（マズロー，A. H. 小口忠彦（訳）（1987）．人間性の心理学（改訂新版） 産業能率大学出版部）

Masten, A. S., Best, K., & Garmezy, N. (1990). Resilience and development: Contributions from the study of children who overcame adversity. *Development and Psychopathology*, **2**, 425-444.

Miller, T. Q., Smith, T. W., Turner, C. W., Guijarro, M. L., & Hallet, A. J. (1996). A meta-analytic review of research on hostility and physical health. *Psychological Bulletin*, **119**, 322-348.

Nemiah, J. C., Freyberger, H., & Sifneos, P. E. (1976). Alexithymia: A review of the psychosomatic process. In O. W. Hill (Ed.), *Modern trends in psychosomatic medicine,* Vol.3 (pp. 430-439). London: Butterworths.

Nisbett, R. E. (1968). Taste, deprivation, and weight determinants of eating behavior. *Journal of Personality and Social Psychology*, **10**, 107-116.

Otake, K., & Shimai, S. (2001). Adopting the stage model for smoking acquisition in Japanese adolescents. *Journal of Health Psychology*, **6**, 629-643.

大竹恵子・島井哲志・池見 陽・宇津木成介・Peterson, C., & Seligman, M. E. P. (2005). 日本版生き方の原則調査票（VIA-IS: Values in Action Inventory of Strengths）作成の試み 心理学研究，**76**, 461-467.

Park, N., & Peterson, C. (2005). The values in action inventory of character strengths for youth. In K. A. Moore & L. H. Lippman (Eds.), *What do children need to flourish? Conceptualizing and measuring indicators of positive development* (pp. 13-23). New York: Springer.

Park, N., & Peterson, C. (2006). Moral competence and character strengths among adolescents: The development and validation of the Values in Action Inventory of Strengths for Youth. *Journal of Adolescence*, **29**, 891-905.

Pennebaker, J. W., & Beall, S. K. (1986). Confronting a traumatic event: Toward an understanding of inhibition and disease. *Journal of Abnormal Psychology*, **95**, 274-281.

Peterson, C. (2006). *A primer in positive psychology.* Oxford: Oxford University Press.（ピーターソン，C.（著） 大竹恵子（訳）（2006）．ポジティブ心理学の課題と挑戦 島井哲志（編）ポジティブ心理学―21世紀の心理学の可能性 ナカニシヤ出版）

Peterson, C., & Seligman, M. E. P. (2004). *Human strengths: A classification manual.* Washington, DC: American Psychological Association.

Pliner, P., & Chaiken, S. (1990). Eating, social motives, and self-presentation in women and men. *Journal of Experimental Social Psychology*, **26**, 240-254.

Rosenman, R. H., Brand, R. J., Jenkins, C. D., Friedman, M., Straus, R., & Wurm, M. (1975). Coronary heart disease in the Western Collaborative Group Study: Final follow-up experience of 8 1/2 years. *Journal of the American Medical Association*, **233**, 269-279.

Prochaska, J. O., & DiClemente, C. C. (1983). Stage and processes of self-change of smoking: Toward an integrative model of change. *Journal of Consulting and Clinical Psychology*, **51**, 390-395.

Schachter, S., & Gross, L. P. (1968). Manipulated time and eating behavior. *Journal of Personality and Social Psychology*, **10**, 98-106.

Scheier, M. F., & Carver, C. S. (1992). Effects of optimism on psychological and physical well-being: Theoretical overview and empirical update. *Cognitive Therapy and Research*, **16**, 201-228.

Schiffer, A. A., Smith, O. R., Pedersen, S. S., Widdershoven, J. W., & Denollet, J. (2010). Type D personality and cardiac mortality in patients with chronic heart failure. *International Journal of Cardiology*, **142**, 230-235.

Seligman, M. E. P. (1991). *Learned optimism.* New York: Knopf.

Seligman, M. E. P. (2011). *Flourish: A visionary new understanding of happiness and well-being.* New York: Free Press.

Seligman, M. E. P., & Csikszentmihalyi, M. (2000). Positive psychology: An introduction. *American Psychologist*,

55, 5-14.

Seligman, M. E. P., & Pawelski, J. O. (2003). Positive psychology: FAQs. *Psychological Inquiry*, **14**, 159-163.

Selye, H. (1936). A syndrome produced by diverse nocuous agents. *Nature*, **138**, 32.

Selye, H. (1978). *The stress of life* (revised ed.). New York: McGraw Hill. (セリエ, H. 杉 靖三郎・藤井尚治・田多井吉之介・竹宮 隆 (訳) (1988). 現代社会とストレス 法政大学出版局)

Shimai, S., Otake, K., Peterson, C., & Seligman, M. E. P. (2006). Convergence of character strengths in American and Japanese young adults. *Journal of Happiness Studies*, **7**, 311-322.

Sifneos, P. E. (1973). The prevalence of 'alexithymic' characteristics in psychosomatic patients. *Psychotherapy and Psychosomatics*, **22**, 255-262.

Smyth, J. M. (1998). Written emotional expression: Effect sizes, outcome types, and moderating variables. *Journal of Consulting and Clinical Psychology*, **66**, 174-184.

Snyder, C. R., & Lopez, S. J. (2007). *Positive psychology: The scientific and practical explorations of human strengths*. Thousand Oaks, CA: Sage.

Svansdottir, E., van den Broek, K. C., Karlsson, H. D., Olason, D. T., Thorgilsson, H., & Denollet, J. (2013). The distressed (type D) and five-factor models of personality in young, healthy adults and their association with emotional inhibition and distress. *Personality and Individual Differences*, **55**, 123-128.

Taylor, G. J. (2000). Recent developments in alexithymia theory and research. *Canadian Journal of Psychiatry*, **45**, 134-142.

Taylor, G. J., Bagby, R. M., & Parker, J. D. A. (1997). *Disorders of affect regulation: Alexithymia in medical and psychiatric illness*. Cambridge, UK: Cambridge University Press.

Taylor, G. J., Parker, J. D. A., Bagby, R. M., & Bourke, M. P. (1996). Relationships between alexithymia and psychological characteristics associated with eating disorders. *Journal of Psychosomatic Research*, **45**, 561-568.

Taylor, S. E., & Brown, J. D. (1988). Illusion and well-being: A social psychological perspective on mental health. *Psychological Bulletin*, **103**, 193-210.

Temoshok, L., & Dreher, H. (1992). *The type C connection: The behavioral links to cancer and your health*. New York: Random House. (大野 裕 (監修) 岩坂 彰・本郷豊子 (訳) (1997). がん性格―タイプC症候群 創元社)

Temoshok, L., Heller, B. W., Sagebiel, R. W., Blois, M. S., Sweet, D. M., Diclemente, R. J., & Gold, M. L. (1985). The relationship of psychosocial factors to prognostic indicators in cutaneous malignant melanoma. *Journal of Psychosomatic Research*, **29**, 139-154.

Tugade, M. M., Fredrickson, B. L., & Barrett, L. F. (2004). Psychological resilience and positive emotional granularity: Examining the benefits of positive emotions on coping and health. *Journal of Personality*, **72**, 1161-1190.

Versteeg, H., Spek, V., Pedersen, S. S., & Denollet, J. (2012). Type D personality and health status in cardiovascular disease populations: A meta-analysis of prospective studies. *European Journal of Preventive Cardiology*, **19**, 1373-1380.

Wagnild, G. M., & Young, H. M. (1993). Development and psychometric evaluation of the resilience scale. *Journal of Nursing Measurement*, **1**, 165-178.

Westman, M., & Shirom, A. (1995). Dimensions of coping behavior: A proposed conceptual framework. *Anxiety, Stress, and Coping*, **8**, 87-100.

Wiebe, D. J., & Fortenberry, K. T. (2006). Mechanisms relating personality and health. In M. E. Vollrath (Ed.), *Handbook of personality and health* (pp. 137-155). West Sussex, UK: John Wiley & Sons.

Williams, L., O'Carroll, R. E., & O'Connor, R. C. (2009). Type D personality and cardiac output in response to stress. *Psychology & Health*, **24**, 489-500.

Williams, L., & Wingate, A. (2012). Type D personality, physical symptoms and subjective stress: The mediating effects of coping and social support. *Psychology & Health*, **27**, 1075-1085.

環 境

18

杉浦淳吉

1. 環境行動とは

(1) 環境問題の理解

本章では環境に配慮した行動のことを環境行動と呼び，その社会心理学の研究について紹介する。私たちを取り巻く環境は悪化しており，生活を脅かしているだけでなく，将来の世代はさらに厳しい環境に置かれるといわれる。私たちに必要なことは，環境に関わるリスクを低減させるような取り組みに積極的になることであるが，それを阻む要因も存在している。

環境問題には様々なレベルの問題がある。地球温暖化問題では，温室効果ガスのより大幅な削減を目指して立場の異なる世界中の国々での合意形成が求められている。日々の生活では，コンビニエンスストアで便利なものをいつでも手に入れられるようになっているが，その一方で多くの物質的資源やエネルギーが消費され，温室効果ガスの排出が進み，廃棄物が蓄積していく。廃棄物を埋め立てるには処分場の新たな建設を続けなければならない。資源を有効に利用するために新たなエネルギーを必要とすることもある。環境を保全するための技術は次々に登場するが，それを社会に普及させ，必要以上の消費をどう抑制させるのかも課題である。

様々なレベルの問題の例
2011年の東日本大震災による原子力発電所の事故での放射能汚染も私たちの生活を脅かす環境問題といえる。

(2) 問題解決への社会心理学的アプローチ

環境行動の普及に向け社会心理学の知見を応用した研究が様々に展開されてきている（広瀬, 2008; Steg, 2013）。一方，環境問題の解決を目指して行われた行動が，別の問題を引き起こすこともある。環境への配慮が人びとの自由を奪い，他方で公正や平等が犠牲になることもある。エネルギー消費を抑えようと猛暑でエアコンの使用を我慢すれば熱中症なども想定されるし，使い捨ての衛生用品をもったいないと使い回せば感染症の可能性もある。

また，環境行動の中には，それがとくに環境問題として意識されず，別の問題として捉えられていることもある。たとえば省エネルギー行動は，節約すれば経済的費用を削減することができる。社会全体のエネルギー消費削減を目指すためにはエネルギー使用の料金を上げることが政策として考えられる。料金設定の仕方にもよるが，この考え方だとお金が払える人は多くのエネルギーが使用でき，そうでない人は生活の質が維持できなくなる可能性がある。

では，社会心理学で環境行動を考えることの意義は何だろうか。伝統的な環境行動に関する社会心理学の流れから見ると，それは態度と行動の一貫性の問題と社会的ジレンマの2点が挙げられる（大沼, 2013）。つまり，1つは，環境にやさしい暮らしがしたいと理解していても実際に行動がともなわないこと

別の問題を引き起こす
異なるレベルの現象が絡み合うことから，トータルとしての問題構造を理解することが，これからの社会心理学で環境問題を扱う際に重要となる。

や，それに対して環境を守ろうとする価値をどのように実現していくかといった個人過程の問題である。もう1つは，社会的に環境問題への対処行動を進めようという動きの中で，個人的にはそれに協力しない方が得であるという個人と社会とのダイナミックスの問題である。また，関連する社会心理学の各領域も，環境問題の解決に直接的・間接的影響を与える。環境問題はその性質から現場との連携が要請される分野であり，この2点を起点として社会心理学の様々な分野の知見を動員して問題の発見や解決が可能となる。

2. 社会心理学理論による環境行動の説明

(1) 環境リスクの認知と態度

私たちは環境問題を現在あるいは将来に関わるリスクとして捉える。マスメディアからは環境リスクに関する情報が提供されている。環境への意識を社会全体で共有すべく，環境へのリスク認知を高めることが有益と考えられるが，リスク認知には個人差やバイアスがある（中谷内，2012）。リスクの定義は様々であるが，代表的な学術的定義としては，「被害の生起確率と被害の重大性の積」（National Research Council, 1989）が挙げられる。プロスペクト理論（Kahneman & Tversky, 1979）によれば，確率がゼロに近い低確率の領域でリスクの生起確率を高く見積もり，高確率の領域では低く見積もる傾向がある。専門家とは異なり環境問題について「恐ろしさ」と「未知性」によってリスクを捉えようとする（Slovic, 1987）。以上より，一般の人びとは環境に関わるリスクの確率や重大性を過小または過大に評価する。

こうしたリスク認知のプロセスは，説得的コミュニケーションにおける二重過程（dual-process）モデル（Petty & Cacioppo, 1981）で理解することができる（7章参照）。環境危機に関するメッセージについて，考える高い動機づけと豊富な知識があれば，中心的ルートでの処理が行われ，行動への一貫性も高くなるが，動機づけと知識の片方でも不十分であれば，周辺的ルート処理が行われ，行動の実行や持続につながる可能性が低くなる。一般の人びとが環境リスクに関するメッセージに接した際に，2つの点で周辺的ルートによる態度変容が優勢となる。第1に，環境問題の多くは将来の被害に関する問題で，平時ではそれを考える動機づけが高まる可能性が低い。第2に，一般の人びとは環境問題の専門的で高度な知識を理解することが難しい点にある。

では，緊急時の環境リスクに関する説得メッセージについてはどうだろうか。エネルギー危機を例に考えてみよう。エネルギー危機の際に求められる行動の1つは省エネルギー行動である。省エネ実行モデル（Honnold & Nelson, 1979）は，エネルギー危機の際の消費者の行動を説明したもので，危機対処の葛藤理論（Janis & Mann, 1977）をもとにモデル化されている。危機対処の葛藤理論は，災害の警告がなされた際には，①行動を実行しない場合の危険の判断，②防衛行動をした場合の重大な危険の判断，③危険回避の見込みがあるかどうかの判断，④危険を回避する時間があるかどうかの判断という一連の意思決定の流れを問題としている。省エネ実行モデルはこれを応用し，エネルギー危機を緊急事態と位置づけ，第1にエネルギー問題が深刻かどうかという危機感，第2に省エネ行動は危機対処に有効かどうかの有効感の2つの要因を挙げている。エネルギー危機が消費者に被害をもたらすと予想され，対処行動とし

省エネルギー行動
近年はエネルギー消費にともなう温室効果ガスの排出が問題となっているが，1970年代のオイルショックの時代に最初に省エネが求められ，対処行動の研究が進んだ背景がある。

ての省エネにより被害を回避できると判断される場合にのみ，人びとは省エネ行動を実行する。

(2) 社会的ジレンマとしての環境問題
①共有地の悲劇

環境問題は，ミクロな個人の行動が集積した結果，マクロな環境問題が生じるという点で，社会心理学的に重要な課題であるといえる。この環境問題の構造を端的に表わしているのがハーディン（Hardin, 1968）による「共有地の悲劇」である。コミュニティが所有する牧草地は，家畜の数があまりに多くならない限り，牧草地の利用者に利益を与える公共の資源である。牧夫は多くの牛を持つことで多くの利益を得ることができる。ここで牛を一頭増やすことにすると，牧草地にかかる余分な負担が発生するが，それは共有地を利用しているすべての人で分担されるので，牧草地に与える影響は大きくない。牛を群れに加えることで実質的な利益が得られる経験をすると，次々に牛を増やそうとする。個々の牧夫がこうした利益追求の行動をとると，牧草地は結果的に壊滅し，すべての牧夫は利益を得ることができなくなる。

共有地の悲劇の話で大事なことは，皆がそれぞれ利益を最大化しようと合理的に考えていることであり，個々人の意図とは別の結果が生じて利益が得られなくなるという逆説である。こうした構造を持つ現象は世の中に多々見られ，社会的ジレンマ問題として社会心理学だけでなく，社会学や経済学など社会科学で広く研究が進められている。社会的ジレンマについて，ドウズ（Dawes, 1980）は次のように定義している。①一人ひとりが協力か非協力を選択できる状況で，②個人にとっては協力を選択するより非協力を選択した方が望ましい結果が得られるが，③全員が「非協力」を選択した結果は，全員が「協力」を選択した結果よりも望ましくないものとなる，という①〜③の条件が社会に存在するとき，個人は進んで「協力」を選択しなくなり，全員が協力した方が望ましい結果が得られることがわかっていながら一人ひとりは「非協力」を選択するため，全員にとって望ましくない結果となる。環境行動がとくに社会的ジレンマと関わっているのは共有地の悲劇に代表されるように，日々の人びとの行動の蓄積が，後になって社会の大きな不利益となって跳ね返ってくることである。

②社会的ジレンマの解決

社会的ジレンマの解決には，個人の態度変容によるアプローチと社会の構造変革によるアプローチに大別できる（Messick & Brewer, 1983）。前者は説得的コミュニケーションや情報提供により，個々人が私益を優先しがちな状況に置かれる中で共益としての環境保全を重視した協力行動をとるよう仕向ける方法である。その効果が社会全体に行き渡るようにするには，態度と行動の一貫性を高めて行動が持続することや，多くの人びとによる環境行動を社会規範として定着させることが課題となる。後者は，社会の構造を変えてジレンマ自体をなくして環境行動をとる方が有利になるように仕向ける方法である。この実現には環境行動の実行に対する報償や不実行に対する罰則，すなわち選択的誘因の導入が挙げられる（Yamagishi, 1988）。

社会的ジレンマの解決において問題になるのは，多くの人がごみの分別やエ

省エネ実行モデル
東日本大震災の際に電力不足が生じ，計画停電など首都圏でも電力不足に陥ったが，ここでの人びとの省エネ行動は，このモデルによって説明できる。

ネルギーの節約に協力しているときに,「自分ひとりくらいは……」と協力しない人が現われること,つまりフリーライダーの存在である。こうした状況ではフリーライダーの行動を抑制すべく監視や罰則の仕組みをつくっていくと,そのためのコストが増大し,誰がそのコストを負担するのかという二次的ジレンマが生じる。大沼（2007）は,目立ったフリーライダーが存在する場合であっても,コストのかかる解決策が選好されることを環境ゲームによる実験で検討している。この実験では社会的ジレンマ事態で目立ったフリーライダーが存在する条件と皆が少しずつ手抜きをする条件が設定された。するとフリーライダーが目立つ場合には分配的公正感が高まり,また社会規範として他の協力している人たちの存在や協力者からの期待の高まりにより,コストをともなう厳しい罰金制度が選好されることが確認されている。公正感には分配的公正と手続き的公正が挙げられるが,社会的ジレンマとしての環境問題の解決では,こうした公正感が重要な要因として挙げられる（大沼,2007）。

集団における社会的ジレンマにおいて協力行動が生じるための条件として,次の点が挙げられる（山岸,1990）。①お互いに集団の他のメンバーとの間に直接接触の機会があり,コミュニケーションができる場合,②他のメンバーが協力的であると確信できる場合,③集団が小さい場合,④自分の行動が全体の結果に影響を与えることができると思える場合,⑤集団間の競争状況において集団内で協力行動が促進する場合,⑥所属する集団との一体感が持てる場合。以上の条件は環境行動に限らないが,環境問題の解決への示唆に富んでいる。

■ (3) 社会規範
①情報的影響と規範的影響

多くの人が環境行動をとっていれば自分も実行してみようとする割合は高くなる。多数派への同調が生じるからであるが,その際に多くの人びとが環境行動を実行している事実を知ることによる情報的影響の側面と,皆がやっているから自分も従うという規範的影響の側面がある（Deutsch & Gerard, 1955）。また,どの程度の人びとが環境行動を実行しているかの認知も,自分も環境行動を実行するか否かの判断に影響を与える。ある環境行動を多くの人が実行しているとわかれば,その行動は環境への貢献につながることを確信するようになるだろう。限界質量の理論（Schelling, 1978）によれば,協力者が一定割合を上回れば協力する人が増え,逆に下回れば協力者が減少する境界を限界質量（critical mass）という。環境行動をとる人びとの割合が限界質量を超えて連鎖的に多くの人びとが環境行動をとるようになるのであれば,環境行動の普及には多くの人が環境行動を実行していると認識させるようなアプローチも有効となる。多くの人が協力しようとしていても,既述のようにフリーライダーの存在により「腐ったリンゴ効果（bad apple effect）」として指摘されるように協力的な人まで協力しなくなることもある（大沼,2007）。

環境行動をとる人が少数の場合には,少数派効果（active minority）で行動の普及を目指す可能性もある。野波（2001）は,海洋汚染ゲームにおいて自己犠牲的な少数派が環境行動に及ぼす影響を検討している。コンピュータ上で工場経営者を演じるプレーヤーが,利益は大きいが漁業者に不利益となる企業と契約するか,利益は少ないが漁業者への被害も小さい企業と契約するかという場面に立たされる。そこに一貫して漁業者への被害が少ない企業と契約する実

験協力者（サクラ）をプレーヤーとして登場させることで，環境行動が増加することを確認している。

②規範的行為の焦点化理論

チャルディーニら（Cialdini et al., 1991）は，規範的行為の焦点化理論において，2種類の規範による行為への着目の仕方の違いが人びとの行動の動機づけに影響を及ぼすことを検討している。その規範の1つは記述的規範（descriptive norm）である。多くの人が行動していることに関する規範であり，どのような行動が効果的で適応的であるかを示す情報によって行動が動機づけられる。もう1つは命令的規範（injunctive norm）である。人びとの間で何が承認され何が承認されないかに関する規範であり，その行動をとることによる社会的なサンクション（報償や罰）についての情報によって行動が動機づけられる。

こうした規範の顕在性については，記述的規範と命令的規範の効果の違いをごみで散らかった状況とクリーンに保たれた状況の2種類が設定された駐車場をフィールドとして検討されている（Reno et al., 1993）。実験協力者は駐車場に戻ってきた実験対象者のドライバーの前でポイ捨てをする（記述的規範），ごみを拾う（命令的規範）が設定され，歩き去る（統制群）と比較された。実験対象者が車のフロントガラスに置かれたチラシを持ち帰るかその場でポイ捨てするかが観察された。その結果，記述的規範（実験協力者がポイ捨て）の条件では，クリーンな状況ではポイ捨ては減少したが，散らかった状況では変化は見られなかった（図18-1）。クリーンな状況でポイ捨てする人を目撃することで，多くの人がポイ捨てをしていないという記述的規範が顕在化したのである。それに対して命令的規範では，どちらの状況でもポイ捨ては減っていた。多くの人がどのような行動をとっているのかを示す記述的規範により環境行動を制御することが可能となる。説得によって人びとの行動変容を導くのは命令的規範の応用といえる。

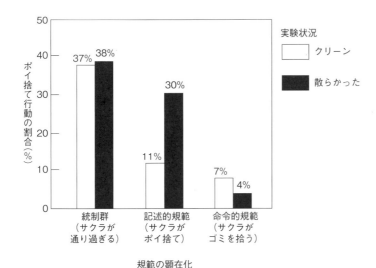

図18-1　記述的規範と命令的規範によるごみのポイ捨て
（Reno et al., 1993）

③個人的規範の喚起

　環境行動は向社会的行動と捉えられる。シュヴァルツ（Schwartz, 1977）は，人びとに援助行動をもたらす規定因として，結果の認知（awareness of consequences），責任帰属（ascription of responsibility），援助への義務感（moral obligation）を挙げている。援助への義務感をシュヴァルツは個人的規範（personal norm）と呼び，援助を必要とする状況に至ったという結果の認知と，自らの援助責任の帰属が調整効果として働き，個人的規範の強さが規定されるとする規範喚起モデルを提唱した。社会で多くの人びとによって共有された価値体系や行動基準によって人びとの行動を規定する社会的規範に対して，個人的規範は個々人に内在化されたモラルとしての信念体系である。このモデルは，人びとの行動とその結果との関連が高い行動の説明に適する一方で，結果として生じている問題の責任の所在が分散し，個人に限定されない場合には予測力が低くなる（早渕，2008；広瀬，1995）。

　このモデルの応用としてごみ焼き行動の規範喚起モデルが挙げられる（Van Liere & Dunlap, 1978）。このモデルでは，裏庭でのごみ焼き行動について，人びとが自分の街の大気汚染が深刻であるとの認識（AC）と，ごみ焼き行動で大気汚染に加担しているとの責任帰属（AR）により，個人的規範が喚起される。それによって環境行動としてのごみ焼きの自粛が予測される。

　またスターン（Stern et al., 1999）は，規範喚起モデルをもとに環境行動を事例とした価値－信念－規範理論を提唱している（図18-2）。このモデルでは利他的価値，利己的価値，伝統的価値がエコロジカルな世界観に影響し，それがシュヴァルツのいう重要性認知（AC），責任感（AR），個人的規範（PN）に影響していく。

(4) 学習理論によるアプローチ

　行動の促進や抑制を説明するのが学習理論である。行動した結果，快適な結果が得られれば，それが強化子となって行動の頻度は上がる（正の強化）。反対に強化子が除去されれば，行動をやめるようになる（負の罰）。一方，行動した結果，不快な結果となると，それが罰となって行動をやめ（正の罰），罰が除去されれば行動を繰り返すようになる（負の強化）。また，他者の行動をモデルとして，それに従った行動をとるようになるのが観察学習である。バン

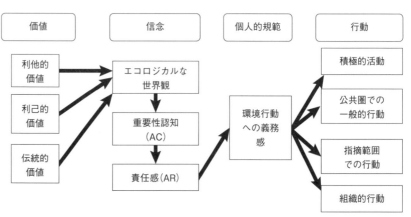

図18-2　価値信念規範理論（Stern et al., 1999）

デューラはこれをモデリングと呼んでいる。たとえば，子どもは親の行動をモデルとして環境行動をとるようになる（Ando et al., 2015；依藤，2003）。

学習理論を応用して環境行動を説明しているのが，エネルギー消費の社会的トラップモデル（McClelland & Canter, 1981）である（図18-3）。このモデルでは，エネルギーの消費行動によって生じる結果を個人的便益，個人的費用，社会的費用の3つで説明している。環境に配慮した行動をとることが大事だとわかっていても，実際には行動につながらないことが多い。それは個々の行動を実行する場面で手間などのコストがかかり，快適性が優先されてしまうため，環境行動が実行できなくなってしまうからである。こうした現象を社会的トラップという（Cross & Guyer, 1980）。

環境行動の促進には応用行動分析によるアプローチも有力な手段となる。応用行動分析によるごみの適切な処理は，図18-4のように捉えられる（Cone & Hayes, 1984; 高橋，2003）。ごみを処理しようとする際に，弁別刺激（行動の手がかりとしての機能）である「ごみ」を「保持」する反応をした人は，介入が何も行われない場合には，「ごみを運ぶ義務」というマイナスの短期的な

応用行動分析

応用行動分析とは，特定の行動を増加させたり減少させたりする目的のために学習の理論を適用し，行動の変化がその適用によるものであるかを確かめるプロセスである（Bear et al., 1968; 高橋，2003）。

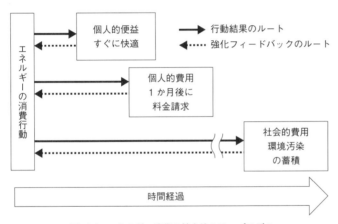

図18-3　エネルギー消費の社会的トラップモデル
（McClelland & Canter, 1981；広瀬，1995, p. 41）

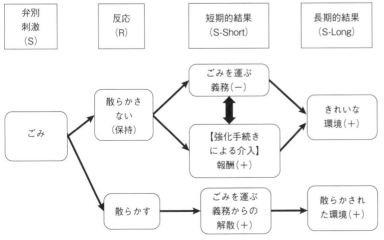

図18-4　応用行動分析の枠組みによるごみ捨て行動
（Cone & Hayes, 1984; 高橋，2003）

結果を被る。それに対して，強化手続きによる介入が行われている場合には，「報酬」というプラスの短期的な結果を被る。両者とも長期的な結果としては「きれいな環境」という結果をもたらすが，短期的な結果は正反対となる。長期的な結果は感覚的に把握できず，社会的トラップ事態のように行動を制御する力を持たない。そこで短期的な結果に注目させ，その結果を魅力的なものにすることで行動変容を促すことが必要となる。

応用行動分析で用いられる行動変容への技法として，強化子を用いることに加え，刺激性制御という方法が挙げられる（高橋，2003）。この手法の利点として，①強化子を利用した方法と比べてより広範囲な地域を対象に，低コストで行動変容が実現できる点，②分別情報としてのごみ箱の効果的な設置といった介入を行った際に，介入後もごみ箱を設置できれば，長期間の継続が可能な点である（高橋，2012）。デメリットは，介入が終了し，その場がもとの状況に戻ると人びとの行動ももとに戻ることが多い点である。

刺激性制御
刺激性制御は，個体を取り囲む環境から与えられる刺激からオペラント反応が生じることを応用した方法である。

(5) 態度と行動の連関

環境行動を促進させるうえで，コストとベネフィットの要因は考慮すべきであるが，個人の利便性を犠牲にしてでも環境行動が必要な場面において態度は重要な要因となる。態度による行動の予測に関しては，行動への態度と主観的規範によって行動意図および行動を予測する合理的行為理論（Ajzen & Fishbein, 1980）が挙げられる。環境行動は，行動への態度と実際の行動との不一致が起こりやすい行動であり，他者からの影響力を考慮する際に，情報的影響は行動への態度を介して行動意図を説明するのに加え，他者から是認されたいとする規範的影響を考慮することで行動の予測力を高めると考えられる。このモデルを応用したのが，消費行動の合理的決定モデルである（Seligman & Finegan, 1990）。これは消費行動の規定因を「行動に対する態度」と「行動への規範意識」で説明しようとするもので，態度と行動の一貫性を重視したモデルである。また，計画的行動理論（Ajzen, 1991）では，行動意図，および行動に対して，自分でどの程度その行動をコントロールできると思えるか（perceived behavioral control: PBC）を考慮している。この要因は，環境行動を実行する際に重要な要因となる行動の実行可能性に関する評価として有用である。

これまで説明してきた環境行動を説明するモデルを統合したモデルが広瀬（1995a）による環境行動の二段階モデルである（図18-5）。このモデルでは意思決定を環境認知の段階と行動評価の段階とに区別している。まず，ローカルな環境問題あるいはグローバルな環境問題のいずれかの問題に対して貢献したいとする態度を目標意図と呼ぶ。環境配慮行動を促進させようとするコミュニケーションは，環境リスク認知，責任帰属認知，対処有効性認知の3つの認知的側面から目標意図を高めることに貢献している。この目標意図と，具体的な行動場面における個別の行動への実行可能性評価，便益費用評価，社会規範評価により行動意図と行動へと導かれる。しかし，目標意図を高めることが環境配慮行動に必ずしもつながらないのは，この目標意図と環境配慮行動との間にギャップが存在するからである。その理由は，環境配慮行動の3つの特徴によって説明できる（広瀬，1995a）。第1に，目標意図を形成する時点と行動を決定実行する時点が一致しない場合が多いからである。第2に，環境問題を包

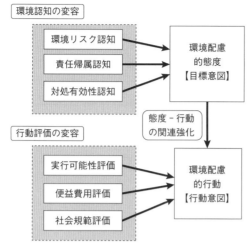

図 18-5　環境配慮行動の二段階モデル（広瀬，1995a）

括的に捉える目標意図に対して，個々の多様な環境配慮行動が対応しているからである。目標意図を実現するためには，多様な環境配慮行動をとる必要がでてくることとなる。第3に，個別の環境配慮行動が快適さや利便性を実現するための消費行動である場合に，目標意図が副次的となり，消費行動の場面で想起されるとは限らないからである。以上より，目標意図と行動意図が一致するとは限らず，それぞれが異なる意思決定に基づいて形成される。

　二段階モデルは，取り上げる環境行動により，先行要因を加えることでモデルを拡張しながらモデル自体も検証されてきている。たとえば，野波ら（1997）は，環境行動に関する情報接触としてマスメディア，ローカルメディア，パーソナルメディアの3つを取り上げ，目標意図および行動意図の規定因への影響を検討している。依藤（2003）も，子どものごみ減量行動に関して，親と子のごみ減量に関する会話，親から子への注意や褒め，親自身の行動によって，子の環境行動を規定する要因との関連を検討している。

　行動の実行前から行動実行とその持続に関しては，イノベーション普及（Rogers, 1995）のモデルのように，個人内での行動の生起と持続のプロセスと，社会全体での行動実行の分布と時間経過による推移のモデルの応用も挙げられる。また，個人による意思決定だけでなく，集団意思決定（11章参照）による行動の実行も環境行動の説明に有効だろう。行動変容のプロセスモデルは，行動の必要性を認識し，行動を実行し，それを継続する時系列モデル（TTM: the transtheoretical model; Prochaska & Velicer, 1997）や，新しい習慣形成に関する行動変容の自己制御モデルなどの展開がある（Bamberg, 2013）。

3. 環境行動の促進へのアプローチ

(1) 情報呈示と説得

　環境行動の必要性をアピールするための情報提供は環境行動への目標意図を高める役割を持っている。環境行動の重要性を認識し，行動を実行したいとする人びとが具体的に行動を実行するにはどのような情報提供が有効だろう

か。大友ら（Ohtomo & Ohnuma, 2014）は情報提供により行動の文脈を変えることで環境行動の促進効果をフィールド実験により検討している。すなわち，スーパーマーケットのレジにおいて，店員が黙ってレジ袋を渡す方法（介入前）から，「レジ袋はご入り用ですか」と尋ねてから渡す（介入後）ようにしたところ，レジ袋の辞退率は22％から27％に増加した。環境行動が重要だとわかっていても，過剰包装により商品が手渡される状況にあると，ついそれを受け入れてしまいがちであるが，その際，説得的な内容を含まず，個人が意図している行動（レジ袋を使わない）を意識化させる手がかり（行動プロンプト）を与えることで環境行動を促進させることができる。

一方，環境行動がどの程度達成できているのかの情報が個人にフィードバックされることにより，行動の結果（エネルギーの節約）と行動変容の必要性と方法（たとえば不要なスイッチをオフにする）との関連づけを洞察する機会となる（Kluger & DeNisi, 1996）。前述の社会的トラップ事態のように，エネルギーを消費した結果のフィードバックに時間がかかれば，快適さといった直後に得られる行動の結果が消費行動を強化する。使用したエネルギーがどの程度CO_2の排出につながり（社会的費用），どの程度の電気料金なのか（個人的費用）といった情報が行動の直後にフィードバックされれば，消費行動の抑制につながるといえる。フィードバックが頻繁に行われるほどエネルギー消費の抑制につながるといえる（Abrahamse et al., 2005）。しかし，フィードバックを用いた介入は他の方法と一緒に用いられることが多く，フィードバック単独の効果については必ずしも明確でないとの指摘もある（Abrahamse & Matthies, 2013）。

環境行動の促進には説得的コミュニケーションの知見が活用できる（杉浦, 2003; Midden & Ham, 2013, 7章参照）。その際，環境行動の利点として社会的利益に注目させることも，環境行動が社会的ジレンマであることから重要な視点となる。また，段階的要請法に代表される依頼のテクニックは，具体的な環境行動の促進を検討するうえで大きな示唆を与えてくれる（Cialdini, 2008）。たとえば，フット・イン・ザ・ドア技法（Freedman & Fraser, 1966）はその1つであるが，その検証の実験は広義の環境行動の説得がトピックとなっている。こうした依頼の技法は環境行動研究にも様々に応用されている（Arbuthnot et al., 1977; Katzev & Johnson, 1984）。受け入れやすい行動の依頼に応じて行動することで，関連する依頼を受け入れやすくなることや行動によってコミットメントが高まり，行動が持続するようになるといえる。

(2) 他者行動の影響

他者がどの程度環境行動をとっているのかについての情報も効果を持つ。シュルツら（Schultz et al., 2008）は，ホテルの連泊客に対して，環境のためにタオルの交換をせず同じタオルを再利用するよう求める研究を行っている。その際，タオルを再利用する人の割合に関して，同じ部屋に泊まった人の75％がタオルの再利用を選択していると示した条件の方が，再利用が25％だと知らせる条件よりも再利用の割合が高くなっていたのである。

また，家庭での電力消費について他者の行動を観察することで学習するモデリングの効果がフィードバックの効果とあわせて検討されている（Winett et al., 1982）。この実験では，電気料金を毎日フィードバックする条件，ビデオで

省エネの方法（エアコンを使わずに快適に過ごす）を示す条件，両者の組み合わせの条件が設定され介入の効果が検討された。結果は，両者の組み合わせが37％削減で最も高く，モデリング条件は28％削減となり，フィードバック条件の29％削減と同程度の効果となっていた。フィードバックによる行動の変容には，対象となる人びとがフィードバックにどの程度注目するのかも現実的課題としてつきまとう。フィードバックに着目するよう促せば，それ自体が行動変容へのコミュニケーションにもなりうる。フィードバックの実験が他の方法と組み合わせことで効果が確認されるのも，そうした課題によるところがある。

(3) 選択的誘因

習慣を変えて環境行動の実践を高めるには，まず行動を実行させることが必要となる。その際，環境行動に報酬を与える選択的誘因のアプローチが有効である。環境行動としての公共交通の利用を高めるために，たとえば，バスの利用者への地域の商店の割引券配布は約3割のバス利用を増加させ（Deslauriers & Everett, 1977），地下鉄のフリーチケットの配布は利用率を向上させている（Hunecke et al., 2001）。

しかし，選択的誘因による効果は一時的にとどまるともいえる。報酬による環境行動の促進で重要となるのは，報酬が提供できなくなったときの行動の持続である。家庭での電力消費への段階的要請の実験では，最初に電力消費量を回答する依頼を承諾し，次に2週間での電力節約を依頼し，開始後2週間では電力使用量に差は見られなかったものの，3ヶ月後に節約の効果が現われていた（Katzev & Johnson, 1984）。一方，金銭的報酬を付け加え，電力節約を依頼したところ，当初は節約ができていたものの，金銭的報酬がなくなった3ヶ月後には節約の効果は見られなくなっていた。自家用車利用の習慣を公共交通への利用に変化させるために選択的誘因とコミットメントを用いた検討もなされている（Matthies et al., 2006）。公共交通のフリーチケットが配布される選択的誘因条件，公共交通を含む10の行動リストから行動を選択してコミットすることが求められるコミット条件，両者を組み合わせた条件が設定された。どの条件も統制群より公共交通は増加していた。12週間後を比較すると，介入の効果が見られたのはコミットメントを含んだ条件であり，選択的誘因のみの条件では効果が見られなかったのである。

(4) 行動実行とコミットメント

説得や選択的誘因によって変容した行動の効果が維持されるには，報酬が与えられた際に行動にコミットすることが必要となる。天然ガス節約の要請に関するプロジェクトでは（Pallak et al., 1980），省エネ行動の実行に同意した住民のリストが公表されると約束されることでガスの節約に効果が見られた。その後，公表の約束がプロジェクトの都合で反古になることが伝えられた際に，対象者の節約行動は，もとに戻るのではなく，長期間にわたって持続していた。最初は報酬への期待により行動が変化したのだが，報酬が取り除かれることにより，「環境に協力的な行動を自分の意思でとったのだ」と，環境行動の原因を自己の態度に帰属させることで行動が持続するのである（Salancik, 1982）。

行動を宣言することもコミットメントの効果の1つである。受動的な説得メッセージを聞くだけの方法より，能動的に宣言どおりの行動を実行することや，他者に実行を促すような役割を遂行することで，行動へのコミットメントを強めることとなる（Janis & King, 1954）。行動宣言をさらに詳細に具体化した方法が行動プラン法である。藤井（2003）は，「いつ」「どこで」「どのように」実行するかについて，対象者に具体的な情報が与えたうえで行動プランを作成させる行動プラン法の有効性を提案している。プランを策定することにより行動意図を形成するのであるが，プランを記述する行為そのものが主体的に行われることが行動実行に効果をもたらすのである。

行動プラン法
行動プラン法では，具体的行動のために必要な情報を提供し，その情報を参考に，協力行動の具体的計画を記述するように要請する。

行動宣言に関しては，公共プールのシャワールームの利用者に対するコミットメントの効果が検討されている（Dickerson et al., 1992）。実験では，シャワーを節約しなかった過去の行動を想起させることと，水使用の節約に関するチラシに署名を行うことを組み合わせることで，シャワー使用量が減少することを明らかにしている。過去の浪費行動の想起と直前の行動の宣言との間の認知的不協和（Festinger, 1957）を，実際に環境行動をとることで解消しようとするのである。認知的一貫性を高めるべく行動を促すアプローチではあるが，逆に，実行しない人びとの言い訳となる可能性もある。篠木（2007）は，環境行動の不実行について，人びとはそれを正当化するため，①環境以外の他の価値を積極的に見出す，②自分の行動は環境問題の解決につながらないとの認識を強める，③行動のコストが高いとの認識する，④行動しても環境配慮につながらないと強調する，という4つの戦略を用いることを挙げている。コミットメントを活用した方法には，このような両面性を想定する必要もある。

行動と一貫した態度は即時に形成されるとは限らず，時間をかけて形成される。環境行動に合致した態度変容が起こらなくとも，時間を経ながら行動が継続することで態度が変容していくこともある（Werner et al., 1995）。環境行動を継続させるには，単に行動変容するだけでなく，行動にともなって環境配慮への態度形成がともなうよう行動変容のプロセスを管理する必要がある。長期的な観点では，環境教育による行動変容とその効果への着目も重要である（早渕，2008）。

4. 環境問題の解決と課題

(1) アクションリサーチの実際

環境行動は市民運動による普及も取り組まれてきている。広瀬（1993）は，これまで取り上げてきたような社会心理学の知見を応用し，他の環境行動の普及にも応用可能なアクションリサーチを行っている。そのアクションと効果として，第1に，環境行動に必要なシステムの導入主体（ここでは環境ボランティア）により環境行動機会（資源回収の地点数や期間）を増やすことであり，そのこと自体が住民に周知させる情報的機能として働き実行可能性評価を高める効果と，回収への協力の費用（コスト）評価を下げる効果が期待できる。第2のアクションは，対象者へのアンケートの回答依頼であり，結果をフィードバックすることで，地域での他者行動に関する情報が伝わる記述的規範の効果と，アンケートへの回答による環境行動へのコミットメントが期待できる。第3のアクションは，環境行動の導入主体の負担を減らし，それを対象

者に移行させ，最終的に環境行動を定着させることである。環境行動のノウハウを獲得した人びとは，行動へのコミットメントと習慣の形成によりリサイクル行動を継続する。その際，小さな負担の行動から徐々に大きな負担に変えていくのは学習理論におけるシェイピングの応用である。

地域での分別行動を定着させる研究としては，高橋（1996）による地方都市の商店街をフィールドとした研究も挙げられる。この研究の目的は，一般用のごみ箱しかなく，ごみが散乱した商店街に分別ごみ箱の隣に新たに設置し，分別行動を促進させることである。この場合の分別ごみ箱が分別行動を引き起こす刺激となる。商店街に従来から設置されていた一般用ごみ箱の隣に分別ごみ箱を新たに設置するという介入の結果，路上に放置されたあき缶の占める割合は減少し，不特定多数の人びとのごみ捨て行動には，刺激性制御法による介入が一定の効果をもたらしていた。

以上2つのアクションリサーチの研究で重要な点が2つ挙げられる。第1に，研究者がそのフィールドを構成する各アクター（環境ボランティア，NPO，行政，事業所など）と連携しながら，相互の持つ資源を活用しながら行われていることである。第2に，アクションリサーチをその場限りに終わらせるのではなく，地域に根付かせることである。広瀬（1993）ではアクションとしての環境ボランティアの役割を行政による活動に移行させることにあったし，高橋（1996）では研究者が行った介入（分別ごみ箱の設置）をその後も継続できるよう働きかけた。選択的誘因は，それを用いている間は効果を持たせることができるが，介入が終わった後でそのフィールドをどのように維持していくのかを考えておく必要がある。立場によって利害が対立することの多い環境問題は，とくに社会心理学において蓄積された理論や方法が活用可能なフィールドであるといえる。大沼（2013）が指摘しているように，問題が生じている現場で解決に必要な方法を適切に見極め，当事者との共同作業を通じて課題を明確にし，解決への道筋を明らかに示すことである。

環境行動に関する研究では，問題に関わる各種ステークホルダーや市民と関わりながら実践的な研究が求められる場合が多い。環境問題は社会的リスクと個人のリスクの両方が関わる社会的ジレンマの事態でもあり，市民参加により政策の立案が進められる機会も増えてきている。環境問題に限らず社会的リスクを社会全体の合意によってバランスよくコントロールすることをリスクガヴァナンスという視点で社会心理学からアプローチする取り組みも進められている（広瀬，2014）。

(2) 環境行動研究の今後

環境行動は，その時代における技術や人々の暮らしぶりの変化に応じ，社会での制約も変わってくる。21世紀に入り，環境に関わる社会システムの急速な技術革新により意識せずとも結果的に環境行動が実現されるようになった。しかし，いくら技術が進んでも，人びとが消費を減らさない限り，問題は繰り返される。本章では古典的な研究も取り上げてきたが，問題が形を変えながら繰り返される中，従来の研究での諸変数を現在の問題に置きかえれば，その問題の解釈や解決方法の提案，新たな研究にもつながる。蓄積されたアクションリサーチの成果は，問題が解決した後に別の問題が生じた際や，新たな問題に直面した際の，問題解決へのヒントを与えてくれる。

シェイピング

目的とする行動に向けて，行動しやすいことから少しずつ変化させ，徐々に目的に近づくように順に強化し，行動を変えていくやり方。

現場からの要請に基づいた個々の問題解決への取り組みは，環境政策への社会心理学的提言と同時に，従来の社会心理学理論とを結ぶ知見も得られている。その際，課題解決志向が生む問題点として，その研究と社会における価値観との関係を考える必要もある（唐沢，2014）。研究者が注目する特定要因の観点からの現象を捉える利点もあるが，一方で複雑な現実社会で生じる多様な要因の存在を看過し，その現場特有の問題に課題を残すことも考えられる。たとえば，徹底的な分別制度が行政のきめ細かな手続きにより導入され，それに従った行動をとれば徐々に住民はコストの高い行動が受容される事例（杉浦ら，1999）のように，住民による積極的な分別行動が社会的な効果を高めるというエビデンスを提供する一方で，技術革新や経済的状況，社会関係のあり方によって，環境負荷の軽減効果や社会的公正の観点で別の問題が生じることもあり得る。分別徹底に向けた行政や住民の努力は，分別徹底への社会的監視や制裁の導入から社会の構成員間で疑心暗鬼な状況を作り出すことにもつながる。

分別行動
分別行動は，採用される資源ごみの処理方法や経済状況，技術革新により，どのような分別が環境にやさしいか変わってくる。

社会における様々な価値と環境行動の研究との関係を考える１つの試みとしてゲーミング・シミュレーションによるリスク・コミュニケーションが挙げられる。社会心理学における環境行動の研究として，仮想世界ゲーム（広瀬，2011）や廃棄物ゲーム（広瀬，1995b；Hirose et al., 2004）により，現実の複雑な環境問題をゲームとして表現し，社会の構造や規範をルール化したゲームの中でプレーヤーの環境行動の様々な側面が検討されてきている。説得納得ゲーム（杉浦，2005）は，環境行動の市民運動のシミュレーションとして開発され，その後，リスク・コミュニケーションのツールとして，環境行動の促進・普及活動に対する市民の受容や反論を扱い，環境行動の価値やその問題点に関して検討できるような仕組みに発展しつつある（杉浦，2014）。

ゲーミング・シミュレーション
ゲームを活用した広義の問題解決の方法。何らかの社会構造や社会問題をシミュレートしたゲームをルールに従ってプレイすることで，社会心理学が扱う現象についての研究が可能である。

環境行動に関わる研究は，社会心理学の理論と方法を縦横無尽に活用しながら，学問と社会との接点を見出し，知見を活用できる分野である。本章で取り上げた理論だけでなく，社会心理学全体を駆使して扱うべきフィールドであるといえよう。

■文献

Abrahamse, W., Steg, L., Vlek, C., & Rothengatter, T. (2005). A review of intervention studies aimed at household energy conservation. *Journal of Environmental Psychology*, 25, 273-291.

Abrahamse, W., & Matthies, E. (2013). Informationa strategies to promote pro-environmental behavior: Changing knowledge, awareness and attitude. In L. Steg, A. E. Van Den Berg, & J. I. M. De Groot (Eds.), *Environmental psychology: An introduction* (pp. 223-232). Chichester, UK: John Wiley & Sons.

Ajzen, I. (1991). The theory of planned behavior. *Organizational Behavior and Human Decision Processes*, 50, 179-211.

Ajzen, I., & Fishbein, M. (1980). *Understanding attitude and predicting social behavior*. Englewood Cliffs, NJ: Prentice-Hall.

Ando, K., Yorifuji, K., Ohnuma, S., Matthies, E., & Kanbara, A. (2015). Transmitting pro-environmental behaviours to the next generation: A comparison between Germany and Japan. *Asian Journal of Social Psychology*, 18, 134-144.

Arbuthnot, J., Tedeschi, R., Wayner, M., Turner, J., Kressel, S., & Rush, R. (1976-77). The induction of sustained recycling behavior throught the foot-in-the-door technique. *Journal of Environmental Systems*, 6, 353-366.

Bamberg, S. (2013). Changing environmentally harmful behaviors: A stage model of self-regulated behavior change. *Journal of Environmental Psycohology*, **34**, 151-159.

Bear, D. M., Wolf, M. M., & Risley, T. R. (1968). Some current dimensions of applied behavior analysis. *Journal of Applied Behavior Analysis*, **1**, 97-115.

Cialdini, R. B. (2008). *Influence: The psychology of persuasion*. Prentice Hall. (チャルディーニ, R. B. 社会行動研究会(訳)(2014). 影響力の武器［第3版］―なぜ人は動かされるのか　誠信書房)

Cialdini, R. B., Kallgren, C. A., & Reno, R. R. (1991). A focus theory of normative conduct: A theoretical refinement and reevaluation of the role of norms in human behavior. In M. P. Zanna (Ed.), *Advances in experimental social psychology*, Vol.24 (pp. 201-234). New York: Academic Press.

Cone, J. D., & Hayes, S. C. (1984). *Environmental problems/behavioral solutions*. Cambridge, MA: Cambridge University Press.

Cross, J. G., & Guyer, M. J. (1980). *Social traps*. Ann Arbor, MI: The University of Michigan Press.

Dawes, R. M. (1980). Social dilemmas. *Annual Review of Psychology*, **31**, 169-193.

Dickerson, C. A., Thibodeau, R., Aronson, E., & Miller, D. (1992). Using cognitive dissonance to encourage water conservation. *Journal of Applied Social Psychology*, **22**, 841-854.

Deslauriers, B. C., & Everett, P. B. (1977). Effects of intermittent and continuous token reinforcement on bus ridership. *Journal of Applied Psychology*, **62**, 369-375.

Deutsch, M., & Gerard, H. B. (1955). A study of normative and informational social influences upon individual judgment. *Journal of Abnormal and Social Psychology*, **51**, 629-636.

Festinger, L. (1957). *A theory of cognitive dissonance*. New York: Row Peterson. (末永俊郎(監訳)(1965). 認知的不協和の理論　誠信書房)

Freedman, J. L., & Fraser, S. C. (1966). Compliance without pressure: The foot-in-the-door technique. *Journal of Personality and Social Psychology*, **4**, 195-202.

藤井　聡 (2003). 社会的ジレンマの処方箋　ナカニシヤ出版

Hardin, G. (1968). The tragedy of the commons. *Science*, **162**, 1243-1248.

早渕百合子 (2008). 環境教育の波及効果　ナカニシヤ出版

広瀬幸雄 (1993). 環境問題へのアクション・リサーチ　心理学評論, **36**, 373-379.

広瀬幸雄 (1995a). 環境と消費の社会心理学　名古屋大学出版会

広瀬幸雄 (1995b). 廃棄物ゲームにおける社会的ジレンマ解決の実験　髙木　修（編）　社会心理学への招待―若者の人間行動学 (pp.198-199)　有斐閣

広瀬幸雄（編）(2011). 仮想世界ゲームから社会心理学を学ぶ　ナカニシヤ出版

広瀬幸雄（編）(2008). 環境行動の社会心理学　北大路書房

広瀬幸雄（編）(2014). リスクガヴァナンスの社会心理学　ナカニシヤ出版

Hirose, Y., Sugiura, J., & Shimomoto, K. (2004). Simulation game of industrial wastes management and its educational effect. *Jounral of Material Cycles and Waste Management*, **6**(1), 58-63.

Honnold, J. A., & Nelson, L. D. (1979). Support for resource conservation: A prediction model. *Social Problems*, **27**, 220-234.

Hunecke, M., Bloebaum, A., Matties, E., & Hoeger, R. (2001). Responsibility and environment ecological norm orientation and external factors in the domain of travel mode choice behavior. *Environment and Behavior*, **33**, 830-852.

Janis, I. L., & King, B. T. (1954). The influence of role playing on opinion change. *Journal of Abnormal and Social Psychology*, **49**, 211-218.

Janis, I. L., & Mann, L. (1977). Emergency decision-making: A theoretical analysis of responses to disaster warnings. *Journal of Human Stress*, **3**, 35-45.

Kahneman, D., & Tversky, A. (1979). Prospect theory: An analysis of decision under risk. *Econometrica*, **47**, 263-291.

唐沢かおり (2014).「人と社会」に関する知の統合にむけて　唐沢かおり（編）　新社会心理学 (pp.181-184)　北大路書房

Katzev, R. D., & Johnson, T. R. (1984). Comparing the effects of monetary incentives and foot-in-the-door strategies in prompting residential electricity conservation. *Journal of Applied Social Psychology*, **14**, 12-27.

Kluger, A. N., & DeNisi, A. (1996). The effects of feedback interventions on performance: A historical review, a meta-analysis, and a preliminary feedback intervention theory. *Psychological Bulletin*, **119**, 254-284.

Matthies, E., Klockner, C. A., & Pressner, C. L. (2006). Applying a modified moral decision making model to change habitual car use: How can commitment be effective? *Applied Psychology: An International Review*, **55**,

91-106.

McClelland, L., & Canter, J. R. (1981). Psychological research on energy conservation context, approaches, and methods. In A. Baum & J. E. Singer (Eds.), *Advances in environmental psychology*, Vol. 3 (pp. 1-26). Hillsdale, NJ: Lawrence Erlbaum Associates.

Messick, D. M., & Brewer, M. B. (1983). Solving social dilemmas: A review. *Review of Personality and Social Psychology*, **4**, 11-44.

Midden, C., & Ham, J. (2013). Persuasive technology to promote pro-environmental behaviour. In L. Steg, A. E. Van Den Berg, & J. I. M. De Groot (Eds.), *Environmental psychology: An introduction* (pp. 223-232). Chichester, UK: John Wiley & Sons.

中谷内一也（編）（2012）．リスクの社会心理学　有斐閣

National Research Council (1989). *Improving risk communication*. Washington, DC: The National Academy Press. （米国学術研究会議　林　裕造・関沢　純（監訳）（1997）．リスクコミュニケーション――前進への提言　化学工業日報社）

野波　寛（2001）．環境問題における少数者の影響過程　晃洋書房

野波　寛・杉浦淳吉・大沼　進・山川　肇・広瀬幸雄（1997）．資源リサイクル行動の意思決定における多様なメディアの役割――パス解析モデルを用いた検討――　心理学研究，**68**, 264-271.

大沼　進（2007）．人はどのような環境問題解決を望むのか　ナカニシヤ出版

大沼　進（2013）．環境に根ざした問題解決のための環境行動研究アプローチ　環境心理学研究，**1**(1), 19-26.

Ohtomo, S., & Ohnuma, S. (2014). Psychological interventional approach for reduce resource consumption: Reducing plastic bag usage at supermarkets. *Resources, Conservation and Recycling*, **84**, 57-65.

Pallak, M. S., Cook, D. A., & Sullivan, J. J. (1980). Commitment and energy conservation. *Applied Social Psychology Annual*, **1**, 235-253.

Petty, R. E., & Cacioppo, J. T. (1981). Personal involvement as a determinant of argument based persuasion. *Journal of Personality and Social Psychology*, **41**, 847-855.

Prochaska, J. O., & Velicer, W. F. (1997). The transtheoretical model of health behavior change. *American Journal of Health Promotion*, **12**, 38-48.

Renn, O., Webler, T., & Wiedemann, P. (Eds.) (1995). *Fairness and competence in citizen participation*. Dordrecht, the Netherlands: Kluwer Academic Publishers.

Reno, R., Cialdini, R. B., & Kallgren, C. A. (1993). The transsituational influence of social norms. *Journal of Personality and Social Psychology*, **64**, 104-112.

Rogers, E. M. (1995). *Diffusion of innovations*. New York: The Free Press.

Salancik, G. R. (1982). Attitude-behavior consistencies as social logics. In M. P. Zanna, E. T. Higgins, & C. P. Herman (Eds.), *Consistency in social behavior: The Ontario Symposium*, Vol.2 (pp. 51-74). Hillsdale, NJ: Lawrence Erlbaum Associates.

Schelling, T. C. (1978). *Micromotives and macrobehavior*. New York: Norton & Company.

Schultz, P. W., Khazian, A., & Zaleski, A. (2008). Using normative social influence to promote conservation among hotel guests. *Social Influence*, **3**, 4-23.

Schwartz, S. H. (1970). Elicitation of moral obligation and self-sacrificing behavior. *Journal of Personality and Social Psychology*, **15**, 283-293.

Schwartz, S. H. (1977). Normative influences on altruism. In L. Berkowitz (Ed.), *Advances in experimental social psychology*, Vol. 10 (pp. 221-279). New York: Academic Press.

Seligman, C., & Finegan, J. E. (1990). A two-factor model of energy and water conservation. In J. Edwards, R. S. Tindale, L. Heath, & E. J. Posavac (Eds.), *Social psychological applications to social issues*, Vol. 1 (pp. 279-299). New York: Springer.

篠木幹子（2007）．環境問題へのアプローチ　多賀出版

Slovic, P. (1987). Perception of risk. *Science*, **236**, 280-285.

Steg, L., Van Den Berg, A. E., & De Groot, J. I. M (2013). *Environmental psychology: An introduction*. Chichester, UK: Wiley-Blackwell.

Stern, P. C., Dietz, T., Abel, T. D., Guagnano, G. A., & Kalof, L. (1999). A value-belief-norm theory of support for social movements: The case of environmentalism. *Human Ecology Review*, **6**, 81-97.

杉浦淳吉（2003）．環境配慮の社会心理学　ナカニシヤ出版

杉浦淳吉（2005）．説得納得ゲームによる環境教育と転用可能性　心理学評論，**48**(1), 139-154.

杉浦淳吉（2014）．リスクコミュニケーションとしての説得納得ゲーム　広瀬幸雄（編著）　リスクガヴァナンスの社

会心理学（pp. 103-119）　ナカニシヤ出版

杉浦淳吉・野波　寛・広瀬幸雄　(1999).　資源ゴミ分別制度への住民評価に及ぼす情報接触と分別行動の効果—環境社会心理学的アプローチによる検討　廃棄物学会論文誌, **10**, 87-96.

高橋　直　(1996).　ある商店街におけるゴミ捨て行動への介入の試み　心理学研究, **67**, 94-101.

高橋　直　(2003).　ごみ捨て行動のパターンとその対応策　心理的手法の提案　協同出版

高橋　直　(2012).　環境問題への意識・行動を変える—ごみ問題での現場への介入　安藤香織・杉浦淳吉（編著）　暮らしの中の社会心理学（pp. 105-116）　ナカニシヤ出版

Thompson, S. C., & Stoutemyer, K. (1991). Water use as a commons dilemma: The effects of education that focuses on long-term consequences and individual action. *Environment and Behavior*, **23**, 314-333.

Van Liere, K. D., & Dunlap, R. E. (1978). Moral norms and environmental behavior: An application of Schwartz's norm activation model to yard burning. *Journal of Applied Social Psychology*, **8**, 174-188.

Werner, C. M., & Makela, E. (1998). Motives and behaviors that support recycling. *Journal of Environmental Psychology*, **18**, 373-386.

Werner, C. M., Turner, J., Shipman, K., Twitchell, F. S., Dickson, B. R., Bruschke, G. V., & Bismarck, W. B. (1995). Commitment, behavior, and attitude change: An analysis of voluntary recycling. *Journal of Environmental Psychology*, **15**, 197-208.

Winett, R. A., Hatcher, J. W., Fort, T. R., Leckliter, I. N., Love, S. Q., Riley, A. W., & Fishback, J. F. (1982). The effects of videotape modeling and daily feedback on residential electricity conservation, home temperature and humidity, perceived comfort, and clothing worn: Winter and summer. *Journal of applied behavior analysis*, **15**, 381-402.

Yamagishi, T. (1988). Seriousness of social dilemmas and the provision of a sanctioning system. *Social Psychology Quarterly*, **51**, 32-42.

山岸俊男　(1990).　社会的ジレンマのしくみ：「自分１人ぐらいの心理」の招くもの　サイエンス社

依藤佳世　(2003).　子どものごみ減量行動に及ぼす親の社会的影響　廃棄物学会誌論文誌, **14**, 166-175.

規範と法

19

藤田政博

1. 社会心理学における規範

社会心理学における規範とは，社会や集団において個人が同調することを期待されている行動や判断の基準，準拠枠であり行動の望ましさを含むもの（古畑・岡，2002）である。同調に関する規範的影響は，他者からの肯定的期待に添うこと（Deutsch & Gerard, 1955）とされた。そして，肯定的期待とは，それに沿うことで他者の肯定的感情が起きる，あるいは強化される期待のことをいう。

このように，社会心理学において規範を考えるときには他者への同調と切り離して考えることはできない。私たちは，他者からの肯定的期待に沿って行動し，集団内や他者との関係をスムーズにするとともに秩序ある状態を作り出している。

同調に関する規範的影響は，「他者に肯定的感情をもたせるような行動」とされるように，規範と感情もまた切り離せない。たとえば，規範違反行動に対しては道義的な怒り（moral outrage）や嫌悪感（disgust）などが生起する。そこで，規範や公正をめぐる感情についてもこの章で取り上げる。

また，社会を成り立たせるうえで法は重要なルールであるが，法は規範の形態のひとつで，フォーマルなルールと認識される規範であって，一般的には道徳によって支持されるものといえる。そして法のうち言語化され公定された手続で承認されたルールが法律となる。このように，法は社会心理学が扱う規範の中の特殊な形態のひとつといえる。

そこで，この章では規範と公正について紹介した後，法への応用研究について紹介しよう。

(1) 公正と規範

上で見たように，社会心理学における規範は他者から同調を期待される行動のことであり，定義上，行動の中身が正しいかどうかは問われない。

しかし，集団内で他者から同調を期待される行動は，望ましいもの，つまり少なくともその集団内ではそうすることが正しいとされるものと考えられる。そうでないと，集団内で多くの構成員からの承認を得ることは難しいからである。そのため，規範を考えるうえで公正について理解しておくことは欠かせない。

また，他分野における公正概念と社会心理学における公正概念には違いがあり，それを理解しておくことは社会心理学の公正研究の位置づけを理解するうえでも必要である。

(2) 公正および正義とは何か

公正 (fairness) とはルールや基準に従っていることであり，正義 (justice) とは道徳的に正しいことである (New Oxford American Dictionary)。正義は人間の社会的関係において実現されるべき究極的価値 (ブリタニカ国際大百科事典) とされる。

そして，正義とは「各人に各人の分を」(suum cuique)，つまりある人にふさわしい物をその人に帰属させることであるとされてきた (日本大百科事典)。これは，ラテン語の ius (jus) からきている英語の just が「道徳的に正しい」と「ちょうど，ぴったりの」の双方を一語で意味することにもつながる。各人にふさわしい取り分を各人が「ぴったり」受けることが「道徳的に正しい」ことであり，社会関係において実現されるべき価値と考えられてきた。そして時代が下ると，正義には，各人に対して社会的に認められた正当な取り分に対して行使できる権能という意味が加えられた。この意味は，近代的な権利概念の思想的起源につながる。

その後に出た著名な正義概念として，社会契約説による正義概念や，功利主義的な正義概念がある。

社会契約説は，なぜ政府ができたのかという問題に対して，それは人びとが互いにそのような契約を結んだからだ，と答える。たとえばホッブズ (Hobbes, 1651／水田訳, 1992) によると，人間が国家形成以前に置かれていた状態 (自然状態) では，人は自分の利益を追求するために他者と争う「万人の万人に対する戦い」の状態であった。戦いによる死を避けるため，私たちは自分たちの理性で自然法という共存のルールを見つけ出し，自然法に従って自分の権利の一部を手放して社会契約を結び，秩序ある社会を作ることに同意した，というのである。この考え方によると，政府が社会契約に背いて人びとをないがしろにする悪政を行ったときに，人びとが抵抗して革命を起こすことは正しいことになる。

しかし，それではどのような場合に社会契約に背いたといえるのか，という判断の基準が明らかではない。それに対して功利主義は社会の成員の「最大多数の最大幸福」を実現するかどうかを正しいか否かの基準とした。その基準であれば，誰にとっても容易に判断可能でありかつ普遍的な基準と考えられた。功利主義では，法律や社会制度の良し悪しも普遍的な功利 (utility) の基準で判断されるべきであるとされた。

ただ，功利主義をつきつめると，人びとの幸福，つまり快を大きくする制度や社会こそが正しい，という考えに至る。その考えを忠実に実行すれば人間の快の追求が肥大化し，環境破壊や格差や差別など社会における深刻な問題を生み出すことになる。

正義概念が大きく動揺した第 2 次世界大戦後に，アメリカの政治哲学者のロールズ (J. B. Rawls) は「正義論」において，自分がまったく何者かわからず，好みや心理的傾向もわからないという原初状態に置かれたときに人びとはどうするか，と考察する方法で正義について論じた。ロールズは，自分がどのような者かまったくわからない人びとは「もし自分が社会で最も恵まれない者

友愛と正義
ただし，アリストテレスは友愛を正義より重要な価値として重視した。

功利 (utility)
utility (功利) は経済学でいう「効用」と同じ語であり人びとの幸福度のことである。

原初状態 (original position)
ロールズが正義について考察するために設定した仮想的状況。各人が「無知のヴェール」に覆われた状態で行う取り決めはどうなるかと考えることで正義の原理を基礎づけようとした。

マキシミンルール
予想される最悪の状態において，なるべく有利な行動の選択肢をとろうとする意思決定のルール。

だったら」と考え，マキシミンルールを採用するだろうと論じた。そして，人びとがマキシミンルールをとったときにたどり着く合意が，自由の平等原理，そして格差原理と公正な機会均等原理であるという結論を導いた。この，公正さを重視した正義論は，公正としての正義（justice as fairness）と呼ばれる（Rawls, 1999/ 川本ら訳, 2010）。この議論は社会に大きなインパクトを与え，正義論は大きな興隆を見せるようになった。

近年，「正義」は社会正義（social justice）として現代社会における格差や搾取，不平等，差別等の諸問題に対する解決を呈示するものとして（日本大百科全書）重視されている。公正研究に関する代表的著作（Tyler et al., 1997/ 大渕・菅原訳, 2000）の"Social justice in a diverse society"という書名が示すとおり，多様性がますます増大する昨今，社会正義の観点から現代社会における歪みの問題に対して答えを与えることは，社会心理学において重要な研究課題となっている。

(3) 社会心理学における公正

社会心理学において，公正という言葉は fairness と justice の双方の訳語として当てられる。公正と正義が概念として区別されうるのは上記で見たとおりである。社会心理学でこの2つを区別しないのは，社会心理学における公正研究では人びとが何を正しいと認識するかを問題とする（唐沢, 2013）からである。つまり，人びとはこの2つを厳密に区別して認識していないと考えられるため，社会心理学では公正と正義を区別せずに議論することが多い。

そのため，たとえば他分野で「配分的正義」（distributive justice）「手続的正義」（procedural justice）といわれる用語であっても，社会心理学ではそれぞれ「分配的公正」「手続き的公正」と呼ぶことが多い。

(4) 公正理論と公正動機

ここでは，公正に関する基本的な理論である公正理論，公正動機，そして公正信念について取り上げる。

①公正理論
a. 道具モデル

公正理論における基本的な仮定では，人が他者と関わるのは基本的に自己利益を追求するためであるとされている。したがって公正ルールに従うことが自己利益になる限り，人はルールに従うと考えられる。人びとは他者との交換関係を維持することが自己利益の最大化に資する限り，交換関係を維持しようとする（Thibaut & Walker, 1975）。

たとえば，隣人との紛争を解決するときに，相手と自分だけでは解決できないときは第三者に入ってもらう。そのときに結果に対するコントロールをもとめて自己利益を最大化しようとする。それができないときには，手続きに対するコントロールを求めようとするのである。

b. 集団価値モデル

一方，人は自己利益にならないときでも公正を求めることがある。それは，人は重要他者から公的に評価されたいと動機づけられるからである。社会的ア

イデンティティ理論（Tajfel & Turner, 1986）によると，人は他者からの評価が高い集団に所属することで自尊感情を高く保とうとする。これを公正問題に応用したのが集団価値モデル（Lind & Tyler, 1988）である。これは，アイデンティティに基づく関係モデルとも呼ばれている（Tyler, 1994）。

集団価値モデルでは，自分が不公正な扱いや不当な扱いを受けたときには，自分の社会的地位を周辺的であるとみなす。一方，公正な結果を受けたり，自分に不正な行為をした者が罰せられたときには，自分が集団によって尊重され，評価されていると感じる。このモデルでは，公正は集団成員性，社会的地位，自己価値，自己概念と関連があるとされる。

②公正動機

私たちの公正への関心と動機づけは，どのような関心から来ているのだろうか。これに対して，公正動機に関する理論は，公正理論と同様に公正ルールに従うことが自己利益となる限り，人は公正を求めると考えている（Walster et al., 1978; Thibaut & Walker, 1975）。

社会的交換理論は，人は利益を獲得しようという目的を持って社会的関係に参加すると考える。利益獲得という動機は，社会的関係における行動，その関係にとどまるか否かの選択，感情の3つに影響する。そして，獲得された資源の程度に従って満足度が決まり，最も資源獲得に有利な行動を選択する（Thibaut & Kelley, 1959）。

一方，集団レベルの行動に関する現実的集団葛藤理論は，利益をめぐって両立不能な争いをしている集団同士では，その集団の利益を最大化しようとすると主張する（Sherif et al., 1988）。

以上の2つの理論を前提とすると，人および集団が公正動機を求めるのは，それが個人または集団の利益になるからであるという仮定が導かれる。

社会的交換理論をもとにしたモデルからすると，人びとは他の人との社会的関係を調整するために，資源配分に関する成文化された制度を開発し，自分がそれに従う一方で，他人もそれに従うことを期待する（Walster et al., 1978）。そうすることで人は社会関係から長期的な利益を得ることができる。また，そうした利益が得られる限り，人は公正問題に関心を持ち，公正に行動しようとする（Thibaut & Walker, 1975）。集団レベルでも，集団が相互に受け入れ可能なルールを作ってそれに従うことが内集団の利益を大きくするがゆえに，集団間のルールを作って従うと考えられる。

一方，集団価値モデルからすると，人びとは集団内での地位を高く保ちたいという動機を持ち，それを確認するために行動する（Tyler, 1994）。このモデルは，公正において集団内の地位と関係性判断の重要性を示している。そして，分配的公正は資源・関係判断の影響を強く受けるのに対し，手続き的公正は主として関係性判断の影響を強く受けることが示されている。

このように，公正判断においては人間関係の判断が重要になるが，公正判断のもととなる人間関係のあり方についてはラーナーのモデルが存在する。

ラーナー（Lerner, 1981）は，まず社会的公正に関する動機を，利益最大化からくるとする考え方に反対する。そして，人間生活における公正の現われ方を説明する社会心理学的過程として，まず人間関係には3つのプロトタイプがあり，発達するに従って学習するとした。どのプロトタイプに人間関係が分類

されるかで，発動過程が異なってくるのである。

1番目はアイデンティティ関係である。この関係にある人間同士は強力な共感と感情的つながりがあり，この関係上の他者が経験している事柄は自分の経験と区別しがたいような者同士である。例として，家族などが挙げられる。

2番目はユニット関係である。年齢・性別・居住地など，関連する次元において他者と同じようだと感じる，その他者との関係である。

3番目は非ユニット関係である。意味や価値のあり方について他者と異なっているという知覚に基づく関係である。具体的には，内集団か外集団かという違いに基づく関係性の認知である。

結果（利益）を最大化するという自己利益追求型の動機は，発達の初期に根本的に変更される。ラーナーのモデルでは，中心的動機は，組織の構造を保とうとする必要からくる。

また，「関係モデル理論」（Rai & Fiske, 2011）では，社会関係に関する基本的心的モデルとして，①共同体での共有（communal sharing），②権威の階級（authority ranking），③平等マッチング（equality matching），④市場の価格付け（market pricing）の4つを提示している。①は家族，兄弟，軍隊，親友関係などに見られる。②は直線的な上下関係に人を位置づけで上下関係としてみようとする。③はバランスをとるために交替で行ったりコイントスでランダムに決めたりする方法が公正と考える。④は市場において数値的に商品の価値を測ろうとするもので，市場における売手と買手の関係や，費用対効果を重視する社会的決定に用いられる。

関係モデル理論では，行為の道徳的動機や行為に関わる社会関係がどう解釈されるかによって暴力や不平等や純粋でない行動も，道徳的に正しいと評価されると主張する。

以上では，自己利益または自集団利益の最大化を前提とする理論と，社会関係のあり方を重視するモデルを紹介した。公正動機を考えるうえでの問題は2つあると考えられる（大渕・菅原訳，2000）。それは，(1) 人びとがとりうる様々な行動の種類と (2) 状況に関するどのような判断（変化可能性，コスト，利益）によってある特定の行動を取るようになるのかである。

(5) 公正信念

公正信念とは，公正についての考え，信念（belief）のことである。その中から，公正世界観について取り上げよう。

公正世界観

公正世界観（belief in a just world; Lerner, 1980）とは，この世とはどういうものかについての考え方のひとつで，「この世界は公正にできており，報酬を受けるべき人には報酬が，罰を受けるべき人には罰が与えられる」という信念のことである。この信念の強弱には個人差がある。

この信念が強ければ，人に良いことや悪いことが起こったときに，「それは当然の報いだ」（That's the way they should be）などの原因帰属を行いやすくなる。このように考えることで，この世は公正で予測可能であり，自分の力で対処可能と感じられるのである。そのように考える人は，苦労があっても最後は報われると考え，多少長期にわたる努力が続けられる。

信念とは

信念とは，「ある対象とその他の対象，価値，概念および属性との関係性の認知」（有斐閣心理学辞典）である。日常語では，信念はそれを持っている人の価値基準や行動に大きな影響があることが含意されるが，心理学ではそのような含意がない場合にも使われる。たとえばステレオタイプや知識も信念に含まれる。このように，信念はそれ自体で人の行動に影響を及ぼすとは限らないが，自己概念，パーソナリティ，態度等の一部に含まれることによって行動に影響する場合がある。

また、貧困などの社会的困難に陥っている人びとについては、公正世界観からは、「それは当然の報いか」という観点から考えることになる（Lerner & Miller, 1978）。当然の報いであれば援助をすべきでないことになり、不当にも苦しめられているならば援助によって救われるべきと考えるのである。

2. 重要な3つの公正と相対的剥奪

(1) 分配的公正

分配的公正（distributive justice）とは、財（goods）の配分における正しさのことであり、哲学などでは「配分的正義」と呼ばれる。

アリストテレスは正義を「配分的正義」と「調整的正義」に分けた。配分的正義は各人にどう財を配分するのが正しいのかという問題であり、調整的正義とは配分がうまく行われず、不当な利益や損害が生じたときにそれをあるべき状態に戻すことである（盗まれたものをもとに戻したり、裁判における不当利得の返還や損害賠償、とくに填補賠償など）。いずれも、価値が各人にぴったり配分された状態にするためにはどうしたらよいかという問題といえる。

社会心理学における分配的公正研究では、人は世界の真実を知って公正に行動したいと考えているはずだという前提を置く。アダムスによる衡平理論は、企業組織において処遇が衡平と考えられれば、従業員の不満が減少すると指摘した（Adams, 1965）。その後発展した衡平理論では、①満足や行動は受け取った結果が衡平（equity）かどうかと関連する、②衡平性の判断には、個人の貢献度と報酬度のバランスが用いられているとされている。そのバランスが崩れたとき、生理的反応が生ずる（Markovsky, 1988）。感情的には、足りなければ怒りを、多すぎれば罪悪感を感じる。

人びとは公正に行動したいと考えているために、分配的公正が破られたときには公正な状態に回復しようとするはずである。不公正に対する回復の方法としては、(a) 現実的な公正回復と、(b) 状況の認知の歪曲による心理的公正回復の2つがある（大渕・菅原訳, 2000）。それは回復を行おうとする者が以下の3つの立場のどれに該当するかで分けて考える必要がある。

(1) 不公平に恵まれた者（加害者）は、(a) 自分の利益を放棄することで衡平を回復できる。しかし、(b) 自分に過剰に与えられた利益をそのままにしながら、自分の仕事には重要な価値があると考えたり、自分に有利な分配方法を正しく理にかなっていると考えたり、勤勉さによって多くを得ていると考えることで正当化することもできる。

(2) 不公平に恵まれない者（被害者）は、(a) 暴動などの直接的な行動を起こすことで衡平を回復することもできる。それによって次なる不公平を避けることもできる。しかし、暴動を起こせば、警察などの社会的に大きな力を持った勢力と直接対決することになる。そこで、対決を避けるために (b) 被害者は何もせずに不公正や不利益を否認することもある。否認による苦悩には、薬物依存などの何らかの方法で対処する必要がある。あるいは、社会的比較過程において、過去の自分や自分と類似の立場の他者を比較対象として選択することで、客観的不利益を意識しないようにする（Major, 1994）。

(3) 社会の面から考えると、加害者が現実的公正回復を行わず、利益を手にしたまま心理的公正回復で自己を正当化していると、被害者からの報復を受け

たり被害者集団への否定的なステレオタイプを作ったりしていくことになる。それが続くと，長期的には社会が破壊される。したがって，社会は社会制度や権威者の裁定によって現実的公正回復を行おうとする。それによって，被害者の報復行動を抑制でき，人びとが互いに信頼できる環境を作ることができる。

(2) 相対的剥奪

分配的公正と同様に，配分結果に対する関心として，相対的剥奪（relative deprivation）がある。相対的剥奪そのものは公正概念ではないが，関連が深い考え方なのでここで紹介する。

相対的剥奪とは，自己と他者を比較して生まれる感覚で，「自分は持っていてしかるべきものを持っていない」と感じる感覚のことである。比較によって生ずる感覚なので「相対的」といわれる。個人単位で生ずる相対的剥奪感を個人的剥奪感，内集団と外集団の比較で生まれるものを集団的剥奪感という。個人的剥奪感は他者への否定的感情の原因となり，集団的剥奪感は外集団への否定的感情の原因となる。

相対的剥奪は，比較対象をどのように設定するかによって感じ方が異なる。比較の選択については，①比較次元（身体的魅力，体力，知性，人格，業績，将来性など様々な特性のうち何を比較するか）の選択，②比較対象の選択の2段階からなる（大渕・菅原訳，2000）。②の比較対象の選択では，個人としての比較と，自分を所属集団の代表と見て集団の比較を行うかを選択する。所属集団は集団実体性がないものでもよい（男性・女性などといった統計的集団でもよい）。

自己と他の時点の自己との比較を通時的比較と呼ぶ。この考え方は政治学に強い影響を与えてきた。通時的比較には大きく3つある。①減少性剥奪，②願望性剥奪，③向上性剥奪の3つである。①は「人びとの期待は一定であるのに期待が達成される可能性が低下していくこと」，②は「人びとの能力は一定であるのに期待の方が大きくなる」こと，③は「期待と能力は増加しているのに，能力の上昇が期待の上昇に追いつかない」ことによって生ずるズレのことである。

(3) 手続き的公正

手続き的公正（procedural justice）とは，配分に関して行われる過程や方法の正しさであり，法学などでは「手続的正義」と呼ばれる。

配分の対象には，地位や金銭などのプラスのもののほか，罰や制裁などのマイナスのものも含まれる。

分配的公正が，資源を分けた結果についての正しさについての問題だとすると，手続き的公正はどのように分けるかについての正しさの問題である。

直感的には，「分けた結果が正しいと感じられれば，どういう手続きで行っても正しさの知覚には関係ないのではないか」とも思える。たとえば，裁判では結果が正しければ（お金を貸した人にちゃんとお金が返ってきたり，極悪非道殺人を繰り返してきた殺人犯に厳罰が与えられるなど），どのようなプロセスで行われても良いのではないか，という感覚である。

しかしその一方で，お金の貸主が借主の家からお金を黙って持って行ったり，極悪殺人犯を裁判にかけずに街頭で見つけ次第殺したりするのはいけな

い感じがするのも確かである(そのようなことをすればいずれも犯罪になる)。それは,結果として正しい結果がそれぞれの場合に与えられても,その過程や方法が正しくないからである。

このように,私たちは,結果の正しさとは別に,手続きについても直感的に正しいかどうかについての認識を持っている。

手続き的公正はもとをたどると裁判に関する概念で,結果の正しさ(実体的正義)の他に,裁判の段階や過程そのものも正しく適正な手続き(due process)であるべきだという思想から来ている。

このような訴訟上の概念であった手続的正義を,社会心理学の観点から解き明かしたのがティボーとウォーカー(Thibaut & Walker, 1975)である。この研究の後,人に対して資源を配分する手続において人は何を正しいと知覚するか,と手続き的公正概念が理解され,社会心理学は手続き的公正概念をより広いものにした。つまり,裁判に関する概念であったものを,広く配分の方法の公正さに関わる概念として構成し直したのである。

手続き的公正の概念が拡大した結果,企業の人事査定や集団での意思決定など,広く物事を決めるときの手続きについての公正さの判断や知覚に関する研究として発展している。

(4) 報復的公正

報復的公正(retributive justice)とは,いったん成立した規範や権威者の決定に反する者に対して制裁を加えることで公正を回復することであり,倫理学や法学などでは「応報的正義」と呼ばれる。

報復的公正関心が高まるのは,規則が破られたときに誰をどのくらい罰すべきか個人や社会が決定すべき場合である(大渕・菅原訳, 2000)。規則が破られたとき,私たちはもとの状態に戻る(衡平回復)だけでは満足できない。たとえば,窃盗犯が盗んだ金品を返すだけでは,私たちは道徳違反に関して十分な回復措置が取られていないと感じるだろう。それは,そういった犯罪が金銭的な面以外で人びとの価値を犯すと考えられるからである(Feather, 1996)。

故意に規範違反をしたがネガティブな結果を起こさなかった者の方が,過失で規範違反をして結果を起こした者よりも厳しく処罰される(Horai, 1977)。このことは,私たちは行為の結果だけではなく,行為そのものの道徳性にも関心を持っていることを示している。そのため,個人的なものを盗まれて感情を害されたり,住居を汚損して侮辱されたりした場合,本来的に衡平回復で被害はもとどおりになると考えられるはずなのに,道徳的にはとくに悪性の強い犯罪と考えられ(Brown & Harris, 1989),処罰も厳しくなる。

そして,行為者の道徳性に関しては,行為者に改悛の状が見られるなど,何らかの道徳的な賠償が行われた場合,公正性は回復され(Felson & Ribner, 1981; Schwartz et al., 1978),被害者の攻撃性が減少する(Ohbuchi et al., 1989)。

人が懲罰的になるのは,(1)自らも被害者になる恐怖(Anderson, 1999),(2)集団凝集性,集団の同一性を守るため,という説明が提示されている。

規範違反者を処罰する手続きを踏むことは,集団の同一性や凝集性を高める方向に作用する(大渕・菅原訳, 2000)。このように,手続き的公正と報復的公正は相互に関連している。

3. 公正と感情

　私たちは，他者の道徳規範違反を知覚すると怒りを感じることがある。このように，公正と感情は関連していると考えられる。ここでは重要な感情として怒りと嫌悪を取り上げる。

(1) 公正と怒り

　私たちは，道徳的規範に違反した行動に対しては制裁を加えたいと考える。
　なぜ制裁を科すのかという理由として，①再び犯罪が起こることの予防（deterrence）と②行為に対する非難の２つが挙げられる。社会心理学では，①に関する動機を功利主義的動機，②に関する動機を応報的動機と呼ぶ。
　①は理性的判断に関わるものと考えられるのに対し，②の応報的動機は規範違反行為に対する怒りがその動因となると考えられる。このような怒りを義憤（moral outrage; Darley & Pittman, 2003）という。
　功利主義的動機と応報的動機はいずれも重要であり，一般に人は制裁の理由としてその双方を意識する（Carlsmith & Darley, 2008）。しかし，人が実際に罰を科す場面を想定した場合には，応報のみを考慮する（Carlsmith et al., 2002）し，応報に関する情報と予防に関する情報を提示した場合，処罰を決定する際には応報に関する情報が重視される（Carlsmith, 2006）。そして，応報的動機では義憤が介在する（唐沢，2013）。
　このように，公正回復のために制裁を科そうとする場合，義憤の果たす役割は大きい。ただし，怒りにおいて義憤と私憤の区別をつけることは困難であるという指摘もある（Batson et al., 2009）。

(2) 公正と嫌悪

　嫌悪は，汚いものを見たときなどに発生する感覚であり，その対象を回避したいと感ずる感覚のことである（Haidt, 2001）。ハイトらは，嫌悪感が道徳的判断に深く関わっていることを示して大きなインパクトを与えた。それは，従来の「ある行為が道徳的か否かは感情ではなく理性によって判断するべきである」という考えを否定するものだからである。そして，従来，他者に対して害（harm）をなすことが不道徳であるとされてきた（harm principle）（Mill, 1859/塩尻・木村訳, 1971）。それは，他者に害を加えない限り人は自由に行為できるはずだからである。
　ハイトらの研究と，彼らの理論については６章を参照してほしい。

4. 文化と公正

　文化は公正性の認知にどのような影響をあたえるのだろうか。人間が公正に関心を持ち，それを実現しようとすることは普遍的である一方で，人が生きている文化に影響を受ける側面もあることが指摘されている。
　たとえば，文化によって不公正に対する怒りの度合いが異なり（Babad & Wallbott, 1986），平等主義的な社会では，社会的不公正に対して怒りを以て対応する（Gudykunst & Ting-Toomey, 1988）。また，文化によって公正判断を

どのくらい重要と考えるかも異なる（Miller & Bersoff, 1992）。さらに，報復的公正と犯罪の意味も，文化規範によって異なる（Roberts, 1992）。

これは，人びとが公正を定義する仕方の違いが国の文化次元と結びついている（Hofstede, 1980）からだと考えられる。

そして，社会心理学で大きな研究テーマとなっている，集団主義と個人主義の文化（14章）の違いにおける公正判断や公正に関する行動の違いについての研究は数多い。

集団主義文化においては当事者主義的（adversarial）手続きよりも非当事者主義的手続きが好まれる。なぜなら，当事者主義的手続きでは，訴えを起こした方と起こされた方が制度上明白に対立するからである。当事者主義的手続きの代表は裁判である。

> **adversarial**
> adversarial の文字通りの意味は「敵対する」である。

当事者主義的手続きは，中国人を対象とした研究では，社会的調和を損なうものと評価された。また，香港の学生はアメリカの学生よりも非当事者的手続きを好んだ（Leung & Lind, 1986; Leung, 1987）。ただ，アメリカの中ではいずれの文化集団でも同じような手続きが好まれる（Lind et al., 1994）など，必ずしも知見は一貫しない。

集団主義文化では，報酬の受け手が外集団であれば衡平原則が用いられる（Leung & Bond, 1984; Leung, 1988）。これは，内集団に対してはより有利な報酬分配原則を使いつつ，外集団に対しては労力等の基準に照らして報酬分配が行われる可能性を示唆している。

ただ，このような分配規則については，文化的規範だけではなく，社会の状況にもよる場合がある。たとえば，インドでは有用な資源が少ないので必要原則に従った分配がなされ，資源が豊富な社会では個人の努力の方が適切な分配基準とされた（Berman et al., 1985; Murphy-Berman et al., 1984）。経済発展にともなって，当時よりも有用な資源が増えたと考えられるインドでは，分配規則もまたそれに連れて変わった可能性が考えられる。

文化と公正の問題を考えるには，まず普遍論的公正観と文化固有的公正観のいずれを重視するかを考えなければならない。つまり，人間の様々な社会に共通した普遍的な公正観念を私たちは持っているのか，それとも文化ごとに異なる固有の公正観念を持っているのかという問題である。

もちろん，これは片方が存在すれば残りの片方は存在しないというような単純な二者択一の問題ではない。

ある社会の中において多様な文化を含んでいることには，社会にとって大きな活力をもたらすというプラスの面が考えられる。しかし同時に，その社会の中に様々な公正観を持つ集団が同時に存在することになる。また，集団同士の利害の対立も発生する。そうすると，各集団が利益を求めて道具的葛藤を起こすだけではなく，公正観の違いから規範的葛藤が起こる可能性が高まる。

このように，文化的多様性を包含する社会では，活力と崩壊の契機を同時に抱えている。そのような社会では分配的公正や報復的公正に関する公正観に違いが見られるが，手続き的公正には一致が見られる（大渕・菅原訳, 2000）。文化的に多様な社会を維持しまとめるために，手続き的公正の果たす役割は大きいと考えられる。

5. 法への応用

本章の後半では，心理学の法への応用について紹介する。最初に古典といえる目撃証言と，意思決定の研究について紹介する。その後，捜査に関する心理学として著名なプロファイリングと取調べについて紹介する。そして，心理学を応用した心的能力の評価について紹介する。

■ (1) 裁判の社会心理学
①目撃証言の社会心理学的要因

目撃証言に関する研究は，心理学の法への応用の黎明期から行われてきた（藤田，2013）。Innocence Project によると，329 名の無実の人びとが DNA 鑑定で冤罪を晴らしており，そのうち 75% は目撃証言の誤りによって冤罪が起きている。以上の歴史的およびプラクティカルな理由から，目撃証言研究は司法への心理学の応用では重要な分野である。

本節では，その中から社会心理学的要素が強い，教示，フィードバック，記憶の社会的影響の要因に絞って取り上げる。

②警察官などの教示

警察が捜査をしている場合，目撃者は警察に呼ばれて，目撃した人物を複数の写真や人物から選ぶように言われる（ラインナップ）。あるいは，ひとりの人物について目撃したかどうか尋ねられる（単独面通し）。そのような状況では，目撃者は「提示された中に真犯人がいるに違いない」と強く推認することになる。そのため，警察官は「この中に犯人がいるかもしれないし，いないかもしれない」とはっきり教示する必要がある。そうでないと，犯人が存在しない場合にも，目撃者は提示された人物の中から犯人を選ぼうとするため，誤る率が高くなる（Malpass & Devine, 1981; Steblay, 1997）。

③フィードバック

目撃者が選んだ後に警察官が目撃者に「正しい犯人を選んだ」とフィードバックした場合，たとえ誤った回答をしても確信度が高くなり，犯人や犯人の顔の詳細がよく見えたと言い，注意も払っていた，識別が簡単で時間がかからなかったと言い，裁判では進んで証言するという傾向が見られた（Wells & Bradfield, 1998）。

④記憶への社会的影響

同じ事件について，目撃者同士が話し合って記憶を変容させることを記憶への社会的影響と呼ぶ。この社会的影響の効果は，誤誘導情報効果よりも強い（Paterson & Kemp, 2006）。誤った情報であっても，他の目撃者が信頼できると考えると，その情報を受け入れる確率が上昇し，かつ記憶への影響が大きくなる（Roediger et al., 2001）。

⑤専門家証言とそれが認められる要件

専門家証言（expert witness）とは，裁判において研究者等の専門家（専門

Innocence Project
Innocence Project とは，アメリカのニューヨークを拠点とする，冤罪を晴らすこと（雪冤）と刑事司法制度改革で将来の不正義を防ぐことを目的とする非営利団体である。これまでに DNA 鑑定を使い，死刑囚を含む人びとの冤罪を晴らしてきた。このプロジェクトは米司法省と上院，イェシーヴァー（Yeshiva）大学ロースクールの共同研究から始まり，1992 年にイェシーヴァー大学ロースクールに設置された。これを手本として，他州にも同様の活動をする団体が設立されている。

家証人）が，当該分野で一般的に受け入れられている知見や，裁判の争点に関して専門的知識と手法に基づいて観察や考察を行い意見を述べることをいう。

イギリスやアメリカでは「裁判所の友」（amicus criae）として，裁判で必要な場合には，当該分野で一般的に受け入れられている知見を専門家が裁判所に提供してきた。

そのとき問題になるのが，①「誰であれば裁判所に専門家として意見を述べられるのか」，②「どのような知見（findings）であれば裁判所に対して述べて良いのか」である。これは心理学者が法廷に立つ場合も同様である。

①についてはドーバート基準（Daubert standard）が米国で採用されている。この基準は，Daubert v. Merrell Dow Pharmaceuticals, 509 U.S. 579（1994）で米国連邦最高裁が判示したもので，大きくまとめると「証言や証拠を裁判で採用するかどうかの判断や，専門家が真に科学的知識に基づいているかどうか確認することは裁判官がするべきである」というルールである。つまり，裁判における最終判断は常に裁判官が行うべきだというルールである。

②についてはフライ基準（Frye standard, Frye test, general acceptance test: 一般的承認基準; Frye v. United States, 293 F. 1013（D.C. Cir. 1923））が米国の判例で採用されている。

フライ基準では，「新しい科学の知見に基づく証拠は，それに関する特定の分野の科学者すべてから有効と認知された手法によるものであることが必要である」とされた。その結果，フライ事件では専門家証人が「血圧測定で嘘発見ができる」と主張したが，認められなかった。

日本においては，科学的証拠の許容性に関する一般則を示した判例はなく，裁判所が個別に判断することになる。DNA 鑑定（最高裁決定平成 12 年 7 月 7 日刑集 54 巻 6 号 550 頁），ポリグラフ（最決昭和 43 年 2 月 8 日刑集 22 巻 2 号 55 頁）では個別判断で裁判で使用することを裁判所が認め，犬の臭気選別については 3 つの条件を示した（最決昭和 62 年 3 月 3 日刑集 41 巻 2 号 60 頁）。

また，日本の裁判では，個別事件で専門家が具体的問題について鑑定することはあるが，ある分野における一般的知見を裁判で述べることは通常想定されていない。

⑥陪審員，裁判員，裁判官の意思決定

裁判において，市民の意思決定者（陪審員や裁判員）や裁判官はどのように意思決定を行うのだろうか。裁判官の意思決定に関して，ライツマン（Wrightsman, 1999）は，態度モデルと認知モデルを提案している。

a. 態度モデル

ライツマンの態度モデルは，裁判所の裁判官の意見は，裁判官のイデオロギー的な立場と事件の内容によって決まるとする。イデオロギー的に受け入れられない行動について裁判官は棄却の判断を下すが，その判断はイデオロギーからの直接的判断とはいわれず，論理によって武装されている。

b. 認知モデル

態度モデルは態度が結論に直接影響すると考えている点で，近年の社会心理学の知見からはやや時代遅れのものとなっている。そこで，認知モデルは意思

決定の過程における認知を重視し，スキーマが意思決定に影響すると考える。スキーマは認識の枠組みであることから，裁判官が情報を処理するフィルターとして機能すると考えられている。

また，裁判官の判断に感情が影響していると正面から議論したものとして，ボーネの議論（Bohne, 2006）がある。これは，裁判官の心証形成は主観的確信の形成であるとして，解決行為，解決意識，解決検証の各段階からなるとした。

⑦市民と裁判官の意思決定の違い

裁判官と市民の意思決定を比較した古典的研究として，カルヴァンとザイゼル（Kalven & Zeisel, 1966）がある。この研究では，1954年-1955年と1958年の2回にわたり，アメリカの地方裁判所の裁判官3,500人に質問紙を送って調査した。質問紙の内容は，実際の刑事陪審事件として裁かれた事件の要約を提示し，その事件について自分ならどう判決するかを尋ねたものであった。この質問紙調査では，555人の裁判官から，のべ3,567件の事件についての回答があった。その裁判官の回答を実際に陪審が下した評決と比較したのである。

その結果，3,567件のうち，裁判官と陪審の判断を見ると70%が一致していた。有罪で罪名も一致したのが56.6%，無罪で一致したのが13.4%であった。不一致のうち，陪審が無罪としたのに裁判官が有罪としたものが16.9%，逆に陪審が有罪としたのに裁判官は無罪としたのが2.2%であった。そして，陪審も裁判官も有罪と判断したが罪名が一致しなかったのは5.4%であった。そのうち，陪審の方が厳しく評決していたのが0.7%，裁判官の判断の方が厳しかったのは4.7%であった。なお，元々のケースで陪審が評決不能（hung jury）に陥っていたものが全体の5.5%含まれていた。

不一致の理由で最も多かったのは証拠の判断の違い（54%），その次が法に対する陪審の態度（29%），3番目が個々の被告人が陪審に与えた印象（11%），となっていた。事実の判断の違いはもちろん事件の判断結果に影響すると考えられるが，そのような理由以外に法に対する態度によって判断が異なることも特筆すべきである。その中には，正当防衛概念の拡張，寄与過失を刑事法に用いること，社会の法感情の反映などの理由があった。

一方，ライツマン（1999）もプロと素人の違い（The expert-novice distinction）について議論している。それによると，プロはその専門領域について，大きく意味のあるパターンを知覚でき，素早く情報を処理できる。そして問題を深く見，あるいは示すことができる。この過程を記述するものとして，手がかり理論（cue theory）が提案されている。裁判官は様々な手がかりをもとに，たとえば上訴の可否を判断しており，その手がかりには，誰が上訴を求めているか，それを代理する弁護士の評判，下級審の裁判官の評判や事件の種類が含まれている。

素人ではなかなか考慮できないこういった要素を考え合わせて，裁判官は裁判を素人よりもはるかに速く的確にこなしていると考えられる。

なお，後知恵バイアス（hindsight bias）については，鉄道事故の起こる確率予測について一般人と裁判官を比較した研究がある（Sunstein, 2002）。「事故は実際に発生しましたが，それは考慮に入れないで客観的に判断してください」と教示された場合，そのような教示がない場合に比べて，一般人も裁判官

も事故の起こる確率を 80% 高く評価した。

⑧被害者参加

　被害者参加とは，刑事裁判に被害者が出席して意見を述べたり質問したりできる制度である（佐伯，2010, 2011）。日本では裁判員制度（2004 年 5 月導入，2009 年 5 月開始）と同様の時期（2008 年 12 月）に開始されたが，裁判員制度とは独立に議論され導入された制度である。それまでは刑事裁判に被害者が参加する機会はなく，被害者は長らく刑事裁判から「消された」人びと（Erez, 1991）であった。

　心理学的には，被害者やその遺族が裁判に出席した場合，それによって刑の重さや有罪判断率が変わるのかが研究されてきた。イギリスやアメリカでは被害者の意見陳述は VIS（victim impact statement）という。

　アメリカの研究（Davis et al., 1984; Davis & Smith, 1994a; Talbert, 1988; Erez & Tontodonato, 1990），オーストラリアの研究（Erez et al., 1994, 1997; Erez & Roeger, 1995），イギリスの研究（Morgan & Sanders, 1999），それぞれにおいて被害者が意見を述べたことで刑が重くなるという効果は見出されなかったか，わずか（Roberts, 2009）であった。一方で，被告人を死刑にするか無期懲役にするかという判断については，模擬裁判の実験によると死刑判断が増えるという結果が出た（Luginbuhl & Burkhead, 1995）。とくにそれは実験参加者の死刑制度に対する態度によって異なっており，死刑に対してやや賛成である（moderately favored）場合，有意に死刑判断が増えるということがわかった（Luginbuhl & Burkhead, 1995）。ただ，死刑事件の陪審員に対して面接調査をした研究では，被害者の意見陳述が死刑判断に影響した様子は見出されなかった（Eisenberg et al., 2002; Karp & Warshaw, 2006）。

　一方，日本での研究では，被害者の遺影を提示したり遺族の手紙を読み上げると有罪判断の傾向が増えたという結果が報告されている（仲，2009a, b）。また，遺影と手紙の両方があった場合，法学系以外の学生参加者の量刑判断が重くなった（仲，2009a, b）。

　被害者自身への影響として，被害体験を述べることで治療的効果があるかどうか（Pemberton & Reynaers, 2011），被害者の司法への満足度が上がるかどうか（Davis et al., 1990; Erez & Tontodonato, 1992; Davis & Smith, 1994b; Erez et al., 1997）といったことも研究されている。なお，満足と量刑との関係では，被害者が満足していると，第三者が判断したときに刑が軽くなる（Gromet et al., 2012）という結果が報告されている。

(2) プロファイリング

　プロファイリングとは，「犯罪現場の状況，犯人の行動や被害者の状況などをもとにして犯人の属性を推定していく捜査手法」である（越智，2012）。警察は通常，事件発生後に残された手がかりから真犯人に迫らなくてはならない。そこで，犯人像を絞り込むためにプロファイリングが使われる。プロファイリングには，FBI 方式とリバプール方式がある。

①FBI 方式

　FBI 方式は，アメリカの連邦捜査局（FBI: federal bureau of investigation）

によって，連続殺人事件や性犯罪事件の捜査のために開発された。

FBI方式では，事件は無秩序型（disorganized type）と秩序型（organized type）に分類される。無秩序型は計画性が低く遺体などの遺留品が放置されているようなタイプ，秩序型は計画性が高く遺留品が少なく現場がきれいなタイプである。また，犯人の2つのタイプは，1つが(a) 知能が低く非熟練的な仕事に就いているタイプ，もう1つが(b) 知能が高く熟練を要する仕事に就いていて手入れのいい車で移動するタイプである。

無秩序型の犯行は(a)型の犯人によって行われ，秩序型の犯行は(b)型の犯人によって行われることがわかった。これによって大幅な省力化が可能になった。

ただ，この方式では既知のカテゴリーにあてはまらない事件が発生したときにプロファイリングが困難になるのが最大の弱点である。

②リバプール方式

リバプール式のプロファイリングはカンター（D. Canter）によって考案された。これは，犯罪データベースを統計的分析にかけ，その結果をもとに犯人像を推定するという方法である。

まず，数多くの事件において犯人が行った行動のリストを大量に入手する。たとえば，「銃の使用」「猿ぐつわをする」「遺体を損壊する」などである。そして，どの行動とどの行動が同時に生起しやすいかを多次元尺度構成法で明らかにする。それを1つのマップに描くのが「空間マッピング法」である。さらに，犯人の属性（職業，既婚・未婚，年齢，知能程度）も投入して多次元尺度構成法を用いれば，属性によるプロファイリングが可能になる。他にも，連続犯罪の地理的な分布をもとにして，犯人の居住地や次の犯行地を予測する方法もあり，これは地理的プロファイリングと呼ばれている。

(3) 警察の取調べにおける嘘発見

捜査機関の取調べに対し，被疑者が本当のことを話すとは限らない。そのため，取調べ対象者が本当のことを話しているかどうかを見極める方法について研究が重ねられてきた。1973年から2014年の間の嘘発見に関する125の研究を概観した研究によると，おおよそ70%の嘘が見破られるとされている（Hartwig & Bond, 2014）。ここでは，日本の捜査において使われることのある，ポリグラフ検査を取り上げる。

ポリグラフの文字どおりの意味は「多くの（poly）」＋「グラフ（graph）」である。複数の生理的反応をグラフとして記録できる機械を意味する。具体的には，人間の脈拍や呼吸，皮膚電気反応の大きさなどを測定し記録する。そのため，ポリグラフそのものには嘘発見の機能は含まれていない。したがって，ポリグラフ検査では「真犯人だけが普通の人とは異なった生理的反応を示すはずの質問群」をうまく作り，「真犯人だけが見せるはずの生理的パターン」を見出すことが重要になる。そのために行われてきた方法として，コントロール質問法（CQT）と情報隠匿法（CIT）を紹介する（越智，2012）。

①コントロール質問法（CQT）

CQT（対照質問法：control question technique）はアメリカではよく行われ

ている方法である。CQTでは，まず被疑者にわざと嘘をつかせる。そのうえで，「関係質問」と「対照質問」をなげかける。

「あなたはAさんを殺しましたか」（関係質問）
「あなたはこの事件以外で警察に見つかるとまずいことをしていますか」（対照質問）

被疑者がAさんを殺害していれば関係質問で最も緊張が高まり，Aさんを殺害していなければ対照質問の方で緊張が高まるはずである。というのは，Aさんを殺害していればそれがばれることが最も恐ろしく感じられる。それに対してAさんを殺していなければ，Aさん殺害について真実が明らかになっても困ることはなく，むしろ他に警察の厄介になりそうなことをしていることがばれることが恐ろしいからである。そして，そのときの反応を，最初に嘘をついたときの反応と比較して，どの質問で嘘をついたかを見極めようとする。

この方法は簡単にできることが利点である。しかし，被疑者に嘘をつかせることがうまくいかない，被疑者が本当に警察にばれると困ることをまったくしていないなど，実施上の困難がある場合がある。また，真犯人を98%の確率で真犯人であると判断できるが，真犯人でない人を25%の確率で真犯人であると判定してしまう（Raskin & Honts, 2002）。

②隠匿情報テスト（CIT）

CQTを改良したものが，CIT（隠匿情報テスト：concealed information test）である。なお，CITはGKT（犯行知識テスト：guilty knowledge test），またはPOT（緊張最高点質問法 peak of tension test）とも呼ばれている。この方法は，犯人しか知り得ないはずの情報を埋め込んだ質問（裁決質問）とそうでない質問（非裁決質問）を混ぜて質問をなげかけ，被疑者の反応が異なるかどうかを見る。

たとえば，犯人が被害者を瓶で殴って殺害したとしよう。警察は事前の捜査でその情報を獲得した後，マスコミには伏せ，被疑者に次のような質問をする（越智, 2012）。

「犯人はAさんを首を絞めて殺しましたか」（非裁決質問）
「犯人はAさんを包丁で刺して殺しましたか」（非裁決質問）
「犯人はAさんを瓶で殴って殺しましたか」（裁決質問）
「犯人はAさんを風呂に沈めて殺しましたか」（非裁決質問）
「犯人はAさんになにか毒を飲ませて殺しましたか」（非裁決質問）

これにたとえばすべて「いいえ」で答えさせる。そうすると，被疑者が真犯人であれば裁決質問だけで緊張が高まるはずである。具体的には，皮膚電気反応が増大し，脈拍や呼吸が低下する。一方，真犯人でないとすれば，どの質問に対しても同じように緊張するだろう。これを，遺体の状態や犯行の詳細などについて繰り返し，いずれの場合でも裁決質問だけで緊張が高まれば，真犯人である確率が高いと推定される。このように，ポリグラフ検査は嘘を直接的に暴くものではなく，一種の記憶検査であるといえる。

CITは裁決質問と非裁決質問を作り出せる情報が事前の捜査で獲得できるかどうかが，実施上のカギである。CITでは真犯人を概ね90％の確率で見分けることができ，質問のセットが増えると精度が上がっていく（財津, 2014）。

■ （4）心理学を応用した様々な評価

心理学においてはパーソナリティや能力の評価のための知見と方法が存在する。そのような知見と方法を法的場面で問題になる能力の評価に応用し，法的判断の基礎を提供することについては，心理学の重要な応用分野のひとつとして研究が重ねられている。

①刑事責任の評価

刑事裁判では，被告人の責任能力が争われることがある。犯罪をした場合であっても，行為の当時に責任能力がなければ無罪になり，限定責任能力しかなければ刑が軽くなる。

刑法上の責任能力は行為者の心理学上の能力によっている。日本の判例でも，精神鑑定の結果を原則として尊重すべき（最判平成20年4月25日刑集62巻5号1559頁）とされており，基準としては「犯行時，幻覚・妄想によって行為者の全人格が支配されていたかどうか」（最決昭和58年9月13日判例時報1100号156頁）とされる。

英米法系においては，精神異常の抗弁（insanity defense）という形で裁判上主張される。マクノートンルール（M'Naghten Rule）によると，精神病のため事理弁識能力がない場合には無罪とされる。他に，模範刑法典のテスト，ダラムルール（Durham Rule），抗拒不能衝動のテスト（irresistible impulse test）がある。

刑事責任の心理学上の能力の評価プロセスには，通常①被告人の面接，②法心理学的評価手段，③第三者からの情報，の3つが含まれる。①の被告人の面接には次の6つの段階を経て心理的評価を行う方法がある（Sullivan, 1954）。(1) 形式的臨床・法学的開始，(2) 探索，(3) 現状の心理状態についての詳細な質問，(4) 行為当時の心理状態についての詳細な質問，(5) 他の情報源からの情報との整合性の確認，(6) 終了，の6つである。

②法心理学的評価手段には，Mental State at the time of Offense Screening Evaluation（MSE）（Slobogin et al., 1984）がある。これは明らかに精神異常の抗弁が使えないような被告人をはじくための半構造化面接である。限界についての議論はあるものの（Rogers & Shuman, 2000a），現状ではMSEは関連情報をまとめて聞き出せる方法としてはよいと評価されている。また，刑事責任がないかどうかを測定する尺度としてはRogers Criminal Responsibility Assessment Scales（R-CAS; Rogers et al., 1984）があるが，マクノートンルールも適用するべきであるとされている（Rogers & Shuman, 2000b）。R-CASは (1) 報告の信頼性，(2) 体系性，(3) 精神病理，(4) 認知制御能力，(5) 行動制御能力の5つの要素を意図して作られたが，追試では (1) 奇矯な行動，(2) 行動過多，(3) 不安の3つの因子が抽出された（Grisso, 2006）。

③第三者からの情報には，並行評価，証人の証言，被害者の証言，警察の報告書等の様々な報告書の情報がある。

事理弁識能力
良いことと悪いことを区別する能力。

②精神的傷害の金銭評価

民事裁判では，加害者が被害者にお金を渡すという形で決着をつけることが多い。そのため，裁判では損害を金銭に換算することが必要になる。精神的損害の場合，心理学を応用して金銭的に評価する研究が行われている。

「感情的損害」（emotional damage）に関して，日本の実務はきわめて厳しい。心理的苦痛を被ったとしても，それを独立して損害として認めて慰謝料の支払いを認めることは，慣習的に認められている場合以外は稀である。

一方，アメリカでは以下のような場合に感情的損害に対する慰謝料を認める。①心理的傷害またはインパクトルール，と呼ばれるルールであり，これは日本における身体的傷害に伴う慰謝料と同じである。それを拡張して PTSD（心的外傷後ストレス障害）を患った場合に認めたのが Christy Brothers Circus v. Turnage（144 S.E. 680, 1928）である。

②危険ゾーン（zone of danger）ルール。この場合は，直接の身体的傷害がなくとも認められる。しかし，心理的苦痛を負ったと主張するものは「危険ゾーン」にいなければならない。たとえば，車が歩行者をなぎ倒した際，なぎ倒された歩行者と一緒になって歩いていたが間一髪で免れたような人である。

③傍観者近接（bystander proximity）ルール。もし，被害者が「危険ゾーン」にいなかったとしても，(a) 事故現場から物理的に近い場所にいて，(b) 現実にその事件を観察し，(c) 被害者と非常に近い関係にある場合には，感情的苦痛に対する賠償が認められる。

④完全回復（full recovery）ルール。このルールでは，非常にストレスフルな環境から受けた深刻な感情的苦痛が大きく，だれでもそのような状況であれば感情的苦痛を受けるであろうと考えられ，被害者が精神的・感情的問題をその事件前に抱えていなかったことが必要になる。

第4のルールが問題になる場合，精神科医や心理学者，とくに臨床心理学者の役割が重要になる。具体的には，被害者側・加害者側双方が被害者の精神的ダメージが通常人であれば受ける程度のものか，既往症とは関係がないかをめぐって法廷で議論を戦わせることになる。

③証言能力の評価

裁判で証言をするには嘘をつかないという宣誓をする必要がある。そのため，宣誓すること自体の意味がわからなかったり，嘘をつくということ自体が理解できないと有効な証言をすることができない。そのため，嘘をつくことや記憶違いと嘘の違いの理解が重要になる。精神に病を抱えた人や子どもがどういった場合に有効に証言できるかという研究が行われている。

④同意能力の評価

契約を結んだりなど，法的な意思決定をする際には，自分がしている意思決定の内容とその効果について理解していなければならない。それらを理解する能力が欠けていると法的な意思表示が無効になる。たとえば，統合失調症や認知症などの影響下で不動産の売買の契約や遺言をする場合法的な意思決定能力の有無が問題になることがある。

同意能力に関する認知的予測因としては，神経心理学的テストの成績が挙げられる。記憶能力・実行能力・命名等のテスト（Dymek et al., 2000; Marson

---

心理的傷害またはインパクトルール
認められる例としては，婚約破棄，離婚，ケガ，家族の死亡等から受けた純粋に精神的な部分の損害。PTSD で認められることもあるがハードルは高い。

et al., 1996), WAIS-R (Frank et al., 1999; Grisso & Appelbaum, 1995) の関連があるとされている。

　精神医学的要因については認知的要因ほど研究されていない。統合失調症は意思決定の能力に影響を与えるが，鬱病者では影響がない (Grisso & Appelbaum, 1995)。

　人口統計学的要因として，教育年数 (Frank et al., 1999) や社会経済的地位 (Grisso & Appelbaum, 1995) は同意能力と関係があることが示されているが，こういったテストは教育年数が長く，社会経済的地位が高い被検者に有利になっているという測定バイアスの可能性もある。

■文献

Adams, J. S. (1965). Inequity in social exchange. In L. Berkowitz (Ed.), *Advances in experimental social psychology*, Vol.2 (pp. 267-299). New York: Academic Press.

Anderson, D. C. (1995). Expressive justice is all the rage. *New York Times Magazine*, 36-37.

Babad, E. Y., & Wallbott, H. G. (1986). The effects of social factors on emotional reaction. In K. R. Scherer, H. G. Wallbott, & A. B. Summerfield (Eds.), *Experiencing emotion: A cross-cultural study* (pp. 154-172). Cambridge, UK: Cambridge University Press.

Batson, C. D., Chao, M. C., & Givens, J. M. (2009). Pursuing moral outrage: Anger at torture. *Journal of Experimental Social Psychology*, 45, 155-160.

Berman, J. J., Murphy-Berman, V., & Singh, P. (1985). Cross-cultural similarities and differences in perceptions of fairness. *Journal of Cross-Cultural Psychology*, 16, 55-67.

Bohne, G. (1967). *Zur Psychologie der richterlichen Überzeugungsbildung*. Darmstadt: Wissenschaftliche Buchges. (ボーネ, G. 庭山英雄・田中嘉之 (訳) (2006). 裁判官の心証形成の心理学：ドイツにおける心証形成理論の原点　北大路書房)

Brown, B. B., & Harris, P. B. (1989). Residential burglary victimization: Reactions to the invasion of a primary territory. *Journal of Environmental Psychology*, 9, 119-132.

Carlsmith, K. M. (2006). The roles of retribution and utility in determining punishment. *Journal of Experimental Social Psychology*, 42, 437-451.

Carlsmith, K. M., & Darley, J. M. (2008). Psychological aspects of retributive justice. In M. P. Zanna (Ed.), *Advances in experimental social psychology*, Vol. 40 (pp. 193-236). San Diego, CA: Elsevier.

Carlsmith, K. M., Darley, J. M., & Robinson, P. H. (2002). Why do we punish?: Deterrence and just deserts as motives for punishment. *Journal of Personality and Social Psychology*, 83, 284-299.

Darley, J. M., & Pittman, T. S. (2003). The psychology of compensatory and retributive justice. *Personality and Social Psychology Review*, 7, 324-336.

Davis, R. C., Henley, M., & Smith, B. E. (1990). *Victim impact statements: Their effects on court outcomes and victim satisfaction*. New York: Victim Services Agency.

Davis, R. C., Kunreuther, F., & Connick, E. (1984). Expanding the victim's role in the criminal court dispositional process: The results of an experiment. *Journal of Criminal Law and Criminology*, 75, 491-505.

Davis, R. C., & Smith, B. E. (1994a). The effects of victim impact statements on sentencing decisions: A test in an urban setting. *Justice Quarterly*, 11, 453-469.

Davis, R. C., & Smith, B. E. (1994b). Victim impact statements and victim satisfaction: An unfulfilled promise? *Journal of Criminal Justice*, 22, 1-12.

Deutsch, M., & Gerard, H. B. (1955). A study of normative and informational social influences upon individual judgment. *Journal of Abnormal and Social Psychology*, 51, 629-636.

Dymek, M. P., Atchison, P., Harrell, L., & Marson, D. C. (2000). Competency to consent to medical treatment in cognitively impaired patients with Parkinson's disease. *Neurology*, 56, 17-24.

Eisenberg, T., Garvey, S. P., & Wells, M. T. (2002). Victim characteristics and victim impact evidence in South Carolina capital cases. *Cornell Law Review*, 88, 306.

Erez, E. (1991). *Victim impact statements*. Camberra: Australian Institute of Criminology.

Erez, E., & Roeger, L. (1995). The effect of victim impact statements on sentencing patterns and outcomes: The Australian experience. *Journal of Criminal Justice*, **23**, 363-375.

Erez, E., Roeger, L., & Morgan, F. (1994). *Victim impact statements in South Australia: An evaluation*. Adelaide: Office of Crime Statistics, South Australian Attorney-General's Department.

Erez, E., Roeger, L., & Morgan, F. (1997). Victim harm, impact statements and victim satisfaction with justice: An Australian experience. *International Review of Victimology*, **5**, 37-60.

Erez, E., & Tontodonato, P. (1990). The effect of victim participation in sentencing on sentence outcome. *Criminology*, **28**, 451-474.

Erez, E., & Tontodonato, P. (1992). Victim participation in sentencing and satisfaction with justice. *Justice Quarterly*, **9**, 393-417.

Feather, N. T. (1996). Reactions to penalties for an offense in relation to authoritarianism, values, perceived responsibility, perceived seriousness, and deservingness. *Journal of Personality and Social Psychology*, **71**, 571-587.

Felson, R. B., & Ribner, S. A. (1981). An attributional approach to accounts and sanctions for criminal violence. *Social Psychology Quarterly*, **44**, 137-142.

Frank, L., Smyer, M. A., Grisso, T., & Applebaum, P. (1999). Measurement of advance directive and medical treatment decision-making capacity of older adults. *Journal of Mental Health and Aging*, **5**, 257-274.

藤田政博（編著）(2013). 法と心理学　法律文化社

古畑和孝・岡　隆（編）(2002). 社会心理学小辞典　有斐閣

Grisso, T. (2006). *Perspectives in law and psychology*, Vol. 16: *Evaluating competencies: Forensic assessments and instruments* (2nd ed.). New York: Springer Science & Business Media.

Grisso, T., & Appelbaum, P. S. (1995). The MacArthur treatment competence study. III: Abilities of patients to consent to psychiatric and medical treatments. *Law and Human Behavior*, **19**, 149.

Gromet, D. M., Okimoto, T. G., Wenzel, M., & Darley, J. M. (2012). A victim-centered approach to justice? Victim satisfaction effects on third-party punishments. *Law and Human Behavior*, **36**, 375-389.

Gudykunst, W. B., & Ting-Toomey, S. (1988). Culture and affective communication. *American Behavioral Scientist*, **31**, 384-400.

Haidt, J. (2001). The emotional dog and its rational tail: A social intuitionist approach to moral judgment. *Psychological Review*, **108**, 814-834.

Hartwig, M., & Bond, C. F. (2014). Lie detection from multiple cues: A meta-analysis. *Applied Cognitive Psychology*, **28**, 661-676.

Hobbes, T. (1651). *Leviathan or the matter, forme and power of a common wealth ecclesiasticall and civil*. (ホッブズ, T.　水田　洋（訳）(1992). リヴァイアサン（1）　岩波書店)

Hofstede, G. (1980). *Culture's consequences*. Beverly Hills, CA: Sage.

Horai, J. (1977). Attributional conflict. *Journal of Social Issues*, **33**, 88-100.

Kalven Jr., H., & Zeisel, H. (1966). *The American jury*. Boston, MA: Little, Brown.

唐沢　穣　(2013). 社会心理学における道徳判断研究の現状　社会と倫理, **28**, 85-99.

Karp, D. R., & Warshaw, J. (2006). Their day in court: The role of murder victims' families in capital juror decision making. In J. R. Acker & D. R. Karp (Eds.), *Wounds that do not bind: Victim-based perspectives on the death penalty* (pp. 275-296). Durham, NC, USA: Carolina Academic Press.

Lerner, M. J., & Miller, D. T. (1978). Just world research and the attribution process: Looking back and ahead. *Psychological Bulletin*, **85**(5), 1030-1051.

Lerner, M. J. (1980). *Critical issues in social justice: The belief in a just world: A fundamental delusion*. New York: Springer.

Lerner, M. J. (1981). The justice motive in human relations. In M. J. Lerner & S. C. Lerner (Eds.), *The justice motive in social behavior: Adapting to times of scarcity and change* (pp. 11-35). New York: Springer.

Leung, K. (1987). Some determinants of reactions to procedural models for conflict resolution: A cross-national study. *Journal of Personality and Social Psychology*, **53**, 898.

Leung, K. (1988). Theoretical advances in justice behavior: Some cross-cultural inputs. In M. H. Bond (Ed.), *The cross-cultural challenge to social psychology* (pp. 218-229). Newbury Park, CA: Sage.

Leung, K., & Bond, M. H. (1984). The impact of cultural collectivism on reward allocation. *Journal of Personality and Social Psychology*, **47**, 793-804.

Leung, K., & Lind, E. A. (1986). Procedural justice and culture: Effects of culture, gender, and investigator status on procedural preferences. *Journal of Personality and Social Psychology*, **50**, 1134-1140.

Lind, E. A., Huo, Y. J., & Tyler, T. R. (1994). ...And justice for all: Ethnicity, gender, and preferences for dispute resolution procedures. *Law and Human Behavior*, **18**, 269-290.

Lind, E. A., & Tyler, T. R. (1988). *Social psychology of procedural justice*. New York: Plenum.

Luginbuhl, J., & Burkhead, M. (1995). Victim impact evidence in a capital trial: Encouraging votes for death. *American Journal of Criminal Justice*, **20**, 1-16.

Major, B. (1994). From social inequality to personal entitlement: The role of social comparisons, legitimacy appraisals, and group membership. In M. P. Zanra (Ed.), *Advances in experimental social psychology*, Vol. 26 (pp. 293-348). San Diego, CA: Academic Press.

Malpass, R. S., & Devine, P. G. (1981). Eyewitness identification: Lineup instructions and the absence of the offender. *Journal of Applied Psychology*, **66**, 482-489.

Markovsky, B. (1988). Injustice and arousal. *Social Justice Research*, **2**, 223-233.

Marson, D. C., Chatterjee, A., Ingram, K. K., & Harrell, L. E. (1996). Toward a neurologic model of competency: Cognitive predictors of capacity to consent in Alzheimer's disease using three different legal standards. *Neurology*, **46**, 666-672.

Mill, J. S. (1859). *On liberty*. (ミル, J. S. 塩尻公明・木村健康（訳）(1971). 自由論 岩波書店)

Miller, J. G., & Bersoff, D. M. (1992). Culture and moral judgment: How are conflicts between justice and interpersonal responsibilities resolved? *Journal of Personality and Social Psychology*, **62**, 541-554.

Morgan, R., & Sanders, A. (1999). *The uses of victim statements*. London: Home Office London.

Murphy-Berman, V., Berman, J. J., Singh, P., Pachauri, A., & Kumar, P. (1984). Factors affecting allocation to needy and meritorious recipients: A cross-cultural comparison. *Journal of Personality and Social Psychology*, **46**, 1267-1272.

仲 真紀子 (2009a). 裁判員制度と心理学：被害者に関する情報の影響について 刑法雑誌, **48**, 405-421.

仲 真紀子 (2009b). 裁判への被害者参加 岡田悦典・藤田政博・仲 真紀子（編） 裁判員制度と法心理学 (pp. 140-148) ぎょうせい

越智啓太 (2012). Progress & application 犯罪心理学 サイエンス社

Ohbuchi, K., Kameda, M., & Agarie, N. (1989). Apology as aggression control: Its role in mediating appraisal of and response to harm. *Journal of Personality and Social Psychology*, **56**, 219-227.

Paterson, H. M., & Kemp, R. I. (2006). Co-witnesses talk: A survey of eyewitness discussion. *Psychology, Crime & Law*, **12**, 181-191.

Pemberton, A., & Reynaers, S. (2011). The controversial nature of victim participation: Therapeutic benefits in victim impact statements. *Available at SSRN* 1745923.

Rai, T. S., & Fiske, A. P. (2011). Moral psychology is relationship regulation: Moral motives for unity, hierarchy, equality, and proportionality. *Psychological Review*, **118**, 57-75.

Raskin, D. C., & Honts, C. R. (2002). The comparison question test. In M. Kleiner (Ed.), *Handbook of polygraph testing* (pp. 1-47). San Diego, CA: Academic Press.

Rawls, J. (1999). *The theory of justice* (re. ed.). Cambridge, MA: Belknap Press of Harvard University Press.(ロールズ, J. 川本隆史・福間 聡・神島裕子（訳）(2010). 正義論（改訂版） 紀伊國屋書店)

Roberts, J. V. (1992). Public opinion, crime, and criminal justice. *Crime and Justice*, **16**, 99-180.

Roberts, J. V. (2009). Listening to the crime victim: Evaluating victim input at sentencing and parole. *Crime and Justice*, **38**(1), 347-412.

Roediger, H. L., Meade, M. L., & Bergman, E. T. (2001). Social contagion of memory. *Psychonomic Bulletin and Review*, **8**, 365-371.

Rogers, R., & Shuman, D. W. (2000a). The mental state at the time of the offense measure: Its validation and admissibility under Daubert. *Journal of the American Academy of Psychiatry and the Law Online*, **28**, 23-28.

Rogers, R., & Shuman, D. W. (2000b). *Conducting insanity evaluations*. New York: Guilford Press.

Rogers, R., Wasyliw, O. E., & Cavanaugh Jr, J. L. (1984). Evaluating insanity: A study of construct validity. *Law and Human Behavior*, **8**, 293.

佐伯昌彦 (2010). 犯罪被害者による刑事裁判への参加が量刑に及ぼす影響―実証研究のレビューと今後の課題 法学協会雑誌, **127**, 419-493.

佐伯昌彦 (2011). 犯罪被害者の刑事裁判への参加と手続的公正の社会心理学：英米法圏での実証研究をふまえて 法と心理, **11**, 73-82.

Schwartz, G. S., Kane, T. R., Joseph, J. M., & Tedeschi, J. T. (1978). The effects of post-transgression remorse on perceived aggression, attributions of intent, and level of punishment. *British Journal of Social and Clinical Psychology*, **17**, 293-297.

Sherif, M., Harvey, O. J., White, B. J., Hood, W. R., & Sherif, C. W. (1988). *The robbers cave experiment: Intergroup conflict and cooperation*. Scranton, PA: Harper & Row. (Original work published 1961)

Slobogin, C., Melton, G. B., & Showalter, C. R. (1984). The feasibility of a brief evaluation of mental state at the time of the offense. *Law and Human Behavior*, **8**, 305.

Steblay, N. M. (1997). Social influence in eyewitness recall: A meta-analytic review of lineup instruction effects. *Law and Human Behavior*, **21**, 283-297.

Sullivan, H. S. (1954). *The psychiatric interview*. New York: W. W. Norton.

Sunstein, C. R. (2002). *Punitive damages: How juries decide*. Chicago, IL: The University of Chicago Press.

Tajfel, H., & Turner, J. C. (1986). The social identity theory of intergroup behavior. In S. Worshel & W. Austin (Eds.), *The psychology of intergroup relations*. Chicago, IL: Nelson-Hall.

Talbert, P. A. (1988). The relevance of victim impact statements to the criminal sentencing decision. *UCLA Law Review*, **36**, 199.

Thibaut, J., & Kelley, H. H. (1959). *The social psychology of groups*. New York: Wiley.

Thibaut, J. W., & Walker, L. J. A. (1975). *Procedural justice: A psychological analysis*. Hillsdale, NJ: Lawrence Erlbaum Associates.

Tyler, T. R. (1994). Psychological models of the justice motive: Antecedents of distributive and procedural justice. *Journal of Personality and Social Psychology*, **67**, 850-863.

Tyler, T., Boeckmann, R. J., Smith, H. J., & Huo, Y. J. (1997). *Social justice in a diverse society*. Boulder, CO: Westview Press. (大渕憲一・菅原郁夫（訳）(2000). 多元社会における正義と公正　ブレーン出版)

Walster, E., Walster, G. W., & Berscheid, E. (1978). *Equity: Theory and research*. Boston, MA: Allyn and Bacon.

Wells, G. L., & Bradfield, A. L. (1998). "Good, you identified the suspect": Feedback to eyewitnesses distorts their reports of the witnessing experience. *Journal of Applied Psychology*, **83**, 360-376.

Wrightsman, L. S. (1999). *Judicial decision making: Is psychology relevant?* New York: Kluwer Academic/Plenum.

財津　亘 (2014). ポリグラフ検査に対する正しい理解の促進に向けて　立命館文學, **636**, 1155-1144.

社会神経科学

柳澤邦昭・阿部修士

1. はじめに

(1) 社会神経科学の勃興

社会神経科学とは，ヒトを含む動物の社会性を支える生物学的神経基盤の解明を試みる学際的な研究領域である。その学際性ゆえに，心理学や神経科学のみならず，哲学や経済学，法学など多くの領域から注目を集めている。2003年には Journal of Personality and Social Psychology で社会神経科学の特集号が組まれており，社会心理学の領域における脳の働きに対する注目の高さがうかがえる。

心と脳の関係については，古くから脳損傷患者を対象とした症例研究が報告されており，中には社会性と脳の関係について重要な示唆を与える知見も存在する。しかし，社会科学を含む人文社会系の研究領域には，その重要性が浸透しない状況が長く続いていた。この状況が一変したのは，脳を対象とした研究に「社会（性）」といったフレーズが使われ始めた1990年代である。たとえば，1990年にブラザーズは霊長類研究や心理学研究，そして脳機能研究の観点から，他者に対する情報処理に選択的に活動を示す脳領域（すなわち社会的認知に関わる脳領域）の存在を仮定し，社会脳と表現している（Brothers, 1990）。1992年にダンバーは全脳に対する大脳新皮質の割合（新皮質の容量／新皮質以外の容量）を，霊長類の種間で比較することで，新皮質の割合と群れのサイズに正の相関があることを見出し（Dunbar, 1992），1998年には霊長類の新皮質は集団生活に適応するため進化したとする社会脳仮説を提唱している（Dunbar, 1998）。また，社会神経科学という用語自体はカシオッポとバーンストンが1992年の論文で初めて使用し，このときに社会心理学的現象は生物学的神経基盤と密接な関係があること，そして，すべての心理学の研究において脳が研究対象となるのは必然であることに言及している（Cacioppo & Bernston, 1992）。したがって，この頃を境に，今日の社会神経科学が追究する社会性と脳の関係への関心が，多方面で急速に高まったといえる。

加えて，社会神経科学の発展に拍車をかけた要因は紛れもなく，非侵襲的な脳機能計測技術の進歩にある。1990年代中頃には，機能的核磁気共鳴画像法（functional magnetic resonance imaging: fMRI）やポジトロン断層撮像法（positron emission tomography: PET）などの脳機能画像法が研究手法として確立され，ヒトを対象とした脳活動の可視化が実現した。これを機に，様々な実験課題で fMRI や PET を用いた研究が報告され，各領域の研究者が自らの専門領域のテーマと脳機能を関連づけることが可能となった。これらの神経科学的アプローチはその領域の専門性を高めるだけでなく，領域間の橋渡し的役

非侵襲的な脳機能計測技術
　非侵襲的とは，実験参加者の生体に害や痛みを加えないことを意味する。たとえば，X線写真や X線 CT 等の身体の内部構造を把握する手法は，放射線被曝の問題を抱える。PET も放射線被曝をともなうが，MRI は放射線を一切使用していないため被曝の問題がなく，非侵襲的計測手段として注目を集めている。

割を担い，学際性豊かな研究を実現させている。

(2) 社会心理学から見た脳のデータの意義

では，社会心理学の研究に脳機能の研究はどのような恩恵をもたらすのだろうか。近年，このような議論は国内外の多くの研究者によってなされ（e.g., Lieberman, 2010; 尾崎，2010)，本邦では尾崎（2010）が社会心理学の立場から詳細な議論を展開している。これらの議論をふまえて，筆者らは，脳活動の観点からヒトの情報処理過程を可視化し，実験的に検証できるようになった点が最も意義深いと考える。たとえば，ある心理現象に対するオリジナルの理論が提唱されると，それにともない多くの代替理論が提唱される。そしてオリジナルの理論の信頼性や妥当性の検証，他の理論との差異化や統合といった一連の科学的プロセスを経る。科学にとってこのプロセスがきわめて重要であることはいうまでもないが，理論を検証するツールが十分に確立されてこそ，初めて意味をなすプロセスである。そのように考えた場合，従来の社会心理学のアウトプット依存の検証ツールが，社会心理学の理論を検証するにあたり十分とはいいがたい。とりわけ，社会心理学の多くの研究は社会的行動を説明する際に，心の働きを想定したモデルを構築するが，その働きの検証に用いられるのは参加者の主観的評価や行動指標であるケースが多い。そのため，モデル自体は心の働きから行動を予測するものであっても，実際は心の働きを事後的に行動（あるいは参加者の内省報告）から推測するといった逆説的アプローチに頼らざるを得ない。このようなアウトプット依存の研究は，心理的プロセスを無数に想定できるため，良くいえば現象自体の多角的説明が可能であり，悪くいえばモデルの収斂性を損ないかねない。

一方，脳機能画像法を検証ツールとして考えた場合，こちらも脳と心の関係の大部分は行動指標や主観指標に依存するものの，刺激のインプットから行動のアウトプットに至るまでのヒトの情報処理の様相を脳活動として記録することが可能となる。それゆえ，心の働きを脳で生じる情報処理過程として捉えることで，本来モデルで想定している時系列に沿った仮説検証が実現し，また想定する心理的プロセスに一定の制限を付与することにつながる。加えて，ヒトの行動の多くが無意識的な処理に依存していることからも（2章参照）(e.g., Bargh, 2007/ 及川ら訳，2009; Bargh & Chartrand, 1999)，参加者の主観的評価だけでは，すべての心理的プロセスを推測するのは困難である。脳機能画像データから参加者の意識・無意識的処理をそれぞれの情報処理の様相から区別し，仮説を検証することは，研究の発展に直接貢献するものといえる。したがって，モデルの構築，そしてモデルの検証において，脳機能画像法という新たなツールがもたらす社会心理学への恩恵は計り知れない。

本章では，主に社会心理学の視点を主軸に据え，社会神経科学の現状を概説する。本章で扱うトピックは多岐にわたるが，中でも脳機能画像法のメリットを活かし，社会神経科学の発展に大きく寄与したものに，他者理解に関する脳の情報処理過程を検討した研究が挙げられる。自分以外の他者の存在を理解し自分と他者を区別することや，自分と他者を同一視する心理プロセスは，社会，発達，臨床心理学など多くの心理学の分野における重要なテーマであり，ヒトの社会性の心理・神経基盤を解明するための礎となる。そこで，次節ではこれらの代表的な研究として，心の理論とミラーニューロンに関する研究成

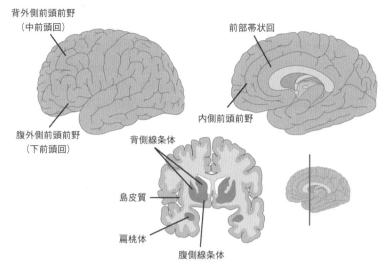

図 20-1　本章で取り上げる社会神経科学の研究トピックに関連する脳領域
図の上段は主に前頭前野の下位分類を示しており，左側が大脳半球の外側面，右側が大脳半球の内側面である。図の下段は，背側および腹側線条体，島皮質，扁桃体を示している。

果を取り上げ，近年の共感研究の成果についても紹介する。次に，3節では他者の存在や心的状態が深く関与する社会的情動と社会的報酬についての研究を紹介する。ヒトが社会的動物であることを示す大きな特徴は，他の動物よりも社会的文脈に強く依存した複雑な情動と報酬の処理過程を備えていることである。人前で生じる羞恥心や他者からの好意的評価により得られる喜びは，それらの典型例といえるだろう。これらは集団内や社会における行動の調整という重要な役割を担うため，社会的情動や報酬の神経基盤の解明は，社会脳を背景とする説明モデルに大きな貢献を果たす。続いて，4節では社会神経科学においてとくに学際性が強い研究テーマであり，現在も精力的に研究が進められているヒトの意思決定に関わる研究成果を紹介する。中でも，セルフ・コントロール，道徳的判断，利他的行為といったテーマは，心理学の説明モデルが先端的な脳機能画像法を取り入れたことで，飛躍的に研究が活発化したテーマである。最終節では，社会性の神経基盤を理解するうえでの注意点とともに，今後の展望として，近年注目を集めている社会神経科学のトピックや手法を紹介する。なお，本章で取り上げる研究内容に関連する脳領域を，図20-1に示したので適宜参照されたい。

2. 他者理解の脳内メカニズム

(1) 心の理論

他者の心を推し量りながら，自らの行動を適切に調整することは，人びとが社会で円滑に生活していくうえできわめて重要な機能である。とくに，発達心理学の領域ではこのような心理過程を「心の理論」と総称して研究が進められてきた。心の理論とは，自己および他者の行動を観察することで，観察した対象が持つ意図・知識・信念・思考・欲求などを把握・推測する能力として広義に捉えられている (Premack & Woodruff, 1978)。

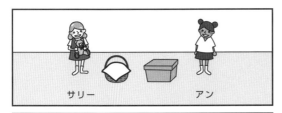

図 20-2 サリーとアン課題
シナリオの概要を呈示し，心の理論における誤信念の理解能力を測定するために用いられる。

このような能力を測定する課題は多数開発されているが，代表的なものに誤信念課題がある（e.g., Baron-Cohen et al., 1985; Wimmer & Perner, 1983）（図20-2）。この課題では，実験参加者が保有する知識・信念と，課題中に参加者が観察した他者の知識・信念に相違が生じた場合，たとえ観察した他者の知識・信念が間違ったもの（誤信念）であったとしても，他者の立場から回答を行えるかどうかを測定する。これにより，自分自身が持つ心とは別の心が他者に備わっている，ということを理解できているかを評価できる。心の理論は自己と他者が異なる存在であることを理解し，両者を差別化するという社会的にきわめて重要な意義を持つ。従来，このような心の理論の成立は概ね4歳頃と考えられていたが，言語による教示や回答を必要としない実験課題で検討した場合，生後15ヶ月（Onishi & Baillargeon, 2005）や生後7ヶ月（Kovács et al., 2010）で既に，心の理論に重要な要素が発達していることが示唆されている（これらの詳しい議論は Apperly & Butterfill, 2009 を参照）。

心の理論の発達が社会性を培ううえで重要であることは，自閉症研究からも指摘されている。自閉症は非定型発達の一種で，他者との意思疎通が苦手であったり，他者の思考や感情をうまく理解できなかったりと，社会生活を行ううえで他者との相互作用に著しく困難をきたす。バロン＝コーエンら（1985）は自閉症児が誤信念課題を解くことが苦手であることを報告し（Baron-Cohen et al., 1985），自閉症児は定型発達児が身につけている心の理論が欠如しているとするマインド・ブラインドネス説を提唱している（Baron-Cohen, 1995/長野ら訳，2002）。

こうした発達心理学における知見を主なベースとして，誤信念課題などを用いた心の理論に関する脳のメカニズムの研究も，21世紀以降にさかんに報告されるようになった。研究間で多少の違いはあるものの，心の理論に関わる主要な脳領域として，内側前頭前野，後部帯状回／楔前部，側頭頭頂接合部が報告されている（e.g., Heyes & Frith, 2014; Lieberman, 2010; 図20-3）。当然ながら，自閉症におけるこれらの領域の活動パターンも注目されている。図形のアニメーション映像を利用した心の理論課題では，健常群の参加者では内側前頭前野，側頭頭頂接合部が賦活するが，自閉症群の参加者ではそのような賦活が見られないことが報告されている（Castelli et al., 2002）。社会心理学的視点からは，とくに側頭頭頂接合部の役割が興味深い。たとえば誤信念課題を応用した研究では，登場人物が誤信念を持っている場合と正しい信念を持っている場合の脳活動を比較した場合，誤信念に関しては側頭頭頂接合部の活動が関与す

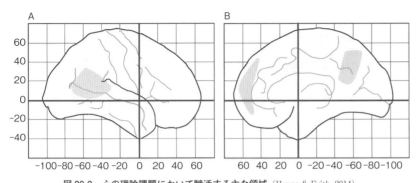

図20-3 心の理論課題において賦活する主な領域 (Heyes & Frith, 2014)
(A) 右大脳半球の外側面から見た後部上側頭溝と側頭頭頂接合部。(B) 右大脳半球の内側面から見た内側前頭前野と楔前部。

ることが報告されている (Sommer et al., 2007)。したがって，自分自身の持つ現実の知識から他者が持つ知識を切り離し，他者の視点から回答するといった複雑な処理を側頭頭頂接合部が担っている可能性があり，心の理論の発現にきわめて重要な役割を果たしていると考えられる。

(2) ミラーニューロン

他者の信念や意図を素早く理解するには，熟慮を要する社会的推論を行うよりも，自動的に他者の情報を処理する方が効率的である。このような処理のひとつとして，他者の行動を観察した際に，自らが行動を実行したときと同様に脳内でシミュレーションし，自己の知識や経験に基づき他者の心的状態を理解しているという説が提唱されている (Gordon, 1986)。このプロセスが脳機能として表象されるには，他者の行動が自己の行動と同じように脳内でマッピングされる必要がある。1996年にリゾラッティらはマカクザルが物をつかむ際に発火する脳領域の神経細胞の一部が，別のサル（あるいは実験者）が同じ動作をした際にそれを観察しているだけでも発火することを発見した (Rizzolatti et al., 1996)。他者の行動を観察した際に，あたかも自らの行動であるかのように脳内で再現している点から，これらの神経細胞はミラーニューロンと名づけられた。この一種の共鳴現象が脳内で生起しているという事実は，自己に置き換えて他者の心的状態を理解しているという主張を大きく後押しするものといえる（図20-4）。

ヒトを対象とした研究においても，ミラーニューロンが機能している可能性が報告されている。たとえば，ある行動を自分自身で実行するときと他者がその行動を実行するのを観察するときの両方で，下前頭回と呼ばれる前頭葉の一部が活動することが示されている (Rizzolatti & Craighero, 2004)。また，これらの領域は他者の行為に含まれている意図的な要素に対し強く反応することから，他者の動作目標の認識に関与しているとの報告がある (Iacoboni et al., 2005)。さらに，自閉症児を対象とした研究では，情動表情の模倣や観察時において，下前頭回の活動が低下していることが報告されている (Dapretto et al., 2006)。したがって，これらの脳領域が自己と他者の情報共有メカニズムを支える神経基盤として機能し，社会生活を行ううえで重要な他者の意図の理解に関わっているといえるだろう。ただし，ミラーニューロンと自閉症との関

懐疑的な意見

ハミルトンは，ミラーニューロンと自閉症の関連を扱うfMRI研究をレビューした結果，自閉症群と健常群でミラーニューロン領域の活動が異なることを見出した研究は情動刺激を用いており，情動のともなわない刺激を用いた研究では，健常群同様，自閉症群でも活動が確認されることを報告している。

サル自身が行動する　　　　　実験者の行動をサルが観察

図 20-4　ミラーニューロン
自身の動作のさいに発火する神経細胞の一部が、他者が同じ動作をするのを観察する際にも発火することが報告され、ミラーニューロンと呼ばれるようになった。

係性については、懐疑的な意見も出されており、まだコンセンサスが得られるには至っていない（Hamilton, 2013）。また、ミラーニューロンはその性質上、模倣において重要な役割を果たすと考えられるため、言語の獲得、さらには文明の発展にも直接貢献したとする説も出されているが（Ramachandran, 2012/山下訳, 2013）、その直接的なエビデンスは得られていない。

心の理論が自己と他者の差別化をもとに他者を理解するシステムである一方で、ミラーニューロンは自己と他者を同一視することで他者を理解するシステムであるといえる。したがって、心の理論とミラーニューロンは独立した別のシステムであると考えられる。実際、これまでに報告されている両者の神経基盤は異なっている。その一方、ミラーニューロンによる他者の心理状態のシミュレーションによって、心の理論が可能となると考える研究者も存在する（Gallese & Goldman, 1998）。行動レベル、あるいは神経レベルで、両者がどのように相互作用しているかを明らかにすることは、今後の社会神経科学の研究において重要な課題のひとつであると考えられる。

(3) 共　感

ヒトの社会性を支える生物学的神経基盤の解明において、他者の動作や意図の処理と同様、情動を他者と共有する共感のメカニズムはヒトの社会性の発達に深く関わることから（Eisenberg et al., 1994）、これまで多くの研究成果が蓄積されている（Bernhardt & Singer, 2012）。

共感の神経基盤として最も有力な説明としては、他者の情動を自己の情動に関わる神経基盤でシミュレーションすることで、共感が可能となるとする解釈である。たとえば、fMRI 研究においてさかんに検討が進められているテーマとしては、他者の物理的な痛みに関する共感が挙げられる。実験参加者自身が痛みを経験している場合と、恋人が痛みを経験しているのを観察した場合では、いずれも両側の前部島皮質、前部帯状回が活動することが報告されている（Singer et al., 2004）。さらに、共感性の高い人ほど、これらの活動が顕著であることも報告されている。これらの知見は、自己と他者を同一視する「ミラーメカニズム」が、情動処理にも介在していると解釈できるかもしれない。実際、自己の情動に対する気づきや理解に困難をきたす失感情症を有する人で

は，他者の痛みに対する共感により生じる前部島皮質の活動が弱いことが示されている（Bird et al., 2010）。

　上記に挙げた他者の物理的な痛みに関する共感は，直感的に，意図せず生じている共感（感情的共感）であるが，より意識的に他者の感情や心的状態を推論することで得られる共感（認知的共感）も存在する。このような共感のサブタイプは，精神病理の特徴とも密接に関連している。たとえば，統合失調症やサイコパシーは認知的共感ではなく感情的共感の欠落が関与し（Blair, 2005; Shamay-Tsoory et al., 2007），双極性障害や境界性パーソナリティ障害は感情的共感ではなく認知的共感の欠落が関与するとされている（Harari et al., 2010; Shamay-Tsoory et al., 2009a）。近年，このような感情的共感と認知的共感が異なる神経基盤により生じている可能性が指摘されている（Shamay-Tsoory, 2011; Shamay-Tsoory et al., 2009b）。とくに，脳損傷患者を対象とした研究では，下前頭回を損傷している患者では感情的共感が困難であり，内側前頭前野を損傷している患者では認知的共感が困難であるとの報告がある（Shamay-Tsoory et al., 2009b）。下前頭回がミラーニューロンに関わることと，内側前頭前野が心の理論の中心的役割を担うことを考えれば，ヒトは感情的共感を支えるミラーメカニズムの神経基盤だけでなく，認知的共感を支える心の理論の神経基盤により，他者の情動を複合的に理解していると考えられる。

　社会心理学的視点から注目すべき点としては，共感の神経基盤に関するfMRI研究において，社会的関係性が重要な調整要因として機能している点が挙げられる。たとえば，自己に対して裏切り行為を行った他者が電気ショックを受けている様子を観察しているときに，男性の実験参加者では痛みの共感に関与する脳活動が確認されにくいという（Singer et al., 2006）。また，実験参加者の内集団成員（参加者の好きなサッカーチームを応援している）と外集団成員（参加者が好きなチームのライバルチームを応援している）が痛み刺激を受けている様子を観察した場合では，外集団成員が痛み刺激を受けている際には痛みの共感に関与する脳活動が弱いことが示されている（Hein et al., 2010）。さらに，このハインらの研究では，外集団成員をよりネガティブに評価する人ほど，外集団成員が痛みを受けている際に，報酬情報の処理に関わる腹側線条体の活動が高まることを示している。したがって，これら一連の研究成果を統合的に考えると，他者の物理的痛みを自己の情動に関わる神経基盤でシミュレーションする前段階で，社会的関係性のフィルターを通し，どのような社会的情動を生じさせるかを決定しているようにも思われる。

3. 社会的情動と社会的報酬

(1) 社会的情動

　社会神経科学に関する研究成果は現在進行形で多岐にわたり蓄積されているが，社会心理学と密接に関係する重要な研究テーマのひとつとして社会的情動が挙げられる。最小単位の情動とされる基本情動（例，恐怖，嫌悪）とは異なり，社会的情動は他者の存在や心的状態が深く関与する情動であり，羞恥心や罪悪感，誇りや妬みなどが該当する。たとえば，授業参観に訪れた自分の親が突如教室で踊り始めたら，多くの人は逃げ出したくなるような恥じらいを抱くのではないだろうか。このような社会的情動は，ヒト特異的に高度に発達した

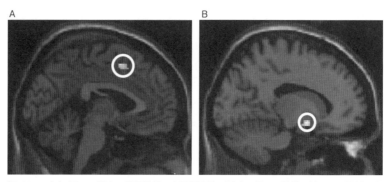

図 20-5 (A) 妬みに関する神経基盤。自己関連性が低く，優れた特徴を持たない異性の学生 A と比べ，自己関連性が高く（進路などが共通），優れた特徴（異性からの人気など）を持つ同性の学生 B のプロフィールを見たときに，背側前部帯状回の活動が確認された。(B) シャーデンフロイデに関する神経基盤。学生 B に不幸が訪れたことを心地良く思っていた実験参加者ほど，学生 A よりも学生 B に不幸が訪れたときに，腹側線条体の活動が強いことが確認された。（高橋ら（Takahashi et al., 2009）を改変）

社会的行動を調節する重要な役割を担う（Adolphs, 2003）。

基本情動については，主に扁桃体や腹側線条体といった脳の皮質下に存在する領域の役割が議論されるが，社会的情動はそれらの領域に加え，大脳新皮質の働きに依存する面も大きい。人間らしい複雑な情動の発現に，進化的に新しい大脳新皮質が関与していることは，必然ともいえるだろう。たとえば羞恥心や罪悪感といった社会的情動に関する fMRI 研究（Takahashi et al., 2004）では，実験参加者が中立な文章（例，私は公園で携帯電話を使用した），罪悪感をともなう文章（例，私は病院内で携帯電話を使用した），羞恥心をともなう文章（例，私はズボンのチャックが開いていることに気づいた）を読んでいる際の脳活動が測定された。その結果，罪悪感には内側前頭前野と後部上側頭溝が，羞恥心には側頭葉前部が関与することが報告されている。これらの領域は，2 節で紹介した心の理論とも密接に関与する領域である。つまり，社会的情動の生起において，他者の心的状態の推測に関わる脳領域がきわめて重要な役割を担っていると解釈できる。

また，罪悪感や羞恥心といった自己に焦点を当てた社会的情動とは異なり，より他者に焦点を当てた社会的情動として「妬み」が挙げられる。妬みは他者が自己よりも優れた特性（能力や物品）を持っている場合に生じる心的苦痛を意味する。テッサー（Tesser, 1988）によれば，多くの人はポジティブな自己評価を維持するように動機づけられているために，自己評価を脅かす存在に対して不快感を抱くという。そのため，妬み感情の大きさは，その比較対象が自己にとってどの程度重要であるかといった自己関連性や，比較する他者との心理的距離に依存するとされる。この妬み感情の生起過程に着目した fMRI 実験では，自己との関連性が低い他者，あるいは自己よりも優れた特徴を有するが自己との関連性が低い他者のプロフィールを読んだ場合と比較して，自己との関連性が高く自己よりも優れた特徴を有する他者のプロフィールを読んだ場合に，妬み感情の生起とともに，背側前部帯状回と呼ばれる領域の賦活が示されている（Takahashi et al., 2009）（図 20-5）。この領域は社会的状況における心的苦痛との関連が報告されていることから（Eisenberger et al., 2003），優れた他者との比較を通じて生じる自己像への脅威が背側前部帯状回で処理され，そ

背側前部帯状回
アイゼンバーガーらは，背側前部帯状回が物理的痛みと心的苦痛の双方に関わることから，それらの神経基盤の共通性を主張している。この主張を裏付けるように，鎮痛剤のアセトアミノフェンは，心的苦痛をともなう状況下での背側前部帯状回の活動を弱めることが報告されている（DeWall et al., 2010）。

れが妬み感情として表出されている可能性がある。

　さらに，この妬み感情と密接に関連する社会的情動として，いわゆる「他人の不幸は蜜の味」と表現される情動が挙げられる。このトピックは，社会的情動と後述する社会的報酬の両者に密接に関与している。2節で触れたミラーニューロンのように，私たちは他者の情動経験に対しても自分自身の経験のように情報を処理する。たとえば，他者の嫌悪的表情を観察している際には，自己が嫌悪的な体験をしている際と同様に前部島皮質が活動し，自分自身も同じような心的苦痛を経験する（Wicker et al., 2003）。しかし，他者が不幸に陥った際に共感を示さずに，むしろそのような状況に心地良さを感じるといった非道徳的な心理メカニズムも存在する（Heider, 1958）。この他者の不幸に対して喜びを抱く情動を，ドイツ語でシャーデンフロイデという。シャーデンフロイデが強く生起する状況としては，不幸に陥る他者の社会的地位が高い，あるいは学業成績が良いといった妬み感情を抱きやすい状況や（Smith et al., 1996），そのような他者に対して嫌悪感を抱いている状況などが挙げられる（Hareli & Weiner, 2002）。これらのシャーデンフロイデに関する代表的なfMRI実験として，高橋らによる研究が挙げられる（高橋, 2014; Takahashi et al., 2009）。この研究では，上述した妬みの神経基盤を検討するとともに，妬み感情を抱きやすい他者と抱きにくい他者に不幸が訪れたさいの神経基盤も比較検討している。その結果，妬み感情を抱きやすい他者に不幸が訪れたときに，食べ物や金銭といった物質的な報酬の処理にも関わる腹側線条体の活動が高いことが示された（図20-5）。このような傾向は，事後報告で不幸が訪れたことに心地良さを感じている者ほど顕著であった。こうした知見は，他者に対する劣等感などの事前情報が，他者の苦しむ姿に報酬的価値を付与するように作用し，シャーデンフロイデの生起メカニズムの一端を担っていると解釈することが可能である。

(2) 社会的報酬

　心理学および神経科学の双方の分野において，「情動」と「報酬」はその背景にあるプロセスに一部共通性が想定されているものの（たとえば報酬獲得が快情動を惹起することは明白である），異なる文脈で議論されることも多い。特に，報酬は動機づけと密接に関わっており，特定の欲求や目標を追求するための行動を形成する。近年の社会神経科学では，社会性をともなう報酬処理のメカニズムについての研究がさかんに行われている。

　これまでの研究から，比較的コンセンサスが得られている考えのひとつとして，物質的報酬と社会的報酬の情報処理が共通の神経基盤によって実現されている，という考えがある。この可能性をダイレクトに検討したものとして，金銭的報酬と社会的報酬の神経基盤を検討したfMRI実験がある（Izuma et al., 2008）。この実験では，金銭的な報酬と社会的な報酬（自己に対する他者からの好意的評価）を実験参加者が受け取った際の脳活動をfMRIで測定したところ，いずれの場合においても，報酬処理に関わるとされる脳領域の賦活がみとめられ，特に背側線条体と呼ばれる領域の活動がオーバーラップすることが確認された。これは，他者からの好意的評価が自己にとっての報酬価値を持ち，脳内で金銭報酬と同じように処理されていることを示している。社会心理学の理論においても，対人関係や集団内における他者評価の重要性を強調するモデ

ルが存在するが（e.g., Baumeister & Leary, 1995; Leary & Baumeister, 2000），それらを裏づける神経基盤といえるだろう。

　また，私たちは自己と他者との比較において，自己よりも優れた高地位他者との比較を積極的に行うことがあるとされる（Festinger, 1954）。このような上方比較は，正確な自己評価を得ることや自己のパフォーマンスの改善に役立つと考えられている（Wheeler, 1966）。高地位他者あるいは低地位他者とゲームに取り組む課題（課題自体は各自で行い，得られる報酬も参加者自身の課題成績に依存する）を用いたfMRI実験では，低地位他者が呈示されたときよりも，高地位他者を呈示されたときの方が，腹側線条体の活動が高いことが示されている（Zink et al., 2008）。これらの研究から，私たちは優れた他者に対して妬む感情ばかりではなく，優れた他者に魅力を感じ，高い価値づけを行っている可能性が示唆される。こうしたメカニズムは，優れた他者から積極的に学習するといったプロセスを促進している可能性もあり，適応的なメカニズムが脳のレベルで実装されているともいえるだろう。

　現在までの研究において，社会的情動については大脳新皮質の重要性を強調する研究が比較的多い一方で，社会的報酬については，皮質下の領域の重要性を強調する研究が多いように思われる。つまり，私たちが主に心理学の観点から「社会的である」と考えている一連の心理過程の中には，進化的に古い脳領域—すなわち，ヒト以外の動物とも共通する脳領域で，ある程度処理が可能なものも存在することを示している。これは決して，人間の社会性の重要性に異を唱えるものではないが，心理学で定義する社会的認知に，必ずしも進化的に新しい大脳新皮質が主たる役割を担うわけではないことには留意する必要があるだろう。こうした神経科学的知見が，既存の社会心理学における人間の社会的行動に関する理論の更新にどのように貢献していくか，それぞれの学問分野からの視点のバランスを保ちつつ，今後の展開を注意深く見ていく必要があると思われる。

4. 社会神経科学における意思決定

(1) セルフ・コントロール

　私たちは日々の生活の中で様々な意思決定を行っている。意思決定には複数の心理プロセスが複合的に関与しているが，中でも理性と情動の対立や，自制心と欲求の葛藤は，私たちの意思決定を大きく左右する。このプロセスは暴力犯罪，摂食障害，薬物依存といった社会問題とも密接に関わるため（e.g., Baumeister et al., 1994; Muraven & Baumeister, 2000），セルフ・コントロール（self-control）研究として，多くの社会心理学者が取り組むトピックである。代表的なモデルとしては，セルフ・コントロールの成功と失敗を，認知と情動に焦点を当てた2つのシステムから説明する二重過程理論が提唱されている（Metcalfe & Mischel, 1999; Kahneman, 2011／村井訳, 2012）。1つ目のシステム（以下，システム1）は自動的，無意識的，情動的な心理過程である。システム1は恐怖，怒り，食欲といった生存に不可欠な基本情動や本能的欲求と結びつき，このシステムが活性化することで自己防衛的な行動や衝動的な意思決定を引き起こす。2つ目のシステム（以下，システム2）は，熟慮的，意識的，認知的な心理過程である。システム2は認知的な努力を要する処理であ

り，システム1の情動的プロセスを調整することで，理性的または合理的な意思決定を可能にさせる。したがって，システム1と2の相互作用の様相がセルフ・コントロールの成功と失敗を左右するとされる。

　この2つのシステムの意思決定における重要性を示した代表的な実験例として，マシュマロ・テストと呼ばれる課題が挙げられる（e.g., Mischel, 2014/ 柴田訳, 2015; Mischel et al., 1972; Mischel et al., 1989）。この課題では子どもを対象に実験を行い，実験者は子どもの目の前にマシュマロ（あるいは，他のお菓子）を置き，「いま，食べることもできるけど，私が戻るまで我慢できたら，もう1つあげる」という説明を行う。その後実験者は退出し，部屋に一人になった子どもがどの程度の時間待つことができるかを測定する。4歳程度の子どもを対象としたミシェルら（1972）の実験では，上記の方法で測定した場合，平均で30秒に満たない時間しか待つことができなかったが，12歳程度の児童を対象にした場合では58％の児童が25分間待てることが示され，衝動抑制における発達の影響の大きさが示されている（Ayduk et al., 2000）。また，たとえ4歳程度の子どもであっても，待つ時間に他の楽しいことを考えさせたり，おもちゃで遊ばせたりした場合，我慢できる時間が著しく延びることが報告されている（Mischel et al., 1972）。さらに，マシュマロを丸くふっくらした雲だと子どもに考えるように促すと，甘いマシュマロとして魅力的な特徴を考えさせた場合よりも，長く我慢できることが示された（Mischel & Baker, 1975）。これらは，システム1の食欲に基づく衝動的な反応を，システム2の認知的方略により抑制し，合理的な意思決定を導いた，いわばセルフ・コントロールの成功例と考えられる。

　ミシェルらの研究の追跡調査では，幼少期に実施したマシュマロ・テストでより長く先延ばしにできた者，すなわちセルフ・コントロールが優れていた者ほど，認知的・社会的能力が高く，ストレスへの耐性が強いことが示され（Mischel et al., 1988），SAT（大学進学適性試験）の点数が高いという結果も得られている（Shoda et al., 1990）。一連の追跡調査の中でも特筆すべき研究成果としては，マシュマロ・テストから40年が経過した後のfMRIを用いた脳機能研究が挙げられる（Casey et al., 2011）。この研究では，悲しい顔が呈示されたらボタンを押し，笑顔が呈示されたらボタンを押さないというGo/No-go課題を用いている。その結果，幼少期にマシュマロ・テストでよく我慢できた者は，あまり我慢できなかった者に比べ，笑顔が呈示されて反応の抑制を求められるNo-go試行において，衝動抑制に関わる右下前頭回（腹外側前頭前野）が強く活動していることが確認された。一方，幼少期にあまり我慢できなかった者は，よく我慢できた者に比べ，報酬系の処理に関わる腹側線条体の活動が高いことが示された。ミシェルらの一連の追跡調査の結果は，幼少期の段階で示されたセルフ・コントロールに関わる行動特性の違いから，長期的な心理・社会的適応を予測できる可能性を示し，それらが脳機能の観点からも裏づけられていることを示唆している。

　最近の研究では，脳機能の働きの違いから日常生活におけるセルフ・コントロールの成功と失敗を予測できるかどうかを確かめた研究も報告されている（Lopez et al., 2014）。この実験では，fMRIを用いて食べ物の画像刺激に対する腹側線条体の働きの個人差と，Go/No-go課題を用いた反応抑制時の下前頭回の働きの個人差が測定され，さらにfMRI実験後，1週間にわたり食欲の程

度や食欲をそそる出来事への対応（例，我慢できたかどうか）が測定された。その結果，腹側線条体の活動が強かった者ほど食欲の程度が強く，我慢できないことが多かったが，下前頭回の活動が強かった者では，食欲の程度が強くても食べずに我慢する行動が多く見られた。この研究とミシェルらの追跡調査では説明変数と予測変数の関係が逆転しているものの，いずれの研究にも共通して，セルフ・コントロールの成功と失敗のカギを握る2つのシステムの対立構造が，脳の中では前頭前野と皮質下領域の対立に対応していると解釈できるだろう。

　近年，このような二重過程理論を背景に，脳機能の観点からセルフ・コントロールの失敗のメカニズムに関するモデルが提唱されている（Heatherton & Wagner, 2011）。情動的処理に関わる腹側線条体や扁桃体の機能と，認知的処理に関わる外側前頭前野の機能のバランスに着目したモデルであり，きわめて強い衝動が生じたときや外側前頭前野の機能低下が生じたさいに，このバランスが崩れ，セルフ・コントロールが失敗するとされている。上述の2つの時系列的な研究も含め，このモデルを支持するデータは着実に集まりつつある（e.g., Demos et al., 2012; Wagner et al., 2013）。現在でも社会心理学の領域では，セルフ・コントロールのメカニズムに関する議論は絶えないが，社会神経科学のアプローチの導入により，そのような議論に終止符を打つ日は近いのかもしれない。

外側前頭前野の機能低下
　反復経頭蓋磁気刺激により左外側前頭前野の機能を一時的に低下させると，意思決定場面において，衝動的選択が増加することが示されている（Figner et al., 2010）。これらは，セルフ・コントロールの失敗が外側前頭前野の機能低下により生じる明確なエビデンスといえるだろう。

(2) 社会的意思決定の神経機構：道徳的判断の研究例から

　二重過程理論は現在の社会神経科学において，中核的な位置を占めている。上記に挙げたセルフ・コントロール研究の多くは，比較的シンプルな意思決定の側面を捉えているが，システム1とシステム2はより複雑な，社会的な文脈をともなった意思決定にも関わることが知られている。この分野における近年の研究において，顕著な発展が見られた例のひとつとしては，道徳的判断の神経機構に関する研究が挙げられる（e.g., Greene et al., 2001; Greene et al., 2004）。

　グリーンら（2001）は，実験参加者にトロッコジレンマや歩道橋ジレンマと呼ばれるジレンマ状況のシナリオを読ませ，道徳的判断と脳機能の関連を検討している（Greene et al., 2001）（図20-6）。トロッコジレンマのシナリオは，暴走するトロッコが5人の作業員めがけて進行しており，実験参加者が分岐器で進路を変えれば5人を助けることができるが，トロッコの進路を変えた場合，切り替わった進路の先にいる1人の作業員が命を落とすというものである。歩道橋ジレンマのシナリオは，同じく暴走するトロッコが5人の作業員めがけて進行しているが，実験参加者の隣にいる大きな体のAさんを線路の上の歩道橋から突き落とせば，Aさんが犠牲になる代わりにトロッコは確実に止まり，5人を助けることができるというものである。いずれのシナリオでも実験参加者は，1人を犠牲にしてより多くの人を救うことが，道徳的に許されるかどうかの回答を求められる。どちらのジレンマも，1人を救うか5人を救うかという点で本質的な違いはないものの，トロッコジレンマは道徳的に許されると判断される割合が比較的高く，一方で歩道橋ジレンマは，道徳的には許されないと判断される割合が高いことが知られている。このジレンマ間の意思決定の違いをもたらす要因として，グリーンら（2001）はfMRI実験によっ

図20-6 道徳的判断の研究に用いられているトロッコジレンマ（左図）と歩道橋ジレンマ（右図）

て，歩道橋ジレンマについての道徳的判断を行う際，情動の処理に関わると考えられる内側前頭前野が活動することを報告している（Greene et al., 2001）。つまり情動の働きによって，「たとえ多くの人を助けるためであっても，1人を歩道橋から突き落とすことは許されない」という判断を導いていると解釈できる。一方，トロッコジレンマの道徳的判断を行うときには，中前頭回を含む背外側前頭前野の活動が確認された。この領域は認知的制御や合理的・理性的判断に関わることから（e.g., Knoch et al., 2006; Miller & Cohen, 2001），理性的な働きによって「1人を犠牲にしてでも5人を助けることはより良い判断であり，道徳的に許される」という判断を導いていると考えられる。グリーンらはこうした知見をもとに，道徳判断における二重過程理論を体系化しており，それを裏づけるデータも多数報告されている（Greene, 2013/ 竹田訳，2015）。

　上記の道徳的判断の課題は，架空のシナリオ上での道徳的判断を取り扱っているが，現実世界の（非）道徳的行為の神経基盤にアプローチした研究として，意思決定における正直さに着目した研究が挙げられる。近年報告された阿部とグリーン（2014）の研究では，fMRI撮像中に2種類の課題を施行している（Abe & Greene, 2014）。1つは金銭報酬遅延課題であり（Knutson et al., 2001a, b），金銭報酬を期待するさいの腹側線条体の活動を測定している。もう1つはコイントス課題であり，実験参加者にコイントスの予測（コインが表か裏か）をしてもらい，正答率に基づいて金銭報酬を与える課題を行っている。このコイントス課題では，予測の正誤を自己申告させる条件を用いているため，実験参加者は嘘をついて金銭報酬を余分に獲得することも可能である。この実験の主な結果として，金銭報酬遅延課題における腹側線条体の活動が高い実験参加者ほど，コイントス課題における不正直な振る舞いの割合が高いことが明らかとなった（Abe & Greene, 2014）。さらに，この腹側線条体の活動が高い実験参加者ほど，嘘をつかずに正直な振る舞いをする際に，背外側前頭前野の活動が高いことも示されている。つまり，前頭前野の働きに依存しない自然な正直さが発現するか，あるいは前頭前野に駆動された意志の力に基づいた正直さが発現するかが，報酬への反応性に依存すると解釈できる結果である。

　これら一連の研究は，従来から提唱されてきた二重過程理論と脳機能画像法を組み合わせることで，人間の道徳性と意思決定のメカニズムを紐解いたものといえる。こうした研究には，自然科学的な研究手法だけではなく，哲学などの人文社会系からのインプットが重要であることはいうまでもない。今後の社

会神経科学のさらなる発展には，異なる研究分野の研究者による柔軟かつ有機的な連携が必要であることを，如実に示した研究例といえるだろう。

(3) 利他的行為

自己の損失を顧みずに他個体に利益を与える行動を利他的行動という。とりわけ，ヒトにおいては，直接の見返りが期待できない血縁関係のない他者に対しても，このような行動は多く見られる。事実，東日本大震災後の復興ボランティアの存在や諸外国から寄せられた被災者への寄付金や義援金などは，ヒトの利他的行動の典型例といえるだろう。この行動の進化生物学的な有力な説明のひとつに社会的評判の獲得が挙げられる（Nowak & Sigmund, 1998）。利他行動をした相手Aから見返りがなくとも，その行動により得られる評判により，A以外の人物からお返しが受け取れるため，結果的に利他的行動は行為者に利益をもたらす適応的行動であるという。すなわち，「情けは人の為ならず」ということわざどおりの説明である。近年の研究では，寄付行為に関わる脳活動を測定することで，こうした問題へのアプローチが試みられている（Izuma et al., 2010）。この実験では，他者に見られている状況と見られていない状況において，慈善団体への寄付行為に関する行動および脳活動を検討した結果，他者に見られている場合に寄付行為が増加し，報酬の処理に関わる腹側線条体がより賦活することが確認された。これらの結果は，利他的行動の背景に，社会的評判を獲得するメカニズムが働いていることを示唆する結果といえるだろう。このように考えると，一見利他的な行動の中にも，利己的な動機づけの神経基盤の関与が垣間見えるようにも思われる。

一方，他者に対する共感が，援助行動といった利他的行動を促進することも多くの研究で報告されている（e.g., Coke et al., 1976; Dovidio et al., 1990）。先述のハインらのfMRI研究では，内集団成員が痛み刺激を受けている際に前部島皮質が強く活動していた実験参加者ほど，後の課題において内集団成員の痛みを軽減する行動（自らが痛みの半分を請け負う）が増加することを示している（Hein et al., 2010）。このことから，共感の神経基盤を介して他者の痛み経験を共有することが，利他的行動を生み出すトリガーとなっている可能性が考えられる。ただし，これらの結果が外集団成員ではなく，内集団成員に対してのみ生じている点も興味深い。特に，外集団成員が痛み刺激を受けているさいに報酬処理に関連する腹側線条体が活動している実験参加者は，後の課題において外集団成員を助ける傾向が低いことも示されている。したがって，これらの結果は共感の神経基盤を介した利他的行動が，自己と他者の価値観の違いなど，内・外集団という枠組みに大きく依存することを意味している。

加えて，近年の研究では，利他的行動自体が報酬的価値を持つことを示すデータが得られている。たとえば，金銭消費と幸福感の関連を検討した研究では，他者のために金銭を消費することが幸福をもたらすことが示され（Dunn et al., 2008），この傾向は幼少期から観察されるという（Dunn et al., 2014）。また，慈善団体への寄付行為に着目したfMRI研究では，自分自身が報酬をすべて受け取るときよりも，匿名での寄付行為を選択する方が，報酬処理に関わる腹側線条体が強く活動することを報告している（Moll et al., 2006）。したがって，これらは金銭報酬を獲得することだけでなく，他者に与えるという行為自体に報酬的価値があることを示唆する。加えて，ハーボーらの研究ではと

くに興味深い知見が得られている（Harbaugh et al., 2007）。この実験では，慈善団体への寄付が自発的に行われた場合であっても，強制的に行われた場合であっても，金銭報酬を受け取ったときと類似する活動が背側および腹側線条体に確認されている。ただし，同じように寄付額が増加する場合であっても，強制的に徴収されて寄付される場合よりも，自発的に寄付する場合の方が，背側および腹側線条体の活動が高いことが示された。これらの結果は利他的動機づけの背景にある報酬処理の神経基盤が，主体性と利他性の2つのプロセスによって支えられていることを示唆している。

利他的行動に関する一連の研究成果は，その行動が脳内の報酬処理により支えられていることを示唆している。これらはヒトが高度に発達した社会的動物として，他者との関係性を重視する結果，個人の利益だけでなく，他者への協力に対しても報酬的価値を付与するように内的処理過程が機能していると考えられる。しかし結局のところ，これらの脳のデータから，「情けは人の為ならず」が神経科学的な観点から支持されるのかは，必ずしも明らかではない。興味深いことに，近年の心理実験のデータでは，ヒトの利他的行動が自動的に発現している可能性が示唆されており（Rand et al., 2012），そうした傾向は内集団における協力を促進させることに関連しているとする仮説も提唱されている（Greene, 2013/ 竹田訳，2015）。利他的行動は近年，最も注目を浴びているトピックのひとつであり，今後も実験データの蓄積と理論の更新が大きく前進すると考えられる。

5. おわりに

(1) 社会性の神経基盤の解明に向けて

本章では，近年，脚光を浴びている社会神経科学の初期から現在に至るまで，社会性と脳の関係を捉える代表的な研究を紹介した。各節で紹介したように，既存の心理学の分野で提唱された理論やモデルに対応づけて，さかんに脳機能画像研究が行われており，得られた知見も多岐にわたっている。とくに，大脳皮質および皮質下の構造が，社会性を担う様々な心理過程に複合的に関わっていることが明確に示されており，脳領域間のネットワークとしての重要性がうかがえる。

社会神経科学のアプローチは，脳の働きと社会的行動の関係性を捉える魅力的なものであるが，その解釈には常に慎重さが必要である。たとえば，本章で紹介した研究からは，社会性をともなう特定の心理過程に関わる脳領域の関与が明確に示されている。しかし，それらの領域は社会性の処理に特異的に関わっているというわけではない。実際，社会的認知の課題遂行中に活動が見られる脳領域は，より基本的な認知課題遂行中にも活動がみとめられる。つまり，現状の研究成果からは，社会的認知の処理に特化した神経ネットワークの存在を仮定するよりも，より基本的な心理過程にも関与する脳の領域が複合的に機能することで，ヒトの社会性が実現されていると考えるべきであろう。

また，社会神経科学の分野ではとくに，逆推論の問題にも注意を払う必要がある（Poldrack, 2006）。先行研究で自己評価を測定する課題Xに脳領域Yの活動が関与しているという報告が多数あるからといって，Yの活動が生じたときは常に自己の処理が行われているという意味ではない。このような逆推論の

問題が生じる理由は，脳領域と脳機能の関係性は一対一ではなく，1つの脳領域が様々な脳機能に関わっているからである。脳機能画像解析に潜む心理学的解釈の危うさに関しては，近年，多くの研究者によって議論されており（e.g., 坂井, 2009），脳機能画像研究が必ずしも万能なアプローチではないことを理解し，一定の制約を設けて解釈することの必要性が示唆されている。

(2) 今後の展望

本章では，とくに社会心理学で扱われるトピックと関連が深い研究を中心に紹介したが，この他にも多くのトピックに関する研究成果が報告されている。その1つの例として，文化神経科学が挙げられるだろう。自己と他者の関係性や捉え方が文化的背景の違いにより異なることが示されて以降（Markus & Kitayama, 1991），文化心理学の研究は目覚ましい発展を遂げている（14章参照）。その研究を背景に，近年，ヒトの社会的認知の神経基盤の文化差に焦点を当てた文化神経科学が注目を浴びている（e.g., Chiao & Ambady, 2007; Han & Northoff, 2008; 原田, 2012; 石井, 2014; Kitayama & Uskul, 2011）。この分野で得られた興味深い知見は，文化特異的な情報処理と文化普遍的な情報処理の存在を示した点である。たとえば，自己概念に関わる処理をする際に内側前頭前野が関わることは多くの研究で示されているが（Northoff et al., 2006），欧米人と違い，中国人の実験参加者では身近な他者（母親）に対する特性判断をする際にもこの領域の活動が確認されている（Zhu et al., 2007）。その一方で，顔表情を用いた情動処理の研究では，日本人とアメリカ人（白人）の参加者ともに，外集団他者より内集団他者の恐怖表情に対し扁桃体の活動が強く見られることが報告されている（Chiao et al., 2008）。これらの結果は，たとえ同じ刺激であっても各文化の特徴に即した形でヒトは社会的情報を処理する特徴を持つことを示し，その一方で，ヒト一般の特徴として内集団他者の社会的情動刺激を優先的に処理するように脳機能が設計されていることを示唆する。文化的特徴がどのように脳機能を調節し，また生物学的な特徴とどのような形で相互作用するのか，未だ明らかでない部分が多いものの，今後期待される研究の一分野である。

また，脳機能画像法の計測技術の進歩も，社会神経科学の発展と表裏一体である。近年注目されているのが，ハイパースキャニングと呼ばれる複数の人びとの脳活動を同時的に捉える手法である（Montague et al., 2002）。社会心理学者が研究対象とする現象は個人内過程だけではなく，二者間や集団成員間の相互依存性によって作り出される個人間過程の影響も含む。複数の人びとの脳活動を同時的に捉えることで，実際の個人間の社会的相互作用における特異的な状態（例，他者との相互協力や競争）に対応する神経基盤の描出が可能となると考えられている。本邦においても，既にこのような試みは実践されており，2台のMRIを同時に用いたデュアルfMRIにより，二者間の注意に関わる神経活動が同期する様相が示され（Saito et al., 2010），そのような同期が自閉症の実験参加者では観察されにくいといった報告もある（Tanabe et al., 2012）。このような二者の脳の働きから映し出される1つの共有表象を明らかにすることは，社会心理学における個人間過程，あるいは集団力学の現象の理解に大きく貢献する可能性を秘めている。

技術の進歩に裏打ちされた研究が報告される一方，認知的不協和理論

文化神経科学

文化神経科学では，遺伝子と文化の相互作用に着目し，ヒトの脳機能や行動を理解しようとする研究も進められている。脳機能，社会的認知，遺伝子の関係を文化がどのように調整し得るのかなど，その関心は多岐にわたる。

（Festinger, 1957）のような古典的な理論に対する，脳機能画像法の有用性も報告されている。自身の選択にともなう認知的葛藤や，態度の正当化に関わる脳のメカニズムが徐々に明らかにされており，最近では既存の心理学的知見と最新の神経科学的知見を統合した，新たなモデルも提唱されている（Kitayama & Tompson, 2015）。このように，伝統的な社会心理学の研究成果に対し，新たな生物学的視点を提示できる脳機能画像法の果たす役割は，今なお大きいといえるだろう。

　現在では Social Neuroscience や Social Cognitive and Affective Neuroscience など，社会神経科学に特化したジャーナルも刊行されており，社会神経科学は1つの確立された学問分野となっている。今後も多様なバックグラウンドを持つ多くの研究者が，本研究分野に参画することが予想される。社会に密接に関与しているというその性質上，応用研究や社会実装研究への展開もより一層進むと思われる。社会神経科学によるアプローチが，今後も社会心理学を含む関連分野に新たな息吹をもたらすことを大いに期待したい。

■文献

Abe, N., & Greene, J. D. (2014). Response to anticipated reward in the nucleus accumbens predicts behavior in an independent test of honesty. *Journal of Neuroscience*, 34, 10564-10572.

Adolphs, R. (2003). Cognitive neuroscience of human social behaviour. *Nature Reviews Neuroscience*, 4, 165-178.

Apperly, I. A., & Butterfill, S. A. (2009). Do humans have two systems to track beliefs and belief-like states? *Psychological Review*, 116, 953.

Ayduk, O., Mendoza-Denton, R., Mischel, W., Downey, G., Peake, P. K., & Rodriguez, M. (2000). Regulating the interpersonal self: Strategic self-regulation for coping with rejection sensitivity. *Journal of Personality and Social Psychology*, 79, 776-792.

Bargh, J. A. (Ed.) (2007). *Social psychology and the unconscious: The automaticity of higher mental processes*. New York: Psychology Press.（バージ，J. A. 及川昌典・木村　晴・北村英哉（訳）(2009). 無意識と社会心理学―高次心理過程の自動性　ナカニシヤ出版）

Bargh, J. A., & Chartrand, T. L. (1999). The unbearable automaticity of being. *American Psychologist*, 54, 462-479.

Baron-Cohen, S. (1995). *Mindblindness: An essay on autism and theory of mind*. Cambridge, MA: MIT Press.（バロン＝コーエン，S. 長野　敬・今野義孝・長畑正道（訳）(2002). 自閉症とマインド・ブラインドネス　青土社）

Baron-Cohen, S., Leslie, A. M., & Frith, U. (1985). Does the autistic child have a "theory of mind"? *Cognition*, 21, 37-46.

Baumeister, R. F., Heatherton, T. F., & Tice, D. M. (1994). *Losing control: How and why people fail at self-regulation*. San Diego, CA: Academic Press.

Baumeister, R. F., & Leary, M. R. (1995). The need to belong: Desire for interpersonal attachments as a fundamental human motivation. *Psychological Bulletin*, 117, 497-529.

Bernhardt, B. C., & Singer, T. (2012). The neural basis of empathy. *Annual Review of Neuroscience*, 35, 1-23.

Bird, G., Silani, G., Brindley, R., White, S., Frith, U., & Singer, T. (2010). Empathic brain responses in insula are modulated by levels of alexithymia but not autism. *Brain*, 133, 1515-1525.

Blair, R. J. R. (2005). Responding to the emotions of others: Dissociating forms of empathy through the study of typical and psychiatric populations. *Consciousness and Cognition*, 14, 698-718.

Brothers, L., Ring, B., & Kling, A. (1990). Response of neurons in the macaque amygdala to complex social stimuli. *Behavioural Brain Research*, 41, 199-213.

Cacioppo, J. T., & Berntson, G. G. (1992). Social psychological contributions to the decade of the brain: Doctrine of multilevel analysis. *American Psychologist*, 47, 1019-1028.

Casey, B., Somerville, L. H., Gotlib, I. H., Ayduk, O., Franklin, N. T., Askren, M. K., Jonides, J., Berman, M. G., Wilson, N. L., Teslovich, T., Glover, G., Zayas, V., Mischel, M., & Teslovich, T. (2011). Behavioral and neural correlates of delay of gratification 40 years later. *Proceedings of the National Academy of Sciences of the United States of*

America, **108**, 14998-15003.

Castelli, F., Frith, C., Happé, F., & Frith, U. (2002). Autism, Asperger syndrome and brain mechanisms for the attribution of mental states to animated shapes. *Brain*, **125**, 1839-1849.

Chiao, J. Y., & Ambady, N. (2007). Cultural neuroscience: Parsing universality and diversity across levels of analysis. In S. Kitayama & D. Cohen (Eds.), *Handbook of cultural psychology* (pp. 237-254). New York: Guilford Press.

Chiao, J. Y., Iidaka, T., Gordon, H. L., Nogawa, J., Bar, M., Aminoff, E., Sadato, N., & Ambady, N. (2008). Cultural specificity in amygdala response to fear faces. *Journal of Cognitive Neuroscience*, **20**, 2167-2174.

Coke, J. S., Batson, C. D., & McDavis, K. (1978). Empathic mediation of helping: A two-stage model. *Journal of Personality and Social Psychology*, **36**, 752-766.

Dapretto, M., Davies, M. S., Pfeifer, J. H., Scott, A. A., Sigman, M., Bookheimer, S. Y., & Iacoboni, M. (2006). Understanding emotions in others: Mirror neuron dysfunction in children with autism spectrum disorders. *Nature Neuroscience*, **9**, 28-30.

Demos, K. E., Heatherton, T. F., & Kelley, W. M. (2012). Individual differences in nucleus accumbens activity to food and sexual images predict weight gain and sexual behavior. *Journal of Neuroscience*, **32**, 5549-5552.

DeWall, C. N., MacDonald, G., Webster, G. D., Masten, C. L., Baumeister, R. F., Powell, C., ...Tice, D. M. (2010). Acetaminophen reduces social pain: Behavioral and neural evidence. *Psychological Science*, **21**, 931-937.

Dovidio, J. F., Allen, J. L., & Schroeder, D. A. (1990). Specificity of empathy-induced helping: Evidence for altruistic motivation. *Journal of Personality and Social Psychology*, **59**, 249-260.

Dunbar, R. I. M. (1992). Neocortex size as a constraint on group size in primates. *Journal of Human Evolution*, **22**, 469-493.

Dunbar, R. I. M. (1998). The social brain hypothesis. *Evolutionary Anthropology*, **6**, 178-190.

Dunn, E. W., Aknin, L. B., & Norton, M. I. (2008). Spending money on others promotes happiness. *Science*, **319**, 1687-1688.

Dunn, E. W., Aknin, L. B., & Norton, M. I. (2014). Prosocial spending and happiness using money to benefit others pays off. *Current Directions in Psychological Science*, **23**, 41-47.

Eisenberg, N., Fabes, R. A., Murphy, B., Karbon, M., Maszk, P., Smith, M., O'Boyle, C., & Suh, K. (1994). The relations of emotionality and regulation to dispositional and situational empathy-related responding. *Journal of Personality and Social Psychology*, **66**, 776-797.

Eisenberger, N. I., Lieberman, M. D., & Williams, K. D. (2003). Does rejection hurt? An fMRI study of social exclusion. *Science*, **302**, 290-292.

Festinger, L. (1954). A theory of social comparison processes. *Human Relations*, **7**, 117-140.

Festinger, L. (1957). *A theory of cognitive dissonance*. Standford, CA: Stanford University Press.

Figner, B., Knoch, D., Johnson, E. J., Krosch, A., Lisanby, S. H., Fehr, E., & Weber, E. U. (2010). Lateral prefrontal cortex and self-control in intertemporal choice. *Nature Neuroscience*, **13**, 538-539.

Gallese, V., & Goldman, A. (1998). Mirror neurons and the simulation theory of mind-reading. *Trends in Cognitive Sciences*, **2**, 493-501.

Gordon, R. M. (1986). Folk psychology as simulation. *Mind and Language*, **1**, 158-171.

Greene, J. D. (2013). *Moral tribes: Emotion, reason and the gap between us and them*. New York: The Penguin Press.(グリーン, J. D.　竹田　円（訳）（2015）．モラル・トライブズ—共存の道徳哲学へ　上巻・下巻　岩波書店）

Greene, J. D., Nystrom, L. E., Engell, A. D., Darley, J. M., & Cohen, J. D. (2004). The neural bases of cognitive conflict and control in moral judgment. *Neuron*, **44**, 389-400.

Greene, J. D., Sommerville, R. B., Nystrom, L. E., Darley, J. M., & Cohen, J. D. (2001). An fMRI investigation of emotional engagement in moral judgment. *Science*, **293**, 2105-2108.

Hamilton, A. F. (2013). Reflecting on the mirror neuron system in autism: A systematic review of current theories. *Developmental Cognitive Neuroscience*, **3**, 91-105.

Han, S., & Northoff, G. (2008). Culture-sensitive neural substrates of human cognition: A transcultural neuroimaging approach. *Nature Reviews Neuroscience*, **9**, 646-654.

原田宗子（2012）．認知の文化差を映し出す脳の活動　苧阪直行（編）社会脳科学の展望—脳から社会をみる（社会脳シリーズ第1巻）（pp. 87-110）　新曜社

Harari, H., Shamay-Tsoory, S. G., Ravid, M., & Levkovitz, Y. (2010). Double dissociation between cognitive and affective empathy in borderline personality disorder. *Psychiatry Research*, **175**, 277-279.

Harbaugh, W. T., Mayr, U., & Burghart, D. R. (2007). Neural responses to taxation and voluntary giving reveal motives for charitable donations. *Science*, **316**, 1622-1625.

Hareli, S., & Weiner, B. (2002). Dislike and envy as antecedents of pleasure at another's misfortune. *Motivation and Emotion*, **26**, 257-277.

Heatherton, T. F., & Wagner, D. D. (2011). Cognitive neuroscience of self-regulation failure. *Trends in Cognitive Sciences*, **15**, 132-139.

Heider, F. (1958). *The psychology of interpersonal relations*. New York: Wiley.

Hein, G., Silani, G., Preuschoff, K., Batson, C. D., & Singer, T. (2010). Neural responses to ingroup and outgroup members' suffering predict individual differences in costly helping. *Neuron*, **68**, 149-160.

Heyes, C. M., & Frith, C. D. (2014). The cultural evolution of mind reading. *Science*, **344**, 1243091.

Iacoboni, M., Molnar-Szakacs, I., Gallese, V., Buccino, G., Mazziotta, J. C., & Rizzolatti, G. (2005). Grasping the intentions of others with one's own mirror neuron system. *PLoS Biology*, **3**, e79.

石井敬子 (2014). 文化神経科学　山岸俊男 (編) 文化を実験する：社会行動の文化・制度的基盤 (フロンティア実験社会科学第7巻) (pp. 35-62) 勁草書房

Izuma, K., Saito, D. N., & Sadato, N. (2008). Processing of social and monetary rewards in the human striatum. *Neuron*, **58**, 284-294.

Izuma, K., Saito, D. N., & Sadato, N. (2010). Processing of the incentive for social approval in the ventral striatum during charitable donation. *Journal of Cognitive Neuroscience*, **22**, 621-631.

Kahneman, D. (2011). *Thinking, fast and slow*. New York: Farrar, Straus and Giroux. (カーネマン, D.　村井章子 (訳) (2012). ファスト&スロー：あなたの意思はどのように決まるか？　上巻・下巻　早川書房)

Kitayama, S., & Tompson, S. (2015). Chapter two-A biosocial model of affective decision making: Implications for dissonance, motivation, and culture. *Advances in Experimental Social Psychology*, **52**, 71-137.

Kitayama, S., & Uskul, A. K. (2011). Culture, mind, and the brain: Current evidence and future directions. *Annual Review of Psychology*, **62**, 419-449.

Knoch, D., Pascual-Leone, A., Meyer, K., Treyer, V., & Fehr, E. (2006). Diminishing reciprocal fairness by disrupting the right prefrontal cortex. *Science*, **314**, 829-832.

Knutson, B., Adams, C. M., Fong, G. W., & Hommer, D. (2001a). Anticipation of increasing monetary reward selectively recruits nucleus accumbens. *Journal of Neuroscience*, **21**, RC159.

Knutson, B., Fong, G. W., Adams, C. M., Varner, J. L., & Hommer, D. (2001b). Dissociation of reward anticipation and outcome with event-related fMRI. *Neuroreport*, **12**, 3683-3687.

Kovács, Á. M., Téglás, E., & Endress, A. D. (2010). The social sense: Susceptibility to others' beliefs in human infants and adults. *Science*, **330**, 1830-1834.

Leary, M. R., & Baumeister, R. F. (2000). The nature and function of self-esteem: Sociometer theory. *Advances in Experimental Social Psychology*, **32**, 1-62.

Lieberman, M. D. (2010). Social cognitive neuroscience. In S. T. Fiske, D. T. Gilbert, & G. Lindzey (Eds.), *Handbook of social psychology* (pp. 143-193). New York: McGraw-Hill.

Lopez, R. B., Hofmann, W., Wagner, D. D., Kelley, W. M., & Heatherton, T. F. (2014). Neural predictors of giving in to temptation in daily life. *Psychological Science*, **25**, 1337-1344.

Markus, H. R., & Kitayama, S. (1991). Culture and the self: Implications for cognition, emotion, and motivation. *Psychological Review*, **98**, 224-253.

Metcalfe, J., & Mischel, W. (1999). A hot/cool-system analysis of delay of gratification: Dynamics of willpower. *Psychological Review*, **106**, 3-19.

Miller, E. K., & Cohen, J. D. (2001). An integrative theory of prefrontal cortex function. *Annual Review of Neuroscience*, **24**, 167-202.

Mischel, W. (2014). *The Marshmallow test: Mastering self-control*. New York: Little, Brown, and Company. (ミシェル, W.　柴田裕之 (訳) (2015). マシュマロ・テスト：成功する子・しない子　早川書房)

Mischel, W., & Baker, N. (1975). Cognitive appraisals and transformations in delay behavior. *Journal of Personality and Social Psychology*, **31**, 254-261.

Mischel, W., Ebbesen, E. B., & Raskoff Zeiss, A. (1972). Cognitive and attentional mechanisms in delay of gratification. *Journal of Personality and Social Psychology*, **21**, 204-218.

Mischel, W., Shoda, Y., & Peake, P. K. (1988). The nature of adolescent competencies predicted by preschool delay of gratification. *Journal of Personality and Social Psychology*, **54**, 687-696.

Mischel, W., Shoda, Y., & Rodriguez, M. I. (1989). Delay of gratification in children. *Science*, **244**, 933-938.

Moll, J., Krueger, F., Zahn, R., Pardini, M., de Oliveira-Souza, R., & Grafman, J. (2006). Human fronto-mesolimbic networks guide decisions about charitable donation. *Proceedings of the National Academy of Sciences of the United States of America*, **103**, 15623-15628.

Montague, P. R., Berns, G. S., Cohen, J. D., McClure, S. M., Pagnoni, G., Dhamala, M., Wiest, M. C., Karpov, I., King, R. D., Apple, N., & Fisher, R. E. (2002). Hyperscanning: Simultaneous fMRI during linked social interactions. *Neuroimage*, **16**, 1159-1164.

Muraven, M., & Baumeister, R. F. (2000). Self-regulation and depletion of limited resources: Does self-control resemble a muscle?. *Psychological bulletin*, **126**, 247.

Northoff, G., Heinzel, A., de Greck, M., Bermpohl, F., Dobrowolny, H., & Panksepp, J. (2006). Self-referential processing in our brain-A meta-analysis of imaging studies on the self. *Neuroimage*, **31**, 440-457.

Nowak, M. A., & Sigmund, K. (1998). Evolution of indirect reciprocity by image scoring. *Nature*, **393**, 573-577.

Onishi, K. H., & Baillargeon, R. (2005). Do 15-month-old infants understand false beliefs? *Science*, **308**, 255-258.

尾崎由佳 (2010). 社会神経科学は社会的認知研究に何をもたらすか 生理心理学と精神生理学, **28**, 67-74.

Poldrack, R. A. (2006). Can cognitive processes be inferred from neuroimaging data? *Trends in Cognitive Sciences*, **10**, 59-63.

Premack, D., & Woodruff, G. (1978). Does the chimpanzee have a theory of mind? *Behavioral and Brain Sciences*, **1**, 515-526.

Ramachandran, V. S. (2012). *The tell-tale brain: A neuroscientist's quest for what makes us human.* New York: W. W. Norton. (ラマチャンドラン, V. S. 山下篤子（訳）(2013). 脳のなかの天使 角川書店)

Rand, D. G., Greene, J. D., & Nowak, M. A. (2012). Spontaneous giving and calculated greed. *Nature*, **489**, 427-430.

Rizzolatti, G., & Craighero, L. (2004). The mirror-neuron system. *Annual Review of Neuroscience*, **27**, 169-192.

Rizzolatti, G., Fadiga, L., Gallese, V., & Fogassi, L. (1996). Premotor cortex and the recognition of motor actions. *Cognitive Brain Research*, **3**, 131-141.

Saito, D. N., Tanabe, H. C., Izuma, K., Hayashi, M. J., Morito, Y., Komeda, H., Uchiyama, H., Kosaka, H., Okazawa, H., Fujibayashi, Y., & Sadato, N. (2010). "Stay tuned": Inter-individual neural synchronization during mutual gaze and joint attention. *Frontiers in Integrative Neuroscience*, **4**, 127.

坂井克之 (2009). 脳科学の真実：脳研究者は何を考えているか 河出書房新社

Shamay-Tsoory, S. G. (2011). The neural bases for empathy. *Neuroscientist*, **17**, 18-24.

Shamay-Tsoory, S. G., Aharon-Peretz, J., & Perry, D. (2009b). Two systems for empathy: A double dissociation between emotional and cognitive empathy in inferior frontal gyrus versus ventromedial prefrontal lesions. *Brain*, **132**, 617-627.

Shamay-Tsoory, S., Harari, H., Szepsenwol, O., & Levkovitz, Y. (2009a). Neuropsychological evidence of impaired cognitive empathy in euthymic bipolar disorder. *Journal of Neuropsychiatry and Clinical Neurosciences*, **21**, 59-67.

Shamay-Tsoory, S. G., Shur, S., Barcai-Goodman, L., Medlovich, S., Harari, H., & Levkovitz, Y. (2007). Dissociation of cognitive from affective components of theory of mind in schizophrenia. *Psychiatry research*, **149**, 11-23.

Shoda, Y., Mischel, W., & Peake, P. K. (1990). Predicting adolescent cognitive and self-regulatory competencies from preschool delay of gratification: Identifying diagnostic conditions. *Developmental Psychology*, **26**, 978-986.

Singer, T., Seymour, B., O'Doherty, J., Kaube, H., Dolan, R. J., & Frith, C. D. (2004). Empathy for pain involves the affective but not sensory components of pain. *Science*, **303**, 1157-1162.

Singer, T., Seymour, B., O'Doherty, J. P., Stephan, K. E., Dolan, R. J., & Frith, C. D. (2006). Empathic neural responses are modulated by the perceived fairness of others. *Nature*, **439**, 466-469.

Smith, R. H., Turner, T. J., Garonzik, R., Leach, C. W., Urch-Druskat, V., & Weston, C. M. (1996). Envy and Schadenfreude. *Personality and Social Psychology Bulletin*, **22**, 158-168.

Sommer, M., Döhnel, K., Sodian, B., Meinhardt, J., Thoermer, C., & Hajak, G. (2007). Neural correlates of true and false belief reasoning. *Neuroimage*, **35**, 1378-1384.

高橋英彦 (2014). なぜ他人の不幸は蜜の味なのか 幻冬舎ルネッサンス

Takahashi, H., Kato, M., Matsuura, M., Mobbs, D., Suhara, T., & Okubo, Y. (2009). When your gain is my pain and your pain is my gain: Neural correlates of envy and schadenfreude. *Science*, **323**, 937-939.

Takahashi, H., Yahata, N., Koeda, M., Matsuda, T., Asai, K., & Okubo, Y. (2004). Brain activation associated with evaluative processes of guilt and embarrassment: An fMRI study. *Neuroimage*, **23**, 967-974.

Tanabe, H. C., Kosaka, H., Saito, D. N., Koike, T., Hayashi, M. J., Izuma, K., Komeda, H., Ishitobi, M., Omori, M., Munesue, T., Okazawa, H., Wada, Y., & Sadato, N. (2012). Hard to "tune in": Neural mechanisms of live face-to-face interaction with high-functioning autistic spectrum disorder. *Frontiers in Human Neuroscience*, **6**, 268.

Tesser, A. (1988). Toward a self-evaluation maintenance model of social behavior. *Advances in Experimental Social Psychology*, **21**, 181-228.

Wagner, D. D., Altman, M., Boswell, R. G., Kelley, W. M., & Heatherton, T. F. (2013). Self-regulatory depletion enhances neural responses to rewards and impairs top-down control. *Psychological Science*, **24**, 2262-2271.

Wheeler, L. (1966). Motivation as a determinant of upward comparison. *Journal of Experimental Social Psychology*, **1**, 27-31.

Wicker, B., Keysers, C., Plailly, J., Royet, J. P., Gallese, V., & Rizzolatti, G. (2003). Both of us disgusted in my insula: The common neural basis of seeing and feeling disgust. *Neuron*, **40**, 655-664.

Wimmer, H., & Perner, J. (1983). Beliefs about beliefs: Representation and constraining function of wrong beliefs in young children's understanding of deception. *Cognition*, **13**, 103-128.

Zhu, Y., Zhang, L., Fan, J., & Han, S. (2007). Neural basis of cultural influence on self-representation. *Neuroimage*, **34**, 1310-1316.

Zink, C. F., Tong, Y., Chen, Q., Bassett, D. S., Stein, J. L., & Meyer-Lindenberg, A. (2008). Know your place: neural processing of social hierarchy in humans. *Neuron*, **58**, 273-283.

事項索引

A

AMP　*95*
BIS/BAS理論　*77*
GNAT　*108*
IAT（潜在的連合テスト）　*106*
IPANAT　*96*
MODモデル　*104*
PM理論　*196, 293*
PNA現象　*89*
QOL（quality of life）　*307*
Saying-is-believing（SIB）効果　*182*
Web（World Wide Web）　*235*

あ

アージ理論　*88*
愛着関係　*156*
愛着スタイル　*157*
アクションリサーチ　*291, 336*
　——のプロセス　*297*
　——の要不要　*298*
アクセシビリティ　*104*
後知恵バイアス　*61, 355*
穴恐怖症（trypophobia）　*271*
アレキシサイミア　*316*
意志　*27*
慰謝料　*360*
一次的評価　*311*
「一次モード」と「二次モード」　*298*
一貫性　*57*
一般交換　*214*
一般的攻撃性モデル　*125*
意図性の判断　*174*
意味維持モデル　*216*
因果関係　*27*
印象形成　*1*
インターネット　*233*
　——・コミュニケーション（CMC: Computer-Mediated Communication）　*234*
インターローカリティー　*297*
隠匿情報テスト　*358*
ウェスト・ヒップ比　*282*
ウェルビーイング　*307*
受け手へのチューニング　*179*
内側前頭前野　*368*
裏切り者検知（cheater detection）　*277*
影響戦術　*194*
栄光浴　*212*
エモティコン（emoticon）　*239*
エラー管理理論　*66*

炎上　*245*
援助行動　*127, 378*
援助要請　*131*
応報的動機　*351*
応用行動分析　*331*
置き換え攻撃　*121*
恩送り　*278*
温情主義的偏見　*41*
オンラインコミュニティ　*235*
オンライン自助グループ　*243*
オンラインの脱抑制効果（online disinhibition effect）　*240*

か

外見的魅力（physical attractiveness）　*282*
解釈レベル理論（construal level theory）　*63*
外集団均質化効果　*35*
外発反応性　*309*
確証バイアス　*42*
拡張-形成理論　*317*
確率判断　*272*
確率表現　*272*
下前頭回　*369*
カテゴリー依存型処理　*37*
カテゴリー化　*34, 38*
株仲間　*278*
環境行動の二段階モデル　*332*
関係　*178*
　——葛藤への対処行動　*160*
　——の公理　*178*
　——不安　*157*
　——モデル理論　*347*
観察学習　*330*
感情　*87*
　——混入モデル　*91*
　——シグナル説　*91*
　——情報機能説　*90*
　——チューニング説　*91*
　——的共感　*371*
　——入力モデル　*91*
　——ネットワークモデル　*88*
　——の潜在測定　*95*
　——予測（affective forecasting）　*62*
間接互恵性　*278*
間接的攻撃　*121*
顔面フィードバック→表情（顔面）フィードバック説
危機対処の葛藤理論　*326*

基準確率の錯誤　*272*
基準の変移　*39, 40*
帰属過程　*3, 56*
期待価値理論　*76*
規範　*13, 343*
　——喚起モデル　*330*
　——的影響　*328, 343*
　——的行為の焦点化理論　*329*
寄付行為　*378*
気分　*88*
　——一致効果　*89*
　——不一致効果　*90*
基本的な帰属のエラー　*3*
逆推論　*379*
キャピタリゼーション　*138*
究極要因（ultimate mechanisms）　*271*
共感性　*29*
共感-利他性仮説　*129*
共進化　*265*
強調効果　*34*
協調の原理　*178*
共通内集団アイデンティティ・モデル　*224*
共通の基盤　*179*
協働的実践　*296*
恐怖学習　*270*
共有情報バイアス　*202*
共有地の悲劇　*280, 327*
共有的リアリティ　*182*
共有メンタルモデル　*201*
協力の進化　*275*
拒否感受性　*161*
ギルバートの3段階モデル　*60*
近接要因（proximate mechanisms）　*271*
腐ったリンゴ効果　*328*
グループ・ダイナミックス　*292*
グローバリゼーション（globalization）　*264*
群衆の知恵（wisdom of crowds）　*244*
計画的行動理論　*104, 332*
ゲーミング・シミュレーション　*338*
原因帰属の曖昧さ　*45*
限界質量の理論　*328*
「研究」と「実践」　*292*
言語カテゴリー・モデル　*176*
言語期待バイアス　*176*
言語集団間バイアス　*176*
言語相対性仮説　*177*

言語的攻撃　121
「言語の水準」と「身体の水準」　299
顕在的自尊心　72
顕示行動　171
現実的葛藤理論　33, 222
現実的集団葛藤理論　346
現代社会　291
恋人・配偶者選択（mate selection）　148
合意性　57
好意の返報性　150
交感神経系　87
公共財問題　279
——ゲーム　280
攻撃　121
——への遺伝の影響　126
交差カテゴリー化　224
向社会的行動　127
公正　344
——信念　347
——世界観　94, 347
——動機　346
——理論　345
肯定的期待　343
行動プラン法　336
幸福感（subjective well-being）　260
功利主義的動機　351
合理的行為理論　103, 332
コーピング（coping）　312
誤帰属　91
互恵性　130, 276
——規範　130
心の理論　29
個人依存型処理　37
個人間-集団不連続性効果　221
個人主義（individualism）　254
個人的規範　13, 330
誤信念課題　368
コストリーシグナル　131
コミットメント　153, 336
コミュニケーション　18, 233
　言語——　172
　——・バイアス　239
　説得的——　334
　超個人的（hyperpersonal）——　242
　非言語——　172
　文字ベースの——　237
　リスク・——　338
コントロール質問法　357
コントロール理論　77

さ
罪悪感　93, 372
災害ボランティア　294
再カテゴリー化　38, 224
最小条件集団パラダイム（minimal group paradigm）　210

裁判官の意思決定　354
錯誤相関　36
作話　27
作動的自己概念　71
サブタイプ化　37
サブリミナル　24
——効果　24
——広告　23
差別　217
サポートの直接効果　136
幸せ　260
ジェームズ＝ランゲ説　87
視覚的匿名性　237
自我枯渇　80
識別可能性　237
刺激性制御　332
資源　313
自己　71
——意識感情　93
——開示　82, 151, 313
　　——の返報性　82, 151
——改善　74
——概念　71
——確証　74
——覚知　76
——カテゴリー化理論　212, 224
——犠牲への意志　162
——肯定化理論　75
——高揚（self-enhancement）　74
　　——傾向　253
　　——動機　59
——効力感　76, 313
——査定　74
——スキーマ　20
——知覚理論　71
——知識　71
——呈示　59, 81
　　——の内在化　82
——統制　79
——の客観視　29
——評価維持理論　74
——奉仕的バイアス　58, 59
システム正当化理論　46, 216
自然科学　295
事前確率の無視　53, 57
自尊心　72
——脅威モデル　132
質　178
——の公理　178
実行意図　28
実行されたサポート　137
実行マインドセット　79
実践プロセス評価　303
実体性（entitativity）　189, 219
嫉妬　93
しっぺ返し（tit-for-tat; TFT）　276
自動過程　19, 60
自動動機モデル　23

自発的特性推論　59
自閉症　368
市民の意思決定　355
シャーデンフロイデ　93, 373
社会（性）　365
社会契約説　344
社会構成主義　296
社会生態学的アプローチ（socio-ecological approach）　263
社会的アイデンティティ　36, 44
——理論（social identity theory/SIT）　36, 46, 211, 212, 214, 217, 224, 225
社会的カテゴリー　33
——化　33, 35
社会的感情　93
社会的規範　330
社会的共有　29
社会的交換理論　153, 346
社会的再適応評価尺度　310
社会的ジレンマ　279, 327
社会的スキル　152, 313
社会的制止　11
社会的制約モデル　89
社会的手抜き　198
社会的動物　29
社会的トラップ　331
——モデル　331
社会的認知　17
社会的排斥　83
社会的比較　74
——理論　8
自由意志　28
宗教　264
集合性　296
集合知　243
集合流　296
囚人のジレンマ　276
集団　189
——圧力　12
——意思決定　201, 333
——価値モデル　345
——間葛藤　209
——間情動　212
——間接触　222, 223
——間代理報復　219, 224
——規範　13
——極性化　201
——思考　202
——主義（collectivism）　254
——文化　352
——生産性　197
羞恥心　372
主観的ウェルビーイング　317
主観的不確実性の低減仮説　212
熟知性（familiarity）　148
熟考マインドセット　78
準備性（preparedness）　270

上位目標　222, 224
生涯未婚率　159
状況サンプリング法（situation sampling method）　251
状況の拘束性　57
条件つき協力戦略　279
証言能力　360
正直さ　377
状態自尊心　72
象徴的な罰　280
情緒的サポート（emotional support）　137, 261
情動　88
　　——焦点型　312
　　——の二要因理論　6
衝動抑制　375
情報サンプリング　273
情報処理方略　91
情報的影響　328
食行動異常（eating disorder）　309
書字の方向　178
進化ゲーム理論　276
進化的に安定した戦略（evolutionarily stable strategy: ESS）　276
人口移動（流動性）　264
身体化された認知　23
身体的攻撃　121
身体的魅力　148
心的因果　27
親密性回避　157
心理社会的ストレス理論　136
心理的ストレスモデル　311
親和行動　88
スキーマ　20
少ない方が良い効果（less is more effects）　66
スクリプト　21
スティグマ　43
ステージ　309
ステレオタイプ　19, 25, 33
　　——化　37, 39
　　——確証　43
　　——脅威　44, 45
　　——内容モデル　41, 46
　　——抑制　43
　　両面価値的——　41, 42
ストーカー行為　162
ストループ課題　19
ストレス　309
　　——緩衝効果　136
ストレッサ　309
スプラリミナル効果　24
スポットライト効果（spotlight effect）　64
スマートフォン　234
スモール・ワールド実験　10
成員性信用状　191
正義　344

制御資源　80
制御焦点理論　78
精神異常の抗弁　359
精神的傷害　360
成人の愛着理論　156
生態学的合理性（ecological rationality）　274
生物医学モデル　307
生物心理社会モデル　308
生理的喚起　87
勢力（power）　190
　　——基盤　190
　　——資源　190
　　——の状況焦点理論　192
　　——変性効果　192
世界保健機関（World Health Organization: WHO）　307
責任能力　359
責任の分散　128
接近-抑制理論　192
セルフコントロール　30, 79
潜在快不快感情テスト　96
潜在的自尊心　72
潜在的態度　105
潜在的連合テスト　73
センス・オブ・コヒアランス　317
選択的誘因　327, 335
線と枠課題（framed-line test）　256
前部島皮質　370
羨望的偏見　41
専門家証言　353
相互依存性　41, 209, 213, 214
相互協調的自己観（interdependent self）　252
相互独立的自己観（independent self）　252
相対的剥奪　13, 349
相補性への魅力　150
ソーシャル・エンゲージメント（social engagement）　192
ソーシャルサポート　135, 313
ソーシャルメディア　236
側頭頭頂接合部　368
ソシオメーター理論　83
組織　189
素朴理論の説明　175
ソマティック・マーカー説　88
存在脅威管理理論（TMT）　73, 215

た
対応推論理論　57, 58
対応バイアス　4, 58
対称性バイアス　272
対人関与的感情　258
対人脱関与的感情　258
大数の法則の無視　53
態度　7, 103
対比効果　34

タイプA行動パターン　314
タイプC　315
タイプD　315
多元的無知　129, 221
他者評価　373
脱カテゴリー化　224
脱個人化効果の社会的アイデンティティ解釈モデル（SIDE: social identity model of deindividuation effects）　245
単純接触効果　147
地位（status）　41, 190
チーム　199
　　——・プロセス　200
　　——ワーク　199
知覚されたサポート　136
知識共有コミュニティ　244
知識構造　20
中枢起源説　88
懲罰　280
直接攻撃　121
直感的判断　97
デイリーハッスルズ　310
適応的認知（adaptive cognition）　271, 272
手続き的公正　328, 349
同一化　212-214, 217, 219
同意能力　360
同化効果　34
動機づけ（motivation）　257
　　外発的——（extrinsic motivation）　257
　　——られた推論　61
　　内発的——（intrinsic motivation）　257
　　利他的——　379
道具的攻撃　121
道具的サポート　137
道具モデル　345
統計的差別　220
当事者　291
　　——主義的手続き　352
投資モデル　153
統制過程　19, 60
統制的処理　37
同調　12
道徳　97
　　——基盤の理論　97
　　——的判断　97
透明性の錯覚（illusion of transparency）　64, 65
同類相互作用　277
ドーバート基準　354
特異性仮説　36
特異性信用状　191
特性自尊心　72
匿名性　237
閉ざされた一般交換システムに対する

期待仮説（Bounded generalized reciprocity hypothesis/BGR）　213, 214, 220
徒党心理仮説　215
トランザクティブ・メモリー・システム　201
トリプレットの社会的促進　11
トロッコジレンマ　376
泥棒洞窟実験　222, 224

な

内在的公正　94
内集団均質化効果　35
内集団ひいき　35, 209
内的作業モデル　157
内的表象　173
二過程モデル　91
二重過程モデル　326
二重過程理論　374
二重処理モデル　37
二重態度モデル　104
人間科学　295
認知資源　60
認知的共感　371
認知的倹約家　18
認知的斉合性理論　104
認知的チューニング　179
認知的評価　311
認知的負荷　56, 60
認知的不協和　4, 336
　　――理論　104
認知容量　56
ネームレター課題　73
妬み　93, 372
ネットワーク　21
脳機能画像法　365

は

パーソナリティ　314
ハーディネス　317
バイアス・ブラインド・スポット　65
背外側前頭前野　377
背側前部帯状回　372
ハイパースキャニング　380
恥　93
パソコン　234
　　――通信　235
発語行為　179
　　――理論　179
発語内行為　179
発語媒介行為　179
罰に対する高度な感受性　280
罰の予期　280
腹側線条体　373, 374
バランス理論　2
ハロー効果　149
汎適応症状群（general adaptation syndrome; GAS）　309

ピア（peer）関係　154
ピースミール処理　38
被援助志向性　132
被害者参加　356
非共通効果　57
ピグマリオン効果　183
非言語的な手がかり　237
筆記開示　314
否定的状態解消モデル　130
避難誘導法　293
肥満　309
ヒューマン・ストレングス　319
ヒューリスティック　91, 92
　　係留と調整――　55
　　代表性――　53
　　利用可能性――（availability heuristic）　36, 54, 274
ヒューリスティックス　53
　　高速倹約――　66
　　再認――（recognition heuristic）　274
　　――とバイアス　271
評価的プライミング　106
表情（顔面）フィードバック説　23, 87
表情の認知　281
評判　277
　　――型間接互恵性　278
頻度表現　272
不可視的サポート　138
服従　9
物質的な罰　280
フット・イン・ザ・ドア技法　334
物理的（あるいは空間的）近接性　147
フライ基準　354
プライス方程式（Price equation）　281
プライミング　21
　　――効果（priming effect）　251
フリーライダー　328
フレーミング　25
プロスペクト理論　273, 326
プロセス・ゲイン　198
プロセス・ロス　198
プロトタイプ　283
プロファイリング　356
文化（culture）　249
　　――進化（cultural evolution）　283
　　――神経科学　380
　　――心理学　250
　　――的規範　352
　　――的産物（cultural products）　262
　　――的自己観（cultural construals of the self）　252
　　――的集団淘汰（cultural group selection）　281

　　――と公正　351
　　――と心の相互構成プロセス　250
　　――変容（cultural change）　265
　　名誉の――（culture of honor）　124, 260
分散分析モデル　57
分析的思考様式（analytic thinking style）　255
分配的公正　328, 348
分離モデル　38, 46
平均以上効果（better then average effect; above average effect）　64
ベイジアン合理性　272
ヘルスプロモーション　307
弁別性　57
扁桃体（amygdala）　88, 108, 380
包括的思考様式（holistic thinking style）　255
傍観者効果　128
防災人間科学　294
報酬の互恵性　151
報復的公正　350
ホーソン実験　9
ポジティブ・イリュージョン　317
ポジティブ心理学　316
ポジティブ-ネガティブ非対称　89
歩道橋ジレンマ　376
ポライトネス理論　180
ポリグラフ　357
本質主義的信念　34

ま

マイクロ-マクロ・ダイナミクス　184, 218, 221, 224
マクノートンルール　359
マグリブ商人　278
マシュマロ・テスト　375
末梢起源説　87
満足遅延　79
無意識　26
無条件協力戦略　276
無条件非協力　276
「めざす」関わりと「すごす」関わり　302
メタ分析　314
模擬刑務所実験　5
目撃証言　353
問題焦点型　312

や

友人関係　154
ユニバーサリティー　297
様態　178
　　――の公理　178
予言の自己実現　219
予言の自己成就　183, 296
予防　308

ら

ライフイベント（life event） 310
ラインナップ 353
楽観主義 317
リーダーシップ 195, 293
　変革型—— 196
　——理論 196
リーダーとメンバーの交換関係の
　質 196
リスクガヴァナンス 337

リスク認知 326
理性的判断 377
理想感情（ideal affect） 258
利他行動 127
リバウンド効果 43
量 178
　——の公理 178
類似性 149
　仮定された—— 150
　——-魅力仮説 149

冷却効果 89
レジリエンス 317
恋愛関係 156
連言錯誤 53, 54
連合命題評価モデル 110
連続再生法 180
連続体モデル 37
論理実証主義 295

人名索引

A

Aarts, H. 56
安部美帆 72
Abe, N. 377
Abrahames, W. 334
Adams, J. S. 348
Addis, M. E. 133
Adolphs, R. 372
Agnew, C. R. 153, 154
相川 充 132, 152
Ajzen, I. 103, 104, 332
Aknin, L. B. 139
Alfieri, T. 60
Alicke, M. D. 64
Allen, J. P. 127
Allen, M. 151
Allport, G. W. 103, 223
Alter, A. L. 45, 56
Altman, L. 151
Amarel, D. 137
Ambady, N. 172, 181, 380
Amiot, C. E. 217
Amodio, D. M. 47, 109
Anderson, C. 149
Anderson, C. A. 122-125
Anderson, D. C. 350
Anderson, J. R. 275
Anderson, N. H. 2
Andersson, P. 275
安藤清志 81
Ando, K. 331
Andreoni, J. 277
Andrews, P. W. 67
安渓遊地 298
Antonovsky, A. 317
Appelbaum, P. S. 361
Apperly, I. A. 368
Arbuthnot, J. 334
Archer, D. 43

Archer, J. 122
有光興記 93
Aristotélēs 344, 348
Arkes, H. R. 109
Armor, D. A. 74, 84
Aron, A. 150
Aronson, E. 150
Aronson, J. 44, 45
Arriga, X. B. 161
浅井暢子 34, 46
Asch, S. E. 1, 2, 12
Atkinson, J. W. 75
渥美公秀 293, 294, 297, 301, 303
Austin, J. L. 179
Austin, J. R. 201
Avolio, B. J. 196
Axelrod, R. 288
Ayduk, O. 375

B

Babad, E. Y. 351
Back, M. D. 147
Bäckström, M. 217
Bagozzi, R. P. 258
Baillargeon, R. 368
Baker, N. 375
Balliet, D. 214
Bamberg, S. 333
Banaji, M. R. 72, 105, 108, 216
Bandura, A. 76, 122, 124, 317
Barak, A. 239
Bard, P. 87
Bargh, J. A. 19, 22-24, 26, 38, 241, 366
Barlow, F. K. 223
Baron, R. S. 202, 203
Baron-Cohen, S. 368
Barrera, M. 137
Barrett, A. E. 161

Bartholomew, K. 157
Bartholow, B. D. 47
Bartlett, M. Y. 278, 279
Bass, B. M. 196
Batson, C. D. 129, 130, 351
Bauer, G. H. 92
Bauman, K. E. 155
Baumeister, R. F. 18, 72, 80, 81, 83, 374
Beal, D. J. 200
Beall, S. K. 314
Bear, D. M. 331
Beilock, S. L. 44
Bem, D. J. 5, 71, 116
Bennett, T. L. 137
Berdahl, J. 190
Berg, J. H. 152
Berkowitz, L. 123, 213
Berman, J. J. 352
Bernhardt, B. C. 370
Bernston, G. G. 365
Bersoff, D. M. 352
Biernat, M. 40
Biesanz, J. C. 150
Bird, G. 371
Björklund, F. 217
Blader, S. L. 190, 191, 193
Blair, I. V. 237
Blair, R. J. R. 371
Blais, J. J. 156
Blake, R. R. 196
Blanchard, K. H. 196
Bless, H. 56, 91
Blizinsky, K. D. 254
Bodenhausen, G. V. 38, 39, 110
Böhm, R. 225
Bohne, G. 355
Boies, K. 196
Bolger, N. 137, 138

Bond, C. F. 357
Bond, M. H. 352
Bonta, B. D. 124
Borgida, E. 57
Bornstein, R. F. 148, 213
Bosson, J. K. 44, 45, 73, 107, 149
Bourhis, R. Y. 211, 212, 217
Bower, G. H. 88
Bower, J. E. 313
Bowlby, J. 127, 157
Bowles, S. 224, 225, 281
Boyd, R. 185, 219, 220, 265, 276, 279-281, 288
Bradfield, A. L. 353
Branscombe, N. R. 46
Brawley, I. R. 200
Brehm, J. W. 115
Brewer, M. B. 36, 37, 211, 219, 224, 327
Brickner, M. A. 198
Brighton, H. 53, 66
Brothers, L. 365
Brown, B. B. 350
Brown, J. D. 64, 74, 84, 261, 317
Brown, M. E. 197
Brown, P. 180, 181
Brown, R. 189
Brown, S. L. 139
Bruner, J. 249
Buehler, R. 63
Buewell, B. N. 93
Buhrmester, D. 154
Burkhead, M. 356
Burnstein, E. 202
Burrus, J. 64
Bushman, B. J. 123-125
Buss, A. H. 121
Buss, D. M. 66, 148, 271
Butterfill, S. A. 368
Buunk, B. P. 151
Byrne, D. 149, 242

C

Cacioppo, J. T. 111, 135, 326, 365
Cairns, B. D. 122
Cairns, R. B. 122
Campbell, D. T. 33, 219, 222
Cannon, W. B. 87
Cannon-Bowers, J. 200
Canter, D. 357
Canter, J. R. 331
Cantor, N. 42
Caplan, M. 122
Cardano, G. 273
Carlsmith, J. M. 5
Carlsmith, K. M. 351
Carron, A. V. 200
Carson, P. P. 194

Carver, C. S. 77, 137, 317
Casey, B. 375
Casper, R. C. 316
Caspi, A. 126
Castano, E. 215
Castelli, F. 368
Castro, F. 4, 58, 60, 203
Chaiken, P. 309
Chaiken, S. 111, 112
Changizi, M. A. 269, 270
Chapdelaine, A. 150
Chaplin, C. S. 9
Chapman, L. J. 36
Charness, G. 280
Chartrand, T. L. 366
Chater, N. 274
Chatterjee, A. 178
Chaudhuri, A. 280
Chen, S. 190, 191, 193
Chentsova-Dutton, Y. E. 259
Chernyak-Hay, L. 134
Chiao, J. Y. 217, 254, 380
Chiu, C. Y. 172
Choi, J. K. 224, 225
Christ, O. 223
Chun, W. Y. 54
Cialdini, R. B. 75, 116, 130, 212, 329, 334
Cinyabuguma, M. 280
Clark, M. S. 89
Clore, G. L. 90
Cobb, S. 135
Cohen, D. 124, 260
Cohen, G. L. 42, 45
Cohen, J. B. 310
Cohen, J. D. 377
Cohen, S. 310
Cokc, J. S. 378
Cole, G. C. 270, 271
Collins, E. C. 40
Collins, N. L. 151
Collins, R. L. 74
Cone, J. D. 331
Conger, R. D. 126
Conley, T. D. 183
Conway, M. 61
Cook, M. 270
Cooper, P. J. 123
Cooper, R. 277
Coovert, M. D. 59, 67
Copper, C. 200
Cornwell, B. 241
Cosmides, L. 215, 224
Cottrell, N. B. 12
Cousins, S. D. 253
Cowlin, R. A. 202
Craighero, L. 369
Crano, W. D. 211

Crick, F. 295
Crick, N. R. 122
Crisp, R. J. 224
Crocker, J. 37, 43, 45, 46
Cross, J. G. 331
Crowley, M. 131
Csikszentmihalyi, M. 316
Cuddy, A. J. C. 41, 42
Cummings, J. N. 243
Cunningham, M. R. 148, 151
Cunningham, W. A. 108, 109

D

D'Addario, K. P. 239
D'Agostino, P. R. 148
大坊郁夫 152, 154
Damasio, A. R. 88
Dapretto, M. 369
Darley, J. M. 42, 128, 129, 351
Darwin, C. 122
Dasgupta, N. 110
Davidson, R. J. 125, 259
Davis, D. 161, 162
Davis, J. H. 202
Davis, K. E. 57
Davis, R. C. 356
Dawes, R. M. 327
De Dreu, C. K. 225
de Fermat, P. 273
De Goede, I. H. 154
De Houwer, J. 106, 108
Deaux, K. 39
Deci, E. L. 155
DeLoache, J. S. 270
DeLongis, A. 311
Dembroski, T. M. 315
Demos, K. E. 376
DeNisi, A. 334
Denollet, J. 315
DePaulo, B. M. 132
Derlega, V. J. 82
Deslauriers, B. C. 335
DeSteno, D. 278, 279
Deutsch, M. 328, 343
Devine, P. G. 38, 47, 353
DeWall, C. N. 83, 372
Dick, M. D. 126
Dickerson, C. A. 336
Dickson, W. G. 10
DiClemente, C. C. 309
Diener, E. 149, 257, 260, 318
Diener, M. 261
Dijksterhuis, A. 56
Dindia, K. 151
Dixon, J. 224
Dobbs, M. 211
Doise, W. 33, 35
Dollard, J. 122

Dovidio, J. F.   378
Downey, G.   161, 162
Dreher, H.   315
Drigotas, S. M.   154, 160, 161
Driskell, J. E.   200
Dryer, D. C.   150
Dudley, K. L.   159
Dunbar, R. I. M.   365
Dunkel-Schetter, C.   137
Dunlap, R. E.   330
Dunn, E. W.   139, 378
Dunning, D.   62
Duriez, B.   217
Duval, T. S.   59, 76
Dymek, M. P.   360

E
Eagly, A. H.   131
Eastwick, P. W.   148
Echterhoff, G.   182
Eichmann, A. O.   8
Eidelman, S.   40
Eisenberg, N.   370
Eisenberg, T.   356
Eisenberger, N. I.   280, 281, 372
Ekeh, P. P.   214
Ekman, P.   94, 171, 259
Elfenbein, H. A.   172
Ellingsen, T.   280
Ellison, P. W.   123
Emswiller, T.   39
Engel, G. L.   308
Ennett, S. T.   155
榎本博明   151, 152
Enos, R. D.   224
Epley, N.   25, 56
Erber, M. W.   89
Erber, R.   89
Erez, E.   356
Esterling, B. A.   239
Estrade, C. A.   88
Evans, M.   63
Everett, P. B.   335
Eysenck, H. J.   315, 316

F
Farnham, S. D.   73
Fast, N. J.   193
Fazio, R. H.   82, 104, 106
Feather, N. T.   350
Feeney, B. C.   136
Feeney, J. A.   158
Fehr, E.   280
Feingold, A.   148-150
Felson, R. B.   350
Fenigstein, A.   77
Ferrari, J. R.   198
Ferris, S. R.   237

Festinger, L.   4, 5, 8, 104, 147, 211, 336, 374, 381
Fetchenhauer, D.   277
Fetterman, D. M.   303
Fiedler, F. E.   196
Fiedler, K   54, 91, 176, 273
Figner, B.   376
Finch, J. F.   137
Finegan, J. E.   332
Finkel, E. J.   148, 161
Fischbacher, U.   279
Fischer, K. W.   93
Fischhoff, B.   61
Fishbein, M.   103, 332
Fisher, D. V.   82
Fisher, J. D.   133
Fiske, A. P.   347
Fiske, S. T.   18, 37, 41, 46, 58, 124, 190, 192
Fletcher, G. J. O.   161
Folkman, S.   136, 311-313
Forest, A. L.   152
Forgas, J. P.   91, 92, 151
Forsyth, D. R.   45
Fortenberry, K. A.   314
Foshee, V. A.   155
Frable, D. E. S.   43
Fragale, A. R.   150, 190
Fraley, R. C.   158
Frank, L.   361
Fraser, S. C.   334
Fredrickson, B. L.   317
Freedman, J. L.   334
Freire, P.   303
French, J. R. P.   190, 191, 194, 195
Freud, S.   26, 122
Frey, J.   123
Friedman, M.   314
Friesen, W. V.   94, 171
Frijda, N. H.   88
Frith, C. D.   368, 369
藤井 聡   336
藤井達也   293
Fujita, K.   79
藤田政博   353
藤原武弘   113
深田博己   111, 114
Fukui, H.   294
Funder, D. C.   66
Furman, W.   154
古畑和孝   343
古谷嘉一郎   156
Fussell, S. R.   171, 179

G
Gable, S. L.   138
Gächter, S.   280
Gaertner, S. L.   224

Gagnon, A.   211
Gaissmaier, W.   272
Galdas, P. M.   133
Galinsky, A. D.   43, 190, 193
Gallese, V.   370
Gangstead, S. W.   282, 283
Garcia, J.   45
Garry, S. L.   221
Gaunt, R.   60, 61
Gawronski, B.   104, 110
Gazzaniga, M. S.   27
Geen, R. G.   123
Gelhorn, E.   87
Gelman, S. A.   34
Gerard, H. B.   42, 213, 328, 343
Gergen, K. J.   296
Gifford, R. K.   36
Gigerenzer, G.   53, 54, 66, 272-275
Gilbert, D. T.   39, 56, 58, 60-63
Gilovich, T.   56, 64, 65
Ginges, J.   220
Gintis, H.   281
Girme, Y. U.   158
Gleason, M. E.   136-139
Glick, P.   41
Goffman, E.   43
Goldman, A.   370
Goldstein, D. G.   66, 274
Goldstein, J. W.   150
Gollwitzer, P. M.   28, 78, 79
Gonzaga, G. C.   150
Goodfriend, W.   154
Gordijn, E. H.   43
Gordon, R. M.   369
Gouldner, A. W.   130
Graen, G. B.   196
Gray, J. A.   192
Gray, K.   278
Greenberg, J.   73, 215
Greene, D.   257
Greene, J. D.   376, 377, 379
Greenfield, P. M.   264, 265
Greenwald, A. G.   72, 73, 105-110
Greenwood, D. J.   293
Gregg, A. P.   110
Greif, A.   278
Greifender, R.   56
Greitemeyer, T.   202
Grice, H. P.   178
Grieve, P. G.   212
Griffin, D. W.   56
Grifitths, T. L.   274
Griskevicius, V.   131
Grisso, T.   359, 361
Gromet, D. M.   356
Gross, J.   313, 316
Gross, L. P.   309
Gross, P. H.   42

Grossarth-Maticek, R. 316	Hersey, P. 196	Insko, C. A. 123, 218, 219, 221, 225
Grotpeter, J. K. 122	Hertal, G. 199	Inzlicht, M. 44
Gruenfeld, D. H. 193	Hertwig, R 54, 272, 273, 275	Isen, A. M. 88-90, 317
Gudykunst, W. B. 351	Hewstone, M. 36, 224	Ishii, K. 172, 254, 262
Guinote, A. 193	Heyes, C. M. 368, 369	石井敬子 172, 177, 380
Guyer, M. J. 331	Hibscher, J. A. 309	石隈利紀 132
	Higgins, E. T. 22, 78, 179, 180, 182	Ito, T. A. 123
H	肥後功一 302	岩下豊彦 93
Hackman, J. R. 199, 200	Hillery, J. M. 12	Iyengar, S. S. 257
Hafen, C. A. 155	Hilton, J. L. 109, 110	Izard, C. E. 94
Haidt, J. 97, 98, 351	Hinkin, T. R. 194	Izuma, K. 373, 378
Hains, S. C. 192	Hinsz, V. B. 124	
箱井英寿 130	Hirose, Y. 338	**J**
Halabi, S. 129, 134	広瀬幸雄 325, 330, 332, 333, 336-338	Jacobson, L. 183
Halberstadt, J. 283	Hitler, A. 292	James, W. 87, 88
Haleby, N. 225	Hixon, J. G. 39	Janis, I. L. 202, 203, 326, 336
Hall, E. T. 172	Hobbes, T. 344	Jermier, J. M. 196
Ham, J. 334	Hobfoll, S. E. 314	Jew, C. L. 317
Hamamura, T. 264	Hofmann, W. 84, 108	神 信人 214
Hamilton, A. F. 369, 370	Hoffrage, U. 272	Jobs, S. 233
Hamilton, D. L. 36	Hofstede, G. 254, 352	Johannesson, M. 280
Hamilton, T. E. 148	Hogg, M. A. 212	Johns, M. 44, 45
Hamilton, W. D. 288	Hoigaard, R. 198	Johnson, T. R. 334, 335
Han, S. 380	Holland, R. W. 28	Joiner, T. 317
Hanson, L. 37	Hollander, E. P. 191	Jones, E. E. 3, 4, 57, 58
原 奈津子 116	Holmes, T. H. 310, 311	Jordan, C. H. 73
原田宗子 380	Holtgraves, T. 181, 182	Jordan, N. 3
Harari, H. 371	Hong, Y. Y. 251	Joseph, R. A. 123
Harbaugh, W. T. 379	本間道子 199	Jost, J. D. 216
Hardin, C. D. 182, 183	Honnold, J. A. 326	Jost, J. T. 46, 216
Hardin, G. 327	Honts, C. R. 358	Jourard, S. M. 82
Hareli, S. 373	Hops, H. 126	Judd, C. M. 35
Haris, V. A. 3, 4	Horai, J. 350	Julian, J. W. 191
Harmon-Jones, E. 73	堀毛一也 152	Juslin, P. 273
Harris, A. H. 314	Horita, Y. 279	
Harris, L. T. 124	Horowitz, L. M. 150, 157	**K**
Harris, P. B. 350	Horton, R. S. 150	Kahneman, D. 19, 36, 53-56, 62, 271-274, 317, 326, 374
Harris, V. A. 58	House, J. S. 136	Kalick, S. M. 148
Hartwig, M. 357	Hovland, C. I. 114	Kalven, Jr. H. 355
Harvey, J. H. 88	Howell, J. M. 196	亀田達也 202, 218, 271
長谷川眞理子 271	Howland, L. 138	上瀬由美子 43
長谷川寿一 271	Hoyle, R. H. 123, 218	Kanagawa, C. 253
Haselton, M. G. 66, 67	Hoyt, M. F. 213	金政祐司 154, 158
Hasher, L. 273	Hu, L. 35	Kanner, A. D. 310
橋本 剛 133-135, 156	Huesmann, L. R. 124, 126	Kanouse, D. E. 37
Haslam, N. 34	Hull, J. G. 123	唐沢 穣 174-176, 338, 345, 351
Hay, D. 122	Human, L. J. 150	Karau, S. J. 198, 199
早渕百合子 330, 336	Hunecke, M. 335	Karp, D. 213, 214, 356
Hayes, S. C. 331	Hunt, P. 12	Karpinski, A. 108-110
Hazan, C. 156, 157		Kashima, E. S. 172, 261
Heatherton, T. F. 72, 376	**I**	Kashima, Y. 172, 180, 261, 264
Heckhausen, H. 79, 83	Iacoboni, M. 369	加藤富子 293
Heider, F. 2, 3, 56, 58, 104, 373	Iida, M. 136	加藤 司 156, 162
Hein, G. 371, 378	Ilgan, D. R. 199	Katzev, R. D. 334, 335
Heine, S. J. 109, 216, 253, 257	Imada, T. 263	川浦康至 244
Hendrick, S. S. 151, 152	今井むつみ 177	Kellermanns, F. W. 201
Henrich, J. 250, 281	今井芳昭 116	Kelley, H. H. 57, 346
Herman, C. P. 309	Impett, E. A. 162	

Keltner, D. 93, 190, 192, 193
Kemp, R. I. 353
Kennedy, J. F. 203
Kenny, D. A. 151
Kenrick, D. T. 269
Kerr, N. L. 202
Kerr, S. 196, 199
Kervyn, N. 42
Keser, C. 277, 279
Kiehl, K. A. 125
Kiesler, C. A. 115
Kiesler, S. 240
菊池章夫 93
Kim, H. 133, 257, 262, 263
Kimmel, M. J. 218
King, B. T. 336
Kipnis, D. 192, 194
Kirwil, L. 126
北村英哉 89, 91, 94, 107, 240, 271
Kitayama, S. 172, 249-252, 254-256, 258, 261, 264, 380, 381
北山 忍 172, 251, 252
Kiyonari, T. 214, 277
清成透子 213, 214
Kleck, R. E. 46
Kleiboer, A. M. 139
Klimoski, R. 200
Klocke, U. 202
Kluckhohn, K. 249
Kluger, A. N. 334
Knobe, J. 174
Knoch, D. 377
Knutson, B. 377
Kobasa, S. C. 317
Kobayashi, C. 109
Kobrynowicz, D. 46
Kohlberg, L. 97
古村健太郎 154
Konijn, E. A. 125
今野裕之 72
高口 央 197
Kovács, Á. M. 368
Kowalski, R. M. 81
Kozlowski, S. W. J 199
Krämer, U. M. 126
Kraus, S. J. 103
Krause, N. 137
Krauss, R. M. 171, 172, 179
Krueger, J. I. 66
Kruger, J. 63, 64
Kruglanski, A. W. 54
Kteily, N. S. 217
熊谷智博 219
Kunda, Z. 39, 61, 71
Kunst-Wilson, W. R. 148
Kupper, N. 315
草郷孝博 297, 298, 301, 303
Kusumi, T. 244

L
Lagerspetz, K. M. 121, 122
Laird, J. D. 87
Lamont, R. A. 44
Lamoreaux, M. 262
Lange, C. 87
Langerspetz, K. M. 122
Langlois, J. H. 148
Langston, C. A. 138
LaPiere, R. T. 7
Larson, J. R. 198, 202
Latané, B. 128, 129, 198
Lazarus, B. N. 312
Lazarus, L. R. 318
Lazarus, R. S. 136, 259, 310-313
Le, B. 153, 154
Lea, M. 245
Leary, M. R. 61, 72, 81, 83, 374
Ledbetter, A. M. 241
LeDoux, J. E. 88
Lehman, D. R. 253
Lemay, E. P. 151, 159
Lemmer, G. 223
Lemogne, C. 316
LePage, A. 123
Lepper, M. R. 257
Lerner, M. J. 94, 346, 348
Leung, K. 352
Levin, M. 293
Levin, S. 217
Levinson, S. 180, 181
Lewin, K. 292, 304
Lewis, K. 201
Leyens, J. 124
Li, N. P. 148
Liberman, N. 63
Libet, B. 27
Lichtenstein, S 54
Lickel, B. 219
Liden, R. C. 198
Lieberman, M. 108, 281, 366, 368
Lind, E. A. 346, 352
Linder, D. 150
Linville, P. W. 35
LoBue, V. 270
Locke, K. D. 150
Loeber, R. 122
Lopez, R. B. 375
Lopez, S. J. 317
Lord, R. G. 197
Lorenz, K. 122
Lowe, C. A. 150
Lowery, B. S. 110
Lucy, J. A. 177
Luginbuhl, J. 356
Lundgren, D. C. 241
Lyons, A. 180
Lyubomirsky, S. 318

M
Maass, A. 176, 178
Mackie, D. M. 202, 212
Macrae, C. N. 38, 43, 80
Maes, J. 94
Magee, J. C. 190
Mahalik, J. R. 133
Maher, K. J. 197
Major, B. 45, 148
Malle, B. F. 174, 175
Malone, P. S. 58, 60
Malpass, R. S. 353
Mann, L. 326
Marcus-Newhall, A. 121
Markovsky, B. 348
Marks, M. A. 200
Markus, H. 71, 72, 249, 250, 252, 257, 261, 263, 380
Markus, R. H. 262
Marrow, A. J. 292
Marson, D. C. 360
Martens, A. 45
Martin, L. L. 91
Marx, D. M. 45
Masclet, D. 280
真島理恵 278
Maslow, A. H. 317
Masten, A. S. 317
増田匡裕 88
Masuda, T. 255
Mathew, S. 219, 220
Mathieu, J. 200
Mathieu, J. E. 201
Matoba, R. 272
松井 豊 130, 136, 148, 154
Matsumoto, D. 259
松村真宏 236
松山早紀 152
Matthies, E. 334, 335
Mayo, G. E. 10
McCauley, C. 202
McClelland, L. 331
McDonald, M. M. 224
McElreath, R. 276, 281, 288
McFarland, S. 217
McGrath, J. E. 199
McGregor, H. A. 215
McGuire, W. J. 115
McKenna, K. Y. A. 241
Mcniff, J. 298
Mead, G. H. 251
Mead, M. 121, 124
Mealy, L. 277
Medin, D. L. 34, 35
Mehra, A. 197
Mehrabian, A. 237
Meindl, J. R. 197
Meiser, B. P. 124

Meltzer, A. L.　*148*
Meltzoff, A. N.　*126*
Melville, M. C.　*151*
Mercier, H.　*18*
Merton, R. K.　*183, 219, 296*
Mesoudi, A.　*278, 283*
Messick, D. M.　*327*
Metcalfe, J.　*374*
Meyer, D. E.　*22*
Midden, C.　*334*
Mifune, N.　*225*
Mikulincer, M.　*127, 150*
Milgram, S.　*8-11, 220*
Mill, J. S.　*351*
Miller, D. T.　*34, 59, 348*
Miller, E. K.　*377*
Miller, F. D.　*59*
Miller, G. F.　*131*
Miller, J. G.　*255, 352*
Miller, J. H.　*277*
Miller, L. C.　*151*
Miller, N. E.　*122, 224*
Miller, T. Q.　*315*
Mineka, S.　*270*
Miron, O.　*239*
Mischel, W.　*79, 84, 374-376*
三隅二不二　*196, 293*
三浦麻子　*244*
宮本 匠　*297, 299, 301, 303*
宮本常一　*298*
Miyamoto, Y.　*258*
宮本百合　*251*
宮下一博　*154*
水野治久　*132*
Mohammed, S.　*200*
Moll, J.　*378*
Møller, A. P.　*283*
Montague, P. R.　*380*
Monteith, M. J.　*38, 43*
Montoya, R. M.　*150*
Moorhead, G.　*203*
Moors, A.　*108*
Moreland, R. L.　*201*
Morewedge, C. K.　*62*
Morgan, B. B.　*199*
Morgan, R.　*356*
Morling, B.　*253, 262*
Morris, M. W.　*255, 263*
Morrison, K. R.　*217*
Moscovici, S.　*202*
Moscowitz, G. B.　*43*
Mouton, J. S.　*196*
Mullen, B.　*35, 200, 217*
Müller, C. A.　*282*
Mullin, B. A.　*212*
Munafò, M. R.　*126*
村本由紀子　*255*
村田光二　*218, 271*

Muraven, M.　*80, 374*
Murphy, G. L.　*34*
Murphy, S. T.　*148*
Murphy-Berman, V.　*352*
Murray, S. L.　*150*
Mussweiler, T.　*55*

N

Nachson, I.　*178*
Nadler, A.　*129, 133-135*
Nagin, D. S.　*122*
仲 真紀子　*356*
中川裕美　*215*
Nakajima, S.　*277*
中村佳子　*155*
中西大輔　*220*
Nakashima, S. F.　*282*
Nakato, E.　*281*
中谷内一也　*326*
Navarrete, C. D.　*215, 216*
Nelson, D.　*149*
Nelson, L. D.　*326*
Nemiah, J. C.　*316*
Nettle, D.　*67*
Neuberg, S. L.　*37*
Ng, S. H.　*213*
Nilsen, W.　*153*
Nisbett, R. E.　*57, 58, 105, 124, 254, 255, 259, 269, 309*
Noels, K. A.　*172*
野村理朗　*94*
野波 寛　*328, 333*
Norman, N.　*81*
Northoff, G.　*380*
Norton, M. L.　*149*
Nosek, B. A.　*107, 108*
Nowak, M. A.　*130, 378*
Nussbaum, S.　*64*
Nuttin, J. M.　*73*

O

Oaksford, M.　*274*
越智啓太　*356, 357*
落合良行　*155*
小田 亮　*130*
Oda, R.　*277*
Ogihara, Y.　*260*
荻原祐二　*260, 265*
O'Gorman, H. J.　*218, 221*
Ohbuchi, K.　*350*
Öhman, A.　*270*
Ohnuma, S.　*334*
Ohtomo, S.　*334*
Oikawa, M.　*29*
Oishi, S.　*257, 264*
岡 隆　*343*
岡田憲夫　*294*
岡田 努　*156*

岡崎哲二　*278*
奥田秀宇　*149, 151*
Olivier, D. C.　*177*
Olson, N. J.　*67*
Onishi, K. H.　*368*
小野田竜一　*220*
大渕憲一　*121, 219*
大石繁宏　*260*
大沼 進　*325, 328, 337*
大澤真幸　*299*
大竹惠子　*319*
大坪庸介　*271*
大塚久夫　*251*
Oppenheimer, D. M.　*55*
Ortony, A　*34, 35*
小塩真司　*156*
Ostrom, E.　*280*
O'Sullivan, P. B.　*242*
Otake, K.　*309*
Overall, N. C.　*136, 158, 159*
尾崎由佳　*366*

P

Pallak, M. S.　*335*
Papageorgis, D.　*115*
Park, B.　*35*
Park, N.　*319*
Parker, I.　*303*
Parks, C. D.　*202*
Pascal, B.　*273*
Paterson, H. M.　*353*
Paulhus, D. L.　*105*
Pawelski, J. O.　*318*
Payne, B. K.　*95, 104, 106*
Peetz, J.　*63*
Peltokorpi, V.　*201*
Pemberton, A.　*356*
Peng, K.　*255, 263*
Pennebaker, J. W.　*82, 239, 314*
Penner, L. A.　*128*
Perner, J.　*368*
Perrault, S.　*217*
Perreault, S.　*211, 212*
Peter, J.　*156*
Peterson, C.　*316, 318-320*
Pettigrew, T. F.　*223*
Petty, R. E.　*23, 111-113, 326*
Pezzo, M. V.　*62*
Pezzo, S. P.　*62*
Phelps, E. A.　*108*
Piaget, J.　*97*
Pinel, E. C.　*46*
Pinter, B.　*124*
Pittman, T. S.　*351*
Plaks, J. E.　*36*
Platow, M. J.　*191*
Pliner, P.　*309*
Poldrack, R. A.　*379*

Polivy, J.　　72
Polman, J.　　125
Pratkanis, A. R.　　203
Pratto, F.　　217
Premack, D.　　367
Prentice, D. A.　　34
Price, G. R.　　281
Price, M. E.　　279
Prins, K. S.　　151
Prochaska, J. O.　　309, 333
Pronin, E.　　65
Proulx, T.　　216
Pruitt, D. G.　　218
Putnam, R. D.　　135
Pychyl, T. A.　　198

Q

Quillian, L.　　224
Quirin, M.　　96

R

Rabbie, J. M.　　213, 220
Rahe, R. H.　　310, 311
Rai, T. S.　　347
Raine, A.　　125
Rakow, T.　　275
Ramachandran, V. S.　　370
Rand, D. G.　　280, 379
Raskin, D. C.　　358
Rather, K. G.　　109
Raven, B.　　190, 191, 194, 195
Rawls, J. B.　　344, 345
Reeder, G. D.　　59, 67
Reich, S. M.　　156
Reicher, S. D.　　209
Reifman, A. S.　　122
Reis, H. T.　　148
Reno, R. R.　　329
Reynaers, S.　　356
Rhoades, G. K.　　161
Rhodes, G.　　148, 282, 283
Rholes, W. S.　　158, 180, 182
Ribner, S. A.　　350
Richerson, P. J.　　185, 265, 279, 280
Richman, P.　　82
Rizzolatti, G.　　369
Roberson, D.　　177
Roberts, J. V.　　352, 356
Robins, R. W.　　93
Rocher, S.　　34, 35
Roediger, H. L.　　353
Roeger, L.　　356
Roese, N. J.　　67, 93
Roethlisberger, F. J.　　10
Rogers, E. M.　　333
Rogers, R.　　114, 359
Roman, J. S.　　45
Rosch Heider, E.　　177

Rosenberg, M.　　72
Rosenblatt, A.　　73
Rosenman, R. H.　　314
Rosenthal, A. M.　　128
Rosenthal, R.　　183
Ross, L.　　4, 254
Ross, M.　　59, 61
Rothbart, M.　　34-36
Rothman, A. J.　　25
Rotton, J.　　123
Rousseau, V.　　200
Ruder, M.　　56
Ruggiero, K. M.　　46
Runciman, W. G.　　14
Rusbult, C. E.　　153, 154, 160, 161
Russo, A.　　178
Rustagi, D.　　279
Ryan, R. M.　　136
Ryff, C. O.　　258

S

佐伯昌彦　　356
Sagar, H.　　39
Saito, D. N.　　380
坂井克之　　380
坂本真人　　83
Sakata, K.　　225
坂田桐子　　156, 192
Salancik, G. R.　　335
Salas, E.　　199-201
Salovey, P.　　93
Sanbonmatsu, D. M.　　36
Sanders, A.　　356
Sanders, G. S.　　12, 202
Sanitioso, R.　　61
Sapir, E.　　174, 177
佐藤栄晃　　94
Sato, K.　　264
佐藤重隆　　240
佐藤 弥　　88
佐藤有耕　　155
澤田匡人　　94
Schachter, S.　　6, 87, 88, 93, 309
Scheier, M. F.　　77, 317
Schein, E. H.　　189
Schelling, T. C.　　328
Scheyd, G. J.　　283
Schiffer, A. A.　　315
Schkade, D.　　62
Schmader, T.　　44
Schmid, K.　　224
Schmitt, M. T.　　46
Schofield, J.　　39
Scholer, A. A.　　84
Schooler, L. J.　　275
Schopler, J.　　218-221, 225
Schriesheim, C. A.　　194
Schultz, P. W.　　334

Schung, J.　　264
Schvaneveldt, R. D.　　22
Schwartz, G. S.　　350
Schwartz, S. H.　　133, 330
Schwarz, N.　　54, 55, 90, 91
Scollon, R.　　172
Scollon, S. W.　　172
Sechrist, G. B.　　46
Segrin, C.　　153
Seidman, G.　　137
Selfhout, M.　　150
Seligman, C.　　332
Seligman, M. E. P.　　316-319
Selye, H.　　309, 310
Semin, G. R.　　176
Shamay-Tsoory, S.　　371
Shapiro, J. R.　　44, 45
Shaver, P. R.　　127, 156-158
Shen, H.　　138
Shepperd, J. A.　　198
Sherif, C. W.　　13
Sherif, M.　　13, 33, 222, 224, 346
Sherman, S. J.　　36
Sherman-Williamss, B.　　39
Shih, M.　　217
Shimai, S.　　309, 320
清水弘司　　152
下田俊介　　96
下斗米 淳　　155
Shinada, M.　　220
篠木幹子　　336
Shirom, A.　　313
Shoda, Y.　　79, 84, 375
Shuman, D. W.　　359
Shweder, R.　　97, 250
Shweder, R. A.　　177
Sibley, C.　　158
Sidanius, J.　　217
Sidman, M.　　272
Sifneos, P. E.　　316
Sigmund, K.　　130, 378
Silvia, P. J.　　59
Simon, R. E.　　161
Simpson, J. A.　　138, 157, 158, 161, 269
Singer, J.　　6
Singer, T.　　370, 371
Singh, D.　　282
Slobogin, C.　　359
Slovic, P.　　326
Smith, B. E.　　356
Smith, C. A.　　259
Smith, E. R.　　59, 212
Smith, J. M.　　281
Smith, R. H.　　94, 373
Smyth, J. M.　　314
Snibbe, A. C.　　257
Snyder, C. R.　　317
Snyder, M. L.　　42, 59

Soares, J. J. F.   270
Soenens, B.   155, 217
Solano, C. H.   152
Solomonet, S.   215
Sommer, M.   369
相馬敏彦   161
Sparrow, B.   239
Spears, R.   245
Spencer, S. J.   44, 75
Sperber, D.   18, 172
Sprecher, S.   150-152
Spretcher, S.   148
Sproull, L.   240
Stajkovic, A. D.   200
Stanca, L.   278
Stark, E. M.   198
Stasser, G.   202
Steblay, N. M.   353
Steele, C. M.   44, 45, 75, 123
Steg, L.   325
Stein, T.   282
Steinberg, N.   62
Steiner, I. D.   197
Steinman, R. B.   108
Stenstrom, D. M.   219
Stern, P. C.   330
Stogdill, R. M.   195
Stoner, J. A. F.   201
Stouffer, S. A.   13, 14
Strack, F.   23, 55, 110
Strahan, E. J.   24
Strenta, A.   46
Stringer, E. T.   298
Stroebe, K.   199, 211, 215
Stroessener, S. J.   36
Stroop, J. R.   19
Suga, S.   277
菅 さやか   176
Sugiman, T.   294
杉万俊夫   293-298, 301, 303
Sugiura, H.   225
杉浦淳吉   334, 338
Suh, E. M.   260
Suler, J. R.   239, 240
Sullivan, H. S.   359
Sunstein, C. R.   355
Surowiecki, J.   243
Suzuki, A.   277
鈴木孝夫   262
Svansdottir, E.   315
Swann, W. B.   74

T
Tajfel, H.   33-36, 210-212, 217, 346
高木 修   130, 132
Takahashi, H.   372, 373
高橋 洋   98
高橋 直   331, 332, 337

高橋伸幸   220, 281
高橋英彦   373
武田 丈   293, 298, 304
竹原卓真   94
Takemura, K.   215, 264
竹村幸祐   263
Takezawa, M.   279
竹澤正哲   281
Talbert, P. A.   356
Taleb, N. N.   66
Talhelm, T.   264
Tanabe, H. C.   380
Tanaka, A.   172
Tangney, J. P.   93
立脇洋介   154
Taylor, D. A.   151
Taylor, D. M.   46
Taylor, G. J.   317
Taylor, M.   34, 153
Taylor, S. E.   18, 36, 46, 58, 74, 84, 133, 261, 316
Tedeschi, J. T.   81
Teige-Mocigemba, S.   108
Temoshok, L.   315
Tenenbaum, J. B.   274
寺前 桜   174, 175
Tesser, A.   74, 372
Tessler, R. C.   133
Tetlock, P. E.   109
Thibaut, J. W.   345, 346, 350
Thoits, P. A.   136
Thonberry, T. P.   126
Thornhill, R.   282
Thurow, L. C.   220
Tiedens, L. Z.   150
Tinbergen, N.   271
Tindale, R. S.   202
Ting-Toomey, S.   351
Titus, W.   202
戸田正直   88
Todd, P. M.   272, 275
Todorov, A.   60
Tomasello, M.   171, 174
Tomkins, S. S.   87
Tompson, S.   381
Tontodonato, P.   356
Tooby, J.   215, 224
Tracy, J. L.   93
Travers, J.   11
Tremblay, R. E.   122
Triandis, H. C.   253, 254
Triplett, N.   11
Trivers, R. L.   130
Trope, Y.   60, 61, 63, 74
Tropp, L. R.   223
Tsai, J. L.   258, 259
塚崎崇史   177
Tugade, M. M.   317

Turner, C. H.   209
Turner, C. W.   123
Turner, J. C.   36, 210-212, 217, 346
Turner, M. E.   203
Tversky, A.   19, 36, 53-56, 271-274, 326
Twenge, J. M.   265
Tykocinski, O. E.   62
Tyler, T. R.   345, 346

U
Uchida, Y.   260, 261
内田由紀子   156, 250, 252, 256, 260, 265
Uchino, B. N.   136, 137
Uehara, E. S.   138
Uhl-Bien, M.   196
Uleman, J. S.   59, 60, 175
浦 光博   135, 136, 155
Uranowitz, S.W.   42
Urberg, K. A.   155
Uskul, A. K.   264, 380

V
Valkenburg, P. M.   156
van der Toorn, J.   46
Van Knippenberg, D.   191
Van Lange, P. A. M.   162
Van Le, Q.   270
Van Liere, K. D.   330
Van Vugt, M.   225
van Winden, F.   277, 279
Vandello, J. A.   124
VanderDrift, L. E.   153
Vanneste, S.   277
Velicer, W. F.   333
Veniegas, R. C.   217
Versteeg, H.   315
Vescio, T. K.   40
Vinokur, A.   202
Vuilleumier, P.   282

W
和田 実   88, 162
Wagner, D. D.   376
Wagner, U.   223
Wagnild, G. M.   317
脇本竜太郎   133, 215
Waldman, I. D.   126
Walker, L. J. A.   345, 346, 350
Wallach, M. A.   201
Wallbott, H. G.   351
Walster, E.   148, 153, 346
Walther, J. B.   239, 242
Wänke, M.   55
Warshaw, J.   356
Watanabe, T.   279
Watson, J.   219, 295

Watzlawick, P.　171
Webber, S. S.　200
Weber, B.　199
Weber, M.　251, 264
Weber, R.　37
Wegener, D. T.　91
Wegner, D. M.　27, 80
Weiner, B.　45, 373
Weinstein, N.　136
Weisel, O.　225
Weiss, W.　114
Wells, G. L.　23, 353
Werner, C. M.　336
Westman, M.　313
Wheatley, T. P.　28
Wheeler, L.　374
White, T. L.　77
Whorf, B. L.　174, 177
Wicker, B.　373
Wicklund, R. A.　76
Wiebe, D. J.　314
Wiener, M.　171
Wieselquist, J.　154
Wigboldus, D. H. J.　46
Wilder, D. A.　35
Wildschut, T.　221
Wilkes, A. L.　34
Wilkins, A. J.　270, 271
William, P.　135
Williams, C. J.　104

Williams, K. D.　198, 199
Williams, L.　315
Williams, L. E.　23
Wilson, D.　172
Wilson, T. D.　26, 62, 105
Wimmer, H.　368
Winch, R. F.　150
Winett, R. A.　334
Wingate, A.　315
Wingfield, C. A.　93
Winter, L.　59
Witte, E. H.　199
Wittenbaum, G. M.　202
Wittenbrink, B.　39
Woodruff, G.　367
Word, C. O.　183, 184
Wrightsman, L. S.　354, 355
Wundt, W.　171
Wyer, R. S.　39

X
Xu, F.　274

Y
Yamagishi, T.　213, 214, 220, 225, 251, 277, 280, 327
山岸俊男　213, 328
山口裕幸　200
Yamaguchi, S.　109
山本眞理子　72, 148

矢守克也　293-295, 301, 303
Yang, C. L.　280
Yang, J.　181, 182
Yang, Y.　125
八ッ塚一郎　292
Ybarra, O.　217
Ybema, J. F.　139
横田晋大　214, 215, 220
依藤佳世　331, 333
吉田道雄　293
Young, H. M.　317
Yuki, M.　215, 259, 264
結城雅樹　214, 215, 263
Yukl, G.　194, 195
Yzerbyt, V. Y.　34, 35

Z
Zacks, R. T.　273
Zadny, J.　42
財津　亘　359
Zajonc, R. B.　11, 12, 147, 148, 179
Zavalloni, N.　202
Zebrowitz, L. A.　283
Zeisel, H.　355
Zelazo, P. D.　109
Zhang, Z.　201
Zhu, Y.　380
Zimbardo, P. G.　5, 123
Zink, C. F.　374

【執筆者一覧】（執筆順，*は編者）

岡　隆（おか　たかし）
日本大学文理学部教授
担当：第1章

及川昌典（おいかわ　まさのり）
同志社大学心理学部教授
担当：第2章

浅井暢子（あさい　のぶこ）
京都文教大学総合社会学部准教授
担当：第3章

樋口　収（ひぐち　おさむ）
明治大学政治経済学部専任講師
担当：第4章

尾崎由佳（おざき　ゆか）
東洋大学社会学部教授
担当：第5章

北村英哉（きたむら　ひでや）*
東洋大学社会学部教授
担当：第6章

村上史朗（むらかみ　ふみお）
奈良大学社会学部教授
担当：第7章第1節〜第4節

原　奈津子（はら　なつこ）
就実大学教育学部教授
担当：第7章第5節

熊谷智博（くまがい　ともひろ）
法政大学キャリアデザイン学部教授
担当：第8章第1節

橋本　剛（はしもと　たけし）
静岡大学人文社会科学部教授
担当：第8章第2節〜第4節

金政祐司（かねまさ　ゆうじ）
追手門学院大学心理学部教授
担当：第9章

石井敬子（いしい　けいこ）
名古屋大学大学院情報学研究科教授
担当：第10章（共著）

菅さやか（すが　さやか）
慶應義塾大学文学部准教授
担当：第10章（共著）

坂田桐子（さかた　きりこ）
広島大学大学院総合科学研究科教授
担当：第11章第1節〜第3節

三沢　良（みさわ　りょう）
岡山大学大学院教育学研究科准教授
担当：第11章第4節〜第5節

竹村幸祐（たけむら　こうすけ）
滋賀大学経済学部教授
担当：第12章（共著）

横田晋大（よこた　くにひろ）
広島修道大学健康科学部教授
担当：第12章（共著）

三浦麻子（みうら　あさこ）
大阪大学大学院人間科学研究科教授
担当：第13章

内田由紀子（うちだ　ゆきこ）*
京都大学こころの未来研究センター教授
担当：第14章

竹澤正哲（たけざわ　まさのり）
北海道大学文学部教授
担当：第15章

宮本　匠（みやもと　たくみ）
大阪大学人間科学研究科准教授
担当：第16章

大竹恵子（おおたけ　けいこ）
関西学院大学文学部教授
担当：第17章

杉浦淳吉（すぎうら　じゅんきち）
慶應義塾大学文学部教授
担当：第18章

藤田政博（ふじた　まさひろ）
関西大学社会学部教授
担当：第19章

阿部修士（あべ　のぶひと）
京都大学こころの未来研究センター准教授
担当：第20章（共著）

柳澤邦昭（やなぎさわ　くにあき）
神戸大学大学院人文学研究科講師
担当：第20章（共著）

社会心理学概論

2016 年 10 月 10 日	初版第 1 刷発行	定価はカヴァーに
2023 年 5 月 16 日	初版第 4 刷発行	表示してあります。

編 者 北村　英哉
　　　　内田由紀子
発行者 中西　　良
発行所 株式会社ナカニシヤ出版
〒 606-8161 京都市左京区一乗寺木ノ本町 15 番地
Telephone 075-723-0111
Facsimile 075-723-0095
Website http://www.nakanishiya.co.jp/
Email iihon-ippai@nakanishiya.co.jp
郵便振替 01030-0-13128

装幀＝白沢　正／印刷・製本＝ファインワークス
Printed in Japan.
Copyright © 2016 by H. Kitamura & Y. Uchida
ISBN978-4-7795-1059-5

◎ Twitter, Facebook, Yahoo!, LINE, Google, OS X, Windows など，本文中に記載されている社名，商品名は，各社が商標または登録商標として使用している場合があります。なお，本文中では，基本的に TM および R マークは省略しました。

◎本書のコピー，スキャン，デジタル化等の無断複製は著作権法上での例外を除き禁じられています。本書を代行業者等の第三者に依頼してスキャンやデジタル化することはたとえ個人や家庭内の利用であっても著作権法上認められておりません。